MÚSICA & DIREITO

ORGANIZAÇÃO
José Roberto de Castro Neves

MÚSICA
& DIREITO

EDITORA
NOVA
FRONTEIRA

Copyright da organização © 2022 by José Roberto de Castro Neves

Copyright © 2022 by Alexandre Freitas Câmara, Anderson Schreiber, André Faoro, André Gustavo Corrêa de Andrade, Andréa Pachá, Anna Maria Trindade Reis, Antônio Claudio Mariz de Oliveira, Antônio Augusto de Souza Coelho, Beatriz Calmon Nogueira Da Gama, Cármen Lucia Antunes Rocha, Celina Bodin, Chico Mussnich, Claudio Dell'Orto, Claudio Lampert, Cristina Gaulia, Daniel Homem de Carvalho, Daniela Vargas, Deise da Silva Oliveira, Dione Waleska Assis, Edgard Silveira Bueno Filho, Edson Aguiar de Vasconcelos, Eduardo Secchi Munhoz, Erasmo Valladão Azevedo e Novaes França, Gabriel Leonardos, Gilberto Giusti, Giovanni Ettore Nanni, Guilherme Calmon Nogueira da Gama, Gustavo Binenbojm, Gustavo Brigagão, Gustavo Martins de Almeida, Gustavo Tepedino, Helio Saboya Filho, Humberto Theodoro Júnior, Ivan Nunes Ferreira, Joaquim Falcão, João Augusto Basilio, João Carlos Cochlar, Jones Figueirêdo Alves, José Alexandre Tavares Guerreiro, José Carlos Magalhães, José Gabriel Assis de Almeida, José Maria Leoni Lopes de Oliveira, José Roberto de Castro Neves, José Rogério Cruz e Tucci, Luciano de Souza Godoy, Luciano Rinaldi, Luís Guilherme Vieira, Luiz Gustavo Bichara, Luiz Roberto Ayoub, Marcelo Barbosa, Marcelo Roberto Ferro, Marcelo Trindade, Marcelo Vieira von Adamek, Marco Aurélio Bezerra de Melo, Marcos Abraham, Marcos Alcino de Azevedo Torres, Marcus Vinicius Furtado Coelho, Maurício Almeida Prado, Miguel Reale Júnior, Mônica Goes, Nadia de Araujo, Patricia Serra, Paulo Fernando Campos Salles de Toledo, Paulo Vieira, Pedro Marcos Nunes Barbosa, Pedro Paulo Salles Cristofaro, Raimundo Almeida Filho, Regis Fichtner, Reinaldo Santos de Almeida, Renato Sertã, Ricardo Aprigliano, Ricardo Villas Bôas Cueva, Roberto Rosas, Rodrigo de Oliveira Freitas Câmara, Rodrigo Garcia da Fonseca, Sebastião Reis Júnior, Selma Ferreira Lemes, Silmara Chinellato, Silvia Rodrigues Pachikoski, Simone Schreiber, Tercio Sampaio Ferraz, Theophilo Antonio Miguel Filho, Thiago Saddi Tannous, Vera Maria Jacob De Fradera, Vitor Gabriel de Moura Gonçalves

Direitos de edição da obra em língua portuguesa no Brasil adquiridos pela EDITORA NOVA FRONTEIRA PARTICIPAÇÕES S.A. Todos os direitos reservados. Nenhuma parte desta obra pode ser apropriada e estocada em sistema de banco de dados ou processo similar, em qualquer forma ou meio, seja eletrônico, de fotocópia, gravação etc., sem a permissão do detentor do copirraite.

EDITORA NOVA FRONTEIRA PARTICIPAÇÕES S.A.
Av. Rio Branco, 115 – Salas 1201 a 1205 – Centro – 20040-004
Rio de Janeiro – RJ – Brasil
Tel.: (21) 3882-8200

Dados Internacionais de Catalogação na Publicação (CIP)

N518m Neves, José Roberto de Castro

Música e direito / José Roberto de Castro Neves. – Rio de Janeiro : Nova Fronteira, 2022.
800 p. ; 15,5 x 23 cm

ISBN: 978-65-5640-314-4

1. Direito. 2. Música. I. Título.

CDD: 158.1
CDU: 159.92

André Queiroz – CRB-4/2242

Esta obra coletiva é dedicada a René Ariel Dotti.

Sumário

Introdução   15
  José Roberto de Castro Neves

And Justice for all, do Metallica   17
  Alexandre Freitas Câmara
  Rodrigo de Oliveira Freitas Câmara

Direito e samba: uma história para ninar gente grande   29
  Anderson Schreiber

Pra não dizer que não falei das flores:
o advogado e o artista ontem e hoje   47
  André Faoro

Música e liberdade de expressão   53
  André Gustavo Corrêa de Andrade

Trocando em miúdos, de Chico Buarque   69
  Andréa Pachá

Senhora liberdade, de Wilson Moreira e Nei Lopes   73
  Anna Maria Trindade Reis

Noel Rosa pergunta: onde está a honestidade?   81
  Antônio Claudio Mariz de Oliveira

Por que o rei do amor está morto?   87
    Antônio Augusto de Souza Coelho

Marias   123
    Cármen Lucia Antunes Rocha

Eroica: a sinfonia revolucionária   127
    Celina Bodin

Brasil pandeiro: A identidade jurídica brasileira em contraposição aos estrangeirismos   141
    Chico Mussnich

Another brick in the wall   155
    Claudio Dell'Orto

Billie Holiday: A Luta Contra o Racismo Estrutural   167
    Claudio Lampert

Querelas do Brasil: um direito que não conhece o Brasil   191
    Cristina Gaulia

Juízo final: Nelson Cavaquinho e a eterna luta do bem contra o mal   203
    Daniel Homem de Carvalho

Madama Butterfly, de Giacomo Puccini   213
    Daniela Vargas
    Nadia de Araujo

Amazing grace, de John Newton   231
    Edgard Silveira Bueno Filho

Todo dia era dia de índio   237
    Edson Aguiar de Vasconcelos

The Times They Are a-Changin, de Bob Dylan   245
    Eduardo Secchi Munhoz

Interpretação jurídica e interpretação musical   253
    Erasmo Valladão Azevedo e Novaes França
    Thiago Saddi Tannous

Va pensiero (Vai pensamento): Verdi, a unificação italiana e identidade nacional   271
    Gabriel Leonardos

Sunday bloody sunday   279
    Gilberto Giusti

Vozes da seca: descaso e mínimo existencial   287
    Giovanni Ettore Nanni
    Raimundo Almeida Filho

A música como arte de resistência: uma análise da canção Where is the love sob a perspectiva jurídica   299
    Guilherme Calmon Nogueira da Gama
    Beatriz Calmon Nogueira da Gama

Freewill, do Rush   311
    Gustavo Binenbojm

A história da canção Eu nasci há dez mil anos atrás, de Raul Seixas   315
    Gustavo Brigagão

A voz do dono e o dono da voz, de Chico Buarque   333
    Gustavo Martins de Almeida

Gesù Bambino (4.3.1943), de Paola Pallotino e Lucio Dalla
(Minha História na tradução de Chico Buarque)   345
    Gustavo Tepedino

O mestre-sala dos mares (João Bosco e Aldir Blanc)   349
    Helio Saboya Filho

Meu barraco (Lupicínio Rodrigues)   355
    Humberto Theodoro Júnior

O meu guri, de Chico Buarque   363
    Ivan Nunes Ferreira

Rui Barbosa e Carmen Miranda   369
    Joaquim Falcão

Penas do Tiê   377
    João Augusto Basilio

Hino Nacional Brasileiro, de Francisco Manuel da Silva   383
    João Carlos Cochlar

My way: o direito à busca da felicidade   401
    Jones Figueirêdo Alves

La Libertà: Mozart e seus amigos, entre os quais
um poeta mineiro   409
    José Alexandre Tavares Guerreiro

No rancho fundo, de Ary Barroso, com letra
de Lamartine Babo   421
    José Carlos Magalhães

Shine on you crazy diamond, Pink Floyd   427
    José Gabriel Assis de Almeida

O DIA EM QUE O MORRO DESCER E NÃO FOR CARNAVAL,
DE WILSON DAS NEVES   449
    José Maria Leoni Lopes de Oliveira

NADA SE CRIA: TAJ MAHAL, BLURRED LINES, UNDER PRESSURE
E ALGUMAS LIÇÕES DAS REFERÊNCIAS MUSICAIS   455
    José Roberto de Castro Neves

WHAT A WONDERFUL WORLD   463
    José Rogério Cruz e Tucci

ROMARIA   469
    Luciano de Souza Godoy

QUE PAÍS É ESTE (LEGIÃO URBANA)   475
    Luciano Rinaldi

VÍTIMAS DA SOCIEDADE, DE BEZERRA DA SILVA   479
    Luís Guilherme Vieira
    Reinaldo Santos de Almeida

TAXMAN   487
    Luiz Gustavo Bichara

BRAZIL   491
    Luiz Roberto Ayoub
    Dione Waleska Assis

THELONIOUS, SAMBA DE UMA NOTA SÓ   497
    Marcelo Barbosa

HURRICANE: BOB DYLAN   505
    Marcelo Roberto Ferro

Língua (e Outras palavras), de Caetano Veloso   513
    Marcelo Trindade

A boy named sue, por Johnny Cash: ódio e amor em torno do nome civil da pessoa natural   521
    Marcelo Vieira von Adamek

Anotações à Epopeia de Zumbi, de Nei Lopes   541
    Marco Aurélio Bezerra de Melo

A lei na visão de Raul Seixas   547
    Marcos Abraham

Homenagem ao malandro, de Chico Buarque   573
    Marcos Alcino de Azevedo Torres
    Vitor Gabriel de Moura Gonçalves

Pai, afasta de mim esse cale-se: censura e liberdade de expressão na história constitucional brasileira em dois atos   583
    Marcus Vinicius Furtado Coelho

Sociedade alternativa ou o pluralismo no sopé da construção social   591
    Mauricio Almeida Prado
    Deise da Silva Oliveira

Sturm und drang   597
    Miguel Reale Júnior

Aos nossos filhos, de Ivan Lins e Vitor Martins   605
    Mônica Goes

Vide verso meu endereço, de Adoniran Barbosa   611
    Patricia Serra

Chico Mineiro, a música   619
    Paulo Fernando Campos Salles de Toledo

Billy X Bully   625
    Paulo Vieira

A Legião Urbana no direito: Andrea Doria   629
    Pedro Marcos Nunes Barbosa

Sabiá, de Chico Buarque e Tom Jobim   639
    Pedro Paulo Salles Cristofaro

Who am I?   647
    Regis Fichtner

Faroeste Caboclo, de Legião Urbana   655
    Renato Sertã

Every breath you take, do Sting   669
    Ricardo Aprigliano

Cambalache   685
    Ricardo Villas Bôas Cueva

Ficha limpa   689
    Roberto Rosas

O dia em que a Terra parou   693
    Rodrigo Garcia da Fonseca

Domingo no parque: Gilberto Gil   707
    Sebastião Reis Júnior

Metamorfose ambulante, a singularidade humana   713
    Selma Ferreira Lemes

Criação intelectual e direito de autor: um passeio
pela música popular   723
    Silmara Chinellato

O bêbado e a equilibrista, o show tem que continuar   743
    Silvia Rodrigues Pachikoski

Haiti, de Caetano Veloso e Gilberto Gil   749
    Simone Schreiber

Direito, música e não música   763
    Tercio Sampaio Ferraz

Fio Maravilha, de Jorge Ben Jor   781
    Theophilo Antonio Miguel Filho

A possível aproximação entre a interpretação musical e
a jurídica   791
    Vera Maria Jacob de Fradera

Introdução

Canções marcam as nossas vidas. Elas nos tocam, nos emocionam e até nos definem. A música nos remete a lugares, a outros tempos e a nós mesmos – suscitando aquela saudade, por vezes doce e por outras, amarga, do que já fomos e experimentamos. Afinal, a música é a língua universal e, como pontificou Dorival Caymmi, "quem não gosta de samba, bom sujeito não é...". É verdade, como confiar em alguém que não gosta de música? A canção pode nos fazer mais novos ou mais velhos, alegres ou melancólicos. Um encanto, uma forma de magia, disse Freddy Mercury. Como ensina o ditado, "quem canta seus males espanta". Uma canção pode transformar. Quem sabe, a música, tal como provocou Don McLean, pode salvar nossa alma mortal.

A civilização percebeu que a música atua como elemento de comunhão, com o poder de transmitir – e fortalecer – uma mensagem. Há vários exemplos vivos disso na história. Os hinos nacionais, por exemplo, buscam invocar esse espírito de união de uma nação. A "Marselhesa" forneceu uma trilha sonora para a Revolução Francesa. Da mesma forma, as religiões se valem de cantos, com o propósito de promover a fé. Torcidas e partidos políticos, igualmente, adotam canções, sempre com o objetivo de estimular e seduzir seguidores.

Recentemente, a música serviu como forma de libertar uma geração. A partir do final dos anos 1950 e, principalmente, nos anos 1960 do século XX, a juventude se uniu e formou sua identidade pela música. A partir daí, estabeleceu novos valores para a sociedade. Canções de denúncia, de protesto e de afirmação de posições. A geração se expressou: "All you need is love".

As canções, que funcionam como construtoras da sociedade, não raro se relacionam a temas jurídicos. Afinal, o Direito também está em toda parte. Por isso há um diálogo, muitas vezes íntimo e indissociável, entre a Música e o Direito.

Para tratar desse encontro, juristas, juízes, advogados e professores de Direito, acostumados aos tribunais, aos complexos contratos e à sala de aula, escolheram canções que suscitam importantes lições de Direito. Como será visto, esses ensinamentos extrapolam o universo jurídico, para, com sensibilidade, chegar a temas éticos e morais.

Há uma linha comum dos inspiradores ensaios que compõem este livro: todos revelam que o profissional de Direito, para exercer adequadamente seu ofício, deve, além de conhecer as regras técnicas, possuir uma formação humanística, uma grande dose empática. Cabe a ele participar do mundo – e escutar as canções que as pessoas cantam. Como fica claro neste livro, para aplicar o Direito, não basta conhecer as leis. É necessária a sintonia com os valores que animam a sociedade – como a liberdade, a luta contra o preconceito e a compaixão, entre outros –, mantendo-se aberto para conhecer e admitir outros pontos de vista.

A música, como manifestação artística, e o Direito, o meio de organização adotado para garantir a paz social, são fundamentais ferramentas para garantir a vida em conjunto. Naturalmente, Direito e Música não existem sozinhos. Assim como nenhum de nós é feliz isoladamente – assim cantaram Tom e Vinícius –, a Música, desde sempre, se tornou um ponto de encontro.

Ao cantar em coro, as vozes ganham força. Esta obra, esforço coletivo, demonstra o poder da Música e do Direito. Confirmando a beleza da humanidade e de suas obras, convida-se o leitor vir conosco – e bem mais forte poder cantar.

José Roberto de Castro Neves
Maio de 2021

...And Justice for all, do Metallica

Alexandre Freitas Câmara
Rodrigo de Oliveira Freitas Câmara

No ano de 2013, um abaixo-assinado virtual foi iniciado com o objetivo de substituir o Hino Nacional Brasileiro por "...And Justice For all" do Metallica.[1] A justificativa dada pelo criador desse abaixo-assinado é a seguinte:

> O Hino Nacional Brasileiro, apesar de sua música linda, tem uma letra que raros brasileiros entendem. Seu vocabulário arcaico e rebuscado faz com que os brasileiros simplesmente cantem o hino por cantar, sem entender o que estão falando. And Justice for all, do Metallica, é escrito em bom inglês, a língua universal dos dias de hoje, e traz uma letra marcante que clama por justiça.

A faixa "...And Justice for all", da banda norte-americana Metallica, faz parte do seu quarto álbum, que possui o mesmo nome da música citada. O álbum *...And Justice for all* foi lançado em 25 de agosto de 1988. A primeira grande curiosidade a ser destacada desse produto da banda de heavy metal norte-americana é sua capa, que mostra uma ilustração da famosa deusa Dice (personificação da justiça na mitologia greco-romana) com sua venda branca nos olhos, uma balança na mão esquerda e a espada na mão direita. Porém, a criatividade da banda para a sua crítica foi além e eles adicionaram novos elementos à representação de Dice. Na capa, a deusa da justiça se encontra amarrada, cheia de rachaduras e sua balança completamente cheia de dinheiro, o que a torna desequilibrada, fugindo da imagem que se tem (ou se deveria ter) da justiça.

No presente ensaio, buscamos trabalhar com a diferença existente entre o Judiciário que existe hoje no Brasil e o Judiciário possível de se obter em nosso país. Começamos ressaltando a ideia de que não existe um Judiciário ideal, mas sim um Judiciário possível. Assim como não há uma definição única do que seria exatamente justiça, não é estranho o mesmo acontecer com o Judiciário. Dividiremos a análise em duas partes. A primeira abordará a realidade brasileira e identificará até que ponto a música da banda norte-americana descreve essa realidade brasileira. Já a segunda parte do ensaio buscará identificar os desafios que o Judiciário brasileiro terá de enfrentar para que sua imagem seja alterada para melhor.

Voltando ao caso mencionado de 2013, vemos uma demonstração clara de que a imagem do Judiciário brasileiro frente ao povo, ou pelo menos parte dele, não é das melhores. Não estamos aqui nos colocando, evidentemente, a favor da mudança proposta pelo abaixo-assinado, mas o fato de este existir já deve ser considerado para o propósito de nosso estudo. Fato é que o Judiciário deve, necessariamente, passar para a sociedade uma imagem de isenção, de imparcialidade.

Isto se diz porque é incontestável que cabe ao Poder Judiciário, através dos magistrados que o integram, dar a casos concretos soluções que não apenas possam ser reputadas juridicamente corretas, mas que sejam fruto da necessária imparcialidade dos juízes que tenham atuado ao longo do processo. E a letra da canção que serve de base para nossas reflexões bem mostra que não é esta a imagem que sempre se tem. A primeira estrofe da canção, aliás, é emblemática:

> *Halls of justice painted green, money talking*
> *Power wolves beset your door, hear them stalking*
> *Soon you'll please their appetite, they devour*
> *Hammer of justice crushes you, overpower*

Numa tradução livre, o que diz a letra dessa canção é "As paredes da Justiça pintadas de verde/ O dinheiro falando/ Lobos poderosos cercam sua porta, ouça-os rastejando/ Em breve eles vão saciar seu apetite, eles devoram/ O martelo da Justiça te esmaga, abuso de poder".

Percebe-se, claramente, que aí se transmite uma imagem de que o Judiciário é venal, corrupto, e o dinheiro decide o resultado dos processos. Demonstração clara de que a realidade da prática jurídica pelo Judiciário não observa, de certa forma, a existência de princípios fundamentais e de suma importância como a igualdade entre as partes, a imparcialidade e até mesmo o acesso à justiça. Nesse sentido, a imagem de um Judiciário corrupto, no qual não se pode confiar, aparece em vários outros trechos da letra. Veja-se, por exemplo, o verso *Justice is lost, justice is raped, justice is gone* ("A Justiça está perdida, a justiça foi estuprada, a justiça se foi").

Em pesquisa divulgada pela Fundação Getulio Vargas no início de 2020, a partir de dados coletados até dezembro de 2019, verificou-se que 35% da população brasileira avalia a atuação do Poder Judiciário como ruim ou péssima.[2] Quando se soma esse índice aos que a avaliam como regular, chega-se ao impressionante índice de 76%, enquanto apenas 21% da população considera que essa atuação é boa ou ótima. E esses índices não variam muito nem mesmo quando a pesquisa fica limitada à visão de advogados (os quais, sem dúvida, são os principais operadores do sistema), já que para 22% desses profissionais a atuação do Judiciário é boa ou ótima.

A pesquisa citada traz outros dados que chamam a atenção. Quando as pessoas são inquiridas sobre os sentimentos que nutrem pelo Poder Judiciário, 13% falam em tristeza, 12% em indignação, 11% em vergonha e 6% em medo. Além disso, 54% da população considera que o Judiciário funciona mal ou muito mal.

De outro lado, quando a pesquisa pergunta aos entrevistados o que esperam do Judiciário, 41% esperam que ele seja confiável, e 44% dos advogados esperam que ele seja imparcial.

Pois é exatamente aqui que está o ponto-chave deste ensaio. É preciso não só que o Judiciário seja imparcial, mas é também preciso que ele pareça imparcial aos olhos da sociedade. Como a mulher de César, a quem não bastava ser pura, mas era preciso que parecesse pura, também ao Judiciário e aos magistrados não basta que sejam imparciais. É preciso que pareçam imparciais.

Ao consultar no dicionário a definição dada para a palavra imparcialidade é "caráter ou qualidade de imparcial; equanimidade, justiça, neutralidade".[3] A imparcialidade do juiz, por sua vez, é entendida como a ausência de vínculos subjetivos com o processo e suas partes, de forma a manter o julgador em uma posição adequada para conduzir o processo.

O princípio da imparcialidade do juiz emana da CRFB/88. De acordo com o art. 5º, XXXVII, é vedado o juízo ou tribunal de exceção, e soma-se a isso o disposto no inciso LIII do mesmo dispositivo, que vem garantir um processo conduzido por uma autoridade competente já determinada por regras anteriores ao fato sob julgamento. Resulta desses dois dispositivos o princípio constitucional do juiz natural (ou do juiz constitucional), que tem, entre seus elementos constitutivos, a exigência de imparcialidade do juiz.

A partir da previsão constitucional da imparcialidade do juiz, fica clara a essencialidade da imparcialidade para que se tenha o devido processo constitucional. Ainda no texto constitucional, mais especificamente em seu art. 95, estão dispostas as garantias da vitaliciedade, inamovibilidade e irredutibilidade de subsídios. Essas garantias dadas aos magistrados foram estabelecidas na Constituição justamente para que não existam barreiras para a atuação do magistrado com isenção e independência. Por fim, o parágrafo único do art. 95 também veda aos juízes a prática de algumas condutas que poderiam macular sua imparcialidade.

As leis processuais, é certo, preveem mecanismos destinados ao controle da imparcialidade dos juízes, estabelecendo casos de impedimento e suspeição, os quais levam a que um magistrado não possa atuar no processo. O juiz é impedido, no processo civil, quando ocorre qualquer das hipóteses previstas no art. 144 ou no art. 147 do Código de Processo Civil. E é suspeito de parcialidade quando se enquadra em qualquer das hipóteses previstas no art. 145 do mesmo Código. Já no processo penal ocorre impedimento do juiz nos casos previstos nos arts. 3º-A, 252 e 253 do Código de Processo Penal, e será suspeito de parcialidade nos casos previstos no art. 254 da mesma lei. Essas hipóteses, porém, sempre foram analisadas apenas com base numa aplicação estrita dos textos legais, sem qualquer preocupação com a imagem que o juiz transmite para as partes e para a sociedade. E é isso que precisa começar a mudar.

Por isso, é extremamente importante que sejam levados em conta os "Princípios de Bangalore" sobre a conduta judicial.[4] Este é um projeto de Código Internacional de Conduta dos Juízes, elaborado sob os auspícios da Organização das Nações Unidas (ONU), e oficialmente aprovado em 2002. Esses princípios serviram de subsídio para a elaboração do Código Ibero-Americano de Ética Judicial, assim como para o Código de Ética da Magistratura Nacional.

Entre os Princípios de Bangalore, merece destaque o valor 2 (imparcialidade),[5] segundo o qual "[a] imparcialidade é essencial para o apropriado cumprimento dos deveres do cargo de juiz. Aplica-se não somente à decisão, mas também ao processo de tomada de decisão".

Nos *Comentários aos Princípios de Bangalore* organizados pelas Nações Unidas se lê o seguinte:

> A imparcialidade é a qualidade fundamental requerida de um juiz e o principal atributo do Judiciário. A imparcialidade deve existir tanto como uma questão de fato como uma questão de razoável percepção. Se a parcialidade é razoavelmente percebida, essa percepção provavelmente deixará um senso de pesar e de injustiça realizados destruindo, consequentemente, a confiança no sistema judicial. A percepção de imparcialidade é medida pelos padrões de um observador razoável. A percepção de que o juiz não é imparcial pode surgir de diversos modos, por exemplo, da percepção de um conflito de interesses, do comportamento do juiz na corte, ou das associações e atividades do juiz fora dela.[6]

Exatamente por isso que o Código de Ética da Magistratura Nacional estabelece, em seu art. 8º, que magistrado imparcial é aquele que busca nas provas a verdade dos fatos, com objetividade e fundamento, mantendo ao longo de todo o processo uma distância equivalente das partes, e evita todo o tipo de comportamento que possa refletir favoritismo, predisposição ou preconceito.

Percebe-se, assim, que a conduta do juiz, inclusive fora dos autos, deve ser levada em consideração para determinar se ele é mesmo imparcial (uma vez que se fala expressamente na necessidade de que o juiz evite todo tipo de comportamento que possa refletir favoritismo, predisposição ou preconceito).

Seguindo essa linha, o Superior Tribunal de Justiça proferiu interessante decisão, cuja ementa foi a seguinte:

> PROCESSUAL CIVIL. DIVERGÊNCIA JURISPRUDENCIAL NÃO DEMONSTRADA CORRETAMENTE. SUSPEIÇÃO OU IMPEDIMENTO DE MAGISTRADO. ARTIGOS 134 E 135 DO CÓDIGO DE PROCESSO CIVIL DE 1973. SÚMULAS 284 DO STF E 7 DO STJ. OBITER DICTUM. ARTIGOS 144 E 145 DO CÓDIGO DE PROCESSO CIVIL DE 2015. ÉTICA JUDICIAL. INDEPENDÊNCIA, INTEGRIDADE E IMPARCIALIDADE NA CONDUTA PROCESSUAL DOS MAGISTRADOS. CÓDIGO DE ÉTICA DA MAGISTRATURA NACIONAL. PRINCÍPIOS DE BANGALORE. CÓDIGO IBERO-AMERICANO DE ÉTICA JUDICIAL.
> 1. A apontada divergência deve ser comprovada, cabendo a quem recorre demonstrar as circunstâncias que identificam ou assemelham os casos confrontados, com a indicação da similitude fática e jurídica entre eles. Indispensável a transcrição de trechos do relatório e do voto dos acórdãos recorrido e paradigma, realizando-se cotejo analítico entre ambos, com o intuito de bem caracterizar a interpretação legal divergente. O desrespeito a esses requisitos legais e regimentais (art. 541, parágrafo único, do CPC/1973 e art. 255 do RI/STJ) impede o conhecimento do Recurso Especial com base na alínea "c" do inciso III do art. 105 da Constituição Federal.
> 2. A ausência de precisa indicação dos dispositivos infraconstitucionais que teriam sido afrontados pela divergência jurisprudencial caracteriza deficiência na fundamentação do recurso, a atrair o óbice da Súmula 284 do STF. Ademais, na hipótese

concreta dos autos, o Tribunal a quo afirma categoricamente que o magistrado não proferiu decisão em outro grau de jurisdição; não promoveu ação contra a parte ou contra o advogado desta, nem possui interesse no julgamento do processo em favor da União. Assim, decidir em sentido contrário esbarraria na Súmula 7 do STJ. 3. Na sistemática do Código de Processo Civil de 1973, redigido e promulgado sob a égide da Carta de 1969, firmou-se no STJ jurisprudência no sentido de que os arts. 134 e 135 daquele Código, por conterem exceções à atuação do juiz legalmente competente para apreciar e decidir a causa, devem ser interpretados restritivamente.

4. Em obiter dictum voltado a estimular reflexão em recurso futuro que preencha os pressupostos de admissibilidade, importa lembrar que o CPC de 2015, sob o império do sistema e mandamentos hiper-republicanos de 1988, expressamente preceitua, logo no artigo 1°, que o seu texto "será ordenado, disciplinado e interpretado conforme os valores e as normas fundamentais estabelecidos na Constituição da República Federativa do Brasil" (grifo adicionado).

Sem dúvida, a prescrição axiológico-hermenêutica inequívoca do artigo 1° traz para o âmbito processual do status, das responsabilidades e da atuação dos magistrados princípios e deveres universalmente consagrados - como independência, integridade ou probidade, e imparcialidade. Neles convergem três núcleos deontológicos, mas também constitucionais e legais, associados a vasto e complexo repertório de padrões de comportamento de rigor e aceitação crescentes, atualmente considerados pelas nações democráticas como imprescindíveis ao Estado de Direito e à própria noção de Justiça e, por isso mesmo, estrelas-guia da excelência judicial.

5. Em 2008, para garantir os pilares dorsais da independência, da integridade e da imparcialidade do magistrado, com evidente propósito de preservar e fortalecer a autoridade, a respeitabilidade e a confiança no Poder Judiciário como um todo, o Conselho

Nacional de Justiça - CNJ editou o Código de Ética da Magistratura Nacional.

Dispõe ele ser "fundamental para a magistratura brasileira cultivar princípios éticos, pois lhe cabe também função educativa e exemplar de cidadania em face dos demais grupos sociais" (Preâmbulo, grifo adicionado). Acrescenta que, para ser considerado realmente imparcial, deve o magistrado evitar "todo o tipo de comportamento que possa refletir favoritismo, predisposição ou preconceito" (art. 8°).

6. Na mesma linha, em 2006, o Conselho Econômico e Social das Nações Unidas adotou a Resolução 2006/1923, referendando os "Princípios básicos para o fortalecimento da conduta judicial" (Princípios de Bangalore de Conduta Judicial, redigidos e aprovados originalmente em 2001 pelo "Grupo Judicial de Fortalecimento Judiciário").

7. Segundo a Declaração de Bangalore, "a confiança do público no sistema judicial, na autoridade moral e na integridade do Judiciário é de suma importância em uma sociedade democrática moderna" e que é "essencial que juízes, individual e coletivamente ... esforcem-se em realçar e manter a confiança no sistema judicial" (Preâmbulo, grifo acrescentado). Prevê, ademais, que "um juiz não só deverá ser isento de conexões inapropriadas ..., mas deve também parecer livre delas, para um observador sensato" (Princípio 1.3, grifo adicionado). E arremata, no ponto que interessa às questões aqui debatidas: "Um juiz deve considerar-se suspeito ou impedido de participar em qualquer caso em que não é habilitado a decidir o problema imparcialmente ou naqueles em que pode parecer a um observador sensato como não-habilitado a decidir imparcialmente" (Princípio 2.5, grifo adicionado).

8. Não é diferente o Código Ibero-Americano de Ética Judicial ao estabelecer que "o Juiz deve evitar toda a aparência de tratamento preferencial ou especial com os advogados e com os processáveis, proveniente da sua própria conduta ou da dos outros integrantes da repartição judicial" (art. 13, grifo adicionado) e

que "é proibido que o Juiz e os outros membros da repartição judicial recebam presentes ou benefícios - de toda a índole - que sejam injustificados sob a perspectiva de um observador razoável" (art. 14, grifo adicionado). E, finalmente: "O Juiz tem o dever de promover na sociedade uma atitude, racionalmente fundada, de respeito e confiança para com a administração de justiça" (art. 43, grifo acrescentado).

9. Assim, inevitável que esse mosaico de valores, princípios, responsabilidades e expectativas - partilhado pela comunidade das nações democráticas e, em decorrência, matéria-prima do arcabouço deontológico da magistratura ideal - informe a interpretação que se venha a conferir aos arts. 144 e 145 do novo CPC. Por esse enfoque, o standard aplicável deixaria de ser de autoavaliação subjetiva do juiz e assumiria conformação de aparência exterior objetiva, isto é, aquela que toma por base a "confiança do público" ou de um "observador sensato". Em outras palavras, a aferição de impedimento e suspeição, a partir do texto da lei, haveria de levar em conta, além do realmente ser, o parecer ser aos olhos e impressões da coletividade de jurisdicionados. Em suma, não se cuidaria de juízo de realidade interna (ótica individual do juiz), mas, sim, de juízo de aparência externa de realidade (ótica da coletividade de jurisdicionados).

10. Recurso Especial parcialmente conhecido e, nessa extensão, não provido.

(REsp 1720390/RS, Rel. Ministro HERMAN BENJAMIN, SEGUNDA TURMA, julgado em 07/06/2018, DJe 12/03/2019)

Nota-se, então, que na mais moderna concepção é preciso que a imparcialidade do juiz seja analisada não só com base no que "*é*", mas com base no que "parece ser". Em outras palavras, é fundamental que se fique atento para o "juízo de aparência externa de realidade (ótica da coletividade de jurisdicionados)". É preciso, então, como se disse ao início do texto, que o juiz não apenas "seja" imparcial, mas que "pareça ser", aos olhos da sociedade (de todos os jurisdicionados, e não apenas daqueles que são partes no processo), imparcial.

Isso impõe, inclusive, uma mudança de postura na compreensão dos fenômenos processuais da suspeição e do impedimento. Esses fatos que levam a que se repute parcial (ou suspeito de parcialidade) o juiz devem ser considerados não só a partir de dados objetivos (como o juiz ser integrante da família da parte, ou manter com a parte relação de amizade ou inimizade), mas também é preciso considerar os vieses cognitivos (*cognitive bias*), que são praticamente inevitáveis dada a humanidade do juiz, mas que precisam ser controlados de alguma maneira (o que se dá através de mecanismos de desenviesamento ou *debiasing*).[7] O respeito a um contraditório prévio, efetivo, dinâmico e comparticipativo, a exigência de fundamentação completa e analítica de todas as decisões judiciais, assim como a observância do princípio da colegialidade na revisão de decisões em sede recursal, são importantes mecanismos de desenviesamento, que se mostram essenciais para a melhoria da imagem que o Judiciário brasileiro tem perante a sociedade.

Essa mudança de perspectiva será fundamental para que haja uma mudança na visão que a sociedade brasileira tem do Poder Judiciário. Afinal, não se pode mais aceitar que um Poder da República, essencial para o Estado Democrático de Direito, não goze da confiança da sociedade a que serve.

A democracia não pode ficar à mercê do tempo ou da vontade do Judiciário. Para que se viva a plenitude do Estado Democrático de Direito, necessitamos de um Judiciário capaz de transmitir a devida confiança para os jurisdicionados. Nesse sentido, se entende que para se ter um Judiciário democrático, ou seja, capaz de dar as respostas necessárias para o projeto de democracia que o país agasalhou na Constituição Federal de 1988, devemos ter a confiança dos jurisdicionados no Poder Judiciário, pois de nada adiantaria um modelo como o nosso em que se têm três Poderes, e pelo menos um deles não agrada ao povo. Uma sociedade nesses moldes está fadada ao insucesso no caminho rumo ao Estado Democrático de Direito.[8]

Há um verso da canção "...And Justice for all" em que se diz que *nothing can save us* ("nada pode nos salvar"). Não é possível pensar assim.

Nessa relação do Poder Judiciário com a sociedade há, sim, o que pode nos salvar. A confiabilidade, a independência e a imparcialidade, pilares que, juntos, ajudarão a sustentar um Judiciário em que a sociedade brasileira poderá acreditar. E quem sabe, assim, as pessoas poderão crer em um país no qual haverá, mesmo, justiça para todos?

Notas

1 Advogado em São Paulo
1 O abaixo-assinado pode ser encontrado no seguinte link: <https://secure.avaaz.org/community_petitions/po/Peticao_para_substituir_o_Hino_Nacional_Brasileiro_por_And_Justice_For_All_do_Metallica/>. Acesso em: 05 ago. 2020.
2 A pesquisa chamada "Estudo da Imagem do Judiciário Brasileiro" pode ser consultada em <https://www.amb.com.br/wp-content/uploads/2020/04/ESTUDO_DA_IMAGEM_.pdf>. Acesso em: julho de 2021.
3 Disponível em: <https://michaelis.uol.com.br/busca?r=0&f=0&t=0&palavra=imparcialidade>. Acesso em: 06 dez. 2020.
4 O texto em inglês dos "Princípios de Bangalore" pode ser consultado em <https://www.unodc.org/pdf/crime/corruption/judicial_group/Bangalore_principles.pdf>. Acesso em: julho de 2021.
5 No texto oficial dos Princípios de Bangalore, cada princípio é chamado de valor. Evidentemente, esta não é a sede adequada para discutir se princípios são valores, e nos limitamos a reproduzir a terminologia oficial.
6 UNODOC. *Comentários aos Princípios de Bangalore de Conduta Judicial*. Brasília: ONU, Unodoc, 2008, pág. 65-66.
7 Sobre o tema, extensamente, SILVA, Natanael Lud Santos e. *Os vieses de cognição e o processo jurisdicional democrático*: um estudo sobre a mitigação de seus efeitos e o *debiasing*. 2018. Dissertação (Mestrado em Direito). Pontifícia Universidade Católica, Belo Horizonte.
8 BOUJIKIAN, Kenarik. "O Estado Democrático de Direito e o Judiciário". *Le Monde Diplomatique Brasil*, 26 nov. 2018. Disponível em: <https://diplomatique.org.br/o-estado-democratico-de-direito-e-o-judiciario/>. Acesso em: 06 dez. 2020.

Direito e samba:
uma história para ninar gente grande

Anderson Schreiber[1]

"Mangueira, tira a poeira dos porões
Ô, abre alas pros teus heróis de barracões
dos Brasis que se faz um país de Lecis, Jamelões
(são verde e rosa, as multidões)"

1. Comissão de frente

Quando, naquela madrugada de março de 2019, o carro abre-alas, formado por indígenas de todas as cores, adentrou a Marquês de Sapucaí, as arquibancadas já cantavam na ponta da língua o samba da Mangueira. "*História para Ninar Gente Grande*" foi um sucesso instantâneo. Um samba-enredo que exaltava os excluídos, os marginalizados, os heróis esquecidos pela História refletia, em larga medida, a própria essência do samba, como gênero musical de resistência, mas havia também a questão do momento.

Em um país que elegera, poucos meses antes, um Presidente da República que elogiava abertamente torturadores e era acusado de manter laços com a milícia, a Estação Primeira convocava o público a louvar na Avenida *"quem foi de aço nos anos de chumbo"* e avisava ao Brasil que *"chegou a vez de ouvir as Marias, Mahins, Marielles, malês"*. A covarde execução da vereadora Marielle Franco, ocorrida um ano antes, continuava impune, reeditando com espantosa atualidade o drama histórico de tantas mulheres negras que ousaram lutar por mudanças sociais. O Rio de Janeiro, *locus* mundial do carnaval, era então governado pelo bispo neopentecostal Marcelo Crivella, que entraria para a história como o primeiro prefeito da cidade a evitar o sambódromo.[2] Sua gestão seria marcada pela retirada de recursos públicos do carnaval e pelas severas restrições aos blocos de rua, que o transformariam em tema de numerosos sambas e marchinhas que associavam sua gestão à intolerância religiosa e à perseguição de uma das mais importantes manifestações culturais do Rio de Janeiro.[3]

É nesse contexto de revolta que o samba-enredo da Mangueira irrompe na Avenida, dando voz a uma indignação represada na garganta de multidões. Ao fundir injustiçados do passado e do presente, ao congregar *"mulheres, tamoios, mulatos"*, desejando *"um país que não está no retrato"*, a Mangueira reuniu em um só canto as vítimas do racismo, do machismo, do preconceito de toda espécie, das diferentes formas de violência, brutalidade e autoritarismo que se aplacam sobre os brasileiros, passando a limpo não apenas o passado do Brasil, mas também o seu presente. Sem ceder a uma perspectiva excludente e sectária – que se tornou tão comum em movimentos identitários[4] –, mas sem recair tampouco em um discurso pastoril de falsa harmonia, *"História para Ninar Gente Grande"* é, a um só tempo, uma sangrenta denúncia, uma serena revelação e um irrecusável convite para todos se unirem à luta, pois *"na luta é que a gente se encontra"*:

> *"Brasil, meu nego,*
> *Deixa eu te contar*
> *A história que a história não conta*
> *O avesso do mesmo lugar*
> *Na luta é que a gente se encontra"*

Para Manu da Cuíca, uma das autoras da composição: "*o samba da Mangueira fala das maiorias, e não das minorias*".⁵ Em um país que nunca enfrentou os efeitos da escravidão, preferindo o mito de uma "*democracia racial*",⁶ e que repetiu o mesmo erro escapista ao varrer para debaixo do tapete as atrocidades do período ditatorial militar, "*a Mangueira chegou com versos que o livro apagou*", propondo revisitar a história oficial para tirar "*a poeira dos porões*" e abrir alas "*pros teus heróis de barracões*". Venceu, assim, nas notas e nos corações.

Todavia, o leitor – especialmente aquele que, por algum azar, não seja mangueirense – estará, já a esta altura, se perguntando: mas, afinal, qual a ligação de tudo isso com o Direito?

2. Fantasias

Seria um alento poder afirmar que "*História para Ninar Gente Grande*" toca aos juristas por ser, no fundo, uma ode contemporânea ao justo, uma busca da verdade por trás de versões mal contadas, um hino à redenção definitiva dos injustiçados, retratando uma luta cotidiana com a qual muitos advogados se identificam ao atuar em seus processos judiciais. O clamor por justiça que ecoa em cada verso daquele samba-enredo funcionaria como um vínculo fácil e idílico com o papel do Direito na sociedade brasileira.

Pura fantasia. A relação do samba-enredo da Mangueira com o Direito é bem mais sombria e constrangedora. "*História para Ninar Gente Grande*" é um canto de revolta contra as injustiças cometidas não só pela historiografia oficial, mas também pela ordem jurídica brasileira e, consequentemente, também pelos nossos juristas. Foi o próprio Direito que não apenas forneceu amparo à escravidão e à dura repressão das revoltas abolicionistas – que a Mangueira relembra com "*marias*" (Maria Felipa de Oliveira),⁷ "*mahins*" (Luíza Mahin)⁸ e "*malês*" (Revolta dos Malês)⁹ –, mas também excluiu, marginalizou e escondeu "*os heróis dos barracões*". E quiçá, sob novas formas de ocultação, continue tentando escondê-los até hoje, razão pela qual é preciso compreender bem este enredo.

3. Enredo

A primeira reação do direito brasileiro ao samba foi a repressão. Numerosas fontes históricas relatam, ao longo de toda a primeira metade do século XX, a prisão de sambistas com base no crime de "*vadiagem*", tipificado no Código Penal de 1890 (art. 399).[10] Eneida de Moraes, autora da primeira grande obra sobre o carnaval do Rio de Janeiro, chegou a escrever que "*os dois maiores inimigos do carnaval carioca são a chuva e a polícia*".[11] O registro da repressão aparece expressamente na letra de sambas como "*Samba de nêgo*", parceria de Pixinguinha e Cícero de Almeida, gravada pela primeira vez por Francisco Alves em 1928: "*Eu fui num samba/ Em casa de mãe inez/ No melhor da festa/ Fomos todos pro xadrez*". Ou, ainda, em "*Delegado Chico Palha*", composição de 1938, de autoria de Tio Hélio e Nilton Campolino: "*Delegado Chico Palha/ Sem alma, sem coração/ Não quer samba nem curimba/ Na sua jurisdição (...) Era um homem muito forte/ Com um gênio violento/ Acabava a festa a pau/ Ainda quebrava os instrumentos.*"[12]

Naquela época, carregar instrumentos musicais populares era considerado indício da prática de vadiagem: "*portar um pandeiro podia acarretar na apreensão ou inutilização do instrumento e prisão do seu portador.*"[13] Em 1936, João da Baiana, um dos pioneiros do samba, concedeu uma entrevista ao jornal *Diário Carioca* em que afirmou ter sido preso diversas vezes simplesmente por tocar seu pandeiro: "*Quando menos se esperava, a cana chegava e ia todo mundo para o xadrez*".[14] Um dia, diante da ausência de João da Baiana em um batuque em sua casa por conta de problemas com a lei, o Senador Pinheiro Machado, que era fã do músico, mandou fazer um pandeiro gravado com uma dedicatória de admiração e com sua assinatura ("*A minha admiração, João da Baiana – Pinheiro Machado*"), em um prelúdio talvez de que o samba só deixaria de ser reprimido quando caísse nas graças das elites brasileiras.

De fato, o estigma da vadiagem acompanhou o samba por muitos e muitos anos e, ainda hoje, o acompanha. Reflete-se também em outras produções culturais, como o *funk*.[15] Na base de todo esse preconceito, está evidentemente o racismo,[16] que ecoa em tantas composições do passado e do presente.[17] O próprio nascimento das escolas de samba está, para muitos historiadores, ligado à tentativa de superar o preconceito e evitar a discriminação. Sambistas do bairro do Estácio – dentre os quais, Ismael Silva – teriam fundado, em 1927, a "*Escola de Samba Deixa Falar*", primeira agremiação do gênero, escolhendo o termo em homenagem à antiga Escola Normal que funcionava no mesmo bairro. Assim, analogamente ao que acontecia no ambiente escolar, os sambistas mais consagrados passavam a ser denominados "*mestres*" ou "*professores*", um modo sutil de exigir o respeito que não era habitualmente reservado ao samba.[18]

4. Alegorias e adereços

As elites brasileiras descobriram o samba pouco a pouco. O gênero musical já havia ingressado no rádio e no mundo das gravadoras[19] quando, em 1932, o jornal *Mundo Sportivo,* de propriedade do jornalista Mário Filho, decide promover o primeiro desfile das escolas de samba do Rio de Janeiro.

A ideia nasceu quase por acaso, como revelou em uma entrevista, décadas depois, o desenhista e compositor Antônio Nássara:

> Naquele tempo, praticamente, só existia futebol e um pouco de remo. Eram só essas duas atividades para um jornal especializado. Quando terminava o campeonato, o jornal ficava três, quatro meses sem muito o que notificar. Foi então que um repórter teve uma ideia genial. Foi o [Carlos] Pimentel, não sei se ainda é vivo. Era um camarada altamente conhecedor dos fatos da cidade. Estava por dentro dessa história de escola de samba. Então Mário Filho, que era um homem de grande, enorme visão, encomendou a Pimentel entrevistas com o pessoal das escolas de samba. Sinhô, Almirante e até Noel apareciam e davam entrevistas. Mas o pessoal das escolas de samba, não. O Maciste, o Cartola, o Gradim e outros eram inéditos. Ninguém sabia da existência deles. Quem os conhecia, realmente, era o Pimentel, que ia ao Estácio, ao Rio Comprido, para saber o que havia nas escolas de samba. Quando dá um estalo genial, genial mesmo,

no Mário Filho: 'Ô Pimentel! E, se em vez de entrevistas, a gente fizer uma disputa entre eles?'. Eu estava na sala e ouvi tudo. Naquele momento, nascia o concurso das escolas de samba.[20]

Mario Rodrigues Filho é nacionalmente reconhecido por suas contribuições decisivas ao mundo do futebol: irmão do dramaturgo Nelson Rodrigues, de quem era rival nas arquibancadas, foi o criador da mística do *Fla x Flu* e é considerado por muitos o pai da crônica esportiva moderna no Brasil. Sua obra *"O Negro no Futebol Brasileiro"* é tida, até hoje, como uma das obras fundamentais para entender a formação do nosso futebol e sua luta pela construção do estádio do Maracanã acabou por lhe render uma merecida homenagem, bem visível aos portões do *Estádio Mário Filho* – homenagem que recente projeto de lei pretende jogar por terra ao propor, em um dos momentos mais duros da pandemia de covid-19, uma alteração do nome do estádio, em uma rara combinação de ingratidão e insensibilidade. A genialidade de Mário Filho, como se vê, transcendeu as fronteiras do futebol e contribuiu, de modo decisivo, para o carnaval carioca e para a própria identidade cultural do Rio de Janeiro.

5. Evolução

A disputa de 1932, organizada pelo *Mundo Sportivo* de Mário Filho, foi vencida pela escola de samba Estação Primeira de Mangueira[21] com duas composições, uma das quais intitulada *Pudesse meu ideal*, de autoria de Carlos Cachaça e Cartola, que se encerrava com os seguintes versos: *"Que contei é samba banal/ Valorizado só no Carnaval"*. No ano seguinte à sua estreia, o jornal *O Globo* assumiria a promoção do desfile. Em 1935, o recifense Pedro Ernesto, então Prefeito do Distrito Federal, oficializou o desfile e se tornou o primeiro político brasileiro a fornecer apoio financeiro ao carnaval. A disputa entre as escolas de samba passaria, ainda, por muitas fases, mas sempre refletindo, de algum modo, essa dualidade entre, de um lado, o desprezo ao samba como fenômeno cultural e, de outro, o interesse repentino e imediatista pelo espetáculo do carnaval, abocanhado em alguma medida pelo Poder Público.[22]

A verdade é que se a ordem jurídica não exibia mais a explícita repressão de outrora, antigos preconceitos continuaram marcando o olhar oficial sobre o carnaval e os sambistas. O samba nunca deixou, nesse sentido, o campo da resistência. Os sambistas sofreriam, por exemplo, com a censura do Estado Novo (1937-1946). Para ficar em um só exemplo, a letra de *Bonde de São Januário*, samba de Ataulfo Alves e Wilson Batista, teve um trecho alterado pelos censores. A letra original ironizava: "*O bonde de São Januário/ leva mais um otário/ só eu não vou trabalhar*", mas a palavra "*otário*" foi substituída por "*operário*" e o verso seguinte se transformou em "*sou eu que vou trabalhar*", tudo para exibir à sociedade e ao mundo o retrato do Brasil desejado pelas autoridades da época.[23]

Em 1964, após o golpe militar, houve uma quase imediata identificação dos redutos do samba com a crítica à ditadura. Autor de uma primorosa biografia sobre o divino Cartola, o pesquisador Denilson Monteiro registra que, em abril de 1964,

> o CPC foi fechado e o Zicartola, que já era centro de resistência do samba, tornou-se também o porto seguro dos estudantes do Centro de Cultura. Alguns universitários, durante o intervalo entre um show e outro, levantavam de suas mesas e faziam discursos a favor da democracia. Depois sentavam-se para ouvir o próximo artista que ia se apresentar.[24]

A ordem jurídica e o samba continuavam se estranhando.

O estranhamento se intensificou nos anos de 1970, quando o jogo do bicho começou a se associar às escolas de samba, levando os desfiles a um patamar inédito de luxo e riqueza. É emblemático deste período o samba-enredo da Beija Flor de 1976, *Sonhar com o Rei dá Leão*, que conquistou o primeiro campeonato para a escola de Nilópolis.[25] Em 1984, após a polêmica inauguração do sambódromo,[26] foram os bicheiros que lideraram a fundação da Liga Independente das Escolas de Samba do Rio de Janeiro – L.I.E.S.A. para "*proporcionar ao povo um carnaval mais organizado e à altura dos seus anseios*".[27]

Quase três décadas depois, o então Governador do Estado do Rio de Janeiro, Sergio Cabral Filho, afirmou publicamente que as escolas de samba deveriam se desvincular dos patronos ligados ao jogo do bicho para que *"não fiquem respondendo a alguém ligado a uma atividade ilegal"*. O sambista Neguinho da Beija Flor reagiu: *"Os bicheiros fizeram o espetáculo do jeito que é. Agora, que ganhou glamour, eles são presos. O carnaval já foi coisa de crioulo; hoje, dá status. Antigamente, político nem desfilava."*[28]

6. Harmonia?

A virada do milênio prometia quiçá um futuro melhor para as relações entre o samba e a ordem jurídica. As letras do samba passavam a registrar a consagração definitiva dos sambistas, como nos versos de Jorge Aragão, em *Moleque Atrevido* (1999): *"Também somos linha de frente/ de toda essa história/ Nós somos do tempo do samba/ Sem grana, sem glória/ Não se discute talento/ Mas seu argumento, me faça o favor/ Respeite quem pode chegar onde a gente chegou."*[29]

Em 2007, o Decreto 28.980 do Município do Rio de Janeiro reconheceu as escolas de samba da cidade como *"patrimônio cultural carioca"* e, em 2016, o Decreto 42.708 do mesmo Município declarou o samba-enredo como *"patrimônio cultural imaterial da cidade"*. Pode-se afirmar que atos assim exprimem, por um lado, um reconhecimento tardio e até uma tentativa paternalista de apropriação estatal do samba após a sua consagração como gênero musical e após o sucesso do carnaval como evento turístico mundial – como, de resto, já pressentira Pedro Ernesto, nos idos de 1935 –, mas é certo que, por outro lado, havia nisso tudo algo de redentor, um sopro de respeito oficial a um gênero musical nascido e criado na resistência.

A luta contra o racismo também parecia avançar. Da presença em sambas magistrais, como *"Estranhou o quê?"*, de Moacyr Luz,[30] o combate à discriminação passava a frequentar também as salas de aula, onde a desconstrução do mito da democracia racial veio exigir políticas de Estado voltadas a reduzir a desigualdade. Em 2003, a Universidade do Estado do Rio de Janeiro, de modo pioneiro no Brasil, reservou parte de suas vagas para candidatos autodeclarados negros ou pardos. A Faculdade de Direito da UERJ de cujas janelas se vê a comunidade da Mangueira – "*o morro com seus barracões de zinco/ quando amanhece que esplendor*"³¹ – mudava de cor, deixando de ser majoritariamente branca. Iniciativas semelhantes se seguiram em diferentes instituições. Alguma harmonia parecia se desenhar no ambiente jurídico. Os tamborins pareciam se aquecer para um desfile melhor. Ilusão.

7. Bateria

O recuo da bateria foi mais intenso do que qualquer um poderia prever. A partir de meados da segunda década dos anos 2000, o Brasil mergulhou em uma crise ética e política sem precedentes, seguida de uma polarização tão virulenta da sociedade que degradaria qualquer associação ao "Fla x Flu" de Mário Filho. O preconceito e a intolerância retornaram com toda força em um debate público falseado, em que se digladiam apenas palavras de ordem e opiniões imutáveis, incendiadas pela superficialidade da estrutura de comunicação das redes sociais.³² O discurso de ódio (*hate speech*) e as notícias fraudulentas (*fake news*) invadiram de tal forma nosso cotidiano que as expressões em inglês se tornaram inteiramente dispensáveis.

A ignorância ressurgiu arrogante em cada esquina. A violência brotou contra alvos variados, mas atingindo com mais brutalidade os alvos de sempre. A liberdade nos costumes sofreu intenso retrocesso. O antônimo do samba aconteceu. Para manter alguma esperança, era preciso ouvir a sabedoria atemporal de Nelson Sargento: "*Samba/ Agoniza mas não morre/ Alguém sempre te socorre/ Antes do suspiro derradeiro*".³³

8. Porta-bandeira

Um samba-enredo nunca é um acontecimento pontual, dizem os especialistas. Nesse sentido, "*História para Ninar Gente Grande*" nasceu muito antes de ser escrita. Deu seus primeiros passos quando o menino franzino, Agenor de Oliveira, nascido no Flamengo e criado em Laranjeiras precisou se mudar com a família para o *Buraco Quente*, um dos núcleos iniciais do povoamento do lado esquerdo do morro da Mangueira, rente à linha do trem.[34] Avançou mais um pouco quando o mesmo Agenor arrumou um emprego de servente de pedreiro e, para proteger seus cabelos dos pingos de cimento, descolou um elegante chapéu-coco, que passou a usar não apenas na obra, mas também nas rodas de samba, onde seus colegas lhe tascaram um apelido: Cartola.[35] Cresceu quando Cartola decidiu, com Saturnino Gonçalves, Pedro Caim e outros parceiros, fundar no final da década de 1920 a Estação Primeira de Mangueira, escolhendo as cores verde e rosa em homenagem ao rancho Arrepiados de que seu pai fora integrante – a melhor versão, embora descartada pelo próprio Cartola, é de que as cores teriam sido uma homenagem ao seu clube de coração, o Fluminense.[36]

Desde sua fundação, a Mangueira foi, em certa medida, a porta-bandeira da resistência no carnaval carioca. Recusando-se a inovações pirotécnicas e a ostentações desnecessárias, a Estação Primeira soube, ao longo de tantas décadas, manter viva a elegância e a altivez de Cartola e dos demais sambistas (*"Lecis, Jamelões..."*) que marcam sua história. Afinal, *"Mangueira/ continuam nossas lutas/ podam-se os galhos/ colhem-se as frutas/ e outra vez se semeia/ e no fim desse labor/ surge outro compositor/ com o mesmo sangue na veia."*[37]

A super-campeã do Carnaval – título que conquistou ao vencer a disputa das escolas de samba naquele ano de inauguração do sambódromo (1984), quando, após desfilar guiada pela voz de Jamelão, retornou pela própria Marquês de Sapucaí aclamada pelo público – nunca abandonou a tradição do samba, contornando suas dificuldades com o esforço da própria comunidade, mesmo quando outras escolas cederam a impulsos comerciais para atrair investimentos.[38] A crítica social e a luta contra o racismo e o preconceito também sempre foram características marcantes da Mangueira, como se vê no célebre samba-enredo apresentado pela escola em 1988 sobre o centenário da Lei Áurea, intitulado *"100 anos de Liberdade: Realidade ou Ilusão"*. Provocou, na ocasião, a Estação Primeira: *"Será que já raiou a liberdade/ Ou se foi tudo ilusão/ Será, oh, será/ Que a lei áurea tão sonhada/ Há tanto tempo assinada/ Não foi o fim da escravidão."*[39]

Ouvir *"100 anos de Liberdade"* – sugiro ouvir na voz de Jurandir, Dona Ivone Lara e Baianinho, na faixa inaugural do álbum *Os Meninos do Rio*, que me foi fraternalmente enviado do *"túmulo do samba"* (São Paulo) por um verdadeiro bamba do Direito Civil, Maurício Lacerda[40] – é encontrar um paralelo inevitável com *"Histórias para Ninar Gente Grande"*, quando vem denunciar, três décadas depois, que *"desde 1500/ tem mais invasão do que descobrimento/ tem sangue retinto pisado/ atrás do herói emoldurado"*. Essa visão do carnaval como chance de retratar uma história apagada pelas versões oficiais e lançar luzes sobre os problemas sociais (que o mesmo Poder Público, que dita as regras do carnaval, pretende por vezes deixar de fora do espetáculo ou tratar como mero arroubo criativo)[41] são características que brotam de tempos em tempos nos sambas da Mangueira, ainda que a escola seja capaz de enredos mais lúdicos em sambas de homenagem.

Em 2016, por exemplo, a Mangueira sagrou-se campeã com o samba-enredo *"A Menina dos Olhos de Oyá"*, em homenagem a Maria Bethânia. O desfile de estreia do carnavalesco Leandro Vieira no Grupo Especial – o mesmo de *"História para Ninar Gente Grande"* – radicava fundo na pluralidade religiosa, com numerosas referências ao candomblé e ao terreiro do Gantois, na Bahia, em que Maria Bethânia fora iniciada. O Gantois, aliás, não aparece na letra do samba vencedor, mas sim no samba que restou vencido na disputa interna da escola, de autoria de Tantinho da Mangueira – que vi ser saudado com fraterna admiração no *Carioca do Gema*, na Lapa, por outro bamba do Direito Civil, Eroulths Cortiano Júnior.[42] Tantinho foi convidado pela própria Maria Bethânia para gravar o samba vencido, cujo refrão diz assim:

> *"Entra na roda, ô Maria*
> *Gira poeira*
> *Quero ver você sambar*
> *No embalo da Mangueira"*[43]

Sou fã de outra Maria, mas é difícil não se emocionar com os versos de Tantinho que falam sobre o sopro do *"vento de Iansã"* em *"folhas verdes pelo céu cor de rosa da manhã"*. Foi uma das últimas composições do sambista e poeta, que faleceu em 2020, aos 73 anos de idade, deixando uma legião de admiradores.[44] O mestre Nei Lopes – cujo samba *A Epopéia de Zumbi* já mereceu um artigo caprichado do baluarte do Direito das Coisas, Marco

Aurélio Bezerra de Melo[45] – definiu Tantinho da Mangueira como "*o maior artista da atualidade na linha dos antigos cultores da elegância, da perspicácia, da verve e da tradição do partido-alto*".[46] Sua partida encheu de lágrimas os olhos de Oyá e comprovou que, "*em Mangueira, quando morre um poeta, todos choram.*"[47]

Em 2017, a Mangueira volta ao tema da religiosidade com o samba-enredo "*Só com a ajuda do santo*". A letra, recheada de sincretismo, brincava com a relação do brasileiro com a sua fé: "*O manto a proteger, Mãezinha a me guiar/ Valei-me meu Padim onde quer que eu vá/ Levo oferendas à Rainha do Mar/ Inaê, Marabô, Janaína*". Houve quem visse na letra provocação ao prefeito recém-empossado, Marcelo Crivella, da Igreja Universal do Reino de Deus. A crítica, se já havia, ficou explícita em 2018, quando a escola apresentou na Sapucaí o samba-enredo "*Com dinheiro ou sem dinheiro eu brinco*", em uma contundente referência ao corte de verbas ordenado por Crivella. Não venceu o carnaval, mas deixou claro na Avenida "*que a rua é nossa mas é por direito/ vem vadiar por opção/ derrubar esse portão/ resgatar nosso respeito/ O morro desnudo e sem vaidade/ sambando na cara da sociedade/ levanta o tapete e sacode a poeira/ pois ninguém vai calar a Estação Primeira*".

E ninguém calou mesmo. Em 2019, "*História para Ninar Gente Grande*" foi uma verdadeira catarse na Marquês de Sapucaí. Enquanto Jair Bolsonaro, Presidente da República, tuitava críticas aos blocos de rua no carnaval brasileiro e se perguntava "*o que é golden shower?*",[48] a Estação Primeira saudava a liberdade que "*não veio do céu, nem das mãos de Isabel*", mas "*é um dragão no mar de Aracati*". E, tal qual Francisco José do Nascimento, líder jangadeiro e prático do Porto de Fortaleza, nascido em Aracati, que, em 1881, recusou-se com seus companheiros a embarcar os escravizados que seriam levados às províncias do sul,[49] a Mangueira não apenas defendeu com galhardia todas as formas de resistência, mas também negou passagem às ondas de obscurantismo e retrocesso que avançavam sobre o país.

E a Mangueira, diga-se, voltou à carga em 2020 apresentando na Avenida um Jesus Cristo preto e pobre, que retorna em meio a um ambiente de intolerância e preconceito. O samba-enredo "*A Verdade Vos Fará Livres*" mostrou um "*Jesus da gente*", "*moleque pelintra no buraco quente*", que alertava o povo: "*Não tem futuro sem partilha/ Nem messias de arma na mão*". E se perguntava: "*Eu tô que tô dependurado/ Em cordéis e corcovados/ Mas será que todo povo entendeu o meu recado?/ Porque de novo cravejaram o meu corpo/ Os profetas da intolerância/ Sem saber que a esperança/ Brilha mais na escuridão.*" O desfile daquele ano também tem muito a ensinar, mas não vamos atravessar o samba. São outros carnavais.

Notas

1 Professor Titular de Direito Civil da UERJ. Professor da Fundação Getúlio Vargas. Membro da Academia Internacional de Direito Comparado. Procurador do Estado do Rio de Janeiro.
2 "*Eu não sei sambar*" explicou certa vez o prefeito para justificar sua continuada ausência ao maior evento turístico da cidade (*O Globo*, 11.2.2020). Já no primeiro ano de seu governo (2017), Crivella havia faltado à cerimônia de entrega das chaves da cidade ao Rei Momo, tradição que marca a abertura do carnaval carioca (*Revista Exame*, 24.2.2017).
3 Confira-se, fonte obrigatória, Imaginô?AgoraAmassa! (2020): "*Xô Crivella/ Xô Crivella/ Ninguém te aguenta na Mangueira e na Portela / O bispo desceu da torre / De rainha se disfarçou / Encheu a cara, girou peão / Virou cavalo, incorporou / Começou a correr pelo terreiro/ 'Quem quer dinheiro? Quem quer dinheiro?'/ Foi achado numa casa de caboclo / dando um tapa no charuto da baiana do salgueiro.*"
4 BOSCO, Francisco. *A Vítima tem Sempre Razão? Lutas Identitárias e o Novo Espaço Público Brasileiro*. São Paulo: Editora Todavia, 2017.
5 "*O samba fala das maiorias, e não das minorias. A maioria das pessoas não é príncipe, princesa ou rainha. A maioria são os 'heróis de barracões'. As pessoas se reconhecem, e se abraçam*" (*O Globo*, 9.3.2019).
6 O mito da democracia racial, segundo o qual "*o Brasil era único dentre as sociedades ocidentais por sua fusão serena dos povos e culturas europeias, indígenas e africanas*", estando, por essa razão, "*livre do racismo que afligia o resto do mundo*", não foi apenas uma hipótese acadêmica, mas se converteu em um "*aspecto central do nacionalismo brasileiro*", ostentando "*status científico, literário e cultural*", dominando "*o pensamento sobre raça dos anos 30 até o começo dos anos 90*" (TELLES, Edward. *Racismo à Brasileira: Uma Nova Perspectiva Sociológica*. Rio de Janeiro: Relume Dumará, 2003, pp. 50-55).
7 Maria Felipa de Oliveira foi uma pescadora e marisqueira, que, na segunda metade do século XIX, tomou parte em batalhas contra os portugueses

que atacaram a Ilha de Itaparica durante o processo de independência. Discute-se, ainda hoje, se seria uma personagem histórica ou real, embora conte com crescente reconhecimento por pesquisadores do período. A Lei 13.697, de 26 de julho de 2018, inseriu o nome de Maria Felipa no Livro de Heróis e Heroínas da Pátria.

8 Luíza Mahin, ex-escrava que teria estado envolvida em levantes e revoltas na Bahia, seria a mãe do poeta e abolicionista Luiz Gama, que estudou Direito, como autodidata, e ajudou a defender e libertar escravos no século XIX. Gama a descreve em uma carta a Lúcio de Mendonça, datada de julho de 1880, mas historiadores controvertem acerca da sua real existência, havendo quem acredite se tratar de uma espécie de *alter ego* do próprio abolicionista ou de um mito libertário. Sobre o tema, ver, entre outros, LIMA, Dulcilei da Conceição. *Luiza Mahin: história, mito, ficção? Repensando uma figura enigmática. In: Revista África e Africanidades*, ano IV, n. 13, fev. 2011.

9 A Revolta dos Malês foi um levante de escravos ocorrido na Bahia em 1835 e liderado por muçulmanos conhecidos como malês (termo que vem do *imalê*, que significa "muçulmano" na língua iorubá). Para mais detalhes, ver: FREITAS, Décio. *A Revolução dos Malês*. Porto Alegre: Movimento, 1985.

10 Na redação original: "*Art. 399. Deixar de exercitar profissão, officio, ou qualquer mister em que ganhe a vida, não possuindo meios de subsistencia e domicilio certo em que habite; prover a subsistencia por meio de occupação prohibida por lei, ou manifestamente offensiva da moral e dos bons costumes. Pena – de prisão cellular por quinze a trinta dias.*"

11 CABRAL, Sérgio. *As Escolas de Samba do Rio de Janeiro*. São Paulo: Companhia Editora Nacional, 2011, p. 42.

12 Gravada, muitas décadas depois, na voz de Zeca Pagodinho.

13 VIDILI, Eduardo Marcel. *Registro a repressão policial ao pandeiro em periódicos do Rio de Janeiro durante as três primeiras décadas do século XX. In: Anais do V Simpom 2018 - Simpósio Brasileiro de Pós-Graduandos em Música*.

14 CABRAL, Sérgio. *As Escolas de Samba do Rio de Janeiro*, cit., p. 26.

15 Anderson Schreiber, *Direito e Samba: o que o samba ensina sobre o ensino do Direito*, artigo pubicado no JOTA, em 27.9.2018: "*Pode-se analisar os traços deixados por esse tratamento repressivo em nossa cultura jurídica, que reverberam, ainda hoje, na proibição de bailes funk e em outras formas de constrangimento das manifestações musicais da chamada periferia*".

16 A própria repressão penal à chamada vadiagem é, hoje, definida claramente como "*uma política que criminalizava a desocupação ou o perambular e era geralmente aplicada contra homens negros desempregados*" (TELLES, *Racismo à Brasileira*, cit., p. 253). Não podia haver dúvida sobre quem seria

atingido por leis destinadas a punir a desocupação em um país que havia acabado de abolir a escravidão, lançando em um incipiente mercado de trabalho uma numerosa quantidade de ex-escravos, pobres e negros, sem qualquer política real de inserção econômica ou social.

17 Basta pensar no álbum *Samba da Antiga*, em que o sambista Candeia cantou seu *Dia de Graça*: "*Vamos esquecer os desenganos (que passamos)/ Viver alegria que sonhamos (durante o ano)/ Damos o nosso coração, alegria e amor a todos sem distinção de cor/ Mas depois da ilusão, coitado/ Negro volta ao humilde barracão/ Negro acorda é hora de acordar/ Não negue a raça/ Torne toda manhã dia de graça.*"

18 Alberto Mussa e Luiz Antonio Simas destacam, todavia, que "*esta versão, sustentada por inúmeros depoimentos do próprio Ismael, é de difícil aceitação (...) A discussão sobre a origem do termo escola de samba é destinada ao fracasso e não nos parece propriamente importante. São muitas as versões, todas elas sustentadas pela tradição oral e fundamentadas na memória dos pioneiros, sempre dispostos – e é absolutamente normal que seja assim – a puxar a brasa para suas sardinhas. O termo surge e, eis a única informação precisa nessa teia de versões, no final da década de 20 e demonstra um evidente desejo de legitimação e reconhecimento do samba e das comunidades negras do Rio de Janeiro.*" (*Samba de Enredo: História e Arte*, Rio de Janeiro: Civilização Brasileira, 2010, pp. 14-15). Independentemente da qualificação do Deixa Falar como escola de samba ou não, é indiscutível a contribuição dos sambistas do Estácio para o que hoje conhecemos como samba: "*Os compositores do Deixa Falar criaram um samba com andamento, sincopado, propício para acompanhar o cortejo carnavalesco, e introduziram instrumentos de percussão que permitiam seguir o desfile, como o tamborim, o surdo de marcação, inventado por Bide, e a cuíca, trazida pelas mãos do misterioso João Mina*" (CASTRO, Maurício Barros de. Deixa Falar. *In*: SIMAS, Luiz Antonio; COUTINHO, Marcelo (Orgs.). *O Meu Lugar*. Rio de Janeiro: Mórula, 2015, pp. 24-25).

19 O jornalista Sergio Cabral registrou que, após a ampla repercussão alcançada na imprensa pelo samba "*Pelo telefone*", de Donga e Mauro de Almeida, "*a palavra samba entrou na moda e os dirigentes das poucas gravadoras da época, convictos de que ela contribuía para as boas vendagens, trataram de usá-la até nas etiquetas dos discos que nada tinham a ver com o samba.*" (*Escolas de Samba do Rio de Janeiro*, cit., p. 32). A origem da palavra "samba" é, a propósito, controvertida, como registra Lira Neto, *Uma História do Samba: As Origens*, São Paulo: Companhia das Letras, 2017, p. 52: "*Para alguns, a palavra seria originária da língua do povo quioco, de Angola – o verbo samba, que em português teria o sentido de 'brincar', 'cabriolar', 'divertir-se como cabrito'. No idioma quicongo, também angolano, existiria uma palavra similar (sàmba), para nomear um tipo de coreografia local, na qual os dançarinos*

bateriam o peito um contra o outro. Em quimbundo, semba, com o significado de 'separar', 'rejeitar', definiria o movimento físico das umbigadas ou as mesuras típicas das danças africanas", havendo, ainda, quem, entre outras versões, busque "um suposto parentesco ancestral com zambra, bailado ibérico de origem moura, ou mesmo com çamba, um tipo de dança ameríndia".

20 Entrevista de Antônio Nássara a José Guilherme Mendes, publicada na Revista *Ele & Ela*, em janeiro de 1976, e transcrita em CABRAL, *Escolas de Samba do Rio de Janeiro*, cit., p. 61.

21 A Mangueira havia incorporado ao nome a expressão "*Estação Primeira*" por ser a primeira parada do trem que partia da Central do Brasil. Hoje, entre uma e outra, existem as estações da Praça da Bandeira, São Cristóvão e do próprio Maracanã.

22 Vale aí a reflexão de Silvio Almeida, *Racismo Estrutural*, São Paulo: Jandaíra, 2020, p. 73: "(...) *o momento posterior da dinâmica do racismo é o do enquadramento do grupo discriminado em uma versão de humanidade que possa ser controlada, na forma do que podemos denominar de um sujeito colonial. Em vez de destruir a cultura, é mais inteligente determinar qual o seu valor e seu significado.*"

23 *Quando tocar samba dava cadeia no Brasil*, reportagem da BBC News Brasil, de 21.2.2020, disponível em www.bbc.com.

24 MONTEIRO, Denilson. *Divino Cartola: uma vida em verde e rosa*. Rio de Janeiro: Casa da Palavra, 2012, p. 86.

25 Com Joãosinho Trinta, carnavalesco que havia sido trazido do Salgueiro, e um novato e desconhecido Neguinho da Vala (apelido que Luiz Antonio Feliciano Marcondes trazia da infância muito pobre em Nova Iguaçu, ele que se tornaria, anos depois, Neguinho da Beija-Flor), a escola de Nilópolis quebrou, naquele ano de 1976, um longo ciclo histórico. Pela primeira vez, desde 1938, o título não ficava com uma das quatro gigantes do carnaval: Portela, Mangueira, Império Serrano ou Salgueiro. Reforçada no ano seguinte pelo mestre de harmonia, Laíla, também um ex-salgueirense, a Beija-Flor conquistaria o bicampeonato e se tornaria, em 1978, tricampeã do carnaval. "A escola de Joãosinho Trinta, Laíla, Neguinho, de Pinah (a mulata careca), do casal de mestre-sala e porta-bandeira Élcio PV e Juju Maravilha estava consolidada entre as grandes. O Carnaval carioca tinha um novo bicho-papão." (MOTTA, Aydano André. *Maravilhosa e Soberana: Histórias da Beija-Flor*. In: Coleção Cadernos do Samba. Rio de Janeiro: Verso Brasil, 2012, p. 48).

26 A construção do sambódromo exibe, como poucos episódios da história do carnaval carioca, a falta de sintonia entre o Poder Público e as escolas de samba, em uma sucessão de desentendimentos e contradições na própria esfera pública. Por exemplo, após a própria Riotur anunciar o resultado de um concurso de decoração do sambódromo, o vice-governador e secretário

de cultura Darcy Ribeiro anunciou que o espaço não seria decorado: "*Decorar a passarela do samba é o mesmo que botar gravata no Cristo Redentor.*" Polêmica cercou também o projeto arquitetônico de Oscar Niemeyer, que despertou críticas de todos os lados ao prever um espaço mais amplo ao final do percurso na Marquês de Sapucaí. Integrantes das escolas alegavam que o público ficaria distante demais do desfile. Em resposta, Darcy Ribeiro chegou a afirmar que as escolas de samba teriam de alterar a forma como desfilavam para realizar, ao fim do percurso alguma espécie de grande apresentação, uma espécie de final apoteótico. As escolas rejeitaram a ideia, afirmando que atravessariam a avenida em linha reta como mandava a tradição, restando deste desgastante embate apenas o nome da *Praça da Apoteose*, ladeada ainda hoje pelas arquibancadas com a maior distância física do desfile (CABRAL, *Escolas de Samba do Rio de Janeiro*, cit., pp. 241-247).

27 Texto da nota oficial de criação da L.I.E.S.A. assinada por Castor de Andrade, "*presidente pro tempore*" da entidade.
28 *Neguinho da Beija Flor rebate crítica de Cabral*, in *O Globo*, 21.2.2012.
29 Jorge Aragão, *Moleque Atrevido*, in *Tocando o Samba* (1999).
30 "*Preto joga charme, come carne/ Preto roda de chofer/ Anda de avião, craque de gamão/ Troca de talher/ Preto lê exame, férias em Miami/ Premio molière/ Pede uma suíte, roupa de boutique/ Preto dá rolé/ Estranhou o quê?/ Preto pode ter o mesmo que você/ Estranhou o quê?/ Preto pode ter o mesmo que você*".
31 *Exaltação à Mangueira*, de Enéas Brites e Aloísio da Costa (1959), consagrada na voz de Jamelão.
32 "*A própria estrutura dos novos ambientes eletrônicos, erigida quase sempre sobre a construção de 'perfis' aos quais se atrelam 'grupos' de 'amigos', 'seguidores' etc., ao mesmo tempo em que pode reforçar laços de identidade, tem se revelado, não raro, como elemento que intensifica o sectarismo e a exclusão de outras visões de mundo. Contribui também para esse cenário a estrutura limitada na qual se deve 'encaixar' o discurso na internet – usualmente, com limites diminutos de caracteres ou tempo de exposição –, que acabam incentivando um elevado grau de superficialidade nas manifestações na rede. Assim, usuários são estruturalmente estimulados a permanecer em uma espécie de círculo de pares, onde o discurso acaba se dirigindo mais à obtenção de 'likes' e 'curtidas', que ao estabelecimento de um efetivo diálogo sobre os temas tratados.*" (SCHREIBER, Anderson. *Liberdade de Expressão e Tecnologia*. In: SCHREIBER, Anderson; MORAES, Bruno Terra de; TEFFÉ, Chiara de (Coords.). *Direito e Mídia: Tecnologia e Liberdade de Expressão*. São Paulo: Foco, 2020, p. 2).
33 *Agoniza mas não morre* (1979), composição de Nelson Sargento.
34 LIRA NETO, *Uma História do Samba: As Origens*, cit., p. 195.

35 MONTEIRO, *Divino Cartola: uma vida em verde e rosa*, cit., p. 30.
36 MUSSA, SIMAS, *Samba de Enredo: História e Arte*, cit., p. 15.
37 Cartola, *Fiz por você o que pude* (1967).
38 Incluem-se aí os incontáveis sambas-enredos em homenagem a cidades do Brasil, que patrocinaram os desfiles, e mesmo situações mais insólitas, como aquela da Porto da Pedra, escola que, em 2012, decidiu levar para a Avenida um enredo sobre iogurte. Acabou rebaixada.
39 A Mangueira ficou, naquele ano de 1988, com o vice-campeonato. O título foi para outra escola igualmente reconhecida por seu amor à tradição, a Unidos de Vila Isabel, com o também formidável samba-enredo "*Kizomba, Festa da Raça*".
40 Autor da obra *Seguro dos Administradores no Brasil: O D&O Insurance Brasileiro*, Curitiba: Juruá, 2013.
41 Ainda uma vez, vale o registro de Silvio Almeida, *Racismo Estrutural*, cit., p. 73: "*Mesmo que possam ser consideradas perigosas, pois oferecem possibilidades contestadoras de leitura de mundo e da ordem social vigente, as culturas negra e indígena, por exemplo, não precisam ser eliminadas, desde que seja possível tratá-las como 'exóticas'*."
42 Professor da Universidade Federal do Paraná, Cortiano Júnior é autor do já célebre *O Discurso Jurídico da Propriedade e suas Rupturas*, Rio de Janeiro: Renovar, 2002.
43 Maria Bethânia e Tantinho, *A Menina dos Olhos de Oyá*, no álbum de Maria Bethânia, *Mangueira – A Menina dos Meus Olhos* (2019).
44 Vale conferir a homenagem de Mauro Ferreira, *Tantinho da Mangueira: a morte de um poeta partideiro e guardião da memória verde e rosa*, publicado no site do G1 em 13.4.2020.
45 Bezerra de Melo é autor do fabuloso *Posse e Propriedade das Áreas Remanescentes de Quilombos na Ordem Constitucional*, Rio de Janeiro: Lumen Juris, 2019. É também coautor de um excelente *Código Civil Comentado* publicado pela Editora Forense.
46 Fonte: Centro de Pesquisa e Formação – SESC São Paulo. *Apresentação de Prosas Musicais*, março de 2018.
47 *Pranto de poeta* (1957), samba de Guilherme de Brito e Nelson Cavaquinho.
48 *Após postar vídeo com pornografia, Bolsonaro pergunta o que é 'golden shower'*, reportagem do G1, publicada em 6.3.2019 e disponível em www.g1.globo.com.
49 O Ceará foi a primeira província brasileira a abolir a escravidão, em 1884, quatro anos antes da assinatura da Lei Áurea.

Pra não dizer que não falei das flores: o advogado e o artista ontem e hoje

Andre Faoro

Os advogados estão sempre procurando pelo em ovo. Devem desconfiar de tudo. A defesa do cliente assim exige. E a razão é simples: o que se vê nem sempre é o que parece ser. Olhos e mentes pregam peças que ao advogado cabe desfazer. Preconceitos, paixões, ideologias e ignorância encaminham condenações judiciais e morais de difícil reversão.

Mas a função dos advogados em seu exercício profissional diário é resistir nos tribunais, e seu público, em geral, é limitado. Protestam contra as ações e omissões da outra parte e daqueles que exercem o monopólio do poder oficial. Atuam no varejo, caso a caso, até que, eventualmente, transformam a interpretação da lei para todos. Precisam de tempo. A sua formação permite, muitas vezes, a primazia da percepção, mas a urgência dos fatos transfere para os artistas o protagonismo das ruas.

A canção de protesto nasce dessa necessidade do artista de denunciar o que é mas não se permite que se diga o que é, ou o que finge ser o que não é. Um grito para alertar os que não veem ou causar incômodo àqueles que não querem ver ou permitir que se veja. Um grito para dar esperança àqueles que veem e querem mudanças.

A ditadura militar, até o advento do AI-5, pretendia esconder sua tirania, violência e preconceito, apesar da origem que não deixava dúvidas. Não por outra razão, Elio Gaspari chamou-a no período entre 1964 e 1968 de "ditadura envergonhada".[1] Congresso eleito, Supremo Tribunal Federal em funcionamento, mandato de quatro anos, sem reeleição, para o presidente. Militar. Queria parecer, mas não era. Afinal, desde 1964, mortes, muitas por pretensos suicídios, prisões arbitrárias, cassações, torturas, repressão, censura e atos institucionais faziam parte do dia a dia.

Nesse contexto, os festivais da canção, a partir de 1966, foram o veículo para a disseminação das músicas de protesto.[2] Geraldo Vandré com "Pra não dizer que não falei das flores" ou "Caminhando", que ganhou o 2º Festival Internacional da Canção da TV Globo, mudou a história das músicas de protesto no Brasil. Virou hino de uma juventude oprimida por uma ditadura que, por parecer ser o que não era, isolava os que viam o que realmente era.

"Pra não dizer que não falei das flores" tornou-se o canto de passeatas por liberdade, greves operárias e lutas trabalhadoras. "*Quem sabe faz a hora não espera acontecer* foi verso que convocou os brasileiros a lutar, a fazer a hora em um ambiente de coerção, medo e repressão", nas palavras de Ivan Lima, historiador da música brasileira.[3] Ajudou, enfim, aos que perceberam o que realmente era romper a solidão e impotência e poder gritar com poesia. Millôr Fernandes foi definitivo: "É um hino nacional perfeito; nasceu no meio da luta, foi crescendo de baixo para cima, cantado, cada vez mais espontânea e emocionalmente, por maior número de pessoas. É a nossa Marselhesa".[4]

Mas os tempos são outros, e as músicas de protesto não parecem emocionar mais. Os protestos são episódicos, tanto como catarse quanto como luta política. Mas o que parece ser continua não sendo. Hoje há governos eleitos democraticamente que trabalham pelo desmonte das instituições e organizações sociais essenciais à democracia. Parecem, mas não são. O fenômeno é mundial, mas ganha contornos dramáticos quando deixa de ser uma notícia de jornal e afeta as nossas vidas.

O processo é sutil. O livro *Como as democracias morrem* revela o porquê da urgência da reação. "A erosão da democracia acontece de maneira gradativa, muitas vezes em pequeníssimos passos. Tomado individualmente, cada passo parece insignificante — nenhum deles aparenta de fato ameaçar a democracia."[5]

O Brasil de 1964 a 1968, no qual Geraldo Vandré se inspirou para compor "Caminhando", muito se parece com o Brasil de agora. Hoje se ensaia o que naqueles tempos se praticava. Os dois períodos têm em comum a procura constante por esconder os fatos. A ditadura aniquilou a democracia, e hoje o governo eleito sufoca a democracia para destruí-la. "Pra não dizer que não falei das flores" voltou a contar a história do nosso tempo, assim como retratou o sombrio *1968*, de Zuenir. Agora, vê-se "a restrição das liberdades individuais, o aumento da intolerância e das explicitações dos preconceitos sociais e regionais."[6]

> *Caminhando e cantando e seguindo a canção*
> *Somos todos iguais, braços dados ou não*
> *Nas escolas, nas ruas, campos, construções*
> *Caminhando e cantando e seguindo a canção.*

As semelhanças, apesar das diferenças de fachada, são inúmeras. A obra feita e o projeto. A justificativa oficial do golpe de 1964 foi o combate ao comunismo e à corrupção. A Arena, partido do governo durante a ditadura militar, fruto do AI-2, também tinha obsessão anticomunista e anticorrupção,[7] como os que hoje pretendem "varrer do Brasil" a "turma vermelha de corruptos e comunistas".[8] Afinal, o mote de campanha do candidato eleito em 2018 foi o combate a "tudo isso que tá aí", principalmente a ameaça do comunismo e a corrupção, sem esquecer-se da falta de moral e de bons costumes. Há também inovações: a ditadura envergonhada escondia os seus torturadores, a quem a democracia corrompida enaltece. E a divisão, os braços não dados, ontem como hoje, são a fraqueza dos que se opõem aos saudosistas da ditadura.

> *Há soldados armados amados ou não*
> *Quase todos perdidos de armas na mão*
> *Nos quartéis lhes ensinam uma antiga lição*
> *De morrer pela pátria e viver sem razão.*
> *Pelos campos há fome em grandes plantações*
> *Pelas ruas marchando indecisos cordões*

Ainda fazem da flor seu mais forte refrão
E acreditam nas flores vencendo o canhão.

Há ainda quem acredite que tudo vai passar, que as flores vencerão os canhões. As semelhanças entre ontem e hoje sucedem-se nesse jogo de faz de conta. A ditadura envergonhada "pretendia impor um governo ditatorial como legítimo de uma revolução democrática",[9] como o que pretende o atual governo em sua fantasiosa revolução liberal e moral. A diferença é que, na contramão da história, hoje se pretende justificar o autoritarismo pela vitória nas urnas. Da mesma forma, o governo militar "via na tempestade de ideias e de costumes uma simples desordem, fruto de um provável declínio do mundo ocidental e de suas formas de liberalismo democrático".[10] Ou seja, tudo aquilo que estava lá precisava ser combatido para que tudo voltasse a ser o que era. Elio Gaspari explica o fenômeno de 1964, como poderia explicar o de hoje: "Nascia um salvacionismo de quitanda através do qual se via na explosão anárquica o fim do mundo ocidental e se acreditava que o regime brasileiro tinha a clarividência de se antecipar ao Juízo Final, perfilando-se à mão direita de Deus Padre como emissário de um novo tempo."[11]

E as razões para cantar "Pra não dizer que não falei das flores" continuam a existir apesar do silêncio das ruas. Enquanto a ditadura censurava os meios de comunicação, atualmente se procura desacreditá-los e, se possível, levá-los à falência. Jornalistas ainda são processados pela Lei de Segurança Nacional, uma sobrevivente, por conveniência e covardia, do período ditatorial. O mesmo ocorre na educação: na ditadura militar "para purgar o ensino infiltrado por esquerdistas, policializou-se a universidade."[12] Hoje, são inúmeras e reiteradas as tentativas de impedir a livre eleição de reitores com ameaças de interrupção de verbas. Temos ainda o Serviço Nacional de Informações – SNI, criado em 1964, que resiste, camuflado após uma mudança que não lhe retirou a essência. Produz dossiês que, após consagrada a vitória, servirão para alimentar as listas de cassados. No meio ambiente, onde passa boi, passa boiada; e, na política externa, como nunca antes neste país, o Brasil alinha-se à vanguarda do atraso.

Por fim, os ataques ao Judiciário continuam os mesmos. Em 1965, por meio do AI-2, o Supremo Tribunal Federal passou a ter 16 ministros. Posteriormente, com a cassação dos ministros Victor Nunes Leal, Hermes

Lima e Evandro Lins e Silva, somada à renúncia do ministro Gonçalves de Oliveira, permitiu-se, pelo AI-6, a volta de sua composição com 11 membros. Na campanha do atual presidente, anunciavam-se 15 ministros no STF. O Judiciário, hoje como no período da ditadura, atrapalha quem quer prender e arrebentar não só corruptos, mas principalmente os esquerdistas, opositores, magistrados; ou melhor, os "maus brasileiros".

Vem, vamos embora que esperar não é saber
Quem sabe faz a hora, não espera acontecer
Vem vamos embora que esperar não é saber
Quem sabe faz a hora, não espera acontecer.

Para que o país não se torne o que ora se pretende que ele seja, não basta o combate diário do advogado. Para o projeto não virar obra acabada, cantar é preciso.

Notas

1. GASPARI, Elio. *A ditadura envergonhada*. São Paulo: Companhia das Letras, 2002.
2. LIMA, Ivan. "A cantiga é uma arma e agora nós sabemos". *Revista Continente*, ed. 228, dez. 2019, p. 50.
3. Idem.
4. VENTURA, Zuenir. *1968 – O ano que não terminou*. 3ª ed. São Paulo: Planeta dos Livros, 2008, p. 183.
5. ZIBLATT, Daniel & LEVITSKY, Steven. *Como as democracias morrem*. Rio de Janeiro: Zahar, 2018, pp. 80-81.
6. LIMA, op. cit.
7. GASPARI, op. cit., pp. 229-230.
8. "Bolsonaro fala em varrer 'turma vermelha de corruptos e comunistas' do Brasil". *Gazeta do Povo*, 14 ago. 2019. Disponível em: https://www.gazetadopovo.com.br/republica/breves/bolsonaro-turma-vermelha-corruptos-comunistas. Acesso em: julho de 2021.
9. GASPARI, op. cit., p. 235.
10. Idem.
11. Idem.
12. GASPARI, op.cit., p. 222.

Música e liberdade de expressão

André Gustavo Corrêa de Andrade[1]

A liberdade de expressão é um dos valores fundantes da democracia. Mais do que um direito fundamental expresso no texto constitucional, ela é condição de possibilidade para uma sociedade que se pretenda verdadeiramente democrática.

Vários são os argumentos jusfilosóficos que apontam para a necessidade de proteção dessa liberdade. De um ponto de vista coletivo ou instrumental, ela é importante por várias razões: possibilita a descoberta da verdade; é essencial para o autogoverno dos cidadãos; contribui para a promoção da democracia; propicia o controle dos atos governamentais; ensina a conviver com a diversidade e a pluralidade; contribui para o desenvolvimento social.

Para além desse seu aspecto instrumental, ela constitui, para o indivíduo, um bem ou atributo valioso em si mesmo. Somente com a possibilidade de nos expressarmos livremente podemos desenvolver o mais plenamente possível a nossa personalidade, explorando nossas capacidades e potencialidades, nos diversos aspectos da vida pessoal e social. Sem ela, não temos como buscar a realização do ideal de vida boa. Vista por este ângulo, a liberdade de expressão é uma derivação ou decorrência da "dignidade da pessoa humana".

Dentre as diversas formas de expressão, a música constitui uma das mais poderosas. Para além do prazer sensorial que proporciona e das diferentes emoções que desperta, constitui uma forma potente de comunicação ou transmissão de ideias, de imenso alcance. Além disso, exerce um importante papel para o desenvolvimento do indivíduo em si considerado, como forma de expressão de seu arcabouço teórico e criativo.

Através da música são transmitidos todos os tipos de mensagem, sobre os mais variados temas, como a amizade, o desejo, o amor, a alegria, a nostalgia, o desespero, o descontentamento, a dor, a passagem do tempo e muitos outros.

Dentre os tipos de mensagem veiculadas pela música incluem-se as que tratam de questões de natureza política ou social. Com esse propósito, ela pode atuar como forma de resistência ou instrumento de mudança; pode ser utilizada para a defesa ou o combate de ideias ou de uma ideologia. Fala-se, nesses casos, em música engajada ou de protesto.

Alguns gêneros musicais foram associados a certos movimentos culturais, por buscarem transmitir ideias e filosofias particulares de vida. Assim, por exemplo, o punk, que constitui ao mesmo tempo um estilo musical e cultural, ligado a certas ideias anarquistas. A música gospel, que expressa a fé cristã. O hip hop, a um só tempo gênero musical e movimento cultural, ligado, em sua origem, às comunidades negra e latina dos Estados Unidos da América. O samba, gênero musical brasileiro, de raízes africanas, que comumente retrata a vida nas comunidades pobres dos morros cariocas e de outras regiões. O funk, gênero musical com influência de vários gêneros ligados à cultura negra norte-americana, como jazz, soul e *rhythm and blues*, que ganhou uma leitura própria nas favelas do Rio de Janeiro, fazendo surgir o funk carioca.

Muitos são os artistas que se valeram e se valem da música como forma de protesto político ou de defesa de ideias de cunho social. Jamais seria completa qualquer tentativa de relacionar as bandas musicais e os artistas, estrangeiros e nacionais, que se notabilizaram pelo uso da música como meio de transmissão de mensagens com esse conteúdo.

Podem ser citados, dentre muitos outros, Billie Holiday, com sua interpretação de "Strange Fruit" (1939), que denunciava o linchamento de pessoas negras no Sul dos Estados Unidos. Em 1999, a revista *Time* a considerou a "Canção do Século", pela sua importância como denúncia contra o racismo e a violência contra os negros.

Nina Simone transformou o seu talento e a sua arte em política, usando a música como plataforma para protestar contra a discriminação e promover a defesa dos direitos civis, em canções como "Mississipi Goddam" (1964), "Backlash Blues" (1967), "Ain't Got No, I Got Life" (1968), "Why the King of Love is Dead" (1968), "To Be Young, Gifted and Black" (1969).

Bob Dylan, com canções como "Master of War" (1963), "Blowin' in the Wind" (1963), "The Times They are A-Changin'" (1964), "Hurricane" (1975), transmitiu mensagens de forte impacto político e social. Tamanha é a influência das letras de suas canções que em 2016 ele foi premiado com o Nobel de Literatura, fato que surpreendeu a muitos, por ter sido a primeira vez que o prêmio foi dado a um compositor, em mais de cem anos de existência do Nobel. A razão está no fato de que as canções de Dylan são consideradas uma forma de poesia musicada ou de histórias cantadas.

Música e literatura, aliás, são manifestações da criatividade humana que se interpenetram e se alimentam uma da outra. Isso se percebe pela incursão que escritores e poetas fazem na música, como é o caso de Vinicius de Moraes, autor de uma vasta obra poética e de composições musicais antológicas, que fazem parte da história da MPB, assim como pelo mergulho de músicos na literatura, como é o caso de Chico Buarque de Holanda, um dos maiores nomes da nossa MPB e que é autor de vários livros: *Fazenda modelo*, *Estorvo*, *Benjamin*, *Budapeste*, *Leite derramado*, *O irmão alemão*, *Essa gente*.

Miriam Makeba popularizou a música africana através de composições de resistência ao regime do apartheid na África do Sul, como a canção-denúncia "Ndodemnyama we Verwoerd" ("Beware, Verwoerd" – 1965).

Violeta Parra, ícone e pedra fundamental da Nova Canção Chilena, atenta às dificuldades do povo do seu país, em especial da população campesina, e à opressão do governo e da Igreja, compôs canções que retratavam essa realidade, tais como "Porque los Pobres no Tienem" (1960/63), "La Carta" (1962) e "Me Gustan los Estudiantes" (1960/63).

Incentivado no início da carreira por Violeta Parra, o músico Victor Jara produziu uma obra musical que dialogava com o povo e se alinhava com as bandeiras políticas de esquerda da época: "Plegaria a un Labrador" (1969), "El Derecho de Vivir em Paz" (1971), "Marcha de Los Trabajadores de La Construcción" (1973), "Manifiesto" (1974), dentre outras. Quando do golpe de estado liderado pelo general Augusto Pinochet, Jara foi preso, torturado e, cinco dias depois, assassinado.

John Lennon foi autor de diversas canções de teor político. "Give Peace a Chance" (1969), gravada por ele antes da dissolução dos Beatles, em uma de suas manifestações "bed-in", durante sua lua de mel com Yoko Ono, em protesto contra a Guerra do Vietnã, logo se tornou um hino pacifista.

"Working Class Hero" (1970), outra de suas músicas engajadas, apresenta uma retórica negativa à religião e à sociedade de consumo, fazendo uma crítica à diferença de classes sociais e à exploração da classe trabalhadora:

> *Keep you doped with religion and sex and TV*
> *And you think you're so clever and classless and free*
> *But you're still fucking peasants as far as I can see".*

"Imagine" (1971), por muitos considerada uma das mais importantes canções do gênero, tornou-se uma espécie de hino de celebração da esperança e da união entre as pessoas. Ela é, até hoje, uma das canções mais tocadas e cantadas em todo o mundo, especialmente em momentos de celebração e confraternização. A canção também recebeu críticas de pessoas que a viram como uma visão pacifista ingênua e simplória, desapegada da realidade e da complexidade do mundo. Houve, também, quem apontasse para uma suposta hipocrisia de Lennon, um artista milionário, que vivia no conforto de sua mansão, e pregava a ideia de um mundo sem posses, onde tudo seria compartilhado. Mas o fato é que a canção toca em temas que estão na centralidade dos problemas da contemporaneidade, como as guerras e conflitos em nome de Deus, da religião e dos interesses nacionais, e os dilemas e impasses inerentes à sociedade capitalista.

Joan Baez usou da música para protestar contra a repressão armada contra estudantes em Bangladesh ("The Story of Bangladesh", 1971) e contra a Guerra do Vietnã. Ao longo da sua carreira, tornou-se uma das mais conhecidas cantoras de música de protesto latino-americana.

Marvin Gaye, com o álbum intitulado *What's Going On* (1971), lançou várias canções de cunho social, como a homônima "What's Going On", que retrata a brutalidade policial; "Inner City Blues", que evoca as duras condições de habitantes dos bairros pobres das grandes cidades; e "Mercy Me (The Ecology)", canção à frente de seu tempo, que alerta para a necessidade de proteger a natureza, quando esse tema ainda não tinha destaque na mídia.

Bob Marley, principal nome do reggae, gênero que ajudou a popularizar, denunciou o racismo e o colonialismo nos países africanos e protestou contra as injustiças sociais em composições como "Get Up Stand Up" (1975), "War" (1976) e "Redemption Song" (1980).

Pink Floyd, com a música "Another Brick in the Wall" (1979), fez uma crítica ao sistema de ensino, em que os alunos são vistos como peças de uma linha de produção e não são estimulados a pensar com a própria cabeça.

A banda U2 fez uma ode à paz em canções como "Sunday Bloody Sunday" (1983), sobre os conflitos armados na Irlanda do Norte, e "Pride (In the Name of Love)" (1984), canção inspirada no movimento pelos direitos civis nos Estados Unidos da América.

No Brasil, o uso da música como forma de transmissão de mensagens políticas ganhou especial relevo durante o período de ditadura militar, notadamente nos chamados "anos de chumbo", em que as liberdades em geral e a liberdade de expressão em especial foram severamente restringidas pelo governo. Os músicos que protestavam contra o regime tinham que fazer uso de metáforas, alegorias e narrativas simbólicas, para tentar escapar da censura, exercida pela DCDP – Divisão de Censura de Diversões Públicas, personificada pela sua chefe, a famigerada Solange Hernandes, que exercia com extremo rigor o seu papel de censora das manifestações artísticas.

A despeito de toda a censura e repressão, várias músicas de grande qualidade e com mensagens de natureza política foram compostas naquele período.

Caetano Veloso, durante o regime militar, fez alusão à repressão e à censura dos tempos da ditadura em músicas como "Alegria, alegria" (1967) e "É proibido proibir" (1968). Já quase no fim da ditadura, gravou "Podres poderes" (1984):

> *Enquanto os homens*
> *Exercem seus podres poderes*
> *Morrer e matar de fome*
> *De raiva e de sede*
> *São tantas vezes*
> *Gestos naturais.*

Com Gilberto Gil, compôs e gravou a desconcertante "Haiti" (1993), que convida a refletir sobre os problemas do racismo, da pobreza e da violência estruturais e sistêmicos.

Geraldo Vandré, durante esse período que antecedeu a democracia brasileira, compôs a canção que se tornou uma espécie de hino contra a ditadura no Brasil: "Pra não dizer que não falei das flores". A música foi a favorita do público no III Festival Internacional da Canção Popular, de 1968, mas perdeu o primeiro lugar para "Sabiá", de Tom Jobim e Chico Buarque, para a revolta do público presente ao estádio do Maracanãzinho. Versos da canção como *quem sabe faz a hora, não espera acontecer*, eram cantados e decantados em protesto contra o regime militar.

Chico Buarque compôs canções repletas de mensagens metafóricas contra a ditadura, como "Roda viva" (1968), "Deus lhe pague" (1971) e "Apesar de você" (1978). Esta última, com versos que apontavam para um futuro de liberdade:

> *Apesar de você*
> *Amanhã há de ser*

Outro dia
Eu pergunto a você
Onde vai se esconder
Da enorme euforia
Como vai proibir
Quando o galo insistir
Em cantar
Água nova brotando
E a gente se amando
Sem parar.

Para driblar a censura, Chico teve que compor canções sob o pseudônimo de Julinho da Adelaide: "Acorda amor" (1974), "Jorge Maravilha" (1974) e "Milagre brasileiro" (1975).

Com Gilberto Gil, compôs a icônica "Cálice" (1978), música de protesto contra a repressão, a censura, a violência e a tortura praticados durante a ditadura militar, usando metáforas impactantes:

Pai, afasta de mim esse cálice
De vinho tinto de sangue
Como beber dessa bebida amarga
Tragar a dor, engolir a labuta
Mesmo calada a boca, resta o peito
Silêncio na cidade não se escuta
De que me vale ser filho da santa
Melhor seria ser filho da outra
Outra realidade menos morta
Tanta mentira, tanta força bruta
Como é difícil acordar calado
Se na calada da noite eu me dano
Quero lançar um grito desumano
Que é uma maneira de ser escutado
Esse silêncio todo me atordoa

> *Atordoado eu permaneço atento*
> *Na arquibancada pra a qualquer momento*
> *Ver emergir o monstro da lagoa.*

O rapper Criolo, em 2010, deu uma nova perspectiva interpretativa à musica "Cálice", criando uma versão que partiu de uma nova categoria de fala, vinculada à violência sofrida pela população da periferia, que vive em condições de pobreza, sem acesso à educação, sem reais perspectivas de ascensão social e cercada pela criminalidade. Essa versão foi aplaudida pelos autores originais, dando espaço ao "rap paulista" no cenário poético musical de protesto brasileiro:

> *Como ir pro trabalho sem levar um tiro*
> *Voltar pra casa sem levar um tiro*
> *Se as três da matina tem alguém que frita.*
> *E é capaz de tudo pra manter sua brisa*
> *Os saraus tiveram que invadir os botecos*
> *Pois biblioteca não era lugar de poesia*
> *Biblioteca tinha que ter silêncio,*
> *E uma gente que se acha assim muito sabida*
> *Há preconceito com o nordestino*
> *Há preconceito com o homem negro*
> *Há preconceito com o analfabeto*
> *Mas não há preconceito se um dos três for rico, pai.*
> *A ditadura segue meu amigo Milton*
> *A repressão segue meu amigo Chico*
> *Me chamam Criolo e o meu berço é o rap*
> *Mas não existe fronteira pra minha poesia, pai.*
> *Afasta de mim a biqueira, pai*
> *Afasta de mim as biate, pai*
> *Afasta de mim a coqueine, pai*
> *Pois na quebrada escorre sangue.*

O dialogismo baktiniano que ocorreu com a música "Cálice", com um intervalo de 32 anos, deveu-se à força de protesto revolucionária e histórica da canção.

Gonzaguinha, que, dentre tantas músicas de forte conteúdo social, compôs as emblemáticas "Comportamento geral" (1973), "Vamos à luta" (1980) e "É" (1988).

Aldir Blanc e João Bosco compuseram "O bêbado e o equilibrista" (1975), eternizada pela interpretação marcante de Elis Regina, com versos que aludiam a um Brasil que sonhava *pela volta do irmão do Henfil*, o sociólogo Herbert de Souza, o Betinho, que teve que se exilar durante a ditadura. E chorava por "Marias e Clarices", respectivamente filha de Manuel Fiel Filho e esposa de Vladimir Herzog, mortos nos porões da ditadura.

A década de 1980 foi o auge do rock brasileiro, em um cenário no qual se iniciou o movimento por eleições diretas para presidente da República. A diminuição da repressão e da censura estimulou o aparecimento de uma geração de artistas que usaram a música como instrumento de protesto político contra o regime. O rock, com suas letras mais incisivas e diretas nas críticas ao governo ditatorial, foi importante para estimular os jovens a ir para as ruas no movimento "Diretas já" e a participar em expressivo número na primeira eleição para presidente.

Banda formada em Brasília, a Legião Urbana gravou músicas com forte conteúdo político, como "Que país é esse", que traz versos contundentes e atemporais:

> *Nas favelas, no Senado*
> *Sujeira pra todo lado*
> *Ninguém respeita a Constituição*
> *Mas todos acreditam no futuro da nação;*
> *Que país é esse?*
> *Terceiro mundo se for*
> *Piada no exterior*
> *Mas o Brasil vai ficar rico*
> *Vamos faturar um milhão*

> *Quando vendermos todas as almas*
> *Dos nossos índios num leilão.*

Outra canção da banda de grande impacto é "Faroeste caboclo", que, como um drama de folhetim, narra, em mais de nove minutos, a estória de João de Santo Cristo, jovem humilde do interior, que vai buscar uma vida melhor na cidade grande, onde acaba entrando para o tráfico de drogas e tem um fim trágico.

Os Paralamas do Sucesso gravaram várias canções com temas sociais, como "Alagados" (1986), "O beco" (1988) e "Capitão de indústria" (1996). Diretamente ligada à política é a canção "Luís Inácio e os 300 picaretas" (1985), cuja letra alude ao escândalo dos "anões do orçamento", fraude com recursos do orçamento da União, envolvendo parlamentares, fazendo referência, também, à concessão ilegal de rádio FM e televisão a parlamentares:

> *Papai, quando eu crescer, eu quero ser anão*
> *Pra roubar, renunciar, voltar na próxima eleição*
> *Se eu fosse dizer nomes, a canção era pequena*
> *João Alves, Genebaldo, Humberto Lucena*
> *De exemplo em exemplo aprendemos a lição*
> *Ladrão que ajuda ladrão ainda recebe concessão*
> *De rádio FM e de televisão*
> *Rádio FM e televisão...*
> *Luiz Inácio falou, Luiz Inácio avisou.*

Raul Seixas, por muitos considerado o "Pai do rock" brasileiro, fazendo uso de metáforas, protestou contra a ditadura na canção "Mosca na sopa" (1973), e contra a política coronelista, ainda vigente no interior do país, com a canção "Cowboy fora-da-lei" (1987).

Ícone do rock brasileiro dos anos 1980, Cazuza compôs canções engajadas, principalmente na sua fase final, como "Brasil", "Ideologia", "O tempo não para" (todas de 1988) e "Burguesia" (1989). Esta última com uma letra contundente:

A burguesia fede
A burguesia quer ficar rica
Enquanto houver burguesia
Não vai haver poesia
A burguesia não repara na dor
Da vendedora de chicletes
A burguesia só olha pra si
A burguesia só olha pra si
A burguesia é a direita, é a guerra.

Outras bandas de rock, como Titãs, Plebe Rude, Ira, Capital Inicial e Ultraje a Rigor também gravaram músicas de engajamento político e social durante esse período.

A democracia então incipiente veio acompanhada de novos artistas, como Gabriel o Pensador, que estourou nas rádios brasileiras com a música "Tô feliz (Matei o presidente)", de 1992, tendo como personagem o ex-presidente Fernando Collor de Mello, que renunciara ao cargo de Presidente da República para escapar do *impeachment*. A música, que constituía uma crítica ácida e explícita contra vários desmandos de figuras públicas da época, foi censurada cinco dias depois. Ao longo de sua carreira, o celebrado rapper brasileiro compôs músicas como "Lavagem cerebral" (1993), "Cachimbo de paz", "Até quando" (2001) e "Chega!" (2016), todas com críticas a vários problemas da nossa sociedade.

Os integrantes da banda Planet Hemp, que gravou músicas, como "Legalize já" (1995), defendendo explicitamente a descriminalização do uso da maconha, e "Dig, dig, dig" (1995), criticando a "guerra ao tráfico", chegaram a ser presos sob a acusação de apologia ao uso de substância ilícita. A banda não se limitava à questão da maconha, tocando outros temas de interesse coletivo, como a condição de vida nas favelas do Rio de Janeiro e a violência policial contra as pessoas dessas comunidades, denunciada em músicas como "Zerovinteum" (1997), com versos fortes e diretos:

É muito fácil falar de coisas tão belas

> *De frente pro mar mas de costas pra favela*
> *De lá de cima o que se vê é um enorme mar de sangue*
> *Chacinas brutais, uma porrada de gangue*
> *O Pão de Açúcar de lá o diabo amassou.*

Em uma antologia de bandas e artistas que produziram música engajada poderiam ser ainda citados, dentre tantos outros, Chico Science, catalisador do "manguebeat", movimento de contracultura surgido no Recife, na década de 1990, que denunciava a pobreza e a desigualdade; O Rappa, banda de pop-rock que compôs várias músicas denunciando a desigualdade, a violência e a opressão contra pobres e negros; a banda de *reggae* Cidade Negra, com diversas músicas também abordando a temática da desigualdade social, como "Doutor" (1994), "A voz do excluído", "Cidade partida" e "Favela" (de 2000).

Os exemplos poderiam se multiplicar, mas esse brevíssimo apanhado serve para demonstrar a importância da música como veículo de transmissão de mensagens as mais variadas, notadamente aquelas que tratam de temas importantes para a sociedade.

É claro que, como acontece em relação a todas as formas de expressão humana, há manifestações musicais controvertidas, consideradas de mau gosto, deselegantes, inapropriadas, desagradáveis, ofensivas e preconceituosas. A música, no final das contas, constitui uma representação da própria sociedade, com suas qualidades, defeitos e idiossincrasias.

Nem por isso, deixam essas manifestações de merecer proteção do ponto de vista jurídico. A liberdade de expressão não protege apenas as manifestações com as quais simpatizamos, edificantes e de bom gosto, mas também aquelas que repudiamos por razões variadas.

Diversas marchinhas de carnaval antigas, antes consideradas inocentes e divertidas, traziam mensagens preconceituosas, como "Nega do cabelo duro", com versos que exploram o estereótipo negativo em relação ao cabelo de pessoas negras; "Olha a cabeleira do Zezé" e "Maria sapatão" fazem alusões de cunho heterossexista.

Nessa mesma linha, em um passado mais recente, Tim Maia gravou a música "Vale tudo", que traz um refrão que hoje seria considerado homofóbico:

> *Só não vale dançar homem com homem*
> *E nem mulher com mulher*
> *O resto vale.*

E o que dizer do funk "Um tapinha não dói", do início dos anos 2000? A produtora de funk Furacão 2000 foi condenada a pagar indenização em favor do Fundo Federal de Defesa dos Direitos Difusos da Mulher, por considerar que a letra da música banaliza a violência contra a mulher e constitui uma incitação à violência de gênero.

A gravadora Sony Music, em ação proposta por organizações não governamentais de combate ao racismo, foi condenada ao pagamento de indenização pela gravação da música "Veja os cabelos dela", de autoria do músico, humorista e deputado federal Tiririca. Trechos da letra da música foram considerados ofensivos às pessoas negras:

> *Veja veja veja veja veja os cabelos dela*
> *Parece bom-bril, de ariá panela*
> *Parece bom-bril, de ariá panela*
> *Eu já mandei, ela se lavar*
> *Mas ela teimo, e não quis me escutar*
> *Essa nega fede, fede de lascar.*

Pode-se discutir se, no plano jurídico, letras de músicas que se valem de estereótipos negativos, como as mencionadas, devem dar ensejo a responsabilização civil ou penal, ou se, como penso, devem se limitar ao escrutínio do público, para que este exerça o seu juízo de aprovação ou reprovação social.

Não se nega o poder que as palavras têm de influenciar corações e mentes. Mas, em linha de princípio, à vista da robusta proteção que o texto constitucional deu à liberdade de expressão, depois de mais de vinte anos de um regime em que a censura era a tônica, cabe ao indivíduo, como cidadão que se deve presumir capaz e responsável, decidir quais palavras deve ouvir, ignorar, rejeitar ou responder.

Pior do que o poder que as palavras têm de ofender é dar ao governo o arbítrio de escolher, dentre um conjunto praticamente infinito de expressões, quais são as manifestações permitidas e quais as que não são permitidas e devem ser censuradas ou punidas. A história já mostrou que nunca foi uma boa ideia deixar nas mãos do poder público a decisão sobre o que deve ser dito ou cantado.

Mais inteligente do que buscar censurar ou punir manifestações musicais que trazem mensagens preconceituosas é usar a própria música como instrumento de denúncia contra o preconceito. É o que fizeram artistas como Luiz Melodia, com a música "Negro gato" (1966); Jorge Ben Jor, com "Negro é lindo' (1971); Dona Ivone Lara, com "Sorriso negro" (1981); Elza Soares, com a canção "A carne" (2002), do grupo musical Farofa Carioca; o grupo de rap Racionais MC's, com "Negro drama" (2002); Sandra de Sá, com "Olhos coloridos" (2012); mais recentemente, Emicida, com "Mandume" (2015); o rapper Rincon Sapiência, com "A coisa tá preta" (2017); e Karol Conka, com a regravação de "Cabeça de nego" (2018), do rapper Sabotage. Isso para citar apenas alguns.

Más ideias se combatem com boas ideias. O mau discurso deve ser enfrentado com o debate, a crítica e o contradiscurso, que deve ser estimulado, quando necessário, pelo governo e pela sociedade civil, com a implementação de medidas que deem voz aos integrantes dos grupos vulneráveis.

Uma das principais razões para defender a liberdade de expressão, através da música, das artes em geral ou de qualquer outra forma de manifestação, é a de que ela é fundamental para que, no embate de ideias, possamos identificar e defender as ideias boas ou socialmente úteis, afastando as equivocadas ou socialmente nocivas.

Isso vale também para as manifestações que muitos consideram vulgares, desprezíveis ou ofensivas. Até porque, como já se disse, *"one man's vulgarity is another man's lyric"*.

É pela força da razão, e não pela razão da força, que as mudanças sociais ocorrem. Tais mudanças nunca surgiram da uniformidade de pensamento e da pureza verbal – imaginadas ou idealizadas para uma sociedade que se pretende domesticada e pasteurizada –, mas da cacofonia que compõe o mercado das ideias, inerente a uma sociedade democrática, naturalmente repleta de contradições e dissonâncias.

A música, como uma das mais importantes formas de expressão humana, deve gozar da mais ampla liberdade possível. Ao público – e apenas a ele – deve-se deixar a decisão sobre o que é e o que não é de bom gosto, o que lhe agrada e o que não lhe agrada e o que é ou não moral e socialmente aceitável. A esse respeito, não se deve esperar unanimidade ou consenso.

A única certeza nessa matéria foi afirmada há mais de um século pelo filósofo Nietzsche: "Sem a música, a vida seria um erro."

Notas

1 Desembargador do Tribunal de Justiça do Estado do Rio de Janeiro, Doutor em Direito pela UNESA, Professor do PPGD da UNESA e da FIOCRUZ, Presidente do Fórum Permanente de Liberdade de Expressão, Liberdades Fundamentais e Democracia da EMERJ.

Trocando em miúdos, de Chico Buarque

Andréa Pachá

São misteriosos e insondáveis os caminhos do amor, que levam dois estranhos a se conhecerem, se apaixonarem, perderem o sono com a ansiedade do próximo encontro, fazerem planos, projetos, não conseguirem imaginar o que seria da existência, caso um não estivesse ao lado do outro.

Que fenômeno é esse que altera a percepção da vida, amplia a lente da poesia, inventa apelidos inusitados, perde o pudor do ridículo e desemboca em um casamento, no qual promessas de cuidado, responsabilidade e eternidade são assumidas, muitas vezes, como um compromisso para toda vida?

A visita à Bahia não era o cenário para o início de qualquer romance. Ele viajara para um enterro. Era sua primeira perda. Aos 28 anos, interrompeu o trabalho como produtor em um primeiro longa-metragem, para se despedir do avô.

Como ela conseguia fazê-lo esquecer da tristeza, nas poucas mais de duas horas de voo até Salvador? Como nunca se encontraram, se tinham os mesmos amigos, os mesmos interesses e frequentavam os mesmos lugares?

As grandes paixões não precisam mais do que alguns minutos para se instalarem. A tensão sexual, o interesse pela vida do outro, a turbulência do avião que os aproximou fisicamente, tudo parecia sinalizar para uma única conclusão possível. Era o encontro. Tão forte e tão intenso que ela desistiu de seguir para uma praia do Sul. Preferiu acompanhá-lo na despedida do avô.

Dois dias. Dois dias de mãos dadas. Dois dias de palavras encontrando palavras, encontrando beijos e mãos e peles. Se reconheciam como se fossem e estivessem, por todo o tempo.

Dos três pedidos para o Senhor do Bonfim, materializados por três nós nas medidas compradas no Pelourinho, amarraram, um no punho do outro, o desejo de que o encontro fosse o passe para o amor definitivo. A terceira fitinha, ele guardou no bolso da camisa.

Voltaram juntos para o Rio, e juntos se amaram por um longo período da vida. Tão longo que, nem nos desejos mais improváveis que rogaram ao santo, poderiam se imaginar com dois filhos adultos, uma casa, muitos filmes, uma empresa, distâncias, divergências, e por fim, o silêncio.

O momento único em que o amor começa não tem espelho ou equivalência na hora em que ele termina.

Os sinais, embora perceptíveis, confundem-se com o cotidiano, com a rotina, com as preocupações.

Durante quase vinte anos como titular em uma vara de Família, diante de tantos conflitos em tantos processos, essa era a pergunta que eu invariavelmente me fazia, depois de uma sentença decretando o divórcio:

– Como aquele encontro trouxe o casal a esse abismo?

Poderia ser o casal da Bahia, ou tantos outros casais cuja intimidade tive, por força da profissão, o privilégio de conhecer.

A expectativa de justiça no fim do amor era uma frustração visível em tantos rostos e tantas lágrimas. Não. Um juiz não tem o poder de restabelecer o afeto, depois que o amor acaba. Não. Nem todo fim de amor tem um culpado, e não há sentença que obrigue um a amar por dois.

Quando os desenlaces tinham algum motivo objetivo, as soluções pareciam mais adequadas. Afinal, uma nova paixão, uma frustração patrimonial, algumas perdas familiares são questões com as quais somos aparentemente preparados para lidar. Embora a tristeza seja a mesma, não se percebe o mal-estar provocado pelo afastamento imperceptível, pelo silêncio, a distância, até o momento em que nada além de ressentimento se impõe.

Normalmente são os amores que começaram grandes que costumam terminar assim.

Não se sabe em que dia a história da fitinha do Bonfim, amarrada em um prego na entrada da casa deixou de ser contada para as crianças. Não se identifica o horário, nem mesmo a estação do ano, em que o beijo apaixonado deixou de ser o símbolo das pequenas despedidas. Não é possível diagnosticar quando os apelidos carinhosos passaram a incomodar, nem quando as mãos não se juntavam, mesmo diante da TV que passou a ocupar o lugar central da casa.

A memória da Bahia, as pequenas discussões que terminavam entre os lençóis, com o grito do prazer da esperança de que tudo se ajeitasse. Nenhuma lembrança era capaz de demovê-la da decisão já tomada, resultado de longos anos de reflexão solitária e racional.

Nenhum artigo do Código Civil, da Constituição Federal, ou nenhum doutrinador conseguiu me explicar, como Chico Buarque, o respeito que eu deveria ter, na escuta daquele casal.

Nada era irrelevante. Nem a medida do Bonfim, nem o disco do Pixinguinha, nem as melhores lembranças ignoradas por ela.

Nenhuma sentença arbitraria uma multa pelo profundo sofrimento que ele experimentava, mordendo os lábios e fingindo aceitar, com naturalidade, uma perda mais dolorosa do que a morte do avô.

É com esse material sensível e humano que trabalhei por duas décadas. Pouco interessa ao Estado, os miúdos trocados, as sobras dos lares, as sombras do que foram aqueles dois seres, um dia apaixonados.

Muitas vezes, o futuro amor só existia na fantasia, mas era mais uma dor real a se somar aos versos de Neruda, nunca lidos, que acenavam com amores sem limites e sem fins.

Deixar que os casais falassem das próprias tristezas foi uma maneira eficiente de conseguir, muitas vezes, no ambiente árido de uma sala de audiências, formalizar acordos possíveis para que a vida pudesse seguir adiante.

Muitas músicas de Chico povoaram minha vida profissional, quando confrontada com o fim do amor. "Trocando em miúdos", no entanto, é o hino mais potente e esclarecedor.

A leve impressão de que já vou tarde. A tristeza. A saudade. Sem Neruda, sem lembranças, sem eternidade.

Uma dor que devasta a todos os que observam o fenômeno do amor chegando ao fim. A certeza de que, mesmo com tanto dilaceramento, vale à pena viver um amor com tal intensidade.

Amores convenientes podem até terminar em temperaturas mais baixas, mas quem trocaria uma paixão, por um relacionamento morno?

A identidade e a saideira apontam para a sobrevivência, e para a potência da vida, mesmo depois do fim.

Senhora liberdade, de Wilson Moreira e Nei Lopes

Anna Maria Trindade Reis

Até tentei piano e violão, mas, para minha tristeza, não sei tocar nenhum instrumento. Todavia, sempre amei música. Do rádio ao *Spotify*, passando pela eletrola, fita cassete, mp3. Já acordo ouvindo música e sigo assim o resto do dia: desde me arrumar, trabalhar, exercitar, dirigir, cuidar da casa, cozinhar, descansar e no encontro com amigos e família. Uma trilha sonora para cada momento. Sempre tem uma que se liga a algum fato vivido, evento, alegria ou tristeza.

Quando recebi o convite para escrever o artigo, me veio logo o refrão *Abre as asas sobre mim, oh! Senhora liberdade*, e, assim, essa música é que me escolheu, se impondo sobre outras tantas que me marcaram, e são muitas.

**Da música
"Senhora liberdade"**
*(Wilson Moreira/Nei Lopes)
Abre as asas sobre mim
Oh! Senhora liberdade
Eu fui condenado
Sem merecimento*

Por um sentimento
Por uma paixão
Violenta emoção, pois
Amar foi meu delito
Mas foi um sonho tão bonito
Hoje estou no fim
Senhora liberdade
Abre as asas sobre mim
Não vou passar por inocente
Mas já sofri terrivelmente
Por caridade, oh! liberdade
Abre as asas sobre mim

A música foi composta no final dos anos da década de 1970 pela dupla Wilson Moreira[1] e Nei Lopes[2], que produziu vários sucessos,[3] e foi maravilhosamente interpretada pela atriz e cantora Zezé Motta.[4]

Inicialmente intitulada "Violenta emoção", foi rebatizada por "Senhora liberdade" exatamente para o seu primeiro registro.

As experiências profissionais de Wilson Moreira, que foi inspetor de segurança penitenciária, e de Nei Lopes, advogado, ouvindo os lamentos dos presos, geraram esse samba de cadeia e de amor, cheio de termos jurídicos e que veio a ser transformado no hino das "Diretas já", movimento que instituiu as eleições diretas para presidente da República após o regime militar, em 1984.

Sempre que há um movimento popular, político, a música volta a ser entoada nas ruas do Centro do Rio de Janeiro. Exemplificativamente, quando Michel Temer assumiu a presidência em razão da abertura do processo de *impeachment* da presidente Dilma Rousseff, em 2016, isso voltou a ocorrer.

Em 2019, foi música incidental do G.R.E.S Acadêmicos de Santa Cruz, em homenagem à Ruth de Souza, primeira-dama negra do teatro brasileiro, no Carnaval carioca, e segue sendo um hino também contra o racismo.

Da liberdade

O refrão da música louva – na realidade, retumba! - aquilo que o ser humano mais preza: a liberdade de ser, de pensar, de se locomover e de se expressar, entre outros direitos e garantias fundamentais assegurados pela Constituição Federal.

O ministro Dias Toffoli, ao comentar sobre as garantias fundamentais, ressalta repetidamente que a liberdade, a de ir e vir, é o bem mais valioso que temos.[5]

A liberdade, como fui ensinada desde cedo, se limita a onde começa a de outra pessoa.

É a essência da democracia e, mais tarde, soube que a sabedoria de meus pais estava consagrada no Paradoxo da Tolerância, de Karl Popper, que avalia o risco da liberdade irrestrita quando avança sobre liberdade e direitos alheios: *"O chamado paradoxo da liberdade é o argumento de que a liberdade, no sentido da ausência de qualquer controle restritivo, deve levar à maior restrição, pois torna os violentos livres para escravizarem os fracos"*.[6]

Esse mote é que me impulsionou a estudar direito e a música me remete ao período em que trabalhei como assessora e advogada da Associação dos Magistrados Brasileiros – AMB, de 1998 a 2002.

Pena não ter conseguido encontrar o artigo no qual o então presidente, desembargador Luiz Fernando Ribeiro de Carvalho, terminava o texto exatamente com esse refrão. No seu mandato, divulgou e combateu a atuação do Judiciário como garantidor dos direitos fundamentais e do correto cumprimento de políticas públicas, na limitação do poder político e econômico, em razão do alto índice de desigualdade social reinante no Brasil.

Nada mais atual.

O Judiciário tem se mantido como norteador dessas garantias, em especial as de liberdade de expressão em face das divulgações de *fake news* utilizadas para gerar ódio, violência e desinformação, objetivando minar instituições e pessoas, disseminar informações contrárias aos fatos e às bases científicas.

Essa proliferação de falsas notícias e ataques à democracia esbarra na proteção da liberdade abarcada na Constituição Federal desde o preâmbulo, resguardando a liberdade de consciência, de crença, de associação lícita, da arte e do saber, de locomoção (ir e vir), privação ou restrição, de imprensa e de reunião, de aprender, ensinar, pesquisar e informar. A lista é grande, mas certamente não é exaustiva, e a livre expressão do pensamento[7] há de se atentar ao respeito dos valores éticos e sociais das pessoas.[8]

Como salientou o ministro Luís Roberto Barroso,[9] é necessária a imposição de limites àqueles que, apoiando-se nesse valoroso bem, utilizam-se de ódio e violência para destruir instituições e pessoas:

> A democracia tem lugar para conservadores, para liberais e para progressistas. Tem lugar para todo mundo. Só não tem lugar para a intolerância, para a violência e para a tentativa de destruição das instituições. Quando isso acontece, as democracias e as pessoas de bem têm que agir em legítima defesa. É preciso estabelecer os limites que uma democracia convive com as pessoas que pretendem destruí-la.

Destaca-se que o Judiciário não se manifesta sem provocação. Assim, graças à combatividade de advogados públicos e privados, questões de cerceamento à liberdade têm sido submetidas ao Judiciário. Ou seja, os advogados continuam fazendo a sua parte para salvar o mundo e o Judiciário não foge ao seu enfrentamento de guarda da Constituição e, por consequência, da garantia da democracia e dos direitos fundamentais.

Recentemente, o STF destacou que, se por um lado há proteção da liberdade de expressão (direito de informar, opinar e criticar) e da impossibilidade de censura prévia, cabe a responsabilização civil e penal posterior em razão de *fake news* disseminadas especialmente pelas mídias sociais sob pena de revelar uso abusivo à democracia, sendo vedados ataques racistas, de ódio e supressores de direitos constitucionais, tais como a defesa da ditadura e o fechamento de instituições.[10]

Garantindo a liberdade de expressão, o STF vedou que o município do Rio de Janeiro exercesse qualquer tipo de fiscalização de conteúdo sobre os livros expostos na Bienal do Livro em 2019.[11]

Os ministros do STF, em defesa da democracia, das instituições e dos interesses nacionais, fixaram limites para o compartilhamento de dados entre os órgãos do Sistema Brasileiro de Inteligência (Sisbin), que, não podendo atender interesses pessoais ou privados, somente poderão fazê-lo mediante motivação em razão do necessário controle de legalidade.[12]

Circulou na mídia[13] a existência de um dossiê elaborado por uma secretaria ligada ao Ministério da Justiça, elencando, sigilosamente, informações de servidores públicos ligados a movimentos antifascistas. E, uma vez mais se buscou a proteção do Poder Judiciário para a liberdade de expressão em prol da democracia, tendo a relatora, ministra Cármen Lúcia, indicado que, se comprovado, revela "comportamento incompatível com os mais basilares princípios democráticos do Estado de Direito".[14]

Ao apresentar seu voto pelo deferimento da medida cautelar, a ministra Carmén Lúcia entendeu por suspender todo e qualquer ato de produção e compartilhamento das escolhas pessoais e políticas dos cidadãos e servidores públicos que se expressam, se reúnem e se associem nos limites da legalidade, sob pena de desvio de finalidade. A prática remete à ameaça de retorno à triste história do Brasil e adverte que "a República não admite catacumbas, a democracia não se compadece com segredos, a não ser para se lembrar de situações que nós precisamos ter como superadas".[15]

Destacando inúmeros *habeas corpus* concedidos para assegurar a liberdade de ir e vir, o coletivo[16] n. 143.641, de relatoria do ministro Ricardo Lewandowski, assegurou prisão preventiva domiciliar às mulheres presas que sejam gestantes ou mães de crianças de até 12 anos ou de pessoas com deficiência.

Outras tantas liberdades já foram tuteladas pelo STF: a liberdade sexual da mulher,[17] a liberdade de orientação sexual[18] e do reconhecimento de união estável homoafetiva como núcleo familiar,[19] exemplificativamente.

E, assim, de modo que os brasileiros tenham resguardado esse bem maior e tão caro, uma vez mais, a música composta há mais de quarenta anos se faz presente e não cansa de retumbar:

Abre as asas sobre mim
Oh! Senhora liberdade.

Pesquisa/Referências

Lopes http://www.sidneyrezende.com.
"Abre as asas sobre mim/ oh! Senhora liberdade! Veja como foi feita esta bela música". *Bem blogado*, 19 fev. 2020. Disponível em: <https://bemblogado.com.br/site/abre-as-asas-sobre-mim-oh-senhora-liberdade-veja-como-foi-feita-esta-bela-musica/>. Acesso em: julho de 2021.
AGENDA BAFAFÁ. "Wilson Moreira: 'O samba-enredo virou marcha'". *Bafafá*, 16 ago. 2020. Disponível em: <https://bafafa.com.br/mais-coisas/entrevistas/wilson-moreira-o-samba-enredo-virou-marcha>. Acesso em: julho de 2021.
"Senhora liberdade". *Qualdelas,* "A canção contada", [s.d.]. Disponível em: <http://qualdelas.com.br/senhora-liberdade/>. Acesso em: julho de 2021.

Notas

1 Nasceu em 12.12.1936 e faleceu em 6.9.2018, no Rio de Janeiro.
2 Nascido em 9.5.1942, no Rio de Janeiro.
3 "Coisa da antiga", cantada por Clara Nunes; "Goiabada cascão", sucesso na voz de Beth Carvalho; e "Gostoso veneno", celebrado por Alcione, entre tantos outros sucessos.
4 Zezé Motta foi a primeira a registrar "Senhora liberdade", no LP *Negritude* (Atlantic/WEA, 1979). No *Spotify,* encontram-se gravações feitas pelos autores, deles com Zé Renato, Casuarina, Choro na Feira, Roberto Ferreira, G.R.E.S Acadêmicos de Santa Cruz e Xande de Pilares (música incidental).
5 A fala do ministro está disponível em: <https://www.youtube.com/watch?v=TzqpBng3syQ> (acesso em julho de 2021). Seminário do IGP realizado em 7 ago 2020.
6 POPPER, Karl Raimund. *A sociedade aberta e os seus i*. Tradução de Milton Amado. Belo Horizonte: Ed. Itatiaia, 1974, p.288.
7 Art. 220/CF
8 Art. 221/CF
9 A Conferência Magna do ministro Luís Roberto Barroso no 1º Congresso Internacional de Direito Partidário, em 24.7.2020 está disponível em: <https://www.youtube.com/watch?v=Xh3gkcpUs6A> (acesso em julho de 2021). O ministro apresentou o tem também em "A defesa da democracia", no Seminário do Instituto dos Advogados Brasileiros e do Instituto Victor Nunes Leal em homenagem ao dia do advogado, em 11.8.2020,

que está disponível em: https://www.youtube.com/watch?v=lHyGOuk_Ths&feature=youtu.be (acesso em julho de 2021).
10 ADPF 572/MC, relator Min. Edson Facchin em julgamento iniciado em 10 e finalizado em 18.6.2020 pelo Plenário do STF: é constitucional a Portaria GP n. 69/2019 e o art. 43/RISTF, que viabiliza o Inq 4781, de relatoria do Min. Alexandre de Moraes, que apura incitamento ao fechamento do STF, de ameaça de morte ou de prisão de seus membros, de apregoada desobediência a decisões judiciais.
11 Rcl 36742/MC, Rel. Min. Gilmar Mendes (DJe 12.9.2019), SL 1248/MC, Rel. Min. Toffolli (DJe 11.9.2019) e Rcl 39093/MC, Rel. Min. Ricardo Lewandowski (DJe 26.2.2020) – em razão da apreensão da publicação "Vingadores: A Cruzada das Crianças" porque havia um desenho de um beijo gay.
12 MC na ADI 6529, Rel. Min. Cármen Lúcia, julgado em 13.8.2020: deu interpretação conforme a CF ao art. 4º da Lei 9.883/1999, que criou a Abin.
13 JORNAL NACIONAL. "MPF pede explicações sobre relatório com servidores ligados a movimentos antifascistas". *G1*, 30 jul. 2020. Disponível em: <https://g1.globo.com/jornal-nacional/noticia/2020/07/30/mpf-pede-explicacoes-sobre-suposto-dossie-com-servidores-ligados-a-movimentos-antifascismo.ghtml>. Acesso em: julho de 2021.
14 ADPF 722, proposta por Rede Sustentabilidade – DJe 6.8.2020.
15 Medida cautelar deferida por maioria pelo Plenário do STF – sessões de 20 e 21 de agosto de 2020.
16 HC 143641/SP – com forte atuação das defensorias estaduais, do IBCCRIM, do ITTC, IDDD entre outros *amicus curiae*, 2ª Turma do STF concedeu a ordem em 20.2.2018, acórdão de 9.10.2018
17 HC 81.288, Rel. Min. Carlos Mario Velloso, DJ 25.4.2003 e HC 88.245/SC, Rel. Min. Cármen Lúcia, DJ 20.4.2007: o crime de estupro e de atentado violento ao pudor, ante o uso indevido e violento do seu corpo, é qualificado como crime hediondo
18 ADPF 291, Rel. Min. Luis Roberto Barroso, DJ 11/5/2016 e ADI 5543/DF, Rel. Min. Edson Fachin, julgamento iniciado em 19.10.2017 e finalizado em 11.5.2020: inconstitucional restrição de doação de sangue por homossexuais.
19 RE 477554 AgR/MG, Rel. Min. Celso de Mello, DJ 26.8.2011

Noel Rosa pergunta: onde está a honestidade?

Antônio Claudio Mariz de Oliveira

O extraordinário talento musical de Noel Rosa foi por ele aproveitado para retratar os hábitos, o comportamento, a maneira de ser da sociedade brasileira de sua época. O fez inclusive de forma premonitória, pois muito daquilo que narrou em suas músicas na década de 1930 espelha uma realidade por nós vivida nos dias de hoje.

Compôs por volta de 250 músicas, em poucos anos, pois morreu com 26. Boa parte de sua produção foi dedicada aos costumes dos anos 1930 e às dificuldades enfrentadas pelo homem comum para sobreviver e se adaptar às rápidas mutações operadas no seio da sociedade.

Viveu intensamente, e por essa razão as suas letras apresentam agudas observações, expostas com fina ironia, afirmações satíricas, blagues e criativas analogias, que retratam o quadro socio-político reinante à época.

A sua vida sem regras e comedimento possibilitou que fizesse uma emersão profunda no Brasil de todas as classes e estamentos sociais. O Rio de Janeiro teve em Noel Rosas um magnífico retratista, que com igual intensidade conviveu com o asfalto e com o morro, construindo um canal comunicante entre os dois mundos. Destacam-se algumas músicas evocativas da então capital federal e de seus bairros: "Cidade

Mulher"; "X do problema", sobre o bairro do Estácio e " Feitiço da Vila", sobre Vila Isabel.

Foi dos bares e dos cabarés cariocas que extraiu boa parte de sua rica inspiração para descrever malandros, boêmios, compositores, mulheres da noite. Vila Isabel, Lapa, Estácio, Mangueira eram os seus redutos, os seus territórios demarcados por ele e por grande parte dos sambistas da época.

No entanto, conseguiu adquirir uma rica experiência da sociedade como um todo, porque também conviveu em locais frequentados por uma burguesia em ascensão, que se misturava com a elite vinda da *belle époque* e que formava uma sociedade com hábitos refinados, importados especialmente da França, mas já sofrendo influência norte americana, especialmente na língua.

A esse respeito, Noel compôs "Não tem tradução". Ele alerta, em uma admirável letra, que, no francês, samba não tem tradução e que

> *Tudo aquilo que o malandro pronuncia*
> *Com voz macia é brasileiro, já passou de português*
> Não deixa o inglês de fora e nos últimos versos faz uma crítica ao seu uso. Afirma que *As rimas do samba não são I love you*
> *E esse negócio de alô, alô boy e alô Johnny*
> *Só pode ser conversa de telefone.*

Aliás, essa prática do uso de palavras estrangeiras foi verberada em algumas músicas, dentre as quais se destacam "Canção para inglês ver", de Lamartine Babo, gravada por Joel de Almeida e "*Good Bye*", composta por Assis Valente e cantada por Carmen Miranda.

Embora frequentasse rodas mais sofisticadas, a convivência com o morro, com a Lapa boêmia e com o Estácio é que lhe deixava verdadeiramente à vontade e lhe fornecia farto material para as suas composições.

Nem sequer no Café Nice, onde se reunia a nata dos músicos, jornalistas e escritores daquela época, a sua presença era constante. Preferia isolar-se em botequins com Ismael Silva, Cartola e outros sambistas vindos dos morros e dos bairros mais distantes.

Em um magistral samba chamado "Filosofia", Noel Rosa primeiro se coloca como vítima do desprezo social para em seguida mostrar que para si vale a liberdade de poder cantar o seu samba, mesmo que

> *Nesta prontidão sem fim(...)*
> *Vivo escravo do meu samba, muito embora vagabundo.*

Nas últimas estrofes despreza os da aristocracia, que embora tendo dinheiro não podem comprar alegria e viverão eternamente escravos *dessa gente que cultiva a hipocrisia*.

Em outras composições focalizou a penúria que o acompanhou durante toda a vida. Para sobreviver vendia parcerias e músicas por si compostas. O cantor Francisco Alves, por exemplo, foi useiro e vezeiro em pagar sambistas, dentre os quais Noel, para surgir como parceiro e para gravar as respectivas músicas.

A célebre composição "O orvalho vem caindo" mostra um fino humor, que exprime o misere de um boêmio que tem como cortinado *o vasto céu de anil* e como cama *uma folha de jornal*.

Na mesma linha, há a magnífica composição "Com que roupa", que mostra a aflição do boêmio que não tem uma roupa decente para ir a um samba *que você me convidou*. A bela melodia sofreu alteração em seus primeiros acordes, pois Noel foi alertado de que no início lembrava o "Hino Nacional". O que ele menos queria era passar por plagiador do hino de seu país.

Noel sempre teve uma constante preocupação em mostrar o desprezo pelo dinheiro, pelo menos como fonte de felicidade. Isto vem dito no samba "Filosofia", como se viu, e em um outro, "João Ninguém", que termina dizendo

> *E muita gente que ostenta luxo e vaidade*
> *Não goza a felicidade*
> *Que goza João Ninguém!*

O festejado "Conversa de botequim" retrata de um lado o frequentador de boteco, típico carioca que joga no bicho, exige pressa no atendimento; manteiga à beça no pão da média; água gelada; porta fechada para não ficar exposto ao sol. E mais, quer saber o resultado do futebol; não admite que o garçom fique limpando a mesa, mas que que traga palito, caneta e cartão e arremata suas exigências pedindo uma revista, um cinzeiro e um isqueiro.

Esse sofisticado freguês, cheio de nove horas não se acanha, não se vexa em pedir dinheiro emprestado ao mesmo garçom e a determinar ao gerente que *"pendure essa despesa no cabide ali em frente*. Estupendo malandro, que com picardia vai levando a vida, vencendo obstáculos.

É possível que nessa música Noel estivesse retratando a si. Mas, com certeza, nela e em tantas outras, focalizou o homem simples, esperto, boêmio, sem dinheiro, de inteligência ágil e criativa, sem qualificação profissional, alguns com aptidão para a música e para o futebol, mas todos capazes de sobreviver décadas por meio de artifícios e expedientes. Típicos homens brasileiros, que não mais existem, desapareceram junto com o ambiente de sua época.

Noel se caracterizou também pela sua extraordinária versatilidade na escolha dos temas de suas composições. Escreveu sobre sua filosofia de vida; sobre as agruras do homem sem dinheiro; sobre seus amores; sobre os costumes da época; sobre si; sobre o Rio de Janeiro e seus bairros.

Participou de um hilário duelo musical com o compositor Wilson Batista. Enquanto um critica a malandragem do outro, com "Rapaz folgado" este zomba da fisionomia de Noel compondo " Frankenstein da Vila". Além dessas, foram compostas outras músicas para essa graciosa e inteligente disputa: "Feitiço da Vila" e "Palpite infeliz " de Noel e "Lenço no pescoço" e "Conversa fiada" de Wilson Batista.

Noel, que estudou medicina por dois anos, quis demonstrar os seus conhecimentos de anatomia e, das poucas vezes que foi ao Café Nice, compôs em uma de suas mesas o original e saboroso "Coração". Nessa canção homenageia o sambista brasileiro, e ao mesmo tempo corrige a anatomia do corpo humano ao colocar o coração no "centro do peito", nem à direita, nem à esquerda.

A área do direito também foi visitada pelo grande poeta/ compositor. O tema escolhido, nome da música, foi "Habeas Corpus". É admirável nesse samba o correto emprego dos termos técnicos, e a adequação do instituto ao enredo. Lembre-se que Noel não possuía formação jurídica.

Arguto observador do comportamento das pessoas, compôs sambas que retratam situações que podem ser vividas por qualquer um de nós em nossas relações, como "Seja breve"; "Prazer em conhecê-lo" e " Rapaz folgado"

No primeiro, com extraordinário humor, reclama daquele que prolonga interminavelmente uma *conversa mole* e pede *não amole*, e deseja *Deus lhe guarde.*

O segundo samba narra um constrangedor encontro social. Alguém não tolera quem o está cumprimentando. Consta que o encontro foi com um desafeto de Noel, tendo como pivô uma antiga namorada sua.

Por fim em, "Rapaz folgado", Noel retrata o tipo comum do aproveitador, que sempre procura tirar vantagens em toda e qualquer circunstância.

Duas outras composições espelham, não relações da classe média, mas aquelas desenvolvidas nos morros cariocas. "Século do progresso" e "Quando o samba acabou" têm como foco duas mortes ocorridas em noites de samba.

Em uma das músicas, o revólver substituiu a navalha, pois

No século do progresso
O revólver teve ingresso
Para acabar com a valentia.
No outro, por causa da Rosinha *que é cabrocha de alta linha* um malandro matou o outro, quando o samba acabou, e
Lá no morro uma luz somente havia
Era o sol, quando o samba acabou
De noite não houve lua
Ninguém cantou.

Não se pense que Noel era indiferente às coisas do amor. Muito ao contrário, amou, foi amado e usou seus romances para compor belíssimas canções. "A dama do cabaré", dedicada a Ceci, sua grande paixão, "O último desejo"; "Três apitos"; "Feitio de oração", "Fita amarela", "As pastorinhas" dentre outras, reproduzem a refinada sensibilidade do poeta compositor.

Quando estava em Belo Horizonte, após uma noitada, o cansaço não permitiu que chegasse à casa em que se hospedava. Deitou-se na grama, com o violão ao lado e adormeceu. Foi acordado por um guarda que exigiu os seus documentos e lhe deu voz de prisão por vadiagem. Ao tentar mostrar seus documentos, tirou do bolso um papel amassado e deu ao policial, que nele leu a letra de "João Ninguém". Como a conhecesse, o guarda lhe disse que a música era do compositor Noel Rosa. Identificando-se como o próprio, Noel passou a cantar com o seu futuro ex-carcereiro, que também se dizia compositor e tocador de gaita.

O compositor da Vila, com extraordinária graça, soube rir de si mesmo e de todos os portadores de físico franzino, como ele, e de gagueira. As suas músicas "Tarzan, o filho do alfaiate" e "Gago apaixonado" demonstram invulgar criatividade e fineza de espírito.

O Brasil ocupa no seu repertório grande destaque. Não se trata de samba exaltação, tão a gosto de alguns compositores das décadas de 1930 e 1940. Os compositores da época eram estimulados pelos ocupantes do poder a cantar e a enaltecer nosso povo, natureza e características.

As composições faziam parte de um sistema de propaganda do governo Getúlio Vargas, comandado pelo Departamento de Informação e de Propaganda (DIP), órgão responsável pela divulgação das realizações do governo, bem como pelo planejamento de eventos, para o culto da figura do presidente.

A obra de Noel não exalta e não desmerece, apenas retrata um país nem melhor, nem pior do que os demais, mas com um modo de ser peculiar ao nosso povo. A música chamada "São coisas nossas" destaca com graça algumas das nossas características: pandeiro; violão; saudade; batuque; samba; prontidão; malandro; morena; roça; baleiro; prestamista; vigarista, dentre outras, são coisas nossas. Não são mais do nosso, mas são daquele tempo, o bonde; o motorneiro; o condutor; o passageiro, cantados em várias melodias.

Há uma música, dentre tantas, que merece destaque, pois contêm uma indagação comum a todos os brasileiros que amam sua pátria e se indignam com o fenômeno incrustado em nossa história, que é a corrupção: "Onde está a honestidade?". Uma indagação ainda presente. Visão antecipatória do genial compositor, que mostra um fenômeno antigo embora ainda atual.

A escolha dessa música como título do texto é uma homenagem ao poeta compositor, que com inteligência, perspicácia, ironia e sarcasmo tornou-se o extraordinário retratista de um povo peculiar, possuidor de virtudes e de talentos, mas estigmatizado por mazelas incrustadas em sua realidade.

Por que o rei do amor está morto?

Antônio Augusto de Souza Coelho[1]

Neste artigo trago a canção "Why (The King of Love is Dead)", cantada por Nina Simone três dias depois do falecimento de Martin Luther King Jr. – símbolo mundial da paz, da igualdade e da luta pelos direitos civis – em uma performance emocionante no enterro daquele herói, morto aos tiros em 4 de abril de 1968. Com a letra da canção e sua tradução, abordo a biografia de Martin Luther King Jr. e exploro as características do movimento social conduzido por ele. Encerro resgatando as palavras da canção de Nina Simone e Gene Taylor, aplicando-as ao contexto atual.

Introdução

Em 25 de maio de 2020, na cidade de Minneapolis (MN), o cidadão americano e afrodescendente George Floyd Jr. foi morto em desastrosa e odiosa atuação de um policial branco, ao que se seguiram históricas manifestações em prol das vidas dos afrodescendentes nos Estados Unidos.[2]

Cinquenta e dois anos antes, o mundo chorava a morte de Martin Luther King Jr., um ícone dos movimentos dos direitos civis, sob o som lamurioso da voz de Nina Simone. A faixa "Why (The King of Love is Dead)", cujo título pode ser traduzido como "Por quê (o Rei do Amor está Morto)",[3] foi eternizada por Nina e cantada três dias depois do falecimento do herói nacional, em uma performance emocionante em seu enterro. Martin foi morto a tiros em 4 de abril de 1968.[4]

A linda e profunda canção, entoada no contexto que foi, carregou significado inexprimível e emoção inefável, pois a um só tempo coroou aspectos da vida da própria Nina Simone que foram paralelos à vida de Martin Luther King Jr., e transmitiu na forma de som toda a tristeza e indignação da sociedade com o assassinato do grande homem que foi King. Ambos – Nina Simone e Martin Luther King Jr. – viveram em época de duro preconceito, que estava ancorado nas leis e instituições e internalizado nas mentes e nos costumes dos norte americanos.

A canção "Why? (The King of Love Is Dead)", composta por Gene Taylor, baixista da banda de Nina Simone, e hoje disponível em CD[5] e em plataformas de *streaming*,[6] possui a seguinte letra:

Letra original em inglês	**Tradução livre da letra**
Of course this whole program is dedicated to the memory of Dr. Martin Luther King, you know that, really	*Claro, este programa inteiro é dedicado à memória do Dr. Martin Luther King, vocês sabem disso, mesmo*
Once upon this planet Earth	*Uma vez, neste planeta Terra,*
Lived a man humbled by	*Viveu um homem honrado por*
Preachin' love and freedom for his fellow man	*Pregar amor e liberdade para seus semelhantes*
He was dreamin' about the day	*Ele estava sonhando sobre o dia*
Peace would come to Earth to stay	*Em que a paz viria à Terra para ficar*
And he spread his message all across the land	*E ele espalhou sua mensagem por toda a Terra*
Turn the other cheek, he'd plead	*Vire a outra face, ele exortava*
Love thy neighbor was his creed	*Amar o próximo era seu credo*

Letra original em inglês	Tradução livre da letra
Pain, humiliation, death	*Dor, humilhação, morte*
He did not grant	*Ele não temia*
With his mama out of sight	*Longe do olhar de sua mãe*
From his foes, he did not hide	*De seus inimigos ele não se escondia*
It's hard to think	*É difícil pensar*
That this great man is dead, oh yeah	*Que este grande homem está morto, oh sim.*
Well, the murders never cease	*Bem, os assassinatos nunca cesam*
Are they men, or are they beast?	*São eles homens, ou são eles animais?*
What do their hate ever hope	*O que o ódio deles espera*
Ever hope to gain?	*Espera ganhar?*
Will my country for stand of fall	*Irá o meu país perdurar ou irá cair?*
Is it too late for us all?	*Será tarde demais para todos nós?*
And did Martin Luther King just die in vain?	*Teria Martin Luther King morrido em vão?*
Cause he'd seen the mountain top	*Porque ele viu o topo da montanha*
And he knew he could not stop	*E ele soube que não poderia parar*
Always living	*Sempre vivendo*
With the threat of death ahead	*Com a ameaça da morte afrente*
Folks, you'd better stop and think	*Pessoal, é melhor que vocês parem e pensem*
Cause we're headin' for the brink	*Porque estamos a ir para a beira do abismo*

Letra original em inglês	**Tradução livre da letra**
What will happen now that he is dead?	*O que acontecerá agora que ele está morto?*
He was for equality	*Ele era pela igualdade*
For all people you and me	*De todas as pessoas, você e eu*
Full of love and good will	*Cheio de amor e boa vontade*
Hate was not his way	*Ódio não era o jeito dele*
He was not a violent man	*Ele não era um homem violento*
Tell me folks if you can	*Digam-me, amigos, se puderem*
Just why, why was he shot down the other day	*Apenas por quê? Por que atiraram nele no outro dia?*
Gonna see he'd see the mountain top	*Pois vejam, ele viu o topo da montanha*
And he knew he could not stop	*E ele soube que não poderia mais parar*
Always living with the threat of Bethlehem	*Sempre vivendo sob a ameaça de Belém*
Folks, you'd better stop and think and feel again	*Pessoal, é melhor que vocês parem e sintam de novo*
Are we heading for the brink	*Nós estamos indo em direção à beira do abismo*
What's gonna happen	*O que vai acontecer*
Now that the King of Love is dead?	*Agora que o Rei do Amor está morto?*

Fonte: TAYLOR,1968.[7]

Como se percebe, a canção transmite um sentimento de profunda tristeza pelo falecimento do líder do movimento civil afro-americano, o que é acentuado pela levada de *slow jazz*, pelo piano tocado com delicadeza, e pelo inconfundível jeito gospel de cantar, típico dos cultos evangélicos reverenciados e frequentados pelos afrodescendentes americanos.

Sabe-se que há vários importantes líderes e figuras marcantes do movimento de luta contra a segregação racial, como Malcolm X,[8] Muhammad Ali,[9] Elijah Muhammad (líder do grupo ativista "Nação do Islã" – "Nation of Islam" – NOI),[10] Marcus Mosiah Garvey[11] e outros. Entretanto, é razoável afirmar que a mensagem de Martin Luther King Jr. foi a que alcançou mais corações, seja dentro ou fora dos Estados Unidos, e isso se dá pelo seu espírito integracionista.[12]

Assim, nesse importante momento em que as questões raciais saem de seu estado latente e os atritos entre as etnias ganham contornos que não podem ser ignorados, há de se resgatar a história e os postulados de Martin Luther King Jr., pois a sabedoria do passado permite vislumbrar soluções para o presente, pois "a história é um grande livro aberto para a nossa instrução que extrai os materiais da sabedoria futura dos erros e enfermidades passados da humanidade".[13]

Contexto histórico

A região em que Martin Luther King Jr. nasceu (Atlanta, no estado de Georgia – GA) era considerada bastante violenta com relação à comunidade afrodescendente. Há registro de que no final do século XIX e início do século XX, mais de 3 mil negros foram mortos por motivos raciais na região, tendo muitas dessas mortes sido causadas por linchamento público, e algumas com requintes de crueldade como o escalpelamento da vítima.

A primeira remessa documentada de escravos para os Estados Unidos se deu em 1619 (quando o local ainda era colônia da Inglaterra), ocasião em que um navio holandês deixou vinte escravos africanos na colônia britânica de Jamestown, na Virginia. Esse momento costuma ser utilizado como o marco inicial oficial da escravidão na América do Norte, muito embora haja evidências que praticamente desde o descobrimento da América, no final do século XV e começo do século XVI, já havia utilização de escravos africanos em continente americano.[14] Fato é que, a partir de então, o uso de escravos negros se alastrou pelo continente norte-americano, tornando-se a principal mão de obra para as plantações da região.

Após séculos de escravidão nos Estados Unidos – e todo o tratamento degradante correspondente a isso – e após muitas idas e vindas e revoltas,[15] foi no contexto da Guerra Civil americana que, sob a liderança do presidente Abraham Lincoln, a escravidão foi abolida. Primeiramente com uma proclamação de emancipação preliminar (*preliminary emancipation proclamation*), em 22 de setembro de 1862, seguida de uma proclamação emancipatória definitiva (*emancipation proclamation*), em 1 de janeiro de 1863, na qual se declarava que os escravos seriam, a partir de então, livres para todo sempre (*"thenceforward, and forever free"*).[16]

Após a proclamação de emancipação dos escravos, o Congresso Americano passaria, em 31 de janeiro de 1865, a 13ª Emenda Constitucional, enquanto Abraham Lincoln ainda era presidente, abolindo-se oficialmente e definitivamente a escravidão nos Estados Unidos. A 13ª Emenda Constitucional estabelece o seguinte: "nem escravidão e tampouco servidão involuntária – excepcionada a originária de punição por crime em que a parte tenha sido devidamente condenada – existirá nos Estados Unidos, ou em qualquer lugar sujeito à sua jurisdição".[17]

Apesar de extinta a escravidão – o que sem dúvida representou uma imensa vitória dos direitos civis da época – a situação dos afrodescendentes norte-americanos continuava degradante, sobretudo nos Estados do Sul, em que a cultura escravagista era mais forte. Muito embora estivessem livres, os pretos[18] recém-libertos não tinham formação, não tinham capital, e eram objeto de intensa exclusão e segregação social, recebendo tratamento legal diferente daquele dispensado aos brancos, o que se dava por meio dos chamados "Códigos Negros" ou "Estatutos dos Negros" (*"Black Codes"*), legislações que regulamentavam a vida civil dos pretos e variavam de estado para estado em termo de intensidade de restrição e segregação racial. Mesmo assim, de um modo geral, esses Códigos garantiam que os pretos não tivessem acesso às posições mais altas da sociedade e impunham a eles que se mantivessem como mão de obra barata e submissa aos interesses da então sociedade supremacista branca.[19]

Na mesma época pós-guerra civil, radicais supremacistas brancos inconformados com a abolição da escravidão criaram a chamada Ku Klux Klan (KKK), em 1866, cujo objetivo era garantir a supremacia e hegemonia branca nos Estados Unidos, e cujos métodos consistiam na prática de todo o tipo de violência e crueldade contra os pretos.[20] A Ku Klux Klan teve suas atividades proibidas e foi declarada inconstitucional pela Suprema Corte Americana já em 1882, mas mesmo assim a seita continuou suas atividades, com idas e vindas, momentos de atuação mais ou menos acentuada, havendo relatos de que ela existe enquanto grupo secreto terrorista até hoje.[21]

Diante desse cenário desalentador e degradante, as pessoas pretas passaram a se reunir nas periferias (*ghettos*) e identificar-se como comunidades. As igrejas e cultos evangélicos pretos são formados no final do século XIX, para dar suporte para essas comunidades. No começo do século XX, o pai de Martin Luther King Jr. já era um pastor ativista em prol dos direitos dos afroamericanos.

Já no final do século XIX e começo do século XX, os Códigos Negros ("*Black Codes*") foram sendo extintos ou declarados inconstitucionais. Entretanto, foram substituídos por legislações mais brandas, mas que ainda segregavam brancos e pretos. Essas leis – sucessoras espirituais dos *Black Codes* – ficaram conhecidas como "*Jim Crow Laws*". Elas consistiam em uma coleção de legislações estaduais ou locais que legalizavam a segregação racial e tinham o objetivo de marginalizar afro-americanos por lhes negar o direito de voto, de ocupar certas posições e trabalhos, por restringir a educação e formação acadêmica e profissional, entre outras ações. Essas políticas de segregação racial separavam brancos e pretos. Membros dessas etnias não poderiam frequentar os mesmos recintos, nem comprar nas mesmas lojas, tampouco sentar nos mesmos lugares em ônibus, entre outras segregações.[22]

Há de se pontuar também que existiam teses científicas que representavam o consenso acadêmico da época e que justificavam a escravidão e a segregação em bases cientificistas. Um dos postulados dessas teorias absurdas era o de que a mistura das raças destruiria tanto o preto como o branco e, portanto, eles não deveriam ter prole mestiça.

Um exemplo de teorias da época é aquela trazida pelo dr. Samuel Cartwright, médico americano do Mississipi que em 1851 publicou artigo chamado "Relatório das Doenças e Peculiaridades Físicas da Raça Negra" (*Diseases and peculiarities of the Negro Race*).[23] Nesse relatório, Samuel Cartwright trazia diversas doenças e patologias que em sua torpe visão afligiam alguns pretos, dentre as quais estava a *Drapetomania*, que seria a mania doentia do escravo afrodescendente de tentar fugir da escravidão e almejar a liberdade,[24] o que seria incompatível com as características naturais da "raça dos negros", que segundo ele seria fisiologicamente mais dada à indolência, submissão, sexualidade e outros prazeres e atividades baixos e simplórios.

O diretor cinematográfico Quentin Tarantino aproveitou essa circunstância de existirem teorias científicas que explicavam a suposta propensão dos pretos para a escravidão e inseriu em sua premiada e forte película sobre a escravidão ("Django Livre" – *Django Unchained*) uma cena icônica na qual o personagem senhor de escravos Calvin Candie (interpretado por Leonardo Di Caprio) explica, em meio a um jantar, que há certas marcações no crânio de pessoas pretas indicativas de que elas teriam propensão à submissão e escravidão, ao passo que as pessoas brancas teriam marcas mais proeminentes em regiões do crânio mais associadas à criatividade e à inteligência.[25]

Todos esses elementos demonstram que no início do século XX, embora a escravidão já estivesse abolida, os Estados Unidos ainda eram um país com intensos problemas e tensões raciais em seu âmago, com um racismo verdadeiramente institucionalizado (haja vista existirem leis e entidades públicas e privadas que tratavam brancos e pretos diferentemente apenas pela cor da pele). As teorias e crenças sobre as diferenças ontológicas entre brancos e pretos ainda povoavam a mente popular; ainda existia enorme repulsa social em face dos pretos, que eram inclusive atacados, espancados e mortos por radicais supremacistas brancos; e existia um racismo institucionalizado cujo símbolo eram as leis segregacionistas (*Jim Crow Laws*). É nesse contexto que nasce Martin Luther King Jr.

Biografia e breve história do movimento social de Martin Luther King Jr.

Martin Luther King Jr. nasceu em Atlanta/GA, em 15 de janeiro de 1929. De família de pastores evangélicos (iniciada com o avô em 1914 e com o pai em 1931), Martin concluiu o ensino básico com 15 anos. Graduou-se sociólogo e, posteriormente, tornou-se doutor em teologia

(Boston University – 1953). Em Boston ele conheceu e se casou com Coretta Scott, com quem teve quatro filhos, dois meninos e duas meninas. Com 25 anos (1954), foi designado para ser pastor de Igreja Batista em Montgomery (Alabama – AL), localização em que havia significativa segregação racial.

A partir de então, King Jr. se envolveu cada vez mais ativamente com a causa dos afrodescendentes estadunidenses. Tornou-se nessa época membro do comitê executivo da Associação Nacional pelo Avanço das Pessoas de Cor (National Association for the Advancement of Colored People – NAACP). Em 1955, havia uma política segregacionista muito forte em Montgomery. Os principais ativistas pretos da época procuravam um incidente que pudesse ser explorado politicamente ou judicializado para promover a extinção da segregação racial.

Foi então que ocorreu o caso Rosa Parks. Esse caso é a fagulha inicial do movimento social que culminou com a atuação de Martin Luther King Jr. Em Montgomery, uma das leis segregacionistas existentes determinava que as primeiras fileiras dos ônibus públicos eram reservadas para brancos, e que negros somente poderiam tomar assento nas fileiras de trás. Contudo, no dia 1 de dezembro de 1955, a sra. Rosa Louise Parks (preta) se sentou em um lugar reservado para brancos e, interpelada, recusou-se a ceder seu assento para um passageiro branco do sexo masculino que lhe demandava a desocupação. Em razão disso, houve uma confusão entre as pessoas que ali estavam, o que acabou levando os presentes a chamarem a polícia para lidar com a situação. Rosa Parks foi levada para o distrito policial local, e a apreensão dela gerou a mobilização dos vários grupos pró-pretos da região, que se organizaram e acabaram por escolher Martin Luther King Jr. como representante. Desde esse momento inicial Martin Luther King Jr. já começou a se valer do método não-violento de protesto pelo qual ficaria mundialmente conhecido.

A pauta desse primeiro movimento foi a abolição das leis que impunham segregação racial nos ônibus. A linha de ação para esse movimento foi a realização de protestos pacíficos e o comprometimento da comunidade preta para que, enquanto as reivindicações não fossem atendidas, os pretos não voltariam a utilizar as linhas de ônibus (por isso o caso ficou conhecido como "the Montgomery Bus Boycott"). E, de fato, houve grande aderência ao movimento e as linhas de ônibus de Montgomery pararam de ser utilizadas.

Evidentemente, houve reação da comunidade branca. Entre as contramedidas realizadas, conta-se que as rádios locais convidaram pretos com quem combinavam antes que anunciariam o fim do protesto, informando que eles poderiam voltar a utilizar os ônibus. Também houve reunião entre os representantes dos pretos e dos brancos, sem que se chegasse a qualquer acordo. Depois, e a esse respeito, Martin Luther King Jr. afirmaria que "ninguém abre mão de seus privilégios sem forte resistência".[26]

Como resposta às contramedidas daqueles que se opunham às suas pautas, King Jr. iniciou grande cruzada para fortalecer e manter o boicote, tendo até mesmo ido em casas noturnas para, com a segurança de privacidade e sigilo, avisar às demais pessoas que o protesto e o boicote deveriam continuar. Também em resposta às contramedidas, os pretos da região criaram um sistema de caronas entre as pessoas negras para que elas conseguissem chegar em seus trabalhos. Também houve reação a isso. Um projeto de lei que tentava restringir caronas chegou a ser criado. Fato é que o boicote durou 382 dias, ao final dos quais o movimento foi vitorioso, tendo sido proferida decisão em 21 de dezembro de 1956 pela Suprema Corte dos Estados Unidos da América declarando inconstitucionais as leis de segregação racial em ônibus. Durante aqueles dias de boicote, Martin Luther King Jr. foi preso, a casa dele foi alvo de explosivos e ele foi submetido a todo o tipo de abusos pessoais. Por outro lado, ao fim disso tudo, ele emergiu como um líder do movimento em prol dos negros estadunidense.

Já muito reconhecido, a partir de Montgomery, Martin Luther King Jr. fez um verdadeiro "tour de direitos civis",[27] participando de passeatas em prol dos direitos civis em diversas cidades dos Estados Unidos. A meta era eliminar todas as leis de segregação racial e restrições racistas impostas por entidades públicas ou privadas. Assim como aconteceu com os lugares dos ônibus, havia certas atividades, serviços ou produtos que somente estavam disponíveis para brancos, e outros que somente estavam disponíveis para pretos. Essas restrições eram normalmente indicadas por odiosas placas com os dizeres "apenas para brancos" (*"whites only"*) ou "apenas para pessoas de cor" (*"colored only"*). Para se ter uma ideia, as restrições eram tantas que em alguns lugares apenas pessoas brancas podiam pedir hambúrguer e refrigerante, produtos que negros não poderiam consumir.[28] No final dos anos 1950 e início dos anos 1960, Martin Luther King Jr. se consolidava como um dos maiores líderes dos movimentos civis dos Estados Unidos, participando de diversos eventos e protestos, tornando-se membro fundador da Conferência das Lideranças Cristãs Sulistas (Southern Christian Leadership Conference – SCLC) e inclusive visitando a cidade natal de Ghandi, na Índia, graças à ajuda do Comitê de Serviços dos Amigos da América (American Friends Service Committee). A viagem à Índia foi transformadora, e a proximidade com o modo de protesto pacífico de Ghandi influenciou muito King Jr.

Em 1963, Martin Luther King Jr. organizou uma passeata no centro da cidade de Birmingham, Alabama (AL). Essa cidade estava em um estado crítico de tensão racial. Na época, um movimento conhecido como Freedom Ride[29] visitava de ônibus cidades do sul dos Estados Unidos lutando pelos direitos dos pretos. De outro lado, um grupo da Ku Klux Klan (KKK) conhecido como Alabama Knights[30] queria impedir a vinda dos ativistas na cidade. Conta-se que os membros da KKK ficaram sabendo de antemão que o Freedom Ride chegaria em Birmingham. Eles receberam os ativistas pretos com tacos e fogo. Espancaram os membros do movimento, destruíram e incendiaram o ônibus.[31] Martin Luther King Jr. celebrou um culto em homenagem aos ativistas do Freedom Ride. Ele percebeu nesse momento que Birmingham tinha o potencial de se tornar um chamariz para o restante dos Estados Unidos.

Assim sendo, a passeata em Birmingham foi organizada e houve enorme adesão do público, com participação de famílias inteiras de afrodescendentes, inclusive com crianças. Os manifestantes, porém, foram recebidos com cães e mangueiras de incêndio, causando grande tumulto e deixando feridos. Muitas pessoas, inclusive King Jr., foram presas, e ele foi criticado por muitos por ter colocado em risco mulheres e crianças. Em resposta, enquanto estava na prisão, escreveu um de seus mais famosos textos, a "Carta da Prisão de Birmingham ("*Letter from Birmingham Jail*"), na qual, de forma muito eloquente, expôs a sua teoria da luta não-violenta pelos direitos civis definindo o que entendia por "ação direta" no contexto de um movimento pacífico não-violento (*nonviolent*):

Você pode bem perguntar: 'por que ação direta? Por que paradas, marchas etc.? Não seria a negociação um caminho melhor?'. Bem, você tem toda a razão em seu pedido por negociação. E, de fato, esse é o propósito da ação direta. A ação direta não-violenta procura criar um tipo de crise que gera uma forma de tensão na qual uma comunidade, que até então se recusou a negociar, é forçada a confrontar a questão. Busca-se dramatizar a questão para que ela não possa mais ser ignorada. Eu apenas me referi à criação de tensão como parte de um trabalho de resistência não violenta. Isso pode parecer chocante. Mas eu preciso confessar que não estou com medo da palavra 'tensão'. Eu sinceramente trabalhei e preguei contra a tensão violenta, mas há um tipo de tensão construtiva e não violenta que é necessária para o crescimento.[32]

De fato, Birmingham aumentou ainda mais a popularidade de Martin Luther King Jr. Isso o levou, com os seus apoiadores, a planejar uma grande marcha na capital do país para sensibilizar os Estados Unidos sobre a questão racial. Foi então que, mais tarde e ainda em 1963, Martin Luther King Jr. proferiu o seu mais famoso discurso, naquela que foi a mais significativa passeata em prol dos direitos civis dos anos 1960. Organizada principalmente por Bayard Rustin – ativista não violento, afrodescendente e homossexual que havia influenciado o tipo de ativismo de King –, a passeata ocorreu em 28 de agosto de 1963, na presença de cerca de 250 mil pessoas que se reuniram em frente ao Lincoln Memorial em Washington DC, ocasião em que Martin Luther King Jr. proferiu seu histórico discurso "eu tenho um sonho" (*I have a dream*").[33] Eis algumas palavras proferidas neste discurso e que devem ser conhecidas por todos os seres humanos:

Então eu digo a vocês, meus amigos, que mesmo nós tendo que enfrentar as dificuldades de hoje e de amanhã, eu ainda tenho um sonho. É um sonho profundamente enraizado no sonho americano de que um dia esta nação se erguerá e corresponderá com o verdadeiro significado de seu credo – e nós mantemos esta verdade como auto-evidente: a de que todos os homens são criados iguais. Eu tenho um sonho de que um dia nas colinas vermelhas da Georgia, os filhos de ex-escravos e os filhos de ex-proprietários de escravos poderão se sentar juntos em uma mesa como irmãos. [...]. Eu tenho um sonho de que minhas quatro crianças vão um dia viver em uma nação em que elas não serão julgadas pela cor de suas peles, mas sim pelo conteúdo de seu caráter. Eu tenho um sonho hoje! [...] Eu tenho um sonho de que um dia todo o vale será exaltado, cada colina e montanha será feita baixa, os lugares acidentados serão tornados planos, e os cantos tortuosos serão endireitados e a glória do Senhor será revelada e toda a carne verá junta isso acontecer. Essa é a nossa esperança. É com essa fé que retornarei para o sul. Com essa fé nós seremos capazes de talhar da montanha do desespero uma pedra de esperança. Com essa fé nós seremos capazes de transformar a discórdia estridente da nossa nação em uma linda sinfonia de irmandade. [...] Então, deixem a Liberdade preencher cada colina e montículo do Mississippi, a partir de cada toca da montanha, deixem a liberdade soar. E quando nós deixarmos a liberdade soar, quando nós deixarmos ela soar de cada vilarejo e aldeia, de cada Estado e cidade, nós seremos capazes de adiantar aquele dia em que todos os filhos de Deus – pretos e brancos, judeus e gentios, católicos e protestantes – finalmente darão as mãos e entoarão a antiga cantiga dos escravos: "livres afinal, livres afinal; obrigado, Senhor todo-poderoso, nós estamos livres afinal!".[34]

Após o discurso (que causou efeito político retumbante), no ano seguinte, o presidente Lyndon B. Johnson[35] promulgaria uma lei proibindo toda e qualquer discriminação racial nos Estados Unidos (Civil Rights Act), e permitindo que o Governo Federal interviesse em qualquer outra esfera governamental que impusesse normas de segregação racial.

Mesmo assim, a luta pelos direitos civis continuou. Em 7 de março de 1965, manifestantes organizaram uma marcha que começaria na cidade de Selma e iria até Montgomery, capital do Alabama (AL). Entretanto, essa tentativa de manifestação foi violentamente reprimida pela polícia do Estado, que recebeu os manifestantes com cassetetes e gás de pimenta quando eles tentavam atravessar a hoje famosa ponte Edmund Pettus (Edmund Pettus Bridge). Martin Luther King Jr. não estava na ocasião. Entretanto, imagens do ataque foram televisionadas e chocaram o país ao mostrarem manifestantes sangrando e severamente feridos. Dezessete manifestantes tiveram de ser hospitalizados, e o dia ficou conhecido como "Domingo Sangrento" ("*Bloody Sunday*").[36] Após o episódio, tentaram organizar uma segunda marcha, mas ela foi impedida por uma ordem judicial restritiva. Depois disso, planejou-se uma terceira marcha, e dessa vez Martin Luther King Jr. fez questão de pessoalmente se envolver e participar.

Adotando a estratégia de não enfrentar diretamente as forças policiais ou desafiar a ordem do Poder Judiciário do estado do Alabama, Martin Luther King Jr. adotou a seguinte tática: a partir da cidade de Selma, ele conduziu os manifestantes até a ponte Edmund Pettus em uma procissão com cerca de 2.500 pessoas, brancas e pretas.

Ao serem confrontados com barricadas e tropas estaduais, em vez de forçarem o conflito, os manifestantes ajoelharam-se em oração diante das tropas, e então deram meia volta e retornaram.[37]

O ato simbólico percorreu o país. O presidente Lyndon B. Johnson apoiou o ato pacífico, e autorizou o uso de tropas federais para proteger os manifestantes. Enfim, eles, em nova tentativa, cruzaram com sucesso a ponte Edmund Pettus, agora com cerca de 25 mil pessoas participando, e, então, alcançaram o Capitólio do Estado para assistir a King proferir discurso televisionado em rede nacional norte-americana. Em razão da atenção pública e do furor político causado por isso, poucos meses mais tarde, o presidente Lyndon B. Johnson assinaria a Lei de Direitos de Voto de 1965 (1965 Voting Rights Act).

Após a atuação em Selma, entre 1965 e 1968, Martin Luther King Jr. continuaria seu ativismo pregando sermões, fazendo discursos, visitando cidades americanas e promovendo marchas e passeatas. Entretanto, nesse período sua relevância política acabou diminuindo, e King foi alvo de muitas críticas de outros líderes dos movimentos dos pretos. O jeito paciente, não-violento e inclusivo dele (que permitia e até incentivava que brancos participassem das passeatas e do movimento) desagradava outros líderes de movimentos afrodescendentes mais radicais. Para tentar manter sua relevância e popularidade, King ampliou o seu espectro de preocupações, iniciando um movimento em defesa dos pobres e uma campanha contra a Guerra do Vietnã.

Martin Luther King Jr. foi morto a tiros na varanda do Hotel Lorraine, em Memphis (TN). Ele deixou extenso legado e foi celebrado com muitos prêmios e reconhecimentos públicos e privados. Em atenção a tudo o que foi realizado pelo progresso dos direitos civis, existe um impressionante monumento em homenagem a ele em Washington DC e um museu comemorando sua vida em Atlanta (Georgia).[38] Várias escolas e ruas recebem o nome de Martin Luther King Jr.[39] Ele foi condecorado em 1964 com o Prêmio Nobel da Paz. Há um feriado em homenagem a ele, o "Martin Luther King Jr. Day".[40] Ademais, há diversos livros, filmes, documentários, programas, músicas, entre outras formas de manifestações culturais, todos enaltecendo e celebrando a memória de Martin Luther King Jr.[41]

Características do movimento de Martin Luther King Jr.

Acima de tudo, Martin Luther King Jr. foi um pacifista. Conforme descrito na página oficial do Prêmio Nobel, os ideais do movimento de Martin Luther King Jr. foram extraídos por ele a partir do Cristianismo (foi pastor cristão e doutor em teologia), e as técnicas operacionais do seu ativismo foram inspiradas no método pacífico de Mahatma Gandhi[42] que, por sua vez, foi profundamente influenciado pelas ideias liberais de Henry Thoreau,[43] este último sendo considerado o pai da Desobediência Civil enquanto forma de protesto político pacífico.

Em resumo, essa forma "moderna"[44] de conduzir o ativismo político envolve a realização de protestos, marchas e passeatas pacíficas, a recusa a seguir determinadas normas ilegítimas impostas pelo poder público, o boicote a elementos culturais, econômicos ou políticos com os quais não se pode concordar, e a realização estratégica de atos simbólicos que contribuam para colocar em evidência aquela questão perante o restante da coletividade.

Valendo-se desses métodos, Martin Luther King Jr. atuou intensamente nas décadas de 1950 e 1960. Durante o período entre 1957 e 1968, King percorreu em viagens mais de 6 milhões de milhas e discursou mais de 2.500 vezes, além de ter escrito cinco livros e numerosos artigos.

Martin Luther King Jr. pregou e demonstrou que o melhor meio para a conquista dos direitos civis é a livre manifestação de ideias, a realização de protestos pacíficos, o diálogo democrático e o boicote não violento daquilo com o que não se pode concordar.[45] Ele disse em entrevista: "Eu admiro quem luta pela liberdade, onde quer que estejam. Mas eu ainda acredito que a não violência é o método mais poderoso. Uma resistência organizada e não violenta é a arma mais poderosa que um povo oprimido pode utilizar para se libertar das garras da opressão. Ódio não afasta ódio; apenas o amor pode fazer isso. Ódio multiplica ódio, violência multiplica violência".[46]

É importante destacar que, embora "pacífico", Martin Luther King Jr. não foi "passivo". Ser pacífico e ser passivo são coisas absolutamente distintas. Os discursos de Martin Luther King Jr. continham duras críticas à organização social e política da época. Suas passeatas e protestos reuniam pacificamente milhares de pessoas e causavam efeitos impactantes como o fechamento de ruas e avenidas; prisões pela desobediência de ordens judiciais, executivas e legislativas; debates que percorriam a nação e, finalmente, atingiam importantes metas como a alteração de legislações, modificação de políticas públicas, revisões de decisões, e assim por diante.

Martin Luther King Jr. provou que não é preciso ser violento para se fazer ouvir. Não é necessária a violência para conquistar direitos na ordem civil contemporânea. E isso porque Martin Luther King Jr. foi um gênio da comunicação. Muitos líderes se mobilizavam em prol dos pretos naquele momento; mas King tinha consigo as palavras e os atos que contagiariam os demais e espalhariam a chama da liberdade e da igualdade sob a lei pelo país.

Outra característica marcante do ativismo de Martin Luther King Jr. foi o integracionismo (em oposição ao ativismo segregacionista). King recepcionava pessoas brancas e de várias classes sociais em seus protestos, diferentemente de outros líderes pretos que entendiam que pessoas brancas não deveriam ser admitidas.

E esse raciocínio integracionista derivava da forte crença que Martin Luther King Jr. tinha de que as pessoas devem formar opinião umas sobre as outras baseadas no caráter de cada uma, e não na cor da pele delas. Por isso a parte mais significativa do discurso "*I have a Dream*" é aquela em que o ativista afirma ter o sonho de que as pessoas não serão julgadas pela cor de suas peles, mas sim por aquilo que está no caráter de cada uma.[47]

Isso leva a outra característica dos movimentos civis de Martin Luther King Jr.: a luta .pela igualdade sob a lei (*equality under the law*). O movimento civil dos anos 1950 e 1960 teve como grande meta a extinção das diferenças legalizadas e institucionalizadas que se aplicavam respectivamente ao tratamento jurídico dado aos brancos e aos pretos. Não se pode frisar isso o suficiente: na década de 1950, existia na "legislação posta" uma disparidade no tratamento das pessoas a depender de sua etnia. Os movimentos sociais daquele tempo não tiveram como foco pedidos de tratamento diferenciado em favor dos pretos e em detrimento dos brancos, em razão de uma dívida histórica que supostamente deveria ser paga pelos descendentes desses aos descendentes daqueles.[48] Os movimentos daquele tempo tinham o grande objetivo de tornar o campo de jogo nivelado, isto é, para que não houvesse preferências legais ou institucionalizadas por essa ou aquela etnia. Todas as pessoas, de qualquer etnia, deveriam ser tratadas igualmente sob a lei, de modo que cada indivíduo tivesse a oportunidade de florescer de acordo com seu caráter e suas habilidades, e de modo que não houvesse nenhuma restrição a um cargo, posição ou atividade em função da etnia da pessoa.

Outra característica marcante dos movimentos de Martin Luther King Jr. era ter exigências e pedidos muito claros. As reivindicações eram específicas, razoáveis e factíveis (no sentido de realizáveis pelas pessoas público-alvo do ativismo). Por exemplo, no caso do boicote ao transporte público de Montgomery as pautas do movimento foram as seguinte: (i) o tratamento dispensado aos pretos teria de ser tão cortês e urbano como aquele dispensado aos brancos, eis que os funcionários e até os motoristas destratavam os pretos que usavam o serviço de ônibus; (ii) os assentos deveriam seguir a lógica do "chegou primeiro, sentou primeiro", sendo que os pretos iriam iniciar ocupando os assentos da traseira do ônibus para a dianteira, e os brancos da dianteira para a traseira, mas ninguém teria "assentos reservados" ou "exclusivos" de acordo com a etnia; (iii) os motoristas pretos seriam utilizados para as linhas mais utilizadas pelas pessoas pretas. Essas eram, basicamente, as reivindicações do protesto de Montgomery. E a linha de ação também havia sido muito clara: protesto pacífico e boicote aos ônibus, o que, de fato, viria a se mostrar como uma linha de ação efetiva.[49]

A junção de todas essas características do ativismo de King se mostrou muito poderosa. O movimento civil liderado por ele foi vitorioso. Desde as reformas legislativas ocorridas na época, a discriminação legal sistêmica contra os pretos foi abolida do ordenamento jurídico norte-americano. Pelo contrário, desde então pretos e brancos possuem iguais direitos sob a lei. Do ponto de vista da fotografia do cenário jurídico contemporâneo, pretos são, inclusive, mais beneficiados do que brancos com políticas de ação afirmativa (*affirmative action*).[50] Nas últimas décadas, afrodescendentes assumiram importantes funções na sociedade ao lado dos descendentes de europeus e de outras etnias, incluindo posições como grandes empresários,⁵¹ políticos relevantes,⁵² artistas,⁵³ esportistas,⁵⁴ e até mesmo o cargo de presidente dos Estados Unidos da América,⁵⁵ considerado por muitos como a posição de maior poder e prestígio do mundo. Deveras, o movimento de Martin Luther King Jr. foi tão vitorioso que, conforme demonstra Jason Riley, associado sênior no Instituto Manhattan e ele mesmo afrodescendente, não houve alguém considerado como "sucessor direto" dele, eis que as pautas legítimas pelas quais ele lutou foram concretizadas. E o mérito é de Martin Luther King Jr. e dos valentes cidadãos que lutaram com ele em prol da liberdade e da igualdade sob a lei.

E o mais importante é que o movimento social liderado por Martin Luther King Jr. consistiu em um ativismo que aproximava brancos e pretos. Seu tipo de discurso e atitudes inclusivas faziam com que todos se identificassem com as bandeiras do movimento. Sua mensagem era ecumênica e pregava paz e amor entre as etnias.

Esse tipo de ativismo evolui a sociedade e resolve conflitos entre as pessoas. É preciso tomar cuidado com certos tipos de discursos que, independentemente de terem conteúdo correto ou incorreto, podem gerar consequências que afastam as pessoas e acentuam os conflitos. Assim, é preciso cuidado, por exemplo, com discursos que acabam se focando demasiadamente em culpar e responsabilizar certos descendentes por atos dos quais ninguém atualmente vivo participou e que seriam devidos por conta das ações de seus antepassados.

Nesse ponto, em vez de alimentar o ódio entre as etnias, Martin Luther King Jr. pregava o amor entre elas, e incentivava pensamentos de responsabilidade pessoal de cada pessoa por seu sucesso ou insucesso. Deveras, após ser surpreendido com a taxa de crimes desproporcional dentro das comunidades negras envolvendo crimes praticados por afrodescendentes entre si (valendo destacar que atualmente, nos Estados Unidos, 95% dos homicídios contra negros são praticados pelos próprios negros⁵⁶, e ações policiais fazem mais vítimas brancas do que pretas)⁵⁷, o próprio Martin Luther King Jr. disse em um sermão em Saint Louis: "Nós temos de fazer algo sobre nossos padrões morais. Nós sabemos que há muitas coisas erradas no 'mundo branco', mas há muitas coisas erradas no 'mundo preto' também. Nós não podemos continuar culpando o homem branco. Existem coisas que precisamos fazer nós mesmos."⁵⁸

Como se percebe, King tinha uma mensagem de responsabilidade pessoal muito forte. Do ponto de vista político, ele lutou para que pretos e brancos tivessem os mesmos direitos sob a lei, isto é, para que não houvesse leis determinando em quais escolas pretos poderiam estudar, ou em quais lugares poderiam se sentar, ou quais lojas poderiam frequentar, e assim por diante. Só que, para além disso, Martin Luther King Jr. tinha uma mensagem de valor da individualidade para a definição do próprio destino. As pessoas, uma vez livres e iguais sob a lei, precisam lutar e se desenvolver para plasmarem de uma vida plena e com significado.

Nesse mesmo sentido, Thomas Sowell, importante pensador americano e afrodescendente, afirma que o mundo passa por uma "epidemia de irresponsabilidade", em que as pessoas culpam a sociedade ou certos grupos étnicos por suas próprias mazelas, em vez de perceber que seus problemas devem ser resolvidos com responsabilidade pessoal. Denzel Washington, considerado por muitos como o melhor ator afrodescendente de todos os tempos, afirma "Não culpe o sistema pelo [desproporcional] encarceramento de negros – a coisa começa 'em casa'".[59] Morgan Freeman – justamente outro ator que disputa o primeiro lugar com Denzel Washington em listas de melhores atores afrodescendentes de todos os tempos – foi perguntado em famoso programa jornalístico e em rede nacional: "Você acha que a raça tem uma participação na distribuição de riqueza…", e logo interrompeu perguntando "hoje em dia?" – "yeah" – respondeu o apresentador. Morgan Freeman imediatamente replicou: "Não." E continuou: "Você e eu somos prova disso" – Freeman aponta para si e para o bem sucedido apresentador do programa, que também é afrodescendente – "O que raça tem a ver com isso? Coloque sua mente naquilo que você deseja fazer e persiga aquilo. [Esses argumentos] parecem como religião para mim: são boas desculpas para usar quando você não consegue chegar 'lá'".[60]

Evidentemente, essas questões são extremamente complexas, e não se pode minimizar o dano injusto que foi causado às muitas pessoas que no passado foram submetidas a tratamentos degradantes, odiosos e não igualitários. É evidente que esse tratamento causou danos que reverberaram por muitas gerações além daquela que efetivamente viveu determinado momento histórico. Só que, ao mesmo tempo, é preciso tomar cuidado com a pregação exagerada de que certos grupos são eternamente vítimas, que a sociedade sempre os persegue, que estão "marcados para a morte" (*marked for death*) quando saem à rua (mesmo quando está fatuamente comprovado o inverso),[61] pois esse tipo de discurso pode causar o efeito – obviamente indesejado por todos – de reacender o ódio entre as etnias, em vez de o arrefecer.

Fins bem-intencionados não justificam meios com consequências desproporcionalmente maléficas. Tanto os meios como os fins devem estar em conformidade com a mensagem que se deseja transmitir e os objetivos que se almeja atingir. O belíssimo movimento social de Martin Luther King Jr. teve como fins a liberdade, a igualdade sob a lei entre todas as pessoas independentemente de raça e credo, e a responsabilidade individual de cada pessoa, para que cada um fosse julgado de acordo com o seu caráter. O meio (extremamente eficaz) utilizado por Martin Luther King Jr. para atingimento desse fim foi a desobediência civil legítima,[62] pautada pela realização de manifestações, protestos e passeatas pacíficos; boicotes[63] a elementos culturais e políticos ilegítimos; propaganda e comunicação social; negociação com as entidades públicas e privadas; estipulação de pautas e reivindicações específicas, factíveis e realistas; eleição de representantes democraticamente eleitos; aprovação de leis e, acima de tudo, desenvolvimento pessoal e valorização da educação no seio familiar e da comunidade como base da formação de uma pessoa.

Conclusão

A discriminação racial é uma prática odiosa que acarreta um círculo vicioso, em que as novas gerações são punidas pelos danos às gerações anteriores. Na luta contra o preconceito, Martin Luther King Jr. foi – e muito provavelmente é até hoje – o mais importante ativista, tendo pregado um movimento pacífico em prol dos direitos civis, da liberdade e da igualdade. Ele defendeu uma sociedade ecumênica na qual pretos, brancos e pessoas de qualquer etnia pudessem conviver de forma harmônica. Ele foi um grande defensor da paz e do diálogo. Neste momento, mais do que nunca, é preciso relembrar as palavras, os ensinamentos e o tipo de luta realizada por Martin Luther King Jr.

A morte desse grande homem indignou o mundo. Conforme cantou Nina Simone – cuja história pessoal se entrelaçou à de Martin Luther King Jr. – ele foi um homem honrado que pregou o amor, a liberdade e a paz para seus semelhantes. Em sua luta, suportou a dor, a humilhação e, enfim, a morte. Nesse *iter*, Martin Luther King Jr. tornou-se um cânone dos direitos civis e uma inspiração para a sociedade contemporânea. Sua luta resultou em avanços incríveis, sobretudo para abolir as leis discriminatórias que existiam nos Estados Unidos, criando uma mensagem que consequentemente se espraiou por todo o mundo.

Honram a vida de Martin Luther King Jr. aqueles que procedem de maneira pacífica em seus pleitos, e não fazem distinções entre as pessoas pela sua raça, etnia ou ancestralidade.

Os duros questionamentos que outrora foram cantados por Nina para os assassinos de afrodescendentes continuam atuais com relação aqueles que hoje contribuem para a acentuação dos conflitos entre as etnias: "são homens, ou são animais?" "o que esperam ganhar com esse ódio?", "irá o meu país perdurar ou irá cair?", "será tarde demais para todos nós?", "teria Martin Luther King morrido em vão?".

Como diz a canção, é realmente muito difícil pensar que esse grande homem – Martin Luther King Jr. – foi assassinado. Mas pior ainda é pensar que os ideais pelos quais ele morreu estejam novamente sob dura provação. É preciso, mais do que nunca, que a paz cheia de luz de Martin Luther King Jr. inunde o coração de todos e que a mensagem que ele outrora pregou retorne com mais vigor no espírito dos que vivem. Que esta presente geração tenha a inteligência, a sabedoria, a tolerância e a iluminação necessárias para contornar as tensões raciais que voltam a agitar a sociedade e passe a conduzi-la novamente para o caminho ecumênico do amor e da paz.

Referências

SUTTERS, Jack. "From India to Birmingham: Martin Luther King, Jr.'s connections with AFSC". Philadelphia/PA (USA): *AFSC*, 30 mar. 2010. Disponível em: <https://www.afsc.org/story/india-birmingham-martin-luther-king-jrs-connections-afsc>. Acesso em: 20 jun. 2020.

TOOLOSOPHY. BBC Documentary - In Search of Gandhi. Youtube, 12 abr. 2013. Disponível em: <https://www.youtube.com/watch?v=itBdUthGEXA>. Acesso em: 22 jun. 2020.

BELANGER, Lydia. "10 of the Most Successful Black Entrepreneurs". Irvine/CA (EUA): *Entrepreneur*, 16 fev. 2018. Disponível em: <https://www.entrepreneur.com/slideshow/309108>. Acesso em: 22 jun. 2020.

BIOGRAPHY.COM. "Martin Luther King Jr. Biography". Nova Iorque/NY (EUA): *Biography*, 09 mar. 2015. Disponível em: <https://www.biography.com/activist/martin-luther-king-jr>. Acesso em: 22 jun. 2020.

ATLANTA JOURNAL-CONSTITUTION (AJC). Body cam footage of Rayshard Brooks' death shows calm, then chaos. Youtube, 14 jun. 2020. Disponível em: <https://www.youtube.com/watch?v=hnRuWcgflaE>. Acesso em: 21 jun. 2020.

BRAUN, Julia. "Martin Luther King: a trajetória do homem que mudou os EUA para sempre". São Paulo/SP (Brasil): *Veja*, 04 abr. 2018. Disponível em: <https://veja.abril.com.br/mundo/martin-luther-king-a-trajetoria-do-homem-que-mudou-os-eua-para-sempre/>. Acesso em: 01 jun. 2020.

BURKE, Edmund. *Reflexões sobre a revolução na França*. 1. ed. Tradução: José Miguel Nanni Soares. São Paulo/SP (Brasil): Edipro, 2019, versão digital e-pub (Kindle).

PORTAL RAÍZES. Negro ou Preto? É preto - Por Nabby Clifford. Youtube, 13 nov. 2018. Disponível em: <https://www.youtube.com/watch?v=3ccWLl0m4QA>. Acesso em: 22 jun. 2020.

CNN Editorial Research. Affirmative Action Fast Facts. *CNN*, 16 abr. 2020. Disponível em: <https://edition.cnn.com/2013/11/12/us/affirmative-action-fast-facts/index.html>. Acesso em: 22 jun. 2020.

OXFORD UNION. David Webb - The United States is Not Institutionally Racist. Youtube, 12 mai. 2015. Disponível em: <https://www.youtube.com/watch?v=pv7hsiUirUU&feature=youtu.be>. Acesso em: 15 jun. 2020.

BAD TV. Denzel Washington speaks out: Don't 'blame the system 'for black incarceration, »it starts at home". Youtube, 27 nov. 2017. Disponível em: <https://www.youtube.com/watch?v=O0dCvQdt5XI>. Acesso em: 22 jun. 2020.

DJANGO LIVRE (*Django Unchained*). Direção: Quentin Tarantino. Produção: The Weinstein Company. Estados Unidos: Sony Pictures, 2012. Disponível em: <https://www.rottentomatoes.com/m/django_unchained_2012>. Acesso em: 28 jun. 2020.

ENCYCLOPEDIA BRITANNICA. "Elijah Muhammad". Chicago/IL (EUA):*Encyclopedia Britannica*, 12 jan. 2000. Disponível em: <https://www.britannica.com/biography/Elijah-Muhammad>. Acesso em: 23 jun. 2020.

FRAZÃO, Dilva. "Biografia de Malcom X". *eBiografia*, 13 jun. 2019. Disponível em: <https://www.ebiografia.com/malcolm_x/> Acesso em: 23 jun. 2020.

CNN. Morgan Freeman on race… and his birthday. Youtube, 4 jun. 2014. Disponível em: <https://www.youtube.com/watch?v=kOiQgleiRtU>. Acesso em: 28 jun. 2020.

G1. "Manifestantes voltam a ocupar ruas dos EUA em atos após morte de George Floyd". *G1,* "Mundo", 29 mai. 2020. Disponível em: <https://g1.globo.com/mundo/noticia/2020/05/29/manifestantes-voltam-a-ocupar-ruas-dos-eua-em-atos-apos-morte-de-george-floyd.ghtml>. Acesso em: 15 jun. 2020.

GANDHI, Mahatma. *O caminho da paz*, 2. ed. São Paulo/SP (Brasil): Gente, 01 mar. 2014; GANDHI, Mohandas Karamchand. An Autobiography: Or the Story of My Experiments with Truth, Modern Classics. Colchester (Reino Unido): Penguin, 06 set. 2001.

GANDHI. Direção: Richard Attenborough. Culver City/CA (EUA): Sony Pictures, Edição Clássicos, 1983. Disponível em: https://produto.mercadolivre.com.br/MLB-1347320659-blu-ray-gandhi-edico-classicos-_JM?quantity=1#position=2&type=item&tracking_id=382f246f--99df-408f-b165-6f44ff843037 - Acesso em 22 jun. 2020.

GARSCHAGEN, Bruno. "Os ataques a Churchill e o que temos a ensinar aos ingleses". São Paulo/SP (Brasil): *Revista Oeste*, 12 jun. 2020. Disponível em: <https://revistaoeste.com/os-ataques-a-churchill-e-o-que-temos-a-ensinar-aos-ingleses/>. Acesso em: 20 jun. 2020.

GLOBOESPORTE. "Fotos raras mostram Muhammad Ali na época em que foi banido do ringue". *Globo Esporte*, 27 out. 2013. Disponível em: <http://globoesporte.globo.com/boxe/noticia/2013/10/fotos-raras-mostram-muhammad-ali-na-epoca-em-que-foi-banido-do-ringue.html>. Acesso em: 01 jun. 2020.

GUILLORY, James Denny. "The Pro-Slavery Arguments of Dr. Samuel A. Cartwright". *Louisiana History: The Journal of the Louisiana Historical Association,* v. 9, n. 3. Baton Rouge/LA (EUA): Louisiana Historical Association, 1968, pp. 209-227. Disponível em: <https://www.jstor.org/stable/4231017?read-now=1&seq=1>. Acesso em: 10 jun. 2020.

HEWSON, Paul David; CLAYTON, Adam; EVANS, Dave; MULLEN, Larry. *Sunday Bloody Sunday*. Intérprete: U2. In: U2. War. [s.l.]: Universal Music Publishing Group, 1983. Disponível em: <https://open.spotify.com/track/6C4LXC9UFH1IKiHYOp0BiJ>. Acesso em: 20 jun. 2020.

HISTORY CHANNEL BRASIL. Saiba mais sobre o grande Martin Luther King Jr.: biografia da History. YouTube, 8 nov. 2019. Disponível em: <https://www.youtube.com/watch?v=ybZlEE1a834>. Acesso em: 25 jun. 2020.

HISTORY. "Marcus Garvey". Nova Iorque/NY (EUA): *History*, 09 nov. 2009. Disponível em: <https://www.history.com/topics/black-history/marcus-garvey>. Acesso em: 01 jun. 2020.

HISTORY.COM EDITORS. "Civil Rights Act of 1964". *History*, 4 jan. 2010. Disponível em: <https://www.history.com/topics/black-history/civil-rights-act>. Acesso em: 20 jun. 2020.

_____. "Black History Milestones: Timeline". Nova Iorque/NY (EUA): *History*, 16 nov. 2018a. Disponível em <https://www.history.com/topics/black-history/black-history-milestones>. Acesso em: 23 jun. 2020.

_____. "Jim Crow Laws". Nova Iorque/NY (EUA): *History*, 28 fev. 2018b. Disponível em: <https://www.history.com/topics/early-20th-century-us/jim-crow-laws>. Acesso em: 23 jun. 2020.

_____. "Emancipation Proclamation". Nova Iorque/NY (EUA): *History*, 06 jan. 2020. Disponível em: <https://www.history.com/topics/american-civil-war/emancipation-proclamation>. Acesso em: 23 jun. 2020.

HOURLY HISTORY. *Martin Luther King Jr.:* A Life From Beginning to End. Scotts Valley/CA (EUA): CreateSpace, 2018.

BEST HISTORY BIOGRAPHIES AND DOCUMENTARIES. How Martin Luther King Jr. Changed the World | Full Documentary. Youtube, 27 fev. 2018. Disponível em: <https://www.youtube.com/watch?v=xabWOU6tU-M>. Acesso em: 22 jun. 2020.

JANKEN, Kenneth R. "The Civil Rights Movement: 1919-1960s". *National Humanities Center*, 2020. Disponível em: <http://nationalhumanitiescenter.org/tserve/freedom/1917beyond/essays/crm.htm>. Acesso em: 28 jun. 2020.

KING JR., Martin Luther. *The autobiography of Martin Luther King Jr*. Editor: Clayborne Carson. Nova Iorque/NY (EUA): Grand Central Publishing, 1967. Disponível em: https://books.google.com.br/books?id=pynSnGuC964C&pg=PT60&lpg=PT60&dq=martin+luther+king+nobody+gives+up+its+privileges+without+resistance&source=bl&ots=uhB0uJLH6S&sig=ACfU3U3K0acv3IVFWcbejncmiBipziKACA&hl=pt-BR&sa=X&ved=2ahUKEwi8tfmTwoTqAhWdErkGHZ3KDywQ6AEwAHoECAkQAQ#v=onepage&q=martin%20luther%20king%20nobody%20gives%20up%20its%20privileges%20without%20resistance&f=false. Acesso em: 1 jun. 2020.

TVNOTICIAS2011. *I have a dream* – eu tenho um sonho – Martin Luther King Jr. YouTube, 15 fev. 2012. Disponível em: <https://www.youtube.com/watch?v=fz_7luovxPc>. Acesso em: 20 jun. 2020.

DW DOCUMENTARY. Mahatma Gandhi - dying for freedom | DW Documentary. Youtube, 31 jan. 2018. Disponível em: <https://www.youtube.com/watch?v=hpZwCRInrgo>. Acesso em: 22 jun. 2020.

MILLARD, Egan. "St. John's Church in Washington vandalized again". New York/NY (USA): *Episcopal News Service*, 23 jun. 2020. Disponível em: <https://www.episcopalnewsservice.org/2020/06/23/st-johns-church-in-washington-vandalized-again/>. Acesso em: 26 jun. 2020.

MUNDO ESTRANHO. "O que foi a Ku Klux Klan? Ela ainda existe?" São Paulo/SP (Brasil): *Superinteressante*, "História: Mundo estranho", 18 abr. 2011. Disponível em: <https://super.abril.com.br/mundo-estranho/o-que-foi-a-ku-klux-klan-ela-ainda-existe/>. Acesso em: 10 jun. 2020.

MYERS II, Bob Eberly. *"Drapetomania": Rebellion, Defiance and Free Black Insanity in the Antebellum United States*. 2014. Tese (Doutorado em Filosofia). Universidade da California, Los Angeles/CA. Disponível em: <https://escholarship.org/content/qt9dc055h5/qt9dc055h5.pdf>. Acesso em: 10 jun. 2020.

NAACP - National Association for the Advancement of Colored People. "Martin Luther King Jr.". Baltimore/MD (EUA): *NAACP*, [s.d.]: Disponível em: <https://www.naacp.org/dr-martin-luther-king-jr-mw/>. Acesso em: 22 jun. 2020.

NATIONAL CONSTITUTION CENTER. *13th Amendment: Abolition of Slavery*. Passed by Congress January 31, 1865. Ratified December 6, 1865. The 13th Amendment changed a portion of Article IV, Section 2. Filadélfia/PA (USA): Portal Constitution Center, 06 dez. 1865 (ano da publicação). Disponível em: <https://constitutioncenter.org/interactive-constitution/amendment/amendment-xiii>. Acesso em: 10 jun. 2020.

NATIONAL GEOGRAPHIC SOCIETY. "The Ku Klux Klan". Washington/DC (EUA): *National Geographic*, 27 jan. 2020. Disponível em: <https://www.nationalgeographic.org/article/ku-klux-klan/>. Acesso em: 10 jun. 2020.

NATIONAL HISTORICAL PARK GEORGIA. "Martin Luther King, Jr.". Atlanta/GA (EUA): *National Park Service*, 08 jun. 2020. Disponível em: <https://www.nps.gov/malu/index.htm>. Acesso em: 10 jun. 2020.

NOBEL PRIZE. "All Nobel Peace Prizes". Estocolm (Sweden): *Nobel Prize Website*, 2020. Disponível em: <https://www.nobelprize.org/prizes/lists/all-nobel-peace-prizes/>. Acesso em: 23 jun. 2020.

O Próximo convidado. Talk show. Entrevistador: David Letterman. Entrevistados: Barack Obama, Kanye West; Ellen DeGeners; Tiffany Haddish. Direção: Michael Bonfiglio. Produção: Mary Barclay. Estúdio: RadicalMedia. Los Gatos/CA (EUA): Netflix, 2018.

THE OBAMA WHITE HOUSE. Promoting Responsible Fatherhood. Youtube, 21 jun. 2010. Disponível em: <https://www.youtube.com/watch?v=eRJBkoq1DXs>. Acesso em: 22 jun. 2020.

OPENSTAX COLLEGE. "*Black Codes*". [s.l.]: *KhanAcademy*, 2016. Disponível em: <https://www.khanacademy.org/humanities/us-history/civil-war-era/reconstruction/a/black-codes>. Acesso em: 27 jun. 2020.

ORWELL, George. *1984*. Tradução: Alexandre Hubner e Heloisa Jahn. Posfácios: Erich Fromm, Ben Pimlott e Thomas Pynchon. São Paulo: Companhia das Letras, 1949 (ano da publicação originária), versão digital (Kindle).

PRAGERU. The Candace Owens Show: What Does Black America Want? Youtube, 21 jun. 2020c. Disponível em: <https://www.youtube.com/watch?v=sY3zbL7trhE>. Acesso em: 22 jun. 2020.

PRAGERU. "Peaceful Civil Rights March vs Violent Rioters and Looters". *PragerU*, 29 mai. 2020b. Disponível em: <https://www.prageru.com/video/peaceful-civil-rights-march-vs-violent-rioters-and-looters/>. Acesso em: 26 jun. 2020.

PERKINS-VALDEZ, Dolen. "Martin Luther King anniversary: the US Civil Rights Trail". Reino Unido: *Guardian News & Media Limited*, 31 mar. 2018. Disponível em: <https://www.theguardian.com/travel/2018/mar/31/us-civil-rights-trail-martin-luther-king-atlanta-alabama-memphis-selma>. Acesso em: 01 jun. 2020.

PILGRIM, David; MIDDLETON, Phillip. "Nigger and caricature". Jim Crow Museum of Racist Memorabilia. Big Rapids/Michigan (EUA): *Ferris State University*, 2012. Disponível em: <https://www.ferris.edu/news/jimcrow/caricature/>. Acesso em: 20 jun. 2020.

PONTI, Crystal. "America's History of Slavery Began Long Before Jamestown". Nova Iorque/NY (EUA): *History*, 14 ago. 2019. Disponível em: <https://www.history.com/news/american-slavery-before-jamestown-1619>. Acesso em: 23 jun. 2020.

PRAGERU. Fireside Chat ep. 134 – Which Will Do More Harm: The Virus or the Lockdown? YouTube, 14 mai. 2020a. Disponível em: <https://www.youtube.com/watch?v=f8CD2-Tdhxg&list=PLIBtb_NuIJ1wCrBmN2Z3jcQ4vvmOEi-7-&index=4&t=0s>. Acesso em: 30 mai. 2020.

EYEWITNESS NEWS ABC7NY. Protests in George Floyd's death turn violent in Brooklyn. Youtube, 30 mai. 2020. Disponível em: <https://www.youtube.com/watch?v=VkvTdk-uack>. Acesso em: 21 jun. 2020.

RANKER. "The Greatest Black Actors in Film History". *Ranker*, 27 jun. 2020. Disponível em: <https://www.ranker.com/list/greatest-black-actors-in-film-history/ranker-film>. Acesso em: 27 jun. 2020.

RILEY, Jason L. "Martin Luther King: 'We Can't Keep On Blaming the White Man'". *WSJ*, 03 abr. 2018. Disponível em: <https://www.wsj.com/articles/martin-luther-king-we-cant-keep-on-blaming-the-white-man-1522792580>. Acesso em: 27 jun. 2020.

RITSCHEL, Chelsea. "US Federal Holidays 2020: When are they and how many do you get this year?". *Independent*, 25 jun. 2020. Disponível em: https://

www.independent.co.uk/life-style/us-federal-holidays-2020-when-calendar-list-how-many-new-years-thanksgiving-christmas-a9237461.html>. Acesso em 28 jun. 2020.

DOYLE, Andrew. "Churchill, um supremacista branco?". *Revista Oeste*, 12 jun. 2020. Disponível em: <https://revistaoeste.com/churchill-um-supremacista-branco/>. Acesso em: 15 jun. 2020.

ROSA & RAYMOND PARKS Institute for self development. *Rosa Louise Parks Biography*. Biografia. Detroit/MI (USA): Portal Rosa & Raymond Park, [s.d.]: Disponível em: https://www.rosaparks.org/biography/ – acesso em: 01 jun. 2020.

KING 5. Seattle protest turns violent with looting and fires downtown. Youtube, 31 mai. 2020. Disponível em: <https://www.youtube.com/watch?v=S_4FluN2Wsk>. Acesso em: 20 jun. 2020.

SELMA: UMA LUTA PELA IGUALDADE. Direção: Ava DuVernay. Produção: Plan B Entertainment, 2015. Beverly Hills/CA (EUA).

SHOUP, Kate. *The freedom riders*: civil rights activists fighting segregation. New York: Cavendish Square Publishing, 2018, p. 52.

SIMONAL, Wilson; BÔSCOLI, Ronaldo. Tributo a Martin Luther King. [1967]. Disponível em: <https://open.spotify.com/album/7MMwn5ApY2hV8dkXi7lVc6?highlight=spotify:track:1e54oCcHVX5F8k3eA4J23S>. Acesso em: 22 jun. 2020.

SLANE, Rob. "Man [Gordon Mappling] ends up burning his book collection to show solidarity with protesters". *TheBlogMire* , 11 jun. 2020. Disponível em: <http://www.theblogmire.com/man-ends-up-burning-his-book-collection-to-show-solidarity-with-protesters/>. Acesso em: 20 jun. 2020.

NATIONAL SCLC. "SCLC History".*National SCLS*, [s.d.]. Disponível em: <https://nationalsclc.org/about/history/>. Acesso em: 20 jun. 2020.

TAYLOR, Gene. Why (The King of Love is Dead). [1968]. Disponível em: <https://open.spotify.com/album/1ZRMX4V4gDAJzRmwUfjMYg?highlight=spotify:track:4gmeLpDeLk9Y2pTWJPjiG2>. Acesso em: 1 jun. 2020.

THE LEGENDS OF MUSIC. "Sunday Bloody Sunday: The Story behind U2's most political song". *Medium*, "The Legends of Music", 13 dez. 2018. Disponível em: <https://medium.com/@thelegendsofmusic/sunday-bloody-sunday-the-story-behind-u2s-most-political-song-f3fd719e1009>. Acesso em: 20 jun. 2020.

THE NOBEL PRIZE. "Martin Luther King Jr. Nobel Lecture". *The Nobel Prize*, 11 dec. 1964. Disponível em: <https://www.nobelprize.org/prizes/peace/1964/king/lecture/?related=1>. Acesso em: 22 jun. 2020.

SIMONE, Nina. The very best of Nina Simone, 1967-1972: Sugar In My Bowl. EUA: Sony Legacy, 1998. CD (2h28m).

THE WHITE HOUSE. "Barack Obama". *WhiteHouse*, [s.d.]. Disponível em: <https://www.whitehouse.gov/about-the-white-house/presidents/barack-obama/>. Acesso em: 22 jun. 2020.

THE DAILY WIRE. THIS is What Happens When Protesters are Confronted with Data and Facts. Youtube, 14 jun. 2020. Disponível em: <https://www.youtube.com/watch?v=u_m8npIh4eQ>. Acesso em: 20 jun. 2020.

LIBERTYPEN. Thomas Sowell - An Epidemic of Irresponsibility. Youtube, 27 out. 2020. Disponível em: <https://www.youtube.com/watch?v=EZKsX49UScg>. Acesso em: 22 jun. 2020.

THOREAU, Henry David. *A desobediência civil [Civil Disobedience]*. Tradução de José Geraldo Couto. São Paulo/SP: Penguin Classics Companhia das Letras, 2002.

CHANNEL 4 NEWS. Timeline: Statues felled and vandalised following Black Lives Matter protests. Youtube, 15 jun. 2020. Disponível em: <https://www.youtube.com/watch?v=YI8uvAVgc_c>. Acesso em: 20 jun. 2020.

TIMMERMAN, Lauren. "Washington's historic St. John's Church damaged by rioters". *Fox Business*, 01 jun. 2020. Disponível em: <https://www.foxbusiness.com/politics/st-johns-church-washington-dc-damage>. Acesso em: 20 jun. 2020.

CMART514. "Top 50 Black Actors of All Time. *IMDB*, 06 mai. 2013. Disponível em: <https://www.imdb.com/list/ls051979184/>. Acesso em: 27 jun. 2020.

DOL. U.S. Department of Labor. "Legal Highlight: The Civil Rights Act of 1964". *DOL*, [s.d.]. Disponível em: <https://www.dol.gov/agencies/oasam/civil-rights-center/statutes/civil-rights-act-of-1964>. Acesso em: 20 jun. 2020.

JUSTICE. The United States Department of Justice. "The Voting Rights Act of 1965". *Justice*, [s.d.]. Disponível em: <https://www.justice.gov/crt/history-federal-voting-rights-laws>. Acesso em: 20 jun. 2020.

THE WHITE HOUSE. "Lyndon B. Johnson". *White House*, [s.d.]. Disponível em: <https://www.whitehouse.gov/about-the-white-house/presidents/lyndon-b-johnson/>. Acesso em: 20 jun. 2020.

VIEIRA, Kauê. "Nina Simone e a música como expressão dos Direitos Civis". *Afreaka*, [s.d.]. Disponível em: <http://www.afreaka.com.br/notas/nina-simone-e-musica-como-expressao-dos-direitos-civis/>. Acesso em: 15 jun. 2020.

WALLENFELDT, Jeff. "Martin Luther King, Jr. National Memorial". *Encyclopedia Britannica*, 08 jan. 2014. Disponível em: <https://www.britannica.com/topic/Martin-Luther-King-Jr-National-Memorial>. Acesso em: 02 jun. 2020.

NBC NEWS. Watch A Minute-To-Minute Breakdown Leading Up To George Floyd's Deadly Arrest | NBC News NOW. Youtube, 29 mai. 2020.

Disponível em: <https://www.youtube.com/watch?v=kiSm0Nuqomg>. Acesso em: 22 jun. 2020.

WEB DESK. "US: What is CHAZ, an armed, 'autonomous' protest zone calling for abolition of police?". *The Week*, 12 jun. 2020. Disponível em: <https://www.theweek.in/news/world/2020/06/12/us-chaz-an-armed-autonomous-no-police-zone-police-abolition-protesters.html>. Acesso em: 26 jun. 2020.

Notas

1. Presidente da Comissão Especial de Direito Agrário e do Agronegócio do Conselho Federal da Ordem dos Advogados do Brasil (CFOAB). Doutor (2018) e mestre (1994) em Direito Civil pela Faculdade de Direito da Universidade de São Paulo (FDUSP). Sócio fundador da Advocacia Gonçalves Coelho, sendo advogado militante desde 1988 com atuação em contencioso cível, consultivo cível, lides empresariais, direito agrário, direito do agronegócio e arbitragens. Para este trabalho, auxiliou-me Rommel Andriotti, que é professor de Direito Privado na EPD, mestre em Direito pela PUC/SP (2020), mestre em Direito pela FADISP (2019), especialista em direito civil e processo civil pela EPD (2017) e sócio fundador da Inquest Serviços de Informação.
2. G1, 2020.
3. Há de se notar que há um trocadilho intraduzível para o português, pois "King" é parte do sobrenome de Martin Luther King Jr., de modo que ao dizer "Por que o Rei está morto?" há duplo sentido. Em um primeiro sentido, está-se a dizer "por que Martin Luther King está morto". Em outro sentido, está-se a dizer também "por que o rei do amor está morto?".
4. VIEIRA, [s.d.].
5. SIMONE, 1998..
6. TAYLOR, 1968..
7. Existe uma versão sem cortes e mais longa em que há um discurso de Nina Simone preocupada com as várias personalidades pretas daquele período que estavam falecendo. A música sem cortes contém versos adicionais. Caso haja interesse em conhecer a versão completa: : https://music.apple.com/br/album/why=-the-king-of-love-is-dead-live1008919410/?i-1008919676(acesso em 1 de junho de 2020).
8. FRAZÃO, 2019.
9. Muhammad Ali, boxeador famoso, foi um dos líderes dos movimentos em prol da defesa dos direitos dos afrodescendentes norte-americanos. Ele foi inclusive preso e teve sua licença de boxeador cassada por ter se recusado a

participar da Guerra do Vietnã. Para saber mais a respeito, v., por exemplo: GLOBOESPORTE, 2013..
10 ENCYCLOPEDIA BRITANNICA, 2000.
11 Possuía postura mais separatista do que a de Martin Luther King Jr., e não admitia o apoio de brancos em seus protestos e na sua agenda. Conforme se afirma no *History Channel*: "Garvey believed he and the Ku Klux Klan shared similar views on segregation, given that he sought a separate state for African Americans". Em tradução livre: "Garvey acreditava que ele e o Ku Klux Klan (K.K.K.) partilhavam pontos de vista semelhantes sobre a segregação, uma vez que ele buscava um Estado separado para os afro-americanos", cfr.: HISTORY, 2009.
12 Em oposição a mensagem segregacionista que outros defensores dos pretos postulam, eis que esses não acreditam na possibilidade de uma convivência pacífica entre brancos e pretos. Martin Luther King Jr., pelo contrário, pregava uma sociedade ecumênica e harmônica que abarcasse as várias etnias.
13 BURKE, 2019.
14 PONTI, 2019..
15 HISTORY.COM EDITORS, 2018a.
16 HISTORY.COM EDITORS, 2020.
17 *"Neither slavery nor involuntary servitude, except as a punishment for crime whereof the party shall have been duly convicted, shall exist within the United States, or any place subject to their jurisdiction"*, cfr. NATIONAL CONSTITUTION CENTER, 1865.
18 Preto, negro, pessoa de cor ou afrodescendente? Há muitas palavras utilizadas para se referir às pessoas cuja epiderme é morena. Entre "preto" e "negro", explica Nabby Clifford (artista afrodescendente) em uma análise semiótica, preto não é uma palavra racista, e deve-se preferir o uso da palavra "preto" do que a palavra "negro", essa sim com conotação predominantemente negativa na língua portuguesa. Nesse sentido, ver: PORTAL RAÍZES, 2018.

De qualquer modo, conforme explica Dennis Prager ao comentar o uso, nos Estados Unidos, de quatro palavras diferentes (*negro, black, african--american* e *colored*), a rigor, nenhuma delas é intrinsecamente racista, e não se pode chamar alguém de racista por fazer uso dessas palavras. Nesse sentido, ver: PRAGERU, 2020a.

E, finalmente, é preciso explicar que em inglês a palavra "*nigger*" é considerada um insulto racial (*racial slur*) altamente ofensivo. É provável que o insulto tenha derivação da língua espanhola (*negro*) ou diretamente do latim (*niger*), e foi utilizada de forma pejorativa nos Estados Unidos, principalmente a partir do século XX. Tendo em vista o forte teor racista, esse termo começou a ser referido pelas pessoas pelo eufemismo "*the N-word*" ("a palavra com N", em tradução livre). Assim, em inglês, a maioria das pes-

soas tem preferido usar a palavra *black* (preto, em tradução literal), como se pode ver, por exemplo, com o movimento cultural conhecido como "*black power*". Para mais sobre o assunto, ver: PILGRIM; MIDDLETON, 2012.
19 OPENSTAX COLLEGE, 2016..
20 MUNDO ESTRANHO, 2011..
21 NATIONAL GEOGRAPHIC SOCIETY, 2020.
22 HISTORY.COM EDITORS, 2018b.
23 GUILLORY, 1968.
24 MYERS II, 2014.
25 DJANGO LIVRE , 2012.
26 A fala faz parte de um contexto maior em que King Jr. afirmou: "*I soon saw that I was the victim of an unwarranted pessimism because I had started out with an unwarranted optimism. I had gone to the meeting with a great illusion. I had believed that the privileged would give up their privileges on request. This experience, however, taught me a lesson. I came to see that no one gives up his privileges without strong resistance*", o que, em tradução livre, poderia ficar como "Eu rapidamente percebi que eu havia me tornado vítima de um pessimismo injustificado porque eu tinha começado com um otimismo injustificado. Eu tinha ido para a reunião com uma grande ilusão. Eu tinha acreditado que os privilegiados renunciariam aos seus privilégios após serem requisitados. Essa experiência, entretanto, ensinou-me uma lição. Eu comecei a ver que ninguém abre mão de seus privilégios sem opor forte resistência", cfr. KING JR., 1967..
27 Há, inclusive, roteiros de viagem para pessoas que desejam conhecer os locais famosos da luta pela igualdade nos Estados Unidos. Cfr.: PERKINS-VALDEZ, 2018. Também há o "Civil Rights Tour" que leva as pessoas para conhecerem as principais localizações de Atlanta, cidade natal de Martin Luther King Jr.: https://civilrightstour.com.
28 JANKEN, 2020..
29 Algo como "passeio da liberdade".
30 Algo como "Cavaleiros do Alabama".
31 v. SHOUP, 2018
32 Tradução livre do seguinte trecho: "*You may well ask, "Why direct action? Why sit-ins, marches, etc.? Isn't negotiation a better path?" You are exactly right in your call for negotiation. Indeed, this is the purpose of direct action. Nonviolent direct action seeks to create such a crisis and establish such creative tension that a community that has constantly refused to negotiate is forced to confront the issue. It seeks so to dramatize the issue that it can no longer be ignored. I just referred to the creation of tension as a part of the work of the nonviolent resister. This may sound rather shocking. But I must confess that I am not afraid of the word tension. I have earnestly worked and preached against violent tension, but there is a type of constructive nonviolent tension*

that is necessary for growth.", cfr. KING JR., 1967, versão digital (Kindle), p. 97.
33 Há vídeo do histórico discurso com legendas em português: TVNOTICIAS2011, 2012..
34 "*So I say to you, my friends, that even though we must face the difficulties of today and tomorrow, I still have a dream. It is a dream deeply rooted in the American dream that one day this nation will rise up and live out the true meaning of its creed—we hold these truths to be self-evident, that all men are created equal. I have a dream that one day on the red hills of Georgia, sons of former slaves and sons of former slave-owners will be able to sit down together at the table of brotherhood. [...] I have a dream my four little children will one day live in a nation where they will not be judged by the color of their skin but by the content of their character. I have a dream today! [...] I have a dream today! I have a dream that one day every valley shall be exalted, every hill and mountain shall be made low, the rough places shall be made plain, and the crooked places shall be made straight and the glory of the Lord will be revealed and all flesh shall see it together. This is our hope. This is the faith that I go back to the South with. With this faith we will be able to hew out of the mountain of despair a stone of hope. With this faith we will be able to transform the jangling discords of our nation into a beautiful symphony of brotherhood [...] Let freedom ring from every hill and molehill of Mississippi, from every mountainside, let freedom ring. And when we allow freedom to ring, when we let it ring from every village and hamlet, from every state and city, we will be able to speed up that day when all of God's children—black men and white men, Jews and Gentiles, Catholics and Protestants—will be able to join hands and to sing in the words of the old Negro spiritual, 'Free at last, free at last; thank God Almighty, we are free at last*", cfr. KING JR., 1967, versão digital (Kindle), pp. 122-124.
35 Johnson era vice e assumiu a presidência dos Estados Unidos da América após o assassinato de John F. Kennedy, em 22 de novembro de 1963.
36 Não confundir com o "domingo sangrento" (Bloody Sunday) relacionado com a noite de 30 de janeiro de 1972 em Derry, na Irlanda do Norte, no contexto da guerra civil entre esse país e a Inglaterra, ocasião em que soldados britânicos abriram fogo contra 28 civis desarmados que protestavam pacificamente contra a chamada "Operação Demetrius" e em razão do que vários desses civis morreram. Foi esse evento na Irlanda do Norte que inspirou a canção mundialmente famosa "Sunday Bloody Sunday", da banda U2, cfr. se verifica em: THE LEGENDS OF MUSIC, 2018.
Os dados da canção são os seguintes: HEWSON, Paul David; CLAYTON, Adam; EVANS, Dave; MULLEN, Larry. "Sunday Bloody Sunday". Intérprete: U2. In: U2. *War*. [s.l.]: Universal Music Publishing Group, 1983.

Disponível em: https://open.spotify.com/track/6C4LXC9UFH1IKiHYOp-0BiJ. Acesso em 20 jun. 2020.
37 Todo esse movimento é retratado no filme: *Selma: uma luta pela igualdade*, 2015.
38 NATIONAL HISTORICAL PARK GEORGIA, 2020..
39 V.: Martin Luther King, Jr. Elementary School, localizada em Seattle/WA, (Site oficial: https://www.nps.gov/malu/index.htm); Dr. Martin Luther Kung Jr. Elementary School, localizada em Portland/OR (Site oficial: https://www.pps.net/Domain/130); Martin Luther King Jr. Middle School, localizada em Hartford/CT (Site oficial: https://www.hartfordschools.org/enroll/school-directory-2/martin-luther-king-jr-elementary-school/); Dr. Martin Luther King, Jr. School Complex, localizada em Atlantic City/NJ (site oficial: https://www.acboe.org/Domain/11). Ruas: Martin Luther King Jr. Boulevard em Glendale no Arizona, Martin Luther King Jr. Boulevard em Denver no Colorado.
40 Martin Luther King Jr.' day é comemorado em 20 de janeiro.
41 Apenas a título de exemplo e ilustração (pois as ocorrências são muitas), ver: HOURLY HISTORY, 2018; SELMA: UMA LUTA PELA IGUALDADE, 2015; BEST HISTORY BIOGRAPHIES AND DOCUMENTARIES, 2018. *O Próximo convidado*, 2018; SIMONAL; BÔSCOLI, 1967.
42 Para mais sobre a vida e obra de Mahatma Ghandi, recomenda-se assistir aos seguintes filmes e documentários: *Mahatma Gandhi - dying for freedom* (DW DOCUMENTARY, 2018); *In Search of Gandh*i (TOOLOSOPHY, 2013); *Gandhi* (1983).
Recomenda-se também a leitura das seguintes obras do próprio Ghandi: GANDHI, Mahatma. O caminho da paz, 2. ed. São Paulo/SP (Brasil): Gente, 01 mar. 2014; GANDHI, Mohandas Karamchand. *An Autobiography: Or the Story of My Experiments with Truth*, Modern Classics. Colchester (Reino Unido): Penguin, 06 set. 2001.
43 Ver: THOREAU, 2002.
44 Fazendo a ressalva de que essa é a manifestação "moderna" de protesto pacífico. Evidentemente, o protesto pacífico enquanto forma de manifestação política existe desde a antiguidade, tendo em figuras bíblicas como Jesus e Moisés os maiores expoentes. Como se ensina na doutrina cristã, "é em paz que se semeia o fruto da justiça" (Tiago 3:18).
45 Por exemplo, Martin Luther King Jr. defendeu que os pretos de Montgomery não utilizassem os ônibus públicos enquanto houvesse lugares em que negros, pelo simples fato de terem a pele escura, não pudessem se sentar.
46 Tradução livre do seguinte trecho: *"I admire freedom fighters wherever they are, but I still believe that nonviolence is the strongest approach. An organized*

non violent resistance is the most powerful weapon that oppressed people can use in breaking loose from the bondage of oppression [...]. Hate cannot drive out hate; only love can do that. Hate multiplies hate, violence multiplies violence", cfr. , PRAGERU, 2020b.

47 KING JR., 1967, versão digital (Kindle), pp. 122-124.
48 Aliás, a cobrança de uma injustiça histórica foi um dos motes que possibilitou a Adolf Hitler seduzir uma nação e convertê-la ao ideário nazista, pois ele teve êxito convencendo os alemães de que a nação havia sido injustiçada pelos demais países do ocidente com o Tratado de Versalhes, e ainda acusou os judeus de ao longo do tempo terem injustamente tomado o monopólio do comércio e se apoderado da riqueza alemã.
49 ROSA & RAYMOND PARKS Institute for self development, [s.d.]..
50 cfr. CNN Editorial Research, 2020.
51 Valendo serem mencionados, exemplificativamente, Oprah Winfrey (apresentadora e produtora do The Oprah Winfrey Show, sócia controladora e CEO da Harpo Inc, e fundadora da rede de televisão OWN); Robert L. Johnson & Sheila Johnson (fundadores da rede de televisão Black Entertainment Television – BET e primeiros pretos a se tornarem bilionários nos Estados Unidos, o que ocorreu em 2001); e George Foreman (investidor da marca de ginásios de Boxe *"Everybody Fights"*, co-fundador da empresa ligada ao boxe *"Foreman Boys"*, fundador da empresa *"George Foreman's Butcher Shop"* e, claro, inventor do famoso *"George Foreman Grill"*. Essas e outras personalidades podem ser encontradas em: BELANGER, Lydia. *10 of the Most Successful Black Entrepreneurs*. Artigo. Irvine/CA (EUA): Portal Entrepreneur, 16 fev. 2018. Disponível em: https://www.entrepreneur.com/slideshow/309108 – acesso em: 22 jun. 2020.
52 Valendo mencionar, exemplificativamente, Cory Booker (senador), Shirley Chisholm (primeira mulher negra eleita no Congresso norte-americano) e Colin Powell (ex-general do exército norte-americano e secretário de governo entre 2001 e 2005, tendo sido o primeiro afrodescendente a ocupar tal posição). No Brasil, pode-se fazer menção, entre outros, a Pedro Lessa, Fernando Holiday e Douglas Garcia.
53 São muitos os artistas negros de sucesso, valendo mencionar, exemplificativamente, Hattie McDaniel (primeira artista afrodescendente a ganhar um Oscar, em 1940, pelo filme *E o Vento Levou – Gone With the Wind*), Beyoncé, Usher, Will Smith, Denzel Washington, Cuba Gooding Jr, Michael Jackson, Morgan Freeman, Samuel L. Jackson, Eddie Murphy, a própria Nina Simone, Alexandre Dumas, entre tantos outros que engrandecem a arte humana. Dentre os brasileiros, pode-se mencionar Machado de Assis (considerado por muitos como o maior escritor negro de todos os tempos); Seu Jorge, Jorge Ben Jor, Tim Maia, Vanessa da Mata, Lázaro Ramos, entre outros.

54 Muitos dos maiores esportistas de todos os tempos são afrodescendentes, valendo mencionar, sempre exemplificativamente, Michael Jordan; Shaquille Rashaun «Shaq» O'Neal; Tiger Woods; Usain Bolt, entre outros. Dentre os brasileiros, podemos mencionar Daiane dos Santos, Vanderlei Cordeiro de Lima, Pelé, entre outros.
55 O cargo de presidente dos Estados Unidos da América (EUA) foi ocupado por Barack Obama entre 2008 e 2016. No Brasil, o cargo de Presidente da República já foi ocupado por um afrodescendente muito antes – trata-se do presidente Nilo Peçanha, entre 1909 e 1910.
56 cfr. PRAGERU, 2020c.
57 Conforme dados apresentados em novo estudo conduzido pela Universidade do Estado de Michigan e pela Universidade de Maryland, em que foram catalogados todos os incidentes envolvendo arma de fogo em todos as circunscrições dos Estados Unidos, foi descoberto que mais pessoas brancas foram mortas pela polícia do que pessoas pretas, seja pessoas armadas ou desarmadas. O estudo revelou, ainda, que pessoas brancas são desproporcionalmente mortas por policiais. Esses dados foram divulgados pelo *The Washington Post* e retransmitidos em: THE DAILY WIRE, 2020..
58 Tradução livre de "*We've got to do something about our moral standards [...] we know that there are many things wrong in the white world, but there are many things wrong in the black world, too. We can't keep on blaming the white man. There are things we must do for ourselves*", cfr. RILEY, 2018.
59 cfr. BAD TV, 2017.
60 cfr.CNN, 2014.
61 Conforme já mencionado anteriormente, dados apresentados em novo estudo conduzido pela Universidade do Estado de Michigan e pela Universidade de Maryland, em que foram catalogados todos os incidentes envolvendo arma de fogo em todos as circunscrições dos Estados Unidos, foi descoberto que mais pessoas brancas foram mortas pela polícia do que pessoas pretas, seja pessoas armadas ou desarmadas. O estudo revelou, ainda, que pessoas brancas são desproporcionalmente mortas por policiais. Esses dados foram divulgados pelo *The Washington Post* e retransmitidos em: THE DAILY WIRE, 2020.
62 No sentido criado por Henry Thoreau e aperfeiçoado e aplicado por Gandhi e Martin Luther King Jr.
63 No sentido pacífico e voluntário de não uso, não audiência, não comparecimento etc.

Marias

Cármen Lúcia Antunes Rocha

O primeiro acorde de cada pessoa é a batida do seu coração. Tudo o mais é sentimento e criação para mais emocionar e viver. Vida e música nascem antes do parto. A cadência vital é marcada pelo pulsar do coração. Vida tem melodia. De todas as artes, a música é a única que germina no homem como sua essência. Acho que música podia ser um dos nomes humanos. Quando o som do coração se cala é a vida que se esvai. Toca-se a vida, toca-se a música, canto e encanto de viver pautam a marcação da existência.

Na minha infância, dois itens eram quase a extensão dos viventes daquela casa simples na praça da Matriz: o fogão vermelho em labaredas amareladas, queimando sabores e esquentando em forma de alimento os prazeres da carne; e a vitrola, na sala de visitas, móvel escuro e imponente a guardar o gosto musical que alimenta encontros. De primeiro, meu pai punha a tocar discos do selo Copacabana. Quando chegava de alguma viagem, a mala de roupas que fora voltava igual. Mas a que carregava fascínios novos era a vinha nova, cheia de discos. A sala iluminava-se, a radiola funcionava e a noite era só festa, a fazer crescer a roda de conversas e a curiosidade dos ouvidos. Mesclavam-se o prazer da audiência com os comentários sobre a capa dos discos (lps) e as letras incandescentes de paixões intensíssimas. Eram tempos em que se morria de amor.

Os instrumentos todos que ainda carrego como se eu fosse uma baladeira não crível (bandolim, rabeca, pandeiro, violão, violino e até uma bateria) tocam-me em sua história e possibilidade. Não sou eu que os toco. Minha vida segue sem pauta. Mas penso melhor o dia quando descubro, meio à brinca meio a sério, a trilha sonora que me acompanha na lida.

Então lembro uma música. Na vida decodificada em sons vem-me a história inteirinha de "Maria Maria".

Toda vida tem suas trilhas. A história de Minas fez-se em trilhos. E nas beiradas dos rumos de ferros, rompendo serras e cruzando rios, se traçaram vidas. Algumas fumaçadas, mais que outras. Invisíveis naquelas paragens, mais das vezes. Mas a força do gosto e do regalo impõe derrota aos dissabores. A vida resguarda o grão da alegria "mesmo na noite mais triste". Dor não é para deixar memória.

Nos beirais dos trilhos férreos, onde brotam vidas marginais querendo voltar ao leito de uma humanidade tão míope e desumana, Marias florescem e ensinam. Cantamos uma delas.

"Maria Maria nasceu num leito qualquer de madeira, infância incomum, pois nem bem ela andava, falava e sentia e já suas mãos ganhavam os primeiros calos de trabalho precoce...". Assim se apresentou *Maria Maria*, exibindo o Corpo que não era de sua pertença. Era sua história dançada, arte mostrada em palácio no qual ela nunca entrara.

A declamação daquele início de espetáculo era pura denúncia na noite de 1976.[1] Nem era uma apresentação, era uma delação. A respiração suspensa da plateia ecoava o deslumbramento e o espanto acordado na consciência dos espectadores. Negra Maria de tantas cores, todas as mulheres do mundo bailando no corpo dançante do grupo. A dor, a mais doída, não nega a beleza.

O tempo brasileiro não era de alegrias. Aquele tempo nem era dos brasileiros. Era, isso sim, opressão e medo. Mas, como todo tempo, reclamava a lembrança do riso para não se perder o gosto da brincadeira nem mesmo no choro soluçado. A vida é instruída por si mesma. Põe magia em cantos para, com os sons, aguçar a vista e desvendar, nas sombras, a fantasia e a festa na planície das almas inquietas.

Sem entoar versos, de início Maria Maria foi voz pura, poder do som sem oração, naquela noite de bailados intensos. A vida coreografada, o sentido, o pressentido e o ressentido, a mesma meada de existência tingida de infinitas cores e formas. Era o não dito buscando animar em tempo de mordaça e assombro. Quando a palavra é calada, o corpo remexe. O grito mudo gesticula, a voz travada rodopia. A primeira nota musical da batida do coração continua a vibrar. Que a esperança é sempre sonho, canto e coragem. Por isso há que haver acalantos para aconchegar a alma desolada e fazê-la acordar sempre nova a cada balada, plena de fé na vida.

Maria musa vivera na beira dos trilhos férreos. Era toda e qualquer Maria. A musa poderia ser todas as Marias do mundo. "Maria Maria" não é um canto de fora. É um queixume mal esquecido no centro do peito ou no desterro das desconstruções das gentes. Numa terra de tantos homens e tão parca humanidade, Maria deu vida a filhos. Sobretudo, deu-se a seguir com *a estranha mania de ter fé na vida*. O poeta afirma-a um dom. Versejara quarenta anos antes o mesmo lema Carlos Lira, em outra Maria: a *ninguém, um dom que muito homem não tem*.[2]

"Maria Maria" explode, em tom de amostra e resgate de existências, na criação sensível de Fernando Brant e na voz poderosa de Milton Nascimento. Todos os sentidos da vida e da arte na expressão do lamento portentoso nas sonoridades e cores da vida de *uma gente que ri quando deve chorar*. É saber de alma mariana que viver é entrega de quem não se entrega: nem é escolha, é destino. Maria é fado, resiste porque não desiste. Não é poder, é ser. Não tem filosofia, tem sabedoria, aquela que vem da seiva vital. Na grandeza do viver, a integridade do ser. Na essência, Maria é graça, tem raça, não é uma ou outra raça, é raiz humana projetada, multiplicada, revivificada sem temor nem torpor, sob chuva, sol, no ameno ou no temporal.

As agruras e os desentendimentos pessoais ajeitam as desavenças nas notas afinadas. O que destoa na vida compõe-se na música e o belo escoa pelas veias da alma (seria arterial a alma?). Música é prosa sem conversa precisa, apenas entendimento.

A revelação de Maria-musa, Maria musicada em sangue liquefeito em dor e alegria é alerta, mas é também comunhão: a união pelo acorde. "Maria Maria" é tradução de pessoa vivente em adjacências das trilhas de construtores de estradas cegas às gentes. Dengo e ardor, a manha e a gana, a vida em melodia-denúncia.

Maria não esmorece, porque não pode. Seria abdicar do gosto de viver. O que só conta é o que interessa ao ser humano: amar e ser amado. O mais é menos. Bem se cantava em Dom Quixote:

aimer, jusqu'à la déchirure,
aimer, même trop, même mal[3]

Maria ninguém, Maria alguém, Maria de amares e de amores. Todas as Marias do mundo querem seguir só a linha que leva em frente, sem se deixar ficar nas margens dos trilhos. Maria quer-se trilha. Não importa o suor que a mão limpa sem pedir lenço, porque dificuldade não faz despedida. Não quer apagar o suor com sua roupa, que cansaço não veste a labuta. A força de "Maria Maria" é a da vida que se cumpre, do que dá a ser sem precisar explicar. O mundo ainda não é de Marias. Por isso essa *dose mais forte e lenta* que constrói outra vida. Pirraça pura é desentender o aviso para aceitar o que não se pode mudar: há que mudar o que não se pode aceitar. Numa experiência apimentada em que há quem se apoquente pela refrega mais leve, Maria ergue-se como uma prece de Deus à humana aventura, não o inverso.

"Maria Maria" é minha fé na vida, minha crença de ser possível outro viver, num canto que não seja clamor ou pranto, mas glória e ventura em festejo pela benção da vida. Viver dói. Mas é bom que só! Essa estranha mania. Maria sente, mas não ressente. Há sentires maiores e sabores melhores. Maria Maria, no corpo essa marca, na história esse marco. Outras músicas nascerão, outras vidas se contarão. O trem já não apita. Partiu em direção a outra estação. Mas todos os dias para nesta estação Maria. A vida sucede. O riso contagia. A força do gosto impõe-se. Continua valendo a pena, Maria, Maria!

Notas

1. O primeiro espetáculo do grupo Corpo, *Maria Maria*, estreou em 1976 e ficou em cartaz por dez anos. A trilha sonora foi composta por Milton Nascimento e o roteiro foi de Fernando Brant.
2. "Maria ninguém", canção de Carlos Lyra e Paul Winter, de 1965.
3. "*La quête*", canção interpretada por Jacques Brel, em 1968.

Eroica: a sinfonia revolucionária

Celina Bodin[1]

> *Quanto a mim, pelos céus, meu reino está no ar.*
> *As harmonias serpenteiam ao meu redor como o vento,*
> *e assim também as coisas serpenteiam em minha alma.*
> — L. V. B.

Ludwig van Beethoven foi um homem fora de qualquer medida. Conta-se que ele era pequeno e atarracado, rude, mal-educado e brigão, tinha a cabeça grande, o rosto largo feiamente marcado por varíola, vivia amarfanhado e despenteado, era teimoso e dado a rompantes. Com olhos brilhantes e perscrutadores, possuía um temperamento apaixonado e altivo, parecia um leão. Sua personalidade era vulcânica, turbulenta, indomável e seus traços dominantes eram a independência e uma férrea disposição. De origem flamenga, a pele escura e os cabelos e olhos negros fizeram com que na infância fosse conhecido pelo apelido de "o espanhol". Embora plebeu, numa época em que a separação por classes acarretava sérias implicações, diziam que possuía um "ar nobre"[2] e várias condessas e duquesas por quem se enamorou também com ele se encantaram, para logo fugirem apavoradas do *amour fou* de que parecia capaz. Sempre pobre e sempre doente, Beethoven morreu solteiro aos 56 anos, entre poucos amigos na Viena que adotara como lar, onde, porém, nunca se sentiu amado ou protegido.

Passados 250 anos de seu nascimento, em 16 de dezembro de 1770, sua obra representa uma mudança paradigmática, cujos efeitos continuamos a sentir. Ela provocou a transfiguração da música que era feita apenas para divertir — dançar, conversar, entreter — em música feita para ser ouvida com atenção, transição que teve início justamente com esta terceira sinfonia,[3] denominada inicialmente "*Buonaparte*", que Beethoven acabou por intitular *Sinfonia heroica composta para celebrar a memória de um grande homem*,[4] elaborada entre o final de 1802 e meados de 1804.

A potência do talento de Beethoven iria transformar o mundo da música instrumental por inteiro. Com sua obra, um concerto não serve mais apenas para se ouvir músicas agradáveis; sua música choca e perturba, induz medo e dor, e parece ser feita para pensar e sentir. A partir de então, os músicos não puderam continuar a ser amadores. Suas composições eram difíceis demais e precisavam ser estudadas e ensaiadas antes de serem tocadas, tornando-se necessários a capacitação e o treinamento,[5] o que gerou, em consequência, a organização das orquestras profissionais e da figura do maestro, ao longo do séc. XIX.

Embora o império austro-húngaro — com capital em Viena — e a França estivessem em guerra desde 1792, o compositor não se acanhava em alardear sua admiração por Napoleão, e a mudança do título da sinfonia, em mais um rompante, teria se dado pela decepção com a notícia da autocoroação do então primeiro cônsul como imperador, e a previsão de Beethoven de que ele viraria "um déspota como outro qualquer" e que as conquistas da Revolução seriam rapidamente abandonadas.[6]

Mais do que a Bonaparte, Beethoven tornara-se fiel aos valores revolucionários. Desde a juventude, na recém-fundada Universidade de Bonn, seguindo algumas poucas aulas do professor Elogius Schneider,[7] aprendeu a valorizar os ideais republicanos, especialmente a liberdade. A Renânia permanecerá para sempre no cerne de sua identidade. Fora um jovem alegre, cheio de vida que adorava brincadeiras e trocadilhos e detestava praticar piano e violino, instrumentos que aprendeu a tocar com seu pai, Johann, homem temperamental e alcoólatra, que o antevia tão rentável como um segundo Mozart.[8] O pai, porém, não permitia que Ludwig fizesse a única coisa de que realmente gostava: improvisar.

Os meses que antecederam o início da elaboração da "Terceira" foram momentos difíceis em sua vida. Em meados de 1801 e, pela primeira vez, Beethoven contou a amigos de Bonn, sua adorada cidade natal, sobre a sua perda de audição. A surdez, então ainda incipiente, teria começado em 1796, aos 25 anos, no auge da fama como pianista virtuose e nunca foi devidamente diagnosticada.[9] Com o tempo, só piorou,[10] fazendo-o sofrer, durante longos anos, de *tinnitus*: "Meus ouvidos zunem e zumbem dia e noite".

Em junho de 1801, em carta ao pastor Amenda, um companheiro querido, ele desabafava:

> *Não és um amigo vienense, não: és um daqueles como os produzidos por meu solo nativo. Quantas vezes gostaria de ter-te tido aqui comigo, pois o seu B. está vivendo uma vida infelicíssima e em contrariedade com a Natureza e seu Criador! Muitas vezes, já O amaldiçoei. (...) Deixa-me dizer-te que minha posse mais valiosa, minha audição, deteriorou muito. (....). Perceberás que vida triste estou a viver, vendo que estou apartado de tudo o que me é caro e precioso; meus mais belos anos foram-se, sem que eu concluísse tudo o que meu talento e meu valor me encomendaram. Triste resignação, em que devo refugiar-me. Sem dúvida, propus a mim mesmo colocar-me acima de todos esses males; mas, como isso me será possível? (...) O que te disse de meu ouvido, peço-te guardares como um segredo e de não o confiar a ninguém, quem quer que seja.*[11]

No mesmo mês, em carta a Franz Wegeler, médico que se casara com sua amiga de infância, Lorchen, confidenciava:

> *(...). Infelizmente, um demônio invejoso, minha péssima saúde, veio se atravessar em meu caminho. Há três anos, meu ouvido vem se tornando cada vez mais fraco. O problema deve ter sido causado pela minha afecção no baixo ventre de que eu já sofria anteriormente, como sabes, mas que piorou: sou continuamente atacado de diarreia e, em consequência, sofro de uma extraordinária fraqueza.*

> (...). *Posso dizer-te que levo uma vida miserável. Desde há dois anos evito toda convivência, pois não posso dizer a essa gente: "Sou surdo". Se outra fosse a minha profissão, isso seria possível. Mas na minha, é uma situação terrível! Que diriam disso meus inimigos, dos quais o número não é pequeno!*
>
> *Para te dar uma ideia dessa estranha surdez, dir-te-ei que, no teatro, devo colocar-me bem perto do proscênio, para compreender os atores. Eu não ouço os sons altos dos instrumentos e das vozes, se me encontro um pouco distante. Na conversação é surpreendente haver quem não tenha ainda notado. Como eu sou distraído, atribuem tudo a esse fato. Quando falam suavemente, apenas escuto; sim, entendo bem os sons, mas não as palavras. Por outro lado, quando gritam, isso me é intolerável! O que advirá ... somente o céu sabe.*
>
> *(...) Quero segurar o destino pela garganta. Ele não me dobrará, certamente, de todo. Ó! Como é belo viver a vida mil vezes. Para uma vida tranquila, não, eu o sinto; não fui feito para tal.*

Em 1802, Beethoven passou o verão e o outono no lindo vilarejo de Heiligenstadt, localizado a poucos quilômetros ao norte de Viena, seguindo ordens médicas. Ele amava o campo profundamente: "Sinto-me muito feliz quando estou a passear entre os arbustos e as ervas, sob as árvores, sobre as rochas. Ninguém ama como eu essas paisagens. Os bosques e as árvores retornam o eco daquilo que o homem deseja."

Deprimido com o fracasso do tratamento, redigiu, em 6 de outubro de 1802, o que veio a ser conhecido como o "testamento de Heiligenstadt", texto "para ser lido e executado após minha morte".[12] Trata-se de uma carta desesperada, nunca enviada, dirigida a seus irmãos Carl e Johann, na qual explicava:

> *Vocês, homens que pensam ou dizem que eu sou malevolente, teimoso ou misantropo, quanto vocês se enganam a meu respeito. Vocês não conhecem a causa secreta disto que creem ver. Desde a minha infância meu coração e minha mente estavam dispostos a sentimentos gentis e à boa vontade, e sempre quis realizar grandes façanhas. Mas considerem agora que por seis anos eu fui um caso sem*

esperança, agravado por médicos insensatos, trapaceado ano após ano na esperança de melhora, e finalmente compelido a encarar a perspectiva de uma doença duradoura (cuja cura tomará anos ou, talvez, seja impossível) (...).

Nascido com um temperamento ardente e vivaz, suscetível até mesmo às diversões da sociedade, eu fui forçado precocemente a me isolar, a viver na solidão. Quando por vezes tentei esquecer tudo isso, ó, quão duramente eu fui repelido pela experiência duplamente triste de minha má audição, e ainda assim era impossível para mim dizer aos homens que falassem mais alto, gritassem, pois eu sou surdo. Ah, como eu poderia admitir uma tal enfermidade precisamente no sentido que deveria ser mais perfeito em mim do que nos outros, um sentido que um dia eu possuí na sua mais alta perfeição, uma perfeição tal que seguramente poucos em minha profissão gozam ou gozaram. Ah, eu não posso suportar, assim perdoem-me se me virem recluso quando eu adoraria me misturar a vocês. Meu infortúnio é duplamente doloroso, porque há de me levar a ser mal compreendido (...).

Mas quanta humilhação quando alguém ao meu lado escuta uma flauta distante e eu nada ouço, ou alguém ouve um pastor cantando e de novo eu não ouço nada. Tais incidentes trouxeram-me à beira do desespero, só mais um pouquinho e eu teria posto um fim à minha vida. Somente a arte me segurou. Ah, parecia impossível deixar o mundo até que eu tivesse produzido tudo aquilo que me senti chamado a produzir, e assim eu suporto esta miserável existência – verdadeiramente miserável, um corpo excitável ao qual uma súbita alteração pode precipitar do melhor ao pior estado.

Ao final, sendo católico e rejeitando a ideia de suicídio, diz querer ainda aproveitar sua capacidade artística, da qual sempre teve inteira consciência:

(...) Com alegria eu me precipito rumo à morte. Se vier antes de eu ter tido a oportunidade de mostrar todas as minhas capacidades artísticas, terá vindo cedo demais para mim, apesar do meu duro destino, e eu provavelmente desejarei que tivesse vindo mais tarde – mas mesmo assim estou satisfeito, pois acaso ela não me libertará de meu estado de

suplício interminável? Vem quando quiseres, eu te encontrarei corajosamente. Adeus e não me esqueçam completamente quando eu estiver morto, eu mereço isso de vocês, tendo muitas vezes em minha vida pensado em vocês, em como fazer vocês felizes. Assim seja.

Quando retorna à Viena, envia, apenas duas semanas após o "testamento", a seus editores Breitkopf & Härtel, de Leipzig, notícias sobre duas novas obras – as *Opp.* 34 e 35:

> *Compus duas obras de variações (...). Ambas foram elaboradas num estilo totalmente novo e, mesmo assim,* cada qual de modo diferente. *Via de regra, quando tenho uma ideia nova são os outros que me chamam atenção para o fato, pois eu próprio jamais o percebo, mas desta vez eu mesmo devo garantir aos senhores que o estilo dessas duas obras é* totalmente novo *e de* minha autoria. (Grifos do original.)

As obras eram as *Seis Variações em Fá maior* e as *Quinze Variações e a Fuga em Mi bemol maior*. Essas últimas são sobre o tema de seu único balé, *As Criaturas de Prometeu*, e são também a sinopse do quarto movimento da Terceira, e foram publicadas em 1803.

Conhecidas como *Variações à Eroica*, em referência à sinfonia, muitos entendem que o título mais adequado para as *Quinze Variações* seria *Variações Prometeu*. A correção da origem da *Op.* 35 foi, aliás, um desejo manifesto do compositor que, porém, não foi atendido:

> *Nas grandes variações, esqueceram de mencionar que o tema foi retirado de um balé alegórico para o qual eu compus a música, a saber: "Prometeu", ou, em italiano, "Prometeo". Isso deveria ter sido declarado na página do título. E eu peço que façam isso se ainda for possível, isto é, se o trabalho ainda não foi publicado. Se a página do título tiver que ser alterada, bem, que isso seja feito às minhas expensas.*[13]

A perda da audição foi, aos poucos, mudando sua personalidade, seu humor e seu comportamento. Stephan Breuning, companheiro de infância que vivia em Viena e estava sempre com Beethoven, escreveu a um amigo, conhecido de ambos: "não dá para acreditar no efeito indescritível, posso até dizer horrível, que a surdez causou a ele."[14]

Curiosamente, a deficiência não afetou sua capacidade criativa. Ele havia dito a um discípulo violinista, Wenzel Krumpholz, que estava pouco contente com suas obras anteriores e que "de hoje em diante tomarei um caminho novo", o que de fato ocorreu nas *Opp.* 34 e 35. À luz da informação histórica e biográfica sobre Beethoven, de volta à virada do século XIX, pode-se facilmente encontrar nas *Variações à Eroica* características musicais únicas, que criam um trabalho tematicamente unificado e representam o "novo caminho" de Beethoven.[15] Com efeito, sua música parecia mais viva e fecunda do que nunca, e Beethoven já trabalhava na Terceira sinfonia.

Ele nunca compunha uma coisa só, e a gestação era sempre lenta:

> *Eu trago meus pensamentos por um longo tempo antes de escrevê-los. Enquanto isso, minha memória é tão confiável que tenho certeza que jamais esquecerei, mesmo com a passagem dos anos, um tema que me veio à mente.*
>
> *Nunca escrevo um trabalho continuamente, sem interrupção. Trabalho sempre em vários deles simultaneamente, tomando um e depois outro. E me acostumei a pensar no conjunto, assim que aparece, com todas as vozes em minha cabeça. (...)*

A batalha que Beethoven precisava vencer fora-lhe confiada por sua mãe, Maria Magdalena, falecida de tuberculose quando ele ainda era adolescente. Ela costumava dizer: "Sem sofrimento não há luta, sem luta não há vitória e sem vitória não há coroa".[16] Ele, que tinha 18 anos em 1789, viveu em um mundo permanentemente em guerra, entre revoluções e contrarrevoluções, em transição entre uma sociedade de castas e a sociedade da igualdade formal: o indivíduo constituído pelo novo tempo que a Revolução Francesa inaugurou tornou-se, finalmente, igual a todos os outros perante a lei. Embora as notícias corressem rapidamente, os direitos de igualdade e de liberdade demorariam a chegar à conservadora Viena.

O processo de composição de Beethoven demonstra que sua luta se deu não apenas com beleza e elegância, mas incluiu temas políticos e humanitários. Tendo vivido em época tão incerta, sua música, talvez mais do que a de qualquer outro compositor, proporciona uma sensação de triunfo sobre a adversidade. Suas obras expressam sua própria bravura em face dos sofrimentos físicos, espirituais e financeiros ao longo da vida.[17]

> *Muitas vezes amaldiçoei minha existência. Mas Plutarco ensinou--me a resignação. Se for possível desafiarei o destino, mesmo que haja horas em minha vida em que eu sou a mais miserável das criaturas de Deus. Resignação. Que triste recurso, o único que me foi deixado. Mas a melhor coisa para não pensar na sua doença é manter-se ocupado. (...) Meu lema é "nulla dies sine linea", nenhum dia sem uma linha. Se permito que a Musa se retire para dormir, é para que ela possa acordar revigorada. (...).*

Beethoven amava a política quase tanto quanto a música. Era um de seus assuntos preferidos e do qual ele nunca se cansava. Parecia ter consciência de que se iniciava uma nova era, um tempo no qual, mais cedo ou mais tarde, os verdadeiros nobres seriam os artistas geniais.[18] Os *slogans* da Revolução, internalizados desde a juventude, eram-lhe tão significativos que podem ser encontrados em escritos seus, nos lugares mais improváveis, como em cartas comerciais e em cartas de amor.[19]

A liberdade e a igualdade continuaram a ser os motivadores fundamentais da obra musical de Beethoven. Ele iria ser, por toda a vida, guiado por uma crença firme e consciente nos princípios da liberdade política e da moralidade do comportamento. Foi e permaneceu fiel aos principais conceitos da Aufklärung, o Iluminismo alemão: a virtude, a razão, a liberdade, o progresso e a fraternidade universal.[20]

A "Eroica" foi dividida em quatro movimentos: o primeiro, Beethoven chamou apenas de *Allegro con brio* (12 a 18 min.); o segundo, lento e triste, *Marcia Funebre: Adagio assai* (14 a 18 min.); o terceiro, *Scherzo e Trio: Allegro vivace. Alla breve* (5 a 6 min.) e o último *Finale: Allegro molto. Poco andante. Presto.* (10 a 14 min.).

A sinfonia contém um mistério ainda não solucionado. O que significa o título alterado? A quem Beethoven se referia quando intitulou a sinfonia "em homenagem à memória de um grande homem"? Quem seria o "grande homem"? Cada autor, dos tantos que analisaram vida e obra do compositor, buscou dar uma resposta a essa questão, normalmente tentando relacioná-la com a sua biografia. Não obstante, o significado do título continua enigmático.

O problema é relevante e nada fácil seja porque Beethoven raríssimamente intitulava suas obras, seja porque quase nunca reutilizou material antigo, como fez no quarto movimento da sinfonia, ao lançar mão de uma melodia já utilizada pelo menos três vezes antes: no balé sobre *Prometeu*,[21] finalizado em 1801; nas *Variações à Eroica*,[22] de 1802 e, bem antes disso, na sétima de suas *Doze contradanças para Orquestra*, WoO 14,[23] compostas provavelmente em 1795.

Não há dúvida de que o tema estava em seu coração. Por volta de 1796, Beethoven sentiu o início de sua surdez. O "testamento Heiligenstadt", de 1802, mostra sua luta e a aceitação (*rectius*, resignação) para acomodar sua deficiência, vendo na arte a saída de seu sofrimento – o único caminho em que poderia triunfar sobre a surdez. E essa reação pode tê-lo levado a identificar-se com o mito heroico de Prometeu.[24]

> *Uma carga realmente difícil abateu-se sobre mim. Não obstante, aceito o decreto do destino e imploro continuamente a Deus que me dê, enquanto resista a esta morte em vida, de ser preservado da ausência da vida. Eu digo a mim mesmo: "Vive apenas na sua arte. Restrito como é o seu sentido defeituoso, esta é a única existência possível para ti. Não precisas ser um homem como os outros. Para ti não há felicidade, exceto em ti mesmo e na tua arte." Deus, me dê forças para superar a mim mesmo.*

Depois do episódio em que teria rasgado o título em que estava escrito "*Buonaparte*", Beethoven informou a seus editores que a sinfonia de fato se chamava "Bonaparte".[25] Foi ignorado. Napoleão era o maior inimigo da Áustria.

Richard Wagner, em estudo reconhecido, sustentou que o "grande homem" era, e não poderia deixar de ser, o próprio Beethoven, nada tendo a ver a sinfonia com a França ou os franceses.[26] Também o crítico musical J. W. N. Sullivan considerou que o primeiro movimento é uma expressão da coragem de Beethoven em confrontar sua surdez; o segundo, lento e triste, retrata o desespero esmagador que sentia; o terceiro, uma retomada "indomável de energia criativa"; e o quarto um "derramamento de exuberante energia criativa". Para outros, seria uma homenagem "póstuma" ao próprio Napoleão, agora "morto" aos olhos de Beethoven. Para o maestro John Eliot Gardiner, Beethoven estava defendendo, com eloquência, os valores da Revolução que se encontravam sob ameaça. Outros, ainda, consideram que a sinfonia celebra o heroísmo intrínseco a todos os homens — dirige-se à humanidade, portanto. Arturo Toscanini pontificou: "Para alguns, é Napoleão, para outros, é uma luta filosófica, para mim é *Allegro con brio*".

Costuma-se achar evidente a conexão dos dois primeiros movimentos da sinfonia com o título. Vê-se no primeiro movimento a figura do herói que luta e avança. Ele é majestoso, generoso, criativo, mas parece estar sempre mudando de humor: o movimento surpreende a cada instante. No segundo movimento, os sons dos enterros da Revolução penetram fundo na sinfonia, em particular a Marcha Fúnebre de Gossec e o Hino Fúnebre de Luigi Cherubini, por quem Beethoven nutria grande admiração. Há quem considere que os famosíssimos dois primeiros acordes da "Eroica", em *staccato*, representam tiros de canhões disparados pelos exércitos franceses marchando sobre a Europa.[27]

Como, porém, interpretar os dois últimos movimentos? Beethoven intitulou o terceiro movimento de *Scherzo*, que significa "brincadeira". Neste movimento, cheio de humor e de vivacidade, ele insere vários conjuntos de acordes de três trompas, que afiguravam algo como um grupo de caçadores. Seria por que, àquela altura, o esporte era muito praticado na França? Difícil saber.

A importância para Beethoven da melodia do quarto movimento já foi mencionada. O movimento tem início com uma breve tempestade, seguida do que o maestro Fischer chama de "quatro passinhos infantis".[28] É uma melodia adorável, que serve a demonstrar sua capacidade de criar uma imensa edificação musical, com variações espetaculares, partindo de "algo ridiculamente simples". Em seguida, sempre de acordo com Fischer, há "uma dança húngara" então na moda, um retorno à melodia, surge uma "prece" triste e doce que magicamente se torna leve e divertida, uma "serenata", que logo se transforma em algo grandioso, hínico, a marca do Beethoven que quer mudar o mundo. Nova "serenata" que, aos poucos, leva à mesma breve tempestade do início do movimento seguida de uma grande explosão de alegria e felicidade. O movimento pode ser visto como um caleidoscópio, embora alguns tenham usado o termo "glorificação".

Sobre sua própria obra Beethoven pouco disse, mas sobre a "Eroica" ele disse tudo. Por volta de 1817, um jovem poeta, Christopher Kuffner, perguntou-lhe casualmente qual era sua sinfonia preferida. Beethoven, que já havia composto oito das nove sinfonias, respondeu bem-humorado: "É! É! A "Eroica"." O jovem insistiu: "Eu pensei que fosse a outra, em dó menor [a Quinta]." O compositor negou, enfatizando: "Não, é a Eroica."

Em 2016, a *BBC Music Magazine* organizou uma votação entre 151 grandes maestros, de diversas nacionalidades, sobre quais seriam as três sinfonias preferidas de cada regente, com o objetivo de apontar as vinte favoritas. Venceu a "Eroica", ficando em segundo lugar a Nona sinfonia (também chamada de 'Coral"). Oliver Condy, editor da revista, admitiu não ter sido surpresa o fato de Beethoven dominar a lista, mas manifestou sua admiração com o fato de a Terceira, mais de duzentos anos depois, ainda não ter sido superada, sendo esta a melhor demonstração da magnitude de sua genialidade.

O fascínio do compositor pelo general não foi uma lenda. Beethoven certamente identificava-se com Napoleão. O "pequeno cabo", que conquistou a Europa com sua inteligência e determinação, não era um aristocrata — e isso ajustava-se bem aos ideais republicanos de Beethoven. Os paralelos entre os dois não são poucos: eles tinham a mesma idade, vieram de baixo, eram plebeus que eventualmente tiveram que se passar por nobres. Eram sedutores, geniosos, geniais e quiseram revolucionar o mundo. Não apenas conseguiram como até hoje admiramos suas obras, que mantêm intactos o frescor e o encanto de sua criação. Tanto o legado musical de Beethoven como o Código Civil de Napoleão continuam a ser monumentais.

Notas

1. Prof.ª Associada do Departamento de Direito da PUC-Rio e Prof.ª Titular (aposentada) da Faculdade de Direito da Uerj.
2. Haydn, seu professor por algum tempo, a ele se referia como "o Grão--Mongol".
3. Ludwig van Beethoven. *Sinfonia nº 3 em Mi bemol maior, Op. 55, Eroica*. Orquestra Filarmônica de Viena conduzida por Leonard Bernstein, 1979. Disponível em: <https://www.youtube.com/watch?v=EGka-nzBWW4>. Acesso em: 22 jul. 2021.
4. Título original, em italiano: *Sinfonia Eroica composta per festeggiare il sovvenire di un grand'uomo*. A sinfonia foi dedicada ao príncipe Lobkowicz, aristocrata melômano e boêmio, em cujo palácio ocorreu a primeira execução em 9 de junho de 1804. A primeira apresentação pública deu-se em janeiro de 1805 e a sinfonia foi recebida com indiferença tanto pelo público como pela crítica.
5. Como teria dito Franz Liszt, "você tem de ter mais técnica do que realmente precisa para tocar Beethoven".
6. O episódio foi recentemente referido por José Roberto de Castro Neves: *O espelho infiel*: uma história humana da arte e do direito. Rio de Janeiro: Nova Fronteira, 2020, p. 286-287.
7. Antigo monge que se afastara da Igreja em prol da Revolução e veio a ser decapitado em Estrasburgo.
8. A primeira apresentação pública de Beethoven, aos oito anos, foi um fiasco. Até o fim da vida, ele teria ojeriza a crianças-prodígio.
9. Ainda hoje não se sabe com certeza a causa da doença, acreditando-se atualmente em envenenamento por chumbo. Os vinhos alemães e húngaros que Beethoven bebia em grande quantidade – geralmente de baixa qualidade – eram "tratados" com *litharge*, uma forma mineral de monóxido de chumbo, para suavizar o sabor azedo. O compositor, que experimentou décadas de doenças que o deixaram em grande sofrimento físico na maior parte de sua vida, morreu em março de 1827.
10. Em escritos, Beethoven diz acreditar nas causas as mais disparatadas. Numa delas, afirma que o problema havia surgido durante uma discussão com um tenor em seu apartamento. O tenor saiu, mas resolveu voltar de repente e Beethoven, tomado de grande susto, caiu de cara no chão. Ao levantar-se: "Me encontrei surdo, e assim estive desde então."
11. Os trechos das manifestações de Beethoven foram retirados da obra de Romain Rolland: *Beethoven*. Trad. de L. O. Miranda. Rio de Janeiro: Ed. Americana, 1975.
12. O documento foi encontrado, logo depois de sua morte, em uma caixa junto com outros poucos papéis, inclusive os três fragmentos escritos em

1811 e dirigidos à "Amada imortal", cuja identidade ainda gera controvérsias, embora hoje se acredite tratar-se da condessa Josephine Deym, de solteira Von Brüsnick.
13 Carta a Breitkopf & Härtel. *In* E. Anderson: *The Letters of Beethoven*. 3 vols. London: Macmillan, 1961, vol. I, p. 94. Dois meses depois da declaração sobre a "nova maneira", o compositor solicitou incluir a seguinte nota introdutória na edição impressa das *Opp*. 34 e 35: "Como essas variações são distintamente diferentes dos meus trabalhos anteriores, em vez de indicá-los, como minhas variações anteriores, por meio de um número (como, por exemplo, n. 1, 2, 3 e assim por diante), desejo incluí-los na série numérica dos meus trabalhos musicais maiores, inclusive porque os temas foram por mim compostos."
14 Na época de Beethoven, a privação auditiva era a mais importante privação sensorial. Aliás, e contraintuitivamente, é sabido que os problemas causados pela surdez são mais complexos e profundos do que os causados pela cegueira. A surdez abate, diminui, entristece e é considerada uma deficiência mais aguda porque o que se perde é parte do estímulo mais vital, o som da música e da voz, que nos conforta e nos mantém na companhia uns dos outros.
15 SHIN, Yoon Won. "Creating New from The Old: Beethoven's Variations and Fugue on An Original Theme, Op. 35, The 'Eroica Variations'. *Thesis*. Doctor of Music, Indiana University. February, 2014.
16 SWAFFORD, V. Jan. *Beethoven*: angústia e triunfo. Trad. de L. Folgueira. Barueri: Ed. Amarilys, 2017, p. 55.
17 Sempre mal alojado em Viena, mudou-se quase de quarenta vezes em 35 anos. Em 1818, escreveu: "Estou quase reduzido à mendicância e sou forçado a demonstrar que nada do necessário me falta. (...) A sonata *Op*. 106 foi escrita em circunstâncias muito apertadas. É coisa muito dura trabalhar para se obter o pão". (*In* ROLLAND, op. cit., p. 60)
18 Em setembro de 1806, Beethoven visitou o castelo do príncipe Lichnowsky na Silésia. Um grupo de oficiais franceses lá estava e pediu que ele tocasse. Apesar de todos os incentivos, o compositor recusou, dizendo que não tocaria para os inimigos da nação. Alguém, talvez o próprio príncipe, brincou que iria colocá-lo em prisão domiciliar. Ofendido, Beethoven evadiu na noite, encontrou uma carroça e levou três dias para percorrer os mais de 200 km de volta à Viena. Há uma lenda e uma certeza sobre as consequências do episódio. A certeza é que Beethoven deixou de receber o estipêndio de seiscentos florins anuais que o príncipe, então seu principal patrocinador, lhe pagava há muitos anos; a lenda: ao chegar em casa, teria pego o busto de Lichnowsky que mantinha e o esmagado no chão; em seguida teria enviado a seguinte nota a Lichnowsky: *Príncipe! O que és, o és por circunstância e nascimento. O que sou, sou por mim mesmo. Príncipes houve e*

haverá milhares. Beethoven há apenas um. (SWAFFORD, op. cit., p. 432). Complementa Swafford: "Tendo ou não escrito essas palavras, Beethoven sem dúvida acreditava nelas."

19 NOLI, Fan S. *Beethoven and The French Revolution.* Boston University, 1947, p. 59. Disponível em: <https://hdl.handle.net/2144/18110>. Acesso em: 30 mar. 2021.

20 Ele costumava anotar frases significativas e num pequeno caderno guardou a famosa sentença kantiana: "Duas coisas nos ocupam a mente com admiração e reverência, sempre renovadas e crescentes, quanto mais frequente e persistentemente a reflexão lida com elas: o céu estrelado acima de mim e a lei moral dentro de mim – Kant!!!"

21 Ludwig van Beethoven. *As Criaturas de Prometeu. Op.* 43. Orquestra de Câmara Pelléas conduzida por Benjamin Levy, 2014. Disponível em: <https://www.youtube.com/watch?v=PUGgzgpRJ5M>. Acesso em: 30 mar. 2021.

22 Ludwig van Beethoven. *Variações à Eroica. Op.* 35. Pianista Evgeny Kissin, 2020. Disponível em: <https://www.youtube.com/watch?v=fJoJ0--U--Mc>. Acesso em: 30 mar. 2021.

23 Ludwig van Beethoven. *12 Contredanses for Orchestra WoO* 14, Orquestra Sinfônica de Kiev conduzida por Luigi Gaggero, 2019. Disponível em: <https://www.youtube.com/watch?v=_paifR4TfAc>. Acesso em: 30 mar. 2021.

24 É o que sugere Thomas Sipe: *Beethoven:* Eroica Symphony. Cambridge: Cambridge University Press, 1998, p. 20.

25 Em carta de 26 de agosto de 1804, nos arquivos da Beethoven-Haus de Bonn, Beethoven escreve a Breitkopf & Härtel: "*die Symphonie ist eigentlich betitelt Ponaparte*" ("*a sinfonia realmente intitula-se Bonaparte*", escrito Ponaparte erroneamente e sublinhado).

26 WAGNER, Richard. *Beethoven.* Trad. e notas de A. H. Cavalcanti. Rio de Janeiro: Zahar, 2010. Nessa matéria, como se sabe, Wagner tinha o forte interesse subjacente de defender que a sinfonia era um produto alemão para os alemães.

27 John Clubbe, em *The Relentless Revolutionary* [e-book Kindle], de 2019, afirma: "Os acordes lembram o mundo da Revolução: exuberante, exagerada, colossal. Eles são usados para despertar um público sonolento, em Viena e em todo o mundo."

28 Vale a pena ouvir a sinfonia juntamente com os comentários do maestro húngaro Iván Fischer na regência da *Concertgebouworkest* de Amsterdam em 2013. Disponível em: <https://www.concertgebouworkest.nl/en/beethoven-symphony-no-3-eroica-2>. Acesso em: 30 mar. 2021.

Brasil pandeiro:
A identidade jurídica brasileira em contraposição aos estrangeirismos

Chico Mussnich[1]

Introdução: A interpretação como ponto de encontro entre música e direito

Carlos Drummond de Andrade chamou de *A vida passada a limpo* um de seus livros de poesia.[2] Aliás, genial, como sempre. Ora, se invertermos a lógica do grande poeta brasileiro, a vida seria o rascunho da poesia. Acredito que a vida seja o rascunho de qualquer manifestação artística: da literatura à música, passando pelas artes plásticas e pelo audiovisual. E assim também o direito, com suas regras e princípios, pode ser uma forma de passar a vida a limpo. Afinal, a criação e sistematização de normas para a organização da sociedade pressupõe, igualmente, o importante processo da transposição de um rascunho.

A arte é terreno fértil para que qualquer área do conhecimento possa nela encontrar pontos de semelhança. Há quem diga, inclusive, que "a arte, como o direito, serve para ordenar o mundo".[3] E não seria diferente com a música.

Em comum entre música e direito, é possível mencionar a necessidade de um talentoso e obstinado intérprete por trás da execução de uma obra musical — que tem numa partitura a sua origem — e da aplicação do direito — que se desenvolve em meio a normas e teorias jurídicas. Seja para a interpretação das entrelinhas, silêncios, palavras e pausas de uma letra ou partitura, seja para a interpretação de leis ou decisões de tribunais, ambas as figuras — direito e música – requerem um intérprete que lhes dê vida e significado para além da sua literalidade.

Tanto a obra musical quanto o texto jurídico admitem diversas interpretações. Não importa o nível de detalhamento de uma determinada disposição legal, questionamentos e interpretações distintas sempre existirão. Da mesma forma, uma mesma música interpretada por mais de um cantor apresentará necessariamente nuances diferentes. Nos dois casos, cada intérprete buscará compreender a obra — musical ou jurídica — de acordo com seu contexto social, cultural, regional e o momento histórico. Assim, embora se respeitem partituras e leis, sempre haverá espaço para a manifestação do olhar do intérprete em ambos os casos.

A qualidade da execução da música, assim como a boa aplicação do direito, no entanto, depende não de qualquer interpretação, mas da interpretação adequada, atenta aos detalhes, como as peculiaridades de contextos diferentes. E é aqui que nos deparamos com nosso objetivo: buscar compreender a relevância da identidade tão particular do sistema jurídico brasileiro frente à importação de instrumentos e institutos jurídicos internacionais. E para essa compreensão, a obra de Assis Valente, "Brasil pandeiro", ao exaltar nossa identidade nacional, cai como uma luva.

A história por trás da composição "Brasil pandeiro"

Composta em 1940 pelo baiano Assis Valente, "Brasil pandeiro" tinha um destino específico: a voz de sua então musa, Carmen Miranda. Mas apesar de tê-la cantado em apresentações no Cassino da Urca e na Rádio Nacional, a cantora não se interessou em gravar a composição, para a decepção de seu autor. Rejeitada por Carmen Miranda, a canção foi gravada pela primeira vez em 1941 pela banda Anjos do Inferno, se tornando um dos maiores sucessos do grupo.

Em 1972, por influência do músico João Gilberto, o grupo Novos Baianos regravou e popularizou a prestigiada canção no álbum *Acabou Chorare*, pioneiro na fusão do rock com o samba e o choro. Trazendo o ineditismo do samba com a energia do rock, incorporou-se ao som da banda o cavaquinho e o pandeiro, sem perder a pegada roqueira.

A gravação de "Brasil pandeiro" pelos Novos Baianos, na voz de Baby Consuelo, Moraes Moreira e Paulinho Boca de Cantor, foi revisitada com sucesso pela banda. O momento da regravação insere a canção no Tropicalismo, movimento que, conciliando o conhecimento da Bossa Nova com o interesse pelo baião nordestino, pelo pop estadunidense e por outros elementos musicais universais, elevou a Bossa Nova a outro patamar. Vinda da Bahia com Caetano, Gil e Gal, a Tropicália teve como grande inspirador João Gilberto, diretamente responsável pela bem-sucedida regravação de "Brasil pandeiro" pelos Novos Baianos.

A essa altura, Assis Valente, infelizmente, já havia falecido e não pôde apreciar o sucesso de sua obra-prima.

A identidade nacional em foco: "Chegou a hora dessa gente bronzeada mostrar seu valor"

Composta no contexto do Estado Novo (1937-1945), "Brasil pandeiro" ficou conhecido como um típico "samba-exaltação".

A canção faz referência ao sucesso da música brasileira, em especial o samba, que atingia o público estadunidense na voz de Carmen Miranda. Além disso, nos versos de "Brasil pandeiro", Assis Valente reforça a necessidade de o povo brasileiro, que passou por um longo e complexo processo de miscigenação – sendo ele próprio um homem negro, resultado do mesmo –, identificar e reconhecer os seus próprios valores. Vejamos os versos dessa obra e aproveitemos a oportunidade para cantarolar essa tão significativa canção:

> *Chegou a hora dessa gente bronzeada mostrar seu valor*
> *Eu fui à Penha, fui pedir à Padroeira para me ajudar*
> *Salve o Morro do Vintém, pendura a saia, eu quero ver*

> *Eu quero ver o tio Sam tocar pandeiro para o mundo sambar*
> *O Tio Sam está querendo conhecer a nossa batucada*
> *Anda dizendo que o molho da baiana melhorou seu prato*
> *Vai entrar no cuscuz, acarajé e abará*
> *Na Casa Branca já dançou a batucada de ioiô, iaiá*
> *Brasil, esquentai vossos pandeiros*
> *Iluminai os terreiros que nós queremos sambar*
> *Há quem sambe diferente noutras terras*
> *Outra gente, um batuque de matar*
> *Batucada, reunir nossos valores*
> *Pastorinhas e cantores*
> *Expressão que não tem par, ó meu Brasil*
> *Brasil, esquentai vossos pandeiros*
> *Iluminai os terreiros que nós queremos sambar*
> *Ô, ô, sambar, iêiê, sambar...*
> *Queremos sambar, ioiô, queremos sambar, iaiá*

Apelando até para orações, a letra ressalta a necessidade de o brasileiro reforçar sua identidade, mostrando seu valor, esquentado nossos pandeiros e fazendo aquilo que lhe é tão particular: sambar. E apesar de haver quem sambe noutras terras, como bem refere Assis Valente, é um samba diferente, "um batuque de matar", que, naturalmente, não deve ser incorporado de forma desproposidata ao Brasil, um país cuja identidade e cultura são fortíssimas e o fazem tão único.

Nota-se que, nesse cenário de valorização nacional, a expansão da dominação estadunindense encontra na cultura musical brasileira um necessário limite, o mesmo devendo ocorrer em relação à nossa cultura jurídica, qualquer que seja a influência estrangeira que se pretenda importar. E aqui um ponto relevante merece ser destacado: nada contra a necessária e eficiente interação entre os povos. É isso que nos aproxima e nos enriquece.

A INDEVIDA IMPORTAÇÃO GENERALIZADA DE INSTITUTOS JURÍDICOS ESTRANGEIROS: "O TIO SAM ESTÁ QUERENDO CONHECER A NOSSA BATUCADA"?

Como se infere da composição de Assis Valente, apesar de o Tio Sam querer conhecer e desfrutar da nossa batucada, a identidade nacional, bem como as peculiaridades tão relevantes do Brasil, nesse cenário, deve ser não só preservada, como também privilegiada. E essa compreensão é importante não só no samba, como também no mundo do direito, principalmente em relação à desmedida introdução de conceitos e modelos jurídicos estrangeiros sem que maiores ponderações sejam realizadas previamente.

Imagine-se, por exemplo, a execução da "Nona Sinfonia" de Ludwig van Beethoven por uma banda de heavy metal? Ou, então, um tenor interpretando clássicos de pagode dos anos 90? Ou, ainda, a performance da própria música "Brasil pandeiro" por uma orquestra?

O estudo do direito revela, desde os primórdios, uma certa "antropofagia" e a circularidade de institutos jurídicos.[4] Os romanos tomavam emprestado conceitos gregos para legislar durante o Império; os codificadores alemães do "*Bürgerliches Gesetzbuch*" bebiam, por sua vez, do direito romano e canônico para elaborar o código de 1900; enquanto isso, o legislador brasileiro, muito antes do estatuto civil de 1916, já recepcionava elementos do direito privado alemão e francês.

Ainda hoje é comum na prática forense brasileira deparar-se com figuras exóticas: a desconsideração da personalidade jurídica; os contratos de arrendamento mercantil e franquia; a cláusula de preço contingente. Nenhum desses institutos, na origem, foi pioneiramente concebido pelo direito brasileiro. Eram antes: "*disregard doctrine*" e "*crack the corporate shell*" (ou, ainda, "*lift the corporate veil*"), "*leasing*", "*franchising*" e "*earn-out*". O que se percebe dessas "importações" — que ora se apresentam traduzidas, ora aparecem no vernáculo original, como "*Verwirkung*" ("*supressio*"), "*aviamento*" (estabelecimento comercial) e "*material adverse change*" (cláusula MAC) — é que elas tanto podem representar uma aquisição positiva por parte do ordenamento pátrio, como também podem anunciar uma verdadeira catástrofe.

Tome-se como exemplo, inicialmente, a desconsideração da personalidade jurídica. Tem-se aqui hipótese na qual um instituto original da "*common law*" encontrou solo fértil na ordem jurídica brasileira. Aplicado desde o século XIX por cortes estadunidense e inglesa,[5] a primeira aplicação jurisprudencial da teoria no Brasil data de 1960.[6] A despeito dessa tardia importação, a desconsideração da personalidade jurídica trilhou caminho próprio no sistema jurídico brasileiro — caminho esse tão autônomo que se bifurcou, dando origem às teorias Maior e Menor da despersonalização. Em 1990, o legislador a previu no Código de Defesa do Consumidor, e novamente o fez, mais tarde, na Lei dos Crimes Ambientais (Lei nº 9.605/1996) e no Código Civil num infeliz artigo (art. 50) absolutamente ininteligível, ininterpretável e imprestável, tanto que modificado pelo art. 7º da recente Lei de Liberdade Econômica (Lei nº 13.874/19). Por força de uma controversa aplicação pelos tribunais brasileiros — que muitas vezes não compreenderam, na extensão necessária, a relação entre empresas de um mesmo grupo e cometeram um verdadeiro abuso em sua utilização —, não se pode dizer que a adoção da teoria foi mais proveitosa que desvantajosa.

Não raras vezes, porém, a importação (genérica) de modelos e institutos estrangeiros para o direito brasileiro dá-se de maneira acrítica e desleixada — quando não desnecessária —, sem que sequer se analise a compatibilidade daqueles com este.

Para José Carlos Barbosa Moreira, qualquer operação que vise a uma "importação" deve subordinar-se, impreterivelmente, a dois pressupostos:

> Primeiro, cumpre examinar a fundo o modo como na prática funciona o instituto de que se cogita no país de origem — análise que reclama a visita direta às fontes, o conhecimento dos textos originais, mas também a consulta da jurisprudência e da doutrina alienígenas, a fim de evitar erros de perspectiva em que não raro incorrerá quem se contente com leituras de segunda ou terceira mão, com traduções nem sempre fidedignas (...). O segundo pressuposto é o convencimento, fruto de reflexão tanto quanto possível objetiva, de que a pretendida inovação é compatível com o tecido do ordenamento no qual se quer enxertá-la.[7]

Na esteira da citação de José Carlos Barbosa Moreira, nota-se que quando se cogita da introdução de uma nova figura no ordenamento jurídico, é importante que se realize, num primeiro momento, um estudo pormenorizado dela, bem como de seu contexto de aplicação. Para além da compreensão acerca de seus traços, do contexto normativo em que se desenvolveu e da interação com outros elementos jurídicos e extrajurídicos do sistema — o que, por si só, já evita(ria) a adoção de uma figura irreconhecível aos olhos do direito de origem —, é preciso, ainda, acompanhar a sua evolução, para que não se incorpore instituto ultrapassado, despido das construções doutrinárias e jurisprudenciais que lhe foram agregadas ao longo do tempo.

As disposições estatutárias denominadas de "*poison pills*" são um nítido exemplo dessa importação macunaímica, pois adquiriram no Brasil feição totalmente distinta das originalmente traçadas em seu sistema de origem, devendo-se, na minha opinião, adotar, inclusive, denominação própria dada a sua total incompatibilidade com o suposto parente longínquo estadunidense. Seriam as "*Brazilian pills*".

As "*poison pills*" nada mais são do que a nomenclatura dada para um tipo de medida defensiva (mais conhecidas como "*shark repellents*") criada nos Estados Unidos, em 1981, por Marty Lipton numa defesa contra uma tentativa de "*hostile takeover*" contra a St. Joe Minerals,[8] mas que em nada se assemelha com a variação tupiniquim introduzida em alguns estatutos sociais de companhias brasileiras (suspeito que várias dessas disposições estatutárias foram redigidas pelos porteiros dos prédios dos escritórios de advocacia que faziam as emissões públicas dessas companhias). Típicas da "*common law*" e de mercados acionários em estágio avançado, as "pílulas de veneno" desenvolveram-se como mecanismos jurídicos de proteção à dispersão acionária e a tomadas hostis de controle, especialmente no âmbito de companhias de capital pulverizado e sem um acionista controlador definido. No Brasil, onde a dispersão do capital não é tão acentuada, preponderando a existência de companhias com controle identificado, essas disposições estatuárias foram "tropicalizadas" e, no mais das vezes, impõem, a todos os acionistas que adquirirem um determinado número de ações ou que ultrapassarem um certo patamar de participação no capital social da companhia (ou, pasmem, até mesmo a mera tentativa de suprimir o próprio dispositivo estatutário), a obrigação de realizar uma oferta pública de aquisição (OPA) de todas as ações remanescentes. Houve aqui uma evidente confusão de espécie com gênero e diversas dessas disposições podem até mesmo ser consideradas ilegais.[9]

A inclusão dessas cláusulas de proteção à tomada hostil de controle nos estatutos das companhias brasileiras se mostrou, em muitos casos, uma cópia mal entendida e, por isso mesmo, mal concebida, e sem o mínimo de reflexão, da realidade de outros países, em especial dos Estados Unidos, cujo mercado, fincado na dispersão acionária das companhias abertas e nas "*hostile takeovers*", extremamente comuns naquela jurisdição, compromete uma importação sem qualquer ponderação.[10] Por mais bem-intencionada que seja sua introdução no direito societário brasileiro, há regras que só devem ser aplicadas casuisticamente, sob pena de se adotar preceitos elaborados para um ambiente sensivelmente diferente, criando figuras impraticáveis e até mesmo grotescas em nosso sistema, trazendo perplexidade e confusão na sua interpretação.

Num segundo momento, para analisar a introdução de um instituto estrangeiro no sistema brasileiro, é necessário realizar um exercício de verificação da compatibilidade, sendo importante que a comparação se faça não apenas com a lei em sentido amplo, mas que também leve em consideração a jurisprudência e a doutrina nacionais, bem como a conjuntura socioeconômica do Brasil.

É inimaginável a importação de teorias ou figuras estrangeiras que sejam contrárias às normas constitucionais e infraconstitucionais reguladoras do nosso Estado Democrático de Direito. Aquelas devem sempre observar os princípios fundamentais da República Federativa do Brasil, previstos no art. 1º da Constituição da República (como a dignidade da pessoa humana, os valores sociais do trabalho e a livre iniciativa), bem assim os direitos e objetivos fundamentais disciplinados ao longo da Lei Maior (o direito à liberdade, à propriedade privada, à propriedade intelectual etc). Da mesma forma, tratados internacionais, leis complementares ou ordinárias, atos administrativos, todos agem como filtros à entrada dessas mesmas figuras e teorias no sistema jurídico pátrio. Daí que a boa-fé objetiva (arts. 113, 187 e 422 do Código Civil), a função social dos contratos (art. 421 do Código Civil) e os direitos essenciais dos acionistas (art. 109 da Lei das S/A) jamais podem ser desconsiderados.

É igualmente indispensável o exame da jurisprudência do país "importador", pois "o direito é, na realidade dos fatos, aquele que, dia a dia, é aplicado e seguido. Com frequência, entre o direito que está na lei e o direito vivo aplicado cotidianamente pela jurisprudência, há uma diferença, suscetível de ser bastante acentuada".[11] Se, por um lado, faz-se necessário atentar-se, primeiramente, para a atividade jurisdicional estrangeira, pois ela traduz bom indicativo dos contornos e da efetividade do instituto; por outro, importa, mais ainda, a análise da prática cotidiana dos tribunais nacionais, da qual surgem construções jurídicas, com possíveis efeitos vinculantes, que podem atravancar a recepção de uma figura jurídica. Essa função de criar novos institutos e extrair princípios (inéditos) da ordem legal é também partilhada pela doutrina, ainda mais em sistemas romano-germânicos da *"civil law"*, nos quais esta, apesar de não ser formalmente reconhecida como um poder produtivo de juridicidade, alcança ainda maior relevância.[12]

Nesse ponto, é válida a crítica ao "inovacionismo" exacerbado e, por vezes, prejudicial ao tráfego comercial, das Cortes. Os danos morais com caráter punitivos são, aqui, ilustrativos. Próprios dos sistemas da *"common law"* — e, até mesmo, muito criticados nesses sistemas –, os *"punitive damages"* não encontraram em lugar algum assento no ordenamento jurídico brasileiro, no qual vigora o princípio da reparação integral do dano, segundo o qual "a indenização mede-se pela extensão do dano" (art. 944, *caput*, do Código Civil). Isso não impediu que se alastrasse, na jurisprudência[13] e na doutrina — que aqui divide essa responsabilidade —, figura parecida (mas não idêntica) com os chamados *"punitive damages"*. Trata-se da teoria da função punitiva da reparação do dano moral, a qual impõe a este um duplo caráter: "compensatório, para confortar a vítima — ajudando-a a sublimar as aflições e tristezas decorrentes do dano injusto", e punitivo, "cujo objetivo, em suma, é impor uma penalidade exemplar ao ofensor, consistindo esta na diminuição de seu patrimônio material e na transferência da quantia para o patrimônio da vítima", em total dissintonia com o sistema de responsabilidade civil brasileiro.[14]

Por fim, para compreender a necessidade de importação de institutos jurídicos estrangeiros é também necessário ter em mente as questões antropológicas, sociais e econômicas do país "importador".[15] No direito não é possível se desprender totalmente da realidade social em que ele está imerso, menos ainda do sistema econômico por ele perfilhado. Todo e qualquer instituto jurídico somente ganha significância e se interpreta a partir do todo no qual está inserido. Como Ascarelli já ensinava,

> [n]ão é difícil notar que, com frequência, os hábitos peculiares dos vários povos, as suas diversas características, a sua história, sua constituição econômica e social influem na maneira de considerar determinados problemas jurídicos" e uma "solução jurídica somente pode ser convenientemente entendida quando colocada no seu ambiente, e relacionada a todos os elementos de determinado desenvolvimento histórico; às peculiaridades do país, bem como à sua constituição econômica; e assim por diante.[16]

Se uma análise correta não for realizada, haverá casos em que a importação se afigurará totalmente desnecessária, revelando tão somente desvelados fetichismo e deslumbramento pelo que vem do estrangeiro. São os casos das várias definições inúteis que constam dos contratos importados do tipo "o plural é o plural e o singular é o singular a menos que de outra forma sejam definidos...". O que significa que o plural pode virar singular mesmo sendo plural e o singular pode virar plural mesmo sendo singular! Essas disposições contratuais embotam os jovens advogados brasileiros que estudam menos e ficam apenas treinados na função "*copy and paste*", desligando, quase que de forma automática, o respectivo cérebro, tão necessário para a prática da advocacia.

Nada contra o "Tio Sam", ou qualquer outro "tio gringo". Isto é, nada contra a "importação" de figuras e de institutos estrangeiros. O problema aqui existe quando esse processo é marcado por uma errônea compatibilização desses institutos com o sistema jurídico brasileiro. Observam-se erros como (i) a incorreta tradução ou compreensão do contexto do instituto importado; (ii) a recepção da figura jurídica estrangeira por meio de textos muito antigos e desatualizados; (iii) importações realizadas sem adaptações da figura jurídica estrangeira e ainda que o ordenamento jurídico se apresente impeditivo à essa adaptação. Diante desses erros, não só se tornam figuras imprestáveis, como também confundem os alunos e os aplicadores do direito.

É possível, de fato, afirmar que os ordenamentos jurídicos cada vez mais apresentam pontos de confluência entre si. Observa-se nos sistemas romano-germânicos da *"civil law"*, construídos sob a tradição das codificações e do predomínio das fontes escritas, mais e mais figuras próprias dos sistemas da *"common law"*, por natureza muito mais abertos e estruturalmente distintos, vez que a produção do direito nesses ocorre, predominantemente, dentro dos tribunais (é, pois, casuística) e o precedente é alçado ao protagonismo. E não se está a negar aqui os benefícios dessa troca; nas palavras do ex-ministro do Supremo Tribunal Federal, Eros Roberto Grau, é necessário que se repudie sempre a "açodada transposição de institutos e teorias, de um para outro direito. Transplantes jurídicos quase sempre causam rejeição quando não se tem ciência de que o direito não são somente as leis; direito é vida".[17]

Um bom intérprete — não só necessário para a exímia execução de uma canção, seja através de instrumentos ou da própria voz — é essencial na análise da importação de instrumentos e institutos jurídicos estrangeiros, e deve atuar como um verdadeiro polímata, buscando assim identificar a real necessidade e aproveitamento destes estrangeirismos em nossa realidade, de modo que nossa "batucada" não seja passada para trás e nossos valores sejam mantidos e até aprimorados. Nota-se que analisar a música, assim como o direito, é como analisar um quadro ou uma obra de arte: para entendê-los, é necessário estudar a temática, o momento histórico, a técnica utilizada, as inspirações, o público-alvo, etc. E é importante saber realizar esse estudo de forma completa para que se compreenda perfeitamente o que se quer transmitir.

Inspirados em "Brasil pandeiro", devemos reunir nossos valores, esquentar nossos pandeiros e sambar conforme o nosso ritmo. Só assim será possível compatibilizar inspirações estrangeiras com a ótica nacional, de modo a se tirar real proveito dessa importação e afastar o temido risco de uma incorporação incorreta de modelos jurídicos estrangeiros ao sistema jurídico brasileiro. E temos que realizar essa missão com muita atenção e calma, como a da piscina depois do mergulho e não como a do mar antes da onda, parafraseando um poema de minha filha Luiza Mussnich.[18]

NOTAS

1 Advogado no Rio de Janeiro e em São Paulo. Agradecimentos especiais pela atenta revisão a Luiza Mussnich, Fran Mussnich e Marcella Campinho Vaz.

2 ANDRADE, Carlos Drummond. *A vida passada a limpo*. São Paulo: Companhia das letras, 2013.

3 CARNELUTTI, Francesco. *Arte do Direito*. Rio de Janeiro: Âmbito Cultural, 2001, p. 8.

4 Reporta-se ao "Prefácio" a: GRAU, Eros Roberto, FORGIONI, Paula A. *O Estado, a empresa e o contrato*. São Paulo: Malheiros Editores, 2005. Redigido por Eros Grau, no qual o autor também tece uma analogia entre o Movimento Antropofágico e a transposição de institutos jurídicos de um ordenamento jurídico para o outro.

5 Cita-se o julgamento dos casos "*Bank of United States v. Deveaux*", pela Suprema Corte estadunidense em 1809, e "*Salomon v. Salomon & Co. Ltd.*", pela "*Court of Appeals*" inglesa em 1897, o berço da teoria da desconsideração da personalidade jurídica.

6 ALVES, Alexandre Ferreira de Assumpção. *A desconsideração da personalidade jurídica à luz do Direito Civil-Constitucional*: o descompasso entre as disposições do Código de Defesa do Consumidor e a *disregard doctrine*. Tese apresentada como requisito parcial para a obtenção do título de Doutor em Direito Civil pela Universidade do Estado do Rio de Janeiro (UERJ). Rio de Janeiro, 2003, p. 384.

7 MOREIRA, José Carlos Barbosa. "O futuro da justiça: alguns mitos". In: *Temas de Direito Processual (Oitava série)*. V. 8. São Paulo: Saraiva, 2004, p. 8.

8 Joseph E. Seagram & Sons, Inc. v. Abrams, 510 F. Supp. 860 (S.D.N.Y. 1981). Vários autores consideram outros casos como dando origem a criação da "*poison pill*". No entanto, o próprio Marty Lipton, sócio-fundador do escritório Wachtell Lipton e inventor da "*poison pill*", me confirmou que a briga hostil pelo controle da St. Joe Minerals foi o laboratório para a criação de uma espécie de bônus de subscrição, incorporando um direito à subscrição de novas ações a um preço amigável para os acionistas não hostis. E ele teve que nomear a medida de "*Shareholders Rights Plan*", senão não conseguiria realizar o registro dessa espécie de bônus de subscrição na Bolsa de Valores. Sobre a briga pelo controle da St. Joe Minerals, explica-se que: "On March 11, Joseph E. Seagram & Sons announced an offer for the stock of St. Joe Minerals at $48 per share, for a total of $2.1 billion in cash. Wachtell lawyers went on high alert. Marty Lipton saw that as few as 20 large institutions owned more than half of St. Joe. Why not get them to agree to collective actions since together they owned enough stock to

block anyone from owning the company? What if they agreed to hold on to their shares, to keep it out of the hands of Edgar Bronfman, if St Joe, in turn, would commit itself to selling the company if the stock did not improve substantially within 18 months? 'We were singularly unsuccessful,' Marty said later. Not a single institutional shareholder agreed to go along with his plan. He was determined to find a way to give more power to board of directors in the merger feeding frenzy, not least because he worried about an anti-Semitic backlash, as so many of the hostile raiders of the day were Jews. It would not be long before Marty's obsession would spawn one of the most powerful takeover defenses ever invented" (CLOS, John Weir. *A Giant Cow-Tipping by Savages:* The Boom, Bust, and Boom Culture of M&A. Londres: Palgrave MacMillan, 2013). A criação se mostrou tão positiva para o mercado que mesmo Joe Flom, *"name partner"* do escritório Skadden Arps e grande adversário de Marty, ao comentar sobre a briga envolvendo as *"poison pills"* em um jantar com Jim Freund, um de seus sócios, reconheceu a relevância do instrumento que havia sido criado. O advogado, na ocasião, assim refletiu: "You had a so-called security, which has no dividend rights and no equity rights. So you know, I mean, you gotta ask what the hell is it? And you know what it was pure and simple? A takeover defense. That's it. And you know why the courts upheld it? Because it was the popular wave at the time, the sky is falling with these takeovers, so do something"(CLOS, John Weir. *A Giant Cow-Tipping by Savages:* The Boom, Bust, and Boom Culture of M&A. Londres: Palgrave MacMillan, 2013).

9   Cita-se, exemplificativamente, a previsão de disposições acessórias às *"Brazilian pills"* que estabelecem regras que obrigam os acionistas que votarem a favor de uma eventual exclusão ou alteração da *"Brazilian pill"* a realizarem uma OPA direcionada a todas as ações de emissão da companhia (as chamadas "cláusulas pétreas"). Em relação a tais previsões, o colegiado da CVM aprovou, após audiência pública, o Parecer CVM 36/2009, pelo qual a CVM externou sua posição de não aplicar penalidades, em processos administrativos sancionadores, "aos acionistas que, nos termos da legislação em vigor, votarem pela supressão ou alteração da cláusula de proteção a dispersão acionária, ainda que não realizem a oferta pública prevista na disposição acessória.

10 Como já tive a oportunidade de explicar: "A *Brazilian pills* partem de um princípio, nem sempre verdadeiro (...), de que a tomada hostil de controle é danosa à companhia e, por este motivo, são previstos mecanismos estatutários com o objetivo de desestimular (ou mesmo, em algumas hipóteses, impedir) a tomada de controle, como, por exemplo, as regras para cálculo e definição do preço de aquisição, e as punições para aqueles acionistas que, mesmo no interesse social, votarem pela retirada da *Brazilian pill* do

estatuto social da companhia" (MUSSNICH, Francisco Antunes Maciel; LOBÃO MELO, Vitor de Britto. "Análise prática e considerações sobre a realidade e a aplicação das medidas de proteção à tomada de controle nos estatutos sociais das companhias abertas brasileiras (Brazilian pills)". In: SILVA, Alexandre Couto (Coord.). *Direito societário*: Estudos sobre a lei de sociedades por ações. Rio de Janeiro: Saraiva, 2013, p. 257).

11 ASCARELLI, Tullio. *Problemas das sociedades anônimas e Direito comparado*. São Paulo: Quorum, 2008, p. 37.

12 MARTINS-COSTA, "Judith. Autoridade e utilidade da doutrina: a construção dos modelos doutrinários". In: MARTINS-COSTA, Judith et al. *Modelos de Direito Privado*. São Paulo: Marcial Pons, 2014, p. 16.

13 Nesse sentido, STJ, 4ª T., REsp 753567/SP, Rel. Min. Honildo Amaral De Mello Castro (desembargador convocado do TJ/AP), j. 13.10.2009, DJe 26.10.2009, de cujo voto extrai-se: "(...) o valor do dano moral tem sido enfrentado no STJ com o escopo de atender a sua dupla função: reparar o dano buscando minimizar a dor da vítima e punir o ofensor para que não volte a reincidir".

14 MORAES, Maria Celina Bodin de. *Danos à pessoa humana: uma leitura Civil-Constitucional dos danos morais*. 2. ed. Rio de Janeiro: Processo, 2017, p. 219.

15 De acordo com Tullio Ascarelli, cumpre, ainda, satisfazer a prática contratual do País, pois "às vezes, a prática comercial cria cláusulas de estilo que passam a constituir a base da disciplina jurídica de determinados contratos" (ASCARELLI, Tullio. *Problemas das sociedades anônimas e Direito comparado*, op. cit., p. 39). José Carlos Barbosa Moreira, por sua vez, faz menção a outros fatores: "os costumes judiciários, a formação profissional e a mentalidade das classes mais diretamente envolvidas – juízes e advogados, cuja colaboração franca será imprescindível ao êxito da operação" (MOREIRA, José Carlos Barbosa. "O futuro da justiça: alguns mitos", op. cit., p. 8-9).

16 ASCARELLI, Tullio. *Problemas das sociedades anônimas e Direito comparado*, op. cit., p. 40-41.

17 GRAU, Eros Roberto. "Prefácio". In: GRAU, Eros Roberto. FORGIONI, Paula A. *O Estado, a empresa e o contrato*. São Paulo: Malheiros, 2005, p. 13.

18 MÜSSNICH, Luiza. "Calma". In: *Microscópio*. Rio de Janeiro: 7Letras, 2017, p. 15.

Another brick in the wall

Cláudio dell'Orto

"Me devolve a grana Jack, sou bacana.
Tire suas mãos daí, sacana.
Um carro novo, caviar.
Um filme de futebol vou comprar."

Os versos não são bons. Entretanto, o professor que surpreende o aluno que escreveu esse poema em sala de aula, abre seu caderno e recita-o para a classe, de modo jocoso, ridicularizando a expressão do pensamento do seu pupilo está desperdiçando a oportunidade de ancorar os ensinamentos que pretendia transmitir à classe.

As metodologias ativas[1] devem utilizar o pensamento do discente para construir a ponte necessária para a aprendizagem. A velha escola não admite o pensamento discordante, nem mesmo para conhecendo-o criar o espaço necessário para transmitir aquilo que considera relevante.

Ao humilhar e ridicularizar o aluno, o velho professor cria barreiras e impõe seu conhecimento com base na memorização: Treine seu cérebro para registrar informações, nunca para pensar: "Repita comigo: um acre é a área de um retângulo, cujo comprimento é um oitavo de milha."

A cena que inicia um dos inúmeros videoclipes completos da música "Another brick in the wall", da banda Pink Floyd, estimula profundo debate sobre o papel da escola, as metodologias de ensino/aprendizagem e o próprio modelo de sociedade que criamos e impomos uns aos outros.[2]

Será utilizada aqui a tradução livre encontrada no texto de Rebeca Fuks para desenvolver alguns dos muitos temas abrangidos pela música.[3]

A perda do pai

Daddy's flown across the ocean	*O papai voou pelo oceano*
Leaving just a memory	*Deixando apenas uma memória*
Snapshot in the family album	*Foto instantânea no álbum de família*
Daddy what else did you leave for me?	*Papai, o que mais você deixou para mim?*
Daddy, what'd'ja leave behind for me?!?	*Papai, o que você deixou para mim?*
All in all it was just a brick in the wall.	*Tudo era apenas um tijolo no muro*
All in all it was all just bricks in the wall.	*Tudo era apenas um tijolo no muro*
"You! Yes, you behind the bikesheds, stand still lady!"	*"Você! Sim, você atrás das bicicletas, parada aí, garoto!"*

A primeira parte da música é fruto dos reflexos produzidos pelas guerras mundiais na história de Roger Waters. O pai dele, Eric Fletcher Waters faleceu em 1944, na Itália quando Waters contava cinco meses de idade. O avô dele, George Henry Waters, foi assassinado em 1916.

A experiência de Waters foi replicada na vida de muitas crianças e jovens que tiveram as famílias destruídas pelas guerras. Foram muitos pais e avós que sacrificaram suas vidas por um modelo ou sistema social e deixaram para os filhos uma foto, medalha ou diploma de herói.

O legado que se espera de um pai é muito maior que o treinamento para ocupar um pedaço do latifúndio social em que vivemos. Seja pela herança material, imaterial ou genética o pai sintetiza e transmite uma ordem essencial para o adequado desenvolvimento humano. Sua ausência seja pela morte ou pelo abandono produz lesão cuja cicatrização é lenta e muitas vezes incompleta.

Nossos meninos precisam refletir sobre a paternidade. A percepção da importância de ser pai é essencial para o desenvolvimento do afeto como um valor relevante, inclusive sob a ótica jurídica.

Os pais precisam deixar para os filhos algo mais relevante que a herança material ou genética: o abrigo permanente e sempre disponível.

É necessário aprofundar os relacionamentos com os filhos, evitar que tudo se transforme em mais um tijolo nessa imensa parede. A verdadeira educação deve começar em casa, diz a sabedoria popular, mas não deve ser a simples repetição de um modelo que simplesmente leve à perpetuação da opressão que se completa em determinado modelo de escola.

Da família para a escola a criança vai consolidando o treinamento para aceitar, sem qualquer reflexão, conceitos previamente definidos.

Opressão

When we grew up and went to school
There were certain teachers who would
Hurt the children in any way they could
(oof!)
By pouring their derision
Upon anything we did
And exposing every weakness
However carefully hidden by the kids
But in the town it was well known
When they got home at night, their fat and
Psychopathic wives would thrash them
Within inches of their lives.

Quando crescemos e fomos à escola

Havia certos professores que

Machucariam as crianças de toda maneira que pudessem
(oof!)
Despejando escárnio
Sobre tudo o que fazíamos
E expondo todas as fraquezas
Mesmo que escondidas pelas crianças

Mas na cidade era bem sabido
Que quando eles chegavam em casa à noite
Suas esposas, gordas psicopatas, batiam neles
Quase até a morte.

O modelo educacional opressor fundamentado na memorização e sem estimular qualquer pensamento crítico é o objeto principal da crítica feita na música. A velha escola seleciona e pasteuriza o conhecimento e se utiliza de professores desmotivados e que prazerosamente humilham as crianças.

Esses professores utilizam o espaço educacional e a autoridade do magistério para o extravasamento de frustrações e angústias. Enquanto se permitia a violência física nas escolas, eles acreditavam que o castigo corporal era necessário para fazer sucumbir o espírito rebelde e contestador.[4] As humilhações e tratamentos degradantes eram armas para a supremacia do "mestre" que não percebia que deveria utilizar ferramentas didáticas adequadas ao invés de transformar a sala de aula em local repulsivo comparável a um calabouço ou ao Quarto 101, de George Orwell.[5]

Revolta

We don't need no education	*Não precisamos de nenhuma educação*
We dont need no thought control	*Não precisamos de controle mental*
No dark sarcasm in the classroom	*Chega de humor negro na sala de aula*
Teachers leave them kids alone	*Professores, deixem as crianças em paz*
Hey! Teachers! Leave them kids alone!	*Ei! Professores! Deixem essas crianças em paz!*
All in all it's just another brick in the wall.	*No fim das contas, era apenas outro tijolo no muro*
All in all you're just another brick in the wall.	*Todos são somente tijolos na parede*
We don't need no education	*Não precisamos de nenhuma educação*
We don't need no thought control	*Não precisamos de controle mental*
No dark sarcasm in the classroom	*Chega de humor negro na sala de aula*
Teachers leave us kids alone	*Professores, deixem as crianças em paz*

Hey! Teachers! Leave us kids alone!

All in all it's just another brick in the wall.
All in all you're just another brick in the wall.
"Wrong, Guess again! 2x
If you don't eat yer meat, you can't have any pudding.
How can you have any pudding if you don't eat yer meat?
You! Yes, you behind the bikesheds, stand still laddie!"

Ei! Professores! Deixem nós crianças em paz!

No fim das contas, era apenas outro tijolo no muro
Todos são somente tijolos na parede

"Errado, faça de novo!
Se não comer sua carne, você não ganha pudim
Como você pode ganhar pudim se não comer sua carne?
Você! Sim, você atrás das bicicletas, parada aí, garota! "

O que se produz na escola opressora é violência e revolta. O estímulo essencial para o integral desenvolvimento humano é abandonado. Tudo se transforma em obrigação. É a escola do dever. O mérito será daquele que conseguir repetir a lição decorada sem qualquer questionamento. Esse sistema de recompensas, modelo "toma lá, dá cá", acirra uma disputa entre os alunos que longe de ser benéfica possibilitando que todos possam ter um aprendizado assemelhado, induz comportamentos predatórios e muitas vezes violadores das próprias regras definidas pela escola.

O grito de revolta é contra esse treinamento irracional. O debate sobre o uso ideológico dos espaços educacionais percorre a história.[6]

Nenhuma educação seria necessária porque todos os processos educativos são limitadores. Eles retiram do indivíduo a tendência ao egocentrismo ao treiná-lo para um convívio social com normas em prol das boas relações humanas. O controle da mente humana é consequência da racionalidade. Os humanos são capazes de acumular conhecimento e transmiti-lo uns aos outros de modo muito mais sofisticado que qualquer outra espécie. O padrão comportamental humano pode ser alterado muito mais rapidamente do que o de outras espécies por conta da comunicação. A racionalidade comunicativa exige um compromisso de todos para a solução dos problemas que, também, são de todos. A educação deixa de ser um processo limitador para ser uma ação libertadora. O professor é o facilitador do processo comunicativo que deve convergir para a mútua compreensão de seres racionais. "[...] o paradigma do conhecimento de objetos tem de ser substituído pelo paradigma da compreensão mútua entre sujeitos capazes de falar e agir."[7]

A pedagogia é o instrumental que permite – sem opressão ou controle mental – o fluxo das informações, o pensamento crítico e o agir consciente.

De acordo com as lições de Paulo Freire:[8]

"A educação que se impõe aos que verdadeiramente se comprometem com a libertação não pode fundar-se numa compreensão dos homens como seres "vazios" a quem o mundo "encha" de conteúdos; não pode basear-se numa consciência especializada, mecanicistamente compartimentada, mas nos homens como "corpos conscientes" e na consciência como consciência intencionada ao mundo. Não pode ser a do depósito de conteúdos, mas a da problematização dos homens em suas relações com o mundo."

A educação bancária nega o diálogo e divide as pessoas entre "os que sabem e os que não sabem, entre oprimidos e opressores". A educação problematizadora "funda-se justamente na relação dialógico-dialética entre educador e educando: ambos aprendem juntos."

"Ensinar não é transferir conhecimento, mas criar as possibilidades para a sua própria produção ou a sua construção."

Libertação

I don't need no arms around me
And I don't need no drugs to calm me
I have seen the writing on the wall
Don't think I need anything at all

No! Don't think I'll need anything at all
All in all it was all just bricks in the wall.
All in all you were all just bricks in the wall.

Eu não preciso de braços ao meu redor
E eu não preciso de drogas para me acalmar
Eu vi os escritos no muro
Não pense que preciso de algo, absolutamente

Não! Não pense que eu preciso de alguma coisa afinal
Tudo era apenas um tijolo no muro.
Todos são somente tijolos na parede.

A revolta contra o modelo educacional opressivo que parece agarrar as pessoas, sufocá-las e torná-las ansiosas é a conclusão da música. Não quero pessoas me reprimindo todo tempo para depois me oferecerem a calma com substâncias químicas.

Formamos uma rede interdependente de pessoas. Impossível a liberdade individual absoluta, mas será possível a liberdade de todos. Afinal, "todos são somente tijolos na parede" mas a parede ou muro somente existe a partir da conexão de todos os tijolos.

Um por todos, todos por um.

A música

"Another Brick in the Wall", composição de Roger Waters, é uma faixa do álbum *The Wall*, da banda inglesa Pink Floyd, dividida em três partes.

Lucas Pessin afirma que:

> *Another Brick in The Wall é a música que sintetiza uma resistência à educação proposta por regimes autoritários, uma grande metáfora ao autoritário de modo geral. Portanto, é ideal reforçar que a educação é crítica por natureza, tendo como grande objetivo a reflexão. Educação não é conteúdo somente, mas uma grande carga de conhecimento pessoal. Roger Waters sabia disso, tanto sabia que o disco The Wall inteiro critica a conjuntura de adoção de injustiça, a troca de valores. Enfim, é crucial que esteja claro que a educação é a construção da própria identidade do homem; logo, em tempos sombrios por parte do governo, a permanência da liberdade educacional é perigosa, pois ela simplesmente fundamenta os valores científicos e humanos.* [9]

Já no dizer de Isaac Sabino,

> A escola vive um eterno processo de amadurecimento, numa constante briga entre as tendências liberais e as progressistas.

Os progressistas acreditam que a escola deve promover uma educação que analise de forma crítica as realidades sociais possibilitando a compreensão da realidade histórico-social, explicando o papel do sujeito como um ser que constrói sua realidade; já os liberais acreditam que a escola tem a função de preparar os indivíduos para desempenhar papéis sociais, baseadas nas aptidões individuais. É bem aqui que entra a música com videoclipe da banda Pink Floyd – "Another Brick in The Wall".[10]

A BANDA[11]

Em Londres, em 1965, os estudantes de arquitetura Rick Wright, Roger Waters e Nickolas Berkeley ou "Nick Mason", apaixonados por "blues", passaram a tocar grandes sucessos desse gênero musical utilizando o nome SIGMA 6. Bob Klose fez parte do grupo somente em 1965.

O nome foi alterado para "The Screaming Abdabs" com o ingresso de Roger Keith Barret ou "Syd Barret" e David Gilmour no grupo.

O nome Pink Floyd foi criado para homenagear dois admirados guitarristas de "blues", Pink Anderson (1900 – 1974) e Floyd Council (1911-1976).

O sucesso chegou após a contratação pela gravadora EMI e o lançamento do álbum que inaugura o denominado "rock progressivo": *The Piper at the Gates of Dawn*.

Syd Barret deixou a banda em abril de 1968, em razão da incapacidade de lidar com a dependência química. Após vários tratamentos psiquiátricos dedicou-se à jardinagem e à pintura. Fez uma breve carreira individual e retornou para Cambridge onde viveu recluso, na casa geminada à de sua mãe. Faleceu em 2006.

Roger Waters desenvolveu o conteúdo de vários álbuns de sucesso, passou a liderar o grupo e afastou-se da banda em 1985. Em 1990 realizou, em Berlim, uma apresentação vinculada à queda do Muro. Em 2005 retornou para a apresentação especial denominada LIVE 8, no Hyde Park, em Londres. Está em plena atividade com carreira solo e nas apresentações executa, também, músicas do Pink Floyd.

Wright deixou o grupo em 1979, durante a gravação do álbum The Wall. Retornou em 1987 e participou do álbum "A Momentary Lapse Of Reason". Afastado da banda foi viver na ilha de Cefalônia, na Grécia. Posteriormente residiu na França. Faleceu em Londres, em 2008.

David Gilmour e Nick Mason retornaram com a banda no período de 2012 a 2014, lançaram algumas músicas, mas não conseguiram o sucesso anterior. Nick Mason foi o único integrante da banda que permaneceu desde o início da trajetória em 1965.

O Álbum

Nas palavras de Carlos Eduardo de Sousa Lyra:

> "The Wall foi lançado em 1979, como um álbum duplo. Seguindo o mesmo modelo de ópera-rock criado pelo The Who, dez anos antes, com Tommy (*Who*, 1969), The Wall conta a história de um astro do rock, chamado Pink, que sucumbe à loucura devido aos traumas da perda do pai na Segunda Guerra Mundial, se tornando, em seu delírio, um líder totalitarista. Trata-se, em parte, de uma autobiografia do próprio Waters, que perdeu o pai na Segunda Guerra Mundial (Waters nasceu em 6 de setembro de 1944, aproximadamente sete meses após a morte de seu pai). O elemento da loucura é visivelmente baseado na vida de Syd Barrett. Tudo isso é misturado num drama de proporções megalomaníacas, com elementos agressivos e depressivos. É uma elaboração do trauma originário da perda de Barrett; porém, a esta altura, fica evidente que esta perda só foi tão ressaltada devido à própria história da perda que o jovem Waters sofreu com a morte de seu pai. Barrett, de certa forma, foi um substituto do pai de Waters, e também foi aquele a quem Waters tornou um mito e com quem ele se identificou e se fundiu em The Wall. Esta obra marca o auge da elaboração dessa perda e dessa dívida simbólica para com Barrett, tanto é que depois dela, em The Final Cut (Pink Floyd, 1983), Waters já admite claramente que sua dívida

era para com o pai. A metáfora 'the wall' pode ter vários sentidos: o principal é a de um muro (ou parede) simbólico que separa a personagem Pink do mundo exterior. É interessante perceber que na primeira parte do álbum, o muro é construído; enquanto que na segunda parte, ele é derrubado. Junto com o muro se foi o peso carregado por Waters, durante os anos com o Pink Floyd, de sua dívida para com Barrett. A metáfora do muro ganharia outro sentido em 1990, quando Roger Waters, juntamente com outros artistas convidados, realizaram, em Berlim, um dos maiores eventos musicais de todos os tempos: o The Wall - Live in Berlim (Waters, 1990/2003), que comemorou a queda do muro que separava a Alemanha Ocidental da Oriental."[12]

Notas

1 GAROFALO, Débora. "Como as metodologias ativas favorecem o aprendizado". *Nova escola,* 25 jun. 2018. Disponível em: <https://novaescola.org.br/conteudo/11897/como-as-metodologias-ativas-favorecem-o-aprendizado>. Acesso em: julho de 2021.

2 Utilizamos como base o clipe encontrado em <https://youtu.be/M_bvTDGcWw> Acesso em: 10 mar. 2021

3 Roberta Fuks é formada em Letras pela Pontifícia Universidade Católica do Rio de Janeiro (2010), mestre em Literatura pela Universidade Federal do Rio de Janeiro (2013) e doutora em Estudos de Cultura pela Pontifícia Universidade Católica do Rio de Janeiro e pela Universidade Católica de Lisboa (2018). Sua tradução está disponível em: <https://www.culturagenial.com/musica-another-brick-in-the-wall/>. Acesso em: julho de 2021.

4 Sobre o tema dos castigos corporais e do tratamento degradante de crianças e adolescentes, consulte: BRASIL. *Pelo fim dos castigos corporais e do tratamento cruel e degradante.* Rio de Janeiro: Instituto Noos e Secretaria de Direitos Humanos da Presidência da República, 2013. Disponível em: <https://naobataeduque.org.br/site2017/wp-content/uploads/2017/11/Manual-Pelo-fim-dos-castigos-corporais-e-tratamento-degradante_RNBE.pdf>. Acesso em: julho de 2021.

5 Referência ao local de tortura a partir do maior medo de alguém no livro *1984,* de George Orwell (São Paulo: Companhia das Letras, 2009.)

6 SANTOS LEITE, Jose Oswaldo Monte dos. "Educação ideológica". *Monografias,* [s.d.]. Disponível em: <https://www.monografias.com/pt/

7. trabalhos/educacion-ideologica/educacion-ideologica.shtml>. acesso em: julho de 2021.
7. HABERMAS, Jürgen. *O discurso filosófico da modernidade*. São Paulo: Martins Fontes, 2000, p.276.
8. FREIRE, Paulo. "Pedagogia do Oprimido" Rio de Janeiro: Paz e Terra, 1987, p.43/44
9. PESSIN, Lucas Pereira. "40 anos de 'Another Brick in The Wall', a música de resistência da educação crítica". *Revista Educação Pública*, v. 19, nº 18, 27 de agosto de 2019. Disponível em: <https://educacaopublica.cecierj.edu.br/artigos/19/18/40-anos-de-emanother-brick-in-the-wallem-a-musica-de-resistencia-da-educacao-critica>. Acesso em: julho de 2021.
10. SABINO, Isaac. "Análise crítica da letra e do videoclipe 'Another Brick in the Wall' da banda Pink Floyd à luz da dialética das tendências pedagógicas". *Issac Sabino*, 11 mai. 2021. Disponível em: <http://isaacsabino.blogspot.com/2018/07/analise-critica-da-letra-e-do.html>. Acesso em: julho de 2021.
11. Dados obtidos em Wikipedia - https://pt.wikipedia.org/wiki/Pink_Floyd
12. SOUSA LYRA, Carlos Eduardo de. "Floydianos e freudianos: uma análise da obra musical do Pink Floyd". *Vozes, Pretérito & Devir*, ano I, vol. I, nº. I, 2013.

Billie Holiday: A luta contra o racismo estrutural

Claudio Lampert[1]

*The reason that they killed him there, and I'm sure it ain't no lie,
Was just for the fun of killin' him and to watch him slowly die.
And then to stop the United States of yelling for a trial,
Two brothers they confessed that they had killed poor Emmett Till.
But on the jury there were men who helped the brothers commit this awful crime,
And so this trial was a mockery, but nobody seemed to mind.
I saw the morning papers but I could not bear to see
The smiling brothers walkin' down the courthouse stairs.
For the jury found them innocent and the brothers they went free,
While Emmett's body floats the foam of a Jim Crow southern sea*[2]

Em maio de 2020, já ali na antessala de uma pandemia e nos primeiros passos de uma nova ordem mundial de comportamentos e visões, José Roberto Castro Neves, incansável na sua missão de promover ideias, agregar pessoas e criar literatura e livros, surgia com mais um convite de obra coletiva. Seguindo o sucesso dos temas anteriores sobre os filmes, os grandes julgamentos e o interlace entre os grandes livros da história da literatura e o mundo do direito, da justiça e das leis, surgiu mais uma ideia inovadora de JRCN: juntar o mundo da música com as suas metamorfoses sociais e humanas e seus desdobramentos jurídicos.

Como proposto pelo organizador, nossos textos podem trazer enfoques sobre músicas que ingressem, diretamente, num tema legal, assim como em algum fenômeno jurídico derivado da performance ou da letra de alguma canção. Dentro dessa pauta, logo de início me matriculei no projeto de JRCN para escrever sobre *Mississipi Godman*, de Nina Simone. Desde o início dessa ideia, a intenção original era emprestar meu esforço para falar das agruras e percalços da questão racial, do preconceito, da exclusão e de toda a miséria humana que exsurge, através dos tempos, da luta de classes, cores de pele, escolhas religiosas e da opressão da mulher na sociedade – porque se, de um lado, hoje podemos vislumbrar um mundo levemente melhor e mais consciente, de outro, podemos afirmar sem margem de erro que o mundo ideal de respeito e compreensão absolutos ainda se queda longe, muito longe, daquilo que deveria ser o cotidiano das nossas vidas.

Ao começar a refletir sobre a linha do meu texto, acabei me dando conta de que *Strange Fruit*, de Billie Holiday, servia ao meu propósito e ao meu panfleto de uma forma mais aguda e abrangente que qualquer outra música – e então resolvi mudar a proposta inicial. Poucas letras e poucas performances musicais criaram fenômenos jurídicos tão contundentes e ajudaram a mudar o mundo como *Strange Fruit*.

Vivi desde muito cedo, por influência familiar e de contexto de criação em geral (amigos, professores, escritores, poetas, músicos, cineastas), a percepção de que esse mundo aqui, esse em que vivemos agora e que pouco mudou nos últimos 50 anos, era terra de desigualdade e de desequilíbrio, num ambiente de donos e de senhores. Aprendi a compreender que a chance e a oportunidade por aqui vinham com cinco características, sempre, e com raras exceções. Os donos desse mundo, sobretudo no nosso canto ocidental, sempre foram homens, brancos, heterossexuais, cristãos, pequeno-burgueses. Nesse quinteto de formas e escolhas, se fez o núcleo do poder que oprime, que persegue, que cria leis, que sacrifica, falseia e lincha. Não é por certo uma generalização que exclui desse feixe de características bondade e fraternidade – como veremos adiante, a própria

Billie Holiday é resgatada e valorizada essencialmente por homens brancos (muita vez judeus brancos também excluídos e perseguidos em algum momento da vida) numa América partida.

Strange Fruit mudou o curso da história e selou de vez a imagem contundente do abuso, do uso da carne humana de uma cor diferente daquela do dono do sistema para o achincalhe, a agressão, para o palco da estupidez humana em estado bruto. Passados mais de 80 anos de sua primeira execução, em 1938, a música permanece mais atual do que nunca: seja nos quase nove minutos de linchamento de George Floyd, que culminaram no seu assassinato por um policial homem, branco, heterossexual e cristão, seja no cerco de uma comunidade inteira para a execução sumária de mais de 20 alvos humanos, todos negros, como na ocorrência de maio de 2021 no Jacarezinho.

Os frutos estranhos continuam estranhos. O cheiro da carne humana queimada continua forte e latente. O racismo continua a grassar nossas vidas diariamente, tanto de forma direta e vil nas calçadas e na vida quotidiana, quanto de forma indireta, dentro de uma sociedade que se estruturou para segregar, dividir, separar e vetar espaço a todos aqueles que não construíram a narrativa da história. Isso, em metáforas ou jeitos, é o racismo estrutural da nossa sociedade. É a cretinice da meritocracia – termo tosco e assimétrico, cunhado pelo dono da bola e do sistema.

Vida e Caos de Billie Holiday

> *You know, the people that are hardest on me are my own race. I need help; not jail time*
> (Billie Holiday)[3]

Violência, solidão e abandono. Essas três palavras marcaram a vida de Eleonora Fagan Gough, menina negra, filha de dois adolescentes, que aos 18 anos se tornaria uma das maiores cantoras de jazz da história.

Billie Holiday nasceu na Filadélfia em abril de 1915. Lady Day — como ficaria conhecida — teve a carreira em grande parte ofuscada por sua vida pessoal, marcada por vício em drogas, violência, caos e abusos que a levaram à morte precoce aos 44 anos de idade, corroída por uma cirrose hepática e também pela vida de frustrações e derrotas.

Com uma infância trágica, aos 14 anos já havia enfrentado a fome, o abandono, a vida nas ruas e a violência sexual quando enfim se reencontrou com sua mãe, com quem passou a viver em Nova York. Devido à pobreza, precisou contar com a prostituição para sobreviver (o que fez até os 18 anos de idade, sem jamais contar a ninguém), enfrentando um aborto clandestino – e, em suas palavras, extremamente agonizante – aos 15 anos de idade. Aos 18 anos, quando gravou o seu primeiro disco, Billie Holiday já era uma mulher forjada pelo sofrimento.

A partir de 14 anos, Billie já começara a se apresentar em pequenos bares do Harlem. Com uma voz marcante, ela rapidamente se destacou, a ponto de chamar atenção do produtor musical Benny Goodman. Com a ajuda do produtor, aos 17 anos Holiday já passara a ser a atração principal em alguns bares de Nova York. Aos 18, gravou duas canções, sendo uma delas *Riffin' the Scotch*, seu primeiro sucesso, com 5 mil cópias vendidas. Já naquela época, John Hammond[4] afirmava que ficara impressionado com as apresentações da jovem Holiday, comparando-a a Louis Armstrong como um verdadeiro "gênio do jazz"[5].

Isso era apenas o começo do sucesso de Billie. Em 1937, com 22 anos, Holiday se junta à banda liderada por Count Basie, imponente pianista negro também gerido por Hammond. Realizando turnês ao redor dos Estados Unidos, a banda enfrentava péssimas condições, pulando de cidade em cidade sob a constante humilhação causada pela segregação e pela falsidade do *separate but equal*, que impunha mesmo aos artistas negros condições de segregação verdadeiramente absurdas – a ponto de Billie Holiday muitas vezes descer do seu próprio ônibus para fazer suas necessidades fisiológicas e se recusar a enfrentar a barbárie de separação e segregação em postos de gasolina e restaurantes de beira de estrada pelo meio-oeste e sul dos Estados Unidos.

Em 1938 Holiday deixaria o grupo, após uma série de atritos entre a banda e sua vocalista, e se juntaria à orquestra liderada por Artie Shaw. Era a primeira vez na história dos Estados Unidos que uma banda formada por músicos brancos passava a ter uma vocalista negra.

Como é de se imaginar, as humilhações e condições desumanas impostas a uma cantora negra ao redor dos Estados Unidos eram terríveis. Em novembro de 1938, Billie enfrentaria aquela que seria a gota d'água ao ser proibida de utilizar o elevador no Lincoln Hotel, onde a banda se apresentaria. Naquele mesmo ano, Holiday abandonaria o grupo e assumiria a carreira solo.

Em 1939, Billie Holiday, na época ligada à gravadora Columbia, se deparou pela primeira vez com *Strange Fruit*, canção que se tornaria um completo sucesso musical desde sua primeira apresentação, marca registrada e trampolim capaz de elevar sua carreira ao reconhecimento mundial. Diante da letra que denunciava os linchamentos praticados no Sul dos Estados Unidos, *Strange Fruit* foi classificada como "muito inflamável" pela sua gravadora[6], o que levou Billie Holiday à Commodore Records[7], uma gravadora independente do Harlem, que jamais gravaria algo próximo ao sucesso de *Strange Fruit*, e pela qual seria para sempre lembrada.

A partir de 1940, Billie Holiday atinge o auge de sua carreira, reconhecida por todos como uma estrela do jazz. Em 1947, já havia obtido mais de U$ 250 mil dólares em vendas nos últimos anos, sendo eleita a cantora de jazz mais popular dos Estados Unidos pela revista *Metronome*. Mas sua vida pessoal seguia um caminho inversamente proporcional ao sucesso da carreira. Com dois casamentos frustrados com homens abusivos e viciada em drogas pesadas, como heroína, Billie foi encontrada com drogas em seu quarto de hotel e levada a julgamento, no qual foi condenada a um ano de prisão (apesar da oposição da própria promotoria, que se posicionara a favor de uma internação médica). Daquele momento em diante, tanto a saúde de Billie como sua relação com o sistema de justiça dos Estados Unidos se deteriorariam em ritmo acelerado.

Apesar de jamais ter deixado de ser uma das cantoras com o maior sucesso comercial da época, lotando o Carnegie Hall e apresentando-se em todo os Estados Unidos e na Europa, a carreira e a vida de Billie Holiday se encerrariam em 1959, com sua morte precoce por cirrose e apenas U$ 0,70 dólares na conta bancária. De forma póstuma, Billie Holiday foi indicada a 23 *grammies*, entrou no Hall da Fama do Jazz americano e foi considerada uma das artistas mais influentes do século.

Als Hilton, ao prefaciar uma das biografias mais contundentes de *Strange Fruit,* sumariza em poucas palavras e de forma crua o tamanho artístico de Billie Holiday e de sua luta diária de vida contra a opressão racial e a misoginia:

> É cruel, e muitas vezes racista, ou machista, ou ambos, avaliar pelos padrões medíocres que estabelecemos para nós mesmos essa definidora e remodeladora do jazz e da música popular norte-americana. Mas é isso que acontece. Os zeladores do cânone ocidental – nosso modelo de inteligência – ainda entendem tão pouco do que é preciso para ser uma Billie Holiday, sem falar do que faz dela um autêntico gênio, um titã em sua arte, que a questão de sua inteligência é cutucada como uma ferida por seus detratores, porque Holiday irrita a eles e à sua consciência coletiva. Holiday não faz sentido. Não faz concessões em seu trabalho. E ajudou a criar um mundo onde sua voz estaria em casa [...][8].

Strange Fruit: um Grito por Igualdade Silenciado

> *Southern trees bear a strange fruit,*
> *Blood on the leaves and blood at the root,*
> *Black body swinging in the Southern breeze,*
> *Strange Fruit hanging from the poplar trees.*
>
> *Pastoral scene of the gallant South,*
> *The bulging eyes and the twisted mouth,*
> *Scent of magnolia sweet and fresh,*
> *And the sudden smell of burning flesh!*
>
> *Here is a fruit for the crows to pluck,*
> *For the rain to gather, for the wind to suck,*
> *For the sun to rot, for the tree to drop,*
> *Here is a strange and bitter crop*[9]

Strange Fruit foi um desafio aos ouvintes, tanto progressistas quanto conservadores, a resolver o impasse emocional que o racismo provoca: de um lado, o sentimento de injustiça e mesmo revolta, a culpa histórica, a vergonha; de outro, a tradição e o preconceito institucionalizado e enraizado. Abel Meeropol escreveu a canção para afetar o ouvinte dessa maneira íntima e pessoal; já Billie Holiday a cantou e marcou todos que a ouviram[10].

Vale ressaltar que, no fim do século XIX e início do XX, o linchamento de pessoas negras não era um problema isolado. Herança histórica da escravidão e da desumanização generalizada, essas práticas tinham tomado proporções assustadoras, em especial no Sul dos Estados Unidos. Nas palavras de historiadores, ela não era apenas um ato de violência simples e pura, mas – repugnantemente – uma forma de entretenimento das populações locais das pequenas e médias cidades. E isso pode ser visto nas fotos da época em que rostos brancos se aglomeram ao redor de corpos negros com grandes sorrisos, como se assistissem a um espetáculo. Foi a partir da indignação diante de uma dessas fotos que Meeropol decidiu escrever o seu poema.

E foi com essas palavras que Billie Holiday silenciou plateias nos Estados Unidos e na Europa ao longo de 20 anos, lotou o Carnegie Hall dezenas de vezes (duas delas na mesma noite[11]) e vendeu centenas de milhares de discos. *Strange Fruit* foi uma canção distinta de tudo aquilo pelo qual Lady Day havia ficado conhecida: era um ato político de denúncia à opressão racial sofrida pela população negra no país, vindo de uma artista conhecida por cantar "baladas banais e amenas"[12].

Vista por muitos como "o primeiro protesto relevante em letra e música" e o "começo do movimento pelos direitos civis"[13], *Strange Fruit* se tornou uma carta aberta à sociedade americana sobre as atrocidades que ainda eram cometidas no país. E fez isso em uma época (1939) em que o que se esperava da cultura negra (e, em especial, da mulher negra) era transigência, simpatia e discrição.

Naquele momento, os artistas negros não eram vistos como cidadãos capazes de praticar atos políticos, mas como simples agentes de entretenimento. Não à toa, Angela Davis afirmaria que *Strange Fruit* devolvera "o elemento de protesto e resistência ao centro da cultura musical negra contemporânea"[14].

Mas se *Strange Fruit* realmente foi um marco revolucionário precoce na luta pela igualdade racial nos Estados Unidos – cantada 16 anos antes de Rosa Parks se recusar a ceder seu lugar a um branco num ônibus no Alabama[15] –, é natural que se pergunte: por que eu ouvi tão pouco, ou jamais ouvi falar sobre essa música?

Em sua análise sobre a canção, Angela Davis afirma que "uma vez que *Strange Fruit* foi composta indubitavelmente para alfinetar a consciência daqueles que preferiam permanecer indiferentes ao racismo, era inevitável que muitos críticos passassem imediatamente a descartá-la, a classificando como mera propaganda"[16]. Mas logo após cantar *Strange Fruit* pela primeira vez, Billie Holiday não atraiu apenas a atenção dos críticos, como também a do governo federal e a das forças policiais. Conforme a própria cantora definiu anos depois, "fiz uma porção de inimigos [...], cantar aquilo não me ajudou em nada"[17]. E uma coisa é certa: não se poderia ter juntado melhores ingredientes do que aqueles para se fazerem inimigos nos Estados Unidos da década de 1940.

O primeiro "ingrediente" classificado como "antiamericano" era o seu compositor. Diferentemente do que viria a ser anunciado por Billie Holiday em sua autobiografia – e embora muitos dissessem que *Strange Fruit* não era nada sem Lady Day –, tanto letra quanto melodia não eram de sua autoria. Na junção de elementos que fizeram de *Strange Fruit* um hino de libertação, uma narrativa da derrota de uma sociedade e de sua crueldade crua e racista e um ataque à supremacia racial, surge o autor da música: Abel Meeropol, um professor judeu do Bronx filiado ao partido comunista, investigado pelos aparelhos do macartismo e pelo FBI, que escrevia poesias sob o codinome de Lewis Allan. Abel Meeropol colocaria o nome na cena musical ao levar seu poema para os donos do Café Society, pedindo que o colocassem em contato com Billie Holiday.

Segundo ingrediente: a subversão, representada por seu cenário. A primeira apresentação de *Strange Fruit* para um público pagante aconteceu onde Billie Holiday construiria sua fama: um pequeno bar escondido no porão de um antigo prédio do bairro de West Village, em Nova York. O nome: Café Society[18].

Diante de uma Manhattan ainda dominada pelo segregacionismo racial e pelo classicismo, Barney Josephson, um sapateiro cujo negócio fora vítima da Grande Recessão e um amante do jazz, viu naquele pequeno porão a oportunidade de criar algo revolucionário. O Café Society, classificado por ele como "o lugar errado para as pessoas certas", se tornaria, assim, um dos primeiros bares da cidade "onde brancos e negros trabalhavam juntos nos bastidores e se sentavam juntos à frente do palco"[19]. Como confidenciaria depois, sua ideia era criar ali um "bar politizado e com jazz, uma sátira às classes mais abastadas"[20].

Com paredes cobertas por gravuras de artistas famosos, apresentações de cantores de jazz desconhecidos, porteiros e garçons com uniformes planejadamente desbotados e rasgados, e até mesmo uma figura caricatural similar a Hitler pendurada no teto[21], Josephson se esforçou para construir o ambiente mais *gauche* possível. Com tom crítico, o Café Society se tornou um "antídoto vigoroso para o elitismo arrogante e muitas vezes racista de outros clubes noturnos de Nova York"[22].

Por fim, seu terceiro ingrediente antiamericano: o seu público. Frequentado por "líderes trabalhistas, intelectuais, escritores, amantes do jazz, pessoas famosas, estudantes e esquerdistas do WPA[23]", o Café Society "representava uma síntese única de culturas, misturando o clima dos cabarés radicais da Berlim de Weimar e de Paris com os clubes e palcos de jazz do Harlem"[24]. Visitado por grandes celebridades e pessoas públicas, como Charles Chaplin, o ex-presidente Nelson Rockefeller e a então primeira-dama Eleanor Roosevelt, o Café Society "era provavelmente o único lugar nos Estados Unidos onde *Strange Fruit* poderia ser cantada e saboreada"[25].

Portanto, *Strange Fruit* não era "apenas" uma canção antilinchamento performada em um país ainda majoritariamente regido por leis segregacionistas. Era uma canção antilinchamento escrita por um judeu comunista, cantada por uma mulher negra, em um bar miscigenado e para um público majoritariamente formado por intelectuais de esquerda. E com todos esses fatores, uma coisa era certa para o governo: esse grito inconveniente por igualdade precisava ser silenciado.

E assim, além do amor pelo jazz, Billie Holiday, Abel Meeropol e Barney Josephson passaram a ter mais uma coisa em comum: todos passaram a ser investigados pelo Comitê de Atividades Antiamericanas (HUAC) e pelo FBI. Apesar de os linchamentos continuarem sendo uma triste realidade dos Estados Unidos – com mais de 150 vítimas apenas nos quatro anos seguintes à Grande Depressão –, o simples ato de falar sobre isso era o que realmente se mostrava como algo antiamericano para o governo americano.

A perseguição política, na forma de espionagem, chantagens e ameaças, acompanhou esses três personagens daquele momento em diante. Ao longo dos anos que se seguiram, Abel Meeropol foi levado a depor para esclarecer seu envolvimento com o partido comunista e explicar ao FBI qual era seu interesse em escrever aquela música e quem o havia financiado.

Segundo o governo americano, não fazia sentido que um homem branco, judeu e professor universitário o tivesse feito por mera empatia e indignação com as injustiças de seu país – só o que explicaria aquela composição seria o interesse da União Soviética em sabotar os Estados Unidos. Barney Josephson, por sua vez, viu seu irmão Leon ser levado a depor perante o HUAC, o que resultaria na sua prisão por desacato à Corte ao se recusar a responder as perguntas que lhe foram feitas[26].

Já a perseguição a Billie Holiday foi implacável. Oficialmente impossibilitado de determinar a prisão de Lady Day simplesmente por cantar aquilo que não queria ouvir, o governo americano teve que encontrar outra forma de afastar Billie Holiday da vida pública. Assim, iniciou-se uma campanha extraoficial de silenciamento da cantora por meio de três caminhos distintos: o menosprezo ao seu papel social e cultural, por meio da mídia; a desmoralização de sua pessoa, retratada como uma iletrada, ignorante e viciada em drogas; e, finalmente, o afastamento físico dos palcos, por meio de sua prisão.

Tudo começou quando Billie foi se apresentar em um hotel no centro de Manhattan, já em uma região marcada pelo segregacionismo. Naquela noite, logo após encerrar sua apresentação com *Strange Fruit* (encerrar os shows com *Strange Fruit* se tornaria sua marca registrada), Holiday foi pega de surpresa com uma ordem vinda diretamente do *Federal Bureau of Narcotics* (FBN): ela estava proibida de voltar a apresentar aquela música.

A princípio pode parecer difícil entender o porquê de um órgão policial de combate às drogas estar interessado em censurar uma canção antilinchamento, mas tudo fica mais fácil quando se entende o real sentido da chamada "Guerra às Drogas" explicada por um membro do governo responsável por ampliá-la.

Em entrevista de abril de 2016[27], o ex-secretário de política interna do governo Nixon, John Ehrlichman, afirmou que a campanha e o governo de Nixon tinham dois inimigos: "a esquerda antiguerra e a população negra". Assim, como não podiam "tornar ilegal ser contra a guerra ou ser negro", foi preciso associar a imagem dos *hippies* à maconha e dos negros à heroína, criminalizando ambos fortemente em seguida. Desse modo (ainda segundo ele), "poderíamos prender seus líderes, invadir suas casas, interromper suas reuniões e difamar eles noite após noite no noticiário da noite". Com isso, concluiu, "sabíamos que estávamos mentindo sobre as drogas? Claro que sabíamos".

É verdade que o governo Nixon se iniciou 30 anos após a primeira apresentação de Billie Holiday no Café Society. Todavia, a fala de John Ehrlichman não representa um pensamento isolado, muito menos inovador. Era óbvio, já em 1939, que o tratamento dado aos usuários de drogas como sendo uma questão de polícia e não uma questão de saúde pública já era utilizado como uma ferramenta de exclusão social. E com Billie Holiday não foi diferente.

O que piorou a situação de Lady Day foi que à frente do FBN estava Harry Anslinger, um agente federal amplamente reconhecido como "extremamente racista" pelos demais agentes, inclusive pelos senadores que o nomearam (e que futuramente pediriam sua renúncia por esse exato motivo)[28]. Responsável primeiramente pela luta contra a comercialização de álcool, na época da proibição, Anslinger fora posteriormente nomeado para o FBN com a função de erradicar as drogas, onde quer que elas estivessem. E para ele, o jazz e a população negra em geral eram a peça-chave do problema.

Com isso, ao ver uma mulher negra e dependente química se apresentar diante de uma plateia branca com uma crítica explícita à supremacia branca e à violência dela decorrente, Anslingir se encarregou pessoalmente de encerrar a carreira de Billie Holiday. A partir daquele momento, a vida de Lady Day nunca mais seria a mesma. Sem qualquer receio, o FBN utilizou-se de todos os meios possíveis para encontrar uma forma de prendê-la[29]. Primeiramente, Anslinger infiltrou um agente negro no dia a dia profissional da cantora. Em seguida, confirmando-se os boatos de seu consumo de drogas, Anslinger trabalhou diretamente com o ex-marido abusivo da cantora para incriminá-la com um falso flagrante de posse de heroína. Com as "provas" de que seria usuária de drogas, foi aberto o processo criminal contra Billie que resultaria na sua prisão, em 1946, e a revogação de sua permissão para se apresentar nos bares de Nova York que vendiam bebidas alcoólicas, o que limitaria a carreira de Billie às casas de show e à gravação de discos.

O que Anslinger não esperava era que isso não a impediria de se apresentar novamente; e muito menos afetaria a sua fama. Um ano depois, logo após sair da prisão, Billie Holiday esgotou os ingressos do Carnegie Hall, onde voltou a cantar *Strange Fruit*.

Infelizmente, sua mãe tinha razão quando lhe anunciara, dez anos antes, que *Strange Fruit* levaria Billie à morte[30]. Com a insubordinação às ordens do governo federal para encerrar suas apresentações, Lady Day seguiu sendo perseguida por Anslinger.

Com cada vez mais dificuldades para se apresentar ao redor do país, devido às restrições impostas à sua licença, Billie teve uma recaída no uso das drogas ao longo dos anos de 1950 – mas sem nunca deixar de se apresentar, quase sempre encerrando os espetáculos com *Strange Fruit* –, o que culminou com sua internação hospitalar em 1959, sob o diagnóstico de cirrose. Em 17 de julho de 1959, Billie Holiday morreu algemada à cama por Anslinger, pelo uso de metadona, gerenciado pelos médicos a pedido de sua melhor amiga para enfrentar a abstinência de heroína[31].

Billie faleceu vítima não apenas das drogas, mas do próprio sistema de supremacia racial que tentara denunciar por meio de *Strange Fruit*. O diálogo a seguir, presente no recente filme *The United States vs. Billie Holiday* representa bem essa situação:

> **Reginald Lord Devine**: *What is the government's problem with Billie Holiday? Why are they after you?*
> **Billie Holiday**: *My song, Strange Fruit. It reminds them that they're killing us. Reminds them. It reminds you too, Reginald.*
> **Reginald Lord Devine**: *Lady, don't say that. See, this is why she's always getting in trouble. I'll edit that part out.*
> **Billie Holiday**: *You don't have to edit shit for Harry Anslinger. He was in charge of prohibition, remember? See us drinking, don't you? He can't afford to lose the drugs.*
> **Reginald Lord Devine**: *But it's a war on drugs, not on you, Lady.*
> **Billie Holiday**: *Yeah, that's what they want you to believe. They say they want the names of my suppliers. They don't want no names. They want to destroy me. He wants me to stop singing what's in my soul.*

Reginald Lord Devine*: Then why don't you stop singing the damn song? Wouldn't your life be easier if you just behaved?*[32]

O que se esperava de Billie era que ela se comportasse e simplesmente parasse de cantar a maldita música, como forma de facilitar a sua vida. Em outras palavras: exigia-se que Billie Holliday se colocasse "em seu lugar" como mulher negra. Era aquilo que Grada Kilomba classifica como "o medo *branco* de ouvir o que poderia ser revelado pelo *sujeito negro*", constituído pela repressão do que se sabe ser a verdade para o inconsciente (no caso, o racismo e os linchamentos), como forma de ocultar de si mesmo tudo que lhe causa ansiedade, culpa ou vergonha"[33].

Billie Holiday foi mais uma vítima do racismo estrutural. Diminuída, criticada, perseguida e até mesmo presa, Lady Day seria, enfim, silenciada[34] pelas estruturas racistas da sociedade americana. E tudo isso por quê? Pelo simples fato de ter desafiado as convenções e expectativas da cultura dominante e da própria indústria musical ao atribuir a sua atuação, como mulher e artista negra, um papel social e politicamente ativo, "alterando, quase que sozinha, a política da cultura negra americana [...] e estabelecendo, de forma firme, o espaço reservado ao protesto na tradição da música negra estadunidense"[35].

Billie Holiday "estilhaçou a máscara do silêncio"[36], e isso lhe custou tudo.

Ferramentas do Silêncio: a Opressão Racial na Sociedade Americana

> Os códigos Negros de 1865 e de 1866 garantiriam ao negro o direito de possuir a propriedade, de recorrer à justiça para processar e ser processado por membros da sua própria raça, de fazer contratos, de casar e de ser educado pelo sistema público de educação. Tais códigos também proibiram ao negro assumir cargos públicos, votar, fazer parte de jurados, portar armas e disputar os empregos que fossem dominados por brancos. Na verdade, os códigos obrigaram os negros a trabalhar e proibiram a eles a

mobilidade para escolher livremente o emprego, assim assegurando ao estado o controle de uma mão de obra barata, estável e conveniente, para recuperar a economia sulista[37].

Nos Estados Unidos — assim como no Brasil (dois países com o passado mais recente da escravidão, ainda enraizada em suas sociedades) — as normas (escritas ou não) que se seguiram ao fim da escravidão mantiveram uma função de esvaziamento da condição de humanidade da população negra, colocando-a em uma posição sempre subalterna, humilhante e animalizante[38].

Refletindo sobre o processo de linchamento no Sul estadunidense, podemos perceber como o estado e as autoridades locais fecharam os olhos às atrocidades cometidas com os grupos de afrodescendentes das cidades, assim como a trajetória da escravidão, que, concedida pelo estado e pela igreja, definiam as referências de construção social. Com quase um século de leis segregacionistas vigentes, não era estranho que negros libertos sofressem ainda as punições de uma sociedade que os marginalizava, tendo no mais cotidiano ato um motivo para puni-los como exemplo de ordem social. Atribuíam ao negro o signo do escravo, não havendo qualquer contraponto jurídico sobre essas leis segregacionistas de um ponto de vista antilinchamento[39].

Para entender como essa realidade se manteve mesmo após a abolição (ao menos formal) nos Estados Unidos (e no Brasil), é preciso abordar um tema trabalhado brilhantemente pela romancista nigeriana Chimamanda Adichie[40]. Adichie trabalha sobre a ideia da "História Única" e os perigos dela decorrente. Segundo explica a pesquisadora, a História Única é aquela contada por quem tem o poder de fazê-lo: representa uma única versão, imposta pelo lado "vitorioso" ao lado "derrotado" como sendo a única verdade[41]. Nos Estados Unidos, o linchamento se mantinha vivo, pois não havia ali uma segunda história vinda da população negra (ela não possuía os meios para contá-la). A história era uma só: o homem branco é gentil e autoriza o negro a viver de forma livre; o homem negro é ruim, criminoso e violento, e deve ser punido pelo branco como forma de exemplo.

E essa história única só é possível por uma razão: a manutenção do desequilíbrio de poder (econômico, cultural, educacional e institucional). E essa injustiça sempre foi buscada (às vezes de forma mais discreta, às vezes de forma descarada). Basta ver as leis de segregação nos Estados Unidos para entender que nunca se escondeu que esse era o projeto do país. Embora a Constituição americana se dissesse republicana e libertária, a verdade era aquela denunciada por Orwell: sempre haveria aqueles "mais iguais" do que os outros. E nem o sistema democrático escapou disso.

Desde *Plessy v. Fergusson* (1896), com a legalização da mentira do *separate but equal*, até *Brown v. Board of Education* em 1954, os Estados Unidos viveram quase 60 anos sob o signo do racismo legalizado nas letras de seus precedentes. Após *Brown*, veio a força da mudança, Rosa Parks e sua recusa em ceder espaço no ônibus, Fannie Lou Harmer e sua busca obstinada pelo seu direito de registrar para votar, a luta da NAACP[42], Martin Luther King e todos os outros que levantaram a bandeira para o fim das atrocidades – que estão ainda longe de acabar quando nos damos conta de que há pouco mais de um ano George Floyd foi assassinado de maneira crua, televisada, por motivo fútil e que até hoje o congresso americano não consegue aprovar uma lei rigorosa antilinchamento por conta de manobras legislativas mesquinhas de um senador republicano.

Nos 1930 anos, que se seguiram à abolição da escravidão nos Estados Unidos, os estados sulistas aprovaram centenas de leis, normas e portarias que reformavam o sistema eleitoral, retirando dos negros (então maioria nas urnas, a partir de sua liberação) o poder de eleger aqueles que os protegessem[43].

Diante dessa "realidade" contada e recontada por gerações – e, infelizmente, alimentada pelos próprios membros dos governos municipais, estaduais e federal –, a opressão racial, a violência física e moral e a humilhação da população negra se mantinha naturalizada e banalizada. E as consequências dessa história única são ainda mais graves, tendo em vista que se enraízam no povo até o momento em que nada mais resta em sua consciência além de preconceito e estereótipos, resultados do simples fato de ao "outro lado" nunca ter sido dada a chance de contar a sua história.

E não é preciso estar em 2021 para se refletir sobre isso. Para tanto, bastava literalmente ouvir, entender e refletir sobre o que as vozes negras tentavam dizer (e gritar). Em 1939, Billie Holiday tentava se fazer ouvir por meio de *Strange Fruit*. Em 1978, era a vez de Maya Angelou:

Ainda assim eu me levanto[44]

Você pode me riscar da História
Com mentiras lançadas ao ar.
Pode me jogar contra o chão de terra,
Mas ainda assim, como a poeira, eu vou me levantar.
Minha presença o incomoda?
Por que meu brilho o intimida?
Porque eu caminho como quem possui
Riquezas dignas do grego Midas.
Como a lua e como o sol no céu,
Com a certeza da onda no mar,
Como a esperança emergindo na desgraça,
Assim eu vou me levantar.
Você não queria me ver quebrada?
Cabeça curvada e olhos para o chão?
Ombros caídos como as lágrimas,
Minh'alma enfraquecida pela solidão?
Meu orgulho o ofende?
Tenho certeza que sim
Porque eu rio como quem possui
Ouros escondidos em mim.
Pode me atirar palavras afiadas,
Dilacerar-me com seu olhar,
Você pode me matar em nome do ódio,
Mas ainda assim, como o ar, eu vou me levantar.
Minha sensualidade incomoda?
Será que você se pergunta
Por que eu danço como se tivesse
Um diamante onde as coxas se juntam?
Da favela, da humilhação imposta pela cor
Eu me levanto
De um passado enraizado na dor
Eu me levanto

> Sou um oceano negro, profundo na fé,
> Crescendo e expandindo-se como a maré.
> Deixando para trás noites de terror e atrocidade
> Eu me levanto
> Em direção a um novo dia de intensa claridade
> Eu me levanto
> Trazendo comigo o dom de meus antepassados,
> Eu carrego o sonho e a esperança do homem escravizado.
> E assim, eu me levanto
> Eu me levanto
> Eu me levanto.

E embora já tenham os meios de falar sobre isso, as vozes negras seguem sendo silenciadas e negligenciadas. E ainda o são. Seja pela sua exclusão e menosprezo nos meios culturais e intelectuais, seja na sua remoção física pelo aprisionamento e assassinato. Não é preciso ir muito longe: além de George Floyd e tantos outros nos Estados Unidos, temos aqui, em terras brasileiras, os exemplos de Marielle, Amarildo e do recente massacre do Jacarezinho.

O que se viu ao longo da História foi a instrumentalização do direito, das leis e dos tribunais para a opressão dos grupos marginalizados por aqueles que de fato detinham o poder e o dinheiro.

O Fim

> *Despite all of the shit in her life,*
> *she's made something of herself*
> *and you can't take it because*
> *she's strong, beautiful*
> *and black*[45]

Não há muito mais a ser dito. *Strange Fruit* mudou o curso da história da música, num momento em que seres humanos eram oprimidos e linchados em praça pública no Sul dos Estados Unidos em atos de divertimento coletivo de homens brancos e dominantes. Eram mutilados, perseguidos, violados. *Strange Fruit* já tocava pelos Estados Unidos e pelo mundo quando o menino Emmet Till, de apenas 14 anos, foi mutilado por dois homens adultos. A epígrafe que lançamos no começo desse texto nada mais era do que uma liga, um gancho, para esse encerramento. Na letra da música de Bob Dylan surge mais um panfleto de irresignação e revolta, vindo de outro artista genial que nunca desistiu de perseguir a igualdade e de denunciar privilégios. O mundo pouco mudou desde *Plessy*, *Strange Fruit*, *Brown*, *Emmet*, *Floyd*: o racismo está aí, vivo, latente, pulsante. É firme e forte quando se vê em imagem a brutalidade policial aqui e em qualquer outro lugar do mundo. É marcante toda vez que um negro entra numa casa de comércio e é seguido silenciosamente pelos seguranças. Está aí no medo que a população negra tem da abordagem policial, dos ganchos cretinos que se criam para aprisionar e manter em cárcere aquele que se percebe como elemento de perigo — isso sempre numa versão de história de lado único. O escravo nunca foi libertado. Foi apenas solto para viver numa sociedade que pune diariamente, que persegue e que continua escravizando de forma estrutural — e com ferramentas muito bem forjadas e o aparato do poder de polícia e da justiça a lhe emprestar os mecanismos de exclusão.

Billie Holiday tentou mudar isso e nos entregar um mundo melhor para viver.

Referências

A 13ª EMENDA ("13th""). Direção de Ava Duvernay. Roteiro: Spencer Averick, Ava Duvernay. Estados Unidos da América: Kandoo Films, 2016. (100 min.), son., color.

ADICHIE, Chimamanda Ngozi. *O Perigo da História Única*. TED Global Summary 2009. Disponível em: https://www.ted.com/talks/chimamanda_ngozi_adichie_the_danger_of_a_single_story/transcript?language=pt#t-587999. Acesso em: 8 maio 2021.

ALS, Hilton. Prefácio a MARGOLICK, David. *Strange Fruit: Billie Holiday e a biografia de uma canção*. Tradução de José Rubens Siqueira. São Paulo: Cosac Naify, 2012.

ANGELOU, Maya. *Ainda Assim eu me Levanto* (*Still I Rise*). In: *And Still I Rise*. Estados Unidos: Random House, 1978.

BLAIR, Elizabeth. *The Strange Story of The Man Behind "Strange Fruit"*. NPR. Disponível em: https://www.npr.org/2012/09/05/158933012/the-strange-story-of-the-man-behind-strange-fruit. Acesso em: 9 ago. 2021.

CHANG, Rachel. *Billie Holiday: How the Government Targeted the "Strange Fruit" Singer with Drug Arrests*. Disponível em: https://www.biography.com/news/billie-holiday-narcotics-us-government. Acesso em: 9 ago. 2021.

DAVIS, Angela Yvonne. *Blues Legacy and Black Feminism: Gertrude "Ma" Rainey, Bessie Smith, and Billie Holiday*. New York: First Vintage, 1999.

DYLAN, Bob. *The Death of Emmett Till*. [S.I.]

ESTADOS Unidos vs. Billie Holiday. Direção de Lee Daniels. Roteiro: Suzan-Lori Parks, Baseado na Obra Chasing The Scream: The First And Last Days Of The War On Drugs de Johann Hari. Estados Unidos da América: Lee Daniels Entertainment e Outros, 2021. (130 min.), son., color.

FANDOS, Nicholas. *Frustration and Fury as Rand Paul Holds Up Anti-Lynching Bill in Senate*. The New York Times. Disponível em: https://www.nytimes.com/2020/06/05/us/politics/rand-paul-anti-lynching-bill-senate.html. Acesso em: 9 ago. 2021.

FRAGA, Álvaro. *Há 50 anos morria Billie Holiday, considerada a mais emocionante voz da música norte-americana*, S.I. Disponível em: http://www.caleidoscopio.art.br/nota/billie-holiday.html Acesso em: 9 ago. 2021.

GOURSE, Leslie. *The Billie Holiday Companion: Seven Decades of Commentary*. New York: Schirmer Trade Books, 2000. Disponível em: https://archive.org/details/billieholidaycom00gour_0. Acesso em: 9 ago. 2021.

HOLIDAY, Billie. *Strange Fruit*. Nova York: Commodore Records, 1939. (3 min.).

KILOMBA, Grada. *Memórias da Plantação: Episódios do Racismo Cotidiano*. Tradução de Jess Oliveira. Rio de Janeiro: Cobogó, 2019.

LEVITSKY, Steven; ZIBLATT, Daniel. *Como as Democracias Morrem*. Tradução de Renato Aguiar. Rio de Janeiro: Zahar, 2018.

LIENSKEY, Dorian. *Strange Fruit: the first great protest song*. The Guardian. Disponível em: https://www.theguardian.com/music/2011/feb/16/protest-songs-billie-holiday-strange-fruit Acesso em: 9 ago. 2021.

LOBIANCO, Tom. *Report: Aide says Nixon's war on drugs targeted blacks, hippies*. CNN. Disponível em: https://edition.cnn.com/2016/03/23/politics/john-ehrlichman-richard-nixon-drug-war-blacks-hippie/index.html. Acesso em: 9 ago. 2021.

MARGOLICK, David. *Strange Fruit: Billie Holiday e a biografia de uma canção*. Tradução de José Rubens Siqueira. São Paulo: Cosac Naify, 2012.

MIDANI, André. Apresentação a MARGOLICK, David. *Strange Fruit: Billie Holiday e a biografia de uma canção*. Tradução de José Rubens Siqueira. São Paulo: Cosac Naify, 2012.

NARO, Nancy Priscilla S. *A formação dos estados unidos: O expansionismo americano: Quem é o cidadão nos EUA? Escravidão e guerra civil*. São Paulo: Atual, 1986.

NASCIMENTO, Kleberson Rodrigo do. *A Canção Strange Fruit como Fonte Histórica*. In: Anais do III Seminário de Educação, Conhecimento e Processos Educativos e I Encontro de Egressos PPGE-UNESC. Disponível em: http://periodicos.unesc.net/seminarioECPE/article/viewFile/5487/4877. Acesso em: 11 maio 2021.

RIBEIRO, Djamila. *Quem tem Medo do Feminismo Negro?*. 1ª ed. São Paulo: Companhia das Letras, 2018.

S.A. *Billie Holiday Biography*. Disponível em: https://www.biography.com/musician/billie-holiday. Acesso em: 1 maio 2021.

STONE, David W. "The Politics of Cafe Society". *The Journal of American History*, vol. 84, n. 4, 1998, p. 1384–1406. Disponível em: www.jstor.org/stable/2568086. Acesso em: 15 maio 2021.

WILSON, John S. "*Barney Josephson, Owner of Cafe Society Jazz Club, Is Dead at 86*". The New York Times. Acesso em: 30 set. 1988. Tradução livre.

Notas

1. Claudio Lampert é bacharel em Direito pela Universidade do Estado do Rio de Janeiro e Mestre em Direito Comparado pela Universidade de Miami. Esse trabalho contou com o apoio inestimável de Pedro Rezende, bacharel em Direito pela Pontifícia Universidade Católica do Rio de Janeiro (Puc-Rio).
2. DYLAN, Bob. *The Death of Emmett Till*. [S.I.]
3. *ESTADOS Unidos vs. Billie Holiday*. Direção de Lee Daniels. 2021.
4. John Henry Hammond II (dezembro, 15, 1910 – julho, 10, 1987) foi um dos mais influentes produtores musicais da história do jazz e caçador de talentos da música popular americana do século 20.
5. GOURSE, Leslie. *The Billie Holiday Companion: Seven Decades of Commentary*. New York: Schirmer Trade Books, 2000. Disponível em: <https://archive.org/details/billieholidaycom00gour_0>. Acesso em: 9 ago. 2021.
6. FALTA O TEXTO.
7. Commodore Records era um selo independente e pequeno, de propriedade de Milt Gabler, judeu nova-iorquino que se tornaria referência na produção musical do jazz.
8. ALS, Hilton. Prefácio a MARGOLICK, David. *Strange Fruit: Billie Holiday e a biografia de uma canção*. Tradução de José Rubens Siqueira. São Paulo: Cosac Naify, 2012.

9   *As árvores do Sul carregam um fruto estranho,*
    Sangue nas folhas e sangue na raiz,
    Corpos negros balançando na brisa sulista
    Um fruto estranho pendurado nos álamos.

    Cena pastoral do Sul galante,
    Os olhos protuberantes e a boca torcida,
    Perfume de magnólia doce e fresca,
    Então de repente o cheiro de carne queimada!

    Eis o fruto para os corvos arrancarem,
    Para a chuva recolher, para o vento exaurir,
    Para o sol apodrecer, para as árvores derrubarem,
    Eis uma estranha e amarga colheita.

10 MIDANI, André. Apresentação a MARGOLICK, David. *Strange Fruit: Billie Holiday e a biografia de uma canção*. Tradução de José Rubens Siqueira. São Paulo: Cosac Naify, 2012.
11 Disponível em <https://www.carnegiehall.org/About/History/Carnegie-Hall-Icons/Billie-Holiday> Acesso em: 9 ago. 2021.
12 Margolick chega a afirmar que *Strange Fruit* "é uma anomalia, tanto dentro como fora da obra de Holiday" (op. cit.).
13 FEATHER, Leonard e ERTEGUN, Ahmet. *Apud*. MAVERICK, op. cit.
14 DAVIES, Angela Yvonne. *Blues Legacy and Black Feminism: Gertrude "Ma" Rainey, Bessie Smith, and Billie Holiday*. New York: First Vintage, 1999.
15 MAVERICK, op. cit.
16 DAVIES, Angela Yvonne, op. cit, tradução livre.
17 MARGOLICK, David, op. cit.
18 Casa de shows nova-iorquina no Greenwich Village de Bareney Josephson, que funcionou entre 1938 e 1948 e ficou conhecida como um núcleo inter-racial e progressista, onde negros e brancos ocupavam os mesmos espaços numa América então dividida pela segregação e pelo ódio.
19 WILSON, John S. "*Barney Josephson, Owner of Cafe Society Jazz Club, Is Dead at 86*". The New York Times. 30/09/1988. Tradução livre.
20 Idem.
21 STONE, David W. "The Politics of Cafe Society." *The Journal of American History*, vol. 84, n. 4, 1998, p. 1384–1406. Disponível em: <www.jstor.org/stable/2568086>. Acesso em: 15 maio 2021.
22 LIENSKEY, Dorian. *Strange Fruit: the first great protest song*. The Guardian. 16/02/2011. Disponível em: <https://www.theguardian.com/music/2011/feb/16/protest-songs-billie-holiday-strange-fruit> Acesso em: 9 ago. 2021.

23 *Works Progress Administration*. Programa de governo lançado por Frank Delano Roosevelt como parte do New Deal. Tinha como objetivo erguer prédios públicos e construir estradas, financiar programas de teatro e de alfabetização, além de fomentar as artes plásticas.
24 DENNING, Michael; STOWE, David. *Apud.* MARGOLICK, David. *Strange Fruit: Billie Holiday e a biografia de uma canção*. Tradução de José Rubens Siqueira. São Paulo: Cosac Naify, 2012.
25 MARGOLICK, David. *Strange Fruit: Billie Holiday e a biografia de uma canção*. Tradução de José Rubens Siqueira. São Paulo: Cosac Naify, 2012.
26 "Investigation of un-American propaganda activities in the United States. (regarding Leon Josephson and Samuel Liptzen) by the United States Congress House Committee on Un-American Activities." U.S. Government Printing Office. 1947. p. 25-28 (Josephson), 29-32 (HUAC record), 32-50 (Russell HUAC bio). Disponível em: <https://archive.org/details/investigationofu1947aunit>. Acesso em: 10 jan. 2018.
27 LOBIANCO, Tom. *Report: Aide says Nixon's war on drugs targeted blacks, hippies*. CNN, 24/03/2016. Disponível em: <https://edition.cnn.com/2016/03/23/politics/john-ehrlichman-richard-nixon-drug-war-blacks-hippie/index.html>. Acesso em: 9 ago. 2021.
28 CHANG, Rachel. *Billie Holiday: How the Government Targeted the "Strange Fruit" Singer with Drug Arrests*. Disponível em: <https://www.biography.com/news/billie-holiday-narcotics-us-government>. Acesso em: 9 ago. 2021.
29 *Idem.*
30 Madeline Gilford, viúva de Jack Gilford, o comediante que era mestre de cerimônias no Café Society, conta que a mãe de Holiday protestou quando ela começou a cantar *Strange Fruit* e perguntou por que ela cantava aquilo. Porque podia melhorar as coisas, Holiday respondeu. "Mas você vai estar morta", a mãe insistiu. "É, mas vou sentir quando acontecer", Holiday disse. "Vou saber no meu túmulo". (*Apud.* MARVELICK, op. cit.).
31 CHANG, Rachel, op. cit.
32 *ESTADOS Unidos vs. Billie Holiday*. Direção de Lee Daniels. 2021.
33 KILOMBA, *Grada. Memórias da Plantação: Episódios do Racismo Cotidiano*. Tradução Jess Oliveira. Rio de Janeiro: Cobogó, 2019.
34 Em sua obra, Grada Kilomba retrata o uso de "máscara do silenciamento" pelos senhores coloniais em pessoas escravizadas como forma de silenciá-las, retirando-lhes, assim, sua humanidade. "Nesse sentido, a máscara representa o colonialismo como um todo. Ela simboliza políticas sádicas de conquista e dominação e seus regimes brutais de silenciamento das/os chamadas/os 'Outras/os': Quem pode falar? O que acontece quando falamos? E sobre o que podemos falar?" KILOMBA, *Grada,* op. cit.
35 DAVIS, Angela Yvonne, op. cit.

36 Metáfora trabalhada pela escritora brasileira Conceição Evaristo em entrevista concedida à *Carta Capital*: "Aquela imagem de escrava Anastácia (aponta pra ela), eu tenho dito muito que a gente sabe falar pelos orifícios da máscara e às vezes a gente fala com tanta potência que a máscara é estilhaçada. E eu acho que o estilhaçamento é o símbolo nosso, porque a nossa fala força a máscara".
37 NARO, Nancy Priscilla S. *A formação dos estados unidos: O expansionismo americano: Quem é o cidadão nos EUA? : escravidão e guerra civil*. São Paulo: Atual, 1986, p. 35 (g.n.).
38 NASCIMENTO, Kleberson Rodrigo do. *A Canção Strange Fruit como Fonte Histórica*. In. Anais do III Seminário de Educação, Conhecimento e Processos Educativos e I Encontro de Egressos PPGE-UNESC, p. 3.
39 NASCIMENTO, Kleberson Rodrigo do. *A Canção Strange Fruit como Fonte Histórica*. In. Anais do III Seminário de Educação, Conhecimento e Processos Educativos e I Encontro de Egressos PPGE-UNESC, p. 4.
40 Chimamanda Ngozi Adichie, feminista e escritora, é reconhecida como uma das mais importantes jovens autoras anglófonas. Nigeriana, é mestre de artes em estudos africanos pela Universidade de Yale.
41 "**É impossível** falar sobre uma única história sem falar sobre poder. Há uma palavra, uma palavra da tribo Igbo, que eu lembro sempre que penso sobre as estruturas de poder do mundo, e a palavra é 'nkali'. É um substantivo que livremente se traduz: 'ser maior do que o outro'. Como nossos mundos econômico e político, histórias também são definidas pelo princípio do 'nkali'. Como são contadas, quem as conta, quando e quantas histórias são contadas, tudo realmente depende do poder. Poder é a habilidade de não só contar a história de uma outra pessoa, mas de fazê-la a história definitiva daquela pessoa. O poeta palestino Mourid Barghouti escreve que se você quer destituir uma pessoa, o jeito mais simples é contar sua história, e começar com 'em segundo lugar'. Comece uma história com as flechas dos nativos americanos, e não com a chegada dos britânicos, e você tem uma história totalmente diferente. Comece a história com o fracasso do estado africano e não com a criação colonial do estado africano e você tem uma história totalmente diferente." ADICHIE, Chimamanda Ngozi. *O Perigo da História Única*. TED Global Summary, 2009 (g.n.).
42 National Association for the Advancement of Colored People.
43 "O comparecimento negro no Sul caiu de 61% em 1880 para 2% em 1912". LEVITSKY, Steven; ZIBLATT, Daniel. *Como as Democracias Morrem*. Tradução de Renato Aguiar. Rio de Janeiro: Zahar, 2018.
44 ANGELOU, Maya. Ainda Assim eu me Levanto (*Still I Rise*). In: *And Still I Rise*. Estados Unidos: Random House, 1978.
45 *ESTADOS Unidos vs. Billie Holiday*. Direção de Lee Daniels. 2021.

Querelas do Brasil:
um direito que não conhece o Brasil

Cristina Gaulia

"Do Brasil, S.O.S. ao Brasil..."[1]

I. Introdução

"Querelas do Brasil" é uma composição de Aldir Blanc (1946-2020) e Maurício Tapajós (1943-1995), imortalizada pela voz da maravilhosa cantora brasileira que foi Elis Regina (1945-1982) e gravada, ao vivo, no Teatro Ginástico, no coração do Centro da Cidade do Rio de Janeiro, em abril de 1978.

A palavra querela vem do latim *querella*, derivada do verbo *queri*, que significa "queixar-se", e tem um significado jurídico que se traduz como uma reclamação feita contra alguém em juízo, mas também pode ser traduzida como "lamento, expressão de sofrimento" ou "canto terno ou plangente"[2].

Em "Querelas do Brasil" os artistas brasileiros apontavam para uma necessidade que, já em 1978, se fazia tardia: de os brasileiros conhecerem o Brasil.

A canção revelou-se como forma sutil de criticar a dura realidade do contexto social, político, econômico e cultural, vivida por todos no período de ditadura militar.

Na voz exótica e única de Elis, os três artistas criam um hino, que não pode ser atacado pela censura que imperava na época e que reprimia severamente a liberdade de expressão, pois composição e interpretação traziam "uma carga sentimental", poética, ao mesmo tempo em que exprimiam uma forte metáfora "ideológica, crítica e persuasiva"[3].

A composição, no balanço da bossa nova, é alegórica, e ao contrário da exaltação de uma cultura brasileira natural e folclórica, que se poderia haurir a partir de uma simplista interpretação literal, apresenta-se como uma problematização do profundo desconhecimento que as classes média e alta tinham (e continuam a ter!) do que é o Brasil de fato.

E por isso a estrofe *o Brazil não conhece o Brasil* marca a composição com um estribilho melódico essencial.

O uso do "Brazil" com "z" aponta, com geniosidade, para o desconhecimento que os norte-americanos tinham do Brasil e para a perniciosa influência estadunidense que sofríamos.

Mas, na realidade, o "Brasil" com "s" estava inteiramente contido no refrão de lamento desse desconhecimento inexplicável. Era na verdade, e ainda hoje é, o Brasil que não conhece o Brasil autêntico.

II. O direito nunca foi ao Brasil

A magistratura brasileira está inserida nas classes médias, em famílias na sua maioria formadas de funcionários públicos.

Esse Brasil também não conhece o Brasil.

Alguns exemplos ajudarão a clarear o que não enxerga muito bem o Piá-carioca, porecramecrã[4], como seguia a canção...

Assim, a primeira parte do artigo 375 do Código de Processo Civil de 2015[5], a Lei nº 13.105, de 16 de março de 2015, uma herança normativa do CPC de 1973, que no artigo 335[6] trazia similar disposição, embora esta de redação mais rica que aquela, outorga particulares poderes aos juízes e juízas do Brasil.

Sem entrarmos na discussão do ativismo judicial, que contrapõe críticas e aplausos por parte da academia e da jurisdição, fato é que o legislador processual contemporâneo não olvidou que um país de complexidades e de multiculturalidades como é o Brasil padecerá sempre de situações humanas e sociais únicas, diversas, e inimagináveis, até porque, no Brasil, há em verdade vários "Brasis", e por isso também Elis Regina repetia que o Brazil não conhece o Brasil.

Ao retirar do texto do artigo 335 do CPC/73 a frase introdutória "em falta de normas jurídicas particulares", o legislador de 2015 supriu o decote que fizera, apontando que, ainda assim, haverá ocasiões nas quais a "observação do que ordinariamente acontece", precisará ser levada em conta pela magistratura, com a aplicação necessária das "regras de experiência comum".

A referência legal à observação das coisas que ordinariamente acontecem no mundo brasileiro é benfazeja para a concretização da justiça, em mais casos do que sonha a vã filosofia de legisladores e juízes.

A diversidade da população, das realidades, dos conflitos e das necessidades dos cidadãos brasileiros, muitos deles somente habitantes da *terrae brasilis*, do Oiapoque ao Chuí, aponta para lacunas surpreendentes do direito brasileiro.

E tanto o legislador tem conhecimento desse fato que, por mais que modernize a legislação, apesar disso abre brechas possíveis para a jurisdição conseguir lidar com o contínuo imponderável.

Todavia, sem que haja uma vivência interativa com o cotidiano e com o que ocorre, mais perto ou mais longe dos palácios da justiça, não conseguirão juízes e juízas construir a experiência comum, haurida da observação necessária das distintas realidades constantes nos processos judiciais.

Na letra de Blanc, Madureira, Olaria e Bangu têm realidades distintas de Água Santa e Acari, que nenhuma similitude guardam com Ipanema ou Nova Iguaçu.

Assim, o único caminho possível, para que se conheçam melhor tais realidades, exige caminhar, vivenciar, conhecer e enxergar, ou seja, é o Brasil conhecer o Brasil, do contrário, o Brasil não merece o Brasil, como entonaria a Pimentinha[7].

III. Pererê, camará, tororó, olerê, piriri, ratatá, karatê, olará[8]

> "Na Terra Indígena Waimiri Atroari ocorreram três grandes impactos"[9].

Os indígenas da etnia Waimiri Atroari foram praticamente dizimados entre as décadas de 1970 e 1980.

O Brasil tá matando o Brasil, exatamente como canta e conta Elis.

Em 1988 foi criado o Programa Waimiri Atroari, a cargo da Funai, um termo de compromisso assumido pela Eletronorte, pactuado com a participação da Secretaria de Educação do Estado do Amazonas, do Instituto de Medicina Tropical de Manaus e da Universidade do Amazonas.

Em 2017, por meio de um Acordo de Cooperação Técnica, entre os Tribunais de Justiça do Amazonas e de Roraima, foram convidados três magistrados do Tribunal de Justiça do Rio de Janeiro para participarem de uma ação de prestação jurisdicional conjunta dos três tribunais, em favor dos indígenas Waimiri Atroari – os "Kinja", como se autodenominam[10].

Numa antecipação da cooperação judicial, hoje uma política judiciária do CNJ[11], magistrados e magistradas prestaram jurisdição em uma maloca de grandes dimensões, no meio da floresta Amazônica, na divisa entre os estados de Roraima e do Amazonas, e ao longo de cinco dias de trabalho, procederam ao registro de nascimento de 1.200 Kinjas, sendo as certidões entregues pelo Registro Civil de Pessoas Naturais (RCPN) presente na ação.

Antes da ação conjunta pairava uma perplexidade absoluta: se os indígenas já recebem o RANI (Registro de Nascimento Indígena), expedido pela FUNAI, e se vivem na Terra Indígena, para que seria necessária a certidão de nascimento "de branco"?

Jereba, saci, cunhãs, ariranha...[12] O Brasil nunca foi ao Brasil...

Indígenas somente são atendidos pelo SUS (Sistema Único de Saúde) quando precisam internar-se ou receber tratamento especializado, se tiverem certidão de nascimento "de branco".

O RANI identifica o indígena com o nome da tribo, mas somente a certidão oficial expedida pelo RCPN possibilita o tratamento médico-cirúrgico (pneumonias, tuberculose, apendicite, meningite, dentre outras enfermidades). Além disso, se o indígena quer estudar, cursar a universidade, até para fazer jus às cotas hoje existentes por lei, com o RANI não obtém carteira de identidade, CPF ou carteira de trabalho. Menos ainda, se pretende se tornar cidadão-eleitor, sem o "registro de branco" nada acontece.

Os magistrados chegaram em veículos 4x4 à clareira onde se erguia imponente a maloca de audiências.

Já os indígenas precisariam caminhar durante dias, para chegarem ao cartório do RCPN em Manaus ou em Boa Vista.

E se chegassem ao Registro Civil de Pessoas Naturais, não teriam qualquer documento apto a possibilitar o registro tardio; as crianças não teriam DNV (Declaração de Nascido Vivo) para apresentar, afinal não nasceram em maternidades; e os adultos não conseguiriam, sem possível levantamento de dúvida pelo notário, inserir como sobrenome, único e para todos e todas da tribo, a etnia indígena.

Ailton Krenak refere no livro *Ideias para adiar o fim do mundo* que:

> Falar sobre a relação entre o Estado brasileiro e as sociedades indígenas a partir do exemplo do povo Krenak surgiu como uma inspiração, para contar a quem não sabe o que acontece hoje no Brasil com essas comunidades – estimadas em cerca de 250 povos e aproximadamente 900 mil pessoas, população menor do que a de grandes cidades[13].

Mas os desconhecimentos não param por aí.

As controvérsias nos debates políticos e judiciários são constantes, e mesmo após o precedente de afirmação pelo STF da Reserva Raposa Serra do Sol[14], decisão que merece críticas, mas sem dúvida afirmou etapa essencial na garantia de terras indígenas, continuam as controvérsias entre o direito fundamental constitucional, previsto no art. 231 da Constituição Federal[15], e um modelo de economia neoliberal que pretende privilegiar mineradoras e madeireiras, dentre outras empresas de impacto econômico.

Seria, então, mesmo importante demarcar as terras indígenas? Os rios que cortam terras indígenas são recursos a serem economicamente aproveitados? A madeira pode ser extraída das reservas? As terras indígenas devem ser preservadas?

As perplexidades comuns e frequentes bem demonstram que estava certa Elis...

Do Brasil, S.O.S ao Brasil!

IV. Cabuçu, Cordovil, Cachambi, Madureira, Olaria, Bangu, Cascadura, Água Santa, Acari, olerê[16]

Foi no álbum *Transversal do Tempo* que se grava "Querelas do Brasil", e a letra nasce, já desde o título, como um contraponto bem marcado, brincando com um trocadilho, em relação à composição *Aquarela do Brasil*, de Ary Barroso[17].

O que Elis Regina exalta na batida exótica de uma bossa nova modernista é a desconstrução do Brasil "aquarela", essa visão de Brasil como uma cultura estritamente natural e de uma grandiosidade ufanista em desconformidade com a realidade, desigual e desconhecida.

O Brasil de Ary Barroso tem favelas românticas; o Brasil de Aldir Blanc é aquele em que os telhados de zinco dos barracos encobrem os lamentos.

Dona Inês tinha 74 anos quando Aninha morreu. "Morreu de tiro, seu moço", contou ao repórter do jornal sobre a morte da filha no dia anterior em meio ao tiroteio da Civil com o tráfico. No dia seguinte viu sua foto estampada ao lado do corpo da moça, coberto por um lençol com manchas marrons, e a manchete dizia: "Morre Ana da Rocinha – A mulher do dono do morro".

O Brasil está matando o Brasil, cantaria Elis.

Não havia nada a fazer a não ser cuidar dos três netos, filhos de sua filha, cada um de um pai diferente.

Ana foi enterrada como indigente, pois, não tendo certidão de nascimento, não se podia emitir a de óbito, e como dona Inês tampouco tinha certidão de nascimento, esta que se perdera anos antes, não conseguiu a certidão de óbito para liberar o corpo no IML, e Ana foi parar em cova rasa no Caju[18].

O problema de dona Inês foi que os netos tampouco tinham certidões de nascimento e estavam em idade escolar.

Após dias na fila da Defensoria Pública, a idosa senhora conseguiu entrar com uma ação para obter uma 2ª via de sua certidão, que lhe foi entregue oito meses depois.

A situação era desesperadora, pois só contava com a pensão de um salário para manter os três meninos.

Teve que pedir ao vizinho que fizesse "gato" porque a luz foi suspensa, e se não fosse o vereador Horácio, cujo ponto de apoio político era a Associação de Moradores da favela, o menino menor tinha morrido de pneumonia.

O Brasil está matando o Brasil...

O político "fornecera" ambulância, vaga no hospital público e a medicação, em troca do voto.

Na escola a diretora Maíra matriculou o maior de oito anos sem a certidão e disse: "Vó, ele assiste as aulas, mas não vai receber o certificado, tá bem?"

Voltou à Defensoria várias vezes, só com o dinheiro da passagem, para conseguir registrar os meninos, e ficava na fila o dia inteiro. Não podia comer senão não tinha dinheiro para voltar. E não tinha o "papel amarelo"[19], tendo antes que registrar a mãe dos meninos, já agora morta. Nenhum neto nascera em maternidade, e na verdade, nem sabia dizer onde a Ana os parira.

Depois de dois meses foi buscar o pequeno no hospital público, deixou o mais velho tomando conta do irmão do meio.

Ao chegar de volta ao barraco no alto do morro, a vizinha lhe disse que o Conselho Tutelar levara os meninos para o abrigo.

Perdeu a guarda, que nem era oficial, na Vara da Infância e Juventude. Um ano depois, o juiz lhe disse: "A Sra. é uma irresponsável"[20].

Jerê, sarará, cururu, olerê. Blá-blá-blá, bafafá, sururu, olará, segue mais uma querela do Brasil.

A favela é "movimento", e nela há uma "energia cinética das relações humanas"[21]; ignorar esse movimento é igualar ujobim, sabiá, bem-te-vi...[22]

O direito, a justiça precisam acompanhar, de perto, esse cenário, e

> cabe à sociedade civil responder com a promoção da justiça, considerando o amplo conjunto de medidas destinadas a reduzir desigualdades, proporcionar oportunidades laborais e, por último, garantir o respeito aos direitos do cidadão inclusive nas questões afetas aos tribunais.[23]

O Brasil nunca foi ao Brasil.

O Brasil não merece o Brasil.

V. Sertões, guimarães, bachianas, águas, imarionaíma, arariboia[24]

O sertão de Guimarães Rosa é o mundo, o mundo brasileiro, e as veredas, os caminhos sem fim da brasilidade.

Já em Euclides da Cunha os "sertões" são as entranhas do Brasil[25].

Conhecer as veredas e as entranhas do Brasil é preciso.

É chegado o momento em que o direito, nesse país cindido e prenhe de desigualdades alarmantes, não se deixe seduzir pelo canto da sereia de um judicar algorítmico, ou por uma visão lúdica exógena e limitada, mas reencontre seu verdadeiro desiderato, sem querelas ou lamentos: conhecer de verdade o Brasil.

Elis, Blanc e Tapajós desconstruíram a imagem estadunidense do *Brazil – Bananas is my business*[26], e sua "música-manifesto" marca de maneira icônica um momento em que havia essa grande tarefa pela frente: conhecer o Brasil e democratizá-lo. No entanto...

> Ipanema e Nova Iguaçu, olará...[27]
> O Brazil não conhece o Brasil.
> O Brasil nunca foi ao Brazil.
> Do Brasil, S.O.S. ao Brasil...
> Querelas: canção, lição, alerta.
> Um grito.

Notas

1   *Querellas do Brasil*".Disponível em: <https//pt.m.wikipedia.org> wiki. Acesso em: 19 maio 2021.

2   Querela-etimologia. Disponível em: <https://pt.m.wiktionary.org wiki. Acesso em: 23 maio 2021.

3   LIMA, Simone Maria de. "Dentro do moderno tem o antigo – Os nomes na música: Querelas do Brasil". Disponível em: <www.webletras.com.br>. Acesso em 19 maio 2021.

4   Palavra de origem tupi: 1. piá: menino; 2. carioca: casa de branco, o natural do Rio de Janeiro; 3. Piá-carioca: gíria comum na cidade do Rio de Janeiro (menino do Rio de Janeiro). Porecramecrã: povo indígena extinto, da família linguística timbira. *Idem, ibidem* nota de rodapé 4.

5   CPC/15 – Art. 375: "O juiz aplicará as regras de experiência comum subministradas pela observação do que ordinariamente acontece e, ainda, as regras de experiência técnica, ressalvado, quanto a estas, o exame pericial."
6   CPC/73 – Art.335: "Em falta de normas jurídicas particulares, o juiz aplicará as regras de experiência comum subministradas pela observação do que ordinariamente acontece e ainda as regras da experiência técnica, ressalvado, quanto a esta, o exame pericial."
7   "Desbocada e de gênio forte, Elis Regina [...] fazia jus ao apelido Pimentinha." Disponível em: <https://musica.uol.com.br> Acesso em 23 maio 2021.
8   Palavras de origem tupi: 1. pererê – pular, saltitar; 2. camará – arbusto ornamental; 3. tororó – corrente fluvial forte e ruidosa; 4. ratatá – rufar de tambores. Do japonês: karatê – método de luta de ataque e defesa. Olerê/olará: sem significado específico, espécie de cumprimento. *Idem, ibidem*, nota de rodapé 4.
9   "Primeiro foi a estrada, depois uma empresa de mineração chamada Paranapanema invadiu a Terra Indígena Waimiri Atroari, e o Governo Figueiredo extinguiu a reserva. E o terceiro é a Usina Hidrelétrica de Balbina, que inundou 30 mil hectares da Terra Indígena [...] Os 1.500 índios que eu havia contado, em estimativa, foram reduzidos a 374 pessoas nesse processo...". *Waimiri Atroari: divulgando nossa história.* São Paulo: ISA – Instituto Socioambiental, 2017, p. 12.
10 "Os Waimiri Atroari se denominam *Kinja* (gente verdadeira) em oposição a *kaminja* (não indígena), *makyna* (canhoto) e a *irikwa* (morto-vivo)". Waimiri Atroari – Povos indígenas no Brasil. Disponível em: <https://pib.socioambiental.org> Acesso em: 19 maio 2021.
11 A Resolução nº 350, de 27 de outubro de 2020, do Conselho Nacional de Justiça, estabelece diretrizes e procedimentos para cooperação ativa, passiva e simultânea, entre órgãos do Poder Judiciário. Disponível em: <https://atos.cnj.jus.br> Acesso em: 19 maio 2021. A Res. nº 350 nasceu de duas Recomendações do CNJ, de números 28/2009 e 38/2011, em que o Conselho já sinalizava para a necessidade de implantação, através de mecanismos ajustados entre os tribunais, de cooperação judiciária.
12 Palavras de origem tupi: 1. jereba – o que se vira, 2. saci – entidade fantástica do Brasil, menino negro de uma só perna, de cachimbo e barrete vermelho, com poderes mágicos; 3. cunhãs – mulheres; 4. ariranha – onça d'água. *Idem, ibidem* nota de rodapé 4.
13 KRENAK, Ailton. *Ideias para adiar o fim do mundo*. 2ª ed., São Paulo: Cia. das Letras, 2020, p. 40-41.
14 STF – PET: 3388 RR, Relator: Min. Carlos Britto. Data de Julgamento: 19/03/2009, Tribunal Pleno, Data de Publicação: DJe-181 DIVULG 24/09/2009 PUBLIC 25-09-2009 REPUBLICAÇÃO: DJe – 120 DI-

VULG 30/06-2010 PUBLIC 01/07/2010 EMENT VOL-02408-02 PP-00229.
15 CFRF/88: Art. 231. "São reconhecidos aos índios sua organização social, costumes, línguas, crenças e tradições, e os direitos originários sobre as terras que tradicionalmente ocupam, competindo à União demarcá-las, proteger e fazer respeitar todos os seus bens. § 1º São terras tradicionalmente ocupadas pelos índios as por eles habitadas em caráter permanente, as utilizadas para suas atividades produtivas, as imprescindíveis à preservação dos recursos ambientais necessários a seu bem-estar e as necessárias a sua reprodução física e cultural, segundo seus usos, costumes e tradições. § 2º As terras tradicionalmente ocupadas pelos índios destinam-se a sua posse permanente, cabendo-lhes o usufruto exclusivo das riquezas do solo, dos rios e dos lagos nelas existentes.
16 Regiões periféricas, da Baixada Fluminense, e áreas de favelas na cidade e Estado do Rio de Janeiro.
17 *Aquarela do Brasil* é uma das mais populares canções brasileiras de todos os tempos, escrita pelo compositor mineiro Ary Barroso em 1939. O samba foi gravado a primeira vez por seu parceiro Francisco Alves, e depois por diversos artistas que vão de Carmen Miranda a Frank Sinatra [...] A canção, por exaltar as qualidades e a grandiosidade do país, marcou o início do movimento que ficaria conhecido como samba-exaltação". Disponível em: <https://pt.m.wikipedia.org> wiki. Acesso em: 23 maio 2021.
18 O cemitério São Francisco Xavier, ou Cemitério do Caju, na Zona Portuária do Rio de Janeiro, é o chamado "cemitério dos indigentes", onde são enterradas pessoas não identificadas ou, na atualidade do empobrecimento do país, pessoas que não têm, e tampouco seus parentes, dinheiro para um enterro "decente". Disponível em: <https://extra.globo.com/noticias/rio/conheca-as-historias-de-quem-enterrado-em-cova-rasa-no-caju-> <destino-de-um-terco-dos-corpos-sepultados-no-rio-rv1-1-24125136.html> Acesso em: 20 maio 2021.
19 "A Declaração de Nascido Vivo (DNV) é um documento que todo bebê que nasce com vida recebe para poder ser registrado em cartório [...]. Todas as instituições que atendem a partos possuem esse documento que é fornecido pela Secretaria Municipal de Saúde (SMS) de cada cidade [...]. Segundo a Resolução SEDESC nº 1.675, de 24 de maio de 2011, que dispõe sobre o novo modelo de DNV, a declaração é expedida em três vias, a saber: "Art. 4º I – a primeira via da DNV (branca) deverá ser recolhida, semanalmente, pelas Secretarias Municipais de Saúde (SMS) nas maternidades; II – a segunda via da DNV (amarela) deverá, no hospital, ser entregue à mãe ou responsável pelo nascido [...]; III – a terceira via da DNV (rosa) deverá ser arquivada na Maternidade [...]. Disponível em: <http://old.cremerj.org.br>detalhes> Acesso em: 20 maio 2021.

20 A narrativa é oriunda de um mosaico formado de fragmentos de várias histórias reais ouvidas durante a pesquisa de doutoramento da autora.
21 MEIRELLES, Renato; ATHAYDE, Celso. *Um país chamado Favela: a maior pesquisa já feita sobre a favela brasileira*. São Paulo: Editora Gente, 2014, p. 104.
22 Aves do Brasil.
23 Idem, p. 145.
24 Sertões, guimarães: *Grande sertões: veredas* (1956), obra do escritor brasileiro Guimarães Rosa; bachianas: Bachianas Brasileiras, nove composições de Heitor Villa-Lobos (escritas entre 1930-1945); água: o precioso líquido; imarionaíma: topônimo criado pelos compositores em homenagem a Mario de Andrade e à sua obra *Macunaíma, o herói sem nenhum caráter* (1928); arariboia: cobra-arara, com cores que lembram a arara (origem tupi). *Idem, ibidem* nota de rodapé 5.
25 *Os Sertões* é um livro do escritor e jornalista brasileiro Euclides da Cunha, publicado em 1902 [...] Trata da Guerra de Canudos (1896-1897). Disponível em: <https://pt.m.wikipedia.org/wiki/Os_Sert%C3%B5es>. Acesso em: 23 maio 2021.
26 *Bananas is my business* é um documentário bem dirigido por Helena Solberg, que narra a trajetória de Carmen Miranda e seu sucesso nos Estados Unidos, país que durante anos cultivou o Brasil das "bananas e abacaxis", fazendo humor recreativo de um país de fantasia, erotismo e pouca credibilidade. O filme é considerado icônico e foi aplaudido pelos críticos. A referência feita no texto não é uma crítica da autora, mas uma mostra da ideia que perpassava o imaginário dos norte-americanos na década de 1940.
27 Ipanema: bairro de classe alta da zona praiana do Rio de Janeiro (IDH = 0,962// IDH-R=1,000). Lista de bairros do Rio de Janeiro por IDH. Disponível em: <encurtador.com.br/fixAH> Acesso em: 22 maio 2021. Nova Iguaçu: município da Baixada Fluminense, área periférica do Grande Rio (IDH=0,646//IDH-R=0,818). Relação de Municípios Fluminenses por IDH Disponível em: <encurtador.com.br/fixAH> Acesso em: 22 out. 2021.

Juízo final:
Nelson Cavaquinho e a eterna luta do bem contra o mal

Daniel Homem de Carvalho[1]

Convivendo com "bambas"

Eu nasci numa casa onde se ouvia muita música brasileira. Meu avô e meu pai eram grandes entusiastas da música popular brasileira.

Figuras como Zé Keti, Monsueto, Claudete Soares, Grande Otelo eram constantes em minha casa. Meu pai foi amigo de Dolores Duran e Lamartine Babo. Meu avô Affonso foi amigo da Virgínia Lane. Talvez a única afinidade dele com Vargas...

Eu e meus irmãos comumente dormíamos embalados pela voz desafinada do pai cantando "Chão de Estrelas", "A noite do meu bem", "Chorar em colorido", "Serra da Boa Esperança" e tantas outras joias do nosso cancioneiro. Destaco particularmente Chão de Estrelas como um dos maiores poemas de nossa música. De fato é um repertório bem antigo para minha geração. Mas a primeira vez que, por minha conta, resolvi conhecer a música brasileira, diria que foi aos 8 ou 9 anos de idade. Nessa época meu pai adquiriu uma coleção da editora Abril Cultural de música popular brasileira. A edição continha uma biografia dos grandes compositores e um vinil.

Li toda a coleção e ouvi todos os discos. Ali tomei conhecimento da música de Nelson Cavaquinho.

Já estava no primeiro ano do segundo grau, por volta de 1977, quando no lendário Teatro Opinião, que ficava no Shopping da Siqueira Campos, em Copacabana acontecia uma concorrida roda de samba. Toda segunda-feira, a Roda começava por volta das 21h30 e terminava por volta da meia-noite. Juntamente com uma turma de amigos do Andrews e do Santo Inácio, dentre eles Gulinha Prado Kelly, Otávio Leite, Fernando Phebo nos reuníamos no apartamento de um deles que morava nas redondezas do teatro e fazíamos um "esquenta" com direito a cavaquinho, tocado por um dos parceiros. E a semana já começava em ritmo de samba.

Assim, aos 15 anos de idade fui apresentado a figuras como Ismael Silva, Xangô da Mangueira, Dona Ivone Lara, Clara Nunes, Beth Carvalho, etc. O teatro era montado para uma peça de sucesso de João das Neves, O último Carro. Às segundas-feiras, eles aproveitavam o cenário e faziam a Roda de Samba. Vários artistas notáveis passaram pelo palco do Opinião.

Consultando a rede mundial, encontramos a informação de que as noitadas de samba do Opinião duraram 13 anos com 617 apresentações.

Impossível dentre tantos "bambas" escolher o melhor. Mas a figura de Nelson Cavaquinho sempre me chamou a atenção. Ele chegava com seus cabelos brancos e seu violão. Com uma voz inconfundível, Cavaquinho recitava, cantando, seus poemas em forma de samba. Às vezes Nelson chegava sem violão. Todo mundo já sabia... Ele sentava, pegava o microfone, tinha, provavelmente, exagerado na birita, e dizia: "Hoje não trouxe o violão, briguei com a mulher!". A plateia vinha abaixo. E ele cantava à capela ou acompanhado de algum músico que estivesse por perto.

Eu estava ali no meio e pude conviver com o que era mais emblemático e marcante da música e do samba brasileiro.

Sem nenhum saudosismo, era um samba feito pelos grandes.

Quando meu amigo Zé Roberto Castro Neves me convidou para participar deste projeto me lembrei dessas rodas de samba e da força literária das letras do Nelson Cavaquinho.

O título JUÍZO FINAL é autoexplicativo ao que se propõe esta obra coletiva.

Vida e obra

Nelson Antonio da Silva nasceu em 29 de outubro de 2011, filho de uma lavadeira e de um músico-tocador de tuba da banda da Polícia Militar. Os problemas financeiros da família trocassem de morada constantemente. De Bangu passando por Ricardo de Albuquerque, Lapa e Centro, Nelson encontra no bairro da Gávea, já na adolescência, o ambiente de boemia próprio à sua vocação de compositor.

Aos 21 anos se casa e constitui família, obrigando-o a buscar um emprego estável. Torna-se então cavalariano da força pública.

> Sua função era patrulhar os botecos dos morros, o que, é claro, unia o útil ao agradável, para ele. Deixava o cavalo amarrado diante dos bares, e entrava para puxar um samba, conhecer os bambas: Cartola, Carlos Cachaça, Zé com Fome (o futuro Zé da Zilda). Boa parte de sua vida de cavalariano da PM ele passou preso: não se importava, parece, pois aproveitava para compor música.[2]

Aos 28 anos Nelson fica viúvo e deixa a PM para viver exclusivamente da música. Sua obra foi imensa e legou à cultura brasileira joias da poesia e da música popular. A parceria mais conhecida de Cavaquinho foi com o compositor Guilherme de Brito, uma antítese do boêmio. Funcionário da Casa Edson, ao fim do expediente Brito ia ao encontro do parceiro nos bares da noite do Rio.

Um inventário feito por Nelson Cavaquinho, pouco antes de sua morte em 18 de fevereiro de 1986, dava conta de ter produzido algo em torno de oitocentas músicas. Umas quatrocentas gravadas, cem inéditas e trezentas "vendidas"(totalmente ou apenas a parceria).

Essa imensa produção já demonstra a importância de Nelson Cavaquinho para a canção brasileira. Dentre seus sucessos estão joias como "A flor e o Espinho", "Luz Negra", "Rugas", "Palhaço", "Degraus da Vida", "Sempre Mangueira", "O Bem e o Mal".

O Evangelho, segundo Nelson Cavaquinho

O sol há de brilhar mais uma vez
A luz há de chegar aos corações
O mal será queimada a semente
O amor será eterno novamente
É o juízo final
A história do bem e do mal
Quero ter olhos pra ver
A maldade desaparecer
É o juízo final[3]

O samba de Nelson Cavaquinho guarda forte ênfase nas desditas amorosas, nas dificuldades do povo simples, na dignidade da pobreza e na crença da igualdade de todos perante o Criador.

A nossa vida é tão curta
Estamos neste mundo de passagem
Ó, meu grande Deus
Nosso criador
A minha vida pertence ao Senhor, ao Senhor[4]

Não, Nelson não era um compositor gospel. Era um boêmio da melhor estirpe. Mas a religiosidade é uma marca de sua obra. A ideia é a de que ao fim da aventura humana, com suas desditas e agonias, haverá justiça e paz verdadeiras.

Nunca é tarde pra quem sabe esperar
O que se espera há de se alcançar
Eu plantei o bem e vou colher o que mereço
A felicidade deve ter meu endereço[5]

Nelson Cavaquinho é um poeta filósofo, que ao mesmo tempo em que faz poesia, ele especula sobre a própria existência. A fluidez da existência, as contradições de uma relação amorosa, a honra e dignidade como valores superiores e uma relativização da riqueza material, sem contudo se identificar na sua obra um conteúdo de protesto social.

> Do pó vieste e para o pó irás
> Neste planeta tudo se desfaz
> Não deves sorrir do mal-estar de alguém
> Porque o teu castigo chegará também
> Vives como um fidalgo
> Guardes a tua riqueza
> Que eu ficarei com a pobreza
>
> Eu me considero rico em ser pobre
> Sejas como eu que sempre soube ser nobre
> Tens um coração de pedra, de ninguém tens dó
> Tu também és um que vieste do pó[6]

A sabedoria popular e as tradições religiosas monoteístas, sobretudo, sempre remetem ao fim de uma era onde todos seremos julgados por nossos atos. Acredite-se ou não nessa ideia, todos nós independentemente do relativismo intelectual predominante, somos detentores de um código moral mínimo. E esse código nos é legado pelos valores familiares e culturais que testemunhamos.

A ideia de bem e de mal, de certo e errado ou de justo e injusto é parte indissociável de nosso inconsciente coletivo. Naturalmente o discernimento quanto a esses valores suscita alguma forma de julgamento, ainda que pelo tribunal da consciência. Necessariamente alguma forma de perdão ao fim da jornada é cogitado.

A literatura a teologia e a filosofia vêm em socorro ao poeta-filósofo em suas especulações nascidas da vida das ruas.

Reflexões acerca do mal e sua redenção

Uma tentativa de definir o mal passa por sua negação. Oferecemos assim, uma definição negativa do MAL. Trata-se de definir o mal a partir de seu confronto com o bem. Como diria Nelson Cavaquinho: a luta do bem com o mal.

"Ninguém pode imaginar o mal sem imaginar o bem a que ele nos torna fiéis; e o bem, por sua vez, só pode aparecer como bem pela ideia de um mal possível, suscetível de nos seduzir e de nos fazer sucumbir."[7]

O Bem se configura como a redenção do Mal a que todos estamos sujeitos. A existência humana é vista como a permanente luta entre esses dois polos. Ao livre arbítrio, ao tribunal da consciência e a eficiente administração das paixões compete o destino de cada um deles.

"O mal que existe no mundo provém quase sempre da ignorância, e a boa vontade, se não for esclarecida, pode causar tantos danos quanto a maldade."[8]

Ao ofício do profissional do Direito, os conceitos do bem e do mal, do certo e errado e do justo e injusto, são bastante caros e se constituem em ferramenta de trabalho. Ao fenômeno jurídico é intrínseca a busca humana pela prevalência do certo, do justo e do verdadeiro. Aqui falo em prevalência visto que tratam-se de valores cujos limites e definições aparentam insuscetíveis de captura. A apreensão do mal e sua superação necessariamente estão a requerer a mediação da razão sob pena de sua prevalência. Camus, o filósofo, sugere a ação contra o mal, nos limites da possibilidade humana, sem a ilusão de sua erradicação absoluta. Para Camus, a luta irracional contra o mal absoluto poderia levar a totalitarismos e na sua própria perpetuação.

"O mal que existe no homem, falta atual ou malícia virtual, cria para ele um destino invencível ou ele pode ser reparado, apagado, resgatado, e segundo que recursos humanos ou sobre-humanos de sabedoria e salvação?"[9]

Para o filósofo cristão Étiene Borne, o fanatismo, as sociedades fechadas e suas formas de "enfrentamento" do mal podem se constituir agentes maiores do Mal. Para o autor, os limites entre o bem e o mal e as formas de seu diagnóstico não são absolutas.

> "... sabemos de fato, nesse lugar da confusão a que estamos condenados a viver, o que é o bem e o que é o mal, de tanto que estão desesperadamente misturados um ao outro?"[10]

Há de verdade uma questão que faz fronteira com as impossibilidades da captura ou do alcance absoluto desses objetivos. A linha tênue entre esses conceitos requer do interlocutor uma grande dose de prudência. Ao fim, de um modo ou de outro, todos seremos julgados...

Há os que desdenham do julgamento, da salvação e da própria distinção de valores. De forma candente o "filósofo do desespero" E.M.Cioran atribui ao espírito religioso algum tipo de apego ao que, no seu entender, não tem sentido:

> "...uma natureza religiosa define-se menos pelas suas convicções do que pela necessidade de prolongar os seus sofrimentos para além da morte."[11]

Cioran com sua filosofia do desengano recusam toda e qualquer redenção da existência, atribuindo a toda e qualquer fé uma crendice tola e vã. De todos os céticos o filósofo romeno talvez seja o mais distante do espírito religioso e sereno do sambista filósofo.

> "acredito na salvação da humanidade, na vinda do cianeto..."[12]

O EXERCÍCIO DO JULGAR. O ENCONTRO FINAL

Nietzche desde antes exclui do julgamento os atos cometidos por Amor:

> "O que se faz por Amor sempre acontece além do bem e do mal."[13]

Muito se fala que o ofício de julgar, em qualquer instância, é assemelhado a um dom divino. Primeiramente, pelo fato de que aquele que julga encontra-se numa posição superior a dos julgados. Além do mais, atribui-se maior serenidade, sabedoria e "juízo" àqueles que decidem pelo certo, pelo bem e pelo justo. A jurisdição do Juízo Final é atribuída a uma força superior que há de reparar todas desventuras da existência humana.

"Ela é a fé na unificação definitiva da realidade a partir do espírito."[14]

A redenção definitiva entretanto não se dá pela pura e simples intervenção da graça. Ratzinger alerta para a necessária intervenção de um juízo que se desdobre no Amor superlativo.

"A julgar os vivos e os mortos" – isso significa também que só cabe a ele julgar em última instância. Com isso temos a certeza que não será a injustiça desse mundo que terá a última palavra, nem que toda ela será apagada num ato geral de graça. Existe uma última instância de apelação que guarda a justiça para poder realizar o amor. Um amor que destruísse a justiça criaria injustiça, e isso faria dele uma caricatura do amor. O verdadeiro amor é superávit de justiça, abundância que ultrapassa a justiça, mas nunca destruição da justiça que deverá ser e permanecer como forma básica de amor."[15]

A compreensão de Ratzinger quanto ao Juízo Final requer uma sofisticada interlocução, não do Deus Supremo, mas de seu filho, que por seus dotes humanos há de entender os limites e fraquezas dos seus semelhantes. O julgamento por um semelhante é requisito de justiça e o último ato de justiça é atribuído àquele que voltará para "julgar os vivos e os mortos".

"...o julgamento foi confiado a alguém que como ser humano, é nosso irmão. Não será um estranho que nos julgará, e sim aquele que conhecemos pela fé. Assim, o juiz não surgirá diante de nós como um ser totalmente desconhecido, será um de nós, que conhece e sofreu a existência humana em seu íntimo."[16]

As lições da teologia de Ratzinger são plenamente compatíveis com a justiça "dos homens". O exercício da justiça civil atribui aos profissionais do direito a responsabilidade pela percepção das limitações humanas. O exercício da justiça laica pressupõe razão, esperança na redenção e compaixão.

Não se pretendeu identificar na obra do poeta Nelson Cavaquinho traços dos pensadores aqui trazidos. Esse exercício hiperbólico restaria pernóstico. É óbvio que não lemos esses autores nos versos do poeta. O sentimento da sua poesia estimulou as reflexões acerca do bem, do mal e da faculdade de julgar, na filosofia, na literatura e na teologia. O elo entre todos é a sensibilidade humana, sublime e frágil que tudo cerca.

Bibliografia

CAMUS, Albert. *A peste*. Tradução de Valerie Rumjanek, Rio de Janeiro/São Paulo: Editora Record, 14º edição, 2003.

NOVAES, José. "Nelson Cavaquinho, Luto e Melancolia na Música Popular Brasileira. Intertexto/Oficina do Autor. Rio de Janeiro, 2003.

BORNE, Étienne. *O problema do mal. Mito, razão e fé. O itinerário de uma investigação*. Tradução de Margarita Maria Garcia Lamelo, São Paulo: É Realizações, 2014.

CIORAN, E.M. *Silogismos de Amargura*. Tradução de Manuel de Freitas, Lisboa: Letra Livre, 2009.

Nietzche, Friedrich. *Além do Bem e do Mal. Prelúdio a uma filosofia do futuro*. Tradução Paulo César de Souza, São Paulo: Cia das Letras, 20ª edição, 2000.

RATZINGER, Joseph (Bento XVI). *Introdução ao Cristianismo. Preleções sobre o símbolo apostólico com um novo ensaio introdutório*. Tradução Alfred J. Keller. São Paulo: Edições Loyola, 8ª edição, 2015.

Notas

1   Advogado, professor de direito, conselheiro da OAB-RJ, vice-presidente jurídico da associação comercial do Rio de Janeiro.

2   José Novaes, *Nélson Cavaquinho, Luto e Melancolia na Música Popular Brasileira*. Rio de Janeiro: Intertexto/Oficina do Autor, 2003.

3   Letra da música "Juízo Final", de Nelson Cavaquinho e Elcio Soares.

4   Letra da música "Eu e as flores", de Nelson Cavaquinho e Jair do Cavaquinho.
5   Letra da música "O bem e o mal", de Nélson Cavaquinho e Guilherme de Brito.
6   Letra da música "Revertério", de Guilherme de Brito e Nélson Cavaquinho.
7   Louis Lavelle, *O Mal e o sofrimento*, tradução de Lara Christina de Malimpesa, São Paulo: É Realizações, 2014.
8   Albert Camus, *A peste*, tradução de Valerie Rumjanek, 14ª edição, Rio de Janeiro/São Paulo: Editora Record, 2003.
9   Étienne Borne, *O problema do mal-mito, razão e fé: O itinerário de uma investigação*, tradução de Margarita Maria Garcia Lamelo, São Paulo: É Realizações, 2014, p. 17.
10 Étienne Borne, *op. cit.*, p. 18.
11 [10] E.M.Cioran, *Silogismos de Amargura*, tradução de Manuel de Freitas. Lisboa: Letra Livre, 2009.
12 E.M.Cioran, *op. cit.*
13 [12] Friedrich Nietzche, *Além do Bem e do Mal. Prelúdio a uma filosofia do futuro*, tradução Paulo César de Souza, são Paulo, Cia das Letras, 20ª edição, 2000.
14 Joseph Ratzinger. Bento XVI, *Introdução ao Cristianismo. Preleções sobre o símbolo apostólico com um novo ensaio introdutório*, Tradução Alfred J. Keller, São Paulo: Edições Loyola, 8º edição, 2015.
15 Joseph Ratzinger. Bento XIV. *op. cit.*
16 Joseph Ratzinger. Bento XIV. *op. cit.*

Madama Butterfly,
de Giacomo Puccini

Daniela Vargas[1]
Nadia de Araujo[2]

Por que a ópera *Madama Butterfly* atraiu duas professoras de Direito Internacional Privado (DIPr)? Porque o drama vivenciado por sua protagonista está intimamente relacionado ao choque de tradições culturais e jurídicas presentes em um matrimônio binacional. Casamentos com aspectos internacionais, como aqueles em que os cônjuges possuem diferentes nacionalidades, são um tema clássico da disciplina do DIPr, que cuida de situações conectadas ao direito de mais de um país.

Em razão do incremento da mobilidade dos indivíduos, hoje são corriqueiros os casamentos de pessoas com nacionalidade diversa, situação exótica na época da ópera. A presença de questões de caráter internacional nas relações interpessoais é um traço da família moderna. Tal não era ainda a realidade no século XIX e início do século XX, quando a ópera foi escrita.

A análise da situação fática, relatada de forma detalhada na ópera, nos faz refletir sobre o papel exercido pelo Direito Internacional Privado contemporâneo. Nesta seara, investigam-se as respostas para diversas questões apresentadas pela família moderna, que se desenvolve em um contexto de choque de culturas, a partir do qual devem ser consideradas as normas de proteção aos direitos humanos – seara esta que inclui a proteção do núcleo familiar, em especial os filhos.

Nossa proposta, com este ensaio, é demonstrar, a partir dos fatos da ópera, como as relações jurídicas interpessoais podem, quando dotadas de um elemento de estraneidade, produzir os mais variados reflexos em diferentes jurisdições. Acreditamos que o desconhecimento da normativa a que se submetem essas situações, questão própria do DIPr, gera a necessidade não só de compreender o direito estrangeiro, como também de praticar a tolerância às diferenças entre os sistemas jurídicos. A ausência de informação quanto ao direito estrangeiro pode resultar em situações que causem dor e aflição aos envolvidos, como se vê no final da ópera em referência. Para Madama Butterfly, viver, sem exercer os direitos que acreditava possuir em razão do casamento, não era uma opção.

O ensaio foi dividido em duas partes. Na primeira, apresentamos uma contextualização histórica e os fatos do libreto. Na segunda, a análise dos pontos de Direito Internacional Privado, refletidos da obra. Ao longo do texto, procuramos introduzir os trechos do libreto que respaldam a nossa análise.

1. Contexto histórico e fatos da ópera

O Japão se fechou a todos os países europeus, exceto aos comerciantes protestantes holandeses, em 1639. Depois de dois séculos de isolacionismo em relação aos países ocidentais, tem seu reencontro com o Ocidente no dia 8 de julho de 1853, data em que o comandante da Marinha dos Estados Unidos, Mathew Perry, chega à enseada de Uraga com duas fragatas e duas outras embarcações. Perry vinha com uma missão definida: convencer as autoridades japonesas a estabelecer relações diplomáticas e comerciais com os Estados Unidos. No ano seguinte, em 31 de março de 1854, por meio do Tratado de Kanagawa, o Japão abre suas fronteiras ao comércio internacional com os Estados Unidos. A partir de então, tratados similares de natureza comercial foram sendo firmados com outros países ocidentais.

Dessa forma, somente na segunda metade do século XIX, inicia-se a presença de norte-americanos e europeus no Japão, vindos em navios militares e comerciais, o que despertou a curiosidade do mundo ocidental a respeito dessa cultura distante. No plano interpessoal, novas relações foram surgindo, para as quais o direito dos dois países não possuía ainda regulação.

A *Exposition Universelle* em Paris, em 1867, trouxe para exibição pública objetos da cultura japonesa, desde os leques, caixinhas de laca e quimonos e outros artigos do cotidiano às antiguidades e obras de arte. Os europeus ficaram encantados com a cultura japonesa e o termo "japonismo" foi cunhado pelo crítico de arte Philippe Burty, em 1876, para descrever esse novo fascínio com a cultura oriental.

Encontram-se exemplos deste fenômeno nas artes plásticas, como no quadro *La Japonaise*, de Monet, no qual a mulher do pintor, Camille, aparece com um leque na mão, vestindo um quimono vermelho. Gustav Klimt e os chamados Secessionistas apresentaram a arte japonesa a Viena, em uma exibição dedicada exclusivamente a esta estética. Klimt era um colecionador de objetos de arte oriental, inclusive têxteis. O planismo presente na arte japonesa é experimentado por Klimt na sua obra de 1898, *Fishblood*. Em anos posteriores, este pintor continua incluindo a influência oriental em suas obras, como o uso de folhas douradas na sua obra mais popular, o *Retrato de Adele Bloch-Bauer I*, de 1907, e, principalmente, o *Retrato de Eugenia Primavesi* (1913-1914), em que a mesma aparece com vestimenta e penteado à japonesa.

Essa influência se fez presente também na música, de que é exemplo a ópera *Madama Butterfly*, de Giacomo Puccini. Em Londres, Puccini se encantou com a história de Madama Butterfly, ao assistir à peça em um ato do americano David Belasco. Esta, por sua vez, já era uma adaptação para o teatro de um conto do escritor americano John Luther Long, que dizia ter se inspirado em histórias contadas por sua irmã, casada com um missionário americano, que morou em Nagasaki. A mesma temática já havia sido abordada em um livro de grande sucesso na época, do escritor francês Pierre Loti, *Madame Chrysanthème*, de 1887, que, por sua popularidade, rapidamente foi traduzido para o inglês.

Parte da atração dessas histórias era a existência de "casamentos temporários" no Japão, o que era algo inusitado para a sociedade europeia: a naturalidade e informalidade da dissolução dos casamentos, em notado contraste com a sociedade ocidental, marcada pela cultura da indissolubilidade do matrimônio.[3]

Mesmo após a virada do século XX, ainda chamava atenção dos ocidentais a facilidade com que os casamentos eram dissolvidos no Japão, sem a necessidade de intervenção judicial. Já nas sociedades de tradição cristã, o divórcio não era admitido, e, quando existente, dependia de uma decisão judicial. No caso do Brasil, o casamento era até recentemente um vínculo indissolúvel, protegido pela Constituição Federal. A alteração, com a aceitação do divórcio, só ocorreu em 1977, por meio da Emenda Constitucional nº. 9. No Japão, o divórcio é declarado por autoridade administrativa, como já tivemos oportunidade de observar no curso de pedidos de homologação de divórcios daquele país. O STF e, a partir de 2005, o STJ possuem jurisprudência em que a decisão administrativa é equiparada à sentença judicial, por se tratar de forma aceita pela lei local.

No que diz respeito às normas de Direito Internacional Privado, a partir da segunda metade do século XIX, surgem as grandes codificações europeias, que fornecem regras para resolver os conflitos entre o direito material dos diversos Estados. Importante ressaltar que, naquele contexto regional, havia proximidade cultural no que se referia ao conceito de família e aos rituais do casamento. Além disso, naquele tempo, uniões fora do sistema não eram reconhecidas.

De notar que no século XIX, as relações de família dependiam do casamento formal, e, consequentemente, o reconhecimento dos filhos estava também atrelado a essa relação. Os filhos concebidos fora do casamento não eram reconhecidos como integrantes da família, constituída a partir do casamento e, em especial, da celebração religiosa dentro da tradição judaico-cristã. Também se tratava de uma época em que o critério da nacionalidade era o mais comum no DIPr, o que gerava consequências para o casamento entre pessoas de diferentes nacionalidades.

Para preservar a unidade da família em torno da mesma nacionalidade, e por vezes da mesma religião, a estrangeira obtinha, pelo casamento, a nacionalidade do marido. Esta era a tradição japonesa, e de muitos outros países, resultando, para a mulher casada, na perda do vínculo com seu país de origem. A proteção da nacionalidade de origem da mulher casada com estrangeiro só obteve tutela mais universal com o advento da Convenção da ONU sobre a Nacionalidade da Mulher Casada, de 1962.

Os fatos da ópera

Madame Chrysanthème e *Madama Butterfly*, embora tratem do mesmo assunto – o casamento entre uma japonesa e um estrangeiro –, apresentam abordagens, de certa forma, antagônicas. Em *Chrysanthème*, o marinheiro francês, apaixonado, chora ao deixar o Japão, enquanto a japonesa está plenamente ciente de que se tratava de um relacionamento temporário, que lhe renderia uma compensação financeira. Na versão de Puccini, entretanto, a jovem japonesa é iludida a acreditar no amor e nas promessas de Pinkerton e se recusa a aceitar a realidade. Pinkerton, por sua vez, teria sido atraído pela figura frágil de Butterfly, que parecia ter saído de uma tela, evocando assim referências conhecidas do público, já familiarizado com a estética japonesa.[4]

Puccini, que não falava inglês, ficou encantado com a tragédia romântica ambientada no Japão e resolveu comprar os direitos autorais para transformar a história em uma ópera. O compositor trabalhou na criação de *Madama Butterfly* com os mesmos libretistas de outras óperas, entre as quais *La Bohème*. Enquanto Puccini se embrenhava no estudo da música japonesa, sua equipe visitava o Japão para compor os cenários e a indumentária da ópera. A primeira versão de Madama Butterfly não foi muito bem recebida pelo público. Por isso, posteriormente, Puccini fez adaptações e relançou a ópera em 1904, no Teatro Scala (Milão), agora com grande sucesso. Ainda fez duas revisões até chegar à sua forma final, que hoje conhecemos, em 1906.[5]

1º ATO

No Primeiro Ato, o agenciador de casamentos, Goro, mostra uma casa, com vista para a baía de Nagasaki, para Benjamin Franklin Pinkerton, oficial naval americano. A casa está sendo preparada para a cerimônia de casamento de Pinkerton com uma jovem gueixa, chamada Cio-Cio-San, ou Butterfly.

O cônsul americano, Sharpless, chega à residência, que fica no topo da colina. Trata-se de uma casa modesta, que Pinkerton arrendou por 999 anos, com a possibilidade de cancelamento do negócio a cada mês. Segundo ele, "Os contratos no Japão são flexíveis", como se vê no seguinte trecho:

La comperai per novecento
novantanove anni,
con facoltà, ogni mese,
di rescindere i patti.
Sono in questo paese
elastici del par,
case e contratti.

Comprei-a por novecentos
e noventa e nove anos,
mas com a opção de, a cada mês,
rescindir os pactos.
Estou neste país
elástico em ambos,
casas e contratos.

Pinkerton então canta *Dovunque al mondo*, falando sobre a vida dos marinheiros americanos. Nesse momento, refere-se não apenas à arquitetura das casas japonesas, com suas portas de correr, que abrem e fecham, e ao contrato de compra da casa, revogável a qualquer tempo, mas ainda ao seu casamento com Butterfly, um pacto que também poderia ser desfeito.

Così mi sposo
all'uso giapponese
per novecento
novantanove anni. Salvo
a prosciogliermi ogni mese.

Assim me caso
ao costume japonês
por novecentos e
noventa e nove anos.
Podendo-me ver livre todo mês.

Pinkerton pergunta a Goro, o agente casamenteiro, como será a solenidade. Este explica: virá o comissário oficial, os parentes da noiva, o cônsul do seu país e a sua noiva. Você assinará o contrato e com isso formalizará o casamento. Goro informa ao cônsul americano que a noiva não apenas é bonita, mas saiu muito barata, a um valor equivalente a 50 dólares de dote. O cônsul se recorda de ter visto Butterfly, quando ela esteve no consulado americano alguns dias antes, e se lembrava da sua voz.

O cônsul Sharpless propõe um brinde aos parentes de Pinkerton que estão longe (nos Estados Unidos), e Pinkerton complementa, brindando "ao dia em que vier a me casar em um casamento de verdade com uma noiva de verdade, uma noiva americana".

Sharpless
Bevo alla vostra famiglia lontana.

Sharpless
Bebo a sua família distante

Pinkerton
E al giorno in cui mi sposeró con vere
nozze a una vera sposa... americana

Pinkerton
E ao dia em que me casarei de verdade com uma verdadeira esposa... americana

Butterfly chega à casa e inicia uma conversa com o cônsul americano, contando a história de vida da sua família. Perguntada sobre sua idade, diz que tem 15 anos. O cônsul americano, preocupado, alerta Pinkerton de que o casamento não é de faz de conta, e que ele não deve tirar proveito da ingenuidade de Butterfly, que acredita na validade daquele compromisso.

Sharpless
Non più bella e d'assai fanciulla
io vidi mai di questa Butterfly!
E se a voi sembran scede
il patto e la sua fede...

Sharpless
Mais bela e jovem do que esta Butterfly, eu nunca vi
E se a você parece tolo
o pacto e a sua fé...

O oficial japonês celebra o casamento, tendo o contrato ou certidão sido assinado por Pinkerton, por Butterfly e pelos parentes desta última.

2º ATO

1ª PARTE

O Segundo Ato é dividido em duas partes. Três anos se passaram desde o matrimônio. Pinkerton havia deixado o Japão poucas semanas depois do casamento, avisando que sairia em missão, deixando Butterfly na casa. A serva Suzuki está preocupada, porque estão quase sem dinheiro, mas Butterfly acredita na promessa de Pinkerton de que voltará, embora Suzuki permaneça cética, acreditando que raramente os maridos estrangeiros voltam.

O cônsul Sharpless faz uma visita a Butterfly, levando uma carta de Pinkerton, mas não tem coragem de entregá-la. Na carta, Pinkerton avisa que se casou com outra mulher nos Estados Unidos.

Goro, o agenciador de casamentos, tenta convencer Butterfly a aceitar a proposta de outro pretendente, o Príncipe Yamadori. Butterfly recusa veementemente a proposta, reiterando para Goro que já era casada. Este então chama atenção para o fato de que o abandono de Pinkerton equivaleria a um divórcio, segundo a lei japonesa. Nesse momento, Butterfly rebate, dizendo que não é o direito japonês, mas sim as leis dos Estados Unidos que regem o seu casamento.

Goro
... Per la moglie,
l'abbandono
Al divorzio equiparò

Butterfly
Le legge giapponese...
non già del mio paese.

Goro
Quale?

Goro
...Para a esposa, o abandono
ao divórcio se equipara

Butterfly
Pela lei japonesa...
não a do meu país.

Goro
Qual?

Butterfly	***Butterfly***
Gli Stati Uniti.	*Os Estados Unidos*
Sharpless	***Sharpless***
Oh, l'infelice!	*Oh, coitada!*

E para mostrar que ainda se considerava casada, Butterfly apresenta o seu filho ao cônsul Sharpless. Ainda na sequência, o navio de Pinkerton, o Abraham Lincoln, chega à Baía de Nagasaki. Butterfly se prepara para receber o marido.

2ª PARTE

Na Segunda Parte do Segundo Ato, já se passaram alguns dias da chegada de Pinkerton a Nagasaki sem que ele tenha ido ao encontro de Butterfly. A essas alturas, o cônsul Sharpless já deu a Pinkerton a notícia de que Butterfly havia tido um filho. Pinkerton não tem coragem de enfrentar Butterfly diretamente, pedindo então ao cônsul Sharpless para levar Kate, a nova Sra. Pinkerton, para conversar com Butterfly e convencê-la a entregar a criança para ser criada por Pinkerton e Kate.

Nessa visita, Butterfly fica sabendo que Pinkerton havia se casado novamente nos Estados Unidos e que a senhora que estava no jardim era a nova Sra. Pinkerton. Butterfly concorda em entregar a criança, mas pede que retornem mais tarde. Ao final, acaba se suicidando com a mesma faca com a qual o pai dela havia se suicidado anteriormente.

2. Os pontos de Direito Internacional Privado

A regra de DIPr, para validade do casamento, universalmente aceita, é a *lex loci celebrationis,* o que significa dizer que o casamento é realizado segundo as leis do local da celebração. Nesse contexto, as formalidades a serem seguidas estão contidas nas regras e nos costumes locais. Em momento posterior, as partes interessadas podem buscar o reconhecimento do matrimônio em outro país.

No entanto, não é apenas a lei do local da celebração que vai determinar a validade e a eficácia de um casamento com elementos internacionais, como o de Butterfly e Pinkerton, este último um americano recém-chegado ao Japão. Ao cumprir os requisitos da lei local, não é incomum verificar-se a lei pessoal do nubente. Esta pode ser definida a partir da nacionalidade, do domicílio, ou, em algumas legislações e em alguns períodos históricos, a partir da religião comum.

Assim, a validade extraterritorial do casamento pode depender do atendimento às exigências de mais de uma legislação. Assim, a questão da capacidade pessoal para contrair matrimônio, elemento essencial para a validade do casamento, a depender da regra local sobre a comprovação da capacidade, pode ter que seguir a lei pessoal dos nubentes, que, consequentemente, pode ser diversa em casos de casamentos binacionais.

O CASAMENTO DE BUTTERFLY E OS DIVÓRCIOS JAPONESES

O casamento entre Butterfly e Pinkerton seguiu o ritual japonês da época. Muito embora o cônsul americano esteja presente à cerimônia, o casamento é celebrado pela autoridade japonesa.

Il commissario	*O comissário*
È concesso al nominato	É concedida ao nomeado
Benjamin Franklin Pinkerton,	Benjamin Franklin Pinkerton
Luogotenente della cannoniera	Lugar-tenente da canhoneira
"Lincoln",marina degli Stati Uniti,	"Lincoln", da marinha dos Estados
America del Nord,	Unidos, América do Norte,
ed alla damigella Butterfly,	e à donzela Butterfly,
del quartiere d'Omara, Nagasaki,	do bairro de Omara, Nagasaki,
d'unirsi in matrimonio,	de se unir em matrimônio,
per dritto il primo	o primeiro direto
della propria volontà,	da própria vontade
ed ella per consenso dei parenti	e ela por consenso dos parentes
qui testimoni all'atto...	que testemunham o ato...

Embora não haja referência expressa no texto, pode-se inferir que era o primeiro casamento de Pinkerton, visto que, no brinde com o cônsul antes da chegada das autoridades e dos familiares de Butterfly, faz referência ao dia em que iria se casar "de verdade" nos Estados Unidos com uma noiva americana.

Butterfly, por sua vez, indagada sobre sua idade, relata ter 15 anos, e certamente a presença de sua mãe e parentes, entre os quais o seu tio monge (o Bonzo), pode ter servido para garantir o consentimento da família para o casamento.

Esse casamento entre japonesas e estrangeiros era um arranjo contratual, intermediado por um agente de casamentos, para unir jovens de famílias pobres com militares estrangeiros, que chegavam ao Japão e ali permaneciam por algumas semanas ou meses. Diferentemente das tradições ocidentais cristãs, a permanência do vínculo matrimonial no Japão do século XIX dependia da coabitação e convivência. No momento em que o estrangeiro deixava o Japão, abandonando sua mulher japonesa, o vínculo era rompido, sem a necessidade de formalização de um divórcio, deixando a mulher livre para se casar de novo.

Por tal motivo, esses casamentos eram interpretados pelos ocidentais como "casamentos temporários", cumprindo o papel de legitimar as relações íntimas entre jovens japonesas e militares estrangeiros. A serva de Butterfly, Suzuki, sabia dessa regra, tanto que no Segundo Ato tenta abrir os olhos de Butterfly, dizendo-lhe que nunca tinha ouvido falar de um marido estrangeiro que houvesse retornado para o lar conjugal. Nesse ponto fica muito claro o choque de culturas.

Na noite do casamento, Butterfly confidencia a Pinkerton que havia estado no consulado e que possuía o firme propósito de abraçar totalmente a cultura do seu futuro marido, inclusive renegando a sua religião. Está convencida de que seu casamento é válido perante as leis americanas, e que isso lhe garante o direito de obter a nacionalidade do seu marido. No Segundo Ato, no diálogo com Suzuki, Goro e o Príncipe Yamadori, Butterfly chega a referir os Estados Unidos como "o [seu] país". E por acreditar que possui um casamento válido perante as leis americanas, e não um casamento provisório japonês, recusa a proposta do Príncipe Yamadori.

Ao contrário do que já ocorria no mundo ocidental, fosse no matrimônio civil ou religioso, no Japão do século XIX o casamento não era formalizado por meio de um registro. O casamento japonês tinha início com uma espécie de casamento provisório, que mais tarde seria reconhecido formalmente. Esse matrimônio provisório facilitava seu posterior desfazimento e a constituição de novos vínculos. Esse costume chamava enormemente a atenção dos ocidentais. Ao ser aplicado aos casamentos entre japonesas e estrangeiros, resultava na percepção de se tratar de um casamento temporário. A facilidade com que o vínculo era rompido produzia a impressão de que efetivamente não se constituía um casamento oficial e válido fora do Japão.

A obrigatoriedade do registro público dos casamentos no Japão somente passou a existir com a entrada em vigor do Código Civil japonês em 1898. Até então, seguindo os costumes tradicionais, cabia às autoridades religiosas o registro dos núcleos familiares e seus integrantes. Essas mesmas autoridades realizavam um censo religioso anual das famílias, o que resultava no reconhecimento dos casamentos e nascimentos ocorridos no seio daquela família, unida pela mesma religião.

A associação da vida familiar japonesa e a vinculação do reconhecimento do casamento à religião no Japão são ilustradas por Puccini em um momento dramático do Primeiro Ato. Ao final da cerimônia do casamento, o tio de Butterfly, o Bonzo (monge budista em japonês), interrompe a confraternização para contar para a família que Butterfly havia estado no consulado americano e que a mesma estaria trazendo "desgraça" para a família, ao renegar sua religião e se converter à religião do estrangeiro. A partir daquele momento, a família a rejeita e todos se retiram, o que demonstra que, desde então, Butterfly deixou de ser considerada parte daquela família. Veja-se no trecho:

Bonzo Cio-Cio-San! Che hai tu fatto alla Missione?	**Bonzo** Cio-Cio-San! O que você foi fazer na Missão?
Tutti Rispondi, Cio-Cio-San!	**Todos** Responda, Cio-Cio-San!
(...)	(...)
Bonzo Rispondi, che hai tu fato? Come, hai tu gli occhi asciutti? Son dunque questi i frutti? Ci ha rinnegato tutti.	**Bonzo** Responda, o que você foi fazer? Como, está com os olhos secos? Então esses são os frutos? Ela renegou a todos.
Tutti Hou! Cio-Cio-San!	**Todos** Oh! Cio-Cio-San!
Bonzo Rinnegato vi dico… il culto antico.	**Bonzo** Renegado te digo… o culto antigo.
Tutti Hou! Cio-Cio-San!	**Todos** Oh! Cio-Cio-San!
(...)	(...)!
Bonzo Venite tutti. Andiamo! Ci hai rinnegato e noi ti rinneghiamo!	**Bonzo** Venham todos. Vamos! Você nos renegou e nós te renegamos!

Butterfly reconhece isso, ao dizer para Pinkerton, quando estão a sós, na parte final do Primeiro Ato, que está sozinha e renegada, porém feliz.

Butterfly
Sola e rinnegata!
Rinnegata... e felice!

Butterfly
Sozinha e renegada!
Renegada... e feliz!

Tendo sido renegada pela sua família, Butterfly passa a se considerar parte de uma família americana, como mulher de um americano e, posteriormente, mãe do filho de um americano. No seu entender, seu casamento com Pinkerton lhe havia dado acesso a esses direitos. Todavia, como claramente estabelecido em outros momentos, essa não é a realidade, de acordo com as leis americanas.

A VOLTA DE PINKERTON AO JAPÃO E SUAS CONSEQUÊNCIAS: O CASAMENTO AMERICANO E O RECONHECIMENTO DA PATERNIDADE DE SEU FILHO

A volta de Pinkerton ao Japão é precedida de uma mensagem, endereçada ao cônsul Sharpless, na qual lhe pede que entregue a Butterfly uma carta, preparando seu espírito para o fato de que considerava o casamento terminado e que chegaria a Nagasaki com sua esposa americana.

O teor da comunicação deixa claro que Pinkerton havia ignorado totalmente o casamento antes celebrado no Japão. Com efeito, o estado civil de Pinkerton é algo a ser analisado tanto à luz da lei japonesa, quanto à luz do direito norte-americano. Tratando-se de um casamento provisório, segundo as leis japonesas da época, que consideravam o matrimônio sem efeito no momento em que o marido deixava o Japão, poder-se-ia argumentar que Pinkerton estaria, efetivamente, desimpedido de se casar de novo nos Estados Unidos.

Esse é um ponto crucial da obra de Puccini: enquanto Butterfly estava convencida de que seu casamento era regido pelo direito norte-americano, da nacionalidade do marido, e por isso o divórcio não seria automático, Pinkerton se fiava no direito japonês para se considerar um homem desimpedido e, como tal, casou-se "de verdade" nos Estados Unidos. Essa disparidade entre os entendimentos dos personagens fica clara no Segundo

Ato, quando Butterfly confronta Goro e o cônsul americano Sharpless, argumentando que, pelas leis americanas, ela não estava divorciada.

Importante ressaltar que, até hoje, em nível global, não existe nenhuma espécie de obrigatoriedade de informar no seu país casamentos realizados em outros, nem tampouco alguma categoria de registro geral de casamentos. Por isso, para que haja a publicidade aos casamentos, depende-se da informação fornecida pelas partes.[6]

Ao final do Segundo Ato, vem à tona o fato de que Butterfly havia concebido um filho de Pinkerton. A gravidez ainda não era aparente quando o personagem deixou o Japão, levando a crer que o casamento com Butterfly durou algumas poucas semanas. As comunicações internacionais eram difíceis e escassas naquela época, e Butterfly em momento algum tentou fazer contato com Pinkerton ou com o consulado americano. Confiava nas palavras do seu marido de que voltaria na primavera, "quando os pintarroxos estiverem fazendo seus ninhos".

Nos diálogos entre Butterfly e o cônsul Sharpless, a serva Suzuki acusa Goro de espalhar pela cidade uma notícia escandalosa: de que ninguém sabia quem era o pai do filho de Butterfly. Goro se defende, dizendo que na América "sempre que um filho nasce nessas condições", será sempre tratado como um pária.

Goro	*Goro*
Dicevo… solo…	*Digo… apenas…*
che là in America	*que lá na América*
quando un figliuolo	*quando um filho*
è nato maledetto	*nasce amaldiçoado*
trarrà sempre reietto	*será sempre rejeitado*
la vita fra le genti!	*na vida entre os povos!*

As regras japonesas sobre registro familiar eram bem diferentes das regras das sociedades ocidentais. Como já referido anteriormente, no Japão, o registro civil era vinculado à religião. E como Butterfly havia sido renegada pela família logo após o casamento, não integrava mais aquela célula familiar. Desta forma, seu filho não estava vinculado a nenhum grupamento familiar, e, consequentemente, não havia qualquer registro de seu nascimento e filiação.

A primeira lei de registro familiar japonesa é de 1871 e, diferentemente do que ocorre na tradição ocidental, a cidadania no Japão não se outorgava ao indivíduo e sim à família. Portanto, o que era registrado era a família e o pertencimento dos indivíduos àquele grupo.

O preâmbulo da Lei de Família japonesa de 1871 estabeleceu a obrigatoriedade do registro por família. Aqueles que não estivessem registrados ou identificados como integrantes de uma família não poderiam receber proteção governamental, o que equivaleria a não pertencer à nação japonesa. Esse registro, por sua vez, era de acesso exclusivo aos japoneses. Segundo o artigo 170 da Lei de Registro Familiar de 1898, uma pessoa que não possuísse nacionalidade japonesa não poderia fixar um local de registro familiar. O registro da família era a forma de determinação da nacionalidade japonesa, e a estrangeira casada com japonês, ao ser registrada como integrante da família do marido, passava também a ter a nacionalidade japonesa.

Por outro lado, a japonesa que se casava com um estrangeiro era desvinculada do seu registro de família, passando a pertencer à família do marido, e, se viesse a adquirir a nacionalidade do marido, deixaria de ser japonesa.

Sendo assim, Pinkerton, por ser americano, não poderia fixar um local de registro de família no Japão, nem tampouco Butterfly, pois esse registro era prerrogativa do marido. Enquanto não fosse reconhecido por Pinkerton, o filho de Butterfly não possuía registro de filiação nem tampouco de nacionalidade, japonesa ou norte-americana.

Conclusão

Madama Butterfly é um drama do final do século XIX, marcado pelas questões culturais da época, pela importância do casamento formal e também pela vinculação do reconhecimento dos filhos a este modelo de família. Com certeza é distante do momento atual, em que as uniões são reconhecidas independentemente do casamento e a norma é a igualdade entre os filhos, sem importar a origem.

Todavia, permanece a lição do desconhecimento da personagem das regras do jogo, bem como das diferenças culturais, o que resultou na incompreensão de toda a situação em que se encontrava. Nos tempos atuais, há muitas questões entre casais binacionais ocasionadas pela diferença entre os institutos jurídicos ligados à definição das relações familiares, pois esses conceitos dependem do direito local. Por exemplo, não é incomum casamentos em locais nos quais as formalidades são atenuadas, como é o caso dos casamentos em Las Vegas. Nesses casos, da mesma maneira que Pinkerton, muitos estrangeiros que se casam de acordo com as leis do Estado de Nevada talvez não compreendam que esse casamento é tão válido quanto um casamento realizado no seu país de origem. A validade do ato a partir da observância do direito do local da sua celebração é caso clássico enfrentado pelo DIPr. Na ausência de um sistema internacional que dê publicidade aos casamentos em geral, continuamos tal qual no século XIX, a depender das declarações da pessoa para a definição do seu status civil.

Butterfly, nos dias atuais, teria a seu favor a facilidade de obter informações sobre sua situação jurídica, e apoio da sociedade para a sua condição de mãe, mesmo sem o reconhecimento do pai de seu filho ou continuidade do casamento. O filho de Pinkerton poderia pleitear o reconhecimento da sua filiação e a nacionalidade americana. Certamente em vista dessas circunstâncias, Butterfly poderia seguir com sua vida, mas a ópera, sem o desfecho trágico, não atrairia tanto público ao teatro.

Referências

BAILEY-HARRIS, Rebecca. Madame Butterfly and the Conflict of Laws. *The American Journal of Comparative Law*, vol. 39, nº 1. Oxford: Oxford University Press, 1991.

CANTONI, Linda & SCHWARM, Betsy. Madama Butterfly. *Encyclopedia Britannica*, 23 de dezembro de 2014. Disponível em: <https://www.britannica.com/topic/Madama-Butterfly> Acesso em: 6 maio 2021.

FUESS, Harald D. *Divorce in Japan:* Family, Gender, and the State, 1600-2000. Stanford: Stanford University Press, 2004.

KONDO, Atsushi. *Report on Citizenship Law*: Japan. EUDO Citizenship Observatory. Disponível em: <https://core.ac.uk/download/pdf/46566132.pdf> Acesso em: 6 maio 2021.

OperaGlass Libretto Disponível em: <http://opera.stanford.edu/Puccini/Butterfly/libretto_a.html> Acesso em: 6 maio 2021.

Opera Project: Madama Butterfly. Disponível em: <http://www.columbia.edu/itc/music/opera/butterfly/luther.html> Acesso em: 6 maio 2021.

The United States and the Opening to Japan. *Office of the Historian*. Disponível em: <https://history.state.gov/milestones/1830-1860/opening-to-japan> Acesso em: 6 maio 2021.

Notas

1 Professora de Direito Internacional Privado na PUC-Rio. Doutora em Direito Civil pela Universidade do Estado do Rio de Janeiro (UERJ); Mestre em Direito Constitucional pela PUC-Rio; Advogada.

2 Professora de Direito Internacional Privado na Pontifícia Universidade Católica do Rio de Janeiro (PUC-Rio); Doutora em Direito Internacional pela Universidade de São Paulo (USP); Mestre em Direito Comparado pela George Washington University (GWU); Advogada

3 FUESS, Harald. *Divorce in Japan*: Family, Gender, and the State, 1600-2000. Stanford: Stanford University Press, 2004, p. 2 [e-book].

4 "Seems to have stepped down straight from a screen. But from her background of varnish and lacquer".

5 JENKINS, Chadwick. The Original Story: John Luther Long and David Belasco. *Opera Project:* Madama Butterfly. Disponível em: <www.columbia.edu/itc/music/opera/butterfly/luther.html>. Acesso em: 26 abr. 2021.

6 No Brasil, o Código Civil exige o registro do casamento, sem prever, no entanto, qualquer sanção pelo descumprimento da regra. Art. 1.544. "O casamento de brasileiro, celebrado no estrangeiro, perante as respectivas autoridades ou os cônsules brasileiros, deverá ser registrado em cento e oitenta dias, a contar da volta de um ou de ambos os cônjuges ao Brasil, no cartório do respectivo domicílio, ou, em sua falta, no 1º Ofício da Capital do Estado em que passarem a residir."

Amazing grace, de John Newton

Edgard Silveira Bueno Filho[1]

De marinheiro a escravo na África.
De escravo a capitão de navio negreiro.
E de capitão a autor da canção que
inspirou a luta pela aprovação da lei que pôs fim
ao tráfico de escravos na Inglaterra.

Quando fui convidado pelo Zé Roberto para participar desta inspiradora obra, logo me veio à mente escrever sobre a música do título desse artigo. Ao comentar com minha esposa, antes mesmo que eu dissesse qual era a minha ideia, ela me atalhou e sugeriu o mesmo tema.

Por que escolhi essa música que nem é tão atual e, aparentemente, nada tem a ver conosco? Creio que foram duas as principais razões. A primeira é simples: trata-se de uma linda letra e uma inspirada melodia "*spiritual*" de autor desconhecido. Apesar de criada no século XVIII, continuou a ser apresentada nos mais variados palcos até os dias de hoje. A segunda razão foi por conhecer a história por detrás de sua composição e de sua disseminação, como se verá a seguir.

Não sei dizer com um mínimo de certeza se meus antepassados foram escravagistas, se tiveram escravos, mas suponho que, como membro de uma família branca brasileira, bem antiga, devam ter sido ou tido. E, se não foram nossos ascendentes brasileiros, podem ter sido os lusos, pois Portugal foi, talvez, a nação que mais lucrou com o tráfego de escravos. Sabe-se que tinha várias feitorias na África, onde havia escravidão local, mas nossos colonizadores deram um passo além e inauguraram um sistema mercantil "em que seres humanos viravam mercadoria e seu comércio resultava em vultosos lucros: primeiro para os negociantes africanos, depois para Portugal e ainda para os próprios comerciantes brasileiros".[2]

A escravidão, tenham meus ascendentes se aproveitado dela, ou não, é muito incômoda para nós, pois se trata de uma nódoa civilizatória terrível na reputação de países que admitiam essa odiosa exploração de seres humanos criados à semelhança de Deus. Pouco importa se essa atividade era considerada legal, ou qual seja a modalidade: tráfico, comércio, uso da mão de obra, feitoria, caça aos fugitivos etc. O que tenho certeza é que muita gente se aproveitou dos negros[3] e fez fortuna com essas atividades acima nomeadas. Temos, portanto, como nação ou individualmente — aqueles cujos ascendentes tiraram proveito da escravidão —, uma enorme dívida a ser saldada para com os descendentes dos escravos.

Não por coincidência, quando resolvi finalizar o artigo, outra realidade tornou o tema mais atual. Haja vista os covardes assassinatos de negros nos Estados Unidos que geraram o movimento mundial Black Lives Matter e, mais recentemente, em Porto Alegre e Paris. Fatos esses que me levaram a concluir que o que está por trás da criação dessa linda canção ainda é atual para muitos, que, ao contrário do que diz o refrão da sua letra, "continuam cegos" e não enxergam com espírito humanitário e cristão a realidade que os cerca. Não se trata de defender o cancelamento de personagens ou de passagens da nossa história, mas de adotar, doravante, uma postura inclusiva séria e comprometida e não um mero e piegas sentimento em relação aos que sofrem com o preconceito racial. E, pior, com a falta de reconhecimento e gratidão pelo muito que os antepassados das pessoas negras contribuíram (e continuam a contribuir) para a construção do nosso país. A nação deve isso a eles. Sobre ser um dever moral, temos a obrigação constitucional de acabar com o racismo, tal como demonstrou o jurista e ex-presidente Temer em belo artigo publicado no *Estado de S. Paulo* de 29 de novembro de 20, sob o título: "Vidas negras e a igualdade".

Voltando à canção-tema, vale reproduzir as primeiras estrofes:

Amazing grace! How sweet the sound.
That saved a wretch like me.
I once was lost, but now am found,
Was blind but now I see

O autor da letra dessa música que foi composta, originalmente, como hino religioso, é John Newton. A melodia, segundo registros da Biblioteca do Congresso Americano, é de autoria desconhecida. Dizem que corresponde à lamúria balbuciada pelos negros nos porões dos navios negreiros. Durante as viagens, os escravizados não podiam falar, nem gritar. Então, eles sussurravam sons sem pronunciar palavras. Essa explicação faz todo sentido, pois dificilmente um europeu "*whey face*" teria a alma necessária para compor uma "*negro spiritual*".[4]

Newton teria composto o poema que corresponde à letra do hino no ano de 1772. Embora filho de um pai educado pelos jesuítas espanhóis e de mãe anglicana não conformista,[5] Newton era um irreverente, sem o menor escrúpulo religioso. Dizem que passou por várias provas antes de se converter e se tornar um clérigo anglicano. E tal como Saulo, que, de perseguidor dos cristãos se transformou no apóstolo Paulo, Newton, de traficante de escravizados trazidos da África Ocidental, passou a ser um dos inspiradores da luta pelo fim do tráfico negreiro que era, fortemente, praticada pelos ingleses.

Para melhor apreciar a canção tema, é importante saber que Newton foi muito provado antes de se converter. Em uma queda do cavalo, por pouco não sofreu empalamento, pois perto de onde caiu haviam estacas afiadas. Dado ao seu temperamento, acabou sendo vendido como escravo na África. Sem falar que se perdeu num pântano em noite sem luar e sobreviveu miraculosamente.

Mas, embora não tenha sido imediata, sua conversão decorreu da leitura da *Imitação de Cristo*[6] de Thomas de Kempis, e de uma fortíssima tempestade que enfrentou no meio do Atlântico. Seu navio já estava semidestruído. Quando subiu ao convés para avaliar a situação, ele viu o seu timoneiro ser atingido por uma grande onda e ser atirado ao mar. Para substituí-lo e não correr o mesmo infeliz risco de ser varrido pelas fortíssimas ondas, Newton teria se amarrado ao timão. Foi quando percebeu que dificilmente sobreviveria sem a graça divina. Graça que, como diz uma das estrofes da letra, um "miserável" como ele não mereceria receber. Mas, depois de onze horas seguidas de tempestade, ele e o navio sobreviveram. Embora já fosse outra pessoa, o processo de conversão levou certo tempo para se concretizar.

Já convertido e tendo sido, ele mesmo, testemunha ocular da história e da desumanidade de como os negros eram tratados antes, durante e depois da viagem, Newton passou de traficante de escravizados a defensor da abolição do tráfico e da escravatura. Foi assim que, já clérigo anglicano, se aproximou e conheceu William Wilberforce, político bem-nascido e influente. Wilberforce liderava um grupo de deputados que, como ele, lutava contra o tráfico de escravizados. Essa atividade econômica rendia muito lucro aos que a ela se dedicavam, podendo-se imaginar o quão ingrata foi a tarefa humanitária por eles assumida.

Também um cristão convertido, Wilberforce adotou "Amazing grace" como hino ou como a canção tema de sua luta pelo fim do tráfego de escravos. Aos que se interessam, sugiro que assistam ao filme britânico-americano de 2006 *Jornada pela Liberdade*.[7] São tocantes as cenas que ele leva a elite londrina para conhecer um navio negreiro e a que o parlamentar sobe numa mesa e canta "Amazing grace" (*a cappella*) para os colegas da Câmara dos Comuns reunidos.

Em 1807, os esforços de Wilberforce tiveram êxito e o Parlamento aprovou o Ato contra o Comércio de Escravos. Anos depois, em 1833, quando, devido à sua precária saúde, já não era mais deputado, foi abolida a escravidão pelo Slavery Abolition Act (Willberforce faleceu três dias após a aprovação). Tanto uma quanto a outra lei foram importantes passos dados em direção ao fim da escravidão no mundo.

À época, a marinha britânica reinava soberana nos mares e, até para proteger suas colônias contra a concorrência com países que mantinham o tráfico e o trabalho escravo, ela combateu muito o tráfico negreiro. Mesmo assim, a escravidão continuou a vigorar em outros países, como os

Estados Unidos (até 1863) e o Brasil (até 1888). Infelizmente, ainda hoje, séculos depois, o mundo enfrenta, como diz o site *Vatican News*,[8] a escravidão moderna.

Curiosidades

"Amazing grace", apesar de concebida como hino religioso, tornou-se a música mais gravada até hoje. Sobre ter influenciado e inspirado Wilberforce, que a adotou como se fosse um hino abolicionista, o exemplo foi depois seguido nos Estados Unidos, como registra Harriet Beecher Stowe em *A cabana do Pai Tomás*.

No fim dos anos 1960, Juddy Collins gravou-a como hino na luta pelos Direitos Civis. Martin Luther King foi com ela saudado quando proferiu o célebre discurso *I Have a Dream* de 1963, nas escadarias do Lincoln Memorial em Washington. Ela inspirou, ainda, a luta pelo fim da Guerra do Vietnã.

Jessie Norman cantou-a no concerto ao ar livre comemorativo dos 1970 anos de Nelson Mandella. Mais recentemente, foi cantada e tocada em cerimônias relembrando a queda das Torres Gêmeas. E Barack Obama,[9] *a cappella* e de improviso, interpretou-a na comovente cerimônia fúnebre das vítimas de um ataque racista em Charleston, na Carolina do Sul. Sobre esse episódio *vis a vis* as eleições presidenciais, vale a pena ler "When My President Sang 'Amazing grace'".[10]

O inimaginável sucesso dessa linda canção foi além do importante papel desempenhado como hino de luta. Ganhou popularidade e figurou nas paradas de sucesso dos anos 1970. Em 1971, em gravação de Juddy Collins, foi a 15ª no Billboard Hot 100 por quinze semanas. Já a versão do Royal Scots Dragoon Guards liderou as paradas de sucesso.

Quase todos os mais importantes cantores a gravaram. Entre eles negros e brancos, como Elvis Presley. Já na pandemia da Covid-19, foi a vez de Andrea Bocelli adotá-la como hino de esperança em evento às portas do Duomo de Milão. A lista de cantores e bandas que a interpretaram é imensa: Jessie Norman, Mahalia Jackson, Aretha Franklin, Ray Charles, Sam Cooke and the Soul Stirrers, The Byrds, Elvis Presley, Joan Baez, Diana

Ross, Skeeter Davis, Willie Nelson, Whitney Houston, The Lemonheads, Il Divo, Sarah Brightman, Celtic Woman etc.

Notas

1. Advogado sócio de Lima Gonçalves, Jambor, Rotenberg & Silveira Bueno, é Diretor do IASP, Mestre em Direito Constitucional pela PUC-SP, foi Juiz do TRF-3 e presidente da Ajufe.
2. SCHWARCZ, L. M.; STARLING, H. M. Brasil: Uma Biografia. São Paulo: Cia da Letras, 2015, p. 64.
3. Aqui, por não se tratar de um trabalho de cunho científico, a expressão "negros" não é utilizada no seu sentido técnico que engloba pretos e pardos, mas designa aqueles que tinham a pele retinta.
4. Sugiro nesse ponto que se assista um maravilhoso vídeo disponível no Youtube. Nele, para maior dramaticidade e emoção da plateia, Bill Gaither canta e acompanha no piano, tocando, apenas, as notas pretas do teclado. Disponível em: <https://www.youtube.com/watch?v=qNuQbJst4Lk>. Acesso em: 13 jul. 2021.
5. Não se conformavam com o governo e práticas da Igreja Anglicana que mais tarde dariam origem aos presbiterianos, batistas e metodistas.
6. Editora Martin Claret, 2015.
7. *Amazing grace*, no original.
8. Disponível em: <www.vaticannews.va>.
9. Em uma das faixas do disco do Coldplay, *A Head Full of Dreams*, Obama fez outra interpretação de Amazing Grace.
10. FRIEDMAN, T. L. "When My President Sang 'Amazing Grace'". *New York Times*, 27 out. 2020.

Todo dia era dia de índio

Edson Aguiar de Vasconcelos

I. Você passa e não me olha

Na música de Jorge Ben Jor intitulada "Por causa de você, menina" há uma estrofe aparentemente frustrante: "você passa e não me olha, mas eu olho pra você." Essa formulação, em visão poética, revela a intenção oculta de quem não é visto mas que se pretende mostrar.

Esse algo oculto permeia a vida do artista. As mídias sociais não apresentam informações significativas sobre a pessoa de Jorge Ben Jor, encontrando-se algumas referências no *Dicionário Cravo Albin da música popular brasileira*. Ao examinar naquela base de dados o conjunto da obra do artista, surge logo lembrança de diversas músicas que ficaram gravadas na memória dos brasileiros, a exemplo, de "Chove chuva", "Cadê Teresa", "País tropical", "Mas que nada". Esta última é uma das canções brasileiras mais conhecidas no exterior, particularmente nos Estados Unidos, onde foi gravada por Sérgio Mendes e depois traduzida por artistas do quilate de Ella Fitzgerald, Al Jarreau, Trini Lopez e José Feliciano.

Nas menções constantes da internet, Jorge Ben Jor é classificado como compositor, cantor, instrumentista, havendo ainda outras qualificações artísticas, mas não se encontra uma só indicação de sua condição de poeta. Esta omissão é incompreensível, porque Ben Jor é um dos maiores letristas musicais do Brasil e de suas obras surgem belíssimos poemas, embalados em estilo musical peculiar, definido por ele mesmo como samba-rock, gênero que mistura rock, soul e funk, tocado em violão com toques de swing que remetem ao jazz.

II. À procura da poesia perdida

A presença poética na obra de Jorge Ben Jor estimula a falar-se um pouco da poesia como manifestação literária que, em alguns casos, pode alcançar a substância do tempo, como tentativa de apreender a essência de uma realidade escondida no inconsciente e recriada pelo nosso pensamento. Essa dimensão poética parece ir ao infinito, no reino infindável das palavras. É preciso reencontrá-la.

Para conhecer as trilhas do trabalho artístico de Jorge Ben Jor, eu, que não tenho qualquer cabedal teórico musical, resolvi utilizar a metodologia do intérprete musical prático, que não lê partitura, mas que toca música de ouvido. Ou, como se diria no embalo deste verso mambembe: "Para se identificar um pássaro, não é necessário conhecê-lo tanto, basta que se lhe ouça o canto."

Com essa pista improvisada, avanço à procura dos versos que compõem algumas das canções de Jorge Ben Jor, sendo possível entrever de imediato extensa gama de temas emocionais tratados com sutil sensibilidade poética. Tudo mostra, de forma inequívoca, este artista como um formidável catalisador de emoções. E quem é capaz disso, indubitavelmente é poeta.

Do imenso repertório de Ben Jor, destacarei aquelas músicas mencionadas no início desta prosa, a começar com "Cadê Teresa", um samba em versos ritmados, que quase convencem da regeneração de um malandro incorrigível que tudo faria para reconquistar o amor da mulher amada; em "Chove chuva", a todos enternece, como se trabalhasse com gotas de amor em ritmado pingar das águas e termina em onomatopeia de nomes africanos para invocar forças da natureza; em "País tropical", fala, com fina ironia, da verve resiliente do brasileiro, capaz de resistir a tudo com o pouco que lhe é dado por aqueles que querem "fazer mal a esse país"; em "Mas que nada", simplesmente samba, levando junto quem ouve a canção mediante versos de rimas perfeitas.

III. Antes, o paraíso...

Diante de tão vasta obra, resolvi dedicar especial atenção à música de longo título convocatório ("Curumin chama cunhãtã que eu vou contar"), mais conhecida pelo subtítulo explicativo "todo dia era dia de índio".

Essa música impressiona pela simbologia relacionada aos povos originários do mundo inteiro, quase exterminados pela ação deletéria dos homens ditos civilizados. A história demonstra que investidas predatórias contra os indígenas têm sido impulsionadas por sórdidas ambições e preconceitos fundados em falsa convicção de superioridade e outras mazelas psicológicas que, há séculos, deturpam o caráter dos "caras pálidas", os quais, atualmente, se encontram misturados em diversas matizes culturais e étnicas, a indicar, no campo social, ocorrência de verdadeira "miscigenação universal".

Em outras palavras, todos os humanos se encontram interligados no planeta. Quando as florestas e outros *habitats* protegidos pelos povos indígenas são violados, a natureza reage, resultando disso devastadores fenômenos climáticos, reflexos da degradação ambiental.

Quanto aos indígenas brasileiros, estes estão sendo dizimados desde que a nau de Pedro Alvares Cabral aportou nessas terras. A carta de Pero Vaz de Caminha sugere claramente ao rei de Portugal a eliminação da identidade cultural dos índios para retirá-los do estado de pureza pagã e transformá-los em bons cristãos. É o que diz este trecho da comunicação do escrivão:

> Pardos, nus, sem coisa alguma que lhes cobrisse suas vergonhas. Parece-me gente de tal inocência que, se nós entendêssemos a sua fala e eles a nossa, seriam logo cristãos, visto que não têm nem entendem crença alguma, segundo as aparências. E portanto [...] não duvido que eles se farão cristãos e hão de crer na nossa santa fé.

Mostra a história de que a escravidão indígena somente cessou no Brasil nos idos de 1750, ocasião em que a Coroa Portuguesa começou a estimular o tráfico de escravos africanos. Idêntica "sorte" não tiveram as populações indígenas que habitavam as Américas espanhola e norte-americana. Segundo informa livro lançado recentemente,[1] estima-se em mais de setenta milhões o número dos indígenas atingidos pelo massacre ocorrido no período de 1492 a 1900, o maior genocídio conhecido da humanidade.

O "estado da natureza" em que permaneceram nossos indígenas não saiu do reino da utopia e do romantismo literário, o que pode ser constatado no clássico *O guarani*, de José de Alencar, história que se passa em era longínqua em que a "civilização não tivera tempo de penetrar o interior". No mundo idílico do romance, o Brasil se encontrava ainda na sua virgindade originária e a terra não havia sido profanada pela irreversibilidade do tempo.[2]

Esse "estado da natureza" remete ao mito do "bom selvagem", transformado em teoria por Jean Jacques Rousseau no *Contrato social*. O homem primitivo e selvagem era considerado bom e puro, ao contrário do homem civilizado, corrompido pela sociedade. Esse ciclo histórico literário parece pretender a salvação da vida pela arte. Além disso, encobre a realidade para revelar a figura do mito, que, no poema "Ulisses" de Fernando Pessoa, "é o nada que é tudo", a depender da nossa disposição de transformar utopia em verdade.

IV. 19 DE ABRIL... APENAS MÚSICA AOS NOSSOS OUVIDOS

A canção "Curumin chama cunhātā que eu vou contar" tem como ponto de referência o dia 19 de abril, data que ficou marcada no calendário nacional e assumiu valor simbólico incomensurável. A data se juntou ao refrão da música como se fosse um mantra conhecido pelos inúmeros admiradores da obra de Jorge Ben Jor.

O 19 de abril, contudo, não é uma invenção poética de Ben Jor. Isso merece um pouco de história:

A visão dos colonizadores portugueses predominou durante séculos no sentido de que os indígenas deveriam ser civilizados e assimilados à cultura ocidental. Tal "assimilação" mostrou-se impossível e a opção encoberta dos colonizadores foi, e ainda é, a exclusão dos nativos da sociedade brasileira. Tornaram-se invisíveis. Tudo feito na forma da lei. Bem sintomático dessa invisibilidade foi a supressão legal de qualquer autonomia daqueles homens e mulheres, a começar com o Código Civil de 1916, que, no art.6º, os classificou como "silvícolas", relativamente incapazes, sujeitos ao regime tutelar estabelecido em leis e regulamentos especiais.

A tutela dos indígenas foi exercida inicialmente pelo Serviço de Proteção ao Índio (SPI), em 1910, com objetivo de fazer contato com tribos isoladas e promover coexistência pacífica daqueles com as forças que se diziam promotoras da expansão econômica do país.

Paralelamente a isso, esboçou-se um movimento indigenista que acabaria por experimentar notável crescimento no mundo. Promoveu-se, em 1940, no México, o Primeiro Congresso Indigenista Interamericano, ocasião em que se escolheu como "Dia do Índio" o famoso 19 de abril incorporado na música de Jorge Ben Jor. Foi fundado o Instituto Indigenista Interamericano com objetivo de definir e desenvolver uma política comum a respeito da "questão indígena". O governo brasileiro somente aderiu ao Instituto Indigenista Interamericano em 1943, quando também oficializou o "Dia do Índio", pela via do decreto-lei n5.540.

Coube a Jorge Ben Jor a primazia de inscrever a data no cancioneiro brasileiro, ao lançar, em 1981 "Curumin chama cunhãtã que eu vou contar". A canção teve licença para viajar até o recuado de 1500 e lembrar" o passado feliz dos índios", os quais "eram os proprietários felizes da *terra brasilis*".

V. Canção rima com Constituição

Uma estrofe de poesia de Ferreira Gullar, endereçada a uma mulher que sofre (Helena), fala metaforicamente em canção e bem por isso também poderia retratar a dor secular do povo indígena: "vagueio campos noturnos/ Muros soturnos/ Paredes de solidão/ Sufocam minha canção."[3] se poema foi composto em 1954, época em que o povo indígena permanecia esquecido da "civilização", invisibilidade essa que cessou a partir dos anos 1970, quando recrudesceu agressivo processo de apossamento das terras dos indígenas, sob pretexto de expansão das atividades produtivas na Amazônia, destacando-se no período construção de grandes estradas e hidrelétricas, com intensificação de desmatamento para implantação de atividades pecuárias.

A vida imita a arte, talvez muito mais do que a arte imita a vida, como já lembrou frase poética/filosófica de Oscar Wilde.[4] Todavia, mais do que imitar a arte, a vida muitas vezes a reproduz, numa espécie de ironia da natureza. A simbiose vida/arte/vida explica a correlação da canção de Jorge Ben Jor com a realidade brasileira. Nesta toada, sete anos depois do lançamento da música "Curumin chama cunhatã que eu vou contar", a Constituição de 1988 dedicou extenso capítulo à proteção dos indígenas.

Esta canção nasceu em contexto de opressão dos nativos brasileiros, que, até então, não contavam com *status* de cidadãos brasileiros e só tinham de seu o decantado dia 19 de abril.

VI. Uma Constituição, redentora ou não...

A Constituição de 1988 foi promulgada sete anos após o lançamento da canção "Curumin chama cunhatã que eu vou contar". A Constituição Cidadã, assim denominada por Ulisses Guimarães, livrou os índios da tutela estatal e lhes atribuiu cidadania plena.

Rompeu-se com a antiga e falsa política protecionista dos índios. Reconheceu-se a legitimidade de sua organização social, seus costumes, suas línguas, crenças e tradições. Para além do que se esperava, a nova Constituição também reconheceu os direitos originários sobre as terras que tradicionalmente ocupavam e a União comprometeu-se a demarcá-las, a proteger e fazer proteger todos os seus bens.

A partir de então, os índios e suas comunidades contariam, inclusive, com legitimidade para ingressar em juízo em defesa de seus direitos e interesses. Foram cortadas as amarras da falsa suposições de que os índios não tinham idade mental para se autogerir.

Apesar de toda essa rede de proteção criada pela Constituição de 1988, a realidade tem contrariado a vontade do constituinte. Dados do relatório 2018, intitulado *Violência contra os povos indígenas do Brasil*, do Conselho

Indigenista Missionário, vinculado à Conferência Nacional dos Bispos do Brasil, denunciam que a violência contra os povos indígenas é alarmante e arrolam conflitos ligados a direitos territoriais e outras categorias de violência, a exemplo de elevado número de homicídios e tentativas, além de inúmeros problemas de desnutrição e de índices elevados de violência sexual.

É fácil concluir pela frustração da promessa constitucional de uma efetiva proteção do patrimônio material e imaterial indígena. Este cenário mostra ser apenas uma utopia o retorno dos índios aos tempos em que eram "proprietários felizes da *terra brasilis*", sobretudo nos tempos atuais em que há verdadeira "pandemia" de estupidez que parece nunca acabar.

VII. Esperança e fé, salve Jorge da Capadócia!

Nesses dias sombrios do ano de 2020, observam-se todos os tipos de violências contra os indígenas, havendo até quem afirme odiar a expressão "povos indígenas", ainda que esse arauto da malversação cultural esteja no exercício de elevado cargo de autoridade governamental incumbida de estabelecer diretrizes no campo da educação pública.

Essa retórica negacionista deseja apagar os índios do mapa geográfico brasileiro, a pretexto de uma suposta brasilidade a ser vivida fora das áreas ambientais demarcadas. O almejado deslocamento desses "cidadãos brasileiros" — que, antes de tudo, são indígenas, visa a criar verdadeiro eldorado para ações de madeireiros, mineradores, grileiros e outros predadores argentários insanos. Tal ritual de eliminação tende a afundar os índios na mais absoluta miséria, pela real impossibilidade de sobrevivência no "civilizado" mundo regulado pelas "selvagens" leis do mercado.

Mas ainda há esperança... Diversos instrumentos jurídicos, nacionais e internacionais, garantem aos povos indígenas o direito de não se submeterem a qualquer forma de assimilação forçada ou de destruição de sua cultura.

Haverá dias incertos que podem seguir em diversas direções, a depender do imperscrutável porvir sócio-político. Haverá influências benéficas e maléficas nesses ventos que correm, podendo trazer chuvas suaves ou tufões destruidores.

Oxalá, não recaia sobre os indígenas aquela "chuva ruim" que molhou o amor do poeta na canção "Chove chuva". Que fiquem cobertos pelo manto sagrado de São Jorge, invocado na composição "Jorge da Capadócia", lançada no ano de 1975. E assim, sob a simbólica proteção do Santo Guerreiro, fiquem protegidos das "armas de fogo e das facas". Que as lanças se quebrem sem seus corpos alcançar; que as cordas e correntes se arrebentem sem seus corpos amarrar. Salve Jorge!

E aplausos para Jorge Ben Jor que, ao celebrar o povo da floresta, lembrou o dia 19 de abril como um dia de festa.

NOTAS

1 GRONDIN, M.; VIEZZERR, M. *O maior genocídio da história da humanidade:* mais de 70 milhões de vítimas entre os povos originários das Américas. Toledo: GFM Gráfica e Editora, 2018.
2 ORTIZ, R. "*O Guarani*: um mito de fundação de brasilidade". *Revista Ciência e Cultura*. Sociedade Brasileira Para o Progresso da Ciência (SBPC), São Paulo, v. 40, n. 3, 1988, p. 262.
3 GULLAR, F. *A luta corporal*. São Paulo: Cia. das Letras, 2017.
4 WILDE, O. *Pen, Pencil and Poison*. Londres: s/e, 1889.

The Times They Are a-Changin, de Bob Dylan

Eduardo Secchi Munhoz

A música talvez seja a expressão mais forte do espírito humano. Segundo Platão, a música é poderosa, porque o ritmo e a harmonia têm sua sede na alma[1]. Para Schopenhauer, ela exprime a mais alta filosofia, numa linguagem que a razão não compreende[2].

Algumas canções têm a força de um hino. Transformam-se em símbolos de sentimentos, ideias, valores, que unem as pessoas.

The Times They Are a-Changin, de Bob Dylan, sem dúvida, é uma delas. Foi feita menos de dois meses após a famosa Marcha de Washington por Trabalho e Liberdade, de 28 de agosto de 1963[3], quando Martin Luther King proferiu o seu famoso discurso "Eu tenho um sonho"[4].

Por isso, para muitos, *The Times They Are a-Changin* representa um hino a favor de certas mudanças, num dos mais turbulentos momentos da história norte-americana. Os conflitos eram profundos. E envolviam muitas dimensões da sociedade. Havia a luta contra o racismo, a defesa dos direitos civis, o feminismo, o pacifismo (estava em plena marcha a Guerra do Vietnã) e a defesa do ambiente. Essa rara confluência de temas polêmicos colocava em lados opostos a juventude e as gerações mais antigas.

A canção de Dylan é percebida, neste contexto histórico, como uma defesa veemente das mudanças professadas pela juventude dos anos 1960. Uma forma de ver coerente com a observação atribuída a Tom Jobim de que "*toda música é reflexo de uma época*".

Uma escuta mais atenta da música, porém, pode levar a uma conclusão paradoxal. A canção profetiza a mudança, mas não indica em qual direção ela ocorrerá. Dylan vaticina que a mudança é um fato inevitável, mas não diz se ela será boa ou má. Ele também não prega para qual direção se deve ir. Esse parece ser o ponto mais intrigante da canção.

Talvez por isso Dylan não concorde com a ideia de que *The Times They Are a-Changin* corresponda a uma *música de protesto*[5]. Ele nunca se considerou um artista engajado, autor de músicas voltadas à defesa de ideias de cunho político[6]. Sempre se recusou a concordar com qualquer desses rótulos, inclusive, ao enfrentar a crítica de muitos de seus fãs, quando se converteu ao uso dos instrumentos elétricos, aproximando-se do *rock*, o que representava, para muitos, uma traição às tradições do *folk*[7]. Dylan parece preferir a melhor tradição do *bardo*. Alguém que transmite, por sua música, mitos, histórias, lendas, de um povo, mas sem a pretensão de atrair seguidores.

The Times They Are a-Changin evidencia a presença de um profeta – que fala da mudança como algo inevitável –, mas que não busca seguidores. Não se encontra na canção nenhuma base moral específica. A mudança, segundo a canção, é um dado da realidade, mas isso não significa necessariamente que ela será boa. A canção não indica o que a mudança trará, assim como não diz como ela *deve ser*, para ser boa.

A canção segue a tradição das antigas baladas, cantadas oralmente para o povo. O uso da partícula "*a*" para formar "*a-Changin*", além de decorrer de razão rítmica, confere um espírito de antiguidade à música, ao adotar a forma típica das baladas inglesas do século XVIII. Além disso, ela é composta à semelhança do estilo adotado nos versos dos profetas bíblicos.

O início da canção "*Reúnam-se, pessoas; Onde quer que estejam*"[8] é típica do início de uma pregação bíblica. Pode-se imaginar João Batista, ou Jesus Cristo, chamando dessa forma as pessoas, antes de iniciar a sua pregação. Logo em seguida, a mudança é apresentada em seu aspecto de inevitabilidade, a partir da imagem de uma inundação, também de forte conotação bíblica: "*E admitam que as águas; Ao seu redor estão subindo; E aceitem que logo;*

Estarão encharcados até os ossos"⁹. A aceitação da mudança e o caminhar junto com ela são apontados como a única solução: "*Então é melhor que comecem a nadar ou afundarão como pedras; Pois os tempos estão mudando*"¹⁰.

Embora anuncie, nesta estrofe, que a mudança é inevitável, ao contrário dos profetas bíblicos, ao transmitir sua mensagem, Dylan não indica o caminho que se deve seguir para chegar à Bondade ou à Verdade.

Na segunda estrofe, há referência aos "*escritores e críticos*", que, com sua "*caneta*", pretendem profetizar¹¹. A canção aponta que essas predições são impossíveis, porque a "*roleta*" está a girar e não se sabe a "*quem ela irá escolher*"¹². Embora de forma não explícita, parece haver aí uma crítica à arrogância dos sábios de ocasião, que insistem em tentar prever o que *deve ser*, apesar da imprevisibilidade sempre presente na experiência humana. Eles devem aproveitar a "*última chance*" para não falarem "*cedo demais*" e observarem o movimento da roleta¹³.

O girar da roleta, nesse sentido, parece obedecer a um governo maior, a um espírito divino, incompreensível ao homem. Por isso, "*o perdedor de agora logo mais irá vencer*"¹⁴, um resultado imprevisível do fato de que "*os tempos estão mudando*". A frase faz clara referência à profecia de Jesus, encontrada em Marcos 10:31, de que "*os últimos serão primeiros, e os primeiros serão últimos*", imagem a que se volta, de forma mais específica, na última estrofe da canção.

Após dirigir-se aos "*escritores e críticos*", a terceira estrofe refere-se aos "*senadores e deputados*"¹⁵. Aqui parece haver uma clara referência aos legisladores norte-americanos, cuja organização política divide o legislativo em Senado e Câmara. Eles são exortados a "*ouvir o clamor*" e não impedir a mudança, pois não "*devem ficar parados na porta*", nem devem "*bloquear o corredor de entrada*"¹⁶.

Nesse ponto, a canção parece colocar-se a favor daqueles que defendem a mudança, ao desenvolverem uma "*batalha lá fora*" que é "*furiosa*", forte o suficiente para "*balançar suas janelas*" e "*chacoalhar suas paredes*"¹⁷. Há um tom revolucionário, que parece admitir a violência, nos versos "*Pois aquele que se machuca; Será aquele que parou*"¹⁸.

Com exceção da referência a "*senadores e deputados*", porém, não há nenhuma indicação específica sobre o local da batalha. A estrofe, portanto, poderia teoricamente referir-se aos mais diferentes momentos da história, como a Revolução Francesa, a Russa (1917), o movimento fascista italiano, ou o nazismo alemão. A única indicação do tipo de mudança, ao lado da qual a canção parece se colocar, não se depreende, portanto, da sua letra. Essa interpretação somente pode ser feita a partir do momento histórico em que a música foi criada. Esse fator pode emprestar o conteúdo específico, o significado, próprio daquele momento, para a mensagem da canção. Sem essa referência histórica, porém, a estrofe dirige-se, de forma aberta, a toda mudança que vem pela pressão da sociedade, com força suficiente para superar a resistência dos poderosos, representados pela figura dos "*senadores e deputados*".

A quarta estrofe trata do conflito de gerações. A referência histórica do momento em que a canção foi criada, novamente, é importante, pois o conflito geracional foi uma das principais características dos anos 1960. A sociedade nos anos 1960 era completamente diferente da atual e os valores defendidos pela juventude, como defesa do meio ambiente, pacifismo, liberdade sexual, igualdade de raça e de gêneros, entre outros, escandalizavam as gerações mais antigas. A canção expressa bem essa ideia, ao dizer às "*mães e pais de todas as terras*" que não devem criticar "*o que não conseguem entender*"[19].

Numa afronta à hierarquia familiar, diz "*seus filhos e filhas estão além do seu comando*"[20]. Devem, portanto, aceitar a mudança, porque seu "*velho caminho está rapidamente envelhecendo*"[21]. Cabe aos pais e às mães adaptarem-se, devendo sair do novo caminho, se não puderem dar a sua "*mão*" para ajudar[22].

A última estrofe fecha a profecia e parece resumir o espírito da canção. A inevitabilidade está expressa no primeiro verso, ao indicar que a "*linha está traçada e a maldição está lançada*"[23]. O verbo define que a mudança está dada. Não há nada que se possa fazer sobre ela. E a ideia de "*maldição*" indica que ela vem de um espírito superior, algo que está além da compreensão dos homens.

Ainda que a mudança pareça ser lenta, a gradual passagem do tempo é determinante, e aquilo que é "*lento*" "*logo será mais rápido*", fazendo com que o presente seja logo "*passado*"[24]. Assim se chegará ao rápido desparecimento da "*ordem*" atual[25]. E a mudança é substancial, porque "*o primeiro logo será o último*"[26]. Tudo decorre da profecia de que "*os tempos estão mudando*"[27].

Ao inspirar-se em antigas baladas e na forma das profecias bíblicas, mas sem adotar uma pregação específica, apesar de escrita no auge de momentos turbulentos da história, Dylan pretende tocar-nos de uma forma mais profunda. Não há a defesa de um conteúdo determinado para a mudança. O elemento central diz respeito a algo intrínseco à experiência humana: o eterno movimento de mudança, em si mesmo considerado.

Segundo o Budismo, a *impermanência* (*anicca*) é um dos conceitos básicos do universo[28]. Nada perdura para sempre, tudo se transforma continuamente e caminha para a própria dissolução. E a sabedoria da vida está em aceitar essa impermanência, em viver como se estivéssemos imersos em um constante fluxo de movimento, em que o que é hoje pode não ser amanhã. Essa ideia encontra-se em muitas correntes filosóficas ao longo da história, como no pensamento do grego Heráclito, para quem *nada é constante a não ser a mudança*, pois é impossível banhar-se duas vezes nas mesmas águas de um rio[29].

A ausência de indicação quanto ao conteúdo da mudança, que se vê em *The Times Are a-Changin*, é, num certo sentido, assustadora. É mesmo paradoxal imaginar que a canção, em outros momentos históricos, dada a ausência em sua lírica de indicação quanto ao conteúdo da mudança, poderia teoricamente ser utilizada para a defesa de valores torpes.

Nessa ausência de pregação sobre o conteúdo da mudança encontra-se, porém, a maior sabedoria da canção. A mensagem principal é constatação de que vivemos em constante mudança e que cabe ao homem aprender a viver conforme essa dimensão inevitável do universo. Quanto ao conteúdo da mudança, ou ao significado específico que a canção pode ganhar para cada pessoa, em cada momento, isso é algo que Dylan não pretendeu determinar de forma rígida. Isso é o que torna a canção universal e atemporal.

No discurso que preparou a respeito do prêmio Nobel de Literatura que lhe foi concedido em 2016, depois de analisar livros que influenciaram a sua vida, Dylan observou: "*Eu não preciso saber o que uma canção significa. Eu tenho escrito sobre todos os tipos de coisas nas minhas canções. E eu não vou me preocupar com isso – o que tudo isso significa*"[30]. Para ele, "*Isso é o que a música significa. As canções estão vivas no mundo dos vivos*"[31]. Se uma "*canção toca o seu sentimento, isso é tudo o que é importante*"[32]. Encerra, então, ao dizer "*Cante em mim, oh Musa, e através de mim conte uma história*"[33].

Tem-se aí uma bela descrição do sentido da música e do seu imenso poder. Ela toca fundo a alma, ao expressar ideias, valores e sentimentos, com melodia e ritmo, numa das mais puras expressões do espírito humano. Essa ideia vem forte na mensagem de *impermanência* e de constante *adaptação* de *The Times They Are a-Changin*. Nesse sentido, ela vai muito além de uma canção de protesto, pois não está necessariamente ligada a um momento específico da história, mas diz respeito a valores mais profundos da vida humana.

Essa reflexão sobre o poder e o papel da música nos remete para algo igualmente verdadeiro quando se pensa na experiência do direito. As normas jurídicas mais importantes são as que lidam com os princípios. Estes, em geral, baseiam-se em mensagens abertas, com boa dose de vagueza e generalidade.

Assim como uma canção, tais normas são "*fruto de uma época*", ao serem elaboradas segundo os valores e as necessidades presentes no momento de sua criação. Mas, logo a seguir, ganham vida própria, sendo aplicadas no reino de quem vive, assim como disse Dylan sobre a canção.

Os verdadeiros princípios jurídicos ganham novos significados e dimensões, segundo a evolução dos valores e sentimentos de cada época. Não guardam um significado imutável, rígido, infenso às mudanças ocorridas na sociedade. Devem ser abertos a essas mudanças, capazes de se amoldar às necessidades de cada momento histórico, sem perder, porém, o fundamento primacial que determinou a sua criação.

O aplicador da lei, que desconhece essa constante impermanência, deixa de compreender em sua completude o fenômeno jurídico. A aplicação das normas deve evoluir junto com as mudanças verificadas na sociedade. Trata-se de um imperativo, que vem positivado no art. 5º da Lei de Introdução às Normas do Direito Brasileiro: "*Na aplicação da lei, o juiz atenderá aos fins sociais a que ela se dirige e às exigências do bem comum.*"

Esse aspecto do direito é bem percebido por quem o compreende de forma mais profunda. O querido professor das Arcadas, Goffredo Telles Junior, ensina que "*O Direito, como o amor, tem a sua fonte originária no coração dos seres humanos*"[34]. Trata-se da ideia de que os princípios jurídicos fundamentais não correspondem a produtos frios, derivados de uma pura lógica racional. O direito, segundo Goffredo, é a disciplina da convivência humana e, como tal, tem como sua principal fonte o amor ao próximo.

Assim, o direito guardaria semelhança com a música, no sentido indicado por Dylan: a ideia de que o autor da canção não determina o seu significado, mas procura fazer dela um veículo de ideias e valores que tocarão os sentimentos daqueles que vierem a escutá-la, ao *viverem*.

Sobre essa inusitada ligação entre direito e música, em certa ocasião, um aluno confrontou Goffredo com uma pergunta irreverente. Partindo da premissa do mestre de que o Direito vem do coração dos homens e, por outro lado, tomando em conta os versos de Vadico e Noel Rosa, em *Feitiço da Vila*, de que "*só quem suportar uma paixão saberá que o samba, então, nasce no coração*", indagou o aluno: como estabelecer logicamente a diferença entre o Direito e o Samba? A resposta de Goffredo é a melhor forma de terminar esse artigo: "*São parentes muito próximos, na verdade, irmãos. O samba é ritmo e harmonia. O direito é pura harmonia*"[35].

O direito não pode ser chamado como tal, quando se desvincula do coração dos homens, quando passa a ser aplicado de forma rígida, em favor dos poderosos ou das ideologias dominantes em cada momento histórico. Tanto quanto a música, deve ser o *hino* ou o *veículo* para a transmissão de valores e ideias que vêm do fundo da alma humana, permeável ao fluxo de constantes mudanças que caracterizam a experiência do homem na terra.

Essa é uma das formas de *sentir* a canção *The Times They Are a-Changin*, do bardo Bob Dylan.

Notas

1. Platão, em *A República*, realça a importância da *mousiké* para a *polis*. Cf. PLATÃO, *A República*. 11. ed. Tradução Maria Helena de Rocha Pereira. Lisboa: Fundação Calouste Gulbenkian, 2008.
2. Cf. *O mundo como vontade e representação: parte III*. Trad. Wolfgang Leo Maar, Maria Lúcia Mello e Oliveira Cacciola. São Paulo: Nova Cultural, 2000.
3. Cf. Heylin, C. *Bob Dylan behind the shades – revisited*. It Books, 2003.
4. Tradução livre de: "*I have a dream*". Disponível em: http://www.huffingtonpost.com/2012/01/16/i-have-a-dream-speech-text-martin-luther-king-jr_n_1207734.html . Acesso em: 20 maio 2021.
5. Cf. entrevista concedida por Dylan em 1966, na Suécia, a Klas Burling. Disponível em: https://www.rollingstone.com/music/music-news/looking-back-bob-dylans-disastrous-1966-interview-in-sweden-102634/. Acesso em: 10 maio 2021.
6. Dylan, B. *Chronicles*, v. 1. New York: Simon & Schuster, 2004; Cf. entrevista concedida por Dylan nos estúdios da TV KGED, em 1965, antes de concertos que faria em São Francisco. Disponível em: https://www.rollingstone.com/music/music-news/bob-dylan-gives-press-conference-in-san-francisco-246805/. Acesso em: 10 maio 2021.
7. Sobre esse momento de sua carreira, cf. o documentário de Martin Scorsese, *No Direction Home*, 2005.

8   Tradução livre de: "*Come gather 'round people; Wherever you roam*".
9   Tradução livre de: "*And admit that the waters; Around you have grown; And accept it that soon; You'll be drenched to the bone.*"
10 Tradução livre de: "*Then you better start swimmin' or you'll sink like a stone; For the times they are a-changin'*".
11 Tradução livre de: "*Come writers and critics; Who prophesize with your pen*".
12 Tradução livre de: "*For the wheel's still in spin; And there's no tellin' who that it's namin'*".
13 Tradução livre de: "*The chance won't come again; And don't speak too soon; For the wheel's still in spin*".
14 Tradução livre de: "*For the loser now will be later to win*".
15 Tradução livre de: "*Come senators, congressmen*".
16 Tradução livre de: "*Please heed the call; Don't stand in the doorway; Don't block up the hall*".
17 Tradução livre de: "*There's a battle outside and it is ragin'; It'll soon shake your windows and rattle your walls*".
18 Tradução livre de: "*For he that gets hurt; Will be he who has stalled*".
19 Tradução livre de: "*Come mothers and fathers; Throughout the land; And don't criticize; What you can't understand*".
20 Tradução livre de: "*Your sons and your daughters; Are beyond your command*".
21 Tradução livre de: "*Your old road is rapidly agin'*".
22 Tradução livre de: "*Please get out of the new one if you can't lend your hand*".
23 Tradução livre de: "*The line it is drawn; The curse it is cast*".
24 "*The slow one now; Will later be fast; As the present now; Will later be past*".
25 "*The order is rapidly fadin'*".
26 Tradução livre de: "*And the first one now will later be last*".
27 "*For the times they are a-changin'*".
28 Gombrich, R. *Theravada Buddhism*. 2 ed. London: Routledge, 2006.
29 Cf. Barnes, J. *The presocratic philosophers*. London: Routledge, 2002.
30 Tradução livre: "*I don't have to know what a song means. I've written all kinds of things into my songs. And I'm not going to worry about it – what it all means*". Disponível em: https://www.nobelprize.org/prizes/literature/2016/dylan/lecture/. Acesso em: 10 maio 2021.
31 *Ibidem*. Tradução livre de: "*That's what songs are too. Our songs are alive in the land of the living*".
32 *Ibidem*. Tradução livre de: "*If a song moves you, that's all that's important*".
33 *Ibidem*. Tradução livre de: "*I return once again to Homer, who says, 'Sing in me, oh Muse, and through me tell the story'.*"
34 Telles Junior, G. *A criação do direito*. 3. ed. São Paulo: Saraiva, 2014.
35 Bierrenbach, F. "O preceptor". Disponível em: https://goffredotellesjr.com.br/o-preceptor-flavio-flores-da-cunha-bierrenbach/. Acesso em: 20 maio 2021.

Interpretação jurídica e interpretação musical

Erasmo Valladão Azevedo e Novaes França
Thiago Saddi Tannous

"*A interpretação abria espaço para tudo.*"
(José Roberto de Castro Neves, *O espelho infiel*)

1. Interpretar não é uma tarefa simples. As dificuldades podem se apresentar até mesmo em situações corriqueiras, como a de um exemplo bastante difundido: a placa que proíbe a entrada de animais em um restaurante também abrangeria a entrada de um cão-guia, que acompanha um cliente cego?

2. Quando se trata de controvérsias jurídicas, não é raro que se conceba a interpretação como um processo lógico, puramente racional. Imagina-se o magistrado como um

> alto funcionário público com formação acadêmica, sentado em seu gabinete, munido apenas de uma máquina de pensar — sem dúvida da melhor qualidade. Seu único móvel é uma mesa verde, sobre a qual repousa um código de leis. Dá-se a ele qualquer caso, real ou imaginário. Com a ajuda de operações puramente lógicas e uma técnica secreta que apenas a ele é compreensível,

ele é capaz de, conforme sua obrigação, demonstrar com absoluta exatidão a decisão previamente tomada pelo legislador em seu código de leis.[1]

3. Mas para quem vive o direito em sua plenitude, em nada surpreende o fato de que elementos irracionais desempenhem papel fundamental nos processos interpretativos.[2] Os desafios não se limitam à interpretação de dispositivos legais. No cotidiano, o advogado interpreta os relatos de seus clientes; e os juízes, os relatos elaborados por advogados. Enquanto o juiz interpreta relatos sobre fatos, a solução parece emergir aos poucos, em um plano puramente psicológico e talvez insondável, muito antes de ser apresentada em um documento que terá — com sorte! — fundamentos, começo, meio e fim.

4. As perplexidades inerentes à interpretação jurídica motivaram a elaboração de muitos trabalhos ao longo dos séculos, com abordagens múltiplas. Estaria o juiz vinculado ao texto da lei? É possível interpretar, ainda hoje, com base em certos cânones consagrados concebidos há séculos? Existiria algo comparável a um "silogismo" no discurso jurídico?[3] Sem contar, é óbvio, os inúmeros trabalhos que não abordam o processo interpretativo em si, mas revelam, concretamente, divergências de interpretação sobre questões jurídicas específicas, existentes em todas as áreas do direito.

5. Apesar dos inegáveis esforços, as perplexidades continuam a assombrar o dia a dia dos foros, justificando-se a advertência do jagunço Riobaldo:

> O senhor deve de ficar prevenido: esse povo diverte por demais com a baboseira, dum traque de jumento formam tufão de ventania. Por gosto de rebuliço. Querem-porque-querem inventar maravilhas glorionhas, depois eles mesmos acabam temendo e crendo.[4]

6. Os mesmos dispositivos legais são interpretados por notórios juristas, que chegam, com frequência, a conclusões opostas. Para ilustrar com exemplos do direito societário, bastaria lembrar dos artigos 115 e 254-A da Lei nº 6.404 de 1976, fontes recorrentes de angústia para quem participa do universo das chamadas companhias abertas.

7. Diante desse cenário, Herbert Wiedemann propõe, no texto a seguir, uma analogia: em que medida a interpretação jurídica se assemelharia à interpretação musical?

8. Não é difícil compreender a pertinência da proposição. Quem se interessa genuinamente por música há de ter sido acometido por algum espanto ao se deparar com interpretações substancialmente diferentes de uma mesma peça.

9. Pense-se, por exemplo, no "Étude Op. 25, n° 9", de Chopin. É sua peça mais curta, pensada para durar menos de um minuto. Ainda assim, foi objeto de interpretações nitidamente distintas — quanto ao andamento, à dinâmica e mesmo à tônica das frases. No jazz, as diferenças podem ser gritantes. Lembremos de "My Man's Gone Now", de Gershwin, interpretada de formas radicalmente distintas por Miles Davis e Bill Evans, em um intervalo de apenas dois anos (1959 e 1961, respectivamente).

10. No texto de Wiedemann, a analogia proposta se desenvolve a partir da comparação entre o jurista diante do texto legal e o músico — lembre-se: geralmente referido como "o intérprete"! — diante da partitura. Em certa medida, revelam-se problemas comuns a ambos: a fidelidade ao que está escrito; a vontade e as finalidades do legislador ou do compositor; os critérios de interpretação e sua hierarquia.

11. Para o juiz, o problema da vinculação ao texto legal – um pressuposto de natureza política do Estado de Direito — se confunde com a própria legitimidade do exercício do poder jurisdicional. Para o músico, a infidelidade à partitura não terá o mesmo impacto sobre a esfera jurídica de alguém — salvo, de fato, nas disputas de direito autoral.

12. Essa diferença radical entre as situações não invalida, a nosso ver, a analogia proposta por Wiedemann. O que está no centro de tudo, afinal, é a própria capacidade humana de se comunicar e de atribuir significados estáveis aos mesmos símbolos, sejam eles as notas grafadas na partitura ou os conceitos inseridos em uma lei.

13. Nesse sentido, o mesmo problema se coloca aos tradutores — perseguidos, com justiça, pela velha máxima: "*traduttore, traditore*".[5] Diante de um texto estrangeiro, escrito em homenagem a outro jurista, em um contexto particular, há escolhas a fazer. Nossa opção foi privilegiar o significado em detrimento da literalidade, sem prejuízo de tentar, tanto quanto

possível, preservar o estilo do original. Mas como o significado somente se revela mediante interpretação, muitas vezes com base em um material não necessariamente claro, é possível que tenhamos tomado decisões que soem bem aos ouvidos acurados de alguns, sem despertar os aplausos de todos.

14. Não poderia ser diferente: é exatamente como ocorre nas interpretações jurídicas, nas interpretações musicais e nas traduções em geral.

São Paulo, 5 de abril de 2021

Interpretação jurídica e musical — Um ensaio***
Herbert Wiedemann

I. A Interjeição

Imagens ilustrativas e comparações bem-sucedidas também foram introduzidas, atualmente, na linguagem jurídica da jurisprudência e da doutrina. Na maioria dos casos, elas se perdem em discussões ininterruptas. Às vezes, repetem-se e, ocasionalmente, são criticadas. Isso ocorreu com o então presidente do Superior Tribunal de Justiça (*Bundesgerichtshof*) Günter Hirsch, quando ele citou a seguinte passagem de uma palestra mais antiga:[6]

> Phillip Heck, o grande teórico da metodologia jurídica (1858--1943), enxergou a relação do legislador para com o juiz ainda como aquela entre o senhor e o escravo. Ao menos desde a entrada em vigor da Constituição, isso é apenas ainda limitadamente correto. De acordo com o art. 20, parágrafo 1º da Constituição, está o juiz vinculado à "Lei e ao Direito". Isso não é nenhuma tautologia, Lei e Direito recobrem-se, com efeito, em toda norma, porém, como o passado alemão demonstrou, "não necessariamente e sempre" (Corte Constitucional). Em caso de conflito deve o juiz orientar sua decisão pelo Direito (suprapositivo), [pois] o positivismo como incondicional obediência diante da lei está ultrapassado. Dessa forma, o quadro do senhor e do

escravo não corresponde mais à nossa realidade constitucional. Se procurarmos uma imagem mais adequada para a relação entre o juiz e o legislador, ela seria, na minha opinião, a do pianista e do compositor. Ele interpreta as diretivas [os dispositivos], mais ou menos virtuosamente, tem discricionariedade, mas não pode falsear a peça [musical].

Quando menos em razão da imagem marcante, essas considerações ecoaram na mídia e foram objeto de críticas mais ou menos agudas na imprensa especializada.[7] É difícil avaliar até que ponto os votos discordantes de quatro juízes da Corte Constitucional, na deliberação de 15 de janeiro de 2009,[8] representariam um tardio eco à explanação de Hirsch, com o propósito de pôr fim ao debate. De qualquer modo, o desenvolvimento jurisprudencial do direito não é uma *res judicata*.

Em retrospectiva, é digno de nota que o assentimento ou a reprovação se baseiem integralmente na representação do artista que cria livremente, mas que não se diga palavra alguma sobre a sua adequação. Se o músico executante tiver somente uma limitada margem de discricionariedade em relação ao compositor, a imagem perderia então sua força sugestiva com referência à criação jurídica do juiz, porque faltariam os pressupostos para a comparação escolhida. Assim, nossa questão é a seguinte: como se acha o pianista diante de sua partitura?

II. A fidelidade à obra

Para a interpretação musical, no que concerne à música clássica em geral, não existe qualquer teoria geral da execução, o que, em face da diversidade da música sacra ou de câmara, sinfônica ou operística, não surpreende. Muitos músicos praticantes, porém, escreveram suas experiências como dirigentes ou solistas e transmitiram suas concepções aos alunos. A partir disso e por tradição oral pode-se chegar à conclusão de que o objetivo de "fidelidade à obra" é também ainda hoje o *Leitmotiv* da representação musical. Nesse contexto, uma interessante passagem encontra-se em um escrito inicial do grande pianista Edwin Fischer, do ano de 1929. Ele escreve:

Existe uma grande tensão entre as exigências colocadas aos intérpretes: alguns exigem, categoricamente, tocar apenas o que está lá; outros definem: uma reprodução de uma peça musical é um fragmento da natureza visto pelo temperamento de um artista; enquanto outros são da opinião de que cada reprodução deveria ser um ato criativo e de que há, de fato, extremos distantes na arte da representação... Mas já se pode dizer quanto às normas gerais do direito: se o compositor é o legislador, então o intérprete é o advogado e o juiz. O legislador cria a lei para harmonizar os interesses dos indivíduos. Todavia, é ao juiz que cabe não se curvar ao direito, mas sim adaptá-lo à vida, observando que não será a letra, e sim o sentido da lei a ser seguido (...).[9]

A inversão de perspectiva da comparação surpreende talvez os juristas, mas não os músicos. Também se diz ao aprendiz que ele não deveria tocar com muita ênfase um *sforzato* do compositor. O mandamento de fidelidade à obra exige três coisas: a exata observância do texto original, conhecimento das circunstâncias determinantes da época da criação, bem como dados sobre a história de seus impactos. Hoje, permanecem disponíveis reimpressões dos manuscritos originais, os quais suplantaram antigas edições ampliadas com acréscimos — bem-intencionados — dos editores. Aos relevantes elementos de interpretação pertencem, outrossim, a época de criação, a ocasião e primeira execução da obra mesma. Para a adequação do estilo, são dados pontos de vista próprios nos concursos musicais, de forma que, por exemplo, oscilações inadequadas de ritmo possam ser eliminadas. São também imprescindíveis indicações do compositor para a execução. Sobre isso, veja-se um exemplo extraído dos primeiros ensaios para as Valquírias: no sortilégio (*"Feuerzauber"*) anunciou-se o maestro Hellmesberger e disse: "Maestro, nós não podemos tocar isto". Ao que Richard Wagner teria respondido: "Isso vocês também não devem tocar; vocês têm apenas que manter a tonalidade indicada". Anedotas como essas são apanhadas e difundidas especialmente por alunos e permitiram, conjuntamente com experiências posteriores, que se desenvolvesse uma prática de execução da respectiva obra, que, com isso, aparenta desenvolver uma vida própria. A tradição da prática de execução é o mais firme componente da formação musical e conserva a recordação sobre a pessoa do autor e suas concepções na vida.

A fidelidade à obra exige do intérprete fazer viva a música à luz da partitura; ela não reclama nem uma representação de época da composição nem uma representação objetiva, e tampouco pode aspirar a essas coisas. Há muitas razões para isso. Na música barroca e na antiga música clássica existem apenas parcimoniosas indicações de interpretação anotadas, [não sendo] transmitidos esboços ou relatos de execução. Para canções (*Lieder*) ou obras para corais, essa falha é limitadamente compensada por meio do conteúdo da letra musical, mas isso não ajuda bastante para o fraseado e pausas. Outro obstáculo para a estrita fidelidade à obra surge da sonoridade dos instrumentos, que foram alterados e aperfeiçoados no curso do século XIX, ou, bem ao inverso, deixaram de existir na vida dos concertos. A execução com instrumentos originais e ornamentações históricas (*historische Besetzungsstärke*) permanecem insatisfatórias nas modernas salas de concerto, e pode-se questionar se realmente correspondem ao espírito dos compositores ou se fazem jus ao propósito de sua obra. Johann Sebastian Bach escreveu seu *O Cravo Bem Temperado* para címbalo ou clavicórdio. Algumas das fugas lá escritas ajustam-se melhor aos modernos pianos de cauda, por ecoarem mais plásticas em sua sonoridade. Mas isso são externalidades. O compositor depende, para a existência musical, inteiramente da pessoa de seus intérpretes e, com isso, de seu temperamento, seu talento e sua formação. Isso justifica — no contexto da definição de objetivos artísticos comuns — uma interpretação meramente ilimitada de obras antigas. A amplitude mostra-se particularmente clara em gravações de um mesmo artista feitas em épocas diferentes. A execução é influenciada, por fim, quando, por consideração aos ouvintes, passagens específicas são excluídas ou repetições são omitidas — o que, atualmente, em consideração à fidelidade à obra, é visto como algo menos profissional e, dessa forma, evitado.

Como todo autor, o compositor depende da boa vontade dos músicos para que suas concepções sejam preservadas tanto quanto possível. A configuração necessária para isso geralmente está disponível; o critério da fidelidade à obra, em sentido amplo, vale incontestavelmente como elemento contínuo da execução musical. Isso torna-se particularmente evidente em contraste com modernas execuções teatrais. Imagine-se encenar o poeta Torquato Tasso desde o começo da peça em uma gaiola da altura de um homem, da qual ele sai para sua entrada em cena e para onde, mais tarde, volta a retornar; assim, o espectador perderia seu interesse no prosseguimento da trama. Acima de tudo, ele não quer, por ocasião de uma apresentação teatral, tornar-se destinatário de mensagens políticas que não tenham qualquer conexão com o que acontece no palco. O contrassenso torna-se incompreensível quando, na execução das óperas, as diretrizes do compositor são estritamente tocadas no fosso da orquestra e os cantores declamam versos com as cores do alemão antigo, mas a representação cênica negligencia ambos os elementos. De vez em quando, são ofertados simultaneamente ao espectador, então, original e paródia.

III. A Ratio Legis

Voltemos à comparação entre a liberdade artística e a vinculação jurídica. A diferente situação jurídica entre, de um lado, o art. 5º, parágrafo terceiro, da Constituição; e, de outro lado, o art. 20, parágrafo terceiro, é perceptível. Do caráter de uma obra musical e das circunstâncias da história da composição surgem, respectivamente, particulares exigências na apresentação que o músico, pelo ensaio da peça, conhece. A ciência do direito dedica à metodologia uma disciplina própria que abrange as demais matérias e que se mostra com diferentes variantes nas áreas jurídicas específicas. Para o direito comunitário, para o direito constitucional, para leis ordinárias e acordos coletivos, as competências se encarregam, por si só, da diversidade de opiniões. Em um ensaio, dois âmbitos de problemas da metodologia poderiam ser identificados, os quais figuram novamente, na época atual, no centro das discussões, e para os quais o homenageado contribuiu de forma fundamental.[10] Trata-se, notadamente, (a) da interpretação do texto e (b) da ordem hierárquica dos conhecidos critérios de interpretação em geral.

a) A INTERPRETAÇÃO DE ENUNCIADOS

Ao conhecido acervo da metodologia alemã pertence o rol de critérios interpretativos atribuídos a Savigny, de acordo com os quais a aplicação da lei deve considerar o texto, a posição no sistema, a história do seu surgimento e, por fim, o sentido e o fim da norma jurídica. O que se ensina em sala de aula é tomado por algo óbvio na práxis dos tribunais e dos escritórios de advocacia. Para a jurisdição comunitária e constitucional e para a doutrina jurídica, uma longa [e] persistente luta de opiniões se vincula aos elementos de interpretação.[11] Há diversas razões para isso. Em primeiro lugar, cada critério específico de interpretação tem experimentado uma exegese própria: para a interpretação gramatical, alcança-se a linguística; na interpretação do contexto, inserem-se o direito constitucional e o direito comunitário;[12] quanto à história do surgimento, até mesmo a influência dos interesses representados deveria ser examinada – o que, no cotidiano jurídico, só pode ser feito de forma sumária. Em segundo lugar, retornaremos ao caráter estrito e à hierarquia dos critérios de aplicação (*Testfragen*).

Palavra e notas do texto são, como se diz, o primeiro passo da interpretação, e para ela são determinantes, na medida em que fornecem informação segura e explícita. Algumas vezes, porém, a clareza é apenas aparente, resultando de conhecimento deficiente ou de fantasia. Segundo a transmissão do presságio do oráculo de Delfos ao rei Midas, quando ele ultrapassasse a fronteira de seu reino, destruiria um grande reino. A ambiguidade tornou-se evidente quando Midas iniciou sua campanha, sofreu uma derrota e perdeu o próprio reino e a própria vida. Em seu drama *Ifigênia em Táuride*, Goethe realizou uma nova e surpreendente interpretação de um provérbio oracular, para dar à peça um fim conciliatório. Mais próximo da ciência do direito e do nosso tema está outra formulação do poeta, que se tornou um ditado: "a lei e o direito transmitem-se hereditariamente como uma eterna enfermidade". O fato de que com isso não se faz referência a um direito natural suprapositivo resulta do contexto das linhas seguintes: "infelizmente, não se trata nunca dos direitos que nascem conosco". A alusão somente pode se referir, consequentemente, ao direito hereditário romano.[13] A conexão entre as palavras "lei" e "direito" encontra-se na linguagem jurídica do século XIX[14] e remanesceu nas deliberações do

Conselho Parlamentar para inspiração da Constituição. Os pais da Constituição inseriram então o vocábulo para descrever o ordenamento jurídico estatal em sua totalidade, incluindo, dessa forma, a Constituição. Mas isso não perdurou ao longo do tempo. A Corte Constitucional introduziu uma nova interpretação e legitimou o desenvolvimento jurisprudencial do direito,[15] "que no Estado moderno é decididamente imprescindível". A doutrina jurídica seguiu-a amplamente[16] — um exemplo nítido das possibilidades de uma exegese.

A jurisprudência da Corte Constitucional privilegiou principalmente uma estrita interpretação literal, atenuando-a, entretanto, sob o pressuposto de que bastaria a prévia alusão ao texto. A Corte Constitucional, nos últimos julgados relevantes de 14/6/2007 (erro na fixação de pena)[17] e de 15/1/2009 (reclamação [trabalhista] em caso de atrofia)[18], respectivamente, atribuiu novamente ao texto explícito ou unívoco um papel central na interpretação:

> *BVerfGE*, 118, s. 212, Rn.91: "A interpretação conforme a Constituição não é aceitável quando ela incorrer em contradição à letra da lei e à vontade claramente reconhecível do legislador (cf. entre outros, *BVerfGE*, 71, 81, 105; 95, 64, 93). Aos tribunais é vedado, por via da interpretação, atribuir a uma lei um sentido oposto à sua letra e ao seu sentido inequívoco, ou redefinir, de forma fundamental, o conteúdo normativo de um dispositivo (*BVerfGE*, 90, 263, 275). Uma tal correção da lei estaria, por último, contrariando o art. 100, parágrafo 1º da Constituição, o qual busca preservar a autoridade do legislador parlamentar em relação à jurisprudência. (*BVerfGE*, 63, 131, 141; 86, 71, 77)"

> *BVerfGE*, 122, p. 248, parágrafos 97 e 98 (voto especial): "Se o legislador tiver tomado uma inequívoca decisão, não pode então o juiz alterá-la em razão das próprias ideias juspolíticas e substitui-la por uma solução judicante, que não teria sido alcançável no Parlamento (...) O ponto de partida da interpretação é o enunciado do dispositivo. Ele nem sempre dá, entretanto, indicações suficientes sobre a vontade subjetiva ou objetivada do legislador (veja-se, por todos, Röhl/Röhl, *Allgemeine Rechtslehre*, 2008, p.

613-616, 3ª ed.; Rüthers, *Rechtstheorie*, 2008, parágrafos 731--743, 4ª ed.; minucioso, Klatt, *Theorie der Wortlautgrenze*, 2004)".

A doutrina jurídica afirma que não há declarações unívocas; em razão da plurivocidade dos conceitos, cada texto seria passível e necessitaria de interpretação[19] — musicalmente falando: cada um ouve uma voz diferente. Também nesse sentido há uma atenuada formulação, segundo a qual uma exegese vai até o limite do possível sentido do texto, e então pode ser também vinculante.[20] Os conhecimentos de hermenêutica das ciências afins[21] quanto à possibilidade e à necessidade de interpretação não podem, de forma irrefletida, ser transmitidos à ciência do direito, pois contrapõem-se ao mandamento de vinculação do juiz ao direito e à confiança dos seus destinatários. A muito discutida decisão do Tribunal Federal do Trabalho sobre o conceito de ocupação prévia,[22] no § 14, n. 2, segunda frase, TzBfG, contém um exemplo alarmante. A Câmara Julgadora queria limitar a fatispécie da norma, com apelo ao texto legal e, para esse fim, corrigir a redação. O texto do § 14, n. 2, segunda frase, TzBfG é, todavia, relativamente explícito e também permanece em outro contexto, em comparação com a aplicação do vocabulário. Se não se quiser aceitar o resultado, porque desproporcional, resta à disposição para tanto apenas um desenvolvimento adicional que exceda a lei, cujos pressupostos aqui não serão discutidos.

B) *A HIERARQUIA DOS CRITÉRIOS DE INTERPRETAÇÃO*

A opinião comum (*Meinungsbild*) quanto à hierarquia dos elementos de interpretação é menos clara. As causas são variadas, porque os quatro elementos de interpretação são descritos diferentemente, conforme conteúdo, natureza e delimitação.

- Quanto ao conteúdo, deve-se elucidar em que medida a vontade do legislador, como um conjunto de motivos no passado e como objetivo para o futuro, seria idêntica. Mesmo na hipótese em que se negue isso, deve-se observar uma acentuada ponderação das circunstâncias temporais em que ela se desenvolveu. De forma atenuada, isso vale igualmente em relação à interpretação literal, na medida em que se tratar da compreensão do texto desejada pelo legislador.

- Quanto à natureza dos critérios de aplicação (*Testfragen*), eles foram antes classificados no mesmo patamar, fazendo-se uma ponderação pelo judiciário apenas no caso concreto. Progressivamente, sustenta-se a opinião de que elementos isolados de interpretação teriam — no caso de resultado positivo — eficácia normativa e conduziriam, desse modo, sob o referido pressuposto, à interrupção do processo de interpretação. Em caso de estrita interpretação literal, isso enseja a observação crítica: "mas isso não está na lei". Nessa correlação figuram o texto e a finalidade da lei, os quais conduzem fundamentalmente à sujeição ao direito e, dessa forma, a uma hierarquia desses critérios de interpretação.

- Finalmente, no que concerne às delimitações, as variantes retratadas do conteúdo e da natureza implicam os problemas a seguir. Pode a vontade do legislador histórico ser ao mesmo tempo meio e fim da interpretação? Não há, em caso de estrita interpretação literal, exegese alguma quanto à história e à finalidade da lei que autorize correções da mesma, o preenchimento de lacunas e a adaptação do direito? A metodologia, nesse sentido, percorreu um caminho próprio e hoje incontestado, no âmbito do qual concede aos magistrados competência para a criação do direito para *além* do cânone da interpretação, criação essa que é confirmada pelo direito constitucional. O desenvolvimento jurisprudencial do direito foi, por assim dizer, desvencilhado da interpretação teleológica.

A moderna literatura retoma esse desenvolvimento e procura introduzi-lo no ordenamento em vigor. Rolf Wank[23] tem chamado diversas vezes a atenção sobre a utilização da finalidade da lei como meio de interpretação e como fim da interpretação, relacionando esse tema com a diferença entre o momento do surgimento e o momento da aplicação da interpretação. A tarefa da história do surgimento é investigar a vontade do legislador histórico; a tarefa da questão do sentido e da finalidade é descobrir a vontade hipotética do legislador atual. Rüthers, Fischer e Birk[24] propõem, no lugar da divisão temporal, uma divisão factual (objetiva). Para que se revele a finalidade histórico-juspolítica da regra, a finalidade da norma seria objetivo da interpretação; em contraste, a finalidade da norma será meio da interpretação quando se indagar se determinados enunciados fáticos estariam incluídos no âmbito de aplicação da fatispécie. Totalmente diversa é a formulação de Claus Wilhelm Canaris. Ele divide os elementos da interpretação segundo sua vinculação normativa e os atribui apenas à finalidade da norma. Nesse contexto, ele enfatiza que a *ratio legis*, a qual o legislador constitucional reconhecidamente colocou como base para o legislador histórico — isto é, para os membros do órgão legislativo — é vinculante para o aplicador do direito, desde que essa *ratio* tenha, de alguma forma, sido expressa na lei.[25] Isso seria uma autêntica regra de prioridade, a qual, por consequência, não deixaria espaço para uma ponderação com outros critérios. Se a visão do legislador não tiver encontrado expressão alguma na lei, não adquire ela, com efeito, qualquer eficácia vinculante, mas representa, pelo menos, um dos elementos de ponderação compreendidos pelo processo de interpretação. No seu conjunto, a atual discussão mostra mais divergências do que convergências.[26]

Existe consenso, para além disso, quanto ao fato de que a interpretação feita pelo tribunal não pode servir para levar em consideração os interesses das pessoas e dos grupos recém-chegados no processo legislativo, ou para questionar a eficiência econômica da regulamentação ou bem sua adequação. A posição do *effet utile* no direito nacional está ainda aberta. Assim como pode parecer desejável uma correção de rumo em relação à influência de forças extraparlamentares em casos excepcionais, essa correção não pertence às competências tradicionais da jurisdição. E assim são também as decisões típicas, nas quais a Corte Constitucional cassou os julgados dos tribunais especiais por quererem substituir a concepção do legislador por um modelo próprio.[27]

Por outro lado, há imprecisões especialmente na apreciação da natureza jurídica dos elementos de interpretação. Se enxergamos corretamente, então a doutrina clássica do século XX parte quase sempre do caráter heurístico e, assim, da natureza preparatória das linhas de pensamento. Sua tarefa é, então, recolher e filtrar os respectivos argumentos sob a perspectiva correta, apresentando o resultado em uma análise global. Na medida em que não se trata de uma regra do processo normativo, mas, pelo contrário, de valores da experiência científica, pode-se ajustar o cânone e, por exemplo, complementá-lo por meio do direito comparado. Os julgados da

Corte Constitucional anteriormente citados e representantes da metodologia moderna, ao contrário, não atribuem efeitos normativos — e, nessa medida, uma primazia — a critérios isolados de interpretação. Isso deve valer para o texto legal que for claro, bem como para a clara vontade do legislador:[28] se uma ou outra linha de pensamento já conduz a um resultado, interrompe-se a interpretação, porque o seu objetivo foi alcançado. Se o resultado permanecer duvidoso, deve a interpretação seguinte orientar-se novamente pelos tradicionais cânones de interpretação. Contudo, há muito em favor de se realizar primeiramente, para tanto, uma ponderação dos argumentos isolados em uma apreciação global, decidindo-se para um caso concreto específico. O cânone de interpretação intenta chamar à consciência os pontos de vista determinantes e, dessa forma, não avaliar ou afastar por antecipação os elementos isolados. A própria Corte Constitucional defende uma visão mediadora,[29] com a formulação prevalente, segundo a qual a interpretação serve para concretizar a vontade "subjetiva ou objetivada" do legislador. Com igual resultado salienta Melin[30] que a jurisdição especial muitas vezes parte de um sentido objetivo da lei, mas seus fundamentos determinantes recorrem, todavia, à história do surgimento da lei. Recomenda-se, por mais uma razão, manter aberta, inicialmente, a hierarquia dos critérios de aplicação. De forma semelhante ao que ocorre na arte, também na execução da lei a peça quer ser compreendida conforme a sua peculiaridade. As normas do direito de trânsito são interpretadas diferentemente das normas de direito de família, assim como as normas constitucionais em relação ao direito comunitário. Uma primazia geral não pode ser atingida, por fim, mesmo com a aprovação do caráter vinculante, se este título for outorgado a mais elementos de interpretação, como, por exemplo, ao claro texto da lei ou às divergentes — mas não menos ambíguas — concepções do legislador. Nestes e em casos semelhantes é novamente questionada a competência do juiz.

IV. O ESPÍRITO DA ÉPOCA

Em um Estado de Direito, os juízes incorrem em um dilema se a interpretação conforme as regras da arte produz um resultado que a eles não parece apropriado sob o ponto de vista temporal ou de sua natureza. As razões para tanto são variadas e, abstraídas de alterações, podem ser reconduzidas às relações vitais da realidade ou ao reconhecido ordenamento de valores. O tribunal não pode negar o curso do tempo, mas não pode, arbitrariamente, realizar qualquer modificação da lei. Para esta e para situações semelhantes, a metodologia, como relatado, procura uma solução por meio do conceito de "desenvolvimento jurisprudencial do direito" que outrora foi considerado como interpretação objetiva. Em princípio, geralmente reconhecidos e aprovados pelo direito constitucional,[31] os pressupostos e as consequências de uma criação judicial do direito remanescem incertos. Não se pode reconhecer como estabelecido, com isso, que o significado de uma lei ou de outra obra intelectual não se afirme para sempre. Deve-se analisar também, com os requisitos, a delimitação para a interpretação da lei conforme a sua finalidade e conforme a primazia da legislação ordinária, demonstrando os critérios para a competência dos tribunais. Tudo isso extrapola o tema. Somente um lançar de olhos sobre os paralelos com a interpretação musical é permitido, porque aqui revela-se particularmente clara a sujeição do intérprete à época e também frente aos seus predecessores, e não somente em relação ao criador. As gravações do clássico de Viena por Wilhelm Furtwängler ou das obras corais de Bach por Karl Richter eram perfeitas criações posteriores — atemporais elas não são. Uma obra intelectual não pode desenvolver uma vida independente e certamente não tem vontade própria. Ela reflete, porém, em sua execução, a consciência dos intérpretes e dos seus contemporâneos. A título de exemplo, a transformação da noção do tempo nas interpretações da época de Weimar, do pós-guerra e do presente encerraram-se em mais rápidas indicações de tempo, as quais atingem os limites de valor se as personagens musicais específicas não são mais consideradas. Cada intérprete pode tentar colocar-se na situação histórica do autor; só não pode, desse modo, afastar a sua consciência do presente.

Notas

1   A passagem em destaque é tradução livre do seguinte trecho: "Die herrschende Idealvorstellung vom Juristen ist die: Ein höherer Staatsbeamter mit akademischer Ausbildung, sitzt er, bewaffnet bloß mit einer Denkmaschine, freilich einer von der feinsten Art, in seiner Zelle. Ihr einziges Mobiliar ein grüner Tisch, auf dem das staatliche Gesetzbuch vor ihm liegt. Man reicht ihm einen beliebigen Fall, einen wirklichen oder nur erdachten, und entsprechend seiner Pflicht, ist er imstande, mit Hülfe rein logischer Operationen und einer nur ihm verständlichen Geheimtechnik, die vom Gesetzgeber vorherbestimmte Entscheidung im Gesetzbuch mit absoluter Exaktheit nachzuweisen."KANTOROWICZ, Hermann (Gnaeus Flavius). *Der Kampf um die Rechtswissenschaft*. Heidelberg: Carl Winter's Universitätsbuchhandlung, 1906, p. 7.

2   ESSER, Josef. Motivation und Begründung richterlicher Entscheidungen. PERELMAN, Ch.; FORIERS, P. (org.). *La motivation des décisions de justice*. Bruxelles: Émile Bruylant, 1978, p. 142-143. Ademais: "die Gedankenoperationen, durch die er (Jurist) zu seinen Ergebnissen kommt, beruhen vielmehr zum größten Teil auf Wertungen und Abschätzungen, auf Eindrücken und Auffassungen subjektiver Färbung, die aus dem Gesetz selbst und allein sich nicht rechtfertigen lassen." ZITELMANN, Ernst. *Lücken im Recht*. Leipzig: Verlag von Duncker & Humblot, 1908, p. 34. Em tradução livre: "as operações mentais, por meio das quais o jurista chega aos seus resultados, baseiam-se muito mais, em sua maior parte, em valorações e avaliações, em impressões e concepções de coloração subjetiva, que não se justificam a partir da lei por si só."

3   Para mencionar alguns poucos exemplos, sem qualquer pretensão sistemática: GÉNY, François. *Méthode d'interprétation et sources du droit*. Paris: Chevalier, Maresq & Cie, 1899; HASSEMER, Winfried. Rechtssystem und Kodifikation: die Bindung des Richters an das Gesetz. In: KAUFMANN, A.; HASSEMER, W. (hsgb.). *Einführung in Rechtsphilosophie und Rechtstheorie der Gegenwart*. 4. Auflage. Heidelberg: C.F.Müller, 1985; ATIENZA, Manuel. *As razões do direito*. Trad. de Maria Cristina Guimarães Cupertino. São Paulo: Landy Editora, 2006; PERELMAN, Chaim. *Lógica Jurídica*. . 2. ed. São Paulo: Martins Fontes, 2002; ESSER, Josef. Motivation und Begründung richterlicher Entscheidungen. In: PERELMAN, Ch.; FORIERS, P. (org.). *La motivation des décisions de justice*. Bruxelles: Émile Bruylant, 1978; LIEBMAN, Enrico Tullio. "Do arbítrio à razão: reflexões sobre a motivação da sentença". Trad. de Tereza de Arruda Alvim. *Revista de Processo*, n. 29, ano 8, p. 80, 1983; KANTOROWICZ, Hermann (Gnaeus Flavius). *Der Kampf um die Rechtswissenschaft*. Heidel-

berg: Carl Winter's Universitätsbuchhandlung, 1906; TARUFFO, Michele. *La motivazione della sentenza civile*. Padova: CEDAM, 1975.
4 ROSA, João Guimarães. *Grande sertão: veredas*. Edição Comemorativa. Rio de Janeiro: Nova Fronteira, 2006, p. 66.
5 A analogia é examinada também em FERRAZ JUNIOR, Tercio Sampaio. *Introdução ao Estudo do Direito*. São Paulo: Atlas, 2003, p. 268.
6 *Tradução de Erasmo Valladão Azevedo e Novaes França (professor associado na Faculdade de Direito da USP e Ex-Chefe do Departamento de Direito Comercial) e Thiago Saddi Tannous (doutor em direito comercial pela Faculdade de Direito da USP).
**Texto originalmente publicado em livro em homenagem a Rolf Wank: HENSSLER, M.; JOUSSEN, J.; MATIES, M.; PREIS, U. (Hsg.) *Festschrift für Rolf Wank zum 70. Geburtstag*. München: C.H. Beck, 2014. As referências no texto ao "homenageado" são, portanto, a Rolf Wank. Nesta tradução, as notas de rodapé foram indicadas apenas em português. Günter Hirsch, *ZRP*, 2006, p. 161; Cf., do mesmo autor, *JZ*, 2007, p. 853.
7 Cf. Auer, *ZEup*, 2008, p. 517, 531; Hassemer, *ZRP*, 2007, p. 213; do mesmo autor, *Rechtsteorie*, 39 (2008), p. 1; Möller, *FAZ*, v. 26.10.2006, n. 249, p. 37; Rüthers, *ZRP*, 2008, p. 48; do mesmo autor, *Rechtsteorie*, 40 (2009), p. 253; do mesmo autor, *NJW*, 2011, p. 1.857; do mesmo autor, *JZ*, 2013, p. 823, 828; M. Schröder, *Gesetzbindung des Richters und Rechtsweggarantie im Mehrebenenssystem* (2009), p. 64.
8 Cf. *BVerfGE*, 122, p. 248, parágrafos 95 e ss.
9 Edwin Fischer, *Musikalische Betrachtungen*, Insel-Verlag (1950), p. 27 e ss.
10 Cf., dos abrangentes escritos, Wank, *Die Asulegung von Gesetzen* (5ª ed., 2011); do mesmo autor, *Auslegung und Rechtsfortbildung im Arbeitsrecht* (2013).
11 Antes indicado equivocadamente como contradição entre a teoria subjetiva e a teoria objetiva. Cf. além disso, em certa medida, Larenz e Canaris, *Methodenlehre*, 1995, p. 164 e seguinte, 3ª ed.; Looschelders/Roth, *Juristische Methodik im Prozess der Rechtsanwendung*, 1996, p. 29 e ss.; Melin, *Gesetzesauslegung in den USA und in Deutschland*, 2005, p. 267 e ss.; Rüthers, Fischer e Birk, *Rechtstheorie mit juristischer Methodenlehre*, 2013, § 22, p. 472 e ss., 3ª ed.; Wank, *Auslegung und Rechtsfortbildung im Arbeitslehre*, 2013, p. 72.
12 Veja-se, entretanto, Höpfner e Rüthers, *AcP*, 209, 2009, p. 1, p. 21 e ss.
13 Cf. também Trunk, *Goethe Faust Kommentar*, 1986, p. 545 e ss., 13ª ed.
14 Sobre a história do surgimento do art. 20 da Constituição, veja-se Grzeszick, em: Maunz/Dürig/Herzog, Lfg, 51, Dez. 2007, art. 20, GG, VI, par. 63; Hilgruber, *JZ*, 2008, p. 745.
15 Jurisprudência pacífica, pela primeira vez na *BVerfGE*, 122, p. 248, nota de rodapé 97; minuciosamente, sobre isso, Hillgruber, *JZ*, 2008, p. 745.

16 *BVerfG* v. 14.2.1973, *BVerfGE* 34, p. 269, 286 e ss., *BVerfG* v. 3.4.1990, *BVerfGE* 82, p. 6 e 12.
17 *BVerfGE*, 118, p. 212.
18 *BVerfGE*, 122, p. 248; Cf. além disso *BVerfGE*, 128, p. 193, nota de rodapé 53.
19 Cf., na literatura, Depenheuer, *Der Wortlaut als Grenze. Thesen zu einem Topos der Verfassungsinterpretation* (1988); Melin, *Gesetzesauslegung in den USA und in Deutschland* (2005), p. 253 e ss.; Rüthers, Fischer e Birk, *Rechtstheorie* (2013, 7ª ed.), § 22 D., p. 432 e ss.; Linsenmaier, in: *Festschrift für Klaus Bepler* (2012), p. 373, 377 e ss.; Wank, *Die Auslegung von Gesetzen* (2011, 5ª ed.), § 5 IV, p. 45 e seguinte.
20 Cf. Larenz, *Methodenlehre der Rechswissenschaft* (1991, 6ª ed.), p. 333.
21 Cf., além disso, Malin, *Gesetzesauslegung in den USA und in Deutschland* (2005), p. 157 e seguinte.
22 Cf. BAG v. 6.4.2011, AP n. 82 ao art. 14 TzBfG (Wiedemann); além disso Höpfner, NZA 2011, p. 893; Linsenmaier, in: *Festschrift für Klaus Bepler* (2012), p. 373; Wank, RdA, 2012, p. 361 e 363.
23 Cf., por último, Wank, *Auslegung und Rechtsfortbildung im Arbeitsrecht* (2013), p. 71 e seguinte.
24 Rüthers, Fischer e Birk, *Rechtstheorie*, 2013, p. 429, 7ª ed.
25 Canaris, in: *Festschrift für Dieter Medicus* (1999), pp. 25, 55.
26 Pormenorizadamente, Melin, *Gesetzesauslegung in den USA und in Deutschland* (2005), pp. 267 e ss.
27 *BVerfG* de 13.1.1982; *BVerfGE* 59, p. 231; *BVerfG* de 19.10.1983; *BVerfGE* 65, p. 182; *BVerfG* de 25.1.2011; *BVerfGE* 128, p. 193.
28 Sobre a identificação da vontade do legislador histórico, cf. Fleischer, *NJW*, 2012, p. 2087; Baldus, Theisen e Vogel, *"Gesetzgeber" und Rechtsanwendung* (2013), p. 12 e ss., p. 97 e ss., p. 175 e ss.
29 Cf. *BVerfG* de 5.1.2009; *BverfGE* 128, p. 193, nota de rodapé n. 98.
30 Detalhadamente: Melin, *Gesetzesauslegung in den USA und in Deutschland* (2005), pp. 248, 249.
31 Cf. *BVerfG* de 12.11.1997; *BverfGE* 96, p. 375, notas de rodapé ns. 54 e ss.; *BVerfG* de 14.6.2007; *BverfGE* 118, p. 212, nota de rodapé n. 91; *BVerfG* de 15.1.2009; *BverfGE* 122, p. 248, nota de rodapé n. 98.

"Va pensiero" (Vai pensamento): Verdi, a unificação italiana e identidade nacional

Gabriel Leonardos

No território brasileiro, a partir da independência gozamos de uma clara unidade política, com exceção de algumas poucas disputas territoriais nas regiões limítrofes aos nossos vizinhos sul-americanos, muitas vezes resolvidas pacificamente. Na Europa, contudo, durante séculos coexistiram países fortes e unificados (notadamente França, Inglaterra e Espanha), ao lado de regiões fragmentadas, como Alemanha e Itália. A Itália foi o penúltimo país a ser unificado na Europa Ocidental, em 1861, seguido apenas pela Alemanha, em 1871.

A unificação italiana, também chamada de "ressurgimento", foi um movimento iniciado com o Congresso de Viena, ao fim das guerras napoleônicas (1815), quando a Itália restou dividida entre o Reino do Piemonte (a noroeste, governado pela Casa de Saboia, e ao qual se uniria o Reino da Sardenha, em 1847); o Reino da Lombardia e Veneza (ao norte-nordeste, em grande parte sob domínio do Império Austro-Húngaro); os Ducados de Parma, Modena, Lucca e o Grão-Ducado da Toscana (estes também sob o governo indireto do Império Austro-Húngaro); os Estados Pontifícios (ao centro, sob o comando do papa); e o Reino das Duas Sicílias (ao sul, governado pelos Bourbon). É desnecessário dizer que cada um desses governantes era muito cioso de sua autoridade e, portanto, naturalmente infenso a propostas de unificação que implicariam na redução de seu poder (a menos que a unificação ocorresse sob o seu próprio comando, é claro).

Vale lembrar que no século III a.C. a Itália fora unificada sob o Império Romano, e que essa unidade política persistiu por setecentos anos, até começar a fragmentação política de seu território, a partir da queda do Império Romano do Ocidente, ocorrida em 476 d.C. A perda da unidade territorial, contudo, não impediu que cidades-estados das regiões central e norte da península italiana florescessem, algumas tendo, inclusive, considerável poderio econômico e militar entre os séculos IX e XV, como foi o caso das repúblicas marítimas autônomas de Amalfi, Gaeta e Veneza (a partir do século XI), e de Gênova, Pisa e Ancona (a partir do século XII). Em especial, vale lembrar o esplendor de Florença, no século XV, cuja riqueza era proveniente de atividades bancárias e do comércio, e que, sob o comando dos Médici, nos legou algumas das mais lindas obras de arte da Renascença.

Contudo, na Era dos Descobrimentos (séculos XV a XVII), a Itália perdeu força política e econômica, ao passo que os países europeus já unificados conseguiram conquistar colônias no além-mar que passaram a gerar um fluxo de riquezas constante para suas metrópoles. Na realidade, em boa medida, os descobrimentos através do Oceano Atlântico, e o ímpeto pela descoberta de uma nova rota marítima para o comércio com as Índias (i.e. o sul-sudeste asiático) foram uma consequência direta do desejo de quebra do virtual monopólio usufruído por Veneza e Gênova durante centenas de anos. Com efeito, os comerciantes dessas cidades controlavam o transporte marítimo, para a Europa, das especiarias asiáticas que chegavam por terra até a Ásia Menor e o Oriente Médio. Até mesmo o pequenino Portugal (unificado já desde o século XII) beneficiou-se de seu pioneirismo nos descobrimentos a partir do final do século XV. Mas a Itália, desunida e "presa" dentro do mar Mediterrâneo, não conquistou colônias.

É nesse contexto que a nação chega ao século XIX: por trezentos anos o mundo teve um crescimento econômico acelerado (descontados os períodos de guerras e epidemias), e já estava em pleno vapor (literalmente) a revolução industrial na Inglaterra, França e Alemanha, enquanto a Itália não lograva desenvolver-se como os demais países. O século XIX foi um período repleto de novas ideias: a partir da Independência Americana e da Revolução Francesa (eventos do final do século XVIII), parecia que nada mais era imutável, e que inúmeros novos arranjos políticos seriam viáveis. O Ressurgimento Italiano acelerou-se, portanto, a partir das Revoluções de 1848 (a "Primavera dos Povos"), que varreram a Europa, e que tiveram variadas causas imediatas nos diversos países, mas, em comum a todas, percebia-se o desejo das populações em participar mais ativamente das decisões que afetariam o destino de cada uma delas.

Na península italiana, a Revolução de 1848 teve um caráter nacionalista. Contudo, os principais grupos rebeldes não conseguiram chegar a um consenso quanto aos objetivos a serem perseguidos. Entre as três tendências que desejavam a unificação do país, os chamados "neoguelfistas" propugnavam a criação de uma confederação de estados sob a chefia do papa; outros, desejavam uma monarquia constitucional sob o comando da Casa de Saboia; e outros, entre os quais se destacavam os carbonários, como Giuseppe Garibaldi, queriam derrubar as dinastias e decretar a república. É fácil compreender a razão pela qual nenhum deles teve êxito naquele momento, e a tão sonhada unificação só viria a ocorrer em 17 de março de 1861, quando o rei Vitório Emanuel II (que era Rei da Sardenha-Piemonte desde 1849) foi aclamado como o governante do Reino da Itália. Após mais de doze séculos desunida, a península italiana volta a ter um governo único, embora, naquele momento, ainda faltasse a incorporação completa dos Estados Pontifícios.

Aliás, vale lembrar o importante papel que Giuseppe Garibaldi teve em 1860-1861 no comando de exércitos que conquistaram o Sul da Itália para a causa do rei Vitório Emanuel, não tendo Garibaldi aceito qualquer prêmio por seus esforços. Estamos, é claro, falando do mesmo Garibaldi que viveu no Brasil entre 1835 e 1841, durante um dos períodos de exílio pelos quais teve que passar em sua vida (é dura a vida dos revolucionários!). Por aqui, Garibaldi fez o que sabia de melhor: rebelar-se. E foi aliado de Bento Gonçalves (antepassado direto deste que vos escreve, o que talvez explique um viés rebelde do autor, ou, ao menos, é boa desculpa).

Garibaldi casou-se com a brasileira Anita e com ela lutou no Sul de nosso país, bem como nas batalhas da unificação italiana, o que valeu a Anita o epíteto de "Heroína dos Dois Mundos". Por aqui, o casal Garibaldi teve papel relevante em batalhas da Revolução Farroupilha, que proclamou a República Rio-Grandense (1836-1845), e teve quatro filhos. Giuseppe e Anita permaneceram unidos até a morte dela, em 1849, quando, grávida do quinto filho, faleceu em fuga, após a derrota na Batalha do Janículo (nos arredores de Roma).

Podemos imaginar quantas centenas de milhares de pessoas participaram do sonho da unificação italiana, que era, simultaneamente, o desejo de independência em relação ao poderoso Império Austro-Húngaro, assim como um processo de separação do poder terreno e do poder do papa, pois este, mesmo após 1861, ainda governava os Estados Pontifícios, um território que ocupava parte substancial do centro da península italiana. Após duzentos anos de iluminismo, com a ênfase na razão e na ciência, já não havia mais espaço para a permanência do papa como um chefe de Estado. Com efeito, o papa Gregório XVI (1831-1846) expressamente rejeitou sugestões para dar mais democracia ou modernizar os Estados Pontifícios, e seu sucessor, o longevo Pio IX (1846-1878), manteve a mesma orientação em seus domínios, até que, em 1870, o exército papal foi batido e a unificação foi atingida. Aliás, Pio IX excomungou Vitório Emanuel quando este completou a unificação italiana com a conquista de Roma, e essa excomunhão somente foi revogada pelo Papa em 1878, quando já era iminente a morte do Rei, por malária.

Naquele século de muitas transformações, as artes floresceram e, entre elas, a ópera, que atraía multidões. Para os amantes da ópera, é fácil imaginar as razões do apelo popular de um gênero musical que une a beleza dos instrumentos musicais clássicos com histórias cativantes e vozes e coros fortíssimos, em uma época na qual ainda não existiam alto-falantes. Os criadores de óperas eram celebridades, e os mais inovadores rapidamente atraíam amor ou ódio. Pode-se dizer que cada autor tinha uma torcida fiel, bem como detratores.

A ópera une a música a elementos do teatro e da dança. Ela emociona e diverte com facilidade. A primeira ópera da história foi escrita em Florença, em 1597 (*Dafne*, de Jacopo Peri), e o estilo teve contínua evolução. No século XVIII, a apreciação pela ópera explodiu em toda a Europa, e os principais autores do período foram Georg Händel (1685-1759), Christoph Glück 1714-1787) e Wolfgang Mozart (1756-1791). Chegamos, assim, à primeira metade do século XIX, época de Vincenzo Bellini (1801-1835), Hector Berlioz (1803-1869), Richard Wagner (1813-1883), Giuseppe Verdi (1813-1901), Charles Gounod (1818-1893), Jacques Offenbach (1819-1880) e Georges Bizet (1838-1875), dentre tantos outros, tão ou mais talentosos que os citados.

Na Itália, a ópera já tinha raízes fortes quando o talento de Verdi conquistou as plateias. Aliás, pode-se dizer que Verdi e Wagner (este, na Alemanha) foram os nomes mais proeminentes do estilo ao longo de todo o século XIX. Entre as mais famosas das dezenas de composições de Verdi encontram-se *Nabucco* (1842), *Rigoletto* (1851), *La Traviata* (1853), *Aida* (1871) e *Otelo* (1887). A canção que desejamos comentar encontra-se em *Nabucco*.

Nabucco (abreviação de Nabucodonosor) é uma ópera em quatro atos, com libreto (roteiro) de Temistocle Solera, e narra a história do famoso rei da Babilônia. Tendo em vista que, quando escrita, o norte da Itália era dominado pelo Império Austro-Húngaro, o momento era fértil para que fossem despertados sentimentos nacionalistas. Foi o que ocorreu com o emocionante coro dos escravos hebreus, no terceiro ato: o "Va Pensiero" foi informalmente adotado pelo povo italiano como o hino da sua unificação.

Nessa canção, o povo hebreu escravizado relembra a pátria perdida, e canta, com esperança na libertação. A analogia com a situação italiana era imediata, e, certamente, facilitada pela atuação política de Verdi. Desde o início de sua carreira, ele teve problemas com os censores austríacos por causa do espírito libertário de suas obras. A partir de 1859 espalhou-se pela Itália o slogan do Ressurgimento: "Viva Verdi!". O que poderia parecer uma inocente exaltação a um então já grande compositor, na realidade guardava outro significado, pois VERDI tinha um duplo sentido e igualmente era um acrônimo de **V**ittorio **E**manuele **R**e **D'I**talia (Vitório Emanuel Rei da Itália).

Verdi compôs *Nabucco* devido a um acaso. O libreto havia sido dispensado por um compositor vienense afamado na época, Otto Nicolai, e Verdi ficara especialmente tocado pelo coro dos escravos em "Va Pensiero". A estreia foi no tradicional teatro Scala de Milão, na primavera de 1842. O triunfo foi imediato e, no outono do mesmo ano, a peça foi apresentada por 57 dias consecutivos, um recorde para a época. Aparentemente, os censores austríacos não perceberam a mensagem política em *Nabucco* (e o mesmo ocorreria com a obra seguinte de Verdi, *Os lombardos*), pois não notaram o efeito que as melodias de Verdi, fortes e em um crescendo constante, teriam no ânimo das audiências. Aliás, em 1847, uma performance de *Nabucco* em Milão quase causou uma revolta na cidade, e o maestro Angelo Mariani foi até ameaçado de prisão, por supostamente ter fomentado uma rebelião.

A letra, pungente, nos traz a ânsia pela liberdade e as saudades da terra natal:

Original Italiano:	Versão livre para o Português:
Va Pensiero	Vai Pensamento
Va', pensiero, sull'ali dorate.	Vai, pensamento, sobre as asas douradas.
Va', ti posa sui clivi, sui coll,	Vai, e pousa sobre as encostas e as colinas,
Ove olezzano tepide e molli L'aure dolci del suolo natal! Del Giordano le rive saluta, Di Sionne le torri atterrate. O mia patria, sì bella e perduta!	Onde são tépidos e macios Os ares doces do solo natal! Saúda as margens do Jordão, E as torres destruídas do Sião. Oh, minha pátria tão bela e perdida!
O membranza sì cara e fatal! Arpa d'or dei fatidici vati,	Oh, lembrança tão cara e fatal! Harpa dourada de profecias fatídicas,
Perché muta dal salice pendi?	Por que, muda, pende do salgueiro?
Le memorie del petto riaccendi,	Reacende a memória no nosso peito,
Ci favella del tempo che fu! O simile di Solima ai fati,	Fala-nos do tempo que passou! Lembrando-nos do triste destino de Jerusalém,
Traggi un suono di crudo lamento; O t'ispiri il Signore un concento Che ne infonda al patire virtù	Traze-nos um som de triste lamento; Ou o Senhor te inspire a harmonia Que infunda virtude ao sofrimento!

Tamanha foi a influência cultural de Verdi, que, após a unificação italiana, várias de suas obras foram reinterpretadas, e nelas teriam sido identificadas mensagens revolucionárias que, possivelmente, jamais foram desejadas pelo compositor ou pelos autores dos libretos. O primeiro ocupante do cargo de primeiro ministro da Itália unificada, o grande estrategista Conde de Cavour (Camillo Benso, que já era o braço-direito do rei desde 1852) desejava que uma personalidade com o apelo popular de Verdi integrasse primeiro parlamento italiano e, com efeito, em 1861 Verdi candidatou-se e foi eleito, embora pouco tenha participado das atividades legislativas.

Até hoje, "Va Pensiero" não perdeu sua força. Em 12 de março de 2011, o grande maestro Riccardo Muti regia a ópera *Nabucco* em meio à agitação política causada por cortes no orçamento cultural anunciados naquele mesmo dia pelo governo italiano, então chefiado por Silvio Berlusconi, presente no teatro. Após a apresentação do coro dos escravos, a plateia aplaudiu entusiasmadamente, e, em seguida, Muti virou-se para a audiência e disse que não tinha o hábito de dar "bis" no meio de uma performance, mas que, naquele dia, o faria. Prosseguindo, protestou contra os cortes no orçamento cultural e conclamou os presentes a cantarem juntos. Todos se levantaram e se uniram ao coro.[1]

Por ocasião da atual pandemia de Covid-19, uma das "lives" mais marcantes, dentre as inúmeras promovidas por grandes artistas, foi a emocionante interpretação de "Va Pensiero" pelo coro do Metropolitan Opera de Nova York, um dos palcos mais importantes do mundo.[2] Sem dificuldades, é possível encontrar várias interpretações em produções sofisticadas, e recomendo a todos que tenham o prazer de assistir a *Nabucco*, ao vivo ou em vídeo.

Sabemos que uma nação é a reunião de pessoa que compartilham os mesmos costumes, formando um povo, cujos elementos se mantêm unidos pelos hábitos culturais e pela consciência nacional. Como regra geral, não há Estado sem nação, mas pode haver nações sem Estado. A comunhão de valores culturais é um elemento essencial formador de nações, e, portanto, de Estados. Poucos episódios da história moderna demonstram essa realidade de modo tão significativo quanto a unificação italiana, uma conquista militar alcançada sob inspiração de uma das mais belas obras musicais criadas pelo espírito humano.

Concluo, reiterando a importância da cultura em todos os momentos da vida de um país; inclusive, como no caso que aqui examinamos, quando um país ainda estava em construção. A cultura participou ativamente da unificação italiana, assim como participa, ainda hoje, da construção da identidade nacional daquele e de todos os países. Entre nós, para ficar apenas na seara da música, Villa-Lobos, Pixinguinha, Tom Jobim, Chico Buarque, Caetano Veloso, Gilberto Gil, e tantos outros decifram a alma nacional, nos unem e nos emocionam.

Notas

1 O momento, belíssimo, está disponível no YouTube: <https://www.youtube.com/watch?v=G_gmtO6JnRs>. Acesso em: 14 jul. 2021.

2 Disponível em: <https://www.youtube.com/watch?v=l7D9BZ-sAVs>. Acesso em: 14 jul. 2021.

Sunday bloody sunday

Gilberto Giusti[1]

É inquestionável que a música tem um poder incrível de excitar a mente e o corpo humanos como poucas outras coisas. Esse efeito que a música exerce sobre a humanidade foi bem documentado por teólogos, filósofos e estudiosos ao longo dos tempos.

Santo Agostinho fala diretamente sobre o efeito inebriante que a música pode ter na alma do indivíduo em sua extensa obra, na qual alça a música ao ponto de encontro do humano com o divino, fonte da verdadeira felicidade. Nessa época, ainda que à música já se incorporassem textos, no mais das vezes de louvor, a música em si transcendia a linguagem das palavras; um som sem palavras que, segundo o Bispo de Hipona, faz com que "lágrimas escorram pelo rosto e a verdade se infiltre no coração".

Com o passar do tempo, a música, independentemente de quaisquer palavras que se lhe agregassem formando as canções, manteve o fenomenal poder inebriante e por vezes transformador sobre o indivíduo. Assim é até os dias de hoje, em que grandes obras musicais totalmente despidas de palavras (versos) tocam o coração das pessoas com a intensidade de um compêndio de letras.

Sem prejuízo – muito pelo contrário, com extraordinário ganho de aprendizado, informação, cultura e entretenimento –, as canções (termo aqui utilizado de modo genérico, para se referir às músicas às quais se agregam palavras para serem cantadas) floresceram ao longo dos séculos, brindando a humanidade com canções religiosas, folclóricas, populares, eruditas e tantas outras. Além, claro, de modalidades específicas como as óperas e os oratórios.

As canções reforçam a função coletiva e primária da música, que é a de aproximar e unir as pessoas. As pessoas cantam juntas, dançam juntas, em todas as culturas, muito embora diversos especialistas afirmem que, nos dias de hoje, essa função tem se perdido diante de uma maior passividade do público ouvinte. Para esses autores, atualmente é preciso ir a um concerto, a uma igreja ou a um festival musical para recapturar a excitação coletiva e a união da música de outrora.

De qualquer modo, uma das modalidades em que se evidencia esse poder da música de mover os indivíduos dentro de uma comunidade é a canção de protesto, seja aquela preexistente no mercado e que acaba sendo "adotada" *a posteriori* por uma comunidade, seja aquela – como a que discutiremos mais adiante – composta direta e especificamente para retratar e chamar a atenção da sociedade à reflexão a respeito de um fato, causa ou movimento.

Canções que tratam de fatos históricos com o propósito de expor injustiças e violência são encontradas em vários momentos da história, sendo que a maioria dos pesquisadores aponta uma canção do século XIV sobre a as Revoltas Camponesas como a primeira identificada com esse fim.

Mas foi no início dos anos 1960, nos Estados Unidos, que o termo canção de protesto (*protest song*) ganhou popularidade para identificar as composições voltadas a denunciar, principalmente, injustiças sociais, perseguições políticas e atos desastrosos de governos. A Guerra do Vietnã é o grande celeiro dessas composições, com brilhantes artistas de vários estilos, de Bob Dylan a Joan Baez, que se destacaram no cenário mundial.

Naquele mesmo tensionado início da década de 1960, eclodia, também nos Estados Unidos, a luta pelos direitos civis, criando uma subespécie das canções de protesto chamada de "canções da liberdade" (*freedom songs*), termo preferido por Martin Luther King, de que Nina Simone se tornou eterno ícone.

Num mundo em ebulição social, política e de costumes, ao que se juntou a maior facilidade e velocidade das comunicações e transparência das informações, não tardou para que o gênero canção de protesto ultrapassasse as fronteiras ianques para tomar o planeta. Não foi diferente no Brasil, onde toda uma geração de artistas, muitos dos quais ainda nos brindam com seu talento, produziram um acervo de composições musicais, além de outras manifestações da arte, para protestar contra o abate das liberdades civis durante o regime militar.

A canção protesto não perdeu mais seu espaço na música. Variantes surgiram inclusive para fomentar a solidariedade entre os povos, como a canção *We Are The World*, considerada a maior união do *pop* que, em 1985, arrecadou fundos para combater a fome em países da África. Um protesto contra a desigualdade social que ao mesmo tempo rendeu benefícios imediatos à causa que abraçou.

Atualmente, as canções de protesto mantêm sua relevância no contexto musical dos quatro cantos do planeta, de *I Can't Breathe* (H.E.R.), presente nas manifestações do *Black Lives Matter*, ao tocante movimento *#IamMySong* (#EuSouAMinhaCanção) nas redes sociais, que apoia as mulheres do Afeganistão na luta pelo direito de cantarem em público.

Esse contexto histórico e a percepção da variedade de finalidades e alcance das canções de protesto são úteis para compreender onde se insere a obra *Sunday Bloody Sunday*, que nos propomos a comentar neste breve artigo. Ou onde não se insere, já que os próprios autores, integrantes da banda *U2*, sempre foram muito reticentes em rotulá-la como uma canção de protesto (*This is not a rebel song, this is Sunday Bloody Sunday*, como Bono Vox a introduziu pela primeira vez ao público em memorável show no Colorado, Estados Unidos, em 1983).

A música surgiu a partir de um *riff* de guitarra criado e letra escrita por David Howell Evans (the Edge), posteriormente desenvolvida pelos demais integrantes do *U2*, em 1982. É a primeira faixa e terceiro *single* do álbum *War*, lançado em 21 de março de 1983, e logo se tornou um sucesso mundial. É tocada e cantada na maioria das turnês do *U2* até hoje, muitas vezes a pedido da plateia.

Não há dúvida de que tamanho sucesso decorre primeiramente da primorosa combinação entre a batida militarista, guitarra dura e acordes melódicos. Nada obstante, a letra, que traduz em palavras o impacto dessa combinação musical ao retratar o horror sentido por um observador do massacre de civis pelas tropas britânicas em Derry, Irlanda do Norte, em

30 de janeiro de 1972 e que passou a ser conhecido como o "Domingo Sangrento", certamente potencializou esse sucesso.

No fatídico Domingo Sangrento, de 10 mil a 15 mil pessoas, a grande maioria católica, saíram às ruas de Derry, algumas para observar e outras para marchar de Bishop's Field, no bairro residencial de Creggan, até Guildhall, no centro da cidade, onde realizariam um comício. Era o auge do chamado Conflito da Irlanda do Norte, que durou do final dos anos 1960 até 1998, por sua vez parte das desavenças que tomaram corpo no início do século XX e que, de certa maneira, ainda persistem nos dias de hoje naquela região.

Apesar de sua população ser majoritariamente nacionalista (em sua maior parte, católica), favorável à independência da Irlanda do Norte, Derry estava sujeita a um sistema eleitoral perverso que garantia hegemonia no parlamento e governo locais aos unionistas (em sua maior parte, protestantes), que defendiam a permanência do país no Reino Unido.

A marcha e o pretendido comício naquele janeiro de 1972, porém, tinham o objetivo específico de protestar contra as prisões em massa, sem julgamento, de pessoas suspeitas de estarem envolvidas com o Exército Republicano Irlandês (IRA), organização paramilitar republicana que buscava o fim do domínio britânico na Irlanda do Norte e a reunificação da Irlanda sob uma república.

Desde o início, as autoridades e os militares britânicos que acompanhavam a manifestação cometeram erros estratégicos, como não segregar o grupo de desordeiros dos manifestantes pacíficos. O resultado é que, em determinado momento, os militares britânicos responderam às pedras e outros objetos que lhes eram atirados por baderneiros, abrindo fogo de maneira generalizada.

Ao todo, 26 pessoas foram baleadas pelos militares britânicos, todas civis e católicas; 13 morreram no dia e outra morreu em decorrência dos ferimentos quatro meses depois. Dos 14 mortos, seis eram adolescentes. Sem contar as centenas de feridos com balas de borracha, estilhaços e cassetadas. Duas investigações foram realizadas pelo governo britânico. O Tribunal de Widgery, realizado posteriormente, em grande parte inocentou os soldados e as autoridades britânicas de culpa.

Em 1998, novo inquérito foi aberto para rever o caso, sob a presidência de Lorde Saville de Newdigate. Após uma investigação de 12 anos, o relatório de Saville foi tornado público em 2010 e concluiu que as mortes foram "injustificadas" e "injustificáveis". Constatou-se que todos os baleados estavam desarmados, que nenhum representava uma ameaça séria, que nenhuma bomba foi lançada e que os soldados conscientemente falsearam informações para justificar seus disparos. Com essa conclusão, o primeiro-ministro britânico David Cameron fez um pedido formal de desculpas em nome do Reino Unido.

Sunday Bloody Sunday nos incorpora aos olhos e ouvidos do observador dos acontecimentos daquele dia. A música começa com uma batida militar e um grito de lamento do vocalista Bono Vox, enquanto a letra expõe o sentimento de perplexidade diante do massacre:

> *I can't believe the news today*
> *Oh, I can't close my eyes and make it go away*
> *How long...*
> *How long must we sing this song*
> *How long, how long...*
> *'cause tonight... we can be as one*
> *Tonight...*

> Não posso acreditar nas notícias de hoje
> Não posso fechar os olhos e fazê-las desaparecer
> Por quanto tempo, por quanto tempo teremos que cantar esta canção?
> Por quanto tempo, por quanto tempo?
> Porque esta noite
> Nós podemos ser um só, esta noite

O toque militar da bateria, já nos primeiros acordes da música, é, na verdade, um alerta para o que aconteceu, um aviso de que poderá acontecer novamente e a constatação de que, nessa hora, a dor é de todos, assim como a luta para que não se repita.

E para que não escapem os detalhes do ocorrido, com todo seu infortúnio, a letra descreve:

> *Broken bottles under children's feet*
> *Bodies strewn across the dead end street*
> *But I won't heed the battle call*
> *It puts my back up*
> *Puts my back up against the wall*

Garrafas quebradas sob os pés das crianças
Corpos espalhados num beco sem saída
Mas eu não vou ceder ao chamado da batalha
Isso coloca as minhas costas,
Coloca as minhas costas contra a parede

A descrição é sinistramente precisa. As vítimas fatais (sete adolescentes) foram mortas em quatro áreas principais, todas elas rotas sem saída para onde foram direcionadas pelos atiradores: uma barricada de escombros, dois pátios de estacionamento e uma área entre edifícios. Algumas atingidas literalmente contra a parede. Mas a mensagem de resistência também se faz presente.

A estupidez de uma luta sem vencedores, em que conterrâneos são mortos e marcas indeléveis remanescem, é destacada na sequência:

And the battle's just begun
There's many lost, but tell me who has won
The trench is dug within our hearts
And mothers, children, brothers, sisters
Torn apart

E a batalha apenas começou
Há muitos que perderam, mas diga-me: quem venceu?
As trincheiras cavadas em nossos corações
E mães, filhos, irmãos, irmãs dilaceradas

Mesmo nesse cenário de horror, ao observador não passa desapercebida a solidariedade de centenas de pessoas que acudiram os feridos, expondo-se aos tiros desenfreados das forças de repressão:

Wipe the tears from your eyes
Wipe your tears away
Oh, wipe your tears away
I'll, wipe your tears away (Sunday, Bloody Sunday)
I'll, wipe your blood shot eyes (Sunday, Bloody Sunday)

Enxugue as lágrimas dos seus olhos
Limpe as suas lágrimas

Vou enxugar as suas lágrimas
Eu vou enxugar os seus olhos vermelhos

Há, a seguir, uma clara manifestação de desalento diante da constatação de que as pessoas, as quais tomam ciência do massacre apenas pela televisão, tendem a se sentir distantes e imunes, sem se dar conta de que amanhã poderá ocorrer com elas:

*And it's true we are immune
When fact is fiction and TV reality
And today the millions cry
We eat and drink while tomorrow they die*

E a verdade é que somos imunes
Quando o fato é ficção e a TV realidade
E hoje milhões choram
Comemos e bebemos enquanto eles morrerão amanhã

No final, a letra lembra que todos, católicos e protestantes, nacionalistas e unionistas, são cristãos e, portanto, acreditam que Jesus pregou amor, paz e liberdade, essa sim a verdadeira batalha a ser travada:

*The real battle just begun
To claim the victory Jesus won*

A verdadeira batalha apenas começou
Para conquistar a vitória de Jesus

Como se vê, a letra da música é totalmente apartidária, não erguendo bandeira nem para um lado, nem para o outro. Sequer abraça a causa dos nacionalistas de protestar contra as prisões em massa de suspeitos de pertencer ao IRA. Aliás, anos depois, Bono Vox chegou a ser ameaçado de sequestro por integrantes do IRA por conta de seus protestos contra atos terroristas perpetrados pelo grupo.

Sunday Bloody Sunday expõe, isso sim, a insensatez da violência e a truculência do poder constituído sobre seus cidadãos e presta, portanto, inestimável serviço às liberdades individuais. Desse modo, pode-se classificá-la como uma canção de protesto, mesmo que Bono Vox, a exemplo de Martin Luther King, prefira chamá-la de "canção da liberdade" ou algo semelhante.

O fato é que *Sunday Blood Sunday*, como inúmeras outras canções de protesto (inclusive a canção homônima de John Lennon e Yoko Ono e *Give Ireland Back to the Irish*, de Paul McCartney, ambas de 1972), além de ser belíssima, relembrou ao mundo, dez anos depois, os horrores do Domingo Sangrento e, com isso, levou a milhões de pessoas a voz da perplexidade e da indignação para com atos de barbárie como os que se viram na cidade de Derry e outros tantos (somente em 1972, mais de 490 pessoas foram mortas em confrontos do Conflito da Irlanda do Norte).

Essas canções têm intrínseca relação com o direito na medida em que são instrumentos de conscientização sobre direitos das minorias; informação e divulgação de fatos que afetam valores fundamentais como a integridade física, política, econômica e social dos indivíduos e das comunidades a que pertencem; alerta sobre a violação de direitos civis individuais e coletivos (como a proteção do meio ambiente); e tantas outras relevantes funções. Muitas vezes, essas manifestações musicais ganham tamanha repercussão que acabam por desempenhar importante papel de auxílio aos movimentos de transformação da sociedade em prol de mais justiça, respeito e igualdade. Exatamente o que buscam os operadores do direito.

Nesse sentido, as canções de protesto cumprem com louvor a função coletiva e primária da música, que é a de aproximar e unir as pessoas para, no mínimo, uma saudável reflexão sobre questões humanitárias e sociais que, muitas vezes, os meios de comunicação (como a alienante TV em *Sunday Blood Sunday*) não lhes tocariam da maneira com que uma música pode fazer: direto no coração!

E se tocam o coração, já constatava Santo Agostinho, aproximam o humano do divino.

NOTA

1　Advogado em São Paulo.

Vozes da seca:[1]
descaso e mínimo existencial

Giovanni Ettore Nanni[2]
Raimundo Almeida Filho[3]

Periodicamente o Nordeste brasileiro é afetado por severas secas, mencionadas desde os primeiros escritos do Brasil Colônia. Uma das primeiras de que se tem notícia aconteceu na década de 1580, quando os engenhos de açúcar e as fazendas sofreram muitos prejuízos, e grande massa de indígenas, até então os únicos habitantes dos sertões, desceu ao litoral em busca de comida. Somente a partir do século XVII, a região, que mais tarde seria denominada Polígono das Secas,[4] começou a ser ocupada pelos chamados "sertanejos", que à época eram apegados ao litoral como caranguejos, no dizer de Frei Vicente do Salvador.[5] A colonização dos sertões se intensificou após a edição de uma carta régia que, visando a proteger os canaviais, estabelecia a criação de gado para além de dez léguas da costa.

O fenômeno das secas periódicas tem causado muito sofrimento aos sertanejos: migração forçada, desajustes sociais, epidemias, fome, sede, miséria e morte. Uma das mais famosas, que entrou para a história como a "Grande Seca", ocorreu na segunda metade dos anos 1870. Condoído pelos relatos que chegavam, o imperador D. Pedro II assegurou que venderia até a última joia de sua coroa, mas nenhum sertanejo mais morreria de fome.[6] Foi, então, criada uma comissão imperial para estudar e desenvolver medidas que mitigassem os sofrimentos causados por futuras secas. Tudo foi pensado: da substituição de jegues por camelos importados, passando pela construção de ferrovias, açudes e transposição de água do rio São Francisco para o rio Jaguaribe. O escritor paraibano José Lins do Rêgo narra uma história que ouvia do seu avô sobre a Grande Seca; ele contava: "Aqui neste engenho vi gente chegar só com os ossos do corpo. E ainda havia miserável roubando a ração de fome que vinha da Corte. Dizem que até barão encheu o papo com a desgraça do povo."[7]

Considerando a dimensão do problema, pouco foi conseguido até agora para solucioná-lo.[8] Comenta-se que parte do que sai do papel toma rumos e destinos diferentes, tendo sido criada a expressão "Indústria da Seca"[9] para representar um mecanismo perverso que, a pretexto de combater suas mazelas, acaba por beneficiar oligarquias econômicas e políticas. Nesse cenário, as secas continuaram a trazer sofrimentos, e, para remediá-los, a partir de meados da década de 1990, o governo federal passou a aplicar crescentes recursos em uma política de Estado cuja pedra angular é o assistencialismo, com forte cunho eleitoreiro. O modelo tem ampla porta de entrada e poucas perspectivas claras de saída digna, e seu mérito tem sido medido pelo número de assistidos.[10]

O flagelo da seca tem sido tema na literatura, na poesia e na música brasileiras. Na literatura, encontrou seu maior expoente no escritor alagoano Graciliano Ramos, que, em 1938, descreveu de forma comovente no romance *Vidas secas* a saga do vaqueiro Fabiano, da esposa Sinhá Vitória e dos dois filhos ("o menino mais velho" e "o menino mais novo"), além do papagaio e da cadela Baleia (também considerados membros da família, mas sacrificados durante a jornada). Todos vagam pelo sertão, fugindo dos horrores da seca:

> A folhagem dos juazeiros apareceu longe, através dos galhos pelados da caatinga rala. Arrastaram-se para lá, devagar, Sinhá Vitória com o filho mais novo escanchado no quarto e o baú de folha na cabeça; Fabiano sombrio, cambaio, o aió a tiracolo, a cuia pendurada numa correia presa ao cinturão, a espingarda de pederneira no ombro [...]. O menino mais velho e a cachorra Baleia iam atrás [...]. A caatinga estendia-se, de um vermelho indeciso salpicado de manchas brancas que eram ossadas. O vôo

negro dos urubus fazia círculos altos em redor de bichos moribundos [...], e a viagem prosseguiu, mais lenta, mais arrastada, num silencio grande.[11]

O drama foi levado às telas pelo cineasta Nelson Pereira dos Santos e tornou-se um clássico do Cinema Novo, considerado o melhor filme na Resenha de Cinema de Gênova em 1963, recebendo indicação à Palma de Ouro no Festival de Cannes no ano seguinte.[12]

Contudo, foram os poetas e os cantadores que melhor falaram sobre os sofrimentos da seca. Dentre os mais famosos, está o poeta popular, compositor, cantor e improvisador cearense Antônio Gonçalves da Silva, mais conhecido como Patativa do Assaré, que tão bem cantou a tristeza de um retirante em "Vaca Estrela e Boi Fubá", poema/canção composto na década de 1930 e, anos mais tarde, gravado pelo cantor Raimundo Fagner:

Seu Doutô me dê licença, pra minha história contar
Hoje eu tô na terra estranha, e é bem triste o meu penar
Mas já fui muito feliz, vivendo no meu lugar,
Mas uma seca medonha me tangeu de lá pra cá.

O mais famoso cantador nordestino, entretanto, foi Luiz Gonzaga, o Rei do Baião, que imortalizou em belas canções o viver e o sofrer nos sertões castigados pelas secas, como em seu maior sucesso, "Asa branca", em parceria com Humberto Teixeira (advogado, político, instrumentalista, poeta e compositor cearense), gravado em 1947:

Que braseiro, que fornalha
Nem um pé de plantação
Por falta d'água, perdi meu gado
Morreu de sede meu alazão.

Pela singeleza, beleza e contundência dos versos, talvez a canção mais tocante cantada por Luiz Gonzaga seja "Vozes da seca", composta em 1953 em parceria com o conterrâneo Zé Dantas (médico, compositor, poeta e folclorista pernambucano). Naquele ano, o Nordeste vivia os efeitos de mais uma estiagem devastadora. Houve grande mobilização nacional, com coleta de roupas e alimentos para socorrer os "irmãos nordestinos", e o governo, na época sob o comando de Getúlio Vargas, declarou estado de emergência na região.

A canção é um manifesto contra o descaso e a omissão dos governantes no combate aos efeitos das secas. Ela diz que o povo não pede caridade, e sim meios para lutar pela vida com dignidade. Com linguajar e vocabulário típicos do sertanejo, começa expressando gratidão, um dos belos sentimentos humanos, pelo auxílio recebido das regiões mais ricas do país, mas deixa claro que o sertanejo não quer esmola nem assistencialismo, mas políticas públicas e investimentos para a solução definitiva dos problemas da seca, pelos quais pagarão até os juros, com dignidade e com a força do seu trabalho:

> *Seu doutô, os nordestinos têm muita gratidão,*
> *Pelo auxílio dos sulistas nessa seca do sertão.*
> *Mas, doutô, uma esmola, a um homem qui é são,*
> *Ou lhe mata de vergonha ou vicia o cidadão.*
> *[...]*
> *Dê serviço a nosso povo, encha os rios de barrage.*
> *Dê comida a preço bom, não esqueça a açudage.*
> *Livre assim nóis da esmola, qui no fim dessa estiage,*
> *Lhe pagamo inté os juros, sem gastá nossa corage.*

O descaso em relação ao efetivo enfrentamento aos deletérios efeitos da seca também suscita repercussão perante o direito, uma vez que implica tanto o desrespeito à mais relevante vertente axiológica da Constituição Federal, que é a dignidade da pessoa humana (art. 1º, III, CF/1988), quanto a omissão do Estado na implantação de políticas públicas proveitosas e, por conseguinte, o menosprezo à garantia de assegurar o mínimo existencial para uma vida digna.

Não é de hoje que o assunto foi alçado ao âmbito constitucional, sendo previsto no artigo 177 da Constituição da República dos Estados Unidos do Brasil de 1934,[13] cuja regulamentação, por meio da Lei nº 175 de 1936, reconheceu o Polígono das Secas, depois revisado pela Lei nº 1.348 de 1951. Igualmente, o artigo 198 da Constituição dos Estados

Unidos do Brasil de 1946 disciplinou a aplicação de recursos para execução do plano de defesa contra os efeitos da seca do Nordeste.[14] Tal prescrição constitucional foi regulamentada pela Lei nº 1.004 de 1949, que dispôs sobre o amparo às populações atingidas pela seca do Nordeste. No mesmo contexto, outras foram promulgadas, como, por exemplo, a Lei nº 1.918 de 1953 e a Lei nº 3.276 de 1957.

O próprio Banco do Nordeste do Brasil, instituído pela Lei nº 1.649 de 1952, foi concebido como um dos órgãos de execução do programa assistencial previsto no artigo 198 da Constituição de 1946, que deveria ter uma filial em cada um dos estados compreendidos no Polígono das Secas. Antes disso, a título de registro histórico, foi criada a Inspetoria de Obras Contra as Secas, por intermédio do Decreto nº 7.619 de 1909, cujo regulamento organizou os serviços contra os efeitos das secas, depois denominada Inspetoria Federal de Obras Contra as Secas e, em seguida, Departamento Nacional de Obras Contra as Secas (DNOCS), com sede em Fortaleza.

Já na Constituição da República de 1967, atribui-se à União a competência para organizar a defesa permanente contra as calamidades públicas, especialmente a seca e as inundações (art. 8º, XII), cujo preceito foi reproduzido na Constituição Federal de 1988 (art. 21, XVIII). Mencione-se também o compromisso constitucional de "erradicar a pobreza e a marginalização e reduzir as desigualdades sociais e regionais" (art. 3º, III, CF/1988), que encontra eco na ordem econômica, com caráter principiológico de "redução das desigualdades regionais e sociais" (art. 170, VII, CF/1988).

Vale citar o Programa Nacional de Universalização do Acesso e Uso da Água — "Água Para Todos" —, instituído pelo Decreto nº 7.535 de 2011, destinado a promover a universalização do acesso à água em áreas rurais para consumo humano e para a produção agrícola e alimentar, visando ao pleno desenvolvimento humano e à segurança alimentar e nutricional de famílias em situação de vulnerabilidade social (art. 1º), o qual, apesar do progresso,[15] não resolveu o problema da seca.

Não se pretende relatar aqui todas as fontes legais e constitucionais nem as agências e órgãos criados, tampouco os malfadados programas, relatórios e fundos levados a efeito. Objetiva-se apenas constatar que, sendo considerada política pública de grande relevância, incontáveis projetos foram concebidos a fim de conter o drama das secas e fomentar o desenvolvimento do Nordeste. No entanto, a situação está longe de ser superada.

Importante ressaltar que o papel do Estado, segundo a ordem constitucional, não se limita a mero agente inerte, em especial perante direitos de cunho fundamental e social. Conforme expressa Fábio Konder Comparato,[16] não se está diante de meras exortações à ação estatal, sendo que a grande tarefa atual dos profissionais do direito, nessa matéria, consiste em construir tecnicamente garantias públicas adequadas à realização desses direitos.

Em geral, as constituições promulgadas após a Segunda Guerra Mundial não mais apresentam mero conteúdo estrutural. Não consistem em recomendações para futura regulamentação legislativa, mas sim em comandos com efeito imediato, autoaplicáveis. A finalidade específica contida em cada regra da nossa atual Constituição obriga desde logo o Estado na execução de suas políticas públicas. Por isso, tais regras têm conteúdo claramente teleológico, ditando rumo à sua ação, de tal sorte que a função primordial do Estado já não é apenas a edição de leis, ou seja, a fixação de balizas de conduta, mas também, e sobretudo, a realização de políticas públicas ou programas de ação governamental, em todos os níveis e setores. No desempenho dessa função, o povo deve assumir um papel relevante, inclusive perante o Judiciário, cuja atuação deveria ser substancialmente transformada para acompanhar essa evolução.[17] No que concerne ao mínimo existencial — temática aqui adotada —, vê-se crescente entendimento doutrinário em tal direção,[18] que não se deve confundir com o ativismo judicial, que, não raro, é criticável.

Seja como for, a ineficiência estatal na implantação de efetivas soluções ao problema da seca nordestina — não bastando meras ações — é apta a configurar a violação do mínimo existencial, que é teoria concebida no constitucionalismo alemão, abraçada pela doutrina e jurisprudência pátrias.

Nesse sentido, a canção em tela reverbera súplica, vozes que buscam providências, proteção do homem eleito, detentor, por isso, das rédeas do poder, para que proveja meios para o emprego, para a subsistência, para saciar a fome, ou seja, propiciar vida humana digna, a ser obtida com trabalho e esforço próprios, respeito, âmago de qualquer direito fundamental e social:

É por isso que pedimos proteção a vosmicê
Homem por nós escolhido, para as rédeas do puder
Pois doutor, dos vinte estados, temos oito sem chuver
Veja bem, mais da metade do Brasil tá sem cumer

O mínimo existencial, que, no Brasil, a despeito de inúmeros estudos,[19] encontra em Ricardo Lobo Torres[20] e Ingo Wolfgang Sarlet[21] seus maiores defensores, apresenta muitas divergências teóricas, cujo exame é irrelevante no presente texto. Logo, pouco importa o debate sobre a sua extensão, se é direito fundamental ou social, assim como se ambos se inscrevem ou não na tutela do mínimo existencial, haja vista ser indiscutível que a sua essência é promover a vida íntegra das pessoas, criando elementos indispensáveis para preservação da dignidade humana, em meio ambiente saudável.

O conteúdo do direito ao mínimo existencial corresponde à garantia das condições materiais básicas de vida.[22] Sua função (ainda que não exclusiva) é assegurar a qualquer pessoa condições mínimas para uma vida condigna,[23] a qual, afirma Daniel Sarmento,[24] pode lastrear pretensões ligadas, por exemplo, ao acesso à água, à energia elétrica, ao vestuário adequado etc.

O Supremo Tribunal Federal já debateu a tese do mínimo existencial em diversos julgados, por exemplo, para assegurar a implementação de políticas públicas quando configurada hipótese de abusividade governamental;[25] na omissão dos direitos das crianças em relação à educação infantil;[26] na omissão municipal quanto ao abuso e à exploração sexual de crianças e adolescentes;[27] no direito à saúde;[28] na competência para processar e julgar crime ambiental transnacional;[29] na omissão estatal no provimento de defensoria pública local.[30] Entre os votos da Corte Suprema, merece destaque a assertiva:

> A noção de mínimo existencial, que resulta, por implicitude, de determinados preceitos constitucionais (CF, art. 1º, III, e art. 3º, III), compreende um complexo de prerrogativas cuja concretização revela-se capaz de garantir condições adequadas de existência digna, em ordem a assegurar, à pessoa, acesso efetivo ao direito geral de liberdade e, também, a prestações positivas originárias do Estado, viabilizadoras da plena fruição de direitos

sociais básicos, tais como o direito à educação, o direito à proteção integral da criança e do adolescente, o direito à saúde, o direito à assistência social, o direito à moradia, o direito à alimentação e o direito à segurança.³¹

Há muito o que se debater no contexto jurídico, mas o flagelo vivido por muitos no Polígono das Secas mostra o quão real é a miséria, anunciada em escritos, versos e músicas que transparecem o descaso quanto a proporcionar condições de subsistência digna.

Não resta dúvida, portanto, que "Vozes da seca" expressa uma aflição secular a reclamar soluções definitivas ao drama das secas, fruto da inoperância no satisfatório emprego de políticas públicas na matéria, o que viola o mínimo existencial albergado pela Constituição Federal.

Notas

1 "Vozes da seca", de Luiz Gonzaga e Zé Dantas (1953).
2 Giovanni Ettore Nanni, natural de São Paulo, capital, é livre-docente, doutor e mestre em direito civil pela PUC-SP, professor de direito civil nos cursos de graduação e de pós-graduação *stricto sensu* na PUC-SP, e advogado em São Paulo.
3 Raimundo Almeida Filho nasceu no sertão maranhense do Alto Parnaíba. É formado em geologia pela Universidade de Brasília (UnB), mestre em sensoriamento remoto pelo Instituto Nacional de Pesquisas Espaciais (INPE) e doutor em geologia geral e de aplicação pela Universidade de São Paulo (USP). Pesquisador aposentado do INPE, conta cerca de 1.700 citações de seus artigos em revistas científicas internacionais.
4 As secas no Nordeste brasileiro estão ligadas ao fenômeno climático global denominado El Niño, que ocorre com frequência e intensidade irregulares, com média em torno de cinco anos, caracterizado pelo aquecimento anormal das águas do oceano Pacífico, mais sentido nas costas do Peru e países vizinhos. Na região Sul-Sudeste do Brasil, seus efeitos são caracterizados por chuvas torrenciais, contrários aos sentidos no Nordeste.
5 SALVADOR, F. V. do. *História do Brasil*. Brasília: Senado Federal, 2010.
6 Com 639 diamantes de diferentes quilates e 77 pérolas, a coroa original encontra-se exposta no Museu Imperial de Petrópolis.
7 LINS DO RÊGO, J. *Meus verdes anos, memórias*. 9. ed. Rio de Janeiro: Livraria José Olímpio Editora, 1956.

8   A Califórnia, que também sofre os efeitos do El Niño e tem clima semiárido mais intenso que o brasileiro, há muito resolveu os problemas da seca, e hoje ostenta um PIB que é mais que o dobro do brasileiro.
9   BARRETO, P. H. "Seca, fenômeno secular na vida dos nordestinos." *Revista Desafios do Desenvolvimento*. Brasília: IPEA, ano 6, v. 48, p. 64-66, 2009.
10 De acordo com dados do governo, o programa Bolsa Família beneficiou mais de 14 milhões de famílias no Brasil em 2020. Disponível em: <https://www.gov.br/pt-br/noticias/assistencia-social/2020/07/bolsa-familia-alcancou-mais-de-14-2-milhoes-de-lares-em-julho#:~:text=S%C3%A3o%20 19%2C2%20milh%C3%B5es%20aprovados,de%20metade%20da%20 popula%C3%A7%C3%A3o%20brasileira>. Acesso em: 22 mar. 2021.
11 RAMOS, G. *Vidas secas*. 120. ed. Rio de Janeiro: Editora Record, 2013.
12 Uma das cenas mais marcantes do filme foi o "assassinato" a tiros da cadela Baleia, o que provocou protestos de uma Sociedade Francesa de Proteção aos Animais, tendo sido preciso levá-la a Paris para provar que se tratava de efeitos especiais.
13 "Art. 177. A defesa contra os efeitos das secas nos Estados do Norte obedecerá a um plano sistemático e será permanente, ficando a cargo da União, que dependerá, com as obras e os serviços de assistência, quantia nunca inferior a quatro por cento da sua receita tributária sem aplicação especial.
§ 1º. Dessa percentagem, três quartas partes serão gastas em obras normais do plano estabelecido, e o restante será depositado em caixa especial, a fim de serem socorridos, nos termos do art. 7º, nº II, as populações atingidas pela calamidade.
§ 2º. O Poder Executivo mandará ao Poder Legislativo, no primeiro semestre de cada ano, a relação pormenorizada dos trabalhos terminados, e em andamento, das quantias despendidas com material e pessoal no exercício anterior, e das necessárias para a continuação das obras.
§ 3º. Os Estados e Municípios compreendidos na área assolada pelas secas empregarão quatro por cento da sua receita tributária, sem aplicação especial, na assistência econômica à população respectiva.
§ 4º. Decorridos dez anos, será por lei ordinária revista a percentagem acima estipulada."
14 "Art. 198. Na execução do plano de defesa contra os efeitos da denominada seca do Nordeste, a União despenderá, anualmente, com as obras e os serviços de assistência econômica e social, quantia nunca inferior a três por cento da sua renda tributária.
§ 1º. Um terço dessa quantia será depositado em caixa especial, destinada ao socorro das populações atingidas pela calamidade, podendo essa reserva, ou parte dela, ser aplicada a juro módico, consoante as determinações legais, empréstimos a agricultores e industriais estabelecidos na área abrangida pela seca.

§ 2º. Os Estados compreendidos na área da seca deverão aplicar três por cento da sua renda tributária na construção de açudes, pelo regime de cooperação, e noutros serviços necessários à assistência das suas populações."
15 Cf. RUEDIGER, M. A. (coord.). *Análise da efetividade do Água para Todos:* avaliação de mérito do programa quanto à eficácia, à eficiência e à sustentabilidade. Rio de Janeiro: FGV, DAPP, 2018.
16 COMPARATO, F. K. *A afirmação histórica dos direitos humanos.* 6. ed. São Paulo: Saraiva, 2008, p. 341.
17 COMPARATO, F. K. *Ética:* direito, moral e religião no mundo moderno. 2. ed. São Paulo: Companhia das Letras, 2010, p. 676.
18 WATANABE, K. "Controle jurisdicional das políticas públicas — "mínimo existencial" e demais direitos fundamentais imediatamente judicializáveis". In: WATANABE, K. *Acesso à justiça jurídica justa:* conceito atualizado de acesso à justiça, processos coletivos e outros estudos. Belo Horizonte: Del Rey, 2019, p. 323-335. Ver também COSTA, S. H. da. "A imediata judicialização dos direitos fundamentais sociais e o mínimo existencial: relação direito e processo". In: GRINOVER, A. P.; WATANABE, K.; COSTA, S. H. da. (coord.). *O processo para solução de conflitos de interesse público.* Salvador: JusPodivm, 2017, p. 397-421.
19 Entre outros: SARMENTO, D. "Reserva do possível e mínimo existencial". In: AGRA, W. de M.; BONAVIDES, P.; MIRANDA, J. (Coord). *Comentários à Constituição Federal de 1988.* Rio de Janeiro: Forense, 2009, p. 371-388; SARMENTO, D. "O mínimo existencial". *Revista de Direito da Cidade,* v. 8, n. 4, p. 1644-1689; BARCELLOS, A. P. de. *A eficácia jurídica dos princípios constitucionais:* o princípio da dignidade da pessoa humana. Rio de Janeiro: Renovar, 2002; BARCELLOS, A. P. de. "O mínimo existencial e algumas fundamentações: John Rawls, Michael Walzer e Robert Alexy". In: TORRES, R. L. (org.). *Legitimação dos direitos humanos.* Rio de Janeiro: Renovar, 2002; BITENCOURT NETO, E. *O direito ao mínimo para uma existência digna.* Porto Alegre: Livraria do Advogado, 2010; SCAFF, F. F. "Reserva do possível, mínimo existencial e direitos humanos". *Revista Interesse Público,* Porto Alegre, v. 32, p. 213-226, jul.-ago. 2005; FERRIANI, A. *Responsabilidade patrimonial e mínimo existencial:* elementos de ponderação. São Paulo: Editora IASP, 2017.
20 Em especial o estudo que compila vários textos sobre o tema: TORRES, R. L. *O direito ao mínimo existencial.* Rio de Janeiro: Renovar, 2009.
21 Entre vários: SARLET, I. W. "Direitos fundamentais sociais, mínimo existencial e direito privado". Revista de Direito do Consumidor. São Paulo: *Revista dos Tribunais,* v. 61, p. 90-125, jan.-mar. 2015; SARLET, I. W. "Dignidade (da pessoa) humana, mínimo existencial e justiça constitucional: algumas aproximações e alguns desafios". *Revista do CEJUR/TJSC: Prestação Jurisdicional,* v. 1, n. 01, p. 29-44, dez. 2013; SARLET, I. W.

"Direitos fundamentais sociais, mínimo existencial e direito privado: breves notas sobre alguns aspectos da possível eficácia dos direitos sociais nas relações entre particulares". In: SARMENTO, D.; GALDINO, F. (orgs.). *Direitos fundamentais:* estudos em homenagem ao Professor Ricardo Lobo Torres. Rio de Janeiro: Renovar, 2006; SARLET, I. W.; FIGUEIREDO, M. F. "Reserva do possível, mínimo existencial e direito à saúde: algumas aproximações". In: SARLET, I. W.; TIMM, L. B. (orgs.). *Direitos fundamentais, orçamento e "reserva do possível"*. Porto Alegre: Livraria do Advogado, 2008.

22 SARMENTO, D. "Reserva do possível e mínimo existencial". In: AGRA, W. de M.; BONAVIDES, P.; MIRANDA, J. (coord). *Comentários à Constituição Federal de 1988*. Rio de Janeiro: Forense, 2009, p. 384.

23 SARLET, I. W. "Direitos fundamentais sociais, mínimo existencial e direito privado". *Revista de Direito do Consumidor*. São Paulo: Revista dos Tribunais, v. 61, p. 90-125, jan.-mar. 2015.

24 SARMENTO, D. "O mínimo existencial". *Revista de Direito da Cidade*. v. 8, n. 4, p. 1658.

25 ADPF nº 45/DF, Relator Ministro Celso de Mello, DJ 09/04/2004.

26 ARE nº 639.337, Relator Ministro Celso de Mello, DJe 15/09/2011.

27 RE nº 482.611/SC, Relator Ministro Celso de Mello, DJe 06/04/2010; AI nº 583.136/SC, Relatora Ministra Carmen Lúcia, DJe 21/11/2008; AI nº 583.264/SC, Relator Ministro Celso de Mello, DJe 09/04/2010.

28 RE nº 581.352 AgR/AM, Relator Ministro Celso de Mello, DJe 27/02/2014; SL 47 AgR/PE, Relator Ministro Gilmar Mendes, DJe 30/04/2010.

29 RE nº 835.558/SP, Relator Ministro Luiz Fux, DJe 08/08/2017.

30 RE nº 763.667 AgR/CE, Relator Ministro Celso de Mello, DJe 13/12/2013.

31 ARE nº 639.337, Relator Ministro Celso de Mello, DJe 15/09/2011.

A MÚSICA COMO ARTE DE RESISTÊNCIA: UMA ANÁLISE DA CANÇÃO WHERE IS THE LOVE SOB A PERSPECTIVA JURÍDICA

Guilherme Calmon Nogueira da Gama[1]
Beatriz Calmon Nogueira da Gama[2]

Contextualização

Historicamente, a arte sempre se colocou como forma de manifestação da identidade do ser humano. Ela é reflexo direto do contexto no qual uma sociedade vive, seu momento político, econômico e social. Seja para o enaltecimento de algo ou alguém, para a expressão de um sentimento latente, ou como forma de resistência aos mais diversos contextos nos quais são pensadas, diferentes artes possuem diversificados propósitos, públicos-alvo e impactos. No caso da arte como resistência, pinturas, poemas, canções e danças são pensadas de forma a criticar um movimento hegemônico vigente em determinado contexto histórico e cultural. Nesse sentido, a arte cantada e ritmada exerce seu papel com maestria e simplicidade. Seus versos "grudam" em nosso cérebro e nos fazem, quase como uma oração, repeti-los três, quatro, cinco vezes até se instalarem confortavelmente no fundo de nossa mente. E lá eles permanecem: sendo reproduzidos em *looping* enquanto almoçamos, trabalhamos, antes de dormirmos, e, quando percebemos, temos uma vitrola, um rádio, um Spotify tocando sem descanso a trilha sonora de nossa vida.

O poder da música como forma de resistência é inquestionável: reconhecido por todos e temido por alguns. Não por acaso, a maioria dos regimes ditatoriais que atravessaram a história nas mais diversas partes do mundo contam com a censura na arte e, principalmente, na música. No Brasil não foi diferente o desenrolar desse enredo. O período da ditadura militar colecionou várias canções censuradas que, de acordo com o relatório da Comissão Nacional da Verdade (CNV), tinham como propósito:

> [...] mobilizar e defender, cada uma a seu modo, os argumentos que, na análise do compositor, definiam a justeza do combate político travado contra a ditadura: todas elas invocavam o direito à resistência e procuraram fundamentar a possibilidade prática da utilização desse direito como método de luta pública oposicionista a ser sustentada pelo campo da imaginação cultural brasileira. (CNV, Texto 9, volume II, p. 333)

A música como resistência, contudo, não necessariamente precisa confrontar um regime político vigente. Quase como um manifesto cantado, ela é frequentemente utilizada como instrumento de ativismo social. Em 1971, John Lennon e Yoko Ono lançaram "Imagine", disseminada mundialmente como um manifesto pela paz. Alguns anos depois, Michael Jackson e Lionel Richie elaboraram "We Are The World", com o intuito de chamar atenção (e arrecadar alguns milhões de dólares) para o combate da fome e miséria no continente africano.

Nessa mesma linha, em 2003, o grupo norte-americano Black Eyed Peas lançou "Where is the Love", um *rap* alternativo composto por William Adams, Allan Pineda, Printz Board, Jaime Gomez, Justin Timberlake, George Pajon e Michael Fratantuno, que rendeu, no ano seguinte, dois prêmios Grammy: o de "Gravação do Ano" e de "Melhor Colaboração de Rap". A música surgiu principalmente como uma resposta aos ataques terroristas de 11 de setembro de 2001, coordenados pelo grupo extremista al-Qaeda, mas não se limitando a esse contexto. Uma rápida análise da letra da canção revela, para além do tópico de terrorismo internacional, questões atuais, como violência policial, racismo, guerra e intolerância.

Em 2016, o grupo fez uma releitura do clipe da música, incluindo imagens emblemáticas da Guerra da Síria, como a do menino Omran sentado em uma ambulância tentando entender, na ingenuidade do olhar de uma criança, o ferimento em sua cabeça, fruto de um bombardeio na cidade de Aleppo. Nessa segunda versão, aparecem ainda familiares de Alton Sterling e Philando Castile, ambos homens negros vítimas da violência policial nos Estados Unidos, assassinados em dias consecutivos no ano de 2016.

Junto com a regravação da música, o grupo musical lançou uma campanha de conscientização a respeito dos gastos do governo norte-americano no campo da educação em contraposição ao valor investido na área militar e de segurança, este último atingindo patamares de mais de US$ 528,5 bilhões em relação àquele primeiro. Por mais que a realidade norte-americana tenha suas peculiaridades, é inegável que alguns de seus aspectos sociais sejam refletidos em escala global e estejam presentes em outras sociedades, inclusive a brasileira. A música chama atenção para o declínio de forma generalizada dos sensos de humanidade e empatia nas relações, infelizmente abrindo espaço para a ganância e para o individualismo imperarem. Questiona, portanto: "Onde está o amor?"

Diversidade, tolerância e discriminação social

Hoje, quatro anos após a regravação de "Where is the Love" e dezessete anos após o lançamento original, infelizmente ainda não podemos afirmar que encontramos o amor. Ainda não paramos de perder vidas negras para a violência policial, nem no Brasil, nem nos Estados Unidos. Ainda não vimos um fim à Guerra da Síria, que entrou em seu décimo ano, sem perspectivas de resolução militar, segundo o Secretário Geral da Organização das Nações Unidas, António Guterres. Ainda não podemos afirmar que os ataques à comunidade LGBT, aos imigrantes, às mulheres e às minorias religiosas cessaram. Ainda não podemos afirmar que estamos totalmente engajados com a formação educacional das próximas gerações e com o mundo que estamos deixando para que elas administrem no futuro. Ainda não encontramos o amor, mas estamos no caminho e com o passo cada vez mais apertado.

Em maio de 2020, a morte de George Floyd — norte-americano negro morto após ter sido sufocado por um policial branco nos Estados Unidos — foi filmada e divulgada pela mídia internacional, trazendo à tona, em forma de caminhadas e protestos por todo o mundo, a mesma revolta e indignação expressa na letra de "Where is the Love". Vejamos a seguir um trecho da música:

> *Overseas, yeah, we tryna stop terrorism*
> (No exterior, nós estamos tentando parar o terrorismo)
> *But we still got terrorists here living*
> (Mas ainda temos terroristas vivendo aqui)
> *In the USA, the big CIA*
> (Nos Estados Unidos, a grande CIA)
> *The Bloods and The Crips and the KKK*
> (Os Bloods e os Crips, e a Ku Klux Klan)
> *But if you only have love for your own race*
> (Mas se você só tem amor pela sua própria raça)
> *Then you only leave space to discriminate*
> (Então só resta espaço para discriminação)
> *And to discriminate only generates hate*
> (E discriminação só gera ódio)
> *And when you hate then you're bound to get irate, yeah*
> (E, quando você odeia, está destinado a ser dominado pela fúria)

No contexto social dos Estados Unidos, a Guerra ao Terror — política elaborada em 2001 pelo governo de George W. Bush em resposta aos ataques terroristas de 11 de setembro — foi pensada como uma estratégia para prevenção a qualquer possível ameaça à integridade física e moral dos cidadãos norte-americanos. Em outras palavras, o objetivo principal era eliminar o inimigo antes mesmo que a ameaça pudesse se tornar factível.[3] Bush, no entanto, não foi inovador em sua estratégia. Historicamente, os Estados Unidos foram palco para grupos que usam a violência como tática de contenção e prevenção a um inimigo externo. Por vezes, esse inimigo era definido pela concorrência, como no caso das gangues rivais Crips e Bloods, fundadas no final dos anos 1960, que disputam até hoje o controle do crime organizado nos Estados Unidos. Em outras ocasiões, o inimigo é definido por não se enquadrar em uma estrutura que se declara dominante, como o grupo supremacista branco Ku Klux Klan (KKK), existente desde 1865 e que se popularizou pela perseguição a negros, judeus e outras minorias nos Estados Unidos. Em sua fase mais sombria de incitação do medo e de violência, o KKK perseguiu integrantes do Movimento pelos Direitos Civis durante as décadas de 1950 e 1960, assassinando alguns de seus principais líderes.[4]

A história segue sendo escrita e, mesmo após importantes conquistas no âmbito da institucionalização da igualdade racial no Direito norte-americano, vemos pouco progresso com relação à superação de um racismo estrutural presente na sociedade dos Estados Unidos.

No caso brasileiro, o direito proporciona uma gama de normas jurídicas voltadas ao combate à discriminação social, mas o grande dilema é se tais previsões normativas de fato atuam eficazmente no mundo da realidade social e cultural. A resposta tem sido até hoje negativa, infelizmente, como na realidade dos Estados Unidos.

As sociedades contemporâneas enfrentam o enorme desafio de edificar espaços de tolerância e respeito ao outro, em meio à extrema diversidade. A identidade nacional é construída, ao menos parcialmente, sobre a noção de uma "democracia étnico-racial multi-identitária" que se coloca em lado oposto às identidades nacionais intolerantes e contrárias à dignidade humana.[5]

A previsão contida na Constituição Federal (art. 3º, IV), no sentido de que, entre os objetivos fundamentais da república federativa brasileira, encontra-se a promoção do bem de todos, "sem preconceitos de origem, raça, sexo, cor, idade e quaisquer outras formas de discriminação", retrata o reconhecimento formal do direito positivo acerca da existência de discriminação e preconceito sociais na realidade da vida social no Brasil. Ainda no texto constitucional de 1988, há a previsão de que a lei "punirá qualquer discriminação atentatória dos direitos e liberdades fundamentais" (art. 5º, XLI) e de que "a prática do racismo constitui crime inafiançável e imprescritível, sujeito à pena de reclusão, nos termos da lei" (art. 5º, XLII).

Para tanto, é necessário que haja a superação das inúmeras diferenças socioeconômicas no *modus vivendi* da população brasileira. Além do acesso aos direitos socioeconômicos, é necessária a consolidação de uma nova cultura com o reconhecimento e efetivação dos direitos humanos e dos direitos fundamentais. "Quando formos capazes de vermos esta imensa diversidade e complexidade humana escondida pelos nomes coletivos, então não existirão mais genocídios, não existirá mais a miséria ou a exclusão", eis que ninguém poderá suportar ver uma pessoa igual na diferença, em condição tão desigual.[6]

Também no plano internacional, a convenção da ONU sobre a eliminação de todas as formas de discriminação racial prevê, em seu art. 1º, que constitui discriminação racial

> qualquer distinção, exclusão, restrição ou preferência baseada em raça, cor, descendência ou origem nacional ou étnica, que tenha o propósito ou o efeito de anular ou prejudicar o reconhecimento, gozo ou exercício em pé de igualdade dos direitos humanos e liberdades fundamentais.

A igualdade e a discriminação se vinculam ao binômino inclusão-exclusão. "O que se percebe é que a proibição da exclusão, em si mesma, não resulta automaticamente na inclusão."[7] Desse modo, não se revela suficiente apenas proibir a exclusão, sendo necessário também garantir a igualdade de fato com a efetiva inclusão social de grupos que sofreram — e ainda sofrem — um conjunto de atitudes, ações e atividades relacionadas à violência e à discriminação.

Logo, o combate à discriminação se biparte. É preciso haver claro tratamento normativo de proibição ao preconceito e à discriminação por meio de medidas no âmbito dos vários segmentos do direito — inclusive no direito penal —, mas também é fundamental o emprego de instrumentos de inclusão social, como se verifica no âmbito das ações afirmativas. Tais ações consistem em medidas especiais e transitórias, que, com a assimilação do período pretérito — e mesmo presente — de discriminação, procuram dar impulso ao processo de equalização, "com o alcance da igualdade substantiva por parte de grupos vulneráveis, como as minorias étnicas e raciais, as mulheres, dentre outros grupos".[8] Logo, a atuação dos governos — federal, estadual, distrital e municipal — na realização de políticas afirmativas representa a segunda face da noção referente ao combate à discriminação social e, para tanto, exige-se o estrito cumprimento das normas internacionais e constitucionais, inclusive quanto à discriminação positiva relativa às medidas compensatórias para os grupos mais vulneráveis.

Sob o aspecto da primeira vertente do combate à discriminação, em 2019 o Supremo Tribunal Federal decidiu importante questão a respeito da criminalização da homofobia e transfobia, enunciando teses jurídicas importantes no julgamento da Ação Direta de Inconstitucionalidade por Omissão (ADO) nº 26 e do Mandado de Injunção nº 4.733. Para o efeito deste trabalho, revela-se suficiente reproduzir parte das teses editadas nesse julgamento:

> 1. Até que sobrevenha lei emanada do Congresso Nacional destinada a implementar os mandados de criminalização definidos nos incisos XLI e XLII do art. 5º da Constituição da República, as condutas homofóbicas e transfóbicas, reais ou supostas, que envolvem aversão odiosa à orientação sexual ou à identidade de gênero de alguém, por traduzirem expressões de racismo, compreendido este em sua dimensão social, ajustam-se, por identidade de razão e mediante adequação típica, aos preceitos primários de incriminação definidos na Lei nº 7.716, de 08/01/1989, constituindo, também, na hipótese de homicídio doloso, circunstância que o qualifica, por configurar motivo torpe (Código Penal, art. 121, § 2º, I, "in fine");
> [...] 3. O conceito de racismo, compreendido em sua dimensão social, projeta-se para além de aspectos estritamente biológicos ou fenotípicos, pois resulta, enquanto manifestação de poder, de uma construção de índole histórico-cultural motivada pelo objetivo de justificar a desigualdade e destinada ao controle ideológico, à dominação política, à subjugação social e à negação da alteridade, da dignidade e da humanidade daqueles que, por integrarem grupo vulnerável (LGBTI+) e por não pertencerem ao estamento que detém posição de hegemonia em uma dada estrutura social, são considerados estranhos e diferentes, degradados à condição de marginais do ordenamento jurídico, expostos, em consequência de odiosa inferiorização e de perversa estigmatização, a uma injusta e lesiva situação de exclusão do sistema geral de proteção do direito.

Em outras palavras: no Brasil, o conceito de racismo deve ser considerando abrangente e, assim, engloba práticas homofóbicas e transfóbicas e, por isso, os tipos penais previstos na Lei nº 7.716de 1989 (com os acréscimos da Lei nº 9.459de 1997) — que define os crimes resultantes de preconceito de raça, cor, etnia, religião ou procedência nacional — também se estendem às práticas contra as pessoas integrantes do grupo LGBTQIAP+. Cuida-se do primeiro aspecto no processo de combate à discriminação e ao preconceito, mas, como visto, não se revela suficiente, tal como a música ora comentada bem destaca.

Abusos e atrocidades nas guerras mundiais

"Where is the Love" também tem como propósito em seu ativismo chamar atenção para a ganância como motivação para a guerra e suas atrocidades. Os versos reproduzidos a seguir elucidam um cenário de violência nada distante temporalmente do que vemos no caso da Guerra Civil da Síria, por exemplo, e questionam as reais intenções do engajamento de países em conflitos de tal magnitude.

> *If love and peace is so strong*
> (Se o amor e a paz são tão fortes)
> *Why are there pieces of love that don't belong?*
> (Por que há partes do amor que não se encaixam?)
> *Nations dropping bombs*
> (Países jogando bombas)
> *Chemical gasses filling lungs of little ones*
> (Gases químicos enchendo os pulmões de crianças)
> *With ongoing suffering as the youth die young*
> (Com sofrimento contínuo enquanto a juventude morre jovem)
> *So ask yourself: is the loving really gone?*
> (Então pergunte a si mesmo: o amor realmente se foi?)
> *So I could ask myself really what is going wrong*
> (Então eu posso me perguntar o que está errado de fato)

> *In this world that we living in, people keep on giving in*
> (Neste mundo que vivemos, as pessoas seguem desistindo)
> *Making wrong decisions only visions of them dividends*
> (Tomando decisões erradas apenas visando seus próprios lucros)
> *Not respecting each other, deny the brother*
> (Sem respeitar um ao outro, negando seu irmão)
> *A war is going on but the reason's undercover*
> (Uma guerra está acontecendo, mas o motivo é mantido acobertado)

Uma leitura nas entrelinhas da música revela que os compositores fazem parte de um grupo crítico à atuação dos Estados Unidos em conflitos em território estrangeiro, enxergando-a como um pretexto para aumentar seu poder e influência em regiões como a do Oriente Médio, de grande interesse para o governo norte-americano por ser uma região especialmente rica em petróleo. O custo desse interesse vai para além dos bilhões de dólares gastos anualmente com defesa e segurança no orçamento do país, impactando vidas de famílias que são desconstituídas e gerando fluxos infindáveis de refugiados de guerra.

À luz do direito brasileiro, no âmbito das relações internacionais, a República Federativa do Brasil adota, entre outros princípios, o da autodeterminação dos povos, da não intervenção, da defesa da paz, da solução pacífica dos conflitos, do repúdio ao terrorismo e ao racismo e da cooperação entre os povos para o progresso da humanidade (Constituição Federal, art. 4º, III, IV, VI, VII, VIII e IX).

A autodeterminação dos povos representa a noção de que cada país tem a liberdade de traçar o próprio destino, prevendo seu estatuto político e garantindo o seu desenvolvimento econômico, social e cultural, com disposição sobre seus recursos naturais e suas riquezas (Pacto Internacional de Direitos Econômicos, Sociais e Culturais das Nações Unidas de 1966, art. 1º.1). A não intervenção consiste na proibição de o Brasil intervir em assuntos internos de outros Estados nacionais e confirma o compromisso que a república brasileira já havia assumido em tratados internacionais, tais como a Convenção da ONU de 1945 e a Carta da OEA de 1948. A defesa da paz mundial impõe ao Brasil o estabelecimento de relações pacíficas e amistosas entre os Estados, com vistas à manutenção de condições de estabilidade e bem-estar por meio do estabelecimento de mais altos níveis de vida.[9]

A solução pacífica dos conflitos compreende instrumentos de negociação e cooperação internacional, tais como negociações diplomáticas, conciliação, mediação, regime de consulta, solução judiciária, arbitragem internacional, bons ofícios e decisões de organismos internacionais, e reafirma o não uso da força nos conflitos entre os Estados. O repúdio ao terrorismo e ao racismo também se afigura princípio nas relações internacionais mantidas pela república brasileira, e encontra ressonância em várias tratados e convenções internacionais, desde a Convenção para a Prevenção e Repressão ao Terrorismo de 1937, até a Convenção para a Repressão dos Atos de Terrorismo Nuclear de 2005.[10]

A música menciona ainda o uso de bombas e armas químicas em conflitos entre nações, o que viola não apenas a Convenção Internacional sobre a Proibição do Desenvolvimento, Produção, Estocagem e Uso de Armas Químicas e sobre a Destruição das Armas Químicas Existentes no Mundo, assinada em 1993 pelo Brasil e diversos outros Estados membros do sistema ONU, como também a própria Carta das Nações Unidas de 1945.[11]

Finalmente, a cooperação entre os povos para o desenvolvimento da humanidade é reflexo do distanciamento do nacionalismo e da xenofobia nas relações internacionais, buscando a efetiva e concreta cooperação nas áreas cultural, social, econômica, tecnológica e científica. Atualmente, há inúmeros instrumentos de cooperação jurídica internacional, tais como o auxílio direto, a homologação de sentenças e decisões estrangeiras, as comunicações diretas, as cartas rogatórias, inclusive merecedores de previsão sistematizada no Código de Processo Civil em vigor (arts. 26 a 41).

A respeito de tais princípios, o Brasil tem buscado implementá-los nas suas relações com outras nações soberanas e, por isso, tradicionalmente segue a linha pacifista na política externa. Contudo, sua atuação junto aos organismos internacionais voltados à proteção dos direitos humanos ainda se ressente da linha de pensamento do seus governantes, algumas vezes não dando efetividade às previsões contidas no texto constitucional, em especial nos posicionamentos adotados em certas votações.

Diretamente vinculada aos princípios constitucionais nas relações internacionais, encontra-se a noção da dignidade da pessoa humana como princípio jurídico-constitucional fundamental. Tal circunstância permite alcançar a conclusão de que a norma constitucional que prevê a dignidade da pessoa humana atua como "um mandado de otimização, ordenando algo (no caso, a proteção e a promoção da dignidade da pessoa) que deve ser realizado na maior medida do possível, considerando as possibilidades fáticas e jurídicas existentes".[12] No fundo, a noção principiológica da dignidade da pessoa humana fundamenta a previsão contida a respeito da proibição da república brasileira deixar de atentar para as previsões contidas no art. 4º da Constituição Federal, em especial a concretização da busca da paz mundial como diretriz fundamental de atuação da república brasileira nas relações internacionais. Trata-se de prevenir e remediar a possibilidade de ocorrência de episódios semelhantes aos que ocorreram na história da civilização no âmbito das guerras mundiais, sendo apenas exemplos aquelas verificadas no século XX, com a maior parcela das vítimas fatais da violência praticada durante as guerras pessoas pertencentes aos grupos mais vulneráveis da comunidade mundial.

Conclusão

É inegável o reconhecimento dos esforços realizados no âmbito das Relações Internacionais, do Direito brasileiro e do Direito norte-americano em combater a discriminação, intolerância, violência e guerra, mas que não são refletidos na realidade social dos dias atuais. Nesse sentido, a música como mecanismo de ativismo social serve para que tais questões não sejam esquecidas e banalizadas, mas continuem em pauta, sendo cobradas pela sociedade civil dos seus governantes e até mesmo de organismos internacionais de proteção e promoção dos direitos humanos. Seus versos se tornam avisos, transmissores de mensagens que almejam mudança. Com a música "Where is the Love" não é diferente: em tempos de falta de empatia na humanidade, buscar o amor é um símbolo de esperança para dias melhores, mas sem deixar de ter em mente que o processo até encontrá-lo pede muitas ressignificações em nossa sociedade.

Notas

1 Desembargador do Tribunal Regional Federal da 2ª Região (RJ-ES).
2 Graduada em Relações Internacionais pela PUC-Rio e pesquisadora.
3 MANDELBAUM, M. *Mission Failure:* America and the World in the Post-Cold War Era. Nova York: Oxford University Press, 2016, p. 146-150.
4 KLANWATCH PROJECT OF THE SOUTHERN POVERTY LAW CENTER. *Ku Klux Klan:* A History of Racism and Violence. Sixth Edition. Montgomery: Klanwatch Project, 2011, p. 25-34.
5 MAGALHÃES, J. L. Q. de. Comentários ao art. 3º. In: BONAVIDES, P.; MIRANDA, J.; AGRA, W. de M. (coords.). *Comentários à Constituição Federal de 1988.* Rio de Janeiro: Forense, 2009, p. 37.
6 Ibidem, p. 37-38.
7 PIOVESAN, F. *Temas de direitos humanos.* São Paulo: Max Limonad, 1998, p. 134.
8 Idem.
9 TIBURCIO, C.; BARROSO, L. R. *Direito Constitucional Internacional.* Rio de Janeiro: Renovar, 2013, p. 31.
10 Ibidem, p. 35.
11 REZEK, F. Direito Internacional Público: curso elementar. 15. ed. São Paulo: Editora Saraiva, 2014, p. 426.
12 SARLET, I. W. *Dignidade da pessoa humana e direitos fundamentais na Constituição Federal de 1988.* Porto Alegre: Livraria do Advogado Editora, 2001, p. 74.

Freewill, do Rush

Gustavo Binenbojm[1]

"Freewill" é a segunda faixa do álbum *Permanent Waves*, lançado em 1980 pela banda canadense de rock progressivo Rush. A melodia foi composta por Geddy Lee e Alex Lifeson, enquanto a letra genial foi escrita por Neil Peart. Mais do que um poema sobre o livre arbítrio em si mesmo considerado, a canção é sobre acreditar que se pode decidir acreditar ser livre, o que pressupõe uma crença radical na autonomia como uma potência humana anterior e superior a nossas pré-compreensões culturais, religiosas ou psicológicas. Em outras palavras, trata-se de uma liberdade de segunda ordem, capaz de escolher a livre escolha.

O direito moderno está pressuposto nessa crença intersubjetivamente compartilhada. Acreditamos que a legitimidade de todas as instituições e normas se funda numa dupla autodeterminação. No plano de nossas escolhas pessoais e privadas, a autodeterminação individual (autonomia da vontade, para os civilistas) é a força motriz conformadora de todos os atos e negócios jurídicos. No plano de nossas escolhas comunitárias e públicas, a autodeterminação coletiva assume as diferentes formas da deliberação democrática, mediante recursos à representação política, aos plebiscitos e *referenda*, e às manifestações populares nos espaços públicos real e virtual. O projeto da modernidade está alicerçado nessa decisão de segunda ordem: convencionamos autonomamente que as convenções públicas e privadas serão válidas quando fundadas na autonomia dos cidadãos.

Contudo, a autonomia não é, por evidente, um engenho infalível. Seus detratores costumam apontar as situações em que ela é falha para questionar a sua validade como critério legitimador da condução da vida em sociedade. As assimetrias de poder entre pessoas e organizações dificultariam o exercício pleno da liberdade, reduzindo de maneira significativa as possibilidades de escolha. Além disso, as agências internas e externas que atuam sob e sobre nós não são totalmente conhecidas, podendo interferir ou mesmo reduzir a nossa autonomia a mera figura de retórica. Em ambos os casos, a ausência de livre arbítrio real decorrente de algum determinismo social, econômico, teológico ou biopsicológico serviria de justificativa para não reconhecermos a responsabilidade de cada um por suas escolhas, com a transferência da culpa às classes dominantes, ao destino ou à natureza das coisas. Como diz a canção, *"blame is better to give than receive"*.[2]

Não há como negar que as pessoas respondem a incentivos e desincentivos gerados por condições pessoais ou circunstâncias sociais e históricas. Nenhum homem é uma tábula rasa, nem uma ilha. Nossas escolhas parecem ser uma resultante dessas forças genéticas, familiares, sociais, econômicas e temporais. Entretanto, abdicar da liberdade de escolher seria uma escolha por demais arriscada: ela significaria abdicar da crença que nos fez humanos. O problema de se acreditar no determinismo — qualquer que seja a sua origem ou natureza — é que as pessoas acabariam reduzidas a peças de um tabuleiro, joguetes do destino ou vítimas de algum algoz superior.

> *There are those who think that life*
> *Has nothing left to chance?*
> *A host of holy horrors*
> *To direct our aimless dance*
> *A planet of playthings*
> *We dance on the strings*
> *Of powers we cannot perceive*
> *The stars aren't aligned*
> *Or the gods are malign*

Ao escolher a liberdade de escolha, optamos por reconhecer a cada um e a todos o direito à igual liberdade. Reconhecer que condições pessoais e circunstâncias sociais podem dificultar o exercício da liberdade deve impulsionar políticas reformistas e redistributivas de oportunidades, mas jamais a supressão da liberdade e da responsabilidade individuais. Não se trata de uma descrição da realidade, mas uma prescrição moral inexorável imposta pela consciência. Estamos condenados à liberdade, lembrava Sartre. Não escolher já seria uma escolha, como lindamente dito em "Freewill":

> *You can choose a ready guide*
> *In some celestial voice*
> *If you choose not to decide*
> *You still have made a choice*

Talvez fosse possível, em algum exercício imaginário, conceber uma sociedade na qual os indivíduos houvessem livremente deliberado por abdicar de sua liberdade, cedendo-a a alguma entidade superior. Boa ou má, ética ou caprichosa, racional ou arbitrária, a existência de tal entidade suprimiria a condição essencial da humanidade do próprio homem, que é a de sermos coautores do mundo, fonte de valores e de sentido. Escolher a liberdade de escolha não é um pleonasmo, nem um jogo de palavras.

Na alegoria bíblica, provar do fruto da árvore do discernimento representou a saída do homem do Jardim do Éden e, por conseguinte, do mundo do determinismo animal. Embora conservando os instintos básicos dos primatas, o homem alcançou a consciência da própria existência e passou a experimentar a angústia da finitude. Como viver é conviver, a escolha carrega sempre o peso de uma decisão que impacta a vida dos demais, em um exercício ético contínuo de liberdade compartilhada. De seres autômatos, tornamo-nos autônomos, com toda a carga de responsabilidade que isso importa. A invenção do humano é a invenção da liberdade, um evento extraordinário e único na história.

> *Each of us*
> *A cell of awareness*
> *Imperfect and incomplete*

Genetic blends
With uncertain ends
On a fortune hunt
That's far too fleet
You can choose from phantom fears
And kindness that can kill
I will choose a path that's clear
I will choose free will.

Notas

1 Professor titular da Faculdade de Direito da Universidade do Estado do Rio de Janeiro.
2 "É melhor culpar do que ser culpado", em tradução livre.

A história da canção
Eu nasci há dez mil anos atrás, de Raul Seixas

Gustavo Brigagão[1,2]

Não poderia iniciar este ensaio sem antes agradecer ao nosso querido José Roberto Castro Neves por, mais uma vez, me convidar para participar das obras que ele tão magistralmente organiza.

O Zé Roberto é bem-sucedido em tudo o que faz, mas quando o assunto é produção literária, o seu dedo é de Midas. Todos as obras que escreve ou coordena são da mais absoluta excelência, e esta, pela estirpe e pelo brilho dos demais colaboradores que honrado ladeio, não é exceção.

Desta vez, o convite foi para produzir um ensaio que tivesse por objeto uma canção, à escolha do autor, que, de alguma forma, propiciasse uma conversa entre o mundo da música e o do direito.

Como o título sugere, a canção que escolhi foi "Eu nasci há dez mil anos atrás", de Raul Seixas.

A escolha se deveu ao fato de que essa música ofereceria ao leitor a oportunidade não só de buscar conhecer um pouco mais do mundo em que vivia esse nosso ícone do rock nacional, como também tratar da sua relação com outros dois ídolos: Paulo Coelho, coautor da canção, e Elvis Presley, a eterna inspiração de Raul.

Mas o que Elvis, o Rei do Rock internacional, teria a ver especificamente com essa música composta por Raulzito, como era carinhosamente chamado por seus fãs e seguidores? Isso fica para mais adiante.

Vamos, por enquanto, às histórias do nosso querido e inesquecível Maluco Beleza.

Baiano, nascido logo após a Segunda Guerra Mundial, em 28 de junho de 1945, no seio de uma família de classe média, era filho do engenheiro Raul Varella Seixas e de Maria Eugênia dos Santos Seixas, que se dedicava exclusivamente às tarefas do lar. Raulzito teve um único irmão, Plínio Santos Seixas, nascido no final de 1948.

Seu desempenho na escola não foi dos melhores, havendo, inclusive, notícia de que, por três anos consecutivos, ele teria sido reprovado na então chamada segunda série do ginásio. O comparecimento às aulas era facilmente substituído por idas a uma loja chamada "Cantinho da Música", em Salvador, onde ele escutava *rock and roll*.

Tinha verdadeira idolatria por Elvis. Colecionava os seus discos e assistia aos seus filmes mais de uma dezena de vezes, em sequência. Vestia-se como o ídolo, usava gola levantada e era membro ativo do "Elvis Rock Club", em Salvador.

Na vida adulta, Raul não tinha inicialmente nada do Maluco Beleza em que acabou se transformando. Era um engravatado, que falava muito bom inglês e trabalhava, como produtor, na CBS Discos.

Foi casado cinco vezes e teve três filhas (Simone André Wisner Seixas, com Edith Wisner, sua primeira mulher; Vivian Costa Seixas, com Ângela Affonso Costa; e Scarlet Vaquer Seixas, com Glória Vaquer), duas delas residentes nos Estados Unidos.

Quanto a Paulo Coelho, segundo relatos constantes dos livros que contam a história do cantor e do documentário *Raul – o início, o fim e o meio*, de Walter Carvalho, a relação desses dois ícones da cultura brasileira foi muito intensa e, por vezes, conflituosa, em decorrência de suas personalidades serem tão diferentes. Como dizia Paulo Coelho, eram "inimigos íntimos".

Havia certa competição entre eles e, ao mesmo tempo, a mais absoluta interatividade. Raul aperfeiçoava as letras que compunham, buscando fazer com que os textos fossem diretos, sem serem superficiais. Em suas mais de trezentas canções, criadas nos 44 anos de vida, ele trabalhou com os mais diversos estilos musicais, como rock, baião, country, samba, iê-iê-iê, tango, xote, xaxado, entre tantos outros.

Nas palavras do próprio Raul, o seu objetivo era, com suas composições, atingir todas as estruturas sociais, por meio de uma música de fácil comunicação. Era como se fosse um "invólucro" que levava a todos a mensagem que queria passar, sempre com muito sarcasmo e uma leitura extremamente crítica da sociedade brasileira.

As drogas prejudicaram Raul na sua trajetória de vida, e delas decorreram muitos dos problemas enfrentados pelo cantor até os seus últimos dias. Como o próprio Paulo Coelho conta, foi ele quem apresentou esse mundo a Raul, "da maconha ao ácido". Posteriormente, a dependência de Raulzito chegou a tamanho nível que acabou levando o escritor a cortar os próprios vícios e a se dedicar ainda mais à espiritualidade. Certa vez, conta ele, encontrou Raul, em estado lastimável, num quarto de hotel, entre uísques e drogas. Era o fundo do poço.

Nas obras e no documentário a que me referi anteriormente, Paulo Coelho afirma: "Não me arrependo de ter apresentado as drogas a ele. Um cara com aquela idade já sabia o que estava fazendo. Maconha, ácido, chá de cogumelo — aquilo fazia parte da minha cultura."

Não menos surpreendente foi a declaração do escritor de que, ao ser avisado do falecimento do Raulzito, sentiu "uma imensa alegria", pois entendia que aquilo — a morte — era um desejo do cantor baiano. Somente seis meses depois "a ficha caiu" e, então, ele chorou por outros seis meses consecutivos.

Ainda quanto à relação de Raul e Paulo, há registros de que o escritor teria afirmado que chegou a odiar Raul, por não ter recebido dele o apoio que esperava ao sair da prisão a que havia sido submetido por causa das músicas que compôs e por uma história em quadrinhos que escreveu.

No livro *Não diga que a canção está perdida*, de Jotabê Medeiros, o autor divulga um documento que sugere a colaboração de Raulzito com militares, em maio de 1974, quando a dupla de compositores desfrutava do sucesso do disco *Krig-ha, Bandolo!*, lançado no ano anterior, com mais de cem mil cópias vendidas. Por meio daquele documento, Medeiros sugere que Paulo e sua namorada Aldagisa poderiam ter sido delatados por Raul, considerando, entre outros elementos, a proximidade de datas entre o primeiro depoimento do cantor ao DOPS e um outro, em que Raul teria solicitado a Paulo Coelho que o acompanhasse, sem dar maiores explicações.

O mais surpreendente nesse episódio foi que, apesar de alegar nunca ter comprovado o fato e de Raul não estar mais entre nós para se manifestar, Paulo Coelho fez a seguinte afirmativa em um tweet: "Fiquei quieto por 45 anos. Achei que levava segredo para o túmulo."[3] Mais tarde, ele aparentemente mudou de ideia e buscou desacreditar Medeiros, alegando que teria sérias dúvidas sobre os documentos mencionados no livro.

Enfim, foi uma relação turbulenta, de amor, admiração e competição, mas muito frutífera em termos de produção musical. Dessa relação, nasceram numerosas composições em coautoria que se transformaram no mais absoluto sucesso. Para citar algumas: "As minas do rei Salomão", "A hora do trem passar", "Al Capone", "Rockixe" e "Cachorro urubu", "Gita", "Medo da chuva" e "Sociedade alternativa", "Rock do diabo", "Tente outra vez" e "A maçã".

A frutífera e criativa atuação conjunta acabaria em 1976, com o lançamento de "Há dez mil anos atrás". Das 11 canções do disco, Paulo Coelho participou de dez. Esse lançamento marcou e eternizou a principal música do álbum, que leva o seu nome. Foi um passeio de ambos pela história da humanidade, que, pelo menos aparentemente, teria sido resultado da união dos egos, das genialidades e da mais absoluta mística que marcavam esses dois ícones da cultura brasileira.

Eis a letra:

Eu nasci há dez mil anos atrás
(Raul Seixas e Paulo Coelho)

Um dia, numa rua da cidade
Eu vi um velhinho sentado na calçada
Com uma cuia de esmola e uma viola na mão
O povo parou pra ouvir, ele agradeceu as moedas
E cantou essa música, que contava uma história
Que era mais ou menos assim

Eu nasci há dez mil anos atrás
E não tem nada nesse mundo que eu não saiba demais

É, eu nasci há dez mil anos atrás
E não tem nada nesse mundo que eu não saiba demais

Eu vi Cristo ser crucificado
O amor nascer e ser assassinado
Eu vi as bruxas pegando fogo pra pagarem seus pecados
Eu vi

Eu vi Moisés cruzar o Mar Vermelho
Vi Maomé cair na terra de joelhos
Eu vi Pedro negar Cristo por três vezes diante do espelho
Eu vi

Eu nasci (eu nasci)
Há dez mil anos atrás
Eu nasci há dez mil anos
E não tem nada nesse mundo que eu não saiba demais

É, eu nasci (eu nasci)
Há dez mil anos atrás
Eu nasci há dez mil anos
E não tem nada nesse mundo que eu não saiba demais

Eu vi as velas se acenderem para o Papa
Vi Babilônia ser riscada do mapa
Vi conde Drácula sugando o sangue novo
E se escondendo atrás da capa
Eu vi

Eu vi a arca de Noé cruzar os mares
Vi Salomão cantar seus salmos pelos ares
Eu vi Zumbi fugir com os negros pra floresta
Pro quilombo dos Palmares
Eu vi

Eu nasci (eu nasci)
Há dez mil anos atrás
Eu nasci há dez mil anos
E não tem nada nesse mundo que eu não saiba demais
Não, não, não

Eu nasci (eu nasci)
Há dez mil anos atrás
Eu nasci há dez mil anos
E não tem nada nesse mundo que eu não saiba demais
Não, não

Eu vi o sangue que corria da montanha
Quando Hitler chamou toda a Alemanha
Vi o soldado que sonhava com a amada
Numa cama de campanha
Eu li

Eu li os símbolos sagrados de Umbanda
Eu fui criança pra poder dançar ciranda
E quando todos praguejavam contra o frio
Eu fiz a cama na varanda

Eu nasci (eu nasci)
Há dez mil anos atrás
Eu nasci há dez mil anos atrás
E não tem nada nesse mundo que eu não saiba demais
Não, não porque

Eu nasci (eu nasci)
Há dez mil anos atrás
Eu nasci há dez mil anos atrás
E não tem nada nesse mundo que eu não saiba demais
Não, não

Eu tava junto com os macacos na caverna
Eu bebi vinho com as mulheres na taberna
E quando a pedra despencou da ribanceira
Eu também quebrei a perna
Eu também

Eu fui testemunha do amor de Rapunzel
Eu vi a estrela de Davi a brilhar no céu
E pra aquele que provar que eu tô mentindo
Eu tiro o meu chapéu

Eu nasci (eu nasci)
Há dez mil anos atrás
Eu nasci há dez mil anos atrás
E não tem nada nesse mundo que eu não saiba demais
Eu nasci há dez mil anos atrás

Eu nasci (e não tem nada)
Há dez mil anos atrás (nada nesse mundo que eu não saiba demais)
E não tem nada nesse mundo que eu não saiba demais
Eu nasci, eu nasci há dez mil anos

Eu nasci
Há dez mil anos atrás
Eu nasci há dez mil anos atrás
E não tem nada nesse mundo que eu não saiba demais

Fonte: Musixmatch
Compositores: Raul Seixas / Paulo Coelho.
Letra de *Eu nasci há dez mil anos atrás* © Warner/chappell Edicoes Musicais Ltda.

Nessa letra, por meio do relato de um "velhinho", que tinha a tenra idade de dez mil anos e que sobrevivia de esmolas, descrevem-se passagens bíblicas, fatos e personagens da história da humanidade, desde o início dos tempos.

Muitas são as interpretações dessa letra. Elas vão desde as mais simples — de que a letra seria um mero relato de passagens bíblicas e históricas —, às exageradamente místicas, segundo as quais haveria nela mensagens subliminares satânicas e que o tal "velhinho" seria o próprio diabo, porque nascido antes do início da própria humanidade, segundo a cronologia bíblica.

Mas não percamos tempo com as possíveis interpretações dessa letra.

Pode parecer estranha essa minha afirmativa em um ensaio que deveria pressupor a análise e a interpretação da música escolhida. Há, contudo, uma justa razão: ao criar essa música, o que se passava na cabeça dos dois compositores não tinha absolutamente nada a ver com qualquer das possíveis versões imaginadas por todos aqueles que tentaram interpretá-la. E é justamente aqui que Elvis Presley e o direito entram na história.

Explico.

Como dito, a canção "Eu nasci há dez mil anos atrás" foi composta e lançada por Raul e Paulo em 1976.

Ocorre que, quatro anos antes, em 1972, no álbum *Elvis Now*, o Rei do Rock havia lançado uma música com o mesmo título — "I Was Born About Ten Thousand Years Ago" — e com temática absolutamente semelhante à criada pela dupla brasileira.

Confira a letra (a tradução livre está em nota de rodapé):

I Was Born About Ten Thousand Years Ago (The Bragging Song)
(Elvis Presley)

Oh no, I saw old pharaoh's daughter bring Moses from the water
I'll lick the guy that says it isn't so
I was born about ten thousand years ago
There is nothing in this world that I don't know

I saved king David's life and he offered me a wife
I said now you're talking business have a chair

Yeah, I was born about ten thousand years ago
There is nothing in this world that I don't know

Saw Peter, Paul and Moses playing ring around the roses
I'll lick the guy that says it isn't so
I was born about ten thousand years ago
There is nothing in this world that I don't know

I saw old pharaoh's daughter bring Moses from the water
I'll lick the guy that says it isn't so
I was there when old Noah built the ark
And I crawled in the window after dark

I saw Jonah eat the whale and dance with the lion's tail
And I crossed over Canaan on a log
Yeah I was born about ten thousand years ago
There is nothing in this world that I don't know

I saw old pharaoh's daughter bring Moses from the water
I'll lick the guy that says it isn't so
Yeah, I was born about ten thousand years ago
There is nothing in this world that I don't know

Saw Peter, Paul and Moses playing ring around the roses
I'll lick the guy that says it isn't so
I was there when old Noah built the ark
And I crawled in the window after dark

I saw Jonah eat the whale and Daniel twist the lion's tail
And I crossed over Canaan on a log
Yeah I was born about ten thousand years ago
There is nothing in this world that I don't know

Yeah I saw old pharaoh's daughter bring Moses from the water
I'll lick the guy that says it isn't so

I was born about ten thousand years ago
There is nothing in this world that I don't know

I saved king David's life and he offered me a wife
I said now you're talking business have a chair
I was born about ten thousand years ago
There is nothing in this world that I don't know

Saw Peter, Paul and Moses playing ring around the roses
I'll lick the guy that says it isn't so
I was born about ten thousand years ago
There is nothing in this world that I don't know

I saw old pharaoh's daughter bring Moses from the water
I'll lick the guy that says it isn't so[4]

Vê-se, claramente, que a história contada e cantada pelo Rei do Rock brasileiro é muito semelhante à contada e cantada — em melodia diferente — pelo Rei do Rock internacional. A música tem o mesmo título, o mesmo refrão e discorre sobre os mesmos temas bíblicos, tais como Jesus Cristo, Salomão, São Pedro, Moisés e a Arca de Noé. A diferença está, como dito, na melodia, na literalidade da letra (que não é idêntica) e no fato de a versão brasileira fazer menção a personagens lendárias (como o Conde Drácula) e a personagens, passagens da história e religiões, como Zumbi dos Palmares, Hitler, a Segunda Guerra Mundial e até a Umbanda.

Perguntado sobre essa "coincidência", Paulo Coelho confessou, em uma postagem no twiter,[5] que, "Realmente, a letra foi inspirada na música de Elvis. Era uma maneira de Raul prestar sua homenagem ao seu maior ídolo". Eles só se esqueceram de mencionar esse fato quando do lançamento da música...

Diante desse cenário e, agora, já ingressando no campo do direito, pergunto: poderia essa "homenagem a Elvis" configurar plágio?

Para complicar um pouco essa indagação, passo ao leitor outra interessante informação: essa música, assinada em 1972 pelo Rei do Rock internacional, Elvis Presley, apesar das aparências, também não foi da sua autoria. Foi, na verdade, mera adaptação de outra canção composta no início do século (1925), por Kelly Harrel,[6] e seguida de outras adaptações feitas por Rev. Harold Hunter (1958) e Val Doonican (1966). A letra sofreu algumas variações durante esse tempo, mas a temática e, principalmente, o refrão permaneceram sempre os mesmos. Como visto, também não foram modificados por Raul e Paulo Coelho.

Haveria, aqui, uma sequência de plágios, que culminariam com o da dupla brasileira? Repare o leitor que, com o quadro descrito acima, o "plágio" de Raul e Paulo Coelho não seria relativo à letra composta por Elvis. De fato, o Rei do Rock não era autor da música, mas seu plagiador, ou, no melhor dos mundos, alguém que teria feito adaptações em obra de terceiros, porém jamais o autor da composição. O plágio de Raul e Paulo Coelho seria da composição de Kelly Harrel, autor originário da obra.

Restaria, então, verificar se 51 anos (período compreendido entre 1925 e 1976) seriam, de acordo com a legislação nacional vigente à época da composição brasileira (1976), suficientes para concluir-se que a obra teria caído em domínio público, o que retiraria a possibilidade de configuração do temido plágio.

A lei de direitos autorais vigente em 1976[7] (ano da composição de "Eu nasci há dez mil anos atrás") determinava expressamente que os direitos patrimoniais do autor perduravam por toda a sua vida, e que os filhos, os pais ou o cônjuge passariam a gozá-los vitaliciamente quando os recebessem por herança. Os demais sucessores também fariam jus a esses direitos, pelo período de sessenta anos, a contar do dia 1º de janeiro do ano subsequente ao do falecimento do autor.

Ou seja, mesmo que Kelly Harrel, autor original de "I Was Born About Ten Thousand Years Ago", tivesse composto a música e morrido no instante seguinte, os direitos autorais a ela relativos teriam sido transferidos aos seus sucessores, que poderiam gozá-los por, no mínimo, sessenta anos. Portanto, a canção ainda não teria caído em domínio público em 1976. De fato, pela legislação vigente à época, ainda restariam, no melhor dos mundos, nove anos para que isso ocorresse.

Frustrada essa linha de argumentação, restaria buscar demonstrar que, no direito autoral, não se protege o tema da obra, mas somente a forma como esse tema é exteriorizado, havendo que se diferenciar o plágio da mera inspiração.

Afinal, como dito antes, apesar de semelhantes na temática adotada e idênticas no refrão usado, havia ponderáveis diferenças entre as canções — a na melodia, na literalidade da letra e no fato de a versão brasileira fazer menção adicional a outras personagens e passagens lendárias ou históricas não feitas na canção original. Seria, portanto, mera inspiração, e não uma indiscutível cópia feita de forma intencional (dolosa) com a única e exclusiva finalidade de obtenção de ganhos financeiros com a exploração de obras alheias — afirmativas essas cujo ônus da prova caberia a quem as fizesse.

Quanto à procedência, ou não, dessa justificativa, deixo que o leitor a examine, reflita e chegue às suas próprias conclusões: sobre se a canção "Eu nasci há dez mil anos atrás" teria sido, como alegou Paulo Coelho, mera "homenagem ao Rei do Rock, Elvis Presley", ou se teria, na realidade, havido uma pequena "desapropriação", como afirmava o próprio Raulzito.

Sobre essa afirmação de Raul, vale a leitura do seguinte trecho do livro de Jotabê Medeiros, quando tratou dessas "apropriações indébitas" de músicas estrangeiras pelo cantor:

> O produtor e compositor Roberto Menescal analisava essas apropriações e empréstimos de Raul como uma espécie de talento antropofágico nato, dizendo que ele "pegava aquelas músicas da parada e dizia 'vou fazer uma música por aqui'". Isso não significava cópia, segundo Menescal. "Essa habilidade dele vale muito porque você pega um negócio, copia a ideia da coisa e vai bem. Ele era mais por aí, do que criar a música do nada. Era o produtor que se baseava nas coisas que funcionavam. A imagem do Elvis Presley mesmo, ele não criou o *Let me sing* do nada, mas baseado numa informação. Adaptava ao Brasil." Já o parceiro Claudio Roberto declarou ter ouvido de Raul que aquilo configurava uma espécie de colonialismo às avessas. "Não tô roubando, não! Estou desapropriando", lhe teria dito Raul.

"Não tô roubando, não! Estou desapropriando." Que figura era esse nosso adorado Maluco Beleza!

Medeiros diz ainda ser curioso notar que, embora houvesse uma dezena de "desapropriações" semelhantes em sua carreira, Raul nunca teria sido acusado formalmente de plágio. Era como se desfrutasse de uma espécie de salvo-conduto que lhe teria sido dado "não apenas pela iconoclastia, mas também pela capacidade de transcriação que demonstrava em cima das fundações dessas músicas que tomava emprestadas".

Enfim, plágio ou não, o que importa é que essa música, que contava histórias de um passado longínquo, tornou-se, desde o seu lançamento, um sucesso que nos alegrou a todos e se transformou em uma das marcas do nosso genial Maluco Beleza.

Mas não só de histórias de "dez mil anos atrás" falou Raulzito. Ele também descreveu, em uma de suas canções, com a mais absoluta e impressionante verossimilhança, eventos que só viriam a ocorrer 31 anos após a sua morte.

Refiro-me à canção "O dia em que a Terra parou",[8] de Raul e Claudio Roberto, cuja letra transcrevo a seguir:

Essa noite eu tive um sonho
de sonhador
Maluco que sou, eu sonhei
Com o dia em que a Terra parou
com o dia em que a Terra parou

Foi assim
No dia em que todas as pessoas
Do planeta inteiro
Resolveram que ninguém ia sair de casa
Como que se fosse combinado em todo
o planeta
Naquele dia, ninguém saiu de casa, ninguém, ninguém

O empregado não saiu pro seu trabalho
Pois sabia que o patrão também não tava lá
Dona de casa não saiu pra comprar pão
Pois sabia que o padeiro também não tava lá

E o guarda não saiu para prender
Pois sabia que o ladrão também não tava lá
e o ladrão não saiu para roubar
Pois sabia que não ia ter onde gastar

No dia em que a Terra parou (Êêê)
No dia em que a Terra parou (Ôôô)
No dia em que a Terra parou (Ôôô)
No dia em que a Terra parou

E nas igrejas nem um sino a badalar
Pois sabiam que os fiéis também não tavam lá
E os fiéis não saíram pra rezar
Pois sabiam que o padre também não tava lá
E o aluno não saiu para estudar
Pois sabia o professor também não tava lá
E o professor não saiu pra lecionar
Pois sabia que não tinha mais nada pra ensinar

No dia em que a Terra parou (Ôôôô)
No dia em que a Terra parou (Ôôô)
No dia em que a Terra parou (Uuu)
No dia em que a Terra parou

O comandante não saiu para o quartel
Pois sabia que o soldado também não tava lá
E o soldado não saiu pra ir pra guerra
Pois sabia que o inimigo também não tava lá
E o paciente não saiu pra se tratar
Pois sabia que o doutor também não tava lá
E o doutor não saiu pra medicar
Pois sabia que não tinha mais doença pra curar

No dia em que a Terra parou (Oh Yeeeah)
No dia em que a Terra parou (Foi tudo)

No dia em que a Terra parou (Ôôôô)
No dia em que a Terra parou

Essa noite eu tive um sonho de sonhador
Maluco que sou, acordei

No dia em que a Terra parou (Oh Yeeeah)"
No dia em que a Terra parou (Ôôô)
No dia em que a Terra parou (Eu acordei)
No dia em que a Terra parou (Acordei)
No dia em que a Terra parou (Justamente)
No dia em que a Terra parou (Eu não sonhei acordado)
No dia em que a Terra parou (Êêêêêêêê...)
No dia em que a Terra parou (No dia em que a terra parou)

É realmente impressionante a semelhança dos fatos descritos nessa letra com aqueles relacionados às restrições impostas à humanidade em decorrência da pandemia da Covid-19, ocorrida décadas após!

Essa canção ganhou ares proféticos e viralizou nesses tempos em que o mundo teve que parar para enfrentar o Coronavírus.

Na música, Raul conta sobre "um sonho de sonhador Maluco" em que todas as pessoas do planeta, em um dia qualquer e sem uma razão clara, teriam combinado não saírem de casa. E, ao narrar esse sonho e o que teria ocorrido naquele dia fatídico, ele descreve, com a mais absoluta exatidão, os cenários que todos fomos forçados a viver durante a pandemia, no Brasil e no mundo.

Mas quem seria, então, Raul Seixas? Um viajante do tempo, cuja missão seria a de nos contar histórias sobre o passado e o futuro? Ou seria apenas um talentoso compositor que, em "Há dez mil anos atrás", quis fazer uma singela homenagem ao seu ídolo maior, Elvis Presley, e, em "O dia em que a Terra parou", pretendeu subliminarmente descrever a vida dos cidadãos brasileiros nos anos de ditadura, em que o direito de ir e vir foi severamente cerceado pelo Estado?

Quem sabe? Mas isso não importa.

O que importa é que Raul Seixas, Raulzito, o Rei do Rock brasileiro, o Maluco Beleza e tantos outros personagens resultantes dessa "metamorfose ambulante" farão para sempre parte da rica história da música popular brasileira, ficando ele marcado como o genial e criativo compositor que, com uma linguagem inovadora e um ritmo que conseguiu unir o rock ao baião, deu origem a uma legião eclética de fãs que, até hoje, se reúne anualmente, aos milhares, para homenageá-lo.

Assim como Elvis, Raulzito não morreu.

Referências bibliográficas

CARVALHO, Walter. Raul. *O início, o fim e o meio*. Documentário, 2012.
MEDEIROS, Jotabê. *Raul Seixas:* não diga que a canção está perdida. São Paulo: Todavia, 2019.
MINUANO, Carlos. *Raul Seixas:* por trás das canções. Rio de Janeiro: Best Seller, 2019.

Notas

1 Agradeço à minha querida esposa, Danielle Calirman Brigagão, pelo fundamental apoio na pesquisa e na busca de maravilhosas passagens da vida de Raul Seixas.
2 Presidente nacional do Centro de Estudos das Sociedades de Advogados (CESA); presidente honorário da Associação Brasileira de Direito Financeiro (ABDF); vice-presidente do Fórum Permanente de Direito Tributário da Escola da Magistratura do Rio de Janeiro; membro do Conselho de Administração da Câmara Britânica (BRITCHAM); diretor da Federação das Câmaras de Comércio do Exterior (FCCE); professor da pós-graduação em direito tributário da Fundação Getulio Vargas; e sócio do escritório Brigagão, Duque Estrada – Advogados.
3 Disponível em: <https://gauchazh.clicrbs.com.br/cultura-e-lazer/noticia/2019/10/fiquei-quieto-por-45-anos-diz-paulo-coelho-sobre-suspeita-de-que-raul-seixas-o-entregou-a-ditadura-ck23ekjrb00oi01lgcvlpwog9.html>. Aceso em: Acesso em: 10 ago. 2021.
4 Tradução livre:
Eu vi a filha do velho faraó trazer Moisés da água
Eu vou surrar o cara que diz que não é assim
Eu nasci há uns dez mil anos atrás
Não há nada neste mundo que eu não saiba

Eu salvei a vida do rei Davi e ele me ofereceu uma esposa
Eu disse: agora você está falando de negócios, puxe uma cadeira
Sim, eu nasci há uns dez mil anos atrás
Não há nada neste mundo que eu não saiba
Vi Pedro, Paulo e Moisés jogando argola entre as rosas
Eu vou surrar o cara que diz que não é assim

Eu nasci há uns dez mil anos atrás
Não há nada neste mundo que eu não saiba
Eu vi a filha do velho faraó trazer Moisés da água
Eu vou surrar o cara que diz que não é assim

Eu estava lá quando o velho Noé construiu a arca
E eu me arrastei janela depois de escurecer
Eu vi Jonas comer a baleia e dançar com a cauda do leão
E eu passei por Canaã em uma barquinha

Eu nasci há uns dez mil anos atrás
Não há nada neste mundo que eu não saiba
Eu vi a filha do velho faraó trazer Moisés da água
Eu vou surrar o cara que diz que não é assim

Sim, eu nasci há uns dez mil anos atrás
Não há nada neste mundo que eu não saiba
Vi Pedro, Paulo e Moisés jogando argola entre as rosas
Eu vou surrar o cara que diz que não é assim

Eu estava lá quando o velho Noé construiu a arca
E eu me arrastei janela depois de escurecer
Eu vi Jonas comer a baleia e dançar com a cauda do leão
E eu passei por Canaã em uma barquinha

Eu nasci há uns dez mil anos atrás
Não há nada neste mundo que eu não saiba
Eu salvei a vida do rei Davi e ele me ofereceu uma esposa
Eu disse: agora você está falando de negócios têm uma cadeira

Sim, eu nasci há uns dez mil anos atrás
Não há nada neste mundo que eu não saiba
Vi Pedro, Paulo e Moisés jogando argola entre as rosas
Eu vou surrar o cara que diz que não é assim

5   Disponível em: <https://www.youtube.com/watch?v=GhtIGvM1BDA>. Acesso em: 10 ago. 2021.
6   O criador originário da música, Kelly Harrel, foi um compositor e cantor de música country, nos anos 1920, nos Estados Unidos. Ele gravou algumas músicas e escreveu outras, que foram interpretadas por cantores como Jimmie Rodgers e Ernest Stoneman.
7   Artigo 42 da Lei nº 5.988, de 14 de dezembro de 1973.
8   Há, segundo a mídia (ver "Era uma vez, há 43 anos". Centro Musical Harmos. Disponível em: <http://www.harmos.art.br/o-dia-em-que-a-terra-parou-raul-seixas/> acesso em: 10 ago. 2021), declarações de que, para criar essa letra, Raulzito e Claudio Roberto, seus autores, teriam se inspirado em um filme homônimo, de ficção científica, lançado em 1951, cujo título é *The day the earth stood still* (O dia em que a Terra parou). Lançado no início da Guerra Fria e dirigido por Robert Wise, esse longa conta a história de um alienígena que, com o objetivo de demonstrar o seu poder, teria feito com que todos os aparelhos elétricos da Terra parassem de funcionar, com exceção daqueles essenciais à vida, como os de hospitais e de aviões em voo. Alega-se que o filme teria o propósito de fazer um apelo de paz à humanidade naqueles tempos difíceis. A letra da música composta por Raulzito não permite a mesma interpretação. Assim, diferentemente de "Há dez mil anos atrás", a inspiração de Raul naquele filme — se é que realmente ocorreu — teria se limitado ao título.

A voz do dono e o dono da voz, de Chico Buarque

Gustavo Martins de Almeida[1]

> *E o dono foi perdendo a linha — que tinha*
> *E foi perdendo a luz e além*
> *E disse: Minha voz, se vós não sereis minha*
> *Vós não sereis de mais ninguém.*

A interpretação é a forma mais comum de se transmitir uma composição musical, digamos, completa, com letra e música. A voz, o tom e o sentimento do intérprete sensibilizam nossa audição e transmitem de forma personalíssima a mensagem concebida pelo compositor. Mas como é que se chega a esse registro? Arranjos, estilo, emoção, técnica? Quem escolhe, contrata e coordena a fixação sonora da criação? E a reprodução? Em LP, K7, CD e agora serviços de *streaming* e celulares. Há uma relação intensa entre compositor, intérprete e gravadora, que ainda se estende por veículos de divulgação como rádios, televisões e redes sociais.

O mercado fonográfico brasileiro cresceu muito na década de 1970, com a consolidação de artistas da MPB e o desenvolvimento da Jovem Guarda, movimento que começara na década de 1960,[2] sem falar na então já mundialmente famosa Bossa Nova.

Chico Buarque de Hollanda começa a compor em 1964 e lança seu primeiro LP em 1966. Em 1980 teve situação de desconforto com a gravadora Phillips — controlada pela Polygram —, da qual era contratado desde 1970, e registrou sua visão desse episódio na música "A voz do dono e o dono da voz", também por ele interpretada.

Composta em 1981, integrou o 18.º LP da carreira do artista, *Almanaque*, com capa de Elifas Andreato, consagrado artista plástico, autor de várias capas de discos de músicos famosos. O LP, lançado em dezembro daquele ano, continha as seguintes músicas: "As vitrines", "Ela é dançarina", "O meu guri", "A voz do dono e o dono da voz", "Almanaque", "Tanto amar", "Angélica", "Moto-contínuo" e "Amor barato". O disco foi editado pela gravadora Ariola, em período de divergências com a Polygram, da qual Chico fora contratado por mais de uma década.[3] Segundo o site do artista,[4] em 1980 ele "fecha contrato com a gravadora Ariola, após doze anos de Polygram. Por ironia do destino, a própria Polygram compraria a Ariola no ano seguinte".[5]

A letra da composição "A voz do dono e o dono da voz" se encontra no site oficial de Chico Buarque[6] e na sua ficha consta que ela foi editada em "1981 © Marola Edições Musicais Ltda. Todos os direitos reservados Direitos de Execução Pública controlados pelo ECAD (AMAR) Internacional Copyright Secured".

A letra retrata a situação de embate entre o compositor e o dono da gravadora, principiando por relação de cordialidade e até subserviência, mas diante de alegado abuso do executivo, o compositor se subleva. Essa situação de virada de jogo, alteração do contexto, irresignação incontida, tão presente na obra de Chico Buarque, novamente se apresenta de forma singular e intensa nessa composição.

Há um pano de fundo hoje relevante em termos históricos. Toda a cena se desenrola em torno do suporte físico da época, o disco de vinil. A função da gravadora ia do estúdio, com arranjos e músicos, gravação, prensagem do disco de vinil passando pelo design de capas até a divulgação e comercialização, seguindo-se o transporte, chegada às lojas. Ja nas mãos do consumidor, a execução era feita por meio de toca-discos que faziam agulhas passar por sulcos, cujas ranhuras produziam o som transposto para alto falantes de alta fidelidade e finalmente audição. Hoje a música digitalmente armazenada na nuvem é ouvida pelo celular, bem como por relógios e fones de ouvido sem fio.

Em seu período na gravadora Phillips (1970-1981) Chico passou por incidentes como a execução da composição "Cálice" — que fora censurada — no show Phono 73, em maio daquele ano, no Palácio das Convenções do Anhembi, em São Paulo, sem cantar a letra, só repetindo a palavra "cálice". Os microfones do palco foram sucessivamente desligados enquanto ele interpretava a obra e houve grande mal-estar. A mudança de gravadora gerou ruídos devido a desentendimentos quanto ao número de composições que deveriam ser feitas, gravadas e lançadas, por força do contrato existente entre as partes.

Uma questão negocial do meio artístico acaba sendo narrada hábil e talentosamente pelo compositor, que expressa com fina ironia e veia poética o embate entre a voz do dono (o dono da gravadora), e o dono da voz (o artista):

> *Até quem sabe a voz do dono*
> *Gostava do dono da voz*
> *Casal igual a nós, de entrega e de abandono*
> *De guerra e paz, contras e prós*
>
> *Fizeram bodas de acetato — de fato*
> *Assim como os nossos avós*
> *O dono prensa a voz, a voz resulta um prato*
> *Que gira para todos nós*

A música principia falando da relação amistosa inicial entre o artista e a gravadora, quase um casamento, em que celebravam bodas pelos dez anos de contrato. O disco de acetato não mais existia, já era o vinil a matéria-prima de prensagem do disco, mas a referência mostra a antiguidade da relação. O prato girava para a reprodução da voz e produção de resultados financeiros.

Convém distinguir aqui, sem entrar no "juridiquês", a diferença legal entre compositor e intérprete. Enquanto o primeiro é o autor das composições (criando letra ou música, ou ambas), o outro interpreta a canção. A Lei Brasileira de Direito Autoral (Lei 9.610 de 1998) identifica essas duas figuras, nos arts. 68 e 90.[7]

No caso do LP *Almanaque*, Chico foi o único intérprete e compositor de quase todas as músicas, salvo "Angélica" — belíssima homenagem a Zuzu Angel —, composta com Miltinho (integrante do conjunto MPB4); "Vapor barato", em coautoria com Francis Hime; e "Moto-contínuo", com Edu Lobo. Nesse caso, pelos contratos com a gravadora, Chico recebia royalties como compositor e também como intérprete. Prossegue a música:

>   *O dono andava com outras doses*
>   *A voz era de um dono só*
>   *Deus deu ao dono os dentes, Deus deu ao dono as nozes*
>   *Às vozes Deus só deu seu dó*

Os versos de Chico dão conta que a gravadora tinha outros artistas, tratados de formas diversas, com *medidas* diferentes, fazendo jogo de palavras entre "vozes" e "doses". E a posição preponderante do dono da gravadora é retratada em ter "dentes e nozes", contrariando o ditado de que Deus dá nozes a quem não tem dentes, em sinal de incapacidade, ou impossibilidade de aproveitamento das oportunidades que surgem na vida. O artesão da palavra trabalha bem as vozes, doses e nozes! O retrato mostra a contraposição entre a onipotência do dono da voz e o magistral "dó" final do verso, com o duplo sentido de nota musical e de sentimento de piedade.

>   *Porém a voz ficou cansada após*
>   *Cem anos fazendo a santa*
>   *Sonhou se desatar de tantos nós*
>   *Nas cordas de outra garganta*
>   *A louca escorregava nos lençóis*
>   *Chegou a sonhar amantes*
>   *E, rouca, regalar os seus bemóis*
>   *Em troca de alguns brilhantes*

Prossegue o autor, constatando o longo tempo em que a sua voz foi casta na relação, mas, com desconfiada sagacidade, percebe que quer se desatar desses nós. Enquanto outras cordas e gargantas se enroscam em lençóis, como que traindo sua relação com a gravadora, ele, artista até então fiel, sonha em ter amantes e receber brilhantes para executar os bemóis.

> *Enfim, a voz firmou contrato*
> *E foi morar com novo algoz*
> *Queria se prensar, queria ser um prato*
> *Girar e se esquecer, veloz*

Chico celebra contrato com a gravadora Ariola, que, mesmo sendo nova no país, não perde a condição, por ele vista, de algoz, mas sente alívio pela expectativa de poder compor novas canções e lançar outros discos. Paradoxalmente, o ato de ser mais uma vez prensado, como eram os discos de vinil, adquiria sentido de liberação. Então faz mais um jogo de palavras, pois queria ser um prato, ser consumido, mas ao mesmo tempo ser musicalmente executado, sempre no prato (suporte físico), sobre o qual eram colocadas as "bolachas" nos toca-discos.

Essa posição o faria girar, se esquecer rapidamente do episódio na vida e poder almejar a velocidade da produção física e da reprodução sonora dos discos, além dos resultados financeiros decorrentes das vendas e realização de shows.

> *Foi revelada na assembleia — ateia*
> *Aquela situação atroz*
> *A voz foi infiel trocando de traqueia*
> *E o dono foi perdendo a voz*

Prosseguiam as reuniões e negociações, mas Chico finalmente se convence a trocar de gravadora, o que significava que a voz seria veiculada por outra "traqueia". Com essa decisão, o dono da gravadora anterior vai perdendo sua voz, seu poder.

> *E o dono foi perdendo a linha — que tinha*
> *E foi perdendo a luz e além*
> *E disse: Minha voz, se vós não sereis minha*
> *Vós não sereis de mais ninguém*[8]

O crescente desespero da voz do dono é sentido na frase de Chico, que verifica a dupla perda da linha, a da elegância e da que prendia o peixe-compositor à gravadora. Foi perdendo mais a luz e além, o brilho do poderoso executivo, para ameaçar a voz que até então considerava sua. Usando o pronome da segunda pessoa do plural, converte a voz em vós, e verbaliza ameaça explícita, de calar o artista.

O fato curioso, que vale a relembrança, é que Chico encerra o contrato com a Polygram e assina com a Ariola, esta comprada no ano seguinte pela... Polygram.

Contexto e censura

Importante recordar que na época em que os fatos narrados ocorreram, estava começando timidamente a abertura lenta e gradual preconizada pelo presidente Geisel (mandato de 1974 a 1979), mas ainda com fortíssimos resquícios da ditadura. Em 1976, o ministro da Justiça, Armando Falcão, proibira uma apresentação em vídeo do Balé Bolshoi na TV Globo, encenando *Romeu e Julieta,* por vislumbrar influência russa no país. João Figueiredo era o presidente, com mandato de 1979 a 1985.

A Constituição de 1967, com a Emenda de 1969, estipulava: "art. 8º. Compete à União, VIII — organizar e manter a polícia federal com a finalidade de, d) prover a censura de diversões públicas."[9] O Decreto 70.665, de 2 de junho de 1972, assinado pelo então presidente Médici e seu ministro da Justiça Alfredo Buzaid, criou a Divisão de Censura de Diversões Públicas (DCDP), subordinada ao Departamento da Polícia Federal.[10]

Desde 1968, Chico tivera problemas decorrentes de sua oposição à ditadura. O disco *Apesar de você*, em que constava canção homônima, foi apreendido, e a encenação da peça *Roda viva*, no Teatro Ruth Escobar, em São Paulo, foi interrompida naquele ano com agressões aos artistas e depredação do cenário por um suposto Comando de Caça aos Comunistas.

Em maio de 1973, ocorrera o já mencionado episódio do desligamento dos microfones do palco no espetáculo Phono 73, durante a interpretação por Chico e Gilberto Gil, mesmo sem letra, da composição "Cálice", que fora censurada. No dia da estreia, 8 de novembro do mesmo ano, o

Teatro João Caetano, no Rio, não pôde abrir as cortinas para a primeira encenação de *Calabar*, peça de Ruy Guerra e Chico. Durante sete anos, a peça foi proibida por ordem da Polícia Federal.[11] Já *Gota d'água*, outra peça de Chico e Paulo Pontes, foi igualmente censurada em 1975, como conta Bibi Ferreira.[12] Em 1978, sua *Ópera do malandro* teve músicas vetadas, como "O meu amor".[13]

Sobre a censura e as convocações para ir ao DOPS, Chico disse: "Eu conhecia todos lá na Relação.[14] No começo ficava tenso, depois acostumei, reservava sempre algum tempo, caso viesse a ser chamado."[15]

Em seu ótimo livro *Do vinil ao download*, o executivo da indústria fonográfica André Midani narra as dificuldades que o então advogado da Companhia Brasileira de Discos, recentemente falecido, o saudoso João Carlos Müller Chaves, enfrentava ao lidar com a censura nos anos 1970:

> A relação da companhia com o Departamento de Censura se tornava cada dia mais exaustiva. [...] João Carlos Müller, responsável pelo departamento jurídico da empresa vivia sob uma pressão tensa e constante. Lidávamos assim com a situação: éramos pagos para gravar discos, o que continuaríamos fazendo e a censura era paga para censurar, e teria de continuar a fazer seu trabalho.[16]

Ambiente musical nos anos 1970

Novos talentos surgiam na década de 1970, uma geração da MPB se consolidava e as gravadoras se aprimoravam tecnicamente para um mercado crescente.[17] Nessa época ocorreu contratação de Chico pela Philips (Polygram); ele estava exilado na Itália, era do casting da pequena gravadora independente RGE Discos e André Midani, diretor da Philips, queria contratá-lo a qualquer custo. Para tal — segundo narra — se reuniu no Restaurante Antonio's, no Rio, com o advogado do artista, Osvaldo Assef. "Expliquei-lhe a estratégia para que a música de Chico estivesse presente no Brasil. Acertamos um importante adiantamento, para a época, sobre os direitos artísticos do Chico. Em poucos dias a contratação foi acertada."[18]

Midani fala ainda da relação com os empresários Guilherme Araújo, de Caetano, Gal e Gil, e Marcos Lázaro, de Elis Regina e Roberto Carlos. Conta como ele repensou, junto com Nelson Motta, Zé Rubem Fonseca, Artur da Távola, Zuenir Ventura, Dorrit Harazin e outros a meta de "enxergar e enfocar" as carreiras dos artistas, refazendo a relação shows de qualidade, boa divulgação e seleto lançamento de discos.

Estilo Chico

A censura obrigava Chico a se autocensurar, como ele admitiu em entrevistas, temendo que as letras fossem proibidas, ou tivessem o sentido alterado pela supressão de trechos. Assim, sua criação sutil aflora em ricos *jeux de mots*, como em "Apesar de você" ("esse meu sofrimento vou cobrar com juros, juro!"), "Eu te amo" ("te dei meus olhos pra tomares conta/ Agora conta como hei de partir"), "Essa moça tá diferente" ("ela está pra lá de pra frente/ está me passando pra trás") e "Jorge Maravilha" ("ela gosta do tango/ do dengo/ do mengo/ domingo/ e de 'cosca'").

Outra faceta da obra de Chico é o "eu feminino", que se revela, dentre outras, em "Atrás da porta", "Olhos nos olhos", "Folhetim", "O meu amor" e "Com açúcar, com afeto". No caso da obra aqui analisada, mesmo sendo a música sobre donos, o da voz é o artista, parte mais fraca na relação, sua voz canta, enquanto a voz do dono berra e, sem flexibilidade, impõe sua vontade — ainda assim há o espaço para o feminino. A voz do artista, a louca, no sonho, escorrega nos lençóis, sonha com amantes, até se curva e admite presentear seus bemóis (meio tom de nota) em troca de brilhantes. Se reduz no tom, mas cresce em valor. Os donos duelam, mas a voz decide, ainda que saia de um, para outro algoz.

Mudança de comportamento

O fato é que essa música prenunciou uma alteração no modo de gerenciamento do mercado fonográfico, em que o executivo decidia quase tudo, com base na própria sensibilidade e no próprio faro comercial. Hoje o artista tem a possibilidade de gerir a carreira, fixar suas músicas em gravadoras independentes, ter mais autonomia — assim como o escritor pode se valer do *self-publishing* — e, com a tecnologia, poder gravar composições com músicos situados a distância.

O mercado é mais sensível e ágil, as músicas alcançaram outros patamares de consumo, quantitativos e qualitativos, como publicidade, cinema, games, softwares, novas mídias, e crescente inovação tecnológica. Os algoritmos têm seu peso e o aplicativo Spotify mede em tempo real o alcance da música, o número de execuções e a receptividade do público e da audiência virtual, on-line, *on time*. A inteligência artificial já compõe músicas, sintetiza, amplifica e aprimora vozes. Os assistentes pessoais, como Alexa e Echo, são executados e comandados pela voz. O gerente tecnológico da Amazon preconiza a transferência de conteúdo "sem fricção", sem telas, teclas, toques.

Se os escafandristas de "Futuros amantes"[19] visitassem a cidade submersa do dono da voz, veriam os vinis, cassetes e CDs e imaginariam as músicas tocadas naqueles rudimentares acessórios. De certa forma, cuida-se da preservação da memória das civilizações, outrora em suportes físicos, e agora em nuvens.

No fim, é o dono da voz que usa seu intelecto e sua sensibilidade para conceber e executar as canções e interpretações, é a pessoa física que cria a obra,[20] e a expressão de sua sensibilidade, assim como muitas vezes a do Chico, é feminina, é **a** voz.

Notas

1. Advogado (PUC-Rio), mestre (Universidade Gama Filho) e doutor (Universidade Veiga de Almeida) em direito. Membro da Comissão de Direito Autoral da OAB-RJ e OAB Federal e da Comissão de Direito Digital do IAB, consultor jurídico do Sindicato Nacional dos Editores de Livros (SNEL) e conselheiro do Museu de Arte Moderna do Rio de Janeiro (MAM-Rio).
2. "Entre 1966 e 1976 a indústria fonográfica cresceu cerca de 444%, contra 152% do PIB no mesmo período. Quando confrontamos o crescimento empresarial com os movimentos musicais, temos um painel histórico interessante: as duas empresas que mais cresceram foram justamente a Philips

(que incorporou a Companhia Brasileira de Discos) e a CBS, que passaram a disputar o mercado com a Odeon (dona de um elenco estável, considerado 'de prestígio'). O crescimento destas empresas coincidiu com a explosão dos dois gêneros mais populares dos anos 1960: a MPB, ligada à CBD/Philips e a Jovem Guarda, ligada a CBS. Mesmo empresas menores conseguiram ganhar razoáveis fatias do mercado, na medida em que conseguiam contratar os novos astros. Foi o caso da RGE, que conseguiu manter no seu cast Chico Buarque de Hollanda durante seus primeiros anos de vida profissional (1966-1969)." EUGÊNIO, M. N. de. *A indústria fonográfica no Brasil e a MPB (1960/1980)*. III Congresso de História Econômica, IV Conferência Internacional de História das Empresas, p. 8. Disponível em: <http://www.abphe.org.br/arquivos/marcos-napolitano-de-eugenio.pdf>. Acesso em: 13 jul. 2021.

3 Em entrevista à *Veja Rio*, o diretor da Polygram, Roberto Menescal, declarou: "O Chico teve uma carreira bacana na Polygram até a chegada da gravadora alemã Ariola. Ele havia acabado de renovar conosco por três anos quando recebeu uma proposta. Pediu para ser liberado, mas não dava. Sugeri então que o contrato fosse rescindido com um disco em espanhol. Foi outra guerra com a direção, mas fechamos o acerto. Aí aconteceu algo que nunca entendi. A canção 'Bye, Bye, Brasil', que fizemos juntos, ganhou o prêmio de melhor música de 1981 da Rádio JB. A cerimônia foi no Copacabana Palace, e Chico mandou um representante. Quando subimos juntos ao palco, ele disse: 'O Chico agradece a homenagem, mas avisa que não veio porque não poderia receber um prêmio diante de alguém que impede a continuidade de sua carreira.' Foi um choque, mas fiquei calado. Vários amigos dele, como a Simone, me apoiaram e disseram que eu tinha de me manifestar. Não disse nada e nunca mais falei com o Chico." PIMENTA, L. Lembranças de um tempo dourado. *Veja Rio*, 26 set. 2012. Disponível em: <https://vejario.abril.com.br/cidade/roberto-menescal/>. Acesso em: 13 jul. 2021.

4 Disponível em: <http://chicobuarque.com.br/>. Acesso em: 13 jul. 2021.

5 Na sua coluna de 21 de dezembro de 1981, no *Jornal do Brasil*, o jornalista Zózimo Barroso do Amaral publica a seguinte nota: "Olho por Olho — Primeira consequência da compra da Ariola pela Philips: a tiragem do disco *Almanaque*, de Chico Buarque de Holanda, foi reduzida de 400 mil cópias para 120 mil. Há quem tenha identificado no emagrecimento da tiragem o dedo de Roberto Menescal, diretor da gravadora, a quem Chico teria dedicado a música 'A Voz do Dono e o Dono da Voz'."

6 Disponível em: <http://www.chicobuarque.com.br/construcao/mestre.asp?pg=avozdo_81.htm>. Acesso em: 13 jul. 2021.

7 Disponível em: <http://www.planalto.gov.br/ccivil_03/leis/l9610.htm>. Acesso em: 13 jul. 2021.

8   A citação de passagens da composição é feita com base na Lei 9.610 de 1998, art. 46. "Não constitui ofensa aos direitos autorais:
    III — a citação em livros, jornais, revistas ou qualquer outro meio de comunicação, de passagens de qualquer obra, para fins de estudo, crítica ou polêmica, na medida justificada para o fim a atingir, indicando-se o nome do autor e a origem da obra."
9   A Constituição Federal de 1988 prega a liberdade de expressão, vedando a censura (arts. 5º, IX e 220, § 2º). Em 2019, o então prefeito do Rio de Janeiro Marcelo Crivella, mandou apreender livros na Bienal do Rio. A 5ª Câmara Cível do TJRJ concedeu liminar no Mandado de Segurança 0056683912019000, Rel. Desembargador Heleno Nunes, proibindo a censura, em 6 de setembro de 2019. A decisão foi revogada pelo então presidente do TJRJ, Claudio Mello, mas restabelecida por Medidas Cautelares concedidas pelos ministros Dias Toffoli, Presidente, e Gilmar Mendes, na Suspensão de Liminar 1248 do MPF e na Reclamação 36742 de GL Events.
10 Disponível em: <https://www2.camara.leg.br/legin/fed/decret/1970-1979/decreto-70665-2-junho-1972-419313-publicacaooriginal-1-pe.html>. Acesso em: 13 jul. 2021.
11 FONSECA, R. Marco da censura no Brasil, Calabar faz 40 anos com nova montagem. *O Globo*, 12 mai. 2013. Disponível em: <https://oglobo.globo.com/cultura/marco-da-censura-no-brasil-calabar-faz-40-anos-com-nova-montagem-8363246>. Acesso em: 13 jul. 2021.
12 "Ao falar sobre o conteúdo da peça — uma tragédia toda rimada com muita música, apresentando um balé com movimentos folclóricos como samba e a macumba —, a atriz ressalta o trabalho que Dulcina de Moraes e Paulo Pontes tiveram para liberar a peça, as constantes viagens a Brasília. Moisés, o produtor, conta que estrear *Gota d'água* era um risco muito grande e Paulo Pontes pedia, por favor, aos jornalistas para que não publicassem nada a respeito da obra e dos ensaios, e foi atendido. Das 128 laudas que compõem a obra, 116 foram cortadas quando houve crivo da Censura o que provocou uma permanência de Paulinho durante quase doze horas com o censor tentando convencê-lo a deixar passar a peça sem cortes." Cf. LEAL, R. Gota d'água. *Correio Braziliense*, 20 abr. 1980. Disponível em: <https://www.correiobraziliense.com.br/app/noticia/cidades/2020/04/07/interna_cidadesdf,835408/gota-d-agua.shtml>. Acesso em: 13 jul. 2021.
13 ÓPERA do malandro. *Teatro em escala*, 12 abr. 2021. Disponível em: <https://teatroemescala.com/2021/04/12/opera-do-malandro/>. Acesso em: 13 jul. 2021.
14 O DOPS ficava na rua da Relação, no centro do Rio de Janeiro.

15 Entrevista de Chico Buarque em 1974. In: BAHIANA, A. M. *Nada será como antes:* A MPB nos anos 70. Rio de Janeiro: Civilização Brasileira, 1980, p. 33.
16 MIDANI, A. *Do vinil ao download.* Rio de Janeiro: Nova Fronteira, 2015, p. 123-124.
17 "Em meados da década de 1970, com a entrada de novas gravadoras (como a WEA), a modernização dos estúdios e a perspectiva de abertura política, a MPB voltou a ser altamente valorizada comercialmente, além de manter-se no topo da hierarquia cultural do país. Álbuns significativos, do ponto de vista artístico e comercial, demarcam essa clivagem como por exemplo: *Meus Caros Amigos* (Chico Buarque, Philips, 1976); *Milagre dos Peixes* (EMI, 1974) e *Minas* (EMI, 1977) de Milton Nascimento, *Falso Brilhante* (Philips, 1976) de Elis Regina. Além disso, novos nomes surgidos neste campo, como o cearense Raimundo Fagner e o alagoano Djavan conseguiram dinamizar o mercado de MPB em meados dos anos 1970. Entre 1978 e 1979, a MPB voltou a ocupar um espaço comercial e cultural bastante destacado, consolidando-se como a 'faixa de prestígio' e de lucro a longo prazo da indústria fonográfica. Este papel será paulatinamente diluído pela entrada do pop brasileiro no mercado, em meados dos anos 1980." EUGÊNIO, M. N. de, *op. cit.*
18 Ibidem, p. 121.
19 "E quem sabe, então/ O Rio será/ Alguma cidade submersa/Os escafandristas virão/ Explorar sua casa/ Seu quarto, suas coisas/ Sua alma, desvãos/ Sábios em vão/ Tentarão decifrar/ O eco de antigas palavras/ Fragmentos de cartas, poemas/ Mentiras, retratos/ Vestígios de estranha civilização." Disponível em: <http://chicobuarque.com.br/construcao/mestre.asp?pg=-futurosa_93.htm>. Acesso em: 13 jul. 2021.
20 Lei de Direitos Autorais — Lei nº 9.610 de 1998, art. 11.

"Gesù Bambino" (4.3.1943), de Paola Pallotino e Lucio Dalla ("Minha história" na tradução de Chico Buarque)

Gustavo Tepedino

Gerações desperdiçadas e a esperança da igualdade

Durante muitos anos pensei que "Minha história" fosse uma canção de Chico Buarque de Hollanda. Tal a beleza da tradução para o português do texto de Paola Pallottino, com a música de Lucio Dalla. Composta originalmente para o Festival de San Remo de 1971 como *Gesù Bambino* (Menino Jesus), pressões da Igreja Católica resultaram em significativa censura da RAI (a empresa estatal italiana de rádio e televisão), que condicionou sua difusão a alterações na letra e no título, transformado na data de nascimento de Dalla: *4.3.1943*.

Dois aspectos chamam a atenção na comovente letra de Paola Pallottino: a associação deliberadamente provocativa da figura do Menino Jesus com a legião dos excluídos; e o próprio título, tão singelo e objeto de censura institucional em um país democrático e laico como a Itália. Os dois aspectos se entrelaçam na percepção falaciosa de mundos paralelos entre uma sociedade imaginária e a vida como ela é, na consagrada expressão de Nelson Rodrigues.

A canção revela a narrativa, em nome próprio, do filho de uma adolescente, grávida de um marinheiro no cais do porto. Tendo engravidado aos 15 anos, dedicou-se com o zelo possível à maternidade. Por força da censura, modificou-se na letra a circunstância de a menina só ter se dado conta da gravidez no último mês ("*mi riconobbe subito proprio l'ultimo mese*") por fórmula mais comportada de quem "me esperou como um dom de amor desde o primeiro mês" ("*mi aspettò come un dono d'amore fino dal primo mese*"). Também para contornar a censura, cancelou-se a referência à blasfêmia, pecado gravíssimo na cultura italiana: suprimiu-se assim o "e ainda hoje quando blasfemo e bebo vinho, para os ladrões e as putas sou conhecido como Menino Jesus" ("*e ancora adesso mentrre bestemmio e bevo vino, per i ladri e le puttane sono Gesù Bambino*"), por "ainda hoje que jogo cartas e bebo vinho, para o pessoal do porto me chamo Menino Jesus" ("*e ancora adesso che gioco a carte e bevo vino, per la gente del porto mi chiamo Gesù Bambino*"). Alterou-se ainda o "brincava de Madonna cobrindo o bebê" ("*giocava alla Madonna con il bimbo da fasciare*") por "brincava fazendo-se de mulher cobrindo o menino" ("*giocava a far la donna con il bambino da fasciare*").

Em seu autoexílio na Itália, Chico Buarque, escapando da ditadura brasileira, tornou-se amigo de Lucio Dalla e ofereceu-lhe a magnífica tradução para o português. Com fina ironia, a letra expressa toda a paradoxal dramaticidade entre o abandono e a ternura; entre a ausência de referências afetivas e o extraordinário potencial dos seres humanos abandonados; entre a falta de vínculos familiares e o genuíno amor de arranjos improvisados.

Na tradução brasileira, sem alterar a essência da letra, Chico Buarque consegue destacar, com "magistralidade poética", como argutamente destacado por Ademar Jorge Ferreira e Cires Canisio Pereira (*Entre o Dito e o Não Dito em Chico Buarque*), o jogo semântico "entre o profano e o sagrado", em homenagem "à mãe que cria seu rebento com muitas dificuldades", na expectativa "de que seu filho seria um grande homem".

Esse triste cenário se evidenciava na sociedade brasileira dos anos 1970. Celebrávamos, então, o merecidíssimo Tricampeonato Mundial, que nos deu a taça Jules Rimet, e mostrávamos ao mundo a aparente paz social da sociedade cristã formada por casamentos monogâmicos e indissolúveis, enquanto a tortura se banalizava nos porões da ditadura e a pobreza se hiperbolizava na realidade rural e urbana. Chico Buarque, em numerosas canções, ressaltou esse fracasso da formação social brasileira, em que quase não se vê "a criançada se alimentar de luz, alucinados, meninos ficando azuis". A sociedade em que são "milhões desses seres, que se disfarçam tão bem e ninguém pergunta de onde essa gente vem".

O cenário assustador revela-se, infelizmente, de pungente atualidade. Todavia, a audição de *Gesù Bambino* nos deve dar esperança. Esperança de que, apesar dos pesares, paulatinamente, tem sido possível consolidar o Estado laico, com o respeito à identidade pessoal, às escolhas de vida e à liberdade para a constituição de arranjos familiares. E de que, a despeito da desoladora desigualdade social, seja possível prevalecer a resiliência e o empenho, nutridos por aquela *madonna* tão depauperada, na construção de uma sociedade menos desigual, em que cada *Gesù bambino*, independentemente de sua origem ou condição social, possa receber educação e desenvolver suas aptidões, com direito à plena e livre realização pessoal.

Petrópolis, maio de 2021

O MESTRE-SALA DOS MARES
(João Bosco e Aldir Blanc)

Helio Saboya Filho

Abre com o verso "Há muito tempo…" e, num *looping* cronológico, termina com "Mas faz muito tempo". O tempo é o ano de 1910. O mestre-sala é João Cândido Felisberto, "o dragão do mar" que, "na figura de um bravo feiticeiro", surgiu nas águas da baía de Guanabara para liderar a Revolta da Chibata.

Os maus tratos e os insignificantes soldos destinados aos marinheiros de baixa patente — em sua expressiva maioria, negros e mulatos — delineavam um sombrio resquício pós-abolição que ainda imperava na Marinha. Os homens brancos de seu alto-oficialato pareciam os antigos feitores e capatazes que, nos engenhos de cana, aplicavam castigos físicos em seus escravos.

Apesar de o art. 2.º do Decreto Presidencial nº 3, de 16 de novembro de 1889, estatuir que "Fica abolido na armada o castigo corporal", a Companhia Correcional da Marinha tinha entre suas cláusulas "pétreas" o art. 8.º prevendo as seguintes punições: "a) faltas leves: prisão e ferro na solitária, a pão e água por três dias; b) faltas leves repetidas: prisão e ferro, a pão e água por seis dias; c) faltas graves: 25 chibatadas."[1]

No dia 21 de novembro de 1910, Marcelino Rodrigues Menezes, conhecido como Baiano, foi flagrado por um cabo ao carregar uma garrafa de cachaça para bordo do encouraçado Minas Gerais. Na confusão, o cabo levou uma navalhada. Sumariamente condenado, Baiano foi levado ao tombadilho e recebeu uma interminável sessão de chibatadas.

O historiador Zachary Morgan o descreveu como "uma tainha aberta para salgar".[2] Blanc e Bosco cantaram as "Rubras cascatas/ (que) Jorravam das costas dos santos/ Entre cantos e chibatas/ Inundando o coração do pessoal do porão". O cenário não devia ser muito diferente da litografia de Rugendas retratando as condições subumanas dos navios negreiros no século XIX.[3]

No convés superior, pompa e circunstância:

> Tambores rufavam enquanto os marinheiros subalternos e oficiais impecavelmente vestidos, com luvas e espadas embainhadas, tinham que olhar a cena dantesca de carrasco e vítima, amarrada pelos pés e mãos e, normalmente, despida da cintura para cima. Apos o toque de silencio, era lida uma proclamação relativa ao "crime" e ao motivo da punição.[4]

Sob o comando de João Cândido, mais de dois mil marujos tomaram os navios *Minas Gerais, São Paulo, Bahia* e *Deodoro*. Como havia integrado a tripulação que os trouxe para a frota de guerra da marinha brasileira, ele tinha total ciência de seu poder de fogo. Assim, apontou os canhões para a Praça XV e enviou um ultimato às autoridades: "O Governo tem que acabar com os castigos corporais, melhorar nossa comida e dar anistia a todos os revoltosos. Senão, a gente bombardeia a cidade, dentro de 12 horas."

O governo do marechal Hermes da Fonseca capitulou. Não haveria mais chibatadas e, assim, como diz a canção, "Ao acenar pelo mar na alegria das regatas" o navegante negro "Foi saudado no porto pelas mocinhas francesas/ Jovens polacas e por batalhões de mulatas". Mas a história não teve um final feliz. Preso, expulso da Marinha e com a pensão cassada, o navegante negro caiu na indigência, fez bicos na estiva e como peixeiro, morou em uma então paupérrima baixada fluminense.

O levante por ele comandado caiu em um esquecimento compulsório imposto pelas Forças Armadas. Em 1963, o jornalista Edmar Morel, que o havia entrevistado clandestinamente, resgatou a sua historia na obra

A Revolta da Chibata. O Golpe de 1964 tirou o livro das prateleiras. Um câncer, cinco anos depois, tirou a vida de João Cândido, aos 89 anos.

Na década de 1970, Aldir Blanc e seus amigos de MAU (calma: Movimento Artístico Universitário), debruçaram-se sobre a historia proscrita e... deixemos que ele conte:

> Bosco e eu resolvemos partir para uma estrutura de samba-enredo clássico, que inclusive pudesse ser confundido com outros sambas-enredos do ano — o que realmente aconteceu e nos emocionou muito. As pessoas ouviam "O mestre-sala dos mares" e perguntavam: "Esse samba é de qual escola mesmo?"[5]

De fato, há quem jure de pés juntos ter ouvido "O mestre-sala dos mares" na avenida. Uns chegam a assegurar que o samba foi campeão de algum Carnaval. Na verdade, o título original seria "O almirante negro". O Cenimar (Centro de Informações da Marinha) — coincidentemente, o autor deste texto já esteve lá visitando o pai, então preso político — advertiu que o nome não passaria e que "não tolerariam loas a um marinheiro que quebrou a hierarquia e matou oficiais".

Contudo, como viria a provar Chico Buarque ao atribuir parte de seu repertório ao seu pseudônimo Julinho da Adelaide, driblar a ditadura não demandava maiores esforços intelectuais. Bosco e Aldir foram mais sofisticados:

> Decidimos dar uma espécie de saculejo surrealista na letra para confundir, metemos baleias, polacas, regatas e trocamos o título para o poético e resplandecente "O mestre-sala dos mares", saindo da insistência dos títulos com Almirante Negro, Navegante Negro etc.[6]

Prossegue o Bruxo da Muda:

> Na minha última ida ao Departamento de Censura, então funcionando no Palácio do Catete, um sujeito, bancando o durão, ficou meio me dando esporro, mãos na cintura, eu sentado e ele

de pé, com a coronha da arma no coldre a uns três centímetros do meu nariz. Aí, um outro, bancando o bonzinho, disse mais ou menos o seguinte: "Vocês não então entendendo... Estão trocando as palavras como revolta, sangue etc. e não é aí que a coisa tá pegando." Eu perguntei educadamente se ele poderia me esclarecer melhor. E, como se tivesse levado um telefone nos tímpanos, ouvi, estarrecido a resposta, em voz mais baixa, gutural, cheia de mistério, como quem dá uma dica perigosa: "O problema é essa história de negro, negro, negro..." Eu havia sido atropelado, não pelas piadinhas tipo tiziu, pudim de asfalto etc., mas pelo *panzer* do racismo nazi-ideológico oficial.[7]

Na edição de 5 de junho de 1911, o jornal *O Estado de São Paulo* publicou um editorial que dizia o seguinte: "O marinheiro nunca poderá ser oficial (...) para vir a ser oficial é preciso pertencer à burguesia abastada, ter dinheiro para custear a conquista do galão na Escola Naval e ser o menos mestiço ou o mais branco possível."

Como diz a canção: "...mas faz muito tempo" e só nos resta render:

Glória a todas as lutas inglórias
Que através da nossa história
Não esquecemos jamais
Salve o navegante negro
Que tem por monumento
As pedras pisadas do cais

Notas

1. TORRES, P. H. R. "Por um 'quase' herói da pátria (?): o almirante negro e a Revolta da Chibata em questão". *Revista Transversos*. Dossiê: Histórias e Culturas Afro-Brasileiras e Indígenas – 10 anos da Lei 11.645/2008. Rio de Janeiro, n. 13, mai.-ago. 2018, p. 123-144.
2. MORGAN, Z. *A Legacy of Leash:* Race and Corporal Punishment in the Brazilian Navy and the Atlantic World. Bloomington: Indiana University Press, 2014, p. 19.
3. *Negros no fundo do porão* foi publicado em *Viagem pitoresca através do Brasil*, de 1835.
4. SOUSA, C. B. de. *Marinheiros em luta:* A Revolta da Chibata e suas representações. Dissertação (Mestrado em Ciências Sociais). Instituto de Ciências Sociais, Universidade Federal de Uberlândia. Uberlândia, 2012.
5. BLANC, A. "O Mestre-Sala dos Mares". DHNet. Disponível em: <http://www.dhnet.org.br/memoria/textos/mestre_sala.htm>. Acesso em: 14 jul. 2021.
6. Idem.
7. Idem.

Meu barraco (Lupicínio Rodrigues)

Humberto Theodoro Júnior

O rei da "dor de cotovelo"

Lupicínio Rodrigues, compositor e intérprete, que seus conterrâneos gaúchos conheciam pelo carinhoso apelido de Lupi, desempenhou notável papel na história da música popular brasileira do século XX.

Mereceu da crítica musical o reconhecimento de dois feitos memoráveis: (i) a demonstração impensável, até então, de que era possível fazer samba da melhor qualidade vivendo em Porto Alegre, fora, portanto, do reduto tradicional do Rio de Janeiro e da boemia de seus morros; (ii) e lhe coube, por intermédio do samba-canção, a instituição melódica da "dor de cotovelo" que teve como principal marco histórico o grande sucesso em 1951 de "Vingança", na magnífica interpretação de Linda Batista.

Não foi "Vingança", porém, a primeira obra prima de Lupicínio no gênero que viria imortalizá-lo no cancioneiro nacional. Já na década, de 1930 havia gravado "Triste história" e "Pergunte aos meus tamancos", interpretados por Alcides Gonçalves. O primeiro sucesso de dimensões nacionais, contudo, viria com o samba, até hoje em cartaz, "Se acaso você chegasse", gravado por Ciro Monteiro, em 1938.

Daí em diante, contam-se às centenas (falam-se em trezentas, quatrocentas e até em seiscentas) as composições de sambista gaúcho, interpretadas pelos maiores nomes da música popular do país de seu tempo, do naipe de Francisco Alves, Sílvio Caldas, Orlando Silva, Gilberto Alves, Linda e Dircinha Batista, Noite Ilustrada, entre tantos outros.

Minha juventude, anterior à influência do rock e dos Beatles, nadou nas águas da "dor de cotovelo", amplamente explorada pelo gênio de Lupicínio e enriquecida por outros ases do gênero, como Herivelto Martins, Antônio Maria e Dolores Duran.

No terreno do esporte, a obra maior de Lupicínio foi a composição do hino do Grêmio, clube do qual era fanático torcedor. Passou também pelo jornalismo, tendo respondido por uma crônica semanal no *Jornal Última Hora*, de Porto Alegre, em que filosofava sobre a boemia, tema constante de seus doloridos e poéticos sambas canção.

Segundo o testemunho de Luís Carlos de Paiva:

> Na história da música popular brasileira, ninguém tratou tanto da mulher, *amada amante*, como Lupicínio Rodrigues. Em linguagem simples, revestida de expressivas imagens poéticas, as relações de amor, paixão, ódio, remorso, ingratidão, desejo, ciúme, traição, vingança fazem o universo musical do autor, único no gênero.[1]

Discordando de João Gilberto — para quem ninguém deve saber o que houve na intimidade dos que algum dia se amaram ("segredo é para quatro paredes, o peixe é pro fundo das redes") —, Lupicínio, na mais pura e coloquial ingenuidade, nunca se conteve na ânsia de revelar as mais recônditas experiência da convivência dos amantes. Citem-se "Sozinha", "Ela disse-me assim" e "Quem há de dizer" como exemplos dessa incontinência reveladora de práticas de alcova.

Essa característica da obra de Lupicínio foi também apreciada e remarcada por Arthur de Faria:

> Todos na família de Lupicínio [foram 21 irmãos polifônicos] tocavam ou cantavam. Era natural que ele também o fizesse.

O que não seria natural é que dali saísse um compositor com conceito e estética tão peculiares que o inscreveriam entre os nomes fundamentais da música de seu País. Noel Rosa, Orestes Barbosa e Chico Buarque escreveram brilhantes canções sobre o descorno. Mas ninguém soube expressar como Lupicínio a mais acachapante e abjeta cornitude.[2]

Tão profunda era a "dor de cotovelo" evidenciada em algumas de suas canções, que se conta, por exemplo, que "Vingança", em não poucos casos de suicídio de amantes desenganados, teria sido utilizada como fundo musical no momento trágico da deserção da vida.

Entretanto, em meio aos sofrimentos amorosos, temas como a juventude e a velhice foram muito presentes em sua poética coloquial, boêmia e humana, como se pode ver nos exemplares: "Meu barraco", "Cadeira vazia" e "Quando eu for bem velhinho". Em "Felicidade", composição de sua adolescência, revelaram-se tanta delicada e tanta pureza de sentimentos ingênuos, que, por muito tempo antes de sua tardia gravação, foi havida como peça folclórica, anônima.[3]

O drama de "Meu barraco"

Nestes tempos sombrios de pandemia da Covid-19, em plena reclusão para cumprir afastamento social imposto pela saúde pública, repassando as faixas musicais da NET em meu televisor, deparei-me com "Meu barraco", cantado pelo próprio autor. Recordei, de imediato, que, em passado longínquo, possuíra um vinil em que Lupicínio, entre algumas de suas clássicas obras, interpretava aquela bela e sugestiva canção. O disco, todavia, fora tomado emprestado por um amigo, também boêmio e cantor (contemporâneo do compositor na vida radiofônica de Porto Alegre), a pretexto de obter uma cópia da valiosa peça musical. O empréstimo, infelizmente, se transformou em apropriação definitiva, de sorte que o disco nunca mais retornou às minhas mãos. Sobrou-me o consolo de ter remanescido em minha discoteca o CD em que Jamelão interpretava aquela mesma obra prima, ao lado de outras tantas preciosidades, como "Ela disse-me assim" e "Exemplo".

O singelo acontecimento coincidiu com estudo que, na ocasião, eu fazia, para elaboração de um trabalho forense que envolvia matéria tratada no Estatuto do Idoso. Ao terminar a audição da peça musical, ocorreu-me instantaneamente o registro de um tratamento discriminatório dispensado entre jovens e idosos, feito pela singeleza da poesia primitivista de Lupicínio. Tratamento este que o importante estatuto legal visou combater com tanto vigor.

Com efeito, a canção retratava o prestígio de um morador do alto de um morro (favela), que, na mocidade, quando à tarde retornava ao lar, escalava a subida da íngreme ladeira, alegre, feliz, cantando e até correndo, sob aplausos dos vizinhos da comunidade, e que na velhice se vira obrigado a mudar o barraco mais para baixo, porque, em total ostracismo, não conseguia mais voltar para os braços de sua amada companheira, a não ser mediante penoso sofrimento.

Cantava o poeta urbano da favela:

> *Eu vou mudar meu barraco mais pra baixo*
> *As minhas pernas já não podem mais subir.*

E justificava o velho favelado:

> *Alto do morro era bom na mocidade*
> *Na minha idade a gente tem que desistir*
> *Subir o morro antes era brincadeira*
> *Até carreira eu apostava e não perdia.*

Lembrava, outrossim, a estima e o prestígio que os vizinhos lhe dispensavam:

> *Quando eu subia todo mundo me aclamava*
> *E reclamava toda vez que eu descia.*

A felicidade era, então, o dom mais precioso de sua juventude:

MEU BARRACO (LUPICÍNIO RODRIGUES)

Tarde de sol a cabrocha me esperava
Antes da hora eu chegava sem um pingo de suor
Vinha correndo, oh! Meu Deus que bom que era
Mocidade não espera, quanto mais cedo melhor.

E o que lhe restou na velhice, senão dor, desperdício, solidão e sofrimento:

Mas hoje em dia
Minha velha sofre tanto
Fica jogada num canto
Chegar cansado de pisar estes barrancos
Juntar os cabelos brancos na mesma cama e dormir.

A rústica e singela canção retrata a dupla e sofrida realidade, constatável ainda hoje, dos milhões de brasileiros refugiados nas comunidades periféricas das principais cidades do país: algum sonho ilusório de prestígio e consideração na mocidade e total desalento e abandono na velhice, sem perspectiva alguma de moradia condigna e de tutela e amparo no fim da vida, marcado pela pouca ou nenhuma solidariedade social.

Recordei, primeiro, a sarcástica observação de Mário Quintana, poeta gaúcho como Lupicínio: "velhice é quando um dia as moças começam a nos tratar com respeito e os rapazes sem respeito nenhum". A propósito das leis que pretendem defender os idosos, ponderei, em seguida, comigo mesmo, como as construções normativas são ilusórias e distanciadas da crua realidade social. Constatei, a respeito das agruras da terceira idade — em qualquer dos estratos socioeconômicos, mas, sobretudo, nas periferias — que muito pouca influência humanizadora tem exercido o decantado Estatuto do Idoso.

A Lei nº 10.741, vigente desde janeiro de 2004, ampliou, em tese, garantias antes previstas pela Lei 8.842, de 4 de janeiro de 1994, e que, em última análise, regulava princípios e regras da Constituição de 1988 (art. 230), afinados com a Declaração Universal dos Direitos do Homem (nº XXV-1). A referida lei fora acolhida como poderoso instrumento de defesa dos direitos fundamentais dos cidadãos idosos, com o objetivo explícito de proporcionar-lhes especial e minuciosa proteção jurídica. Tal garantia se afirmava voltada para assegurar-lhes múltiplos direitos reconhecidos pela ordem jurídica, todos exercitáveis sem depender de favores de quem quer que fosse, liberando-os de amarguras e humilhações, na certeza de que doravante poderiam simplesmente sobreviver com dignidade.

Última ponderação

Entre seus 118 artigos, o Estatuto do Idoso estabelece garantias e prioridades que atuam nos mais diversos planos, desde acesso gratuito ao transporte coletivo até os direitos fundamentais à liberdade, à respeitabilidade, à vida e à dignidade humana, com detalhes focalizados na saúde, na alimentação, na cultura, na educação, no trabalho, na previdência social.

Resguardando o direito à moradia, a Lei nº 10.741 assegura aos idosos não só que esta seja digna, como que haja prioridade para aquisição da casa própria nos programas oficiais de habitação (art. 38, I). Impõe, ainda, "a eliminação de barreiras arquitetônicas e urbanísticas" que comprometam "a acessibilidade ao idoso" (art. 38, III) e determina que, nos financiamentos, sejam adotados critérios "compatíveis com os rendimentos de aposentadoria e pensão" auferidos pelo idoso (art. 38, IV).

Sem embargo disso, passam-se os anos e a realidade social continua manchada pelo abandono a que se acham relegados os velhos moradores dos morros inóspitos da periferia de nossas metrópoles. Permanecem eles expostos às dificuldades de acesso e de vida compatível com a dignidade humana, sem falar no permanente risco de vida que os atormenta, em razão de recorrentes deslizamentos de encostas, e de inundações inerentes ao quotidiano das periferias urbanas brasileiras.

O dever de assegurar ao idoso, com absoluta prioridade, a efetivação do direito à vida, à saúde, e à dignidade alcança, sem dúvida, o acesso à moradia condigna, e é imposto a todos: família, comunidade e sociedade. Recai, sobremaneira, sobre o poder público, em todos os seus níveis (federal, estadual e municipal). De sorte que o descaso de todos pela solução dos angustiosos problemas vividos pelos idosos é injustificável; é, porém, mais grave e intolerável quando praticado pelos agentes públicos incumbidos constitucionalmente da construção de "uma sociedade livre, justa e solidária" (CF, art. 3º, I), dentro de um Estado que se classifica como democrático de direito e se afirma fundado, entre outros valores, na dignidade da pessoa humana (CF, art. 1º, III). A omissão e a indiferença estatal atingem níveis de maior censurabilidade porque ocorrentes em tempos pós-Estatuto do Idoso editado pelo próprio Estado, em cumprimento de mandamentos constitucionais e universais.

Enquanto esse lamentável estado de coisas perdura, resta-nos o consolo — se assim podemos dizer — de ver que a sensibilidade dos poetas, como Lupicínio Rodrigues, consegue cantar a vida, as aventuras, as desventuras e os amores que são capazes de vicejar nas comunidades dos morros brasileiros, à margem do fracasso da ordem jurídica em transformar-se em realidade; e não nos deixa esquecer, malgrado tudo, aquela ilusão — versejada por outro poeta suburbano — de que as vestes coloridas dos humildes moradores, tremulando a secar ao vento, num estranho festival, nos levam a imaginar que em nossos morros mal vestidos "é sempre feriado nacional".

NOTAS

1 PAULA, L. C. de. *Pelo telefone:* uma viagem através da música popular brasileira. Rio de Janeiro: s/e, 2017, p. 319.
2 FARIA, A. de. *Raízes da música popular brasileira*, v. 6. São Paulo: Folha de S. Paulo, 2010, p. 6-7.
3 Ibidem, p. 24.

O meu guri, de Chico Buarque

Ivan Nunes Ferreira

O compositor dispensa apresentação, diferentemente deste advogado. Para o leitor entender a escolha da música e o teor das minhas observações, esclareço minha ligação estreita e interessada com o sistema educacional. Dei aula na PUC-RJ por 22 anos (cadeira de Processo Civil) e ajudei a fundar a Escola Superior de Advocacia, em cuja pós-graduação leciono, na área de arbitragem comercial.

A fina ironia de Chico Buarque conta sobre o ganho rápido de um menino de favela, obtido à margem das estruturas econômicas convencionais. Retrato sarcástico de uma catástrofe nacional: a cooptação de multidões de crianças e adolescentes pelo crime organizado.

Como o compositor pertence ao gênero masculino, assim como eu, sempre ouvi a música como o relato de um pai sobre o seu "guri". Minha mulher convenceu-me tratar-se de uma mãe solteira sobre as "façanhas" inesperadas de seu filho. Com argumento matador: a menção a uma bolsa, e não a uma carteira, na segunda estrofe.

Me trouxe uma bolsa com tudo dentro
[...]

para eu finalmente me identificar.

Esclarecido esse ponto, vou mencionar uma experiência pessoal para iniciar meus comentários. Em busca de águas cristalinas, boas ondas e pouca gente, todos os anos, meus filhos e eu vamos surfar numa ilha indonésia, chamada Sumba, ao sul de Bali. Na viagem de van do aeroporto até o *resort*, sempre me emociono com a seguinte e recorrente cena: crianças saindo de suas casas humildes, verdadeiras choupanas, meninas e meninos muito bem arrumados, uniformes e cabelos impecáveis, caminhando em direção à escola, em um trajeto de alguns quilômetros.

A cada meia hora, avisto uma escola, todas bem construídas, com filas organizadas de alunos para entrada nas salas de aula. A imagem irradia um sentido de importância e respeito pela educação. Quanto às crianças, sua postura e o cuidado de seus pais transmitem a ideia de que a escola pode mudar a vida delas.

A comparação com o Brasil logo invade a minha mente. Aqui, com raríssimas exceções, o sistema público de educação deteriora-se progressivamente. A lembrança de cenas assustadoras de alunos que fazem ameaças físicas, e até armadas, contra professores, de destruição de cadeiras e estantes de livros em sala de aula, a que algumas vezes assisti pela TV, realça o contraste com as crianças que observo em Sumba, e aumenta minha tristeza, porque reflete parte do lado medonho da realidade social contemporânea do nosso país.

Nos últimos cinco anos, o PIB da Indonésia cresceu a uma média anual de cinco por cento. Por aqui, no período de cinco anos, verificamos uma taxa de crescimento bem menor. O contraste a que me referi explicaria a diferença? Não sei, mas constato que ficamos muitíssimo atrás dos países asiáticos, em termos de educação, desenvolvimento humano e tecnológico, e pouco fazemos para melhorar.

Por conta do maciço investimento em educação e tecnologia por países como Coreia do Sul, China, Vietnã e Indonésia, este século XXI, provavelmente, se tornará um século asiático, como demonstra a obra de Niall Ferguson, *Civilização, Ocidente vs. Oriente*.[1] A invasão econômica chinesa já começou, principalmente na antiga rota da seda, na África e no Brasil, como adverte Peter Frankopan, no seu *The New Silk Road*.[2]

Sem um projeto educacional próprio, sem vontade política de investir em ciência, tecnologia e cultura, acabaremos lacaios de outras civilizações, talvez, agora, do leste. Na carona de outra música do Chico, *Bom conselho*: "está provado, quem espera, nunca alcança".

Voltando à obra objeto deste artigo, a letra de *O meu guri* fala, em tom cáustico, de mazelas sociais das quais não conseguimos nos livrar.

Gravidez precoce e fome

> *Quando, seu moço, nasceu meu rebento*
> *Não era o momento dele rebentar*
> *Já foi nascendo com cara de fome*
> *E eu não tinha nem nome pra lhe dar*
> *Como fui levando, não sei lhe explicar*
> *Fui assim levando ele a me levar*
> *E na sua meninice ele um dia me disse*
> *Que chegava lá*
> *Olha aí*
> *Olha aí*
> *Olha aí, ai o meu guri, olha aí*
> *Olha aí, é o meu guri*
> *E ele chega*

Invisibilidade social

> *Chega suado e veloz do batente*
> *E traz sempre um presente pra me encabular*
> *Tanta corrente de ouro, seu moço*
> *Que haja pescoço pra enfiar*
> *Me trouxe uma bolsa já com tudo dentro*
> *Chave, caderneta, terço e patuá*
> *Um lenço e uma penca de documentos*
> *Pra finalmente eu me identificar, olha aí*

Olha aí, ai o meu guri, olha aí
Olha aí, é o meu guri
E ele chega

Violência urbana

Chega no morro com o carregamento
Pulseira, cimento, relógio, pneu, gravador
Rezo até ele chegar cá no alto
Essa onda de assaltos tá um horror
Eu consolo ele, ele me consola
Boto ele no colo pra ele me ninar
De repente acordo, olho pro lado
E o danado já foi trabalhar, olha aí
Olha aí, ai o meu guri, olha aí
Olha aí, é o meu guri
E ele chega

Morte prematura

Chega estampado, manchete, retrato
Com venda nos olhos, legenda e as iniciais
Eu não entendo essa gente, seu moço
Fazendo alvoroço demais
O guri no mato, acho que tá rindo
Acho que tá lindo de papo pro ar
Desde o começo, eu não disse, seu moço
Ele disse que chegava lá
Olha aí, olha aí
Olha aí, ai o meu guri, olha aí
Olha aí, é o meu guri

Enquanto cada criança brasileira não tiver acesso a uma creche, uma escola de tempo integral, com cantina para três refeições diárias, enfermaria para saúde básica, quadra poliesportiva e professores valorizados, não iremos a lugar nenhum. Na minha visão de mundo, o Estado brasileiro deveria voltar-se, logo e exclusivamente, para prover educação, saúde e segurança, o que, por si só, constitui tarefa gigantesca.

O ECA, Estatuto da Criança e do Adolescente (Lei nº 8.069, de 13 de julho de 1990), prevê direitos fundamentais para a gestante (art. 7º e seguintes) e para a infância (art. 3º e seguintes), creche (art. 208 e seguintes) e escola (art. 53 e seguintes) para todos. Conforme nossa tradição, colocamos tudo — até a felicidade — no papel, na Constituição, para iludir o povo, mas falhamos quando tentamos implementar políticas públicas compatíveis com os textos legais.

Um amigo contou-me, recentemente, uma história que me comoveu bastante. Ele, após conseguir sucesso financeiro, decidiu dedicar-se à filantropia. Amante inveterado da música, criou uma instituição para promover jovens músicos em comunidades carentes.

Certo dia, encontrei-o com semblante triste e olhos de choro. Um dos seus músicos, rapaz talentoso de uns vinte anos, que, pouco tempo antes, fizera sucesso em uma apresentação na Alemanha, como violoncelista, acabara de comunicar-lhe sua decisão de sair do projeto musical. Sua mãe adoecera e ele precisaria de dinheiro, no curto prazo, suficiente para sustentar e proteger sua família. Resolvera, então, entrar para o tráfico de drogas.

Durante quanto tempo vamos perder jovens e talentos para o crime organizado? Quantos milhões de "guris" vamos produzir até que resolvamos dar a nossas crianças e jovens uma perspectiva de vida digna? Quantos morrerão sem nunca frequentar uma escola? Por quanto tempo nossas autoridades continuarão insensíveis diante da única salvação possível para nossa desigualdade social?

Finalizo com um compositor, como Chico, genial:

> *The answer, my friend,*
> *Is blowing in the wind*
> *The answer is blowing in the wind*[3]

Notas

1 FERGUSON, N. *Civilização, Ocidente vs. Oriente.* São Paulo: Planeta, 2017.
2 FRANKOPAN, P. *The New Silk Road.* Londres: Bloomsbury, 2018.
3 DYLAN, B. *Blowin' in the wind.* Nova York: Columbia Recording Studios, 1962.

Rui Barbosa e Carmen Miranda

Joaquim Falcão[1]

Rui Barbosa é o patrono dos advogados. Foi jornalista. Comandou o Jornal do Brasil. "Político no alto e nobre sentido do vocábulo", como disse o presidente do Senado Estácio Coimbra na ocasião do falecimento de Barbosa.[2] Deputado, senador e sempre presidenciável, fundou as bases de um Brasil republicano, notadamente com a Constituição de 1891.

Por diversas vezes, levantou sua voz contra a batuta europeia e americana sobre os destinos do Brasil. Rechaçou a Doutrina Monroe. Denunciou a "ilusão americana", como dizia Eduardo Prado.[3] Atacou uma ideia de "patriotismo" sob a bênção dos Estados Unidos. Disse Rui, em 1899:

> O antigo desprezo europeu e particularmente americano pela América Latina acaba de assumir a sua expressão mais humilhante. O néscio patriotismo dos insensatos, que, não há muito, sonhavam abrigar o Brasil, nas suas dissidências intestinas, à sombra dos canhões dos Estados Unidos, poderá ir começando a perceber, talvez, o ridículo a que nos expõe a sua ingenuidade.[4]

Republicano, liberal, parlamentarista e anglófilo. Morou em Londres.

Em 1910, perdeu a eleição presidencial para o marechal Hermes da Fonseca. Foi para a oposição durante todo o mandato. A mágoa da derrota ficara.

Em 1912, Dona Orsina da Fonseca, esposa do marechal presidente, faleceu nas dependências do Palácio Guanabara. Gerou comoção nacional. Mas, a despeito do pesar e dos trinta anos junto de Dona Orsina, o luto durou pouco.

O marechal casou-se de novo no ano seguinte com uma mulher jovem, culta, poliglota e aristocrata. Nair de Teffé, filha do Barão de Teffé. O marechal tinha 58. Ela, 27. Cantava, tocava violão e fazia caricaturas assinando com o anagrama "Rian" — Nair ao contrário. Quase uma agitadora cultural, se diria hoje.[5]

O novo casal presidencial embalou o Palácio do Catete em festividades. Rui Barbosa chegou a dizer que a sede do governo havia virado uma "*Versailles* do século XX".

Num desses eventos, o poeta Catulo da Paixão Cearense questionou a primeira-dama: por que nas recepções oficiais não se tocava música popular brasileira? Se o fizessem, diplomatas e nossa elite nos conheceriam melhor.

A sugestão prosperou. Foi o estopim.

No dia 26 de outubro de 1914, último ano de mandato, Hermes da Fonseca e Nair de Teffé ofereceram grande recepção ao corpo diplomático. O programa incluía interpretações das peças de Arthur Napoleão, da versão europeizada do Hino Nacional de Gottschalk e o inefável Franz Liszt, de toda a moda.

Mas a surpresa veio no final.

Dona Nair pegou o violão. Tocou e cantou o tango — como a elite preferiria chamar o popular e brasileiríssimo maxixe — de Chiquinha Gonzaga: o *Corta-jaca*. A letra dizia o seguinte:

> *Neste mundo de misérias*
> *Quem impera*
> *É quem é mais folgazão*
> *É quem sabe cortar jaca*
> *Nos requebros*
> *De suprema, perfeição, perfeição*

Ai, ai, como é bom dançar, ai!
Corta-jaca assim, assim, assim
Mexe com o pé!
Ai, ai, tem feitiço tem, ai!
Corta meu benzinho assim, assim!
Esta dança é buliçosa
Tão dengosa
Que todos querem dançar
Não há ricas baronesas
Nem marquesas
Que não saibam requebrar, requebrar
Este passo tem feitiço
Tal ouriço
Faz qualquer homem coió
Não há velho carrancudo
Nem sisudo
Que não caia em trololó, trololó
Quem me vir...

Foi um escândalo.

Nair conta mais tarde que tocou o maxixe entre "os aplausos animados dos convidados". Mas, para os pudicos ouvidos e os católicos valores da época, foi quase sacrilégio. Sensualidade demais. Suor quase popular. Passou dos limites dos homens de pesadas casacas, cortinas de tafetá e sofás estofados. Sem uma honesta "cadeira de palhinha", como diria Eça de Queiroz em sua famosa carta ao milionário paulista Eduardo Prado, para amenizar.

Foi o suficiente.

Rui Barbosa, na oposição, não se conteve. Espontaneamente, a tinta, com sua letra clara, límpida e redonda, revelou os limites — pelo menos musicais — de seu brasileirismo.

Poucos dias depois, o árbitro dos costumes e valores da elite, dono da moral e da ética liberal, transformou-se em crítico musical. "O oráculo do civilismo", como a própria Dona Nair a ele se referia. Agora se colocava também como dono da estética e do bom-tom musical.

Diz Rui, então, sobre o violão de Dona Nair:

> Uma das folhas de ontem estampou em fac-símile o programa da recepção presidencial em que, diante do corpo diplomático, da mais fina sociedade do Rio de Janeiro, aqueles que deviam dar ao país o exemplo das maneiras mais distintas e dos costumes mais reservados elevaram o *Corta-Jaca* à altura de uma instituição social.
> Mas o *Corta-Jaca* de que eu ouvira falar há muito tempo, que vem a ser ele, Sr. Presidente?
> A mais baixa, a mais chula, a mais grosseira de todas as danças selvagens, a irmã gêmea do batuque, do cateretê e do samba.
> Mas nas recepções presidenciais o *Corta-Jaca* é executado com todas as honras de música de Wagner, e não se quer que a consciência deste país se revolte, que as nossas faces se enrubesçam e que a mocidade se ria!"[6]

Boas maneiras significava, provavelmente, ensinar aos jovens a *polka*, a valsa da cultura europeia. É ser contra o batuque, o cateretê e — pasmem — o samba! Dengosa, a marquesa requebrar, buliçosa. Foi demais.

Por que esta decisão de Rui? Por que escolhe trazer a música popular brasileira para a arena das paixões políticas? De uma forma tão violenta? Tinha milhares de outros argumentos para ser contra o governo. Escolheu logo este. Inclusive era amigo de Catulo da Paixão Cearense.

Revela sua dependência recôndita ao anglo-saxonismo como matriz cívica. Agora artística também. Seu café da manhã não era café. Era chá com torradas. À tarde, tomava chá com torradas. Quando tenso antes de comício, chá com torradas.

Nem Freud poderia prever tanto desbrasil em nome do Brasil. Será que Gilberto Freyre tinha razão quando dizia: "Era Rui Barbosa para um lado, o Brasil para o outro"?[7]

Esta crítica de Rui a Dona Nair foi decisão a sangue quente, com certeza. Momentânea. Movida pela mágoa política. Inclusive porque Rui gostava de cinema. Ia sempre ao Cine Palais, volta e meia saindo às pressas das sessões do Senado, para também ouvir ninguém menos que Pixinguinha, com seu grupo, Os Oito Batutas.[8]

Talvez tenha sido a obsessão de Rui pelo direito que o levava a certos radicalismos europeizantes. Na década de 1980, Gilberto Freyre criticava este, digamos, narcisismo jurídico. O direito era onipotentemente fechado dentro de si mesmo. Preconizava que os juristas deveriam fazer psicanálise![9]

George Steiner, um dos maiores ensaístas franceses, recém-falecido, diria que pretender resolver um problema concreto, social ou econômico, apenas com o direito, era ilusão. Ilusão à toa, diria nosso grande compositor Johnny Alf.

Por que esta incompreensão com o buliçoso ritmo do povo brasileiro, sobretudo carioca? Que não tem nada de wagneriano, diga-se. Por que este moralismo com o requebrar, com o buliçoso, com o folgazão, com o feitio do pé? Com o samba?

Rui Barbosa não ria. Difícil encontrar foto sua sorrindo. Era sério e circunspecto. Como se carregasse sozinho o pesado fardo do futuro em suas costas. Ninguém foi mais sério no Brasil do que Rui.

Esta crítica politizada de Rui a Dona Nair não iria nunca ao encontro do que o cordelista pernambucano J. Borges chamou de "sentimento do povo". O comentário, a análise, a opinião e a atitude do crítico musical Rui Barbosa sobre a recepção aos diplomatas poderia ter sido outra.

Lembro-me de Carmen Miranda, por exemplo, anos mais tarde, que recebera crítica similar. Fora exposta a influências do anglo-saxão, do americanismo, das ortodoxias de todas as pretensões colonialistas. Fora vaiada no Cassino da Urca no Rio, nos anos 1940, porque teria voltado americanizada dos Estados Unidos.

Seu maior sucesso, de música e letras de Vicente Paiva e Luiz Peixoto, é um canto em favor da cultura do Brasil soberano:

> *Me disseram que eu voltei americanizada*
> *Com o burro do dinheiro*
> *Que estou muito rica*
> *Que não suporto mais o breque do pandeiro*
> *E fico arrepiada ouvindo uma cuíca*
> *Disseram que com as mãos estou preocupada*

E corre por aí que eu sei certo zum-zum
Que já não tenho molho, ritmo, nem nada
E dos balangandans já não existe mais nenhum
Mas pra cima de mim, pra que tanto veneno
Eu posso lá ficar americanizada
Eu que nasci com o samba e vivo no sereno
Topando a noite inteira a velha batucada
Nas rodas de malandro minhas preferidas
Eu digo mesmo eu te amo, e nunca I love you
Enquanto houver Brasil
Na hora das comidas
Eu sou do camarão ensopadinho com chuchu.

Não foi, porém, por causa do *Corta-jaca*, de Dona Nair, do violão e do samba que Rui Barbosa, paladino da advocacia liberal e fundador da democracia que se pretendia social, nunca chegou a ser, como sonhava, presidente da República. Até de olhos abertos sonhava, como diria Carlos Drummond de Andrade.

Foi por causa dos votos com os quais por décadas sonhara. E nunca os obteve suficientemente. Dizia que não os queria, querendo.

Tomem, pois, cuidado com seus sonhos, caros amigos. Eles podem se transformar em pesadelos.

NOTAS

1 Com a colaboração de João Carlos Cochlar.
2 BRASIL. Arquivo do Senado Federal. Discurso do senador presidente Eustácio Coimbra, no Plenário do Senado Federal, por ocasião do falecimento do senador Ruy Barbosa. 1923. Disponível em: <https://youtu.be/-9QLONsIfqw>.
3 Cf. PRADO, Eduardo. *Uma ilusão americana*. São Paulo: Ed. Alfa Ômega, 2001.
4 BARBOSA, Rui. Chinas Americanas. In: BARBOSA, Rui. *Obras seletas*, vol. 8. Rio de Janeiro: Fundação Biblioteca Nacional, 2000, p. 75-76.
5 Sobre o tema, cf. GUEDES, Ciça; MELO, Murilo Fiuza de. *Todas as mulheres dos presidentes:* a história pouco conhecida das primeiras-damas do

Brasil desde o início da República. Rio de Janeiro: Ed. Máquina de Livros, 2019.
6   BRASIL. *Diário do Congresso Nacional*. Discurso do Senador Rui Barbosa em 08/11/1914.
7   FALCÃO, Joaquim. *Na varanda, com Gilberto Freyre*. Conferência proferida na Academia Brasileira de Letras no dia 05 de dezembro de 2019. Disponível em: <https://youtu.be/yTVJNLfDp3o>.
8   DINIZ, André. *Pixinguinha: o gênio e o tempo*. Rio de Janeiro: Casa da Palavra, 2011, p. 72-76.
9   FALCÃO, Joaquim. *Op. cit.,* 2019.

Penas do Tiê

João Augusto Basilio[1]

O direito em muito se distancia das artes e das ciências, já que, segundo o grande mestre Eros Grau, o direito é prudência e não ciência (afinal de contas, temos a jurisprudência e não a juriciência), embora possamos encontrar algumas similitudes, em especial entre o direito e a música.

Tive a sorte e a honra de ter sido aluno do já citado Eros Grau no curso de mestrado em direito civil da Universidade de São Paulo (USP), na década de 1990. Após esse período, já no no governo Lula, ele foi escolhido para fazer parte da mais alta corte do país, como ministro do Supremo Tribunal Federal.

E foi numa tarde fria e cinzenta em uma sala no prédio da pós-graduação da USP, no Centro antigo de São Paulo, que um aluno ao meu lado perguntou ao futuro ministro do STF qual seria, afinal, para um operador do direito, o limite para a interpretação de uma norma jurídica.

Após olhar para cima e pensar alguns segundos, o Professor Eros Grau, festejado pensador e refinado humanista, fez a seguinte reflexão a seus curiosos alunos:

A Sinfonia nº 5 em Dó menor, Opus 67, dita Sinfonia do Destino, de Ludwig van Beethoven, pode ser tocada tanto pela Orquestra Filarmônica de Viena, reconhecidamente uma das melhores orquestras sinfônicas do mundo, como pelo famoso grupo de heavy metal *Sepultura*, uma banda de rock nascida em Belo Horizonte, fundada pelos irmãos Max Cavalera e Igor Cavalera.

A despeito de a execução da 5ª Sinfonia de Beethoven pela Orquestra Sinfônica de Viena provavelmente soar melhor aos ouvidos do que a execução pela banda *Sepultura*, não se pode afirmar que uma é mais legítima do que a outra, ou que uma deve prevalecer em relação à outra, ao menos na opinião de um musicista leigo, pouco afeito aos encantos da boa música erudita.

O mesmo se diga em relação aos magistrados, intérpretes finais dos comandos contidos em uma norma jurídica aplicados ao caso concreto, sendo que uma determinada demanda judicial pode, em seu início, ser julgada por um jovem juiz inexperiente de uma longínqua comarca do interior de uma pequena cidade de uma distante região do país, demanda essa que pode também desaguar, em sua fase final, no plenário do Supremo Tribunal Federal e ser julgada por grandes mestres do direito, como no passado figuras do quilate de Nelson Hungria, Orozimbo Nonato, Aliomar Baleeiro, entre outros.

Ou seja, a lição que se extrai das reflexões do Professor Eros Grau é a de que, como na execução de uma música, não há um limite específico estabelecido para a interpretação da norma jurídica, apenas alguns balizamentos contidos na Lei de Introdução às normas do direito brasileiro, dependendo o resultado de uma demanda judicial, bem como da execução de uma partitura musical, do conhecimento, do preparo, da cultura e das qualidades pessoais do magistrado que julgar a causa, ou do músico que tocar a canção.

Antes de adentrar no caso específico da canção *Penas do Tiê*, penso ser pertinente relembrar as sempre sábias lições do grande mestre J.J. Calmon de Passos, que em suas inesquecíveis palestras no Hotel Glória, nas saudosas Jornadas de Direito Civil, afirmava sempre que o direito não gera necessariamente justiça, mas sim ordem.

Pois bem, por intermédio do direito, temos um imenso cipoal de normas jurídicas, nas quais em seus comandos estão descritas diversas normas de convivência, bem como uma pletora de regras do que se pode ou não fazer, do que é ou não permitido aos cidadãos. Em outras palavras, é por meio do direito que uma sociedade se organiza, mediante comandos legais que determinam regras de convivência comum, que não necessariamente são justas, ou geram justiça.

Se uma determinada lei irá gerar justiça, isso depende da forma como ela será usada pelos operadores do direito, tais como legisladores, advogados, juízes, procuradores, defensores, enfim, todos os personagens envolvidos no mundo do direito.

Calmon de Passos insistia em suas conferências sobre a fundamental responsabilidade dos operadores do direito, já que, como o direito apenas gera ordem, e não necessariamente justiça, para que uma pessoa tenha realmente justiça, ela depende não apenas daquele que irá em seu nome demandar a sua pretensão (no sentido técnico jurídico), mas essencialmente daquele que irá julgar sua demanda, já que na visão do mestre baiano só havia duas situações em que existia a real e verdadeira justiça: (i) em uma pretensão (no sentido técnico jurídico) não resistida, e (ii) em uma ação julgada procedente transitada em julgado, sobre a qual não caiba mais recurso. Somente nessas duas situações é que se tem a verdadeira justiça. No mais, o que se tem é apenas uma expectativa de justiça.

Falando em ação julgada procedente sem que caiba mais recurso, houve um caso há alguns anos no Tribunal de Justiça do Estado do Rio de Janeiro em que o maestro Alberto Hekel Tavares e Zaira Carvajal Tavares Curvello ajuizaram uma ação judicial na qual pretendiam a condenação de Raimundo Fagner Cândido Lopes, conhecido nacionalmente como Fagner, famoso cantor cearense e autor de vários sucessos, ao pagamento de direitos autorais e indenização por danos morais.

O objeto da discussão eram os direitos autorais referentes à música *Penas do Tiê*, que segundo os autores da ação seria de autoria de Nair Mesquita e Hekel Tavares, composta por estes com o título *Você*.

Em sua defesa, Fagner sustentou que a canção *Penas do Tiê* não seria plágio da música *Você* composta por Nair Mesquita e Alberto Hekel, mas apenas que ambas as canções teriam partido do "mesmo vértice musical".

Ao julgar a causa, o culto e competente juiz Luiz Eduardo de Castro Neves, irmão do organizador desta obra, o brilhante advogado José Roberto de Castro Neves (aí não se trata o mesmo sobrenome de "plágio", mas de mera consanguinidade, pois ambos são filhos da ilustre e querida professora e juíza Dóris Castro Neves), julgou procedente a ação, condenando Fagner a pagar a Hekel Tavares e Nair Mesquita todos os valores recebidos a título de direitos autorais referentes à música *Penas do Tiê*, condenando-o ainda, em decorrência do plágio, a providenciar a inclusão de errata nos CDs ainda não distribuídos e indicando Nair Mesquita e Hekel Tavares como autores da música *Penas do Tiê*, sob pena de multa a ser fixada, bem como a publicar em jornais de grande circulação do Rio de Janeiro, de São Paulo e de Fortaleza, com destaque, o reconhecimento de que a canção *Penas do Tiê* corresponde à canção *Você*, de autoria dos autores da ação.

Insatisfeitos com essa decisão, ambas as partes recorreram da sentença, tendo o recurso sido julgado pela 5ª Câmara do Tribunal de Justiça do Estado do Rio de Janeiro, apelação cível n.º 2003.001.12434, sendo relator o desembargador Milton Fernandes de Souza, ex-presidente do TJRJ, que, confirmando a justa e equilibrada sentença do juiz Luiz Eduardo Castro Neves, assim decidiu:

OBRA MUSICAL. USO DESAUTORIZADO. DIREITO DO AUTOR. SUCESSORES

> 1. A obra intelectual torna-se conhecida da sociedade pela sua expressão, contém valor econômico que integra o patrimônio do seu autor e sucessores.
> 2. Nessas circunstâncias, o ordenamento positivo assegura a proteção aos direitos do autor e também lhes atribui efeitos patrimoniais.
> 3. Se uma canção, apresentada em nome próprio como adaptação, identifica-se em sua letra e assemelha-se em sua musicalidade com outra composta por outro artista, na medida em que se omite o nome e se obtém vantagens pecuniárias com essa conduta, caracteriza-se a afronta aos direitos dos seus verdadeiros autores e sucessores.

4. Nesse aspecto, conhecidos os seus autores, os sucessores de um deles e observado o requisito temporal, *mesmo que popularmente conhecida em caráter regional, essa obra artística ainda não caiu em domínio público e os direitos dela resultantes se abrangem pela proteção legal.*
5. Caracterizada a afronta ao direito dos autores e sucessores, o artista que usou a obra sem autorização tem o dever de indenizá-los pelos prejuízos causados pela sua conduta. (Grifo aditado.)

A interessante discussão travada nesse recurso pelas partes foi que o cantor Fagner, em seu recurso, sustentou que a música *Você*, de autoria de Hekel Tavares e Nair Mesquita, serviu de inspiração para a adaptação da música *Penas do Tiê*, mas que não se tratava de um plágio, e sim de uma mera adaptação de uma música pertencente ao folclore nacional.

Ainda segundo Fagner, ele teria se valido de uma canção pertencente ao folclore nordestino para criar, sob uma leitura musical e artística pessoal, sua obra intitulada *Penas do Tiê*.

Nessa toada, ambas as canções teriam partido do mesmo "vértice musical", o folclore nordestino, fato que, segundo Fagner, impossibilita a ocorrência de plágio, tendo em vista ser inexistente em sua visão plágio de obra do folclore.

Contudo, tendo o argumento sido afastado pelos membros da 5ª Câmara do Tribunal de Justiça, prevaleceu o entendimento de que, embora uma obra se torne "popularmente conhecida, mesmo em caráter regional, por si revela-se insuficiente para cair em domínio público e desproteger os direitos de seu autor".

A lição que se extrai desse caso, sobre o qual não cabe mais discussão em razão de ter transitado em julgado, é que pelo fato de uma canção se tornar muito famosa e passar a fazer parte do folclore de um determinado local, não tendo caído ainda em domínio público pelo transcurso do prazo legal, o autor preserva os seus direitos autorais, podendo buscar a proteção do "quase" sempre vigilante Poder Judiciário para fazer valer seus direitos.

Por fim, tratando a presente obra literária da relação dos advogados e membros do Poder Judiciário com a música, não resisto à tentação de lembrar uma conversa que tive há anos, após uma partida de tênis com o grande compositor, músico e cantor Edu Lobo, que, na época da ditadura, dos chamados "anos de chumbo", contou que teve uma música sua censurada. Até aí, tudo bem, nenhum espanto. Ocorre, contudo, que, para minha surpresa e de todos que participaram dessa conversa, a tal música do Edu que foi censurada era instrumental, não tinha letra, mas os censores entenderam que a melodia ia contra o regime então vigente no país...

Como dizia o maestro Tom Jobim, o Brasil não é para amadores.

Nota

1   Advogado e professor na pós-graduação da PUC-RJ.

Hino Nacional Brasileiro, de Francisco Manuel da Silva

João Carlos Cochlar[1]

Belo e ilegal

No dia 22 de novembro de 2012, o ministro Joaquim Barbosa tomava posse como presidente do Supremo Tribunal Federal. Estavam presentes membros e ex-membros da cúpula dos três poderes da República. Conforme determina a liturgia, após a abertura da sessão solene de posse, o presidente do Supremo convocou os presentes para celebrar o Hino Nacional Brasileiro.

Mas, dessa vez, não seria mais uma daquelas tradicionais execuções do Hino por bandas sinfônicas, como normalmente se vê nos eventos oficiais. Preparava-se no plenário o bandolinista Hamilton de Holanda. Dono de uma identidade musical peculiar e fluência ímpar, o músico tocou o Hino sozinho e à sua maneira. Só ele e o bandolim. Introduziu uma série de fraseados novos, acordes diferentes e oscilações rítmicas,[2] bem de acordo com a estética indissociável do artista que é.

Ao fim da execução, o bandolinista foi efusivamente aplaudido por todos os presentes. A presidente da República fez um aceno sorridente para Hamilton. Não era por menos. Hamilton de Holanda é um músico extremamente habilidoso, pioneiro de uma geração de grandes talentos do bandolim vindos de Brasília. Ajudou a fundar a Escola do Clube do Choro da cidade, que revela grandes talentos da música hoje. No Supremo, Hamilton realizou uma *performance* impecável.

O aplauso efusivo — e merecido — dos presentes ao músico, todavia, ignorava um fato: o Hino Nacional é um símbolo da República[3] e, portanto, tutelado por uma lei de regência. A Lei dos Símbolos Nacionais (LSN), de 1971, estabeleceu uma série de prescrições sobre como o Hino Nacional deve ser executado — muitas delas, inusitadas.

Aos olhos dessa lei, a impecável execução que Holanda acabara de fazer era manifestamente ilegal. Violou pelo menos três regras jurídicas.

A primeira determina que o Hino Nacional "[s]erá sempre executado em andamento metronômico de uma semínima igual a 120 (cento e vinte)".[4] Não o foi. Além das oscilações rítmicas características de uma interpretação solo, o andamento de Holanda certamente foi muito mais rápido.

A segunda regra impõe que é "obrigatória a tonalidade de si bemol para a execução instrumental simples".[5] Si bemol também não era. Se meus ouvidos não me enganam, Holanda escolheu o tom de fá Maior, normalmente utilizado quando o Hino é cantado.

A terceira, por fim, prescreve que "não será permitida a execução de arranjos artísticos instrumentais do Hino Nacional que não sejam autorizados pelo Presidente da República, ouvido o Ministério da Educação e Cultura".[6] Improvável que Dilma Rousseff e Marta Suplicy tenham se manifestado previamente sobre o arranjo, que provavelmente sequer foi escrito.

A rigor, só existem seis arranjos do Hino Nacional permitidos pela LSN, cujas partituras estão em seus anexos. São arranjos para piano, orquestra ou banda sinfônica, cada qual possuindo outra versão caso acompanhada de canto.

Não há arranjo para bandolim. Neste verdadeiro vácuo normativo-musical, a lei, em tese, veda arranjos distintos daqueles que contém em seus anexos. E, não bastasse todo esse rigor, a LSN arremata com a seguinte previsão: "[a] violação de qualquer disposição desta Lei [...] é considerada contravenção, sujeito o infrator à pena de multa de uma a quatro vezes o maior valor de referência vigente no País, elevada ao dobro nos casos de reincidência".[7]

Contudo, em vez da multa por infringir a lei, Holanda recebeu os entusiasmados aplausos das mais altas autoridades da República na casa dos guardiões últimos da ordem jurídica.

Este episódio mostra duas interseções entre direito e música. A primeira é o direito prescrevendo normas com linguagem musical. É um dos raros exemplos na ordem jurídica brasileira (talvez o único) no qual a lei se vale de termos e notações musicais para expressar um comando normativo. A segunda é o direito e a música operando de forma semelhante, ambos enquanto teorias de interpretação. O direito se aplica e a música se executa orientados a partir de uma ação interpretativa sobre um texto. E esta operação guarda, em ambos, similaridades.

O DIREITO SOBRE A MÚSICA

Arranjo ou variação? — Gottschalk e a ditadura militar

"Andamento metronômico", "tonalidade", "arranjo". Todos esses termos estão na Lei de Símbolos Nacionais. São conceitos que os juristas não estão acostumados a ver no seu cotidiano. São-lhes estranhos, pois integram o estudo da teoria da música.

Suponhamos, em um exemplo caricato, que um juiz ou autoridade estatal fosse chamado a decidir sobre uma demanda de uma Associação da Conservação da Moral e dos Bons Costumes. Exigem a punição de Hamilton de Holanda por tocar o Hino Nacional contra os ditames da Lei de Símbolos Nacionais. A causa de pedir é que Hamilton fez um arranjo do Hino Nacional, logo praticou uma contravenção punível. Seria, como se diz em teoria do direito, um caso fácil? Ou seria uma demanda teratológica?

Se apostou na teratologia, a história do Brasil surpreende: o Estado já foi chamado a decidir sobre questão semelhante.

Em outubro de 1973, a Comissão Nacional de Moral e Civismo, um colegiado obscuro criado pela Junta Militar de 1969, recebeu uma consulta que levantou uma discussão sobre o possível banimento da chamada *Grande Fantasia Triunfal sobre o Hino Nacional Brasileiro*. Esta é uma obra-prima composta pelo estadunidense Louis Moreau Gottschalk, dedicada à Princesa Isabel e estreada em outubro de 1869. Poucos meses depois, o compositor faleceria no Rio de Janeiro. A obra é um verdadeiro patrimônio que acabou se integrando ao repertório erudito brasileiro. Foi imortalizada pela grande pianista brasileira Guiomar Novaes, que muito engrandeceu a imagem do Brasil aqui e no exterior. É uma peça de notável complexidade mecânica.

À Comissão, foi formulada a (enviesada) pergunta:

> A execução da variação do Hino Nacional de GOTTSCHALK tocado ao piano por Guiomar Novaes, está proibido (*sic*) pela Lei 5.700 de 1/09/71, conforme reza o Art. 34, ou possui autorização da Presidência da República?[8]

Para atender à consulta, o colegiado solicitou um estudo que foi oferecido por Alfredo Carlos Taveira de Melo, um estatístico lotado no Ministério da Agricultura. Fortuitamente, o funcionário público também era músico registrado na Ordem dos Músicos do Brasil.[9]

Foi ele quem acabou balizando o debate jurídico (ou musical?) que ali se contornava. A incidência da regra que proibia "arranjos" do Hino Nacional dependia, afinal, de saber se a obra de Gottschalk é "arranjo" ou não.

Seu parecer procurou fazer uma distinção entre "arranjo" e "variação". Para o parecerista, "arranjo"

> é um processo ou método de adaptação musical, que objetiva proporcionar a execução de uma composição, por meios artísticos diferentes daqueles para os quais a obra havia sido originalmente escrita.[10]

Já "variação", por outro lado, seria

> uma forma de COMPOSIÇÃO na qual um tema, depois de apresentado de maneira simples, é repetido com amplificação ou modificação, o que usualmente é realizado em séries de diferentes repetições, donde [surge] a expressão comum "tema e variações" ou "variações sobre um tema".[11]

Tentando traduzir em outras palavras, Melo sustentava que "variação" seria uma forma de composição completamente nova e autônoma em relação à obra precedente que lhe inspirou. Já "arranjo" seria quando se propõe a manutenção da identidade da obra original, mas adaptando-a para os instrumentos que o arranjador deseja e à estética musical que mais lhe apraz.

Há diferença realmente?

O diretor da Escola de Música da UFRJ, Baptista Siqueira, também foi chamado a se manifestar. Louvou o parecer de Alfredo Melo e opinou pela não-censura da obra. Concordou que se tratava de "variação", e não de "arranjo". Disse que as "variações" precisam ser exaltadas e os "arranjos", execrados, chamando-os de "contrafação".[12]

Sem prejuízo dos esforços de Alfredo Melo e do diretor Baptista Siqueira, parece questionável se de fato os pareceristas teriam domínio do que diziam. Afinal, toda composição pressupõe um arranjo. Se um instrumento da peça é alterado ou suprimido, ou se a melodia, harmonia ou o ritmo são alterados, ou mesmo se um maestro apressado acelera o andamento da composição, um novo arranjo emerge. Quaisquer alterações criam novo arranjo. Inclusive as impostas pelas restrições da realidade.

Tendo isso em mente, e pensando no Hino Nacional, será mesmo que todas as polícias militares e civis dos estados brasileiros, por exemplo, dispõem de bandas marciais conforme a lei determina? Será que todos os batalhões militares também? Será que todas as instituições civis e militares teriam à disposição uma banda marcial com um flautim, duas flautas, dois oboés, quatro trompas em fá, três trompetes em fá, três trombones e por aí vai? Bastou que um se altere, que um tenha faltado, um novo arranjo se instaura.

De toda forma, voltemos ao olhar dos pareceristas. Uma vez que se entendeu que "variação" não é "arranjo", e que a composição de Gottschalk era uma "variação", ambos os pareceres orientaram pela não-incidência da regra proibitiva contra a peça. Os documentos foram aprovados por unanimidade na sessão plenária da CNMC do dia 12 de novembro de 1973, com menção de louvor a Alfredo Melo. Apenas uma ressalva foi feita pelo conselheiro Eloywaldo Chagas de Oliveira: a de que "não [deve] a CNMC abrir caminho para outras Variações, pois, no seu entendimento, cada caso deve ser estudado isoladamente".[13]

O fim do processo, porém, não levou ao fim da história. Dois anos depois, apesar dessa estrambólica decisão e de a lei somente exigir a autorização do presidente da República para "arranjos artísticos instrumentais", o presidente Geisel quis autorizar as "Variações do Hino Nacional Brasileiro, de Gottschalk" mesmo assim.[14] "Autorizo. Em 9/06/75.", assinou o presidente da República. Virou, portanto, uma "variação-arranjo" finalmente autorizada.

E o tempo passou. Tivemos muitas execuções do Hino Nacional marcadas pela individualidade de seus intérpretes. Arranjos inequívocos e assumidos. O marco inaugural dessa iconoclastia foi na redemocratização, quando Fafá de Belém gravou sua versão, bem particular, do Hino Nacional por ocasião da morte de Tancredo Neves após sua eleição à Presidência da República. Deu o que falar.

Em 1998, o rigor na interpretação do Hino Nacional chegou até a se tornar uma preocupação de Francisco Weffort, ministro da Cultura de Fernando Henrique Cardoso. Queria "dar mais liberdade à execução do Hino Nacional" para garantir que as pessoas se sentissem menos inseguras e prometeu encaminhar legislação modificativa para solucionar o problema.[15] Entretanto, até hoje, a lei segue igual.

Desde Fafá de Belém, muitos artistas, notadamente da música popular, já foram chamados a interpretar o Hino Nacional à sua maneira. Só no Supremo, Yamandú Costa, Daniela Mercury, Hamilton de Holanda e Caetano Veloso se apresentaram nas cerimônias de posse presidencial dos ministros Nelson Jobim, Ayres Britto, Joaquim Barbosa e da ministra Cármen Lúcia, respectivamente. Em 2020, a posse do ministro Luiz Fux foi embalada pela voz de Fagner. Cada intérprete com sua indelével impressão digital na execução do Hino. Todos indiferentes à lei de regência.

Entretanto, o texto normativo segue vigente. E, sobre ele, há até mesmo jurisprudência divergente. Nos seus raríssimos precedentes, há entendimentos frontalmente opostos proferidos pelo mesmo tribunal, mesmo relator e mesmas partes.

É o caso do "Hino-forró", sobre o qual me permito uma breve digressão.

Hino-forró

Dois músicos gravaram uma versão do Hino Nacional em ritmo de forró, que seria transmitida via TV, rádio, CDs e shows ao vivo. Contudo, em 1999, um procurador da República não gostou da ideia e propôs uma ação contra os músicos, pedindo que se impedisse a veiculação da obra. Um juiz federal do Ceará concedeu liminar proibindo essas execuções do Hino Nacional em versão forró, e o processo ficou parado por anos.

Quando os autores do Hino-forró recorreram da decisão, nem um telegrama do ministro da Cultura em favor dos músicos foi suficiente para convencer os desembargadores a reformá-la. O desembargador relator defendeu, em seu voto, que "[a] autorização para gravar o hino nacional com arranjos diferentes dos constantes na lei, referida no art. 34 da Lei no 5.700/71, deve ser concedida pelo Presidente da República, não servindo para suprir a determinação legal um simples telegrama enviado pelo Ministro da Cultura".[16] O argumento da liberdade de expressão também não pareceu ser persuasivo o suficiente.

A liminar continuou valendo por anos até o processo ser reencaminhado para outro juiz de primeira instância. Em 2007, o caso foi julgado a favor dos músicos. Entendeu-se que a norma constrange a liberdade de expressão e que não há nenhum "interesse governamental" em se impor o rigor da Lei dos Símbolos Nacionais.

Todavia, ocorre algo inusitado. No recurso contra a sentença, o mesmo desembargador relator, que outrora foi um formalista em relação à LSN, fundamentou seu voto sustentando que o Hino Nacional em ritmo de forró não mais viola a lei. Segundo o julgador, "o objetivo dos Apelantes, ao contrário de denegrir ou atacar o símbolo do Estado Brasileiro, é o de homenageá-lo".[17]

O caso conclui, portanto, com dois acórdãos com votação unânime expondo entendimentos totalmente opostos. Com a mesma lei, mesmos julgadores e a mesma Constituição. Mudou-se de entendimento como da água para o vinho.

É inequivocamente uma lei ruim, cuja interpretação — pode-se argumentar — vem ensejando séria insegurança jurídica. Mas, como toda lei em vigor, ela segue com a pretensão de impor um "dever-ser" no mundo.

Os exemplos citados, seja no Supremo, Gottschalk, ou mesmo o Hino-forró, mostram que a regra perdeu sua força, ainda que vigente. É apenas texto, e não norma. Este é outro fenômeno que opera de forma semelhante no direito e na música: a distinção entre o texto e a norma; a distinção entre grafia e som.

O DIREITO NA MÚSICA: O TEXTO, A NORMA E O SOM

Notáveis juristas brasileiros já se valeram de elementos musicais para elucidar questões jurídicas. J.J. Calmon de Passos, por exemplo, é capaz de nos ensinar um pouco do que é direito por intermédio da música. E com maestria.

> A partitura na qual foram consignadas as notações musicais, que permitem reproduzir a melodia por outrem que não o seu criador ou primitivo executor, não é melodia, não é som, não é música, nem harmonia, nem acordes. [...] Também o Direito não é o texto escrito, nem a norma que formalmente se infere, [...] nem as leis [...]. O Direito somente é enquanto processo de sua criação ou de sua aplicação no concreto da convivência humana.[18]

Não há direito ou música sem interpretação e aplicação/execução. Nessa lógica, a regra jurídica que não é aplicada é inútil. De forma menos radical, porém semelhante, a peça transcrita à notação musical, se não for interpretada e executada, será esquecida e não atingirá o propósito de ser ouvida pelo público.[19] Ainda que guarde valor artístico em si mesma.

Dessa maneira, tanto o direito como a música são alográficos, já dizia o professor Eros Grau: reclamam um intérprete.[20] Sem ele, não faz sentido para a vida do leigo do direito ou da música que um texto normativo ou uma partitura musical lhe sejam apresentados. Nem garantirá o fim de seus conflitos, pois não haverá decisão, muito menos lhe trará uma experiência estética, pois aquela grafia nada lhe diz. A necessidade do intérprete no direito e na música se dá tanto por razões autoritativas, em que há um intérprete final cuja interpretação vincula ouvintes e litigantes, como por razões cognitivas, pois somente mediante sólida formação é que se pode chegar à realização de interpretações mais precisas e adequadas.[21]

Só há uma forma de interpretação certa? Sabe-se do direito que não. Na música, tampouco.

Interpretações musicais podem se inserir em uma métrica de dois extremos: de um lado, a primazia da deferência ao compositor ou arranjador. De outro, da deferência à vontade do intérprete.

No primeiro extremo, a lei nem precisa ter a arrogância de prescrever como a interpretação deve ser. Na música de concerto, por exemplo, são pilares hermenêuticos o apego à forma, ao texto e ao protagonismo do compositor em detrimento do intérprete.[22] Esse apego já compõe a ideologia da música de concerto. Nesse contexto, se Hamilton de Holanda fosse um trompetista da Banda dos Fuzileiros Navais, qualquer expressão de individualidade que afrontasse o texto expresso da partitura seria mal vista pelo maestro. Talvez até ensejasse uma reprimenda disciplinar…

Na segunda postura, ao contrário da primeira, existe um maior apego à informalidade, à espontaneidade e à individualidade do intérprete em detrimento das prescrições do compositor.[23] São típicas características da música popular. O virtuose com formação popular (não por isso menos erudito) toma a notação musical como ponto de partida. Trata-se de uma ideia de estética casuística, na qual o intérprete realiza aquilo que, em dado momento, entende ser a experiência musical mais agradável conforme sua identidade pessoal. Nessa postura, prepondera o terreno fértil do improviso e o fato de a riqueza artística residir na diferença e na pluralidade de versões de uma mesma obra. São estes valores que inspiram Yamandú, Hamilton, Caetano, Fafá e tantos outros a fazerem suas versões icônicas do Hino Nacional Brasileiro.

Dentre essas duas posturas, qual é a mais correta? Do ponto de vista musical, essa pergunta sequer faz sentido. A música tem enorme tolerância para admitir a convivência das mais diversas formas de exegese nas suas diversas manifestações, cada qual com suas regras. É como se manifesta o filosofo franco-russo Vladimir Jankélévitch: "A música tem costas largas! Aqui tudo é plausível, desde as ideologias mais fantásticas às hermenêuticas mais insondáveis… Quem poderá desmentir-nos?"[24] Há até mesmo um ceticismo, por parte de Jankélévitch, da ideia de música enquanto linguagem. Diz ele que "[a]divinhar a música a partir do texto é colocar-se numa encruzilhada de inúmeras possibilidades".[25] Em sentido oposto, Igor Stravinsky, o notável compositor de *A sagração da primavera*, afirma que a música é uma linguagem muito mais precisa que a falada. A vontade do compositor é sempre clara e discernível no texto, cabendo ao intérprete cumpri-la.[26] Quem terá razão?

Por outro lado, o luxo dessa dúvida não encontra (nem deve encontrar) muito espaço no direito. O direito, e especificamente a Lei de Símbolos Nacionais — pelo menos o seu texto —, segue prescrevendo obediência às partituras anexas. Exige uma tonalidade, uma pulsação e impõe suas notações musicais como as únicas válidas para executar o Hino Nacional.

Essa lei certamente não é boa. O Supremo dá sinais de concordar com isso. Mas segue vigendo. Seria inconstitucional?

Estética, Ética e Justiça

Afinal, qual versão do Hino Nacional mais lhe apraz? O rigor à forma e o textualismo das orquestras e bandas sinfônicas, ou as interpretações inconfundíveis de Hamilton, Fafá, Yamandú, Mercury, Caetano e Fagner? Não há problema em oscilar preferências entre uns ou outros, ou muito menos se apegar sempre a quaisquer desses perfis.

A despeito de se tratar de Símbolo Nacional, que impõe liturgia em contextos oficiais, o Hino Nacional também é música. É produto de atividade artística. Por isso que as "particularizações" de intérpretes, quando feitas com maestria, também visam exaltar algum valor nacional ou estético. E tudo bem: do ponto de vista musical, é válido e desejável.

Entretanto, isso, do ponto de vista da LSN, soaria como propor desobediência civil. É que também há uma questão de *con*texto. Como bem diz o professor Eros Grau,

> os músicos interpretam partituras visando à produção de fruição estética. Os juízes, diversamente, interpretam os textos da Constituição e das leis vinculados pelo dever de aplicá-los, de sorte a prover a realização dos fins e objetivos alinhados à Constituição do Brasil.[27]

Essa fruição estética a que se refere o professor, a depender do contexto musical, impõe ao intérprete decidir se sua interpretação tende a privilegiar o comando do compositor, por meio do comando do texto, ou a sua própria individualidade. Este é um valor interpretativo que normalmente distingue o pensamento da música dita clássica da música popular.

Todavia, se o legislador fosse compositor e o juiz, músico-intérprete, veremos que o dever de deferência deste em relação às prescrições daquele não é algo estético, já dizia Stravinsky. É algo ético.[28] A Constituição da República impõe entrave a um possível excesso de virtuosismo do intérprete jurídico: "Todo o poder emana do povo, que o exerce por meio de representantes eleitos ou diretamente, nos termos desta Constituição."[29] E o intérprete autêntico[30] não tem votos para se habilitar a decidir conflitos baseado na sua noção individual de justiça. Isso não quer dizer que os juízes nunca possam derrotar a aplicação de enunciados normativos,[31] mas também, goste-se ou não, há de se prestigiar o direito positivo — sobretudo juízes.

Se alguém, enquanto jurisdicionado, tiver de correr o risco de depender das idiossincrasias dos intérpretes autênticos, por mais virtuosos que possam ser como seus homólogos músicos, certamente poderá ver suas expectativas legítimas frustradas na busca pela tutela de um direito. A consequência disso é a desorganização social e, por que não, a própria inutilidade do direito.

É por essa razão que uma interpretação jurídica apegada ao texto normativo fortalece dois valores fundamentais para a ideia de direito, e que nem sempre são vistos com bons olhos, por boas razões, na música: previsibilidade e segurança. Caso contrário, não se estará sujeito à virtude do intérprete, mas sim ao seu arbítrio.

⊕ Coda: Stravinsky e o Hino Nacional dos Estados Unidos[32]

Antes do fim, a coda.

Em música, coda é o trecho final de uma composição. O compositor aproveita a essência das ideias de uma música para finalizá-la em alguns compassos. O que faremos aqui é uma coda textual. Aproveitaremos a essência das ideias das seções anteriores deste texto para finalizá-lo com um breve episódio ocorrido nos Estados Unidos nos anos 1940.

De Hamilton de Holanda e Gottschalk, vamos para o já citado Stravinsky, compositor de origem russa com posterior cidadania estadunidense. Não é só um dos maiores compositores de todos os tempos, mas é também uma figura que converge com o espírito desta obra coletiva. Stravinsky foi jurista formado pela Universidade de São Petersburgo.[33] O compositor de *Petrushka* é protagonista desta coda por um episódio inusitado em sua biografia.

O ano era 1939. Stravinsky era recém-chegado aos Estados Unidos em pleno início de Segunda Guerra Mundial. Tendo enorme expectativa de se tornar cidadão norte-americano, o compositor decidiu fazer uma homenagem à nova pátria. No dia 4 de julho de 1941, marcando 165 anos de independência norte-americana, Stravinsky doou ao presidente Franklin D. Roosevelt e ao povo norte-americano um arranjo sinfônico de *Star-Spangled Banner* (em português: *A bandeira estrelada*), o Hino Nacional dos Estados Unidos.[34]

Seu arranjo é magnífico. A melodia foi preservada. O que se mudou foi andamento, mais lento, e harmonia, que estava longe de ser um dos trabalhos mais arrojados do compositor, mas certamente mais sofisticado que o arranjo original.

É evidente que não faltaram polêmicas. A revista *Time*, em 1942, soltou uma nota intitulada "Not Even Stravinsky" ("Nem mesmo Stravinsky"), contando que a Orquestra Sinfônica Nacional de Washington D.C., em uma das primeiras apresentações públicas da versão do compositor, resolveu tocar o arranjo original do Hino dos Estados Unidos e o de Stravinsky, um após o outro. Em seguida, colocariam em votação para o público responder de qual mais gostaram. Resultado: 203 a 351 contra Stravinsky.[35] E esse nem seria o primeiro embaraço...

Em 1944, o compositor apresentaria seu Hino em Boston, onde não tinha apenas opiniões a seu desfavor, mas a própria lei. No contexto do federalismo norte-americano, havia uma lei no estado de Massachusetts, do qual Boston é capital, que dizia: "Quem quer que toque, cante ou execute 'A bandeira estrelada' em qualquer lugar público" deve fazê-lo "sem embelezamentos ou adições na forma da melodia".[36] Em Boston, arranjo do Hino é crime, cuja pena é multa de até cem dólares. Em vigor até hoje. A mania de legislar parece não ser só brasileira.

Eram dois concertos, nos dias 14 e 15 de janeiro de 1944, sexta e sábado respectivamente, em que Stravinsky regia a Orquestra Sinfônica de Boston na cidade. No primeiro dia, logo quando baixou a batuta, notou que alguns da plateia começaram a cantar, acompanhando a orquestra. Essa era a ideia. Mas, quando o público percebeu que a harmonia foi ficando complexa, fez-se um tenso silêncio.[37] O maestro ainda disse em entrevista, anos depois, que ficou de costas para a orquestra e começou a reger o público, mas mesmo assim não cantavam. Um crítico de música chegou a escrever que "a orquestração é brilhante, mas as alterações numa harmonia de sonoridade familiar soaram como uma piada de mau gosto".[38]

No dia seguinte, a polícia bateu na porta da sala de concerto. Informou a Stravinsky que ele estava sujeito à multa de cem dólares e que os policiais já haviam sido instruídos a remover as partituras do local. E não faltaram *fake news* em seguida. Boatos de que Stravinsky tinha sido preso naquela ocasião circularam ostensivamente pela imprensa, o que abalou muito sua perspectiva de se tornar cidadão dos Estados Unidos (mas que, de qualquer forma, acabou acontecendo em 1945).[39]

Afinal, pode ou não fazer arranjo de Hino? A dúvida se colocou tanto lá como aqui. Só digo que se, em 1942, eu pudesse ter participado da votação no concerto de Washington D.C., comporia a minoria orgulhoso. Tal como o ministro Marco Aurélio, referência virtuosa na arte do voto vencido. O arranjo de Stravinsky é primoroso. Afinal, trata-se de um dos maiores compositores de todos os tempos.

Em termos jurídicos, talvez pregar a desobediência civil nesse caso não seja tão ruim assim...

BIBLIOGRAFIA

BRASIL. Presidência da República. *Despachos do Presidente da República*. Despacho nº 258, de 4 de Junho de 1975. Autorização, nos termos da Lei 5.700/71, para execução pública das Variações do Hino Nacional Brasileiro, de Gottschalk.[40]

_____. Ministério da Educação e Cultura. *Comissão Nacional de Moral e Civismo*. Processo nº 00304/73-CNMC. Sessão do dia 12 de novembro de 1973.[41]

_____. Supremo Tribunal Federal. *Posse dos Ministros Nelson Azevedo Jobim na Presidência e Ellen Gracie Northfleet na Vice-Presidência do Supremo Tribunal Federal*. Sessão solene realizada em 3 de junho de 2004. Brasília: Supremo Tribunal Federal, 2004.

_____. *Posse na presidência do Supremo Tribunal Federal: Ministro Carlos Augusto Ayres de Freitas Britto, Presidente; Ministro Joaquim Benedito Barbosa Gomes, Vice-Presidente*. Sessão solene realizada em 19 de abril de 2012. Brasília: Supremo Tribunal Federal, 2012.

_____. *Posse na presidência do Supremo Tribunal Federal: Ministro Joaquim Benedito Barbosa Gomes, Presidente; Ministro Ricardo Lewandowski, Vice-Presidente*. Sessão solene realizada em 22 de novembro de 2012. Brasília: Supremo Tribunal Federal, 2012.

_____. *Posse na presidência do Supremo Tribunal Federal: Ministra Cármen Lúcia Antunes Rocha, Presidente; Ministro José Antonio Dias Toffoli, Vice-Presidente*: Sessão solene realizada em 12 de setembro de 2016. Brasília: Supremo Tribunal Federal, 2017.

_____. TRF-5. AC nº 448.066. Rel. Des. Fed. Geraldo Apoliano; d.J. 03/12/2009.

_____. TRF-5. AI nº 24714-CE. Rel. Des. Fed. Geraldo Apoliano. d.J. 09/06/2005.

COCHLAR, João Carlos et. al. *Coleção Jovem Jurista 2020*. Rio de Janeiro: FGV Direito Rio, 2020, p. 11-92.

FALCÃO, Joaquim; COCHLAR, João Carlos. Música não mata. In: *Revista Insight Inteligência*, ano XXIII, nº 90, Jul./Ago./Set. de 2020, p. 76-82.

FERRIS, Marc. *Star-Spangled Banner: the unknown story of America's National Anthem*. Baltimore: Johns Hopkins University Press, 2009.

GIRALDI, Renata. "Hino e bandeira serão 'liberados'". *Folha de S.Paulo*. São Paulo, ed. 21/08/1998. Acesso em 5 mai. 2020.

GOIS, Ancelmo. Posse de Luiz Fux como presidente do STF terá Hino Nacional cantado por... Fagner. Jornal *O Globo*. Publicado em 02 de setembro de 2020.

GRAU, Eros. *Pourquoi j'ai peur des juges – L'interprétation du droit et les principes juridiques*. Paris: Ed. Kimé, 2014.

_____. *O direito posto e o direito pressuposto*. 9. ed. São Paulo: Ed. Malheiros, 2014.

JANKÉLÉVITCH, Vladimir. *A música e o inefável*. Lisboa: Edições 70, 2018.

KELSEN, Hans. *Teoria Pura do Direito*. São Paulo: Martins Fontes, 1998.

PASSOS, J.J. Calmon de. *Direito, Poder, Justiça e Processo. Julgando os que nos julgam*. Rio de Janeiro: Forense, 2000.

SCHAUER, Frederick. *Thinking Like a Lawyer*. Cambridge: Harvard University Press, 2009.

SIGNORILE, Patricia (dir.). *Entre normes et sensibilité — Droit et musique. Hommage à Norbert Rouland*. Aix-Marseille: Presses Universitaires, 2017.

SLIM, H. Colin. *Stravinsky's Four Star-Spangled Banners and His 1941 Christmas Card*. The Musical Quarterly, Summer — Fall, 2006, vol. 89, nº 2/3 (Summer-Fall, 2006).

STRAVINSKY, Igor. *An Autobiography*. New York: The Norton Library, 1962.

_____. *Poetics of Music in 6 Lessons*. London: Geoffrey Cumberlege, 1947.

Time Magazine. Music: Not Even Stravinsky. Monday, Feb. 2nd, 1942.

Notas

1. Dedico este artigo ao estimado e saudoso Professor Gabriel Araújo de Lacerda.
2. A execução de Hamilton de Holanda está registrada nas mídias oficiais do STF. Disponível em: <https://youtu.be/9mlckYB8i3o?t=1007>. Acesso em: 5 mai. 2020.
3. Art. 13, §1º, da Constituição de 1988. De teor semelhante, o art. 1º, §2º, da Constituição de 1967.
4. Art. 24, I, da Lei 5.700/71.
5. Art. 24, II, da Lei 5.700/71.
6. Art. 34, *in fine*, da Lei 5.700/71.
7. Art. 35 da Lei 5.700/71.
8. Ofício CNMC nº 002197 de 26 de setembro de 1973. Consulta Original. "O Colegiado tomou conhecimento em reunião plenária do dia 12/11/73 — Ata 654".
9. Até 2011, era obrigatório, para o regular exercício da profissão de músico, que os profissionais fossem registrados na Ordem dos Músicos do Brasil. A exigência caiu quando o Supremo Tribunal Federal julgou o RE 414.426/SC, de relatoria da ministra Ellen Gracie, em votação unânime. Sessão virtual do Supremo de 27 de setembro de 2019, que julgou a ADPF 183 (Rel. Min. Alexandre de Moraes), enxugou ainda mais as restrições ao ofício de músico outrora impostas pela lei de regência da Ordem dos Músicos do Brasil. Sobre o tema, v. FALCÃO, J.; COCHLAR, J.C. "Música não mata". *Revista Insight Inteligência*, ano XXIII, nº 90, jul./ago./set. de 2020, p. 76-82.
10. Parecer nº 17/73-CNMC no Processo nº 00304/73-CNMC (1º parecer do assessor Alfredo Melo), p. 2.
11. Ibidem, p. 3. Grifos e destaques no original.

12 Cf. Parecer do Diretor da Escola de Música da UFRJ, prof. Baptista Siqueira. Proc. nº 00304/73-CNMC. "A ninguém é dado, todavia, o direito de indagar sobre execução de arranjo do Hino Nacional. Isso constitui ato indiscutivelmente ilegal punido pelas Leis vigentes. [...] O arranjo é, pois, uma adaptação às condições técnicas dos instrumentos sem interferência de ordem arquitetônica. Não há, no arranjo, mudança na forma musical, mas permuta de timbres na organização invariável das estruturas. O arranjo é, via de regra, contrafação" (grifo do autor).

13 Certidão correspondente à ata nº 654, da sessão plenária da Comissão Nacional de Moral e Civismo do dia 12 de novembro de 1973.

14 Presidência da República. Despachos do Presidente da República. Despacho nº 258, de 4 de Junho de 1975. Autorização, nos termos da Lei 5.700/71, para execução pública das Variações do Hino Nacional Brasileiro, de Gottschalk. "Autorizo. Em 9/06/75."

15 Cf. GIRALDI, R. "Hino e bandeira serão 'liberados'". *Folha de S.Paulo*. São Paulo, ed. 21/08/1998. Disponível em: <https://www1.folha.uol.com.br/fsp/brasil/fc21089804.htm>. Acesso em: 5 mai. 2020.

16 Trecho do voto do relator em acórdão cuja ementa também continha: "Existindo prescrição legal acerca do tema, injustificável o descumprimento da norma sob a alegativa de 'liberdade de expressão', visto não ter essa liberdade constitucional caráter absoluto." TRF-5; AI nº. 24714-CE, Rel. Des. Fed. Geraldo Apoliano. D.J. 09/06/2005.

17 Trecho do voto do relator em acórdão cuja ementa também continha: "[A] liberdade de expressão dos cidadãos, prevista no art. 5º, IX, da Carta Magna, somente deve ser restringida quando tiver por objetivo a realização de um relevante interesse estatal [...]. [O] objetivo dos Apelantes, ao contrário de denegrir ou atacar o símbolo do Estado Brasileiro, é o de homenageá-lo, não [podendo] considerar as suas respectivas condutas ofensivas ao referido símbolo nacional." TRF-5; AC nº 448.066; Rel. Des. Fed. Geraldo Apoliano; D.J. 03/12/2009.

18 PASSOS, J.J.C. de. *Direito, Poder, Justiça e Processo*. Julgando os que nos julgam. Rio de Janeiro: Forense, 2000, p. 23. Agradeço ao Prof. Alexandre Câmara, da FGV Direito Rio, pela indicação do autor.

19 Sobre o tema, v. CACIOPPO, S. *Peut-on parler d'un "droit musical"?*. In: SIGNORILE, P. (dir.). Entre normes et sensibilité — Droit et musique. Hommage à Norbert Rouland. Aix-Marseille: Presses Universitaires, 2017, p. 133.

20 GRAU, E. *Pourquoi j'ai peur des juges — L'interprétation du droit et les principes juridiques*. Paris: Ed. Kimé, 2014, p. 34-36.

21 COCHLAR, J.C. *Clareza e legitimidade: como elementos de teoria musical podem iluminar a interpretação jurídica?*. In: COCHLAR, J.C. et. al.

Coleção Jovem Jurista 2020. Rio de Janeiro: FGV Direito Rio, 2020, p. 47-57.
22 Ibidem, p. 64-75.
23 Idem.
24 JANKÉLÉVITCH, V. *A música e o inefável*. Lisboa: Edições 70, 2018, p. 25.
25 Ibidem, p. 75. E o autor segue: "Adivinhar o texto através da música seria como tentar resolver uma charada na qual há apenas incógnitas, tateando indefinidamente na expectativa de um milagroso acaso: porque em caso algum a interpretação percorre o caminho inverso da criação, nem retorna diretamente à intuição originária — salvo quando conhece antecipadamente a solução."
26 Cf. STRAVINSKY, Igor. *Poetics of Music in 6 Lessons*. London: Geoffrey Cumberlege, 1947, p. 123-124.
27 GRAU, Eros. *O direito posto e o direito pressuposto*. 9. ed. São Paulo: Ed. Malheiros, 2014, p. 375-376.
28 Cf. STRAVINSKY, Igor. *Op. cit.*, p. 122. "Between the executant pure and simple and the interpreter in the strict sense of the word, there exists a difference in make-up that is of an ethical rather than an aesthetic order, a difference that presents a point of conscience. […] The sin against the spirt of the work always begins with a sin against its letter and leads to the endless follies which an ever-flourishing literature in the worst taste does it best to sanction."
29 Art. 1º, parágrafo único, da Constituição da República.
30 Como Kelsen se refere aos juízes, v. KELSEN, Hans. *Teoria Pura do Direito*. São Paulo: Martins Fontes, 1998, p. 245.
31 Sobre o tema, v. SCHAUER, Frederick. *Thinking Like a Lawyer*. Boston: Harvard University Press, 2009, p. 166.
32 Pela indicação do assunto, agradeço à Profª. Gabriella de Oliveira Silva, do Departamento de Letras Orientais e Eslavas da Faculdade de Letras da UFRJ.
33 STRAVINSKY, I. *An Autobiography*. New York: The Norton Library, 1962, p. 13.
34 Carta de Stravinsky para FDR: "Mr. President: Searching about for a vehicle through which I might best express my gratitude at the prospect of becoming an American Citizen, I chose to harmonize and orchestrate as a national chorale your beautiful sacred anthem the Star Spangled Banner. It is a desire to do my bit in these grievous times toward fostering and preserving the spirit of patriotism in this country that inspires me to tender this my humble work to you as President of this Great Republic and to the American People. Believe me. Faithfully yours, Igor Strawinsky. Hollywood, Calif. — August 1941." In: SLIM, H. C. *Stravinsky's Four Star-*

-*Spangled Banners and His 1941 Christmas Card*. The Musical Quarterly, v. 89, n. 2/3, p. 334-335 (Summer - Fall, 2006).
35 Music: Not Even Stravinsky. *Time Magazine*, 2 fev. 1942.
36 Tradução livre. General Law of the State of Massachusetts, Part IV, Title I, Chapter 264 (Crimes Against Governments), Section 9 (National Anthem-Manner of Playing). V. também FERRIS, M. *Star-Spangled Banner: the unknown story of America's National Anthem*. Baltimore: Johns Hopkins University Press, 2009, p. 565.
37 SLIM, H. C. *Op. cit.*, p. 364.
38 Ibidem, p. 365.
39 Ibidem, p. 366.
40 Cópias obtidas do acervo digital do Instituto Piano Brasileiro.
41 Cópias obtidas do acervo digital do Instituto Piano Brasileiro.

My way: o direito à busca da felicidade

Jones Figueirêdo Alves

Poucas composições musicais terão maior identidade com seu principal intérprete como *My way* (1968), a versão americana da canção francesa *Comme d'habitude* (1967). A letra da música combina com Frank Sinatra (1915-1998) nas performances existenciais das suas estrofes em demandas da história pessoal do cantor, em suas vicissitudes e resiliências, em que, no seu direito à busca da felicidade, cada um percorre seu caminho à sua maneira.

De fato, somos seres únicos, indivisíveis, individualmente considerados e o caminho há de ser percorrido, por toda e qualquer estrada, em direção a uma vida vivida por inteiro (*"I've lived a life that's full"*), do jeito de cada um (*"and more, much more than this / I did it my way"*). É o que importa na busca, fazer o que teve (e tem) de ser feito (*"I did what I had to do"*), a nosso modo próprio, e saber, afinal, que, enfrentando-se todos os momentos, de conquistas ou de perdas, continuou-se erguido (*"I faced it all, and I stood tall"*).

> *I've lived a life that's full*
> *I've traveled each and every highway.*
> *And more, much more than this,*
> *I did it my way*[1]

A primeira versão original, *For me* (1967), rebatizada como *Comme d'habitude,* tornou-se a música de maior sucesso do cantor pop francês Claude François (1939-1978), apelidado de CloClo, que morreu tragicamente (eletrocutado) aos trinta e nove anos, em Paris.[2] O compositor, Jacques Revaux, dividiu os créditos com ele. A letra da música, de autoria de Gilles Thibaut (1927-2000), é um lamento da narrativa de um casal em crise provocada pela rotina. Diante do seu sucesso, o cantor e compositor canadense Paul Anka adquiriu os direitos autorais da canção e reescreveu a letra, especialmente para Sinatra, dissertando em inglês sobre o final de vida de uma pessoa.

Com essa nova roupagem, *My way* veio ser gravada por Frank Sinatra, em um só *take*, no dia 30 de dezembro de 1968, em Los Angeles, com arranjo de Don Costa e Bill Miller regendo uma orquestra de quarenta instrumentos. Tornou-se uma das canções mais aplaudidas de todos os tempos. Na França, *Comme d'habitude* continuou com novas gravações de sucesso, a exemplo da realizada pela cantora Mireille Mathieu. Um dos biógrafos de Sinatra, Renzo Mora,[3] aponta que, por havê-la gravado logo após completar 53 anos, a canção não poderia significar um "trabalho confessional" de despedida ou sua anunciada retirada do *show business*, ocorrida em 1971 (retornando em 1973), embora o mundo inteiro tenha assim entendido. Convém, noutro giro, referir que Sinatra detestava a música, cuja abertura introduz a morbidez de um fim próximo anunciado ("*and now, the end is near*"), por entendê-la arrogante e constrangendo-o por uma suposta "falta de modéstia", ante expressões marcantemente resilientes, não a considerando autobiográfica.

> *For what is a man, what has he got,*
> *If not himself, then he has not*
> *To say the things he truly feels,*
> *And not the words of one who kneels.*[4]

Não obstante, continuou a ser a música-tema de Sinatra,[5] substituída apenas quando o cantor gravou o sucesso *New York, New York* (1980),[6] do compositor Fred Ebb e do letrista John Kander, presente no filme de mesmo título, de Martin Scorsese (1977).

Enquanto isso, *Comme d'habitude* também traz em sua letra o tema recorrente da busca da felicidade humana, sustentada pela conscientização de uma rotina agônica de uma vida a dois, em que se lamenta o costume de se manter as aparências ("*Je vais jouer/ A faire semblant*"), como de costume também sorrir e rir e, enfim, viver como de costume ("*Comme d'habitude/ Je vais sourire/ Comme d'habitude/ Je vais même rire/ Enfin je vais vivre/ Comme d'habitude*").

Interessante é que a busca nunca se conclui com o encontro, ou, mais precisamente, nunca deixa de ser uma busca, por sua própria vocação intrínseca, importando mais que o alcance; quando as pessoas, malgrado essa premissa, podem encontrar a felicidade em seu interior, preferem incursionar uma constante busca, como se a felicidade nunca fosse alcançável, imediata ou mais simples. Explicou Aristóteles que a felicidade não é um estado, "mas uma atividade vital que vem dentro de cada ser humano".

A busca da felicidade como realização humana é um direito personalíssimo e existencial fundado na dignidade de cada um. A felicidade é a concretude ideal da pessoa em sua existência e ao Direito, como ordem jurídica, cabe instrumentalizá-la de maneira suficiente à sua obtenção adequada. É da natureza humana, em seu melhor estado de espírito, acreditar podermos ser felizes, à exata medida de nossas circunstâncias e nossos sonhos.

Não custa lembrar que a busca da felicidade enquanto direito a ser exercido já tem assento em diversas cartas políticas, a exemplo das Constituições do Reino do Butão (artigos 9º e 20, 1), Japão (artigo 13) e Coreia do Sul (artigo 10). Aliás, a Declaração de Independência dos Estados Unidos (4 de julho de 1776), escrita por Thomas Jefferson, Benjamin Franklin e outros juristas e intelectuais, instituiu, dentre determinados direitos inalienáveis, o direito à vida, o direito à liberdade e o direito à busca da felicidade, servindo de carta política da nação fundada, na qual esse direito aparece pela vez primeira como inerente à natureza dos homens, criados iguais pelo Criador. Nessa diretiva, a Declaração dos Direitos do Homem e do Cidadão (1798, França) também preconiza a felicidade coletiva, prevendo que as reivindicações pessoais devam sempre se destinar à obtenção de uma felicidade geral.

Lado outro, estado de espírito, sonho humano, sentido de realização pessoal, garantia de paz, a felicidade, intrínseca à própria dignidade das pessoas, também é um valor social e uma questão política de educação pública. Cogita-se, inclusive, pensar encontrarmos um conceito jurídico da felicidade, enquanto bem da vida, juridicamente considerado.

Nesse ponto, *My Way* é o caminho norteador de rumos, planejado a cada curso traçado e no passo cuidadoso ao longo do trajeto ("*I planned each charted course/ Each careful step along the byway*"). O entendimento do plano (propósitos concebidos) defendido na música é socratiano, dado que se torna possível a cada pessoa buscar viabilizar a felicidade colocada a seu alcance como objetivo de uma ação humana; não pelas forças do destino, mas por uma firme determinação de ser feliz.

Aliás, o título original da obra biográfica sobre Frank Sinatra assinada por Bill Zehme, *The Way You Wear Your Hat* [A maneira como você usa o seu chapéu],[7] alinha-se nesse sentido. Explicou Zehme que "milionários e operários ouviram a música cada qual à sua maneira, como homenagem aos seus próprios sacrifícios em prol dos triunfos da vida". E contextualizou, afirmando que Sinatra detestava o excesso de pomposidade (direi, autossuficiência), alegando considerá-la excessivamente autoelogiosa.

Em contraponto, a orientação aristotélica, revela que a felicidade é autossuficiente, "o que significa que ela não é buscada a qualquer outro elemento". No dizer de Aristóteles, "define-se agora autossuficiente aquilo que, mesmo isolado, torna a vida desejável, sem que nada lhe falte; e acreditamos que a felicidade seja assim".[8]

Sem a menor dúvida, em um mundo de pós-modernidades, de realidades midiáticas que distorcem a ideia de felicidade em suas práticas e em seu sentido de virtude, esta se transfigura como uma obrigação inevitável extraída das repercussões exacerbadas de autoestima e das cobranças sociais. A felicidade torna-se uma obsessão pessoal de tal ordem, que não conduz à própria felicidade. A música orienta:

> *Yes, there were times*
> *I'm sure you knew*
> *When I bit off*
> *More than I could chew*
> *But through it all*
> *When there was doubt*
> *I ate it up and spit it out*[9]

Fernando Savatier[10] explica que a única coisa que conhecemos ao certo sobre a felicidade é a vastidão de sua procura. Ora, a felicidade como anseio, "radicalmente um projeto de inconformismo", tem uma fenomenologia de decisões éticas, dentre elas:

(i) ninguém aprenderá a ser feliz sozinho; e

(ii) o não conformismo tem sua natureza ambiciosa e angustiante que não se contenta com aquela felicidade que subsume-se ao essencial das coisas mais simples e perenes.

Em termos jurídicos, a subsunção se configura, quando o caso concreto se enquadre à norma legal em abstrato. No caso narrado pela letra de *My Way*, arrependimentos alguns, muito poucos a citar ("*Regrets, I've had a few/ But then again, too few to mention*"), não importam, entretanto, ou representam falta de adequação de uma conduta (norma-fato) a uma norma jurídica (norma-tipo). Afinal, a felicidade tem necessidades da ética, mas prescinde de uma normatização jurídica e, ademais, o mundo moderno está perdendo a sua capacidade de instruir a felicidade a partir dos valores imateriais que melhor a protejam, consabido que "a busca individual pela felicidade pressupõe a observância de uma felicidade coletiva".[11]

Tomada a questão em toda a sua amplitude, não custa lembrar a clássica obra *A estrutura social*, de Julian Marías, que em sua versão brasileira teve a apresentação de Gilberto Freyre.[12] Diz-nos Marías que "a felicidade está condicionada pela realização de nossa pretensão pessoal" (sempre irrealizável) e que "a noção de felicidade tem sido referida comumente a uma vida inteira". Pois bem: enquanto a felicidade implicar a alcançável realização da pretensão vital, certo é que essa pretensão será sempre exercida durante a vida inteira, e ao vivermos uma vida completa, teremos a felicidade conduzida ao casuísmo de felicidade de cada um, conforme alojada no tempo das trajetórias e nos limites concretos vivenciados.

Por certo, a busca não cessa em uma ou outra medida dos níveis do significado de ser feliz; bem por isso, arremata Marías, torna-se decisivo "que se pergunte, pois, pelas possibilidades que cada sociedade oferece".[13] Pode-se entender, assim, a inexorável relação entre felicidade e estrutura social, a tanto que cada sociedade terá também de ensejar a felicidade de todos "a seu jeito" ("*And did it my way*") estrutural. Esse, o desafio jurídico do atual "maremoto eudemonista", em que felicidade privada e ação pública se colocam indissociáveis no atual curso da história.

Há de se reconhecer, em um contexto autêntico da busca, como aludiu Hannah Arendt,[14] em redescoberta da "verdade mais antiga", a mais axiomática, que "o cuidado com a vida humana e a felicidade (...) é o único objetivo legítimo de um bom governo".

Efetivamente, o *locus* próprio situa-se no enunciado kelseniano: "A aspiração à Justiça está tão profundamente enraizada no coração dos homens porque, no fundo, emana da sua indestrutível aspiração à felicidade."

De tudo que a canção *My Way* apresenta, a pretensão da felicidade não se exaure a um determinado nível, porquanto atingido parcialmente renderia uma felicidade vivida de forma deficiente ou insatisfatória. Em tal latitude, a conclusão inarredável é a de a busca da felicidade dever ser continuamente exercida como um direito fundamental e permanente das pessoas. A felicidade é a busca de um sentido de vida, e seu alto desempenho cogita de um "*flow*", o fluxo das experiências acumuladas:

> *I've loved, I've laughed and cried*
> *I've had my fill, my share of losing*
> *And now, as tears subside*
> *I find all so amusing*[15]

A felicidade é uma nova ciência, não uma indústria do desejo em crescimento ou um mercado de consumo. A obtenção de emoções positivas para uma felicidade autêntica começa com a identidade do que somos pelo nosso absoluto potencial de sabermos elevar os níveis das felicidades constantes do cotidiano.

Como a felicidade, demonstrada pelo Iluminismo, deve ser destinada a todos como um direito essencial e não a poucos (na Antiguidade, de uma elite de sábios e virtuosos), tudo pondera, como ensina George Minois,[16] no sentido de diversas felicidades. Cumpre-nos, afinal, com ele indagar: "Hoje, com o empenho da ciência e quando um novo horizonte se apresenta, deverá o homem mudar a si próprio, pela via genética, a fim de tratar o problema, a partir do seu interior?"

Com inegável acerto, recolhe-se, então, a assertiva: "O melhor ainda está por vir" ("*The best is yet to come*"). Assim promete a inscrição na lápide do túmulo de Frank Sinatra, no Desert Memorial Park, em Cathedral City, Califórnia. Esse é, sem dúvida, o axioma-promessa da busca da felicidade. Por meio dele, a busca continua o seu caminho, a sua maneira.

NOTAS

1. Vivi uma vida plena. / Andei por todas as estradas da vida. / Porém mais, bem mais que isso, / Eu fiz do meu jeito.
2. Sua vida foi retratada no filme *My way: o mito além da música*, do diretor Florent-Emilio Siri (2012). Em DVD: Europa Filmes, cor, 143m.
3. MORA, R. Sinatra. *O homem e a música*. São Paulo: Lemos Editorial, 2001, p. 15-18.
4. E o que é um homem, se não o que ele tem./ Senão ele mesmo, então ele não tem nada/ Para dizer as coisas que ele sente de verdade \/ E não as palavras de alguém que se ajoelha.
5. Em *The Main Event — Live*, no Madison Square Garden, em 13 de outubro de 1974, Sinatra anunciou, antes de cantar *My way*: "Agora vamos cantar o hino nacional, mas vocês não precisam se levantar."
6. Gravada por Sinatra para o álbum *Trilogy: Past Present Future* (1980).
7. ZEHME, B. Frank Sinatra. *A arte de viver*. Rio de Janeiro: Ediouro, 1998.
8. ARISTÓTELES. *Ética a Nicômacos*. Brasília: Editora da UnB, 1985.
9. Sim, houve momentos/ Tenho certeza de que você soube/ Quando abocanhei/ Mais do que podia mastigar/ Mas por tudo isso/ Quando havia dúvida/ Eu devorei e cuspi.
10. SAVATIER, F. *O conteúdo da felicidade*. Trad. Francisco Vale. Lisboa: Relógio D'Água Editores, 2018.
11. Nessa diretiva, a Declaração dos Direitos do Homem e do Cidadão (1798, França) também preconiza a felicidade coletiva, prevendo que as reivindicações pessoais devem sempre se destinar à obtenção de uma felicidade geral.
12. MARÍAS, J. A estrutura social. Teoria e método. Trad. Diva R. de Toledo Piza. São Paulo: Liv. Duas Cidades, 1955.
13. Ibidem, p. 190.
14. ARENDT, H. *Ação e a busca da felicidade*. 2. ed. Trad. Virginia Starling. Rio de Janeiro: Bazar do tempo, 2018.
15. "Eu já amei, ri e chorei/ Tive minhas conquistas, minha parte nas perdas/ E agora que as lágrimas cessaram/ Eu acho tudo tão divertido."
16. MINOIS, G. *A Idade de Ouro. História da busca da felicidade*. Trad. Christiane Fonseca Gradvohl Colas. São Paulo: Editora Unesp, 2011.

La Libertà: Mozart e seus amigos, entre os quais um poeta mineiro

José Alexandre Tavares Guerreiro

I.

Quando se ouve determinada canção, nem sempre se sabe que algumas diferentes pessoas podem ter se associado ao curso de sua história. Há, por vezes, conjugação de várias vidas, cujas trajetórias se cruzam misteriosamente, em torno de um dado motivo musical. E há laços voluntários, assim como outros tantos, de todo involuntários, ou puramente casuais, que se estabelecem, em tais conjunturas, a sugerir conexões mágicas, ou simplesmente curiosas.

A canção de que ora me ocupo teve essa especial singularidade, de atrair em torno de si pessoas tão díspares que pareceria improvável, a um observador, de longe, que se tivessem congregado em sua história, se os fatos, observados de perto, não mostrassem o contrário. O título do texto refere o nome de Wolfgang Amadeus Mozart. Contudo, como se vai ver, a música propriamente dita veio a ser o último capítulo de uma curiosa história, da qual participaram três outras personalidades, as quais, para ser franco, não sei se tiveram oportunidade de se conhecer pessoalmente, apesar de serem rigorosamente contemporâneas, ao final do século XVIII.

Foram elas Piero Metastasio, Jean-Jacques Rousseau, José Basílio da Gama e Wolfgang Amadeus Mozart.

É claro que não foram amigos, no sentido literal da palavra. A biografia de Mozart registra seus diversos círculos de amigos, na Europa, em torno dos quais seu talento se desenvolveu. Mas, nesta nota, o título "Mozart e seus amigos", evidentemente, é uma concessão, ou seja, uma liberdade que tomo, com o fim de sugerir uma especialíssima relação entre as quatro pessoas envolvidas na história da *canzonetta*, a partir, pura e simplesmente, de mera coincidência, sobre o interesse, manifestado por uma singela canção, em momentos próximos, mas distintos. Um tipo especial de simpatia. Na verdade, deveria dizer, três pessoas, porque uma delas foi simplesmente o autor dos versos da canção, o criador originário de *La Libertà*. É o caso de dizer: se não foram, deveriam ter sido amigos.

Registre-se, a bem da verdade, que o único encontro documentado entre Matastasio e Mozart se deu em 1768. Quanto a José Basílio da Gama, não há indício algum de que tenha conhecido pessoalmente os demais. Há incerteza quanto a Jean-Jacques Rousseau.

Os versos da canção, que reproduzo no final, passaram por nada menos que três distintos idiomas, um dos quais o português, tendo saído da inspiração de Basílio da Gama, mineiro de São José do Rio das Mortes, autor de *O Uraguay*, em pleno século XVIII. Outra língua para a qual tais versos foram vertidos foi o francês, e quem os reproduziu foi um conhecido cidadão de Genebra, de nome Jean-Jacques Rousseau. Mas o original deve-se a um poeta italiano, que o compôs em sua língua-mãe, tendo ganhado reputação na Corte de Viena, também no século XVIII, onde passou cerca de quarenta anos e ali produziu intensamente, inclusive para a cena operística. Esse poeta, de nome Piero Metastasio, seria não apenas o autor de obras famosas, como *La Clemenza di Tito*, cuja música foi composta por Wolfgang Amadeus Mozart, mas também o autor original da própria *canzonetta La Libertà*.

Até esse ponto, portanto, já se pode identificar, em torno dessa singela canção, um poeta mineiro, cujo nome seria dado a uma das cadeiras da fundação da Academia Brasileira de Letras, um filósofo iluminista e um compositor e musicista italiano, todos no mesmo século, e figuras do mesmo tempo, muito próximos entre si, quase ao fim do século XVIII. A eles haveria de se agregar outro nome, logo mais, em circunstâncias desconhecidas, fechando o quarteto. Mozart viria a unir-se ao grupo, coroando com sua música os versos que, em italiano, francês e português, já vinham compondo, em poucas estrofes, um elogio da estimada virtude da liberdade. Foi, sem a menor sombra de dúvida, um desses encontros a que cabe dizer tratar-se realmente de evento singular, que merecem relato, pelo inusitado de sua ocorrência.

II.

Pois bem. Uma tarde, andava eu pelos arredores da rua da Misericórdia, em Lisboa, onde se acham livrarias que vendem livros antigos e de segunda mão, sempre na esperança de encontrar por ali algum livro ou documento que porventura interessasse, tanto à minha mania de caçar essas antiguidades quanto ao meu orçamento. Num desses sempre simpáticos estabelecimentos, quase à porta, havia uma pilha de publicações antigas que supus serem da Imprensa Nacional. Rigorosamente falando, nada mais que jornais velhos, que, na verdade, pouco me interessavam. O que mais aprecio são, na realidade, livros. No entanto, puxei algumas daquelas publicações, ao acaso. Entre elas, veio-me às mãos um folheto de poucas páginas, que me intrigou, por nele estar reproduzido um único texto, em versos, mas em três colunas.

O título era justamente: *A Liberdade – Cançoneta de Metastasio*. A seguir, vinha a inscrição "Uma imitação, segundo M. Rousseau, de Genebra" e, a seguir, "Tradução portuguesa, de Termindo Sipílio".

Por acaso, eu sabia quem era Metastasio. E, por certo M. Rousseau, de Genebra, outro não seria se não o já referido Jean-Jacques. Perguntei, então, ao livreiro, o que seria e quanto custaria aquele folheto, e quem seria o tal Termindo Sipílio. O folheto era valioso, como toda peça impressa em três colunas, de fins do século XVIII. Quanto a Termindo Sipílio, o livreiro não tinha ideia de quem tivesse sido.

Apesar do preço do folheto, sem dúvida alto, comprei-o. De volta ao hotel, certifiquei-me de que Termindo Sipílio, como eu havia suspeitado, era de fato o nome arcádico de José Basílio da Gama, nosso poeta mineiro, autor de *O Uraguay*, já integrante de Arcádia Romana.

Achei que havia feito uma descoberta espetacular, que me competia decifrar: como se haviam posto em contato os três ilustríssimos personagens para se juntarem nessa *canzonetta*? E então um novo mistério inesperadamente se juntou a esse.

De volta à minha casa, em São Paulo, conversando com uma amiga que conhece música e canta Mozart, tendo estudado e trabalhado em Viena, conto-lhe tudo isso. E lhe digo que me sentia obrigado a desvendar a improvável história dessa *canzonetta* de tríplice e ilustríssima feitura, em primeiro lugar em razão da curiosidade cultural, mas também por ter investido boa soma na compra do folheto que estava agora em minhas mãos. E que merecia investigar.

Essa minha amiga pega o dito folheto, lê duas ou três vezes os versos de Metastasio, e, de repente, levanta os olhos para mim e me diz, como se estivesse surpresa:

— Espera aí. Essa é uma canção de Mozart!

Respondo que não. Evidentemente não. Eu já havia checado no Köchel, o mais completo inventário das obras de Mozart, e ali não constava nenhuma canção com o título *La Libertà*. Dias antes, quando voltei ao Brasil, estive atento ao nome de Metastasio, e a primeira curiosidade que me ocorrera havia sido exatamente tirar essa dúvida, o que viria a me criar um novo problema. Já me bastava ter que saber como o romano Metastasio, o mineiro Termindo Sipílio e o genebrês Rousseau convergiam para se terem atraído, os três, por aquela misteriosa *canzonetta*. Mozart seria eventualmente ainda mais um mistério a resolver. Não, não podia ser.

Mas, minha amiga resolutamente se põe de pé e entoa a canção, desfazendo toda a dúvida. Ela me convence. Incrível!

— Mozart!

Mozart lhe fizera a música. Era verdade. *La Libertà* não está inscrita no Köchel pelo título, mas pelos primeiros versos. Fui conferir no meu volume: tratava-se de uma canção musicada por Wolfgang Amadeus Mozart!

Dei-me conta, então, do enigma que o folheto me trouxera: por que essas quatro pessoas estão juntas em torno dessa *canzonetta*?

III.

Metastasio foi poeta romano que se notabilizou, a seu tempo, pelo constante trabalho de simplificar a língua e o enredo da ópera barroca. Nascido como Antonio Domenico Bonaventura Trapassi, adotou o nome de Piero Metastasio e obteve sucesso, nessa qualidade, em Roma, onde participou da Accademia dell'Arcadia, prestigiosa instituição cultural, e posteriormente em Viena. Importante é assinalar o resgate, que intentou, dos valores musicais da ópera, então comprometida com os excessos do barroco. Foi, talvez, em função desses esforços de simplificação expressional de Metastasio, que nossa *canzonetta* caiu no gosto de Jean-Jacques Rousseau.

Vinha ele, de há muito, com a musicalidade do idioma italiano e de sua própria força natural na cabeça, como inspiração para a renovação da ópera francesa (desde 1753, com sua *Lettre sur la musique française*). Foi assim que Rousseau entrou decididamente na Querelle des Bouffons, a partir de 1752 em prol de uma transformação radical da ópera tradicional, sob a influência dos motivos e da expressão populares, trazidos pela *opera buffa* italiana, em oposição à *opera seria*.

Durante a breve temporada em que residiu em Veneza (1743-1744), parece ter ficado muito impressionado com a musicalidade da língua italiana, na singeleza das canções dos gondoleiros. Da mesma forma, causou-lhe impacto a forma simples de expressão das companhias teatrais italianas que percorriam Paris, encenando novas óperas, em linguagem simples e acessíveis (como *La Serva Padrona*, de Pergolesi). Rousseau entendia que o francês seria incapaz dessas modulações melodiosas do italiano. Muito provavelmente, teria sido essa a razão pela qual traduzia a pequena canção de Metastasio, tratando de imitá-la, vertendo-a para seu idioma.

IV.

Nesse ponto, entra na história José Basílio da Gama. Como consignei, era natural de São José do Rio das Mortes, em Minas Gerais. Teve que sair do Brasil para Roma em razão das perseguições aos jesuítas, pois era aluno da Companhia de Jesus, no Rio de Janeiro, quando essas perseguições começaram, a partir de 1760. Por essa época, almejando reconhecimento pela Arcádia, que mencionei acima, aproxima-se da instituição e traduz o pequeno poema de Metastasio, como Termindo Sipílio. Essa era a maneira ideal de fugir à perseguição implacável: filiado a uma instituição cultural respeitabilíssima, garantida estaria sua imunidade. Percebe-se, pois, que a questão da liberdade estava na raiz da inspiração de nosso poeta.

O fato é que Basílio da Gama, entre Europa e Brasil — e depois Angola — haveria de recair posteriormente nas boas graças do Marquês de Pombal, dedicando um poema à sua filha. Em 1769, publica ele *O Uraguay*, dedicado ao irmão do Marquês. E assim estreita suas relações com este último.

Mas isso já não interessa tanto, para o específico tema da *canzonetta*. A tradução, como fica claro, surge em um período anterior àquele que os historiadores da literatura brasileira dedicam ao poeta de *O Uraguay*. O motivo, ao que tudo indica, está preso à conveniência em produzir algo na linha arcádica, traduzindo Termindo Sipílio a criação lírica do poeta Piero Metastasio. Se é verdade que *O Uraguay* queria agradar, por algum motivo, a Sebastião José de Carvalho e Melo, Marquês de Pombal, tanto que foi dedicado a seu irmão, Francisco Xavier de Mendonça Furtado, não é menos verdade que *La Libertà* pretendeu assegurar que seu tradutor militava em prestigiosa academia romana e, portanto, merecia estar a salvo de perseguições antijesuíticas.

A poesia tem suas conveniências, de vez em quando.

V.

Finalmente, surge Wolgang Amadeus Mozart, para dar música a *La Libertà*. Sabe-se que, na vasta obra de Mozart, as canções não têm papel assim tão relevante. São relativamente poucas e estudadas, sendo que ele próprio jamais lhes deu atenção, se comparadas, evidentemente, com a magnitude e beleza do restante de suas composições. Assim é que esta *canzonetta* mereceu pouca dedicação de estudiosos, o que, desde já, vem a complicar um pouco a história das vicissitudes, que aqui são resumidas.

Para começar, a melodia foi o resultado de vários arranjos ou variações procedidos por Mozart sobre um tema de Michael Kelly, tenor irlandês que já havia ensaiado várias versões sobre o poema de Metastasio. A canção em sua forma final é de 1787, segundo o testemunho desse tenor, que refere o encantamento de Mozart com o tema e a melodia.

Michael Kelly veio a cantar outras diversas composições de Mozart, inclusive em óperas famosas, fazendo parte de um grupo de músicos de Dublin, em fins do século XVIII, de muita significação na carreira do grande compositor nessa época. Nem sempre é lembrada essa conexão irlandesa no contexto dessa fase, mas, como se vê, e no tocante à nossa *canzonetta*, a própria origem do tema melódico da *La Libertà* se prende a uma inspiração do tenor Michael Kelly, fixada por Mozart.

VI.

Veja-se quão complexo e oscilante foi o fim do século XVIII. É evidente, a quem o estuda, a profunda transformação política do Ocidente trazida pela Revolução Francesa, logo após, aliás, a composição da *canzonetta*. Metastasio foi servidor da Corte de Viena, Poeta Cesáreo (Kaesardichter), enquanto Jean-Jacques Rousseau foi, precisamente, um dos mais relevantes intelectuais aos quais se deve a fundação da ordem contrária, da qual sairia a Revolução. Mas, principalmente, para o que interessa a esta nota, foi um pensador da língua e da música.

Mozart sempre esteve pelas Cortes europeias, notadamente em Viena e em Praga. Mas é verdade, segundo se sabe, que as ideias do Iluminismo chegaram a seu conhecimento e contaram com seu interesse, como se vê, ainda que ligeiramente, em *Idomeneo*, em 1780. Chegou provavelmente a ler Voltaire e Rousseau, mediante a interposição de amigos em comum, que frequentavam o círculo dos *philosophes* de Paris. É provável, mesmo que ideias libertárias respectivas lhe tenham advindo dessas leituras, na formação de sua estética.

Já nosso Basílio da Gama oscilou entre a fuga ao Marquês de Pombal, o déspota esclarecido de Portugal, e sua posterior adesão ao regime pombalino. Foram todos artistas, escritores e poetas. Só o título de poetas é que os faz irmanarem-se na *canzonetta*. É só o que me interessa, aqui. E foi só o que me interessou, até aqui. No caso de Jean-Jacques, embora seu perfil tenha passado à posteridade sobretudo como filósofo da política e da sociedade, figura ele, em nosso presente contexto, como tradutor de um poema, sensibilizado pela sugestão da beleza da expressão linguística.

Completa-se, assim, de diversas formas e provinda de distintas origens, a trajetória dessa pequena canção, que teve tão diferentes motivações em sua origem e em suas traduções e, finalmente, em sua forma musical.

Não poderia imaginar que, de um folheto, colhido ao acaso em uma livraria de antiguidades em Lisboa, pudessem brotar tantas possibilidades.

Se alguém puder provar alguma versão contrária ao que escrevi aqui, no todo ou em parte, não o faça. A história está bem como está.

Pietro Metastasio	**José Basílio da Gama**	**Jean-Jacques Rousseau**
La Libertà A Nice Scritta in Vienna l'anno 1733	A Liberdade Cançoneta de Metastasio	La Liberté
Grazie agl'inganni tuoi, al fin respiro, o Nice, al fin d'un infelice ebber gli dèi pietà: Sento da' lacci suoi, sento che l'alma è sciolta; non sogno questa volta, non sogno libertà. Mancò l'antico ardore, e son tranquillo a segno, che in me non trova sdegno per mascherarsi amor.	Bem hajam teus inganos, O' Nise, em fim respiro No doce meu retiro, Favor que o ceo me fez. Tenho de todo livre O império da vontade: Não sonho liberdade, Não sonho d'esta vez. Cessou o ardor primeiro, E agora socegado Para fingir-me irado Nem acho em mim paixão.	Grace à tant de troraperies, grace à tes coquetteries, Nice, je respire enfin. Mon coeur libre de sa chaîne ne déguise plus sa peine, ce n'eft plus un songe vain. Toute ma flamme est éteinte; sous une colère feinte l' amour ne se cache plus. Qu'on te nomme en ton absence,

Non cangio più colore quando il tuo nome ascolto; quando ti miro in volto più non mi batte il cor. Sogno, ma te non miro sempre ne' sogni miei; mi desto, e tu non sei il primo mio pensier. Lungi da te m'aggiro senza bramarti mai; son teco, e non mi fai né pena, né piacer. Di tua beltà ragiono, né intenerir mi sento; i orti miei rammento, e non mi so sdegnar. Confuso più non sono quando mi vieni appresso; col mio rivale istesso posso di te parlar. Volgimi il guardo altero, parlami in volto umano; il tuo disprezzo è vano, è vano il tuo favor; Che più l'usato impero quei labbri in me non anno; quegli occhi più non sanno la via di questo cor. Quel, ch'or m'alletta, o spiace. se lieto, o mesto or sono,	Não mudo mais de cores, Se ouço o teu nome ausente: Nem mais se estou presente Me bate o coração. Se vive alegre ou triste O gosto ou pena sua, Ja não é culpa tua, Ja não é teu favor. Também sem ti me agrada O prado ou fonte pura; Comtigo a brenha escura Também me causa horror. Olha se eu sou sincero: Ainda te acho bella; Mas já não te acho aquella Que é sem comparação. E falo-te verdade, No lindo rosto e peito Ja te acho algum defeito, Que não te achava então. Quando quebrei teus laços, Olha a fraqueza minha: Julguei que me convinha	Qu'on t'adore en ma présence, mes sens n'en sont point émus. En paix, sans toi je sommeille; tu n'es plus quand je m'éveille le premier de mes désirs. Rien de ta part ne m'agite; je t'aborde, & je te quitte sans regrets, & sans plaisirs. Le souvenir de tes charmes, le souvenir de mes larmes, ne fait nul effet sur moi. Juge enfin comme je t' aime, avec mon rival lui-même je pourrais parler de toi. Sois fîère sois inhumaine, ta fierté n'est pas moins vaine que le serait ta douceur. Sants être ému, je t'écoute, &, tes yeux n'ont plus de route pour pénétrer dans mon coeur.

già non è più tuo dono,	De penas acabar.	D'un mépris, d'une caresse,
già colpa tua non è:	Mas para ter descanço,	Mes plaisirs, ou ma tristesse
Che senza te mi piace la selva, il colle, il prato;	Para emendar taes erros,	ne reçoivent plus la loi
ogni soggiorno ingrato m'annoia ancor con te.	Para fugir de ferros Tudo se deve obrar.	Sans toi j'aime les bocages;
Odi, s'io son sincero; ancor mi sembri bella, ma non mi sembri quella,	Se acordo, o pensamento Já hoje em ti não ponho;	l'horreur des antres sauvages peut me déplaire avec toi.
che paragon non à.	Já cada vez que en sonho	Tu me parais encor belle;
E (non t'offenda il vero) nel tuo leggiadro aspetto	Não te costumo ver. Ausente de teus olhos Na idéa não te pinto;	mais, Nice, tu n'es plus celle dont mes sens sont enchantés.
or vedo alcun difetto, che mi parea beltà.	Perto de ti não sinto Nem pena, nem prazer.	Je vois, devenu plus sage, des défauts sur ton visage,
Quando lo stral spezzai, (confesso il mio rossore)	Lembra-me o teu semblante D'elle não faço conta;	qui me semblaient dei beautés.
spezzar m'intesi il core, mi parve di morir.	Lembra-me a minha affronta; E não me posso irar.	Lorsque je brisai ma chaîne, Dieu, que j'éprouvai de peine,
Ma per uscir di guai, per non vedersi oppresso,	Confuso á tua vista Não fico a cada instante;	Hélas, je crus en mourir.
per racquistar se stesso tutto si può soffrir.	Com o teu novo amante Posso de ti falar.	Mais quand on a du courage, pour se tirer d'esclavage,
Nel visco, in cui s'avvenne quell'augellin talora,	Móstra-me agrado ou ira:	que ne peut-on point souffrir?
lascia le penne ancora, ma torna in libertà:	Mas vê que é n'este estado	Ainsi du piége pérfide, un oiseau simple, &
Poi le perdute penne in pochi dì rinnova; cauto divien per prova né più tradir si fa.	Perdido o teu agrado Perdido o teu rigor. Não fazem os teus olhos	timide

So che non credi estinto in me l'incendio antico, perché sì spesso il dico, perché tacer non so: Quel naturale istinto, Nice, a parlar mi sprona, per cui ciascun ragiona de' rischi che passò. Dopo il crudel cimento narra i passati sdegni, di sue ferite i segni mostra il guerrier così. Mostra così contento schiavo, che uscì di pena, la barbara catena, che strascinava un dì. Parlo, ma sol parlando me soddisfar procuro; parlo, ma nulla io curo che tu mi presti fe Parlo, ma non dimando se approvi i detti miei, né se tranquilla sei nel ragionar di me. Io lascio un'incostante; tu perdi un cor sincero; non so di noi primiero chi s'abbia a consolar. So che un sì fido amante non troverà più Nice; che un'altra ingannatrice è facile a trovar.	Em mim o antigo effeito; Não achas o meu peito Disposto em teu favor. O leve passarinho, Que nas manhãs serenas Deixa no visgo as pennas, E foge da prisão: Depois que as pennas todas Renova em breve espaço Brinca em redor do laço Em outra occasião. Não julgas apagado Em mim o incêndio antigo, Porque a miúdo o digo, Porque o não sei calar. E' natural instincto E nas tormentas duras Suavisa as desventuras O gosto de as contar. Da sorte que o guerreiro, Si acaso sahe com vida, Mostra a cruel ferida E conta o que passou. Da sorte que o cativo, Que esteve em grilhões prezo, Mostra contente o pezo	avec effort échappé, Au prix des plumes qu'il laisse, prend des leçons de sagesse, pour n'être plus attrapé. Tu crois que mon coeur t'adore, voyant que je parle encore des soupirs quê j'ai poussés. Mais tel au port qu'il désire, le nocher aime à redire les périls qu'il a passés. Le guerrier convert de gloire se plaît, après la victoire, à raconter ses exploits; Et l'esclave, exempt de peine, montre avec plaisir la chaîne qu'il a traînée autrefois. Je m'exprime sans contrainte, je ne parle point par feinte, pour que tu m'ajoutes foi; Et quoi que tu puisses dire, je ne daigne pas m'instruire comment tu parles de moi. Tes appas, beauté trop vaine,

Dos ferros que arrastou.
Supporto que em ti fale,
Não sei si és viva ou morta
Falo, mas não me importa
Si tu me crês ou não.
Falo, mas não pergunto
Si approvas o que digo
Nem si ao falar comigo
Terás perturbação.
Perdes por inconstante
O amor mais verdadeiro;
Não sei de nós primeiro
Quem se ha de consolar.
Eu sei que um firme amante
Não se acha a toda a hóra;
Uma alma enganadora
E' fácil de encontrar

ne te rendront pas sans peine
un aussi fidèle amant.
Ma perte est moins dangereuse,
je sais qu'une autre trompeuse
se trouve plus aisément.

No Rancho Fundo, de Ary Barroso, com letra de Lamartine Babo

José Carlos Magalhães

É madrugada de 21 de novembro. Fico a ver da janela a escuridão noturna em rotina eterna de milhões de anos, interrompida na rua por esparsas luzes solitárias do alto de postes a iluminar o nada abaixo delas. Essa visão noturna é acompanhada pelo som da música e a letra de *No Rancho Fundo*. Dela vem uma melancolia que me atinge. Faz lembrar de Antonio Teixeira, amigo de juventude, ao dizer que ia para casa ouvir música no escuro para "puxar angústia". Era época do auge das músicas de Dolores Duran (*A noite de meu bem* e *Fim de caso*) e outras cantadas por Maysa, pungentes e tristes, e dos *souls* do jazz americano.

Ouço-a agora em um vídeo da feira de artesanato na cidade de Areias, São Paulo. Um violeiro a cantá-la melancolicamente, poucas pessoas no pátio de terreno cedido pela prefeitura, sem prestar-lhe atenção, mas a ouvi-la sem o perceber e sem se deterem. Continuam a andar lentamente em meio a barracas com objetos à venda, expostos por sitiantes da região. É uma tarde meio nublada de sábado de primavera fresca, o ócio vespertino a convidar a andanças descontraídas em praças centrais da pequena cidade. É intervalo de começo de fim de semana para o descanso dos trabalhos rurais. O violeiro solitário, com o violão preso ao peito, canta para distrair pessoas a vagar para lá e para cá, algumas paradas conversando descontraidamente, outras examinando objetos expostos, a música ao fundo enfeitando o fim da tarde, quase ao pôr do sol. O alaranjado do céu mostra os últimos raios resistentes ao anoitecer, pondo colorido especial ao entardecer primaveril. Poucos prestam atenção ao momento, acostumados à beleza das tardes de primavera e ao crepúsculo a anunciar a proximidade da escuridão noturna, que logo encobrirá os morros que circundam a cidade.

A música provoca nostalgia. A letra fala de saudade e de solidão, da lua, do morro distante do mundo, dos pássaros internados em seus ninhos, da namorada que se foi, do sonho frustrado e do rancho que ficou grande para o moreno solitário. A gravação do quadro ouvida em madrugada insone faz brotar momentos que deixaram marcas e afloram lembranças de vida soterradas no inconsciente.

Vejo a data da gravação e me surpreendo: 21 de novembro. Coincidência? Há quase trinta anos, nesse mesmo dia, a vida me pregou peça amarga e a mudou de rumo. A ruptura provocada pela morte deixou cicatrizes não esmaecidas, mesmo após tanto tempo e tantos acontecimentos. Ficou presa no inconsciente para sempre, na lembrança dos filhos e no imaginário dos netos, frutos da união precocemente desfeita pela vida. A morte é sempre precoce, nunca é tardia.

A letra e a melodia fazem um todo e se completam:

> *No rancho fundo*
> *Bem pra lá do fim do mundo*
> *Onde a dor e a saudade*
> *Contam coisas da cidade*
> *No rancho fundo,*
> *De olhar triste e profundo*
> *Um moreno canta as mágoas*
> *Tendo os olhos rasos d'água*
> *Pobre moreno que de noite no sereno*

NO RANCHO FUNDO, DE ARY BARROSO, COM LETRA DE LAMARTINE BABO

Espera a lua no terreiro,
Tendo um cigarro por companheiro
Sem um aceno
Ele pega na viola
E a lua por esmola
Vem pro quintal
Desse moreno
No rancho fundo
Bem pra lá do fim do mundo
Nunca mais houve alegria
Nem de noite, nem de dia
Os arvoredos já não contam
Mais segredos
E a última palmeira
Já morreu na cordilheira
Os passarinhos
Internaram-se nos ninhos
De tão triste esta tristeza
Enche de trevas a natureza
Tudo porque, só por causa do moreno
Que era grande, hoje é pequeno
Pra uma casa de sapê
Se Deus soubesse da tristeza lá da serra
Mandaria lá pra cima
Todo o amor que há na terra
Porque o moreno
Vive louco de saudade
Só por causa do veneno
Das mulheres da cidade
Ele que era
O cantor da primavera
E que fez do rancho fundo
O céu melhor que tem no mundo

Se uma flor desabrocha
E o sol queima
A montanha vai gelando
Lembra o cheiro da morena

A magia da composição faz cada ouvinte imaginar o quadro à sua maneira, com os componentes pessoais de cada um. É a genialidade do compositor, Ary Barroso, responsável por outras tantas músicas que o tornam um dos maiores compositores brasileiros. A *Aquarela do Brasil* é uma delas. Serviria bem para ser o verdadeiro e puro hino nacional, tal a beleza da obra e o otimismo e a alegria que inspiram. Retrata a vivacidade do povo brasileiro. Locutor esportivo, uma de suas muitas qualidades, a deixar transparecer na narração de partidas de futebol sua paixão pelo esporte e pelo seu clube, escondia a grande verve de músico e de artista.

Lamartine Babo, por sua vez, encantado pela melodia, ouvida em teatro com outra letra, que não apreciou, não titubeou em substituí-la, mesmo sem autorização do autor. A versão original fora redigida por J. Carlos, sob o título "Grota Funda". A preterição de sua letra pela de Lamartine Babo, aceita por Ary Barroso, causou o rompimento da amizade antiga. A letra de Lamartine Babo encaixa-se à perfeição à melodia, provocando emoção, efeito que somente os grandes artistas conseguem. A interpretação da dupla Chitãozinho & Chororó tornou-a célebre.

No Rancho Fundo pode ser considerada um clássico da música popular brasileira de todos os tempos, ao lado de *Odeon*, de Ernesto Nazareth, e *Tico-tico no fubá*, de Zequinha de Abreu, ambas de difícil execução no violão, como constatei tempos atrás, ao me aventurar nessa seara. Na mesma linha estão *Carinhoso*, de Pixinguinha, *Ave Maria no morro* de Herivelto Martins e todas as de Noel Rosa, de *Conversa de botequim*, passando por *Palpite Infeliz*, até *Feitiço da vila*, ou *Asa branca* de Luiz Gonzaga. Da mesma forma, despontam as músicas de Chico Buarque de Hollanda, *Construção*, *Roda Viva*, *Cálice*, dentre outras, de Edu Lobo e suas parcerias, de que resultaram *Arrastão* e *Ponteio*, além de Vinicius de Moraes e Tom Jobim, ambos a marcarem época na música brasileira. A esse rol extenso, pode-se acrescentar Adoniran Barbosa, com *Trem das onze*, *Saudosa maloca* e *Samba do Arnesto*, sambas paulistanos urbanos típicos, a indicar que, mesmo na cidade industrial árida, a poesia e a música perpassam a população.

    Esse conjunto de compositores mostra quão rico é o quadro de artistas brasileiros na área da música, nascidas populares e transformadas em clássicos, como, certamente, foram as de Mozart, em tempos longínquos, ouvidas com encanto mais de duzentos anos depois. É a eternidade da arte retratada na música, a despertar emoções e sentimentos represados.

Shine on you crazy diamond, Pink Floyd

José Gabriel Assis de Almeida[1]

Introdução

Em 1975, o mundo era muito diferente do que é hoje. Os anos 1970 foram a despreocupada e alegre continuação e o aprofundamento feliz das evoluções sociais dos anos 1960. Se os anos 1960 foram os do festival de música de Woodstock, dos Beatles, da minissaia de Mary Quant, do biquíni de Ursula Andress no filme de James Bond, *007 contra o Satânico Dr. No*, e de tantos outros exemplos, os anos 1970 — apesar de uma conjuntura política e econômica complicada (Guerra Fria, Guerra do Vietnã, guerras coloniais, fome na África, ruptura do padrão ouro nos Estados Unidos, primeiro e segundo choque do petróleo) — foram interessantíssimos do ponto de vista cultural, principalmente musical.

É a época psicodélica, de certa inocência com relação às drogas (expresso no filme *Laranja mecânica*, de Stanley Kubick, de 1971) e ao sexo (retratado no livro *A mulher do próximo: Uma crônica da permissividade americana nas décadas de 1960 e 1970*, de Gay Talese).

Nesta década, o grupo inglês Pink Floyd lança dois discos icônicos: *Dark Side of the Moon*, em 1973, e, logo em seguida, *Wish You Were Here*, em 1975. O primeiro álbum catapultou a banda para a fama mundial. O segundo álbum tornou sua reputação incontestável.

1. A história ou as histórias em torno de "Shine on you crazy diamond"[2]

Pink Floyd foi uma banda formada em 1965, na Inglaterra, por Syd Barrett (guitarra e voz), Nick Mason (bateria), Roger Waters (baixo e voz), Richard Wright (teclado e voz) e Bob Klose (guitarra, que acabou por deixar o grupo ainda em 1965).

Em 1967, o comportamento de Syd Barret — o líder da banda e principal compositor — havia se tornado cada vez mais imprevisível, causado por uma mistura de depressão ou esquizofrenia com o uso (ou abuso) de drogas psicodélicas então na moda, como o LSD. É antológica a brincadeira, consciente ou decorrente de uma mente já afetada, feita por Syd Barret com o resto do grupo em torno da música "Have you got it?". Tratava-se de uma composição simples, escrita por Barret; porém, quando a banda foi ensaiá-la, os demais integrantes encontraram grande dificuldade em compreender e tocar a música, até perceberem que Syd Barret mudava constantemente a composição, falando "Have you got it?" [Entenderam?], zombando dos seus colegas.

Para tentar remediar esse comportamento e melhorar a estrutura do grupo, no final de 1967, David Gilmour, um colega de Syd Barret dos tempos de escola, juntou-se à banda. Em 1968, Syd Barrett deixou o Pink Floyd, seguiu carreira solo por algum tempo, mas, pouco depois, refugiou-se no que seria o seu mundo próprio, retirando-se do convívio social.

Não obstante, Syd Barret permaneceu no Pink Floyd, só que de forma não física. Foi ele a grande inspiração para a música "Shine on you crazy diamond", do álbum *Wish You Were Here*.

Aqui cabe uma explicação. O primeiro álbum conceitual do grupo *Dark Side of the Moon*, foi um enorme sucesso artístico e comercial.[3] Porém, a banda estava à procura de algo mais. David Gilmour teria feito algumas críticas com relação ao disco:[4] "*One or two of the vehicles carrying the ideas were not as strong as the ideas that they carried. I thought we should try and work harder on marrying the idea and the vehicle that carried it, so that they both had an equal magic… It's something I was personally pushing when we made Wish You Were Here."*

No entanto, o álbum e a turnê de 1974, que se seguiu ao lançamento de *Dark Side of the Moon*, haviam deixado o grupo muito esgotado física e emocionalmente. Era um difícil desafio manter o nível para o próximo disco...

Durante a referida turnê, a banda rascunhou algumas músicas, entre as quais "Shine on you crazy diamond", que foram tocadas em diversos espetáculos.

Quando os músicos foram para o estúdio, entre janeiro e julho de 1975, a fim de gravar o disco seguinte, a inspiração demorava a vir. Como já foi descrito,[5] após algum tempo, Roger Waters começou a pensar em outro conceito, a partir das canções que haviam sido rascunhadas durante a turnê do ano anterior, entre elas "Shine on you crazy diamond", que se tornou uma das composições centrais do novo álbum.

A frase de abertura da música teria sido encontrada por acaso por David Gilmour, mas teria entusiasmado Roger Waters, a quem lembrava a figura de Syd Barret. A canção acabou dividida em duas partes, entremeadas por "Welcome to the machine" e "Have a cigar".

A presença de Syd Barret em "Wish you were here" e "Shine on you crazy diamond" não foi apenas espiritual. Em 5 de junho de 1975, quando as gravações do disco já se encaminhavam para o fim, um fisicamente irreconhecível Syd Barret apareceu no estúdio causando emoção. Roger Waters é citado como tendo dito:

> *I'm very sad about Syd. Of course he was important and the band would never have fucking started without him because he was writing all the material. It couldn't have happened without him but on the other hand it couldn't have gone on with him. "Shine On" is not really about Syd – he's just a symbol for all the extremes of absence some people have to indulge in because it's the only way they can cope with how fucking sad it is, modern life, to withdraw completely. I found that terribly sad.*[6]

O autor destas linhas carece de conhecimentos musicais suficientes para tratar da música, melodia, composição ou dos arranjos e, muito menos, tem competência para converter música em palavras ou palavras em música. Porém, se fosse possível traduzir a palavra "saudade" em melodia, essa tradução corresponderia, certamente, à melodia de *Shine on you crazy diamond*. A música não é triste e não trata da doença de Syd Barret, mas aborda a sua "não preenchida presença" na vida da banda.

2. Mas, afinal, o que "Shine on you crazy diamond" tem a ver com o direito?

A beleza da melodia é igualada pela elegante simplicidade da letra. Trata-se de um lindo poema e uma magnífica homenagem a um amigo. A letra tem sido interpretada de diversas maneiras, e há inúmeros fóruns na internet em que, até hoje, o seu significado é discutido.[7]

Este texto — sem negar a homenagem a Syd Barret — gostaria de propor uma enésima leitura possível da música: a do empreendedorismo e do direito que o acompanha.

A música menciona diamantes que brilham e olhos opacos como buracos negros; o fogo cruzado entre a infância e o estrelato; aquele que é desconhecido e aquele que se torna uma lenda; aquele que procurou alcançar o segredo cedo demais e chorou para a Lua; o que é ameaçado pelas sombras à noite, mas fica exposto à luz; o sonhador e o visionário.

O final da música é particularmente bonito, pois há a invectiva ao descanso depois do trabalho: "Vamos gozar a vida à sombra dos triunfos passados e navegar na brisa de aço", o reconhecimento de que se pode ser, concomitantemente, "vencedor e perdedor" e a chamada final para que o "minerador da verdade e da ilusão da verdade" brilhe como um diamante.

Em resumo, a música aborda altos e baixos, sucessos e insucessos, alegrias e tristezas, esperanças e desilusões.

Esse é o grande ensinamento para a atividade empresária e o direito de empresa. A atividade empresária é feita de momentos bons e momentos ruins, de conquistas e fracassos, de vitórias e derrotas. E cabe ao direito de empresa dar estrutura jurídica a essa oscilação entre a maré baixa do erro e a maré alta do acerto.

Dito de outra forma, a atividade empresária é o risco. E o objetivo deste texto — inspirado na música "Shine on you crazy diamond" — é propor uma releitura do direito de empresa à luz do risco.

Desde o seu surgimento na Idade Média e durante muitos séculos, o direito comercial foi o direito dos comerciantes (item 3). Com a Revolução Francesa, passou a ser o direito da atividade comercial (item 4). A Revolução Industrial misturou os conceitos, transformou o direito comercial em direito de empresa e levou a uma grande confusão (item 5). A solução para a crise conceitual do direito de empresa parece ser, exatamente, o conceito de risco, presente em "Shine on you crazy diamond" (item 6).

3. O DIREITO DE EMPRESA COMO O DIREITO DOS COMERCIANTES

O comércio é uma atividade ancestral, mas, por motivos históricos e sociológicos, o direito comercial apareceu apenas na Idade Média.[8]

Após a queda do Império Romano do Ocidente, as invasões dos bárbaros assolaram a Europa.[9] A resposta e a forma de resistir a esses ataques violentos[10] foi o feudalismo. Em troca de proteção do senhor feudal, as pessoas a ele se submetiam. O senhor feudal tinha a obrigação legal e moral de proteger os que lhe prestavam vassalagem. Em contrapartida, o vassalo obrigava-se a trabalhar em prol do senhor feudal.

A paz conquistada com o fim das invasões bárbaras trouxe prosperidade, com um aumento da produção dos bens. Nos feudos foram surgindo excedentes que precisavam ser escoados para outros feudos. Os comerciantes passaram, então, a promover a venda desses excedentes em outros feudos.[11]

Esse comércio apresentou dois problemas: o primeiro era a existência de diferentes normas em cada feudo. Eis que cada senhor feudal tinha o poder de editar as normas a vigorar nos seus domínios. O segundo era a inadequação das normas às necessidades da atividade comercial. Com efeito, as regras feudais eram, fundamentalmente, destinadas a resolver problemas criminais, de propriedade ou de família (apesar de estas serem tratadas no âmbito do direito canônico). E os problemas que os comerciantes precisavam resolver eram de ordem prática: a qualidade da mercadoria vendida, o prazo de entrega da mercadoria, o valor devido por um ao outro etc.[12]

Em face do vazio da ordem jurídica senhorial, os comerciantes adotaram determinadas práticas, que se tornaram reiteradas, e passaram a ser vistas, por eles, como obrigatórias.[13] Surgiu assim a norma comercial consuetudinária, a *lex mercatoria*.[14] Esse caráter consuetudinário do direito comercial persiste até hoje e pode ser demonstrado por dois exemplos. O primeiro refere-se aos Incoterms®, verdadeiras cláusulas contratuais dos contratos internacionais de compra e venda de mercadorias, cujos conteúdo e alcance são definidos pela ICC (Câmara de Comércio Internacional), órgão associativo das entidades nacionais de empresários, e não por leis nacionais ou por tratados.[15] O segundo exemplo é o art. 8º, inciso VI, da Lei nº 8.934/94, sobre o Registro Público de Empresas Mercantis, que atribuiu às Juntas Comerciais a incumbência do assentamento dos usos e das práticas mercantis. O art. 50, § 6º, da lei anterior (Lei nº 4.726/65) reconhecia o caráter obrigatório destes costumes mercantis: "§ 6º. Somente 3 (três) meses após a publicação tornar-se-á obrigatório, quando for o caso, o uso ou prática mercantil."

Pelo seu DNA, o direito comercial — antecessor do direito de empresa — era, portanto, um direito de comerciantes e não um direito da atividade comercial. Um segundo fato contribuiu, de forma decisiva, para isso. Com o passar do tempo, os comerciantes reuniram-se em guildas ou corporações, normalmente organizadas por tipo de mercadoria vendida. A qualidade de comerciante passou a ser definida pela participação em uma corporação. Era comerciante aquele que pertencesse a esta ou àquela corporação. E pertencer a uma corporação significava obedecer a suas normas consuetudinárias.[16]

Assim, o direito comercial definia-se por um eixo vertical, a partir da figura do sujeito. O direito comercial era o direito do comerciante. O direito comercial aplicava-se ao comerciante e, por derivação, a suas atividades profissionais. E comerciante era aquele que estava matriculado em uma corporação. O campo subjetivo e objetivo do direito comercial era definido pela figura do comerciante. Fechava-se o círculo, sem maiores preocupações conceituais.

4. O DIREITO DE EMPRESA COMO O DIREITO DA ATIVIDADE EMPRESÁRIA

Esse sistema estruturado, equilibrado e sólido, vigorou por mais de dez séculos, até que foi brutalmente rompido pela Revolução Francesa de 1789. É conhecido o lema revolucionário: Liberdade, Igualdade e Fraternidade. A liberdade e a igualdade tiveram eco, também, na vida dos comerciantes e do direito comercial.[17]

No decorrer dos séculos, as corporações tinham se transformado de aguerridas associações para a promoção dos negócios dos comerciantes em organizações de manutenção de privilégios. No decorrer dos séculos, os comerciantes haviam conseguido impor a participação das corporações como obrigatória para o exercício de uma atividade comercial. Somente poderia ser comerciante em determinada mercadoria aquele que estivesse matriculado na corporação correspondente (e subordinado às regras por ela adotadas). Em decorrência, o lugar (ou a cadeira) nas corporações de comerciantes era comprado e vendido por valor tantas vezes maior quanto fosse o benefício esperado pela comercialização daquela mercadoria. A tal ponto que os lugares nas corporações passaram a ser alugados ou delegados.[18]

Esse monopólio teve o resultado de todos os monopólios: a ineficiência e o encarecimento das mercadorias vendidas. Era preciso combater a situação, restaurando a liberdade e a igualdade. Isso foi feito por meio da chamada *loi d'Allarde* (do nome do seu relator na assembleia constituinte, Pierre Allarde), datada de 2 e 17 de março de 1791, que suprimiu as corporações e criou o princípio da liberdade de comércio e indústria, determinando "*Il sera libre à toute personne de faire tel négoce ou d'exercer telle profession, art ou métier qu'elle trouvera bon*".[19] A *loi d'Allarde* foi completada pela *loi Le Chapelier* (decreto da assembleia constituinte relatado por Isaac Le Chapelir), datada de 17 de junho de 1791, que confirmou a extinção de todas as corporações no seu art. 1º: "*L'anéantissement de toutes espèces de corporations des citoyens du même état ou profession étant une des bases fondamentales de la constitution française, il est défendu de les rétablir de fait, sous quelque prétexte et quelque forme que ce soit*".[20]

A consequência foi a necessidade de reinventar o fundamento do direito comercial. Não existindo mais corporações, tornou-se difícil identificar quem era comerciante. E sendo difícil identificar o comerciante, tornou-se complicado definir o campo de aplicação subjetivo e objetivo do direito comercial. A que pessoas se aplicava o direito comercial? A que atividades se aplicava o direito comercial?

A solução, diga-se de passagem, brilhante, foi modificar o eixo do direito comercial. Passou-se de um direito vertical para um direito horizontal. O campo de aplicação do direito comercial deixou de ser definido pela figura de quem praticava a atividade, para ser definido pela natureza da atividade. Surgiu, assim, a teoria dos atos de comércio, consagrada no Código Comercial francês de 1807, que se seguiu ao Código Civil francês de 1804. Note-se o curto prazo de 16 anos[21] entre a *loi d'Allarde* e o Código Comercial...

O art. 1º do Código Comercial francês definia o comerciante como aquele que exercia o ato de comércio (e não mais como aquele que estava matriculado em tal ou qual corporação). E o art. 632 — aliás na parte do código relativa à jurisdição comercial — definia o ato de comércio como toda a compra de mercadorias para revenda, seja *in natura*, seja após terem sido "trabalhadas".[22] Na mesma linha veio o Código Comercial brasileiro de 1850, cujo art. 4º determinava:

> Ninguém é reputado comerciante para efeito de gozar da proteção que este Código liberaliza em favor do comércio, sem que se tenha matriculado em algum dos Tribunais do Comércio do Império, e faça da mercancia profissão habitual [...].

Praticar atos de mercancia[23] era o que definia o comerciante e, por tabela, o direito comercial.

A teoria foi sendo aperfeiçoada até que, no início do século XX, o ato de comércio era definido como o ato de intermediação, praticado com habitualidade e intuito de lucro. A esse ato de comércio por natureza somavam-se o ato de comércio por conexão (aquele que, apesar de não preencher as características do ato de natureza, era praticado pelo comerciante no âmbito e para os fins de sua atividade comercial por natureza) e o ato de comércio por definição legal (aquele que a lei determinava ser comercial).

Essa teoria é de extraordinária beleza jurídica, pois é simplicíssima. Curta, de fácil compreensão e muito eficaz para o fim a que se destina: definir o elemento distintivo do direito comercial com relação aos demais direitos.

5. O DIREITO DE EMPRESA COMO O DIREITO DA EMPRESA

Se uma revolução fez surgir a teoria do ato de comércio, outra revolução a fez perecer, ainda que lentamente. Com efeito, a Revolução Industrial levou à morte a teoria dos atos de comércio. É curioso constatar que a Revolução Francesa e a Revolução Industrial são praticamente contemporâneas, uma na França, e outra no Reino Unido. No entanto, os efeitos da Revolução Industrial somente se fizeram sentir, no direito comercial, no início do século XX, pois a transição de uma produção manufaturada para uma produção industrializada só se acentuou do meio para o fim do século XIX.[24]

A progressiva industrialização da economia trouxe um novo problema para o direito comercial. Até então, havia uma clara simetria entre as atividades econômicas e as normas de regência. A atividade fundiária era regida pelo direito civil; a atividade comercial, pelo direito comercial.

Aliás, é de notar que, como o direito reflete a sociedade, esta divisão correspondia também a uma divisão social: a nobreza, cuja riqueza assentava no campo, usava o direito civil para os seus negócios; a burguesia, cuja fortuna vinha do comércio, usava o direito comercial. Nem mesmo no direito as classes sociais se misturavam.

Essa distinção entre as atividades econômicas, cada uma com o seu direito de regência, viu-se confrontada pela atividade industrial. Como classificar esta novel atividade? A rigor, não no campo do direito comercial, pois a atividade industrial não é uma mera intermediação, eis que implica a transformação da matéria-prima. Porém, o direito civil, que regia a atividade fundiária, transformadora na sua essência (o proprietário rural vende algo diferente do que planta, pois não vende as sementes, mas o produto agrícola), era totalmente inadequado à atividade industrial, que queria gozar dos privilégios do direito comercial, como, por exemplo, o de falir.[25]

Em paralelo, novas preocupações jurídicas apareceram para tratar de questões específicas, como o livre mercado (o direito da concorrência) e o consumo não profissional (o direito do consumidor). Esses novos ramos do direito acentuaram a evidência: era totalmente irrelevante saber se a atividade em causa era agrícola, comercial, industrial ou de serviços. O importante é que se tratasse de uma atividade com conteúdo econômico e que pudesse afetar o mercado ou o consumidor. A fronteira entre a atividade comercial e as demais atividades econômicas tornou-se, a cada dia, mais artificial. Era preciso reinventar o fundamento teórico do direito comercial!

Essa reinvenção foi mais profunda do que inicialmente poderia se cogitar. Não apenas se reinventou o fundamento, mas se refundou o direito comercial! O fundamento deste ramo do direito deixou de ser o comércio e passou a ser a empresa. O próprio direito foi renomeado, de direito comercial para direito de empresa ou direito empresarial.

A teoria do ato de comércio foi substituída pela teoria da empresa. A grande mola propulsora desta nova teoria foi o Código Civil italiano de 1942, com a redação do art. 2.082: "É empresário quem exerce profissionalmente atividade econômica organizada para o fim da produção ou troca de bens ou de serviços."

Aqui no Brasil ficou famosa a teoria dos perfis da empresa, lançada por Alberto Asquini, na Itália, em 1942.[26] Essa teoria assentava o direito comercial em quatro perfis que permitiram a esse ramo do direito apreender o fenômeno econômico e social que pretendia regulamentar: o perfil subjetivo (a empresa como o empresário), o perfil funcional (a empresa como atividade empresária), o perfil patrimonial e objetivo (a empresa como patrimônio e como estabelecimento) e o perfil corporativo (a empresa como instituição).

O art. 966 do Código Civil brasileiro de 2002 — que, apesar de ter sido promulgado no início do século XXI, tem raiz teórica e ideológica nas discussões jurídicas do direito comercial dos anos 1950 e 1960 (eis que a parte do projeto do código relativa ao direito de empresa é do início dos anos 1970) — adotou essa teoria,[27] reproduzindo-a, com cega fidelidade canina: "Considera-se empresário quem exerce profissionalmente atividade econômica organizada para a produção ou a circulação de bens ou de serviços."[28]

Em que pese toda a genialidade de Asquini[29] e de muitos outros autores que procuraram dar-lhe um formato, a teoria da empresa enquanto fundamento do direito de empresa estava fadada ao insucesso. Não apenas porque "empresa" é um conceito totalmente incerto[30] e não unívoco[31] (o que é mortal para qualquer conceito que se pretende científico), mas, sobretudo, porque é um conceito insuficiente para explicar o que é a atividade empresária, o empresário e o direito de empresa.

Um exemplo simples basta para demonstrar o defeito conceitual da teoria da empresa: de acordo com a definição de empresa, usada no art. 2.082 do Código Civil italiano e no art. 966 do Código Civil brasileiro, o funcionário de uma loja de roupas é um empresário. Com efeito, esse empregado exerce profissionalmente (a sua profissão é ser empregado de loja) uma atividade econômica organizada para a circulação de bens (a venda de roupas a clientes da loja).

O senso comum reconhece que tal funcionário não é um empresário. É claro, portanto, que falta um elemento essencial, o elemento verdadeiramente diferenciador da atividade empresária e do empresário com relação aos outros.

6. O direito de empresa como o direito do risco e a música "Shine on you crazy diamond"

Esse elemento essencial, porém, ausente nas teorias anteriores, é o risco. Nem o conceito de comerciante, nem o de atividade comercial, nem o de empresa explicitaram o risco como elemento fundamental. Ora, o que caracteriza a atividade empresária e o empresário é o risco. A atividade empresária é o risco incorrido no exercício da atividade econômica. O empresário é aquele que corre o risco do exercício da atividade econômica.[32]

Colocado o risco como elemento essencial da teoria, o exemplo dado no item 5 anterior passa a fazer todo o sentido. O que diferencia o empregado da loja de roupas do empresário é que o primeiro não corre o risco da atividade que exerce, já o segundo assume o risco decorrente da venda das roupas. O funcionário receberá seu salário, de valor determinado, ao fim do mês. O empresário não sabe quanto receberá ao fim do mês, pois pode ter lucro ou prejuízo.

O direito de empresa deixa de ser o direito do comerciante, o direito da atividade comercial ou o direito da empresa, para ser o direito do risco da atividade econômica. E não faz mais sentido distinguir entre as atividades fundiária, comercial, industrial ou de serviços, pois quando houver risco em todas elas, haverá atividade sujeita ao direito de empresa.

É extraordinário verificar que o risco como elemento essencial da atividade empresária sempre esteve presente na história do direito comercial, apesar de a ele ter-se dado pouca atenção.

Por exemplo, a falência só existe em razão do risco ao qual estavam expostos os comerciantes. Cabe lembrar que, até há não tanto tempo assim — se considerada a história da civilização — a responsabilidade era pessoal.[33] Aquele que não pagasse uma dívida respondia pelo débito com o seu próprio corpo.[34] Acresce que a responsabilidade se estendia à família do devedor. Essa situação representava um forte desincentivo para que alguém resolvesse ser comerciante. A falência foi evoluindo para se tornar uma forma de promover o correto incentivo ao comerciante: em caso de incapacidade de pagamento de suas dívidas, o comerciante exonerava-se de qualquer responsabilidade mediante a entrega aos credores de todos os seus bens.

Outro exemplo é a evolução do direito societário.[35] Os diferentes tipos societários são normalmente analisados sob a perspectiva da reunião de capitais para a realização de um empreendimento. Contudo, a história do direito societário é, na verdade, a história do desejo e da necessidade de limitar o risco.[36] O surgimento de novos tipos societários deveu-se, basicamente, à vontade de o empreendedor pessoa natural limitar sua responsabilidade pessoal, leia-se, reduzir seu risco. Inicialmente, nos primórdios da Idade Média, a atividade comercial era exercida pelo comerciante em nome individual. Tal situação implicava que o comerciante assumia, sozinho, a totalidade do risco da atividade.

Rapidamente surgiu a sociedade em nome coletivo, na qual todos os sócios tinham — como têm até hoje — responsabilidade ilimitada e solidária pelas dívidas da sociedade. Ainda que, hoje, esse tipo de sociedade nos pareça insensato, naquela época era um extraordinário avanço, pois representava a mutualização do risco. O comerciante exercia a atividade em comum com os seus sócios e o risco era repartido entre todos, e todos eram solidariamente responsáveis pelas obrigações sociais.

À sociedade em nome coletivo seguiu-se a sociedade em comandita[37] e a sociedade em conta de participação, nas quais uma categoria de sócio não tinha — como não tem até hoje — qualquer outra responsabilidade além daquilo com que contribui para a sociedade. Dito de outra forma, a sociedade em comandita e a sociedade em conta de participação foram os primeiros modelos de exercício de atividade empresária nos quais era possível limitar o risco.

Por volta do século XVI, surgiu a sociedade anônima, para responder às necessidades de financiar e organizar o comércio com os países distantes, aberto com a viagem inaugural de Vasco da Gama até Calicute, na Índia, onde chegou em 1498, pouco mais de dez meses depois de sair de Portugal. Esse comércio apresentava duas grandes dificuldades: era intensivo em capital e tinha alto risco, em razão dos naufrágios,[38] com a perda das mercadorias e dos investimentos realizados. A solução foi permitir aos interessados — e na primeira linha desses, aos comerciantes — que constituíssem uma sociedade de um novo tipo, no qual absolutamente todos os sócios tinham sua responsabilidade limitada ao montante de sua contribuição. Mediante a limitação do risco, criava-se, assim, o incentivo correto para o exercício da atividade empresária.[39]

Vários séculos se passaram, sobreveio a Revolução Industrial e a necessidade de incentivar os empreendedores, nomeadamente os pequenos e médios, dando-lhes a possibilidade de exercer uma atividade econômica sem correr o risco de perder todo o seu patrimônio em caso de insucesso. Esse modelo societário devia possibilitar ao empreendedor conjugar dois elementos importantes: limitar o seu risco pessoal e exercer pessoalmente a administração do negócio. Nenhum outro tipo societário à disposição do pequeno e médio empreendedor reunia esses dois requisitos.[40] Portanto, a sociedade limitada não surgiu por casualidade; ela nasceu de uma necessidade do mercado. Também não por acaso, a semente desse tipo societário foi lançada, primeiro, no Reino Unido, por ser o berço da Revolução Industrial.[41] Na verdade, o caminho trilhado pelo Reino Unido foi um pouco diferente do da Europa continental: o país optou, primeiro, por uma versão simplificada da sociedade anônima, com a facilitação das formalidades de constituição, por intermédio do *Joint Stock Companies Act*, de 1844, seguido da limitação da responsabilidade dos sócios ao montante da sua contribuição para o capital social, previsto no *Limited Liability Act*, de 1855. As *partnerships* (que têm sido consideradas equivalentes às sociedades limitadas) apareceram só no *Partnership Act*, de 1890.[42] Já na Europa continental, a sociedade anônima continuou reservada aos grandes empreendimentos, e criou-se um tipo verdadeiramente novo: a sociedade por meio da qual todos os sócios limitavam o seu risco, ao mesmo tempo em que podiam administrar o negócio. Esse tipo societário, igualmente não por fruto da sorte, surgiu primeiro na Alemanha — um dos países mais industrializados da Europa e economicamente mais desenvolvidos[43] —, em 1892.

O direito societário é tão interessante que o risco é, também, o elemento caracterizador da sociedade. Só existe sociedade se todos os sócios correm, em conjunto, o risco do empreendimento. Tanto assim que o art. 1.008 do Código Civil brasileiro decretou: "É nula a estipulação contratual que exclua qualquer sócio de participar dos lucros e das perdas." O art. 288 do Código Comercial de 1850 era mais rigoroso, pois fulminava toda a sociedade de nulidade:

> É nula a sociedade ou companhia em que se estipular que a totalidade dos lucros pertença a um só dos associados, ou em que algum seja excluído, e a que desonerar de toda a contribuição nas perdas as somas ou efeitos entrados por um ou mais sócios para o fundo social.[44]

O Brasil vive, atualmente, um momento muito interessante, no qual a atividade econômica está, nitidamente, à procura de um novo fundamento para o direito de empresa. É sinal deste esgarçamento do conceito de empresa a progressiva extensão de institutos de direito de empresa a situações que, a rigor, não cabem no conceito tradicional de empresa.

Um primeiro exemplo é a extensão da possibilidade de associações e sociedades não empresárias pedirem recuperação judicial. A recuperação judicial é um sistema de reorganização da atividade do devedor reservado às empresas. A redação do art. 1º da Lei nº 11.101/05 é de cristalina clareza e não admite interpretações: "Esta Lei disciplina a recuperação judicial, a recuperação extrajudicial e a falência do empresário e da sociedade empresária, doravante referidos simplesmente como devedor." Porém, nos últimos anos, o Poder Judiciário brasileiro — diga-se de passagem, sem grande preocupação com os fundamentos teóricos — aceitou estender a recuperação judicial a hospital,[45] universidade[46] e clube de futebol,[47] todos constituídos sob a forma de associações sem fins lucrativos. Até sociedades cooperativas, cuja lei expressamente determina não serem empresárias,[48] tentaram e obtiveram decisões, ainda que transitórias, admitindo-as na recuperação judicial.[49] Isso significa reconhecer, *ipso facto*, que tais entidades, afinal, são também empresárias e exercem uma atividade empresária.

De igual modo, já se discutiu no Poder Judiciário brasileiro se uma sociedade de advogados não teria as características de sociedade empresária, para fins de apuração de haveres dos seus ex-sócios.[50] Ora, o Estatuto da Advocacia expressamente determina serem tais sociedades não empresárias.[51]

Na mesma linha, já se aceitou a transformação de associações sem fins lucrativos em sociedades empresárias[52] sem haver alteração substancial da sua atividade, o que significa reconhecer que a atividade exercida pela associação era, de fato, uma atividade empresária.

Qual a forma de resolver essa cacofonia conceitual? A solução está em reconhecer que o elemento em comum a todas essas atividades e às pessoas naturais e jurídicas que as exercem é o risco e passar a adotar o risco como o elemento central da teoria do direito de empresa.

Assim, a atividade empresária pode ser conceituada como a atividade econômica exercida sob o risco do sucesso ou insucesso, e o empresário (seja ele individual ou coletivo, isto é, a sociedade, a associação ou outra forma jurídica) é aquele que corre o risco do exercício da atividade econômica. Basta que haja uma atividade econômica e que tal atividade seja exercida mediante a assunção de um risco de sucesso ou insucesso.

Deixam de ser relevantes tanto a natureza dessa atividade (se fundiária, comercial, industrial, de serviços, tecnológica, representativa de profissional liberal, intelectual ou cultural, ou qualquer outra), como a forma sob a qual essa atividade é exercida (diretamente pela pessoa natural ou por meio de empresa individual de responsabilidade limitada, de sociedade — empresária, simples, cooperativa — de associação ou mesmo de empresa pública).

A característica comum à grande multinacional, à pequena padaria, ao gigante plantador de soja, ao autônomo que vende amendoim no sinal de trânsito e à Petrobras é o risco do exercício da atividade econômica.

Afinal, como nos ensina "Shine on you crazy diamond", a vida é o risco, o sucesso e o insucesso, a vitória e a derrota; é viver nas sombras da noite e ser exposto à luz, mas é, sobretudo, brilhar como um diamante louco!

Conclusão

"Shine on you crazy diamond" não tem qualquer relação direta com o direito, e o autor pede desculpas ao leitor se o enganou e o motivou pela curiosidade... Quando David Gilmour, Roger Waters, Nick Mason e Richard Wright gravaram a música, não lhes passou pela cabeça que ela poderia ser lida com um viés empresarial e jurídico.

Isso só prova a genialidade do Pink Floyd, ao criar uma música tão bonita que, se nada tem a ver com o direito, ao menos serviu para mostrar ser possível, com um pouco de imaginação, colocar o direito em qualquer coisa.

Notas

1 Doutor em Direito pela Université Panthéon Assas – Paris II. Professor Adjunto da UERJ e da UNIRIO, Advogado.

2 Para uma referência geral do que aqui se conta e um bom ponto de partida para mais referências sobre o tema, ver: <https://en.wikipedia.org/wiki/Pink_Floyd#CITEREFSchaffner1991>. Acesso em: 3 maio 2021.

3 Segundo dados da Wikipédia, *Dark Side of the Moon* foi um dos álbuns mais vendidos de todos os tempos, figurando em 25º lugar nos Estados Unidos. Permaneceu incríveis 736 semanas na lista da Billboard, entre 1973 e 1988. No Reino Unido, é o 7º lugar nos álbuns mais vendidos de todos os tempos. Disponível em: <https://en.wikipedia.org/wiki/The_Dark_Side_of_the_Moon>. Acesso em: 3 maio 2021.

4 Disponível em: <https://en.wikipedia.org/wiki/Wish_You_Were_Here_(Pink_Floyd_album)#Pink_Floyd>. Acesso em: 3 maio 2021.

5 Ver nota de rodapé 1.

6   WATKINSON, Mike; ANDERSON, Pete. Crazy diamond: Syd Barrett & the dawn of Pink Floyd (Illustrated ed.), Omnibus Press, 2001 (ISBN 0-7119-8835-8), citado em: <https://en.wikipedia.org/wiki/Wish_You_Were_Here_(Pink_Floyd_album)#CITEREFWatkinsonAnderson2001>; a versão em português do livro, com o título *Crazy Diamond*: Syd Barrett & O Surgimento do Pink Floyd, está disponível em e-book na Amazon: <https://www.amazon.com.br/CRAZY-DIAMOND-Barrett-Surgimento-Floyd-ebook/dp/B00L1IPBJ0>. Acesso em: 9 ago. 2021; tradução livre do autor deste texto: "Estou muito triste por causa do Syd. Claro que ele era importante, e a porra da banda nunca teria começado sem ele porque ele estava escrevendo todo o material. Não poderia ter acontecido sem ele, mas, por outro lado, não poderia ter continuado com ele. *Shine On* não é realmente sobre Syd – ela é apenas um símbolo para todos os extremos de ausência que algumas pessoas têm de aceitar, por ser a única maneira de lidar com o quão triste é, na vida moderna, se retirar completamente. Achei isso terrivelmente triste."

7   Ver, por exemplo, <https://www.planckmachine.com/pink-floyd-shine-on-you-crazy-diamond-lyrics-meaning/> e <https://www.lyricinterpretations.com/pink-floyd/shine-on-you-crazy-diamond>. Acesso em: 10 abr. 2021.

8   Para uma ótima narrativa de como o comércio surgiu e se desenvolveu, ver BERNSTEIN, William J. *A Splendid Change. How Trade Shaped the World.* New York: Grove Press, 2008.

9   Ver WERNER, Karl Ferdinand. In: FAVIER, Jean (dir.). *Histoire de France*, vol 1. Les origines. Paris: Fayard, Le Livre de Poche, 1984, cap. VIII.

10 Até hoje, mais de mil anos depois, e a mais de 10 mil km de onde esses fatos se passaram, usamos as palavras "bárbaro" e "vândalo" (esta tem origem no povo germânico, natural da Escandinávia, que invadiu Roma no século V; para uma versão mais divertida, ver GOSCINNY, René; UDERZO, Albert. *Astérix e os normandos*. Rio de Janeiro: Editora Record, 1985.

11 Para um bom resumo do surgimento e da evolução do comércio e do comerciante na Idade Média, ver FAVIER, Jean. *De l'or et des épices*. Naissance de l'homme d'affaires au Moyen Age. Paris: Fayard, 1987, e HEERS, Jacques. *La naissance du capitalisme au Moyen Age.* Paris: Perrin, 2012. Para um panorama mais amplo, ver BRAUDEl, Fernand. *Civilisation matérielle, économie et capitalisme. XVe-XVIIIe siècle.* 3 volumes. Paris: Armand Colin, 1979.

12 Ainda que não especificamente sobre a matéria comercial, vale a pena ver, a propósito da evolução da cultura e do pensamento jurídico europeu, ARNAUD, André-Jean. *Pour une pensée juridique europénne*. Paris: PUF (Presses Universitaires de France), 1991; especificamente sobre o direito

comercial, ver GALGANO, Francesco. *História do direito comercial*. Trad. João Espírito Santos. Lisboa: Editores, s.d.

13 Ver SCHIOPPA, Antonio Padoa. *História do direito na Europa. Da Idade Média à Idade Contemporânea*. São Paulo: Martins Fontes, 2014, p. 124-125.

14 Esta expressão, posteriormente, veio a identificar as normas consuetudinárias aplicadas no comércio internacional, tendo sido cunhada pelo Prof. Berthold Goldman em um artigo de jornal publicado em 1956; ver GOLDMAN, Berthold. *La Compagnie de Suez, société internationale*. Le Monde, 04 de outubro de 1956, p. 3; uma cópia do artigo pode ser encontrada em <https://www.trans-lex.org/9/_/goldman-berthold-le-monde-p-3/> Acesso em: 26 abr. 2021.

15 Ver ICC BRASIL. *Incoterms 2020® Regras da ICC para a utilização de termos de comércio nacional e internacional*. São Paulo: ICC Brasil, 2021.

16 Ver GALGANO, Francesco. *História do direito comercial*. Trad. João Espírito Santos. Lisboa: Editores, s.d.

17 Para uma visão abrangente das consequências da Revolução Francesa sobre o direito na Europa, ver HALPÉRIN, Jean-Louis. *Histoire des droits em Europe. De 1750 à nos jours*. Nova ed. atualizada. Paris: Flammarion – coll. Champs, 2006.

18 Para um razoável e fácil resumo da evolução das corporações, ver: <https://fr.wikipedia.org/wiki/Corporation_sous_le_royaume_de_France#R%­C3%A9glementation_des_corps_de_marchands_au_XVIe_si%C3%A­8cle>. Acesso em: 3 maio 2021.

19 Tradução livre do texto original: "Qualquer pessoa será livre para fazer quaisquer negócios ou para exercer a profissão, arte ou comércio que achar bom."

20 Tradução livre do texto original: "Sendo a extinção de todo o tipo de corporações de cidadãos do mesmo estado ou profissão uma das bases fundamentais da constituição francesa, é proibido restabelecê-las de fato, sob qualquer pretexto e sob qualquer forma."

21 Dezesseis anos pode parecer um prazo não tão curto; esse prazo é, na verdade, curtíssimo, se levado em consideração que, nesse período de tempo, a França passou por uma revolução que, literalmente, subverteu todas as instituições, inclusive o próprio calendário.

22 A redação atual deste artigo, renumerado como artigo L110-1, é: "*La loi répute actes de commerce:*
1° Tout achat de biens meubles pour les revendre, soit en nature, soit après les avoir travaillés et mis en oeuvre".

23 O art. 19, § 1º, do Regulamento 737, de 1850 assim definia a mercancia: "Art. 19. Considera-se mercancia: § 1º A compra e venda ou troca de

effeitos moveis ou semoventes para os vender por grosso ou a retalho, na mesma especie ou manufacturados, ou para alugar o seu uso."

24 A produção mundial levou 120 anos, de 1700 a 1820, para dobrar de tamanho; e demorou apenas 50 anos, entre 1820 e 1870, para dobrar de novo de tamanho e unicamente 40 anos, entre 1870 e 1910, para dobrar de tamanho pela terceira vez. Disponível em: <https://fr.wikipedia.org/wiki/R%C3%A9volution_industrielle#Puissance_agricole_et_industrielle>. Acesso em: 20 abr. 2021. Para uma visão histórica, ver BEAUD, Michel. *Histoire du capitalisme. 1500-2010*. 6. ed. Paris: Éditions du Seuil – collection Points, 2010, em especial capítulos 3 e 4.

25 Havia inúmeras diferenças entre as obrigações e os contratos do direito civil e o direito comercial; para um bom resumo, ver MARTINS, Fran. *Curso de Direito Comercial. Contratos e Obrigações Comerciais*. 19. ed. Rio de Janeiro: Forense, 2019.

26 Ver COMPARATO, Fabio Konder. Perfis da empresa (Alberto Asquini, Profili dell'impresa, in Rivista Commerciale, 1943, v. 41, L) dei Diritto. In: *Revista de Direito Mercantil*, ano XXXV (nova série), vol. 104, outubro-dezembro/1996, p. 109-126.

27 Na verdade, o direito do trabalho já a usava, como se vê no art. 2º da CLT: "Art. 2º – Considera-se empregador a empresa, individual ou coletiva, que, assumindo os riscos da atividade econômica, admite, assalaria e dirige a prestação pessoal de serviço." Ver ALMEIDA, José Gabriel Assis de. A noção jurídica de empresa. In: *Revista de Informação Legislativa Revista de informação legislativa*, v. 36, n. 143, p. 211-229, julho/setembro,1999.

28 O parágrafo único fez a seguinte ressalva: "Não se considera empresário quem exerce profissão intelectual, de natureza científica, literária ou artística, ainda com o concurso de auxiliares ou colaboradores, salvo se o exercício da profissão constituir elemento de empresa."

29 E, na verdade, a teoria proposta por Asquini apenas limitou-se a dar uma nova roupagem a conceitos clássicos do direito comercial tradicional, como os de comerciante (transformado em perfil subjetivo da empresa), de ato de comércio (transformado em perfil funcional da empresa), de estabelecimento (transformado em perfil patrimonial ou objetivo). O único verdadeiramente diferente era o perfil institucional que, mesmo assim, não era inovador, eis que Maurice Hauriou já havia escrito sobre a teoria da instituição, sob a perspectiva do direito público. Ver HAURIOU, Maurice. L'institution et le droit statutaire. In: *Récueil de Législation de Toulouse*, 2e série, T. 11, 1906, p. 134-182, e ainda HAURIOU, Maurice. La théorie de l'institution et de la fondation. Essai de vitalisme social. In: *Cahiers de la nouvelle journée*, n. 4, 1925, p. 2-45.

30 Alguns preferiram chamá-lo de conceito poliédrico.

31 Para além de conteúdo substancialmente incerto, é um conceito de limites variáveis; por exemplo, se uma pessoa começa a exercer a atividade econômica de forma não profissional e depois, aos poucos, começa a exercê-la de forma profissional, é difícil estabelecer, na prática, a data na qual a atividade passou a ser empresária.

32 Para um notável estudo do risco e do seu papel na história, ver BERNSTEIN, Peter L. *Against the Gods: The Remarkable Story of Risk*. Nova York: John Wiley & Sons, Inc, 1996. E-book Kindle.

33 Ver TELLECHEA, Rodrigo; SCALZILLI, João Pedro; SPINELLI, Luis Felipe. *História do direito falimentar. Da execução pessoal à preservação da empresa*. São Paulo: Almedina, 2018, p. 45 e 95.

34 Infelizmente, a interpretação que os tribunais brasileiros têm dado ao art. 139, IV, do Código de Processo Civil, adotando medidas de cunho pessoal (suspensão da CNH, do passaporte etc.) na execução das dívidas não pagas, representa um retrocesso civilizatório, pois a responsabilidade deixa de ser patrimonial, para voltar a ser pessoal.

35 Para uma história não jurídica das sociedades, ver MICKLETHWAIT, John; WOOLDRIGE, Adrian. *A companhia. Breve história de uma ideia revolucionária*. São Paulo: Objetiva, 2003. Para uma divertida paródia, ver GOSCINNY, René; UDERZO, Albert. *Obélix e companhia*. Rio de Janeiro: Editora Record, 1984. Para uma boa visão do direito societário e das suas origens, SALOMÃO FILHO, Calixto. *O novo direito societário. Eficácia e sustentabilidade*. 5. ed. São Paulo: Saraiva, 2019.

36 De louvar o art. 981 do Código Civil brasileiro que foi além da reunião de capitais e referiu a partilha do risco como elemento do conceito jurídico de sociedade: "Celebram contrato de sociedade as pessoas que reciprocamente se obrigam a contribuir, com bens ou serviços, para o exercício de atividade econômica *e a partilha, entre si, dos resultados.*"

37 Para um belo romance que tem como pano de fundo a sociedade em comandita no século XIX, ver MANN, Thomas. *Os Buddenbrook. Decadência de uma família*. São Paulo: Companhia das Letras, 2016. E-book Kindle.

38 Para uma história dos naufrágios, ver PEREIRA, José António Rodrigues. *Grandes naufrágios portugueses 1194-1991: Acidentes marítimos que marcaram a história de Portugal*. Lisboa: A Esfera dos Livros, 2012.

39 Para um relato do sucesso e dificuldades deste tipo de sociedades, ver ROBINS, Nick. *The Corporation That Changed the World: How the East India Company Shaped the Modern Multinational*. 2. ed. E-book Kindle; e BROWN, Stephan R. *Merchant Kings: When Companies Ruled the World, 1600-1900*. 2. ed. E-book Kindle, 2010n.

40 Nas sociedades em comandita e nas sociedades em conta de participação, o sócio com responsabilidade limitada era, obrigatoriamente, excluído da administração da sociedade; a justificativa para isso era, novamente, evitar

o incentivo errado: se as consequências dos atos do sócio administrador (beneficiário da responsabilidade limitada) recaíssem sobre os outros sócios (de responsabilidade ilimitada), o sócio administrador seria estimulado a ser menos cuidadoso no trato dos negócios sociais. Por outro lado, as sociedades anônimas, em que todos os sócios gozavam de responsabilidade limitada, eram restritas aos grandes negócios, com requisitos mínimos de capital e número de sócios, e somente podiam se constituir por autorização do soberano, o que tornava o processo muito mais complicado e burocrático, deixando este tipo societário fora do alcance do pequeno e médio empreendedor.

41 John Stuart Mill foi um dos defensores da limitação do risco nas *partnerships*. Ver MILL, John Stuart. *Political Economy*. 7. ed. Londres: Longmans, Green, Reader and Dyer, 1871, reimpressão, em especial vol. 2, Livro V, Capítulo IX, §§ 5, 6 e 7.

42 Ver BURDICK, Francis M. Limited Partnership in America and England. In: *Michigan Law Review*. May, 1908, vol. 6, nº 7 (May, 1908), p. 525--532. Disponível em: <https://www.jstor.org/stable/1274206?seq=3#metadata_info_tab_contents>. Acesso em: 18 abr. 2021.

43 Ver <https://www.britannica.com/place/Germany/The-economy-1870-90>. Acesso em: 5 maio 2021.

44 Por isso, a fábula de La Fontaine "A novilha, a cabra, a ovelha em sociedade com o leão" não traduz uma verdadeira sociedade, por falta de partilha do lucro, ou seja, pelo fato de o risco não ter sido distribuído entre todos os sócios; tradução livre feita pelo autor a partir do site La Fontaine <https://www.lafontaine.net/lesFables/afficheFable.php?id=6>. Acesso em: 6 maio 2021: "A novilha, a cabra e sua irmã, a ovelha/ Com um leão orgulhoso, senhor da vizinhança/ Fizeram uma sociedade, dizem, que antigamente/ E colocaram em comum o ganho e a perda/ Na armadilha da cabra, foi apanhado um veado/ Aos seus associados, ela imediatamente avisa/ Logo que chegaram, o leão pelas garras contou/ E disse: "Somos quatro para partilhar a presa"/ Então, em tantas partes, o veado esquartejou/ Tomou para si a primeira parte, na qualidade de Senhor/ "Esta deve ser minha", disse ele, "e a razão é que eu me chamo leão"/ A esse propósito, nada há a dizer/ A segunda parte, por direito, ainda me é devida/ Este direito, vocês sabem, é o direito do mais forte/ Como o mais valente, reivindico a terceira./ Se algum de vocês tocar na quarta, eu o estrangularei primeiro."

45 BRASIL. 4ª Vara Empresarial da comarca da capital do Estado do Rio de Janeiro. Processo nº 0060517-56.2006.8.19.0001. Casa de Portugal (em tramitação).

46 BRASIL. 5ª Vara Empresarial da comarca da capital do Estado do Rio de Janeiro. Processo nº 00093754-90.2020.8.19.0001. Associação Sociedade

Brasileira de Instrução (ASBI) e Instituto Cândido Mendes (ICAM) (em tramitação).
47 BRASIL. Vara Regional de Recuperações Judiciais, Falências e Concordatas da Comarca de Florianópolis – SC. Processo nº 5024222-97.2021.8.24.0023. Figueirense Futebol Clube Ltda. e Figueirense Futebol Clube (em tramitação).
48 Ver Lei nº 5.764/71, nomeadamente art. 3º: "Celebram contrato de sociedade cooperativa as pessoas que reciprocamente se obrigam a contribuir com bens ou serviços para o exercício de uma atividade econômica, de proveito comum, sem objetivo de lucro."; e art. 4º: "As cooperativas são sociedades de pessoas, com forma e natureza jurídica próprias, de natureza civil, não sujeitas à falência, constituídas para prestar serviços aos associados, distinguindo-se das demais sociedades pelas seguintes características: [...]"
49 BRASIL. 4ª Vara Cível da comarca de Petrópolis – RJ, Processo nº 0022156-21.2018.8.19.0042. Unimed Petrópolis Cooperativa de Trabalho Médico.
50 BRASIL. Tribunal de Justiça de São Paulo. 1ª Câmara Reservada de Direito Empresarial, Apelação Cível nº 1050857-97.2018.8.26.0100, Luis Antonio Semeghini de Souza x Cescon, Barrieu, Flesch e Barreto Sociedade de Advogados e outros. Relator Des. Fortes Barbosa, julg. 24 de fevereiro de 2021.
51 Ver art. 16 da Lei nº 8.906/94: "Não são admitidas a registro nem podem funcionar todas as espécies de sociedades de advogados que apresentem forma ou características de sociedade empresária [...]."
52 Foi o caso da chamada desmutualização da Bovespa (hoje B3), em 2007, consubstanciada mediante a cisão parcial da Bovespa, uma associação civil sem fins lucrativos, com a versão das parcelas de seu patrimônio em duas sociedades, a Bovespa Holding S.A. e a Bovespa Serviços S.A., seguida da incorporação das ações da segunda ao capital da primeira. Para uma descrição da operação, que gerou vários conflitos tributários, ver, por exemplo, BRASIL. Tribunal Regional Federal da 4ª Região. 1ª Turma. Agravo 5040141-94.2018.4.04.0000, relator Des. Roger Raupp Rios, Kirton Bank S.A. – Banco Múltiplo x União Federal, julg. 12.06.2019.

O DIA EM QUE O MORRO DESCER E NÃO FOR CARNAVAL, DE WILSON DAS NEVES[1]

José Maria Leoni Lopes de Oliveira

> Você deve notar que não tem mais tutu
> E dizer que não está preocupado
> Você deve lutar pela xepa da feira
> E dizer que está recompensado
> Você deve estampar sempre um ar de alegria
> E dizer: tudo tem melhorado
> Você deve rezar pelo bem do patrão
> E esquecer que está desempregado
> — *Você Merece* (Luiz Gonzaga Jr.)

Como muito bem demonstrado por Castro Neves em *O espelho infiel*,[2] Direito e arte sempre andaram juntos. Fosse o poder e o Direito se valendo das artes para se fazer entender, fosse a arte fazendo-se expressar para questionar, protestar ou atingir os pontos de transformação necessários nas organizações sociais.

Não à toa, em regimes totalitários a arte acaba por ser reprimida, fiscalizada, controlada. Em tempos sombrios, é na arte que se encontra o acalento, a esperança ou a forma de mudar o estado de coisas. Essa relação com a arte se torna ainda mais genuína quando a expressão artística é pulsante e natural, como o samba é para o povo carioca. Não raro, os desfiles de escolas de samba que conseguem ser elitistas e populares, ricos e ao mesmo tempo reunir as camadas mais pobres da sociedade, tornam-se palco de protestos sutis ou violentos, são embargados, sofrem censuras, e conseguem perenizar momentos políticos e sociais únicos.

Wilson das Neves e Paulo Cesar Pinheiro compuseram *O dia em que o morro descer e não for carnaval* em 1996. As favelas cariocas, berços do samba e do carnaval no Rio de Janeiro, naquele momento, já eram assoladas por uma transformação interna, em que, pela comercialização da cocaína, o tráfico de drogas e a violência, direta e indiretamente determinada pelo tráfico, ganha contornos mais gravosos.[3]

O medo que o território pertencente aos morros e favelas do Rio de Janeiro provocava e provoca nos cariocas do asfalto é romanceado e de certa forma ironizado por Wilson das Neves nesse emblemático samba, quando o sambista afirma:

> *O dia em que o morro descer e não for carnaval*
> *ninguém vai ficar pra assistir ao desfile final*
> *na entrada rajada de fogos pra quem nunca viu*
> *vai ser de escopeta, metralha, granada e fuzil*
> *(é a guerra civil)*
>
> *No dia em que o morro descer e não for carnaval*
> *não vai nem dar tempo de ter o ensaio geral*
> *e cada uma ala da escola será uma quadrilha*
> *a evolução já vai ser de guerrilha*
> *e a alegoria um tremendo arsenal*
> *o tema do enredo vai ser a cidade partida*
> *no dia em que o couro comer na avenida*
> *se o morro descer e não for carnaval*
>
> *O povo virá de cortiço, alagado e favela*
> *mostrando a miséria sobre a passarela*
> *sem a fantasia que sai no jornal*

vai ser uma única escola, uma só bateria
quem vai ser jurado? Ninguém gostaria
que desfile assim não vai ter nada igual

Não tem órgão oficial, nem governo, nem Liga
nem autoridade que compre essa briga
ninguém sabe a força desse pessoal
melhor é o Poder devolver a esse povo a alegria
senão todo mundo vai sambar no dia
em que o morro descer e não for carnaval.

A letra, suavizada pela melodia do samba, poderia ganhar contornos de um chamamento para a revolução ou até mesmo insurreição,[4] mas, para além disso, ainda que não se possa afirmar que essa era a intenção do compositor, o samba nos soa como uma denúncia. Denúncia da flagrante desigualdade social que cinde nossa sociedade e acaba por estabelecer a falsa crença de que aqueles que foram, e são, reiteradamente empurrados para os morros, como muitas vezes são denominadas as favelas cariocas, representam ameaça à cidade, se descerem sem ser carnaval.

Em seu alerta geral, Wilson das Neves ressalta a potência do povo, ali identificado pelo povo da favela e cria o alerta para a necessidade de devolver a esse povo a alegria, sob pena de se concretizar o estrago do povo descer no dia em que não for carnaval.

Mais do que chamar atenção para a eventual revolução que poderia vir das classes oprimidas, o compositor ironiza o medo da elite e denuncia o fato de que à classe trabalhadora que lota as favelas cariocas, só é dado o direito de viver a cidade no carnaval.

É como se, no carnaval, fosse criado um ambiente mágico, no qual a cidade fosse entregue ao povo, tudo pudesse, sob a magia da festa popular pela qual o Rio de Janeiro é conhecido e festejado, todos pudessem ocupar a cidade. Mas, acabado esse momento mágico, não é consentido ao pobre viver a cidade, pois seria uma verdadeira ameaça.

Essa perspectiva também é denunciada por Chico Buarque em *As caravanas*, quando demonstra que a simples tentativa de aproveitar a praia, ambiente que se diz democrático, é tida como ameaça daqueles que se aventuram em sair da Maré, do Jacarezinho e de outras tantas favelas e ousam vir em caravanas para as praias das quais, por vezes, já foram violentamente expulsos.

Chico Buarque, como sempre sutil e profundo, declara que o "sol, a culpa deve ser do sol/ Que bate na moleira, o sol/ Que estoura as veias, o suor/ Que embaça os olhos e a razão" enquanto narra o que acontece quando as elites se deparam com a invasão de suas praias por meninos e meninas pretos, que "com negros torsos nus deixam em polvorosa a gente ordeira e virtuosa que apela pra polícia despachar de volta o populaxo para favela". No fim das contas, Chico conclui que "filha do medo, a raiva é mãe da covardia".

Num misto de medo e covardia, assim como narrado por Chico Buarque e Wilson das Neves, as elites de um modo geral acreditam que a cidade lhes pertence, e negam ao povo de favela desfrutar a cidade, como se, de fato a cidade fosse cindida, e que as pessoas que, por falta de opção, negligência do Estado e impossibilidade de condições mínimas e dignas de moradia, vivem e sobrevivem nas favelas, só pudessem descer o morro, viver a cidade, no carnaval.

Apesar de, nas palavras de Wilson das Neves, o dia que em o morro descer e não for carnaval, ser a verdadeira encenação da guerra civil, ou, nas palavras de Chico Buarque, a praia ser vetada às caravanas das favelas, fato é que o povo desce todo dia das favelas, mesmo sem ser carnaval. Desce invisível, ofuscado, como se na favela não vivesse ou a ela não pertencesse.

O povo, a grande massa de trabalhadores da favela, desce todos os dias para viver e sobreviver na cidade, fazer a cidade viver e sobreviver. Desempenhar, todos os dias, serviços e funções que os últimos tempos demonstraram, como nunca, o quanto são essenciais.

Em sua invisibilidade, o povo da favela desce, em meio a tiroteios, operações policiais, proibidas ou não, guerras de facções, pandemia ou qualquer outro mal que assole a cidade, o estado, o país ou o mundo, mesmo sem ser carnaval. Realizam os serviços domésticos, as entregas por aplicativo, ocupam seus postos de trabalho, precarizados ou não, mesmo sem ser carnaval. Ao final de tudo, voltam para a favela e aguardam ser carnaval para viver a cidade.

Essa forma de viver a cidade, longe de ser facultada, é imposta. O trabalho, longe de um direito constitucionalmente assegurado, é imposto, independentemente de suas condições a certas pessoas. Descer o morro sem ser carnaval implica em se subordinar ao regime de desigualdades e racismo estrutural determinado e inerente a sua condição.

Dessa realidade, nas palavras de Adriana Calcanhoto, "sai pra trabalhar a empregada/ mesmo no meio da pandemia/ e por isso leva pela mão/ Miguel, cinco anos",[5] que por ser mais um invisível, apesar de criança, de nome de anjo, é deixado à própria sorte e/ morto.

Em alguma medida, as pessoas que são encarregadas de fazer a cidade funcionar, de alguma forma são compelidas a sentirem-se agradecidas de sobreviver, em lugar de viver. Como ressalta Gonzaguinha em *Você merece*, ao povo trabalhador só resta agradecer por ter o que comer e ser agradecido, caso isso aconteça. "Você deve aprender a baixar a cabeça e dizer sempre: muito obrigado/ São palavras que ainda te deixam dizer/ por ser homem bem disciplinado." E no fim de tudo: "Tudo vai bem, tudo legal/ Cerveja, samba e amanhã seu zé/ se acabar em teu carnaval."

Com isso, percebemos que o convite à insurreição de Wilson das Neves nada mais é do que um convite a que se permita às pessoas que em muitos sentidos fazem a cidade funcionar, viver a cidade, mesmo que não seja carnaval. Trata-se de um convite à reflexão de que não se pode permitir que grande parcela da sociedade esteja privada de direitos básicos, de direitos mínimos, do direito de viver e não sobreviver, de viver a cidade, mesmo sem ser carnaval.

Notas

1. Samba composto por Wilson das Neves e Paulo Cesar Pinheiro, lançado em 1996.
2. NEVES, J.R. de C. *O espelho infiel*. Rio de Janeiro: Nova Fronteira, 2020.
3. PERLMAN, J.E. "Favelas ontem e hoje (1969-2009)". In: MELO, M. A. da S. (coord.). *Favelas cariocas ontem e hoje*. Rio de Janeiro: Garamond, 2012, p. 213-254. Na obra como um todo é demonstrada a grande transformação que a entrada da cocaína no tráfico determinou, causando o aumento da violência e de seu armamento.

4   GANHITO, N. "O dia em que o morro descer e não for carnaval". *Psicanalistas pela democracia*, 3 set. 2017. Disponível em: <http://psicanalisedemocracia.com.br/2017/09/o-dia-em-que-o-morro-descer-e-nao-for-carnaval-por-nayra-ganhito/>. Acesso em: 15 jan. 2021.
5   *2 de junho*, composição de Adriana Calcanhotto em referência e homenagem ao menino Miguel Otávio, de cinco anos, filho de Mirtes Renata Santana de Souza, empregada doméstica, que, obrigada a trabalhar em pleno período de isolamento social em bairro nobre da cidade de Recife, levou seu filho para o trabalho, por não ter com quem deixá-lo. Enquanto Mirtes Renata passeava com o cachorro da família, sua patroa deixou Miguel sozinho no elevador, e este, perdido, caiu do nono andar. Miguel foi mais uma vítima de racismo estrutural.

Nada se cria: Taj Mahal, Blurred Lines, Under Pressure e algumas lições das referências musicais

José Roberto de Castro Neves[1]

O químico francês Antoine Laurent Lavoisier morreu guilhotinado. Era filho de um próspero e influente advogado e viveu numa época em que seria normal seguir a carreira jurídica do pai; entretanto, Lavoisier tinha outras aptidões. Decidiu explorar a química, uma área até então pouco estudada. Por suas importantes descobertas, é justamente considerado o pai da química moderna. Foi condenado, em maio de 1794, pelo Tribunal da Revolução. No seu julgamento, Lavoisier suplicou aos juízes que lhe concedessem mais tempo de vida, na medida em que o químico, naquele momento, promovia notáveis avanços para a ciência. Um obtuso tribunal limitou-se a registrar: "A França não precisa de cientistas" — e, dessa forma, a mente brilhante foi decapitada. Qualquer semelhança com a forma com a qual o nosso país combate a Covid-19 não é mera coincidência. Como Lavoisier explicou numa de suas mais conhecidas lições: "Na natureza, nada se cria, nada se perde, tudo se transforma." Até mesmo a história se repete.

Coerentemente, Lavoisier também não foi original na sua afirmação. Muito antes dele, o livro dos Eclesiastes, do Antigo Testamento, escrito possivelmente nos séculos IV e III antes da Era Cristã, já registrava:

Todas as atividades humanas geram cansaço. Nenhum ser humano é capaz de dar uma boa explicação sobre isso. Mas os olhos nunca se saciam de ver, nem os ouvidos de escutar. O que foi voltará a ser, o que aconteceu, ocorrerá de novo, o que foi feito se fará outra vez; não existe nada de novo debaixo do sol. Será que há algo do qual se possa dizer: "Vê! De fato, isto é absolutamente inédito."? Não! Já existiu em épocas anteriores à nossa.

QUE HÁ DE NOVO?

Como se sabe, o conceito de proteção da originalidade é, do ponto de vista histórico, recente. Na Antiguidade Clássica, mal se identificava o artista, o inventor, o idealizador. Não existia um direito do dono da ideia de evitar que outra pessoa a utilizasse. Os romanos copiavam uns aos outros sem qualquer remorso, como se prova pela forma como se apropriaram dos modelos gregos. A desconsideração ao autor seguiu incólume e firme na Idade Média. Embora no Renascimento tenha havido algumas reclamações de artistas que se indignaram diante de imitações malfeitas de suas obras, não existia, como se disse, o conceito de propriedade intelectual.

É conhecida a advertência do gênio Albert Dürer, datada de 1511, irado com os falsários que chegavam, até mesmo, a copiar seu anagrama — a forma como assinava suas composições — a fim de se passarem pelo mestre da pintura:

> Atenção! Vós sois astutos, alheios ao trabalho e saqueadores dos cérebros de outros homens! Não cogiteis precipitadamente pôr as mãos truculentas nas minhas obras. Cuidado! Não sabeis que tenho concessão do gloriosíssimo Imperador Maximiliano para que ninguém em todo o domínio imperial possa imprimir ou vender imitações fictícias dessas gravuras? Ouvi! E tendes em mente que, se fizerdes isso, por despeito ou por cobiça, não somente vossos bens serão confiscados, mas também vossos corpos correrão risco mortal.

Mesmo na época de Shakespeare, na Inglaterra do começo do século XVII, não havia qualquer limite ao uso de uma obra alheia. *Hamlet*, por exemplo, foi contada de diversas formas antes do Bardo — e era uma história popular quando Shakespeare apresentou sua peça. As mesmas ideias eram utilizadas por diversas pessoas. O tempo tratava de depurar e dizer qual versão prevalecia.

A proteção intelectual sobre gravuras apenas recebeu uma efetiva atenção dos legisladores em 1735, quando o Parlamento Britânico promulgou a chamada Lei de Hogarth, assim nomeada em referência ao artista William Hogarth. Este fizera grande sucesso com uma série de gravuras denominadas *O progresso de uma prostituta*. Trata-se da triste história, em seis cenas, da vida de uma moça, Moll Hackabout, que chega a Londres e se prostitui. Depois de uma série de infortúnios, Moll acaba morrendo vitimada por uma doença venérea. A série de gravuras, de cunho altamente moralista, ganhou popularidade e animou os copistas, que apresentavam suas versões do trabalho, obtendo vantagens financeiras em prejuízo do autor. Hogarth, então, pleiteou ao Parlamento a proteção de seu trabalho. Decidiu-se que, pelo prazo de quatorze anos, apenas o autor poderia explorar sua obra. Assim, nascia o direito autoral.

No caso da música, o tema da proteção autoral ganhou especial repercussão quando o homem conseguiu gravar o som — armazená-lo para que fosse reproduzido no futuro — e explorar comercialmente esse fenômeno. A música, a partir de então, invadiu definitivamente o cotidiano das pessoas e poderia ser escutada a todo tempo, em qualquer lugar. A indústria da música se tornou poderosa e passou a fazer parte fundamental da cultura. Músicos viraram celebridades absolutas — a ponto de John Lennon, no auge da Beatlemania, dizer que era mais popular do que Jesus Cristo —, e, ao menos na Inglaterra, ninguém pareceu estranhar aquela afirmação. Aliás, pouco adiante na história da música, Eric Clapton passou a ser considerado o próprio "Deus".

Evidentemente, há muitas gradações e diferenças entre o plágio escancarado — numa tosca e óbvia reprodução — e a mera referência. Sublime, para dar um exemplo, é o uso de Paul Simon, em "American Tune", de uma passagem do barroco Johann Sebastian Bach. Mesmo os Beatles — desprezando o conselho de Chuck Berry de "esquecer Beethoven" (eles gravam este clássico em *With the Beatles*) — se valem da "Sonata ao luar" de Beethoven no piano, da linda "Because". Em muitas outras vezes, fica difícil compreender e denunciar com precisão a intenção de copiar, o uso indevido de uma composição já existente. Afinal, todos nós recebemos influências. Quem gosta de música clássica vê que Mozart, um absoluto gênio, valeu-se imensamente do modelo estabelecido por Haydn. Elvis Presley ouviu Chuck Berry e Little Richards. Os Beatles ouviram Elvis. Michael Jackson escutou os Beatles (mais do que isso, Michael adquiriu os direitos autorais de parte das músicas do quarteto de Liverpool). Parece impossível estar privado de referências, ainda mais no mundo atual, em que recebemos incessantemente todo tipo de informação.

No final de 1978, Rod Stewart lançou um petardo: a canção "Do Ya Think I'm Sexy?" faz um estrondoso e imediato sucesso, chegando, na época, ao topo das paradas nos Estados Unidos e na Inglaterra. O cantor e compositor Jorge Ben (depois Jorge Ben Jor) denunciou que o refrão da música de Rod Stewart era uma reprodução evidente da melodia de "Taj Mahal", canção sua que estourara no Brasil. Em 1979, o brasileiro iniciou um processo, nos Estados Unidos, reclamando o reconhecimento da autoria.

Rod Stewart estivera no carnaval do Rio de Janeiro em 1978, numa comitiva com Freddie Mercury e Elton John. Ali, como ele mesmo confessou, escutara "Taj Mahal", de Ben Jor, incessantemente. A melodia, segundo Stewart, teria ficado em sua mente. Para evitar a condenação, Stewart, que jamais reconheceu o plágio como intencional, doou todos os ganhos obtidos com a comercialização da música para a Unicef, o Fundo das Nações Unidas para a Infância. A doação humanitária deixou Jorge Ben Jor em situação constrangedora, pois teria que discutir a titularidade de uma canção cujos frutos foram destinados a causas beneficentes. Ben Jor acabou desistindo da demanda.

Os artistas contemporâneos discutem o limite da arte em relação à autenticidade e ao ineditismo. Segundo T.S. Eliot, "poetas imaturos imitam; poetas maduros se apropriam". "Um bom compositor não imita, ele rouba", pontuou, por sua vez, Stravinsky. E, segundo Picasso, "bons artistas copiam, grandes artistas roubam". Onde começa a criatividade? Como o Direito pode compreender isso?

Robin Thicke e Pharrell Williams, dois renomados músicos da atualidade, lançaram em março de 2013 um hit: "Blurred Lines". Pouco tempo depois, a família do falecido e lendário artista Marvin Gaye iniciou um processo, na Califórnia, alegando que havia na música da dupla um plágio da canção "Got to Give it Up", de 1977.

O caso chamava atenção porque não se tratava da cópia de uma sequência de notas musicais, de ritmos, de palavras, de melodias ou de um tema. A acusação era a de que "Blurred Lines" copiava a "*vibe*", o "*mood*", o "clima" de "Got to Give it Up". Evidentemente, o "clima" que uma música evoca não tem tangibilidade. Trata-se de percepção subjetiva. Assim, um precedente judicial nesse sentido foi motivo de muita preocupação na indústria fonográfica, na medida em que gerava grande e indesejável incerteza.

O processo foi iniciado em 2013 e só terminou no final de 2018, com um acordo pelo qual Robin Thicke e Pharrell Williams se comprometeram a pagar pouco mais de cinco milhões de dólares aos herdeiros de Gaye. Antes, as decisões tinham sido todas favoráveis à família do falecido artista, apesar das críticas de muitos especialistas.

A semelhança entre as duas composições — "Blurred Lines" e "Got to Give it Up" — é discutível. Entretanto, não é possível sequer questionar que todas as pessoas, inclusive artistas, são influenciadas pelo que ouvem, leem, veem, cheiram, captam, sentem — por tudo, enfim, que nos cerca. A distinção entre copiar e receber uma influência pode ser gigantesca ou sutil.

Somos todos resultados das nossas circunstâncias. Pensamos, falamos e nos comportamos a partir das nossas experiências. Nossas inspirações, entretanto, não caem com um raio, vindas dos céus, como um acaso, mas decorrem de como estamos abertos a ver, comer, ouvir outras coisas. Essas experiências nos transformam — e é bom que seja assim. Quem se sente livre para conhecer, torna-se uma "metamorfose ambulante" — para usar um lindo termo de Raul Seixas. Dessa forma, renovamos nossa existência.

É importante que o autor possa explorar — inclusive economicamente — sua obra. Parece justo que ele colha os frutos do talento, da inspiração e da transpiração (porque o sucesso normalmente vem depois de muito esforço). Por outro lado, é difícil identificar como nos faz refletir os Eclesiastes, onde estaria a obra absolutamente original. Afinal, qual o começo de tudo? Sempre o autor se vale de alguma influência, parte de algum lugar. São apenas doze notas. Reconhecer a impossibilidade de haver uma obra integralmente original, despida de qualquer influência, traz duas importantes reflexões: a primeira é a de que nós, humanos, devemos ser mais humildes e compreender que as "invenções" são uma construção da civilização, não uma conquista individual; a segunda lição é a de que vale a pena aprender coisas novas (ou, ao menos, novas para nós).

Quincy Jones é um dos maiores produtores musicais da história contemporânea; para muitos, o maior. Trabalhou, dentre outros, com Ray Charles, Dizzy Gillespie, Count Basie, Duke Ellington, Miles Davis, Frank Sinatra, Ella Fitzgerald e Michael Jackson (com este, lançou "Thriller", o disco de maior sucesso da história da indústria fonográfica). Em 1957, quando já era considerado um dos mais importantes produtores musicais de seu tempo, Quincy decidiu largar tudo para ficar um ano na França, estudando composição clássica com a professora de música erudita Nadia Boulanger. Muitos não entendiam a escolha de Quincy, que abandonava seu grande sucesso para estudar. Mas ele estava certo — e o futuro mostrou isso de forma límpida. Estudar música clássica fez dele o mais celebrado produtor. Todos os grandes astros queriam trabalhar com ele. Quincy Jones compreendeu que humildade é a chave para crescer. Ouvir coisas novas te faz vivo.

Excluindo os casos de completa e evidente apropriação de uma longa sequência de notas, sempre que o ordenamento jurídico se vê diante de uma acusação de uso indevido de concepções artísticas musicais, fico curioso para saber se é possível compor como se estivesse inventando a música, em um (triste) mundo imaginário, no qual não existiram Beethoven, Cole Porter, Roberto Carlos ou os Rolling Stones. Ao fim, ao menos para mim, fico feliz de viver nesse mundo com tantas referências musicais ricas e criativas.

Sobre as influências musicais, apropriações e imitações, Freddie Mercury deixou uma linda lição. Em 1989, o rapper Vanilla Ice, então um completo desconhecido, lança uma canção, "Ice Ice Baby", na qual escancaradamente copia o baixo do famoso hit "Under Pressure", gravado pelo grupo Queen e por David Bowie, em 1981. A "versão" de Vanilla Ice transformou-se imediatamente num absoluto sucesso. Foi o primeiro hip-hop da história a figurar no topo dos mais vendidos da Billboard, a publicação mais importante no setor.

Conta-se que Freddie Mercury tomava café quando escutou "Ice Ice Baby", que tocava no rádio. Inicialmente, acreditou que ouvia sua música. Em seguida, verificou que estava diante de uma evidente apropriação. Pouco depois, recebeu a ligação de seu empresário. Perguntava o que deveriam fazer com aquilo. Freddie Mercury teria dito: "Não faça nada, deixe do jeito que está. Sempre se lembre de que a imitação é a forma mais sincera de demonstrar admiração."

Notas

1 Doutor em Direito Civil pela Universidade do Estado do Rio de Janeiro (UERJ). Mestre em Direito pela Universidade de Cambridge, Inglaterra. Professor de Direito Civil da Pontifícia Universidade Católica (PUC-Rio) e da Fundação Getúlio Vargas. Advogado.

What a wonderful world

José Rogério Cruz e Tucci

Desde tempos imemoriais, a música, de um modo geral, constitui formidável vetor de integração da sociedade. A música, como importante veículo de comunicação, é também um meio de expressão, que retrata, ao longo do tempo, costumes, folclores, símbolos e tendências das mais variadas comunidades sociais.

Nesse sentido, uma produção musical que

> valorize a diversidade da vida é aquela que possibilitará a elaboração de um diálogo com a realidade que permita a compreensão do mundo de forma holística, tratando de conteúdos que se engajem em termos de linguagem, enfoques políticos, questões socioeconômicas, culturais e tecnológicas.[1]

Ademais, estudiosos em cognição sonora asseveram que a música, como expressiva manifestação artística, concentra inequívoco fator terapêutico, em particular, em dois setores que investigam a sua interação com o cérebro humano: a musicoterapia e a neurociência.

Escreve, a propósito, Camila Tuchlinski, com base em pesquisa do especialista Jônatas Manzolli, que muitas canções, especialmente as mais antigas, podem ser consideradas antídotos durante o longo período da pandemia, visto que, nos dias atuais,

> o isolamento social em decorrência da propagação da Covid-19 nos colocou em situação de suspensão dos sentidos. "Aqueles que não são negacionistas se colocaram num exílio voluntário de afetos, amores e abraços distantes. A pressão seletiva de termos que nos reconfiguram em espaços mínimos com informação redundante, todo dia, nos induz a releituras de fatos e memórias. Precisamos ancorar nossas emoções para nos fortalecer e preservar a nossa identidade psicológica." Segundo um levantamento realizado pelo Spotify, durante 2020, a busca por canções nostálgicas cresceu 54% em meio à pandemia do novo coronavírus. A plataforma do streaming também detectou que os usuários começaram a criar mais playlists com temática romântica.[2]

A música agrada e contagia de forma especial, não apenas pela melodia, mas, sobretudo, quando a letra é portadora de um "recado", de uma mensagem significativa, expressando algum acontecimento social merecedor de destaque. Isso se verifica nas mais diferentes épocas. A década de 1960, por exemplo, que se caracterizou, em inúmeros países, por movimentos de ordem política e ideológica, deu ênfase à "música de protesto", que se difundiu em diversas expressões artísticas como forma de efetiva resistência social a cenários políticos arbitrários.

O movimento da música de protesto diante desse momento social repressivo desencadeou uma expansão criativa nas produções artísticas como estratégia para reivindicar liberdade política e individual. No Brasil, a Jovem Guarda, criada com um olho no rock estrangeiro. As canções de protesto, preferidas por quem militava no movimento estudantil e na resistência à ditadura. O tropicalismo, que buscava assimilar guitarras e música regional, liberdade de expressão e cultura de massa.

Cada um à sua maneira, os movimentos contribuíram para elevar a prática musical a um patamar político sem precedentes no Brasil, tendo como expoentes *Samba de Orly*, de Chico Buarque e Toquinho, *Disparada* e *Para não dizer que falei de flores*, de Geraldo Vandré, e *O bêbado e o equilibrista*, de Aldir Blanc, por exemplo.

Contexto análogo caracterizou a música latino-americana, especialmente nos países em que dominavam ditaduras militares ou novos governos de tendência socialista. A *nueva trova* cubana, o *nuevo cancionero* argentino, o canto popular uruguaio e a *nueva canción* chilena foram algumas expressões regionais para marcar um comportamento generalizado de valorização de ritos folclóricos e expressões populares, com predominância de letras de protesto.[3]

No Brasil, entre tantos exemplos, basta notar que, em 1988, cem anos após a abolição da escravatura, o samba-enredo da Estação Primeira de Mangueira criticava a relativa liberdade que a Lei Áurea proporcionou à população negra no país. O preconceito racial, a miséria e a exploração foram os temas marcantes da canção que, ainda hoje, condiz com a realidade. A Guerra dos Canudos, no sertão da Bahia entre os anos de 1828 e 1897, foi tema da música *Canudos*, de Edu Lobo e Cacaso. A letra registra o massacre dos habitantes do povoado, no qual mais de 25 mil pessoas foram mortas, e homenageia Antônio Conselheiro, o líder da comunidade sócio-religiosa.[4]

A música igualmente desempenhou relevante papel na reação social em prol dos direitos civis dos negros norte-americanos, no final dos anos 1950 até o final da década de 1960, que visava a obter reformas nos Estados Unidos com o determinado propósito de abolir a discriminação e a segregação racial no país. Com o aparecimento de movimentos negros como o Black Power e o Black Panther Party, em meados dos anos 1960, o clamor da sociedade negra por igualdade racial acabou dilatando seu pleito para a dignidade racial.

Durante os meses de verão de 1964, férias escolares nos Estados Unidos, um grupo de mais de cem estudantes brancos e negros de regiões do norte do país, defensores da isonomia dos direitos civis, dirigiram-se ao sul para iniciar uma campanha, chamada de "verão da liberdade", pelo direito de voto negro e para a formação de um partido pela liberdade do Mississippi.

Nessa época, Martin Luther King liderou passeatas e manifestações na cidade de Selma, no Alabama, em prol do direito de cidadãos negros se inscreverem como votantes, em oposição ao chefe de polícia da cidade, Jim Clark. Ele e centenas de manifestantes foram presos, mas as manifestações continuaram e acabaram em violência por toda a cidade, com a morte de uma manifestante pela polícia. Nos dias que se seguiram, choques entre civis brancos locais, policiais e manifestantes negros resultaram em tumultos generalizados com mortos e feridos, transmitidos pela televisão para todo o país. As cenas causaram a mesma indignação dos fatos ocorridos no Mississipi no ano anterior e permitiram ao então presidente Lyndon Johnson envidar esforços para conseguir aprovar no Congresso a Lei do Direito de Voto, em 6 de agosto de 1965. O direito ao voto negro mudou para sempre a hegemonia política do sul dos Estados Unidos da América.

O lendário Martin Luther King, pastor batista e ativista político estadunidense, tornou-se o protagonista mais proeminente do movimento dos direitos civis, desde 1955 até seu assassinato, em 1968. Martin Luther King liderou, em 1955, o boicote aos ônibus de Montgomery e posteriormente se tornou o primeiro presidente da Conferência da Liderança Cristã do Sul. Como presidente da SCLC (na sigla em inglês), ele esteve à frente, em 1962, da luta contra a segregação, em Albany, e foi um dos participantes que organizaram os protestos não violentos de 1963, em Birmingham. King também foi um dos idealizadores da famosa marcha sobre Washington, que reuniu mais de 250 mil pessoas, contra as políticas racistas e pelos direitos civis dos negros nos Estados Unidos, ocasião em que, em frente ao Lincoln Memorial, fez o seu mais famoso discurso, "Eu tenho um sonho", sonho de uma América (e um mundo) com igualdade entre negros e brancos.

Foi no âmbito desse agitadíssimo proscênio político, procurando prestar uma homenagem póstuma a Martin Luther King, que Bob Thiele e George David Weiss se inspiraram para compor a canção *What a wonderful world*, gravada pela primeira vez na voz de Louis Armstrong e lançada como compacto no início do outono de 1968.

A intenção dos autores era a de que a música, escrita especialmente para Louis Armstrong, se traduzisse em um paradoxo ao carregado clima racial e político nos Estados Unidos. A magnífica letra descreve o deleite do intérprete pelas coisas simples do dia a dia. A música contém, também, um vaticínio esperançoso e otimista em relação ao futuro, incluindo uma referência às crianças que nascem no mundo e terão muito para ver e aprender.

Em 1987, a gravação original de Louis Armstrong, de 1968, foi incluída no filme *Good Morning Vietnam*, e continuou a fazer estrondoso sucesso, como se verifica até os nossos dias.

> *What a wonderful world* (Que mundo maravilhoso)
> Eu vejo as árvores verdes, rosas vermelhas também
> Eu as vejo florescer para mim e para você
> E penso comigo, que mundo maravilhoso
> Eu vejo os céus tão azuis e as nuvens tão brancas
> O brilho abençoado do dia, e a escuridão sagrada da noite
> E eu penso comigo, que mundo maravilhoso
> As cores do arco-íris, tão bonitas no céu
> Estão também no rosto das pessoas que passam
> Vejo amigos apertando as mãos, dizendo: Como vai você?
> Eles realmente estão dizendo: Eu te amo!
> Eu ouço bebês chorando, eu os vejo crescer
> Eles vão aprender muito mais que eu jamais vou saber
> E eu penso comigo, que mundo maravilhoso
> Sim, eu penso comigo, que mundo maravilhoso

Notas

1. OLIVEIRA, C.S.M. *et al*. *Utilização da música para compreensão da história política do Brasil*, Revista do Edicc, v. 5, nº 1, out/2018, p. 165.
2. *Música saudosa*, O Estado de S. Paulo, Na quarentena, H1, 21 mar. 2021.
3. *Movimentos musicais*, acervo Vladimir Herzog. Disponível em: <http://memoriasdaditadura.org.br/movimentos-musicais/>. Acesso em: 15 mar. 2021
4. CASTRO, I.G. de. *Será que a história política brasileira pode ser contada por meio da música nacional?*, 2021, p. 3.

Romaria

Luciano de Souza Godoy[1]

É de sonho e de pó
O destino de um só
Feito eu perdido em pensamentos
Sobre o meu cavalo
É de laço e de nó
De gibeira o jiló
Dessa vida cumprida a Sol
Sou caipira Pirapora
Nossa Senhora de Aparecida
Ilumina a mina escura e funda
O trem da minha vida
O meu pai foi peão
Minha mãe, solidão
Meus irmãos perderam-se na vida
À custa de aventuras
Descasei, joguei,
Investi, desisti
Se há sorte, eu não sei, nunca vi

Me disseram, porém,
Que eu viesse aqui
Pra pedir, de romaria e prece,
Paz nos desaventos
Como eu não sei rezar
Só queria mostrar
Meu olhar, meu olhar, meu olhar

Para atender ao generoso convite do amigo e professor José Roberto de Castro Neves, refleti por vários dias sobre qual música escolher. Ouvi várias: passei pela MPB, pelo rock nacional — queria uma canção brasileira autêntica —, e até por alguns funks. E, várias vezes, voltei a "Romaria", na interpretação de Elis Regina. Há algo nesta canção que me atrai fortemente e não sei explicar bem o motivo. Refleti para extrair os meus sentimentos a partir do que a canção expressa. Passo a compartilhar minha tentativa.

Convido todos a, antes de mais nada, escutarem a canção de Renato Teixeira, eternizada na voz de Elis Regina, em gravação do disco *Elis*, de 1977.

A música, toda ela, exala sensibilidade e força, em todos seus sentidos. Um violão nos envolve nos primeiros segundos e logo ouvimos a voz de Elis, que nos conta sobre a jornada de uma pessoa que, sozinha, relembra sua história em busca afeto e conforto. Tudo isso a um crescente som de vozes sobrepostas e sinos, que nos envolve nessa romaria e prece.

De uma forma ou de outra, a vida é uma romaria. Não estamos todos nós caminhando? Seguimos adiante às vezes sem saber para onde, e muitas vezes acompanhados somente de nossos pensamentos como companhia na jornada, tudo em busca de perdão ou auxílio. Persistir é o que nos faz humanos, independentemente dos percalços.

Vejo uma identificação pessoal com a metáfora da letra sobre um "caminhar". Vim de Presidente Prudente, interior longe, no estado de São Paulo, com dezessete anos para a Faculdade de Direito do Largo São Francisco. E, nestes últimos trinta e cinco anos, "caminhei" pela vida profissional na capital.

"Romaria" fala sobre o peso de ser humano, *via crucis* mais árdua a uns que a outros. Mas é inevitável: vamos seguir, vamos continuar na prece, ainda que feita apenas pelo olhar atento aos nossos desafios de construção de um mundo melhor.

Nos versos da canção, fica o retrato de uma vida cheia de percalços, uma vida que não conheceu a sorte. Entretanto, dentro dessa vida descrita, estão contidas todas as nossas histórias, mais ou menos afortunadas. Pais que trabalham e abandonam mãe solitárias, irmãos que se perdem, a busca por qualquer carinho que faça da trajetória algo menos penoso. Por isso, todos nos emocionamos ao som de "Romaria", e por isso me identifico nestes com a canção — porque já vi, e vejo sempre, as histórias destas mulheres, mães solitárias, passando por dificuldades de toda sorte.[2] Curiosamente, algumas "solitárias" mesmo que com um companheiro ao lado.

De perdas e tristezas, na sensibilidade e na força, saltam à mente (e ao coração) as duas figuras de mães aqui representadas: a nossa padroeira, Nossa Senhora Aparecida, e "minha mãe, solidão". Essas duas mães, a seu modo, são todas as mães. Solidão, perdão, conforto. Quais são todos os sentidos, negativos e positivos, que atribuímos a essa figura feminina? Figura essa tão bem sintetizada em Nossa Senhora Aparecida, que iluminou e representou a maternidade a tantos nesse país latino, formado na religião católica. O que isso representa para nós, enquanto sociedade, no que se refere às mulheres? Quem é essa mulher/mãe, sensível e forte como a música, idealizada como sentido último do afeto, mas muitas vezes relegada à solidão?

É a crença do brasileiro em uma figura feminina forte que lhe traga proteção, prosperidade, saúde. É a fé em uma vida melhor. Algumas vezes já passei e parei em Aparecida e visitei o Santuário. Não professo a fé católica, mas sempre me emociono em presenciar a fé das pessoas que ali estão. Outro sentimento que vem à mente: a força e a luz da fé.

Há uma aparente contradição nessas duas figuras femininas. Se Nossa Senhora Aparecida é a mãe-divindade, que nos acolhe e é constantemente buscada, o verso "minha mãe (foi) solidão" traz toda a tristeza da vida dessa outra mãe. Mãe-divindade, mãe-solidão. "Enquanto o pai é caracterizado por sua atividade profissional, a mãe é um sentimento. Sozinha pela ausência do marido, criando os filhos, certamente também cumprindo a vida a Sol."[3]

De fato, por muitos anos no Brasil (e no mundo ocidental), ser mãe era o destino solitário de muitas (ou quase todas) mulheres. Até a aderência real dos discursos feministas surgidos no século XX na luta pela emancipação feminina, o lugar da mulher era no lar e ao lado dos filhos enquanto o homem — apesar das diferenças de classe social — tinha poder e possibilidades de educação, realização profissional, independência financeira — e poucas responsabilidades domésticas. Evoluímos, mas esse cenário está longe de ser apenas passado e muitas de nossas leis ainda reforçam essas desigualdades.

Olhando os dados do IBGE de 2019, a média de horas dedicadas aos cuidados de pessoas e/ou afazeres domésticos é ainda distinto entre homens e mulheres. Se os homens passam onze horas semanais em tais atividades, as mulheres passam 21,4. O quadro é agravado se inserirmos um recorte racial.[4] A taxa de participação deles na força de trabalho é de 73,7% e delas, 54,5%. Na vida pública e tomada de decisão, apenas 16% das vereadoras eleitas em 2020 eram mulheres. Em cargos gerenciais, elas estão presentes em 37,4% e eles, em 62,6%.[5]

A pandemia da Covid-19 em 2020 agravou esse quadro e mostrou que esse papel das tarefas domésticas e de cuidados com os filhos ainda é marcadamente feminino, inclusive nas classes mais intelectualizadas. Ficou famosa pesquisa realizada pela *Parent in Science* que nos mostrou como o regime de *home-office* afeta muito mais as mulheres do que os homens. Entre pós-doutorandos, 13,9% das mulheres e 27,9% dos homens afirmaram estar conseguindo trabalhar remotamente; nos docentes, 8% entre as mulheres e 18,3% entre os homens; e nos alunos de pós-graduação, 27% das mulheres e 36,4% dos homens.[6] Outra pesquisa, realizada pela Sempreviva Organização Feminista, apontou que 50% das mulheres brasileiras passaram a cuidar de alguém durante a pandemia.[7]

Quanto às leis brasileiras, apesar dos avanços, há ainda muitas que recolocam a mulher nesse papel de cuidados domésticos e dos filhos e se tornam obstáculos à igualdade de gênero. O Código Civil de 1916 atribuía ao marido o chamado pátrio poder, como o exercício da função do poder familiar no casamento e sobre os filhos menores. Apenas no Código Civil de 2002 — veja, já no século XXI — que foi o nome "pátrio poder" alterado para "poder familiar".

A licença maternidade, assegurada pela Constituição Federal e pela Consolidação das Leis do Trabalho, é de 120 dias. A licença paternidade, contudo, é de cinco dias. Além de reduzir a relação pai e recém-nascido, essa diferença impacta negativamente a contratação de mulheres no mercado de trabalho e manda o recado de que é dela a responsabilidade pelos cuidados da criança.

A cultura da mãe como única responsável pelos cuidados dos filhos produz dados alarmantes como o de que, a cada ano, 6% das crianças nascidas no Brasil são registradas sem o nome do pai na certidão.[8]

O Estatuto da Mulher Casada é de 1962 — momento que a legislação atribui pela capacidade civil à mulher casada; igualdade formal na lei, somente mesmo com a Constituição de 1988.

Dois marcos são fruto desta evolução. A Lei Maria da Penha (2006), que combate a violência doméstica, e o regramento do trabalho doméstico (2015), ainda uma oportunidade de trabalho remunerado para mulheres com baixa escolaridade. O Código Civil foi alterado em 2011 para a criação de uma nova modalidade de usucapião em benefício de pessoa abandonada por ex-cônjuge ou ex-convivente, adquirindo a propriedade do imóvel em dois anos. Igualdade material no mundo de verdade... vamos evoluindo, mais devagar do que era esperado.

Enquanto isso, "feito eu perdido em pensamentos", olho para o nosso país, olho para o mundo, e vejo muitas dificuldades que uma mulher, mesmo intelectualizada, bem formada, pós-graduada, deve superar para ser tratada com igualdade e dignidade; imaginemos — ah, nem conseguimos imaginar — a realidade das mulheres pobres nesta cidade, neste país.[9] A força e resistência da mulher é de fato tão potente quanto a música. No mundo real, no cotidiano dos escritórios da Faria Lima às casas no Jardim Ângela, há avanços, mas muitas outras batalhas a serem vencidas. Sou marido e pai de mulheres paulistanas, com muito orgulho.[10]

Notas

1. Advogado, professor da FGV Direito São Paulo nos cursos de graduação e pós-graduação, mestre e doutor em Direito pela USP. Paulista de Presidente Prudente, com 51 anos.
2. Já tive oportunidade de refletir um pouco sobre histórias de maternidade que se apresentaram a mim durante minha vida profissional no artigo "Mães: três histórias. Atalhos nos quais as pessoas se metem", escrito para o portal Jota. Disponível em: <https://www.jota.info/opiniao-e-analise/artigos/maes-tres-historias-10052015>. Acesso em: 13 jul. 2021.
3. MOTTA, A. R. Romaria: uma análise semiótica. Significação (UTP), v. 27, p. 151-168, 2007.
4. Entre brancos e brancas, homens ficam 10,9 horas em atividades de cuidado e domésticas e mulheres, 20,7. Entre pretos e pardos, pretas e pardas, homens ficam 11 horas semanais e as mulheres, 22.
5. IBGE. Estatísticas de gênero: indicadores sociais das mulheres no Brasil. 2. ed. Rio de Janeiro: IBGE, 2021. Disponível em: <https://biblioteca.ibge.gov.br/visualizacao/livros/liv101784_informativo.pdf>. Acesso em: 13 jul. 2021.
6. BARRADAS, M. S. Pesquisa da UFRGS revela impacto das desigualdades de gênero e raça no mundo acadêmico durante a pandemia. UFRGS Ciência, 23 jul. 2020. Disponível em: <https://www.ufrgs.br/ciencia/pesquisa-da-ufrgs-revela-impacto-das-desigualdades-de-genero-e-raca-no-mundo-academico-durante-a-pandemia/>. Acesso em: 13 jul. 2021.
7. Sem parar: o trabalho e a vida das mulheres na pandemia. São Paulo: SOF, 2020. Disponível em: <http://mulheresnapandemia.sof.org.br/>. Acesso em: 13 jul. 2021.
8. A cada ano, 6% das crianças nascidas no Brasil são registradas sem o nome do pai na certidão. Revista *Crescer*, 30 ago. 2020. Disponível em: <https://revistacrescer.globo.com/Educacao-Comportamento/noticia/2020/08/cada-ano-6-das-criancas-nascidas-no-brasil-sao-registradas-sem-o-nome-do-pai-na-certidao.html>. Acesso em: 14 jul. 2021.
9. Há em discussão na Câmara dos Deputados projeto de lei que determina multa à empresa que oferecer tratamento salarial desigual entre homens e mulheres, mas tem encontrado dificuldades de aprovação e sanção do atual presidente da República.
10. Este texto foi concluído em 24 de abril de 2021. Contou com a colaboração para pesquisa e revisão da advogada e mestranda Paula Pagliari de Braud, que, desde já, merece efusivos agradecimentos e, os faço com o sentimento de que terá um largo futuro na pesquisa aplicada em Direito e Ciências Sociais.

Que país é este (Legião Urbana)

Luciano Rinaldi

> *Ninguém respeita a Constituição,*
> *mas todos acreditam no futuro da nação*
> — Renato Russo

"Que país é este" foi escrita em 1978, no período da ditadura militar, pelo carioca Renato Manfredini Júnior (1960-1996) — o Renato Russo —, antes mesmo da existência da Legião Urbana.[1] Era um protesto contra os problemas sociais e políticos do Brasil. Curiosamente, a gravação só veio nove anos depois (1987), no terceiro álbum da Legião Urbana, intitulado *Que país é este (1978/1982)*.

Renato Russo atribuiu essa demora à esperança de que algo mudaria o Brasil, tornando a letra obsoleta.[2] No entanto, em entrevista concedida a Jô Soares,[3] Dado Villa-Lobos reconheceu que, em 1978, eles eram obrigados a submeter as letras das músicas à censura antes da divulgação ao público.[4]

O que Renato Russo não sabia é que, em vez de se tornar obsoleta, "Que país é este" se tornaria atemporal, como um hino poderoso de protesto de muitas gerações de jovens indignados com o fracasso do Brasil que, ano após ano, década após década, se recusa a avançar como nação.

Infelizmente, habituamo-nos ao erro de ser barco a motor, mas que insiste em usar os remos.[5]

Mesmo lentamente, o Brasil avançou desde 1978. Com a promulgação da Constituição Federal (1988), passamos a viver num Estado Democrático de Direito, que, como consta no preâmbulo do texto constitucional, assegura o exercício dos direitos sociais e individuais, a liberdade, a segurança, o bem-estar, o desenvolvimento, a igualdade e a justiça como valores supremos de uma sociedade fraterna, pluralista e sem preconceitos, fundada na harmonia social e comprometida, na ordem interna e internacional, com a solução pacífica das controvérsias.

Nos dias atuais, a letra de "Que país é este" jamais poderia ser submetida a qualquer tipo de análise prévia pelos órgãos governamentais, sob pena de manifesta inconstitucionalidade. O Estado não deve interferir na manifestação do pensamento, salvo casos excepcionais, de incitação à prática de ações ilegais iminentes e graves, com ou sem violência.[6] Sobre o tema da liberdade de expressão, são valiosas as palavras do ministro Luís Roberto Barroso:[7]

> A liberdade de expressão no Brasil viveu uma história acidentada. Apesar de prevista expressamente em todas as Constituições, desde 1824, ela é marcada pelo desencontro entre o discurso oficial e o comportamento do Poder Público, pela distância entre intenção e gesto. Em nome da religião, da segurança pública, do anticomunismo, da moral, da família, dos bons costumes e outros pretextos, a história brasileira na matéria tem sido assinalada pela intolerância, pela perseguição e pelo cerceamento da liberdade. Entre nós, como em quase todo o mundo, a censura oscila entre o arbítrio, o capricho, o preconceito e o ridículo. Assim é porque sempre foi.
> Para registrar apenas a experiência brasileira mais recente, ao longo do regime militar:
> a) na imprensa escrita, os jornais eram submetidos a censura prévia e, diante dos cortes dos censores, viam-se na contingência de deixar espaços em branco ou de publicar poesias e receitas de bolo;

b) no cinema, filmes eram proibidos, exibidos com cortes ou projetados com tarjas que perseguiam seios e órgãos genitais, transformando drama em comédia (e.g., *A Laranja Mecânica*);
c) nas artes, o Balé Bolshoi foi impedido de dançar no Brasil, por constituir propaganda comunista;
d) na música, havia artistas malditos, que não podiam gravar nem aparecer na TV; e outros que só conseguiam aprovar suas músicas no Departamento de Censura mediante pseudônimo;
e) na televisão, programas foram retirados do ar, suspensos ou simplesmente tiveram sua exibição vetada, em alguns casos com muitos capítulos gravados, como ocorreu com a novela *Roque Santeiro*.
f) o ápice do obscurantismo foi a proibição de divulgação de um surto de meningite, para não comprometer a imagem do Brasil Grande.
Como o passado condenava, a Constituição de 1988 foi obsessiva na proteção da liberdade de expressão, nas suas diversas formas de manifestação, aí incluídas a liberdade de informação, de imprensa e de manifestação do pensamento em geral: intelectual, artístico, científico etc.

"Ninguém respeita a Constituição, mas todos acreditam no futuro da nação" é um trecho impactante da música, que nos define como povo, muitas vezes avesso ao cumprimento espontâneo da lei. A crítica não se limitou aos políticos, mas a todas as classes sociais. A corrupção e a impunidade ainda estão muito impregnadas em nosso tecido social, e somente uma ação coordenada, duradoura, responsável e ética poderá eliminar (ou ao menos mitigar) esses males, a partir dos poderes constituídos. Sobretudo, precisamos de líderes que sirvam de bons exemplos para o povo; que inspirem um novo padrão de sociedade.

Se os versos de "Que país é este" permanecem atuais, narrando um Brasil do passado e do presente, é porque estamos fadados ao fracasso, e ainda assim acreditando, cegamente, no futuro da nação. Como já se disse, "insanidade é continuar fazendo sempre a mesma coisa e esperar resultados diferentes".[8]

Um futuro melhor para o país começa por uma mudança radical no comportamento individual e coletivo, combatendo a impunidade, a violência, a miséria, e investindo pesadamente em educação, especialmente para a população de baixa renda, prevalecendo sempre a humanidade e o senso de justiça. Lembrando que "injustiça em qualquer lugar é uma ameaça à justiça por toda parte".[9]

O primeiro passo é respeitar a Constituição e o Estado Democrático de Direito. Assim, quem sabe um dia "Que país é este" seja apenas mais um rock nacional de excelente qualidade.

Notas

1. A Legião Urbana foi fundada em 1982 por Renato Russo e Marcelo Bonfá, em Brasília. Logo depois ingressaram Dado Villa-Lobos e Renato Rocha, na formação mais conhecida da banda.
2. "'Que País É Este?' nunca foi gravada porque sempre havia a esperança de que algo iria realmente mudar no país, tornando-se a música então totalmente obsoleta. Isto não aconteceu e ainda é possível se fazer a mesma pergunta do título. Renato Russo." FUKS, R. "Música Que País É Este, de Legião Urbana". Cultura Genial. Disponível em: <https://www.culturagenial.com/musica-que-pais-e-este-de-legiao-urbana/>. Acesso em: 24 fev. 2021.
3. *Programa do Jô*, 1989, no SBT. Disponível em <https://www.youtube.com/watch?v=-zch7PcSTRk>. Acesso em: 19 ago. 2020.
4. Ao final da entrevista no *Programa do Jô*, a Legião Urbana tocou "Que país é este", "que está antiga mas a gente ainda pode tocar", nas palavras de Renato Russo. Provocado por Jô Soares ("mas o país continua o mesmo"), Renato disse ter fé na melhora do Brasil. "Eu não consigo explicar na cabeça, mas eu sinto."
5. "Mas tão certo quanto o erro de ser barco a motor, é insistir em usar os remos" é um trecho da música "Daniel na cova dos leões", do álbum *Dois* (1986).
6. ADPF 187 (julgamento da "Marcha da Maconha" no STF). Disponível em: <http://www.stf.jus.br/portal/cms/verNoticiaDetalhe.asp?idConteudo=182124/>. Acesso em: 24 fev. 2021.
7. STF. Rcl 18638 MC/CE, Medida Cautelar Na Reclamação, Relator Ministro Roberto Barroso, Julgamento: 17 set. 2014.
8. Frase atribuída, de forma possivelmente apócrifa, a Albert Einstein.
9. "*Injustice anywhere is a threat to justice everywhere.*" KING, M. L. Carta da Prisão de Birmingham, 1963.

Vítimas da sociedade, de Bezerra da Silva

Luís Guilherme Vieira[1]
Reinaldo Santos de Almeida[2]

O senso comum reproduz de forma caricatural duas teorias positivistas[3] criminológicas causais.

De um lado, a teoria etiológica-individual[4] busca causas no indivíduo, a partir de defeitos pessoais (genéticos, biológicos, psicológicos, morfológicos, entre outros).

Ao situarem "a causa" do crime na pessoa, que seria "mal" em si, a solução – sempre fácil e grotesca – seria a pena criminal, cada vez mais endurecida, com o aumento do tempo de privação de liberdade até proposições extremas e vedadas pela Constituição, como a perpetuidade das penas ou a pena capital.

É o que propõem aqueles que defendem que "bandido bom é bandido morto!", algo que está no imaginário popular e expresso em diversos filmes, como, por exemplo, *Stallone Cobra*, em que o personagem de Silvester Stallone diz para o suposto criminoso antes de matá-lo: "*Você é a doença; eu sou a cura...*"

Segundo Juarez Cirino dos Santos:

O caráter conservador da perspectiva consiste em considerar problemas políticos (definição e repressão do comportamento criminoso) como questões biológicas, sem relação com o modo de produção da formação social histórica. [...] Não há alternativa fora de uma visão totalitária e monolítica, difundida como consenso natural, que, por definição, rotula o dissidente como antinatural, e, portanto, como patológico.[5]

No mundo musical, esse modo de pensar se apresenta, por exemplo, em *Homem Mau*,[6] de Leo Canhoto e Robertinho, da qual se destaca o trecho em que o "Bem" vence o "Mau" por meio do homicídio:

A justiça sempre vence, terminou aquela intriga
O Homem Mau amanheceu com a boca cheia de formiga
Lá na sua sepultura escreveram com desdém
O Homem Mau morreu deitado e não faz falta pra ninguém...

Doutra banda, a teoria etiológica-social, que investiga as causas do crime no meio ambiente ou na sociedade como patologia ou desorganização social, entre outras, sugere que o

patológico ou socialmente disfuncional é definido pelas e identificado com as alterações do status quo, que modificam, de uma forma anormal e não desejada, a primitiva integração funcional do organismo social, determinando um estado de patologia: essas são situações definidas como problemas sociais[7].

Agora, a causa seria o meio em que se insere o indivíduo, o qual seria, por essência, bom, como na música "Chico Brito", de Wilson Baptista:

Se o homem nasceu bom
E bom não se conservou,
A culpa é da sociedade que o transformou...

Alguns adeptos do positivismo biológico costumam confundir o positivismo sociológico com a expressão "vítimas da sociedade", a qual designaria que a pessoa, sem oportunidades, trilharia, compulsoriamente, o caminho do crime:

> A falha política do pensamento positivista, relacionada com sua falha intelectual, é a sua aceitação do *status quo*. Não existe nenhuma indagação da ordem estabelecida. [...] A realidade oficial é realidade dentro da qual o positivista opera – e realidade que aceita e apoia. O positivista toma como dada a ideologia dominante, que enfatiza a racionalidade burocrática, a tecnologia moderna, a autoridade centralizada e o controle científico. O pensamento positivista, de fato, naturalmente se dirige para a ideologia oficial e para os interesses da classe dominante.[8]

Conforme Vera Malaguti Batista, o

> positivismo não foi apenas uma maneira de pensar, profundamente enraizada [...] nas práticas sociais e políticas brasileiras; ele foi principalmente uma maneira de sentir o povo sempre inferiorizado, patologizado, discriminado e, por fim, criminalizado. Funcionou, e funciona, como um grande catalisador da violência e da desigualdade características do processo de incorporação da nossa margem ao capitalismo central.[9]

Em verdade, a música homônima de Bezerra da Silva, que canta em tom de protesto sobre as agruras da vida real nos morros cariocas, emprega a expressão num sentido que nos permite associá-la com a teoria criminológico-crítica socioestrutural,[10] pois a insere no contexto da luta de classes, como diz o refrão:

> *Se vocês estão a fim de prender o ladrão*
> *Podem voltar pelo mesmo caminho*
> *O ladrão está escondido lá embaixo*
> *Atrás da gravata e do colarinho*

> *O ladrão está escondido lá embaixo*
> *Atrás da gravata e do colarinho...*

A primeira estrofe conversa sobre a seletividade do sistema de justiça criminal, a partir dos conceitos de crime do colarinho branco (ou cifra dourada) que, em regra, integra(m) a cifra oculta da criminalidade:[11]

> *Só porque moro no morro*
> *A minha miséria a vocês despertou*
> *A verdade é que vivo com fome*
> *Nunca roubei ninguém, sou um trabalhador*
> *Se há um assalto a banco*
> *Como não podem prender o poderoso chefão*
> *Aí os jornais vêm logo dizendo*
> *Que aqui no morro só mora ladrão...*

A segunda estrofe desmistifica a categoria frustrada de crime organizado[12] nas favelas cariocas.

> *Falar a verdade é crime*
> *Porém, eu assumo o que vou dizer*
> *Como posso ser ladrão*
> *Se eu não tenho nem o que comer*
> *Não tenho curso superior*
> *Nem o meu nome eu sei assinar*
> *Onde foi que se viu um pobre favelado*
> *Com passaporte pra poder roubar...*

A terceira denuncia a profunda desigualdade social entre os alvos preferenciais do sistema de justiça criminal e as classes dominantes, isto é, a divisão entre capital e trabalho assalariado, expressos no conceito marxiano de modo de produção:[13]

> *No morro ninguém tem mansão*
> *Nem casa de campo pra veranear*

*Nem iate pra passeios marítimos
E nem avião particular
Somos vítimas de uma sociedade
Famigerada e cheia de malícias
No morro ninguém tem milhões de dólares...*

Portanto, compreende-se que o compositor e cantor Bezerra da Silva cumpre o papel de, por intermédio da arte, dar a sua contribuição para a denúncia social e o protesto contra o sistema de justiça criminal no contexto de desigualdade social, marginalização e criminalização das classes oprimidas.

> Se o processo de criminalização é o mais poderoso mecanismo de reprodução das relações de desigualdade no capitalismo, a luta por uma sociedade democrática e igualitária seria inseparável da luta pela superação do sistema penal – mas, paradoxalmente, também seria inseparável da defesa do direito penal: contra os ataques às garantias legais e processuais; contra o próprio direito penal, para conter e reduzir a área de penalização e os efeitos de marginalização e divisão social, e através do direito penal, ainda uma resposta legítima para solução de determinados problemas.[14]

Notas

1 Advogado criminal.
2 Advogado criminal.
3 "O positivismo científico é a designação geral de um tipo de conhecimento qualificado pelo uso sistemático do método positivo das ciências naturais para sua aquisição. Esse método supõe a existência real de leis gerais que determinam os fenômenos da natureza, e a sua aplicação visa identificar essas leis gerais, compreendidas sob o conceito de causas: a ciência positiva significa o conhecimento organizado das relações causais dos fenômenos naturais, produzido pela aplicação do método positivo, consistente na observação regular e reprodução experimental dos fenômenos observados."

CIRINO DOS SANTOS, Juarez. A criminologia da repressão, 1979, p. 43.

4   "Os esforços para determinar uma causa biológica intrínseca do comportamento antissocial evoluem dos estudos anatômicos mais ou menos rudimentares de Lombroso, através dos tipos somáticos da personalidade (não faltando hipóteses sobre disfunções endocrinológicas) e as formulações mais restritas da presença adicional do cromossoma extra Y na estrutura genética do sujeito, até as teorias sobre instintos agressivos inatos do organismo biológico, em um esforço permanente para engendrar uma explicação científica, incorporando, progressivamente, as aquisições das ciências naturais." CIRINO DOS SANTOS, Juarez. A criminologia da repressão, 1979, p. 61.

5   CIRINO DOS SANTOS, Juarez. A criminologia da repressão, 1979, p. 82-83; 86.

6   "Vemos, pois, como a criminologia positivista estuda o delinquente e não a lei penal e, portanto, tenta modificar o delinquente e não a lei penal. A lei penal é a realidade estabelecida, a realidade oficial que lhe foi dada. Estuda esta realidade sem questioná-la, sem criticá-la: a lei, se diz, reflete os interesses de grupos e, portanto, quem não cumpre a lei deve ter traços patológicos, não é uma pessoa normal; é uma pessoa a ser estudada como um objeto estranho, como se estuda um doente. O delinquente é uma pessoa anormal porque viola a lei." CASTRO, Lola Aniyar de. Criminologia da reação social, 1983, p. 5.

7   CIRINO DOS SANTOS, Juarez. A criminologia da repressão, 1979, p. 79. Cf. DURKHEIM, Émile. As regras do método sociológico, 2007, sobre o qual: "O enfoque racional presente nas 'Regras do método sociológico' ainda traz uma perspectiva organicista ao utilizar o conceito de função como marca do positivismo, no sentido de entender a vida social como um corpo." BATISTA, Vera Malaguti. Introdução crítica à criminologia brasileira, 2011, p. 66.

8   QUINNEY, Richard. Critique of Legal Order: crime control in capitalist society, 1974, p. 3-4.

9   BATISTA, Vera Malaguti. Introdução crítica à criminologia brasileira, 2011, p. 48.

10 "A abordagem do objeto descarta o método etiológico das determinações causais de objetos naturais empregado pela Criminologia tradicional, substituído por um método adaptado à natureza de objetos sociais – como são os fenômenos criminais, por exemplo –, assim constituído: a) ao nível do caso concreto, o método interacionista de construção social do crime e da criminalidade, responsável pela mudança de foco do indivíduo para o sistema de justiça criminal; b) ao nível do sistema sociopolítico, o método dialético que insere a construção social do crime e da criminalidade no

contexto da contradição capital/trabalho assalariado, que define as instituições básicas das sociedades capitalistas." CIRINO DOS SANTOS, Juarez. Direito Penal, 2007, p. 696.

11 "A criminalidade aparente seria toda a criminalidade que é conhecida por órgãos de controle social – a polícia, os juízes etc. –, ainda que não apareça registrada nas estatísticas (porque ainda não tem sentença, porque houve desistência da ação, ou porque não se encontrou o autor, ou porque, por múltiplas razões legais ou factuais, o processo não seguiu o seu curso normal. A criminalidade real é a quantidade de delitos verdadeiramente cometida em determinado momento." CASTRO, Lola Aniyar de. Criminologia da reação social, 1983, p. 67. E para além: "As pesquisas sobre a cifra negra da criminalidade, ligadas a uma análise crítica do método e do valor das estatísticas criminais para o conhecimento objetivo do desvio em uma dada sociedade, não se referem, contudo, somente ao fenômeno da criminalidade do colarinho branco, porém, mais em geral, à real frequência e à distribuição do comportamento desviante penalmente perseguível, em uma dada sociedade. [...] A criminalidade não é um comportamento de uma restrita minoria, como quer uma difundida concepção (e a ideologia da defesa social a ela vinculada), mas, ao contrário, o comportamento de largos estratos ou mesmo da maioria dos membros de nossa sociedade." BARATTA, Alessandro. Criminologia crítica e crítica do direito penal, 2002, p. 103. Por fim: "Edwin Sutherland vai desenvolver a noção de cifras ocultas, aquilo que não está nas estatísticas oficiais, preenchidas pela exposição maior dos que estão na base da estrutura social: os pobres." BATISTA, Vera Malaguti. Introdução crítica à criminologia brasileira, 2011, p. 68. Ver também: "La cifra negra de los delitos es en premedio superior al 50%. Para los hurtos, roza el 98%." PAVARINI, Massimo. Un arte abyecto, 2006, p. 88. E ainda que "as pesquisas empíricas demonstram que aproximadamente 90% dos processos por mortes e lesões culposas terminam com o arquivamento, isto é, sem uma acusação sustentada". ZAFFARONI, Eugenio Raúl. Em busca das penas perdidas, 2001, p. 124.

12 Por não existir consenso científico sobre "um conceito que possa abranger todo o conjunto de atividades ilícitas que podem aproveitar a indisciplina do mercado e que, no geral, aparecem mescladas ou confundidas de forma indissolúvel com atividades lícitas." ZAFFARONI, Eugenio Raúl. Crime organizado: categorização frustrada. Em: Discursos sediciosos: crime, direito e sociedade. Rio de Janeiro: Relume Dumará, 1996. Cf. também: CIRINO DOS SANTOS, Juarez. Crime organizado. Disponível em: http://icpc.org.br/wp-content/uploads/2013/01/crime_organizado.pdf. Por fim, cf. BATISTA, Vera Malaguti. Difíceis ganhos fáceis: drogas e juventude pobre no Rio de Janeiro. Rio de Janeiro: Editora Revan, 1998.

13 "A categoria geral explicativa do Direito, capaz de explicar as relações entre aparência e realidade de suas funções, é o conceito de modo de produção da vida material: a proteção da igualdade na esfera de circulação esconde a dominação política e a exploração econômica de classe na esfera de produção. O Direito, como relação social objetiva, realiza funções ideológicas aparentes de proteção da igualdade e da liberdade e funções reais ocultas de instituição e reprodução das relações sociais de produção: a desigualdade das relações de classes (exploração) e a coação das relações econômicas (dominação) é o conteúdo instituído e reproduzido pela forma livre e igual do Direito." CIRINO DOS SANTOS, Juarez. A criminologia radical, 2006, p. 129.

14 CIRINO DOS SANTOS, Juarez. Anatomia de uma Criminologia crítica. Em: BARATTA, Alessandro. Criminologia crítica e crítica do Direito Penal, 2002, p. 18.

Taxman

Luiz Gustavo Bichara

Conforme clássica lição do professor Ives Gandra da Silva Martins, o tributo é uma norma de rejeição social.[1] O festejado mestre nos lembra de que a aversão aos tributos foi verificada em todos os lugares e períodos históricos. A este fato ele atribui a "absoluta convicção de que parte considerável dos recursos tributários são dilapidados pelos detentores do poder, políticos e burocratas, *pro domo sua*. Mais do que servir aos cidadãos, servem-se dos cidadãos para conservar os privilégios e as benesses do poder, quando não ingressam na mais sórdida corrupção".

Como se sabe, essa resistência legou ao mundo inúmeras guerras e revoltas. O Brasil não fugiu à regra, conquanto os inconfidentes, se soubessem da atual carga tributária brasileira, provavelmente ficariam satisfeitos e tranquilos com a "módica" alíquota de 20% ("o quinto").

Mas, para além de guerras, o Direito Tributário deu alguma contribuição ao mundo da arte. O fantástico Museu Picasso, em Paris, só foi viabilizado porque na França há uma lei que autoriza a quitação do imposto sobre heranças com obras de arte – a norma é de 1968, época do General De Gaulle.[2] Também no México vigora um interessante programa no qual artistas podem pagar seus impostos doando algumas de suas obras.³ Recentemente foi noticiado que os herdeiros de uma importante família sul-coreana⁴ doaram um acervo e obras de arte estimados em US$ 2,2 bilhões, como forma de amortizar dívidas relativas a tributos sobre a herança recebida.

Mas a primeira arte também já recebeu, ao longo dos tempos, alguma influência do mundo tributário. Uma das mais conhecidas e curiosas anedotas nesse sentido é a da música "Taxman", dos Beatles.

A história dessa canção coincide com a adoção da política tributária do primeiro-ministro Harold Wilson,⁵ que assume em 1964, levando os trabalhistas pela primeira vez ao poder na Inglaterra do pós-guerra – após quase duas décadas de líderes conservadores.

A música⁶ foi composta por George Harrison, quando descobriu que se encontrava no rol de contribuintes do chamado "imposto complementar" britânico. Na época, fazer parte desse grupo significava submeter-se à incrível alíquota de 95%.⁷,⁸ Segundo Paul MacCartney declarou em 1984, *"He wrote it in anger at finding out what the taxman did. He had never known before then what he'll do with your money."*⁹

Como até hoje parece ser comum no mundo artístico, o estrondoso sucesso dos garotos de Liverpool não foi acompanhado de todos os cuidados jurídicos e tributários respectivos. Conta-se que somente em 1966 John, Paul, Ringo e George depararam-se com a dura realidade dos impostos a pagar. Segundo George, "nós estávamos felizes porque finalmente estávamos começando a fazer dinheiro. Mas na verdade estávamos perdendo a maior parte (do nosso dinheiro) em forma de impostos. Era, e ainda é, típico. Por que deveria ser assim? Estávamos sendo punidos por algo que esquecemos de fazer?"

Essa elevadíssima alíquota de 95% é, inclusive, expressamente mencionada na letra da música, logo nas duas estrofes iniciais:

> *Let me tell you how it will be*
> *There's one for you, nineteen for me*
> *'Cause I'm the taxman, yeah, I'm the taxman*
> *Should five per cent appear too small*
> *Be thankful I don't take it all*
> *'Cause I'm the taxman, yeah, I'm the taxman*

Veja que há alusões expressas não só aos 19 em cada 20 que deveriam ser tributados (arredondando-se), como também à parcela sobejante de 5% que ficaria então com o contribuinte.

Na sequência, os Beatles seguem consignando seu protesto contra a elevada carga tributária vigente:

> *If you drive a car, I'll tax the street*
> *If you try to sit, I'll tax your seat*
> *If you get too cold, I'll tax the heat*
> *If you take a walk, I'll tax your feet*
> *'Cause I'm the taxman, yeah, I'm the taxman*
> *Don't ask me what I want it for*
> *(Ah ah, Mr. Wilson)*
> *If you don't want to pay some more*
> *(Ah...)*

Duas curiosidades sobre essa música são ainda dignas de nota. A primeira é que John Lennon, anos depois, afirmou que teve certa participação na composição e, que por isso, ficara magoado com o fato de George não ter mencionado a passagem em sua autobiografia, *I Me Mine*. Segundo Lennon, George ligou para ele quando estava escrevendo a música e solicitou alguns comentários para fazê-la avançar. John sugeriu o refrão "*Anybody gotta lotta money, anybody gotta lotta money, anybody gotta lotta money?*". No entanto, a sugestão foi desconsiderada, e o refrão trocado por "*Mr. Wilson, Mr. Heath*", numa menção ao primeiro-ministro Harold Wilson e ao líder da oposição Edward Heath.

Outro caso é que alguns dizem que o tema da série de televisão *Batman* foi uma das influências para a composição. Levando-se em conta que o seriado estreou em 12 de janeiro de 1966 e a canção começou a ser gravada em 20 de abril daquele ano, isso parece ser factível, mormente pela indisfarçável semelhança entre o refrão de Batman e o final de *Taxman*.

Várias são as conclusões que podem ser tiradas dessas pequenas histórias. Eu levo duas. Uma é que a luta de gato e rato entre contribuintes e fisco não é uma prerrogativa dos tempos atuais, muito menos do Brasil.

A outra é que até um *Beatle* não escapa das questões mundanas. Nem mesmo Batman pôde defendê-los do pagamento de impostos. Talvez um bom tributarista.

Notas

1 Disponível em: <http://www.gandramartins.adv.br/project/ives-gandra/public/uploads/2013/02/05/5c1837aa200244_a_rejeicao_social_do_trib.pdf>. Acesso em: 22 jul. 2021

2 *Loi n° 68-1251 du 31 décembre 1968 tendant à favoriser la conservation du patrimoine artistique national.*
Article 1 - L'acquéreur, le donataire, l'héritier ou le légataire d'une oeuvre d'art, de livres, d'objets de collection ou de documents de haute valeur artistique ou historique, est exonéré des droits de mutation et des taxes annexes afférents à la transmission de ces biens, lorsqu'il en fait don à l'Etat dans le délai prévu pour l'enregistrement de l'acte constatant la mutation ou de la déclaration de la succession.

3 Disponível em: <https://www.hypeness.com.br/2016/04/no-mexico-artistas-podem-pagar-seus-impostos-com-arte/>. Acesso em: 22 jul. 2021

4 Disponível em: <https://istoe.com.br/herdeiros-da-samsung-devem-tributos-bilionarios/>. Acesso em: 22 jul. 2021

5 Disponível em: <https://interestingliterature.com/2020/01/taxman-beatles-meaning-analysis/>. Acesso em: 22 jul. 2021

6 Disponível em: <https://thebeatlepedia.wordpress.com/2014/02/20/a-historia-da-cancao-taxman/>. Acesso em: 22 jul. 2021

7 Disponível em: <https://www.beatlesbible.com/songs/taxman/>. Acesso em: 22 jul. 2021

8 Disponível em: <https://www.telegraph.co.uk/tax/income-tax/labour-will-take-tax-rates-back-1970s/>. Acesso em: 22 jul. 2021

9 Disponível em: <https://en.wikipedia.org/wiki/Taxman>. Acesso em: 22 jul. 2021

Brazil[1]

Luiz Roberto Ayoub
Dione Waleska Assis

1. Direito e Música

A simbiose existente entre o direito e a música assusta somente aos desatentos. Assim como o direito, a música pretende passar ao seu espectador uma mensagem, que desperta, estimula e desestimula uma ação. Ambos rechaçam e ratificam valores, imprimem condutas, externam ideais. Envolvem, levam às lágrimas e despertam sorrisos... abordam temas áridos e proclamam o amor.

O descompasso na música prejudica o bailar, no direito, atrai desigualdades, instabilidades e inibe o progresso. Ambos precisam de um regente, mas também do ouvinte... e, entre eles, há um tema, um enredo cujo desfecho dependerá mais dos seus destinatários do que da mera letra fria.

No direito, previsões normativas constituem as principais armas postas à disposição de minorias e oprimidos na busca da garantia de seus direitos, e a sua força vinculante compele os opositores à sua observância.

E na música não é diferente. Como porta-voz de mensagens, a música serviu como um poderoso instrumento de resistência, de exteriorização de revolta e ira, ainda que de maneira subliminar. Por meio da música-mensagem, muitas vezes codificadas, foi possível a concretização de mobilizações cujos frutos são colhidos até hoje.

O período do regime militar, que assumiu o controle político, econômico e social do país até 1985, é um bom exemplo disso. O rompimento da homogeneização e padronização dos comportamentos sociais teve a música como uma grande aliada, em que pese seus intérpretes terem sido alvo de censuras, exílios e prisões.

Os festivais de música popular brasileira deram a esse estilo musical projeção nacional, impulsionando, também, a militância política nos espaços públicos, unindo o coro pela liberdade.

Fato é que, não sem esforço, a trilha sonora brasileira estava, democraticamente, desafinada. Existia, ali, a necessidade de se estabelecer uma sintonia fina entre os poderes políticos e o povo.

2. Brasil

Era 1988... nascia "Brasil" e a redemocratização do país, ambos oriundos da mesma "Ideologia":[2] a queda do regime militar e a garantia de direitos fundamentais. O país estava prestes a deixar para trás um sombrio período da sua história, o intérprete estava prestes a nela entrar...

Composta por Cazuza, George Israel e Nilo Romero, "Brasil" fala do passado, do presente e do futuro do Brasil... a começar pela *festa pobre* para a qual os autores, e nenhum cidadão fora da classe política, não foram convidados...

> *Não me convidaram pra essa festa pobre*
> *Que os homens armaram pra me convencer*
> *A pagar sem ver toda essa droga*
> *Que já vem malhada antes de eu nascer*

A festa pobre era o início do fim do regime ditatorial com a eleição, no ano de 1985, por voto indireto, do candidato Tancredo Neves, morto antes de sua posse. Não houve participação popular na "festa" preparada pelo povo, não era "festa da democracia" como afirmava a imprensa nacional... aí está a pobreza do evento.

O Movimento pelas Diretas Já, iniciado em 1984, foi reduzido à eleição indireta, deixando ao povo a "conquista" de ser governado por um civil não eleito por ele. Afinal, o governo militar não abria mão de controlar, de alguma forma, também o processo de transição do regime político.

A população, uma vez mais, se viu escanteada do processo decisório dos seus líderes, em que pese sua diuturna contribuição para o desenvolvimento e progresso do país. Pagava-se sem ver... contribuía-se com o desconhecido, e o submundo era o seu lugar de fala...

Não me ofereceram nenhum cigarro
Fiquei na porta estacionando os carros
Não me elegeram chefe de nada
O meu cartão de crédito é uma navalha

O povo foi excluído da festa que tanto lutou para realizar e, em vez de participar, serviu, e o que lhe foi oferecido também lhe convinha à destruição. Tinha-se a oportunidade de um passo concreto e firme rumo à democracia, mas o caminho escolhido colocou em xeque qual seria a verdadeira face do país...

Brasil, mostra a tua cara
Quero ver quem paga pra gente ficar assim
Brasil, qual é teu negócio
O nome do teu sócio
Confia em mim

"Brasil, mostra a tua cara" era o clamor da população. Um civil chefiando o Poder Executivo não garantia a democracia pretendida, desejada e necessária, já que não eleito pelo próprio povo.

Quem financiava a desgraça do país, a quem ela interessava? A quem beneficiava a manutenção de um regime autoritário? Qual era o plano de governo e com quem ele se associava?

A falta de previsibilidade, de estabilidade das relações e de segurança jurídica retiravam do cidadão qualquer oportunidade de projetos futuros...

> *Não me elegeram a garota do fantástico*
> *Não me subornaram, será que é meu fim*
> *Ver tv a cores na taba de um índio*
> *Programada pra só dizer sim*

Esses e outros questionamentos serviam para descortinar a insatisfação popular, impedida de toda sorte de participações: do escrutínio e direitos básicos às vantagens e privilégios. Ao povo era reservado o poder de anuir, de aceitar, de suportar...

> *Grande pátria desimportante*
> *Em nenhum instante eu vou te trair*

No entanto, o gigantismo de suas terras reflete a resistência de seu povo, e, em 1988, foi promulgada a Constituição Cidadã, responsável pela redemocratização do país após longos anos de ditadura militar. Por isso, diz-se ter inaugurado o estado democrático de direito.

Mas esse novo regime teve um preço alto, cujos encargos suportamos até os dias de hoje, seja pela falta de punição aos responsáveis pelos horrores praticados durante o regime militar (por meio da anistia, por exemplo), seja pelo alto comprometimento econômico decorrente dos empréstimos concedidos, sobretudo pelos Estados Unidos.

De qualquer forma, foi definido o objeto social do negócio administrado pelo Brasil, cujos sócios, antes ocultos e sem direito de participação nos lucros, agora passaram a ser ostensivos e ter direito de voz e voto. Está no art. 3º da Constituição Federal que constituem objetivos fundamentais do país "construir uma sociedade livre, justa e solidária; garantir o desenvolvimento nacional; erradicar a pobreza e a marginalização e reduzir as desigualdades sociais e regionais; e promover o bem de todos, sem preconceitos de origem, raça, sexo, cor, idade e quaisquer outras formas de discriminação".

"Brasil" é um hino à intolerância de qualquer natureza e, mais de trinta anos depois, mantém-se atual ao revelar que, em que pese alguns poucos já serem convidados à festa, pouco se tem a comemorar.

NOTAS

1 O autor se utiliza da licença poética para uma pequena, mas importante, alteração na denominação dada ao nosso país, substituindo a consoante "s" pela "z", em homenagem a um dos artistas mais brilhantes que se pode conhecer. Brazil com "z" é o Brasil de Cazuza.
2 Lançado no ano de 1988, *Ideologia* foi o título do disco solo de Cazuza em cuja faixa a de nº 6 é "Brasil".

Thelonious, Samba de uma nota só

Marcelo Barbosa

"*Quanta gente existe por aí que fala tanto/
E não diz nada? / Ou quase nada?*"

Uma canção que se apresenta com o verso "*eis aqui este sambinha*" não disfarça uma proposta despretensiosa. Por sua vez, um solo de piano que consiste essencialmente na repetição de uma nota, compasso após compasso, tampouco parece convidar o ouvinte para uma viagem vertiginosa.

Contudo, não deixemos que a simplicidade de uma letra ou um solo de piano literalmente monótono nos induzam a tomar "Samba de uma nota só" e "Thelonious" por nada diferente daquilo que são: músicas de ótima qualidade.

São obras musicais de estilos distintos,[1] separadas por um intervalo de dez anos, compostas por artistas de origens e formações diversas. Ouvi-las leva a refletir sobre como é possível fazer grande arte de forma simples e elegante.

E que bom seria se a redação jurídica também fosse, ao menos majoritariamente, simples e elegante. Ao contrário do que a prática teima em sugerir, nada se perde quando o texto traz apenas o conteúdo necessário, em linguagem clara e direta. Uma decisão judicial, um parecer, um trabalho acadêmico – possivelmente qualquer texto jurídico[2] – não se tornam mais robustos ou convincentes em razão de sua extensão ou complexidade.

Quando me deparo com excessos redacionais inexplicáveis, por vezes penso sobre o que poderia justificar a decisão do autor de forçar o leitor a amargar um longo e extenuante percurso até a conclusão,[3] sob o sério risco de, antes disso, conquistar sua antipatia.

Seria insegurança de quem sabe da fraqueza de seu argumento e busca compensá-la de alguma forma? Obediência irrefletida a uma longa tradição de prolixidade? Necessidade de exibir supostos lustres intelectuais como forma de satisfazer a própria vaidade? São apenas algumas de muitas explicações possíveis.[4]

A resposta pode variar conforme o autor e a situação, e por vezes a copiosidade se deverá a uma combinação de fatores. Seja como for, serão excepcionais os casos em que o recurso ao excesso superará o mais elementar teste de bom senso. No mais das vezes, um bom argumento pode e deve ser apresentado sem excessos, com atenção ao ensinamento de Graciliano Ramos: "a palavra não foi feita para enfeitar, brilhar como ouro falso; a palavra foi feita para dizer".

Quem redige um texto jurídico sem pensar no que deseja transmitir ao leitor nada mais faz do que partir em uma caminhada sem destino. É preciso ter em mente, contudo, que o leitor é o destinatário, e sua boa compreensão é o objetivo principal.

Umberto Eco, no seminal *Como se faz uma tese*, abre o capítulo sobre redação com indagações que, embora abordem o problema do ponto de vista da preparação de uma monografia acadêmica em sentido amplo, merecem a atenção de quem redige um texto jurídico.

> A quem nos dirigimos ao escrever uma tese? Ao examinador? A todos os estudantes ou estudiosos que terão oportunidade de consultá-la depois? Ao vasto público dos não especializados? Devemos imaginá-la como um livro, a andar nas mãos de milhares de leitores, ou como comunicação erudita a uma academia científica?[5]

O mesmo vale, obviamente, para todos os tipos de texto. Logo a seguir, Eco dá a medida da importância da definição do destinatário de um texto:

> São problemas importantes na medida em que dizem respeito antes de tudo à forma expositiva a dar ao trabalho, mas também ao nível de clareza interna que se pretende obter.[6]

Em momento de sabedoria supostamente involuntária, a lenda do baseball Yogi Berra[7] cunhou um de seus mais célebres paradoxos, que reflete preocupação semelhante àquela apresentada por Umberto Eco, de forma bastante distinta, mas igualmente eloquente: "se você não sabe para onde vai, acabará em outro lugar".

Mas como podemos usar o exemplo da música para defender a simplicidade na redação jurídica? Espero conseguir explicar.

Se na arte a liberdade criativa é um princípio, cabendo ao artista fazer suas escolhas, independentemente da aceitação do público (e correndo o risco da rejeição), não se pode dizer o mesmo de qualquer texto jurídico. Logo de início, quem redige deve perseguir a clareza. E, a depender do que se redige (por exemplo, uma petição ou um parecer), ainda que tenha alcançado a clareza, não haverá garantias de que a argumentação será convincente. Por outro lado, sem clareza, mesmo o melhor argumento ficará enfraquecido.

Ao receber o convite para participar desta coletânea sobre direito e música, essas reflexões falaram mais alto e me desviaram da ideia inicial de escolher uma letra de que pudesse extrair diretamente algum conteúdo jurídico. As possibilidades seriam muitas e certamente foram bem exploradas pelos demais coautores e coautoras,[8] o que me deu tranquilidade para escolher este caminho um pouco diferente.

Ao optar por fazer uma defesa da simplicidade na redação jurídica usando como pano de fundo a música, escolhi duas composições que, de formas distintas, mostram como se pode transmitir uma mensagem rica em conteúdo e apurada na forma, sem qualquer necessidade de recurso ao excesso.

"Samba de uma nota só" é o resultado de um perfeito casamento entre a composição de Tom Jobim e a ideia expressa na letra de Newton

Mendonça.⁹ Enquanto a letra alude à relação de um músico com aquela única nota, a melodia se apoia, basicamente, em uma nota. Porém, basta que a letra se refira a essa gente "que fala tanto e não diz nada", ou lembrar que o intérprete já se utilizou "de toda a escala e no final não deu em nada" para que a melodia recorra às demais notas da escala musical. Não é um exercício fútil, mas o bom uso da técnica musical para ironizar os adeptos do excesso.

Obra de enorme qualidade criativa, foi gravada por artistas de diferentes estilos[10] e imortalizada por João Gilberto, intérprete que, ao longo da vida, tornou suas todas as canções que gravou.[11] A mensagem da canção convida a uma reflexão útil para aqueles que fazem uso da linguagem jurídica.

Na arte, valem os floreios e o registro mais direto, juntos ou separados. Tome-se, por exemplo, o jazz, onde convivem o *bebop* de Charlie Parker e Dizzy Gillespie, marcado por vertiginosos improvisos sobre temas muitas vezes elementares e o estilo *west coast* de Gerry Mulligan e Dave Brubeck, de composições mais elaboradas, mas ao mesmo tempo mais suaves. Um mais instigante, livre por definição, o outro mais elegante e refletido. Ambos deram ao mundo obras excepcionais, que não se excluem nem tampouco se complementam, apenas coexistem e têm raízes comuns.[12]

Quem ouve uma música, assiste a uma apresentação de dança ou uma peça teatral está diante de uma criação de autor que pretende transmitir um conceito, uma mensagem, ou realizar um exercício estético, que poderão provocar reações distintas. O incômodo, a reflexão, a admiração pela harmonia ou o reconhecimento do esmero técnico. A bem da verdade, muitas vezes a arte poderá transmitir múltiplas mensagens ao público, as quais poderão ser antagônicas. Isto sem falar nas mudanças de percepção do público ao longo do tempo em relação à mesma obra de arte. A evolução cultural, as mudanças nos costumes, o impacto dos fatos históricos, tudo pode afetar a percepção que temos da arte. O estabelecimento de limites para a arte, por qualquer que seja a razão, é questão das mais controvertidas e assim seguirá sendo.

Já um texto jurídico tem um caráter técnico do qual não pode escapar. Pode ser, como por vezes é, veículo para um raciocínio brilhante, apresentado de forma convincente. Aliás, em muitos casos o texto servirá como veículo para um esforço de argumentação. Entretanto, por mais notável que seja a construção do raciocínio, por mais esmerada que seja a forma adotada, não será uma obra de arte.

Dados o propósito do texto jurídico e seu caráter técnico, tudo aquilo que conste do texto e que não tenha sua utilidade justificada sob o ponto de vista do leitor provavelmente será um excesso. E, como tal, não sobreviverá ao princípio fundamental do arcadismo: *inutilia truncat* ("cortar o inútil").[13]

Não serão poucas as vezes em que a apresentação de um argumento se revelará tão simples que causará hesitação no autor. Isso é fruto de uma tradição que desmerece a qualidade da singeleza e que, por outro lado, trata com infundada reverência textos extensos, permeados por conjecturas a respeito de questões sem relação direta com o tema, que se revelam vazios e de leitura aborrecida. E não convém àquele que pretende convencer, explicar ou orientar, flertar com a má vontade nem abusar da janela de atenção do leitor.

Corre-se o risco de falar tanto e não dizer nada, ou quase nada, igual a tanta gente por aí, como já diziam Tom Jobim e Newton Mendonça.

E neste ponto vem a lição da segunda música escolhida: "Thelonious", do gênio Thelonious Monk, o compositor mais influente da história do jazz[14] e brilhante pianista. O acervo de Monk abrange baladas, *bebops*, blues e outros estilos. "Straight, No Chaser", "Bemsha Swing", "Blue Monk", "Well You Needn't", "Crepuscle with Nellie", "Round Midnight" e "Little Rottie Tottie", para ficar em sete obras de um catálogo de cerca de setenta itens, ilustram a amplitude criativa do músico.

Menciono a criatividade de Monk e a variedade de sua obra para jogar luz sobre o solo de piano em "Thelonious", em que se repete um si bemol por oito compassos, escancarando a intenção do artista de dizer algo bem particular. O jornalista e crítico musical norte-americano Ben Ratliff explica que Monk não pretendeu, ao criar seu solo monótono, apenas fazer um exercício de simplicidade, mas inserir aquela nota (a tal "uma nota só" de Jobim e Mendonça, por que não?) no tecido musical do tema de "Thelonious" e ver o que dali resultaria.[15]

Ou seja, a proposta de Monk é ousada e complexa, mas sua execução é singela e elegante. Assim como ocorre com o "Samba de uma nota só", em "Thelonious" a mensagem é transmitida sem qualquer recurso a floreios ou volteios – o que não seria um problema em uma obra musical, em que há plena liberdade para o uso de tais recursos. Porém, na redação jurídica o problema teima em se manter presente.

Certa vez ouvi que talvez tenhamos perdido a capacidade de entender o que é colocado de forma descomplicada, talvez por associarmos o simples ao simplório. Sempre que penso nisso, me vem à memória uma das tiradas mais astutas de Groucho Marx:

"Uma criança de cinco anos conseguiria entender isso! Alguém, por favor, vá buscar uma criança de cinco anos!"

Notas

1. A bossa nova sempre conviveu com associações ao jazz e não pretendo aqui contestar a ideia. Embora perceba alguns vestígios jazzísticos na bossa nova, de modo geral vejo tais associações como o resultado de análises superficiais e de esforços de aproximação com o mercado fonográfico estrangeiro.
2. Neste artigo, me referirei a "texto jurídico" e "redação jurídica" de forma ampla e genérica, reconhecendo, por óbvio, que há características específicas dos diversos tipos de textos jurídicos que recomendam o uso de distintas técnicas redacionais. Não pretendo aqui fazer maiores aprofundamentos, mas apenas chamar atenção para uma, por assim dizer, patologia redacional que se verifica em diversos tipos de textos jurídicos.
3. E às vezes sequer há conclusão.
4. O filósofo e professor emérito de Princeton Harry G. Frankfurt, ao comentar sobre o que justifica o uso de argumentos que não vão ao ponto, lembra que as pessoas são tentadas a recorrer a esse expediente quando precisam se manifestar sobre tema que não dominam. *On Bullshit*. Princeton University Press, p. 63 (2005).
5. Umberto Eco. *Como se faz uma tese*. 18ª ed. São Paulo: Editoria Perspectiva (2003), p. 113.
6. Id.
7. Lawrence "Yogi" Berra (1925-2015) é um dos nomes mais conhecidos do beisebol, tendo participado de vinte temporadas da Major League Baseball como jogador, após o que se tornou técnico e, ao final, dirigente. Apesar de longa e bem-sucedida carreira no esporte, sua celebridade se deve especialmente à enorme coleção de frases (ou *yogisms*, como se tornaram conhe-

cidas nos Estados Unidos) que à primeira vista podem parecer inocentes ou mesmo absurdas, mas foram se consagrando como pérolas de sabedoria expressas de modo simples, por vezes sob a forma de curiosos paradoxos ou oxímoros. Como ocorre com frasistas populares, Berra não reconheceu a autoria de parte das tiradas a ele atribuídas. Bem à sua maneira, certa vez afirmou que "nunca realmente disse todas as coisas que disse".

8 Admito que esbocei algumas linhas sobre "Tragédia no fundo do mar", sucesso dos Originais do Samba. Quem sabe em uma próxima oportunidade?
9 A parceria Jobim-Mendonça produziu outras obras seminais como "Desafinado" e "Meditação". Infelizmente, resta apenas especular sobre o que mais os músicos poderiam ter criado juntos, já que o talentoso Newton Mendonça se foi aos 33 anos, em 1960.
10 Para ficar em alguns exemplos: Stan Getz, Ella Fitzgerald, Eumir Deodato, Frank Sinatra, Sergio Mendes, Sylvia Telles, Stereolab, Barbra Streisand e Quincy Jones.
11 Reconheço que "qualquer" pode soar exagerado, mas são poucas as exceções. Exemplo disso é "Águas de Março", cuja gravação por Elis Regina e Tom Jobim, no álbum *Elis & Tom* (1974), segue insuperada.
12 O rótulo "jazz" serve para dar abrigo a estilos muito distintos, mas não pode ser empregado sem um mínimo de razoabilidade.
13 Nessa linha, vale lembrar a resposta atribuída a Michelangelo quando perguntado sobre como havia sido o processo de produção de sua famosa estátua de Davi: "Apenas tirei do bloco de mármore tudo aquilo que não era o Davi." Não sei se o artista realmente disse a frase, mas é muito boa e cabe perfeitamente aqui.
14 Posso fazer uma concessão e declarar empate técnico com Duke Ellington. Entretanto, se o VAR for acionado, confirmará minha afirmação.
15 *Every Song Ever*. Farrar, Strauss and Giroux, Nova York, 2016, p. 72.

Hurricane: Bob Dylan

Marcelo Roberto Ferro

Introdução

Não há dúvida de que quem estudar os séculos XX e XXI no plano cultural constatará a importância de Bob Dylan. Artista multifacetário, músico, autor de livros, pintor e escultor, nada parece ter limite para ele, ganhador dos prêmios mais relevantes em diversas áreas, como Nobel de Literatura em 2016 (primeiro músico a receber essa horaria), Pulitzer em 2008, 11 Grammys, um Globo de Ouro, uma Medalha Presidencial da Liberdade em 2012. Sempre foi o controlador único de sua obra e, em fins de 2020, vendeu para a Universal Music o catálogo de todas as suas canções, desde 1962 até o álbum mais recente *Rough and rowdy days*, por valor não divulgado, mas estimado em mais de US$ 300 milhões, segundo o *New York Times*.

"Hurricane" narra a estória de uma injustiça judicial,[1] tendo o racismo como pano de fundo.[2] Não era a primeira música de Dylan enfrentando essas temáticas, como se verifica na famosa "The Lonesome Death of Hattie Carrol", escrita em 1963,[3] ou mesmo "George Jackson", de 1971.[4]

Na essência, "Hurricane" é um exercício habilidoso de se contar uma estória, com seus longos 99 versos e 8'30" de duração, sendo que a versão reduzida foi a 33ª do topo 100 da *Billboard* e se tornou a quarta música mais famosa nos anos 1970. A despeito desse enorme e retumbante sucesso, Dylan só a tocou 33 vezes e ainda assim durante três meses de tour. A identificação desta música com Dylan é tão intensa que nenhum outro artista ousou gravá-la, ou executá-la em público.[5]

O CONTEXTO

Lançada no álbum *Desire*, de 1975, a música é sobre um boxeador, Rubin *Hurricane* Carter, que passou dezenove anos na cadeia acusado do assassinato, em 17 de junho de 1966, de três pessoas no bar Lafayette Grill, em Paterson, Nova Jersey. Testemunhas apontaram dois homens negros como os assassinos. A polícia, na mesma noite, abordou Carter e seu amigo John Artis,[6] que, embora negros, não se enquadravam na descrição dos assassinos, como ficou provado no depoimento de uma testemunha sobrevivente, ainda no hospital.[7] Sem a identificação positiva e tendo passado pelo detector de mentiras, eles foram liberados, e Carter retomou a sua carreira.

Mas sua sorte não duraria muito tempo. Com efeito, as principais testemunhas do crime eram Arthur Dexter Bradley e Alfred Bello, ambos com antecedentes criminais e que, naquela noite, estavam a caminho para roubar uma fábrica quando teriam presenciado o tiroteio e identificado Carter e Artis.[8] As testemunhas foram flagradas pela polícia no local do crime, mas afirmaram inocência, pois estavam aproveitando da ocasião apenas para roubar o caixa.[9] Outra testemunha, Patty Valentine, não declarou ter visto os assassinos.[10] Decorridos alguns meses sem solução para o crime, aumentava a tensão social[11] e, com ela, a pressão sobre a promotoria e sobre a polícia, o que teria motivado um acerto com as testemunhas, a fim de que elas identificassem positivamente Carter e Artis como os assassinos, em troca de dinheiro e redução de suas penas.[12] Carter, com antecedentes criminais anteriores à sua carreira esportiva, seria presa fácil neste complô, e ambos foram, finalmente, acusados do assassinato, que, segundo a promotoria, seria motivado por vingança pelo fato de, no mesmo dia e na mesma cidade, o proprietário negro de um bar ter sido morto por um homem branco. Carter e Artis foram condenados, respectivamente, a trinta e quinze anos de reclusão. As duas testemunhas de acusação tiveram suas sentenças reduzidas.

Enviado à prisão, Carter dedicou-se a provar sua inocência, e o fez através de um livro *The Sixteenth Round: From Number 1 Contender to Number 45472*, publicado em 1974.[13] Pouco depois da publicação do livro, Arthur Dexter Bradley e Alfred Bello mudaram as versões e passaram a sustentar terem sido coagidos a prestar testemunho. Neste cenário, Carter e Artis pediram a anulação do julgamento sob o argumento, aceito pelo juiz, de vício de procedimento, diante do fato de a promotoria não ter revelado provas sobre a credibilidade das duas testemunhas oculares do crime, bem como pela circunstância, também não revelada, de terem recebido redução de suas sentenças e dinheiro em troca de seus depoimentos. Diante disso, em 1976, retiraram-se as acusações sobre Carter e Artis, e ambos foram submetidos a novo julgamento e condenados. Em 1985, o caso foi levado à Suprema Corte e resultou na absolvição de ambos. Carter faleceu em 2014 com 76 anos.

A MÚSICA

No excelente documentário *Rolling Thunder Revue*, de Martin Scorsese, disponível na Netflix, Dylan informa ter se interessado pela estória ao ler o livro de Carter e visitá-lo na Trenton State Prison, oportunidade em que identificou nele uma comunhão de filosofias. Nas suas palavras,

> passamos boa parte do dia lá, pelo que me lembro. Estivemos pela manhã e, quando fomos embora, era noite. Eu percebi que a filosofia dele e a minha seguiam o mesmo caminho. Não é comum conhecer pessoas assim, pessoas que estão mentalmente no mesmo caminho que você, sabe?[14]

Dylan jamais perguntou se Carter era culpado e se limitou aos fatos básicos do caso, até porque tratava-se de uma música e não de um recurso judicial. Na verdade, a música – em coautoria com Jacques Levy, compositor e produtor da Broadway – não parece baseada em pesquisas independentes, mas escorada substancialmente no livro de Carter. Dentre as críticas consta que Carter não era o candidato provável ao título de pesos médios, mas apenas o 3º no *ranking*, além do fato de ele e seu amigo não terem sido abordados pela polícia no outro lado da cidade, como diz a música, mas há poucos quarteirões de distância do local do crime.[15]

A música foi um sucesso estrondoso e imediato. Dylan fez shows e turnê para levantar fundos em 1975. O *Hurricane Benefit Concert* no Madison Square Garden, em dezembro daquele ano, arrecadou cem mil dólares para ajudar na defesa de Carter. Em seguida ao show, Dylan e banda fizeram uma apresentação na Clinton Correctional Institution, onde Carter estava encarcerado.[16] No ano seguinte, realizou outro show em conjunto com Stevie Wonder e Isaac Hayes. Após o encerramento da turnê *The Rolling Thunder Revue*, em 1976, Dylan nunca mais tocou a música em público e não se engajou em nenhuma campanha para libertá-lo depois que ele voltou à prisão pela segunda vez, em 1976.

O fato é que, depois do lançamento da música, o encarceramento de Carter tornou-se tema de discussão nacional, e um segundo julgamento foi realizado com base em argumentos semelhantes aos que Dylan usou em sua música: a polícia de Paterson, os promotores, um poderoso homem negro como a marca fácil para uma condenação, a despeito da fragilidade das provas. O contexto do racismo era manifesto, e Dylan deixou isso muito evidente em trechos da música, seja de forma explícita,[17] seja de forma implícita, quando alude a argumento da promotoria de que, para convencer as testemunhas a darem depoimentos contrários a Carter, afirma que ele não é um "*Gentleman Jim*", numa referência a James "Jim" Corbett, pugilista americano branco, campeão mundial dos pesos pesados entre 1892 e 1897, conhecido como o "Pai do Box Moderno".[18]

"Hurricane" se situa no estilo de música balada sobre eventos verdadeiros da vida, muitas vezes incrementando o drama com relatos hipotéticos sobre o que ocorreu. É o caso, por exemplo, do suposto diálogo da polícia com Arthur Dexter Bradley, buscando convencê-lo a depor contra Carter.[19] Ademais, a circunstância de ser um libelo contra a injustiça no caso concreto fica evidente no fato de Dylan não ter alterado o nome de personagens relevantes: são nominalmente citados Arthur Dexter Bradley,

Alfred Bello e Patty Valentine, o que, aliás, valeu a Dylan um processo judicial por difamação movido pela última.[20]

Um ponto curioso é que a versão inicial de "Hurricane" tinha erros factuais, o que obrigou a certas mudanças na letra, exigidas pelos advogados da gravadora. Por exemplo, no original, o trecho indicava "*I was only robbing the bodies, I hope you understand*". Todavia, essa acusação quanto ao roubo dos corpos não existia, impondo-se a alteração para "*I was only robbing the register, I hope you understand*". Em seguida, regravaram em uma só vez, sem pausa, o novo ensaio. Trechos dessa versão única pode ser ouvida no YouTube (https://www.youtube.com/watch?v=g4JU-ZdVfgc). A versão é bem mais lenta e ritmada, com coro no refrão, inexistente na versão definitiva. Vale muito a pena ouvi-la. Aliás, também recomendo, no já citado documentário de Martin Scorcese, a longa cena dedicada à música, precedida de trechos de uma reunião entre Dylan, o presidente da CBS, executivos e advogado (1:57h), além da fantástica interpretação de Dylan, mostrando sua compenetração, até com certa raiva, sem interagir com os músicos e apenas olhando para a violinista Scarlet Rivera, cuja interpretação, aliás, é um espetáculo à parte e marca, de forma significativa, a música.[21]

Conclusão

"Hurricane" é daquelas músicas que avançam gerações, sendo das poucas facilmente identificáveis logo nos primeiros acordes. É difícil saber o que mais impressiona, se o vocal de Dylan, a força da letra e da mensagem que ela veicula, ou a contemporaneidade do violino de Scarlet Rivera. Seja como for, a denúncia que ela contém, mesmo após mais de quarenta anos de seu lançamento, infelizmente, continua atual no mundo todo, manifestando não apenas por julgamentos, mas, em escala maior, envolvendo *comportamentos* eivados de conotação racista, homofóbica, de intolerância religiosa e contra etnias. E é triste constatar que não há suficientes Dylans para denunciá-los.

Notas

1 "*All of Rubin's cards were marked in advance/ The trial was a pig-circus, he never had a chance. [...] Now all the criminals in their coats and their ties/ Are free to drink martinis and watch the sun rise*".

2 "*Think it might-a been that fighter that you saw runnin' that night/ Don't forget that you are white; [...] The judge made Rubin's witnesses drunkards from the slums/ To the white folks who watched he was a revolutionary bum; [...] The D.A. said he was the one who did the deed/ And the all-white jury agreed*".

3 A música trata do assassinato de uma camareira de hotel em Baltimore, Hattie Carroll, por William Zanzinger, fazendeiro, que, em estado de alcoolismo, a matou com golpes de bengala. Dylan protesta pela pena leve imposta a Zanzinger – meros seis meses de prisão –, o que, para ele, se deveu ao fato de o acusado ser integrante da alta classe social.

4 A música é um tributo ao líder dos Panteras Negras George Jackson, assassinado pelos guardas da prisão de St. Quentin, durante uma tentativa de fuga, e que acarretou a revolta da prisão de Attica duas semanas depois.

5 Diversamente de outras músicas de Dylan, como "Like a Rolling Stone", "All Along the Watchtower", "Knocking on Heaven's Door", "Blowing the Wind", "Shelter from the Storm", "Lay Lady Lay", "Jokerman", e tantas outras.

6 "*Meanwhile, far away in another part of town/ Rubin Carter and a couple of friends are drivin' around/ Number one contender for the middleweight crown/ Had no idea what kinda shit was about to go down/ When a cop pulled him over to the side of the road*".

7 "*The wounded man looks up through his one dyin' eye/ Says, wha'd you bring him in here for? He ain't the guy*".

8 "*Alfred Bello had a partner and he had a rap for the cops. Him and Arthur Dexter Bradley were just out prowlin' around/ He said, I saw two men runnin' out, they looked like middleweights/ They jumped into a white car with out-of-state plates*".

9 "*Three bodies lyin' there does Patty see/ And another man named Bello, movin' around mysteriously I didn't do it, he says, and he throws up his hands/ I was only robbin' the register, I hope you understand*".

10 "*Pistol shots ring out in the barroom night/ Enter Patty Valentine from the upper hall/ She sees a bartender in a pool of blood/ Cries out my God, they killed them all*".

11 "*Four months later, the ghettos are in flame/ Rubin's in South America, fightin' for his name*".

12 "*While Arthur Dexter Bradley's still in the robbery game/ And the cops are puttin' the screws to him, lookin' for somebody to blame/ Remember that murder that happened in a bar/ Remember you said you saw the getaway car/ You think you'd like to play ball with the law/ Think it might-a been that fighter*

that you saw runnin' that night/ Don't forget that you are white Arthur Dexter Bradley said I'm really not sure/ The cops said a poor boy like you could use a break/ We got you for the motel job and we're talkin' to your friend Bello/ You don't wanta have to go back to jail, be a nice fellow/ You'll be doin' society a favor/ That sonofabitch is brave and gettin' braver/ We want to put his ass in stir/ We want to pin this triple murder on him/ He ain't no Gentleman Jim".

13 Em 1999 foi lançado o filme *Hurricane*, estrelado por Denzel Washington, em uma adaptação deste livro.

14 1:59:29h.

15 "*Meanwhile, far away in another part of town/ Rubin Carter and a couple of friends are drivin' around/ Number one contender for the middleweight crown*".

16 O filme de Scorsese mostra um trecho da execução da música na penitenciária (2:08:00h).

17 "*In Paterson that's just the way things go/ If you're black you might as well not show up on the street/ 'Less you want to draw the heat/ (...) Think it might-a been that fighter that you saw runnin' that night/ Don't forget that you are white (...) All of Rubin's cards were marked in advance/ The trial was a pig-circus, he never had a chance The judge made/ Rubin's witnesses drunkards from the slums/ To the white folks who watched he was a revolutionary bum/ And to the black folks he was just a crazy nigger*".

18 "*We want to put his ass in stir;/ We want to pin this triple murder on him/ He ain't no Gentleman Jim*".

19 "*Remember that murder that happened in a bar/ Remember you said you saw the getaway car/ You think you'd like to play ball with the law Think it might-a been that fighter that you saw runnin' that night/ Don't forget that you are white*".

20 Em 1976, Patty Valentine pleiteou indenização por difamação, argumentando ter sofrido abalo emocional por ter sido nominalmente mencionada e ser retratada como mentirosa. Dylan sustentou que a descrição era correta e que a única razão de ela ter sido mencionada nominalmente é pela beleza e sonoridade de seu nome. O pedido foi julgado improcedente.

21 Ao pesquisar fatos para este artigo, deparei-me com uma interessante entrevista de Scarlet Rivera, mencionando como se envolveu com a banda de Dylan. Segundo ela, Dylan e Jacques Levy a viram andando na rua com seu instrumento. Eles a abordaram e convidaram-na a tocar em um ensaio no mesmo dia. Ensaiaram algumas músicas e depois Dylan a convidou para ir a um show de Muddy Waters naquela mesma noite, juntamente com o resto da banda. Em um dado momento, tendo sido chamado ao palco, ele a anunciou como nova integrante de sua banda (Bob Dylan – Scarlet Rivera Part I <https://youtu.be/E24qy7J5_W0)> Acesso em: 22 jul 2021.

Língua (e Outras palavras), de Caetano Veloso

Marcelo Trindade

O direito vive da língua. Depende dela para existir. A linguagem é essencial para comunicar às pessoas o que é o direito, o que podem e não podem fazer. Mas será que o direito tem feito bom uso da língua?

O direito depende da língua escrita, mais que da palavra dita. Na prática, não há mesmo outro jeito quando os destinatários das normas contam-se aos milhares ou milhões. Por isso a escrita prevaleceu como método, assegurando a preservação e a comunicação eficiente do direito. O velho Hamurabi, Rei da Babilônia, estava certo quando inscreveu em pedra o código das leis de seu tempo, 1.800 anos antes de Cristo, perenizando o direito que até então se praticava e transmitia oralmente.

Herbert Hart, o grande filósofo inglês, explicou a razão:

> Se não fosse possível comunicar padrões gerais de conduta que multidões de indivíduos pudessem perceber, sem ulteriores diretivas, padrões esses exigindo deles certa conduta, conforme as ocasiões, nada daquilo que agora reconhecemos como direito poderia existir.[1]

Dois principais instrumentos têm sido usados para registrar e comunicar o direito às pessoas. Um deles é a lei. O outro são as decisões de casos anteriores, os chamados precedentes. Para explicar a diferença entre as duas formas de registro e transmissão do direito, Hart usa o exemplo dos pais ensinando os filhos a retirar o chapéu ao entrar na igreja. Um deles, antes de entrar no templo, diz ao filho: "Todos os homens e os rapazes devem tirar o chapéu ao entrar numa Igreja." O outro, descobrindo a cabeça quando entra na igreja, ensina: "Eis a forma correta de nos comportarmos nestas ocasiões."[2]

Hart não tem a ilusão de que qualquer das formas de transmissão do direito supere a necessidade de interpretação da norma jurídica. "Em todos os campos de experiência, e não só no das regras, há um limite, inerente à natureza da linguagem, quanto à orientação que a linguagem geral poderá oferecer."[3]

Os advogados aprendem cedo que toda regra depende de alguma interpretação. Em certa medida, esse é um fato notório. Que outro papel, afinal, teria toda essa gente envolvida com a justiça, que não o de promover o encontro da regra com os fatos, discutindo e decidindo como se encaixam?

O problema não está na necessidade de interpretação da linguagem jurídica. A injustiça, ou pelo menos o defeito, está em que às pessoas em geral seja proibido alegar desconhecimento das leis e, ao mesmo tempo, apenas a especialistas seja dado explicar, e ainda mais em linguagem técnica, o que as normas querem dizer.[4]

Os leigos não sabem da missa a metade. Não apenas leis e contratos são interpretados por especialistas, como há regras e princípios que regem a própria interpretação. E essas normas, que também estão sujeitas a interpretação, nem sempre dizem que "vale o escrito", como no jogo do bicho. Na verdade, por vezes fazem o oposto, como mandar o intérprete dar mais peso à intenção que as partes tiveram ao celebrar um contrato do que ao sentido literal da linguagem que usaram nas cláusulas.[5]

Nós, advogados, somos educados nessa realidade e nos deleitamos com ela. É de debater sobre leis e cláusulas que tiramos não só nosso sustento como nosso prazer. Basta lembrar que o mais famoso dos juristas brasileiros, Rui Barbosa, dedicou-se ardentemente a uma célebre polêmica sobre linguagem, mais que sobre direito, quando da discussão, no Senado, do projeto que viria a se transformar no Código Civil de 1916.

É certo que Rui era mais que um jurista. Parlamentar – no tempo em que isso era elogio –, fora também ministro da Fazenda e tornara-se figura pública relevante. Não lutou, contudo, por uma redação mais simples e direta do nosso direito civil. Disse, então:

> Para bem redigir leis, de mais a mais, não basta gramaticar proficientemente. A gramática não é a língua. O alinho gramatical não passa de condição elementar nos exames de primeiras letras. Mas o escrever requer ainda outras qualidades; e, se se trata de leis, naquele que lhes der forma se hão de juntar aos dotes do escritor os do jurista, rara vez aliados na mesma pessoa.[6]

Não é suficiente a correção formal. Para escrever o direito não basta saber gramática ou conhecer a língua. É preciso dominar o próprio direito, a técnica jurídica. Em outras palavras: a linguagem do direito é coisa de especialistas.

Alguns anos depois desse debate, mas ainda antes de aprovar-se o Código Civil, o pai da moderna linguística, Ferdinand de Saussure, publicou seu *Cours de Linguistique Générale*. Ensinava, como Rui, que a gramática não era linguística, mas sim "uma disciplina normativa", que "visa unicamente a formular regras para distinguir as formas corretas das incorretas". E também apartava a linguística da semiologia, da semântica, da fonética e da filologia, que "apega-se muito servilmente à língua escrita e se esquece da língua falada".[7]

A língua, ensinou Saussure pioneiramente, é um "organismo" que não se desenvolve por si mesmo, e sim como "um produto do espírito coletivo". É o "fator mais importante que qualquer outro" "na vida dos indivíduos e das sociedades", e tão importante que "será inadmissível que seu estudo se tornasse exclusivo de alguns especialistas". E completava dizendo que "a faculdade – natural ou não – de articular palavras não se exerce senão com ajuda de instrumento criado e fornecido pela coletividade", que é a língua.[8]

Mas não foi Saussure quem me convenceu da necessidade de repensar a linguagem jurídica no Brasil. Foi tornar-me professor de direito. Quando passei para cima do tablado, percebi que todo o esforço de erudição a que nos dedicamos quando estudantes e jovens profissionais se destina mais a impressionar o destinatário da mensagem que a fazê-lo compreendê-la.

Lembro de um episódio ocorrido em uma de minhas primeiras turmas no curso de graduação em direito da PUC no Rio de Janeiro, no começo dos anos 1990. Naquele tempo eu dava aula nos grandes auditórios do quarto e do sexto andar do prédio Cardeal Frings, que hoje não existem mais. A acústica era terrível.

Em um dado momento, com dificuldades para ouvir o que dizia um aluno sentado muito ao fundo da sala, pedi que falasse mais alto. A pergunta enfim veio límpida, mas repleta de gírias. Fiz então um discurso sobre como os advogados devem usar a língua culta como instrumento de trabalho. Entre os alunos havia uma doutoranda em letras. Terminado o sermão, busquei nela o apoio para a bronca. Não me esquecerei da resposta. Se todos pensássemos como você, até hoje falaríamos latim.

Saussure na veia. A língua é

> tesouro depositado pela prática da fala em todos os indivíduos pertencentes à mesma comunidade, um sistema gramatical que existe virtualmente em cada cérebro ou, mais exatamente, nos cérebros dum conjunto de indivíduos, pois a língua não está completa em nenhum, e só na massa ela existe de modo completo.[9]

Caetano Veloso já havia celebrado a evolução popular de nossa língua bem antes que eu recebesse a lição de linguística de minha aluna. "Outras Palavras" dava nome ao disco lançado em 1981. Meu vocabulário, portanto, já havia incorporado, há muito, a *"alma buena"* e a *"dicha louca"*, os "para afins" e os "gatins". E principalmente o "lambetelho, frúturo, orgasmaravalha-me Logun". Criando palavras, mudando a tônica de outras, Caetano cantava a evolução de nossa língua.

O melhor ainda estava por vir. Em 1984, com a gravação de "Língua", no disco *Velô*, Caetano já não se limita a cantar. Fala e recita a língua do

Brasil, promovida de pátria a mátria, e querendo mesmo é ser frátria, nos estertores da ditadura. Roçando sem moralismos na de Luis de Camões, nossa língua é negra, vem da Mangueira e do Sambódromo, orgulha-se de Carmen Miranda, incorpora anglicismos sem preconceito, tem curiosidade lusofônica de entender Luanda e ir a Moçambique, acha lindo o som tão típico do til, gosta de poesia concreta e de prosa caótica.

Caetano antevê os novos tempos. Quer palavras que encurtem dores e furtem cores como camaleões. Nos vinte anos seguintes romperam-se preconceitos e limites. Democratizou-se a expressão. Quase não há mais palavras proibidas – os palavrões –, e o gênero não limita quem tem o direito de pronunciar os poucos que restam. Inclusive no elevador repleto. O chulo domina a linguagem como símbolo de liberdade, não de pouca educação – como ainda teima em soar nos ouvidos mais velhos como o meu. O texto, se medido pelos velhos padrões, pode até ser imoral, mas o limite passou a ser o da ética do conteúdo.

Veio a internet. A simplificação máxima da comunicação. A língua acolhe palavras abreviadas em mensagens eletrônicas nascidas para o esquecimento imediato. Postam-se nas redes sociais frases curtas em busca da transmissão do maior conteúdo no menor espaço possível. O que diria o padre Vieira diante do paradoxo: mesmo sem tempo, somos breves. Vídeos curtos contam histórias profundas. Áudios economizam textos – embora aqueles sejam, para nós os mais velhos, bem mais custosos que estes.

Enquanto tudo isso acontece, a linguagem jurídica segue estagnada. Desde a redação, passando pela interpretação, para chegar finalmente à aplicação, o direito é manuseado por peritos, influenciados por diferentes correntes, escolas e teorias quanto à maneira correta de atuarem. A linguagem jurídica, desde Rui coisa de especialistas iluminados, é decifrável por poucos, e depois por eles aplicada aos reles mortais – cujas relações, em tese, o direito se destina a pacificar pelo comando e pelo exemplo.

Preso à sua linguagem e aos seus ritos, becas e togas (ao menos não temos perucas), o direito se distancia ainda mais da sociedade. Venera os títeres da erudição. Em vez de simplificar-se, complica-se. Recorre a expressões arcaicas, muitas vezes em latim – que poucos entre os vivos estudaram. Prefere palavras inventadas por indivíduos às existentes nos cérebros da massa. Busca a originalidade no incompreensível. Machuca os ouvidos. E ocupa por horas infindáveis a televisão estatal, exclusiva, custosa e de baixa audiência.

O próprio Saussure advertiu que "[u]m grau de civilização avançado favorece o desenvolvimento de certas línguas especiais (língua jurídica, terminologia científica etc.)".[10] Mas a linguagem técnica deve ser reservada às poucas situações em que a língua não possa expressar o conceito sem prejuízo da mensagem. Os assessores dos juízes devem ser instruídos à brevidade e ao texto claro, em vez de serem aplaudidos pelo teor rebuscado e pela quantidade de teorias citadas. As decisões importantes devem ser curtas e simples, inteligíveis pela população a que servem de guia e de exemplo.

Palavras são como rugas. Revelam nosso tempo na Terra. Somos livres para tomar a decisão de não nos atualizarmos. Podemos até nos dedicar a caçar comunistas e a louvar o AI-5, se quisermos parecer múmias apopléticas. Mas o direito não tem essa opção. Ele deve servir ao povo, usando a língua do povo. Sei que não é fácil. O latim está na ponta de nossas línguas preguiçosas. E muitos de nós enxergamos até mesmo beleza em nossos pedidos e decisões parnasianos. Mas é preciso superar o vício. Nos momentos mais difíceis, quando aquela construção complexa ou a frase rebuscada aparecerem em nossa mente, ou em nossa tela, basta lembrar de Caetano. A poesia está para a prosa assim como o amor está para a amizade. E quem há de negar que esta lhe é superior?

Notas

1. HART, Herbert L.A. *O Conceito de Direito*. Fundação Calouste Gulbenkian : Lisboa, 2ª ed., 1986, p. 137. Tradução de Armindo Pires Mendes, do original *The Concept of Law*, Oxford University Press, 2ª ed., 1964.
2. HART, Herbert L.A. *O Conceito de Direito*, op. e *loc. cit*.
3. HART, Herbert L.A. *O Conceito de Direito.*, *op. cit*., p. 139.
4. O art. 21 do Código Penal estabelece que o "desconhecimento da lei é inescusável" – ainda que admita a redução da pena até um terço se a ignorância da ilicitude do fato era inevitável para o agente. O art. 3º da Lei de Introdução às Normas do Direito Brasileiro espalha o comando para todas as áreas do direito nacional: "Ninguém se escusa de cumprir a lei, alegando que não a conhece".

5   O art. 113 do Código Civil estabelece: "Nas declarações de vontade se atenderá mais à intenção nelas consubstanciada do que ao sentido literal da linguagem".
6   BARBOSA, Rui. Parecer do Senador Rui Barbosa sobre redação do projeto da Câmara dos Deputados. In: *Obras Completas de Rui Barbosa*. Rio de Janeiro: Ministério da Educação e Saúde, 1949, v. 29, t. 1, p. 12.
7   SAUSSURE, Ferdinand de. *Curso de Linguística Geral*. São Paulo: Cultrix, 27ª ed., 2006, p. 7 e 8. Tradução de Antônio Chelini, José Paulo Paes e lzidoro Blikstein, do original *Cours de Linguistique Générale*, Paris: Payot.
8   SAUSSURE, Ferdinand de. *Op. cit.*, p. 12, 14 e 18.
9   SAUSSURE, Ferdinand de. *Op. cit.*, p. 21.
10 SAUSSURE, Ferdinand de. *Op. cit.*, p. 30.

A BOY NAMED SUE, POR JOHNNY CASH: ÓDIO E AMOR EM TORNO DO NOME CIVIL DA PESSOA NATURAL

Marcelo Vieira von Adamek[1]

1. A música (composição, intérprete e enredo)

"A boy named Sue" (um menino chamado Sue) é música que se tornou mundialmente conhecida pela voz de seu mais proeminente intérprete, o cantor Johnny Cash, o famoso "*Man in Black*" que, pela sua singular trajetória de vida pelos mundos da música e do cinema, tantos livros, documentários e filmes, inspirou, e continua a inspirar.[2]

Embora indelevelmente ligada ao nome de Johnny Cash – em especial após este tê-la executado em 24 de fevereiro de 1969 na sua famosa apresentação na Penitenciária Estadual de San Quentin[3] e, com isso, alçado a expressiva posição de destaque no ranking norte-americano *Billboard Hot 100 Chart* dentre as mais tocadas à época[4] –, "A boy named Sue" não foi composta por Cash, mas sim pelo seu amigo, o cartunista, compositor, músico, poeta e escritor norte-americano Shel Silverstein.[5]

A canção retrata a estória de um menino que, ao ser abandonado ainda muito jovem pelo pai, um típico aventureiro fora da lei, foi batizado por este de "*Sue*", um nome tipicamente feminino que, na vida dura do Velho Oeste, o expôs a gozações, humilhações e traumas que, ao longo de sua criação naquele difícil ambiente, endureceram o seu caráter, o embruteceram e nele fizeram aflorar sentimentos de revolta contra o pai e a promessa de matar o responsável pela infâmia.[6] O emprego do linguajar típico da época transmite, em verso e prosa, a rica imagem da obstinada busca de Sue, o encontro com o seu pai, a violenta luta de vida ou morte entre ambos e o surpreendente – e divertido – desfecho em que, com a revelação das razões que levaram à escolha do seu nome, Sue consegue analisar os fatos sob outra perspectiva e, com isso, repensar os seus próprios sentimentos para com o pai.[7]

2. As questões jurídicas

Se a "arte imita a vida", como pensava Aristóteles, ou "a vida imita a arte", segundo objetou Oscar Wilde, é natural que as músicas ecoem em suas letras, em ordenado verso e prosa ou em arrematada anarquia, também os fatos de nosso cotidiano: os relacionamentos intersubjetivos, o entrechoque de interesses entre os seus membros e os múltiplos conflitos que daí irrompem.

Em "A Boy Named Sue", várias questões jurídicas dominam a narrativa.

À partida, desponta o *abandono familiar* do menino ainda jovem pelo pai – fenômeno esse que, no plano jurídico, assume variadas conformações (como abandono material, intelectual, moral ou afetivo) e que, como tal, encontra repulsa em institutos do Direito Penal[8] e também do Civil.[9]

Além disso, presente na narrativa também está o *parricídio*,[10] interrompido em sua execução por desistência voluntária do agente,[11] e as lesões corporais recíprocas, crimes esses que, envolvendo familiares, recebem especial enfoque na esfera criminal, além, é claro, de forte repulsa social.[12]

Sobressai, no entanto, a temática do *nome civil da pessoa natural* e, em torno dela, para o ouvinte-leitor resta a natural perplexidade, expressa em perguntas fundamentais: se o nome escolhido pelo pai era fonte de tamanho sofrimento para Sue, estava ele condenado a conviver com as humilhações? Fosse no Brasil, o oficial encarregado pelo registro civil não deveria, afinal, realizar algum tipo de controle? A atribuição à criança de prenome usualmente empregado por criança do sexo oposto, ou prenomes humilhantes, constrangedores ou de qualquer modo depreciativos, permite alteração posterior? E, especialmente para o público brasileiro, outra pergunta pode despontar: a saga de Sue teria o mesmo desenvolvimento na sociedade brasileira?

Da teoria à prática, vejamos essas indagações.

3. O NOME CIVIL E A SUA (I)MUTABILIDADE

"Toda pessoa tem direito ao nome, nele compreendido o prenome e o sobrenome" (CC, art. 16).[13] O *prenome* (nome individual, nome próprio ou de batismo) poderá ser simples ou composto, ao qual se seguirá o *sobrenome* (patronímico, nome de família, cognome ou nome em sentido estrito, indicativo da origem, família ou estirpe da pessoa), que pode se compor pelos sobrenomes do pai, da mãe ou de ambos. Em princípio, a escolha do prenome é livre, mas o oficial do cartório de registro civil deve recusar o registro de prenomes suscetíveis de expor ao ridículo o seu portador; e, persistindo o inconformismo da parte, o tema precisa ser submetido ao juiz corregedor dos cartórios extrajudiciais, através do processo de dúvida. Mas – pode-se ainda perguntar – e se vexatório for em si o sobrenome? Essa matéria é alheia ao controle do oficial (e, quando muito, excepcionalmente poderá viabilizar ação judicial para alterar o sobrenome).

O direito ao nome é, ademais, um direito da personalidade da pessoa natural.[14] Inato. Essencial. Irrenunciável (CC, art. 11). Mas, como esse direito não é exercido *ab ovo* pela própria pessoa e sim pelos genitores ou, na sua falta, pela autoridade pública (LRP, arts. 61 e 62),[15] compreende-se facilmente que, tempos mais tarde, aquele que o porte talvez discorde da escolha feita, ou porque reputa o seu prenome feio e estranho ou porque é – ou se tornou – discriminatório ou humilhante[16] e, portanto, fonte de sofrimento, razão pela qual, por isso, talvez queira alterá-lo.

Assim – mesmo sendo o prenome, na literalidade da lei, "imutável" ou, como hoje se afirma, "definitivo" (LRP, art. 58)[17] –, essa regra aparentemente peremptória sofre importantes exceções, previstas em lei (LRP, arts. 56 e 57) ou cristalizadas na jurisprudência, que a tem cada vez mais flexibilizado.

À partida, no primeiro ano após atingir a maioridade civil (CC, art. 5º), o interessado poderá, pessoalmente ou por procurador, alterar o nome, desde que não prejudique os apelidos de família, averbando-se a alteração que será publicada pela imprensa (LRP, art. 56).

Mas, mesmo depois de esgotado esse prazo (ou, por maior razão, antes dele), o nome poderá ser alterado diante de *justo motivo* reconhecido em sentença (LRP, art. 57).[18] As hipóteses são múltiplas. Admite-se a alteração do prenome, por exemplo, por:

    a) *homonímia*, que prejudica a identificação do sujeito, podendo trazer-lhe prejuízos econômicos e morais, hipótese normalmente resolvida pelo acréscimo de novos elementos; b) *exposição ao ridículo*, em decorrência de nomes ou de combinações de nomes que possam constranger a pessoa (LRP, art. 55, par. ún., *a contrario sensu*); c) *acréscimo* para melhor identificação da pessoa para fins sociais e políticos (convivente que acrescenta aos seus o apelido do companheiro; político que acrescenta ao seu nome apelido pelo qual é conhecido junto aos seus eleitores); d) *proteção de vítima ou testemunha de crime*, alteração que é autorizada quando houver fundada coação ou ameaça decorrente da colaboração para apuração de crime.[19]

Ainda se admite como justo motivo: e) a correção de *erros de grafia*;[20] f) *erros na transmissão da vontade*;[21] e g) *mudança de nome de transgênero*.[22] Em qualquer caso, porém, a alteração depende da iniciativa de quem pretende mudar o nome e sempre deve ser submetida ao Judiciário (LRP, arts. 40 e 109): só por decisão judicial é que a alteração poderá ser promovida, de tal modo que, no processo, apurar-se-á a presença dos requisitos autorizadores da medida pretendida.

Também o sobrenome poderá ser alterado diante de variadas situações, tais como:

    a) *casamento*, por força do qual qualquer dos cônjuges pode adotar o nome de família do outro (CC, art. 1.565, § 1º), direito esse assegurado, com restrições, aos conviventes em *união estável*

(LRP, art. 57, §§ 2º e 3º); b) *divórcio*, em dadas situações (CC, art. 1.571, § 2º); c) *adoção* (CC, art. 1.627; e ECA, art. 47, § 5º); e d) *designação administrativa* de pessoa exposta ou abandonada (LRE, arts. 61 e 62). Ainda judicialmente, tem-se admitido: e) a exclusão do sobrenome paterno, em caso de *abandono afetivo*; f) a inclusão ou inversão de sobrenomes, em razão de ulterior *reconhecimento de paternidade*; e g) retificação de *erro de grafia* para permitir a aquisição de nacionalidade estrangeira. E isso para não dizer de outras tantas alterações no assento de nascimento (com inclusões e exclusões pautadas na só noção de afetividade ou multiparentalidade).

Visto brevemente a teoria, resta apontar a sua prática concreta, diante de hipóteses em que o prenome expõe a pessoa ao ridículo, a constrangimentos ou a humilhações – para, ao final, retomar o paralelo com a música-título deste escrito.

4. Da teoria à prática dos prenomes vexatórios

Em teoria, como visto, no direito brasileiro cabe ao oficial do registro civil o poder-dever de não proceder a registro de prenomes suscetíveis de expor ao ridículo o seu portador; em teoria, se esse controle administrativo falhar (e como falha!) ou as mudanças culturais positivarem situações vexatórias, o interessado (ou o seu representante legal) poderá pleitear perante o juiz competente a alteração do seu prenome, provando para tanto o justo motivo – e, nesse caso, tendo que submeter uma questão que é, em larga medida, de índole subjetiva ao julgamento e, pois, à valoração de um terceiro que, afinal, não ostenta o prenome, não vivencia na pele as suas dificuldades e, assim, por mais dedicado e atencioso que possa ser, nem sempre conseguirá ter a mesma dimensão dos fatos que, afinal, tem a própria parte interessada.

Essa particularidade explica, em larga medida, as discrepâncias verificadas na análise de vários julgados. Por exemplo, perante o Tribunal de Justiça da Bahia negou-se, certa feita, a mudança do prenome composto de uma pessoa chamada "Crispim Catureba de Jesus", por ter-se entendido que "não basta o mero inconformismo ou aversão, devendo restar comprovado que a pessoa é exposta ao ridículo e passe por constrangimentos em razão do seu nome".[23] De outro lado, com muito maior largueza na análise, reconheceu-se perante o Tribunal de Justiça de São Paulo justo motivo para alteração do prenome de "Marconi Brasileiro de Brito Silva", que pretendia eliminar o gentílico "brasileiro", entendendo a Corte, para tanto, que "a própria iniciativa do recorrente de vir a juízo para requerer alteração de seu nome já é sinal mais do que suficiente de que ele realmente se sente constrangido".[24] Em outra causa, um menino chamado "Ithauan" conseguiu junto ao Tribunal de Justiça de Sergipe mudar o seu nome para "Thauan", demonstrando que, no ambiente escolar, era importunado pelos colegas, que o chamavam de "Itaú", fato esse demonstrado pelo boletim escolar (a comprovar que, afetado pelos debuques que vinha sofrendo, a criança se isolava das atividades sociais, evitando contato com outros alunos por medo de humilhação, fato que já estava a inferir no seu rendimento escolar).[25]

De maneira geral, têm-se acolhido, sem muita hesitação, os pedidos de alteração de prenome quando aquele que a pessoa ostenta é comumente empregado para designar o sexo oposto. Questão, afinal, de mais puro bom senso: depois da decisão tomada pelo Supremo Tribunal Federal para os transgêneros, seria uma violência inominável deixar de aplicar a mesma lógica para acolher o pleito de qualquer pessoa que ostente prenome não condizente com o gênero pelo qual socialmente se identifica.

Mas nem sempre tem sido assim – o que se pode aqui ilustrar pelos casos de "Gilvane", mulher que desejava o nome "Giovana", e "Edione", homem que pretendia alterar em juízo o seu nome para "Jhone".

Com efeito, contando à época com 51 anos de idade, Gilvane ingressou com ação para alterar o seu prenome para Giovana. Em primeira instância o seu pedido foi acolhido. Mas, inconformado (sabe-se lá por qual razão...), o Ministério Público recorreu. *Magna quaestio iuris*... Felizmente, perante o Tribunal de Justiça do Paraná a sentença foi confirmada: a turma julgadora não vislumbrou óbice no fato de a ação ter sido proposta pela autora em idade já madura, "desde que haja razoabilidade e motivação suficiente a justificá-la", e, analisando a causa sob a ótica do simbolismo sonoro ou fonético, reconheceu que a "exposição a constrangimentos e a situações vexatórias é inerente à própria sonoridade havida com o nome registral da autora", pois "a sua pronúncia dá intelecção de ser atribuído a uma pessoa do gênero masculino, em virtude da sonoridade se aproximar a Giovane", confusão essa comprovada nos autos por meio da juntada de correspondências de terceiros dirigidas à autora como se homem fosse.[26]

Todavia, com diversa orientação, o Tribunal de Justiça de São Paulo confirmou sentença que desacolheu o pedido de mudança de prenome formulado por Edione dos Santos. Forte na ideia de que "por não designar o prenome 'Edione' *exclusivamente* pessoa do sexo feminino, apesar de *predominante* em tal gênero, o seu potencial vexatório não poderia ser presumido", concluiu a turma julgadora que não se poderia "prestigiar a vontade do apelante"; a alteração de pronome não se prestaria a "atender meros caprichos da parte".[27] A dúvida que restou desse julgado é a seguinte: se o prenome é predominantemente utilizado por pessoas do sexo feminino, será que isso já não deveria ser motivo suficiente para que um homem, reclamando do constrangimento dessa situação, pudesse alterá-lo (desde que provado, para tanto, que daí não decorreria nenhum prejuízo a terceiros)?

É evidente, no entanto, que situações vexatórias não se circunscrevem àquela vivenciada por Sue ou a que foi condenado Edione. O constrangimento pode ter origens diversas – mas que, no mais das vezes, estão ligadas à insensibilidade dos genitores que, quando não por puro gracejo ou simples mau gosto, atribuem aos filhos prenomes esdrúxulos.

Ainda assim, tenho sérias dúvidas se a desavença retratada na canção interpretada por Johnny Cash teria no Brasil o mesmo desenlace sanguinolento. É que, entre nós, não são raros os casos relatados pela imprensa de pessoas que, mesmo com prenomes inusitados, não veem nisso qualquer problema, exibem-nos com orgulho, não desejam a sua alteração e ainda transmitem aos seus descendentes a mesma ou semelhante escolha de seus pais.

É o caso, por exemplo, do senhor "Oceano Atlântico", residente de Macapá, que recebeu esse nome de seus pais a pedido do avô, como relatou: "Meu avô nasceu em 1895, no município de Amapá (a 302 quilômetros da capital) e naquela época na comunidade onde ele morava só se chegava de barco. Por muitos anos ele viajou em um barco à vela próximo ao mar, por isso fez uma promessa de que o primeiro filho homem dele se chamaria Oceano Atlântico. No momento do registro em cartório, o tabelião errou e batizou meu tio de Oceano Pacífico, então minha mãe resolveu homenagear meu avô me batizando de Atlântico." Ou, ainda, da jovem "Falonha" – cujo prenome resulta da junção de parte dos nomes dos seus pais, Fátima e Lodonho. E ambos ostentam os seus prenomes com orgulho, por mais incomuns que sejam.[28]

Outro caso para lá de pitoresco é do macaense "Charlingtonglaevionbeecheknavare dos Anjos Mendonça", conhecido também apenas por Chacha, detentor do prenome mais longo do Brasil, composto por 32 letras e que, de tão complicado, o próprio dono tem dificuldades de soletrar. Consta, aliás, que, para conseguir emitir o seu CPF, Chacha teve que ir até Recife, onde o sistema da Secretaria da Receita Federal precisou ser alterado para que se conseguisse inserir o nome no documento. O prenome, ao que consta, foi uma escolha de seu pai, mas este não revela o real motivo. Chacha diverte-se e assegura que o mesmo nunca lhe causou constrangimentos.[29]

Em Recife, tem-se a inusitada história de uma família:[30] o pai "Xérox", com duas irmãs "Fotocópia" e "Autenticada", não isentou os filhos da sua sina e os batizou de "Xerlaine", "Xequira", "Xeroline", "Brucesfielde" e "Carimbo" – além de outro filho com o trivial nome de "Carlos Eduardo". A "tradição" teria tido início com o pai do senhor "Xérox", o qual decidiu escolher o nome mais diferente possível para evitar que fosse o filho morto por engano, em caso de homonímia, eis que àquela época eram comuns assassinatos por encomenda. E esta mesma criatividade serviu de inspiração para que Xérox escolhesse os nomes dos próprios filhos, os quais também parecem apreciar a escolha. O filho Carimbo Miguel negou ter a intenção de mudar o nome quando completar a maioridade e ainda afirmou: "Vou querer mudar não." Indagado por que não mudaria, afirmou gostar do seu nome e justificou o porquê da afeição: "Sou único, né?" Ô, se é!

Mas não é só entre nós que esse fenômeno se verifica.[31]

Na República Dominicana, dois pais resolveram homenagear o famoso espião secreto britânico, porém de um jeito muito singular: deram ao seu filho o nome "James Bond Cero Cero Siete Carrion Vargas".[32] Como não puderam registrá-lo com numerais ("007"), optaram por esta versão mais criativa.

Em Singapura, um delinquente inusitado foi preso após roubar o cartão de banco do próprio irmão e ter usado o dinheiro roubado para consumir heroína. Preso em um shopping, o anti-herói chamado "Batman Bin Suparman" virou manchete mundo afora.[33]

Na Ásia, consta que, devido à pandemia de Covid-19, recém-nascidos ganharam nomes como "Covid", "Corona" e "Lockdown" – caso da pequena "Covid Marie", nascida em 13 de abril de 2020 em Bacolod, nas Filipinas. Na Índia, duas mães tiveram a mesma má ideia e batizaram as suas filhas de "Corona Kumar" e "Corona Kumari". Também na Índia, um casal de migrantes do nordeste da Índia, que ficou bloqueado a milhares de quilômetros de sua residência no estado de Rajasthan, optou pelo nome "Lockdown" para o seu filho.[34]

5. A saga de Sue em terras brasileiras seria, afinal, a mesma?

Fosse no Brasil, em teoria suponho que Sue não precisasse passar pelas humilhações que sofreu; não fosse o controle do escrivão, em teoria, poderia contratar um advogado para cuidar da sua causa e, sem a necessidade de vingar-se do pai, ainda em teoria deveria conseguir alterar o seu prenome. Na prática, porém, haveria o risco de se concluir que, mesmo sendo prenome predominantemente feminino, existem outras tantas pessoas na mesma situação e, portanto, a pretensão seria de mero capricho; "sofra junto com o resto, infeliz". Na prática, aliás, é bem provável que, mesmo com mais de um milhão de advogados inscritos na Ordem dos Advogados do Brasil, talvez não conseguisse sequer ter acesso à Justiça. Ainda na prática, o mais provável é que seguisse tranquilamente com a sua vida, ostentando orgulhosamente o prenome Sue – e, se tivesse filho, é bem provável que o aglutinasse ao de sua mulher para assim batizá-lo de Suelenice, Suelson, Fabisuel ou o que mais a imaginação dos genitores elaborasse. E todos viveriam suas vidas pacatamente, enfrentando as muitas dificuldades e injustiças que o nosso país reserva para parte expressiva da população, com um conformado sorriso amarelo e incompleto, estampando assim na face a inata alegria que só o nosso povo tem de sobreviver. O Brasil, afinal, não é do rock; o Brasil é, antes e acima de tudo, a terra do samba.[35]

Notas

1. Doutor e mestre em Direito Comercial pela Faculdade de Direito da USP; professor doutor do Departamento de Direito Comercial da Faculdade de Direito da USP; ex-presidente da Associação dos Advogados de São Paulo – AASP; advogado em São Paulo.
2. Além de cantor e compositor, Johnny Cash (26/02/1932 – 12/09/2003) foi escritor, diretor e ator. É considerado um dos músicos mais influentes do século XX – tendo gravado 56 discos de estúdio e 9 álbuns ao vivo, além de mais de uma centena de compilações. Sobre a sua vida, há um sem-número de filmes e documentários: *Johnny Cash! The Man, his World, his Music* (1969); *Walk the Line* (2005; *Johnny & June*); *The Unauthorized Biography of Johnny Cash* (2005); *The Gospel Music of Johnny Cash: A Story of Redemption* (2008); *My Father and the The Man in Black* (2013); *Ring of Fire* (2013); *Johnny Cash: American Rebel* (2015); *The Gift: The Journey of Johnny Cash* (2019; *O Dom: A Jornada de Johnny Cash*); *Johnny Cash: One Song at a Time* (2019); *Johnny Cash and the Ostrich* (2019); e, mais recentemente, *My Darling Vivian* (2020) – documentário que tem como personagem principal Vivian Liberto, a primeira mulher de Cash, e trata do relacionamento de ambos. A bibliografia sobre Cash é incontável – podendo-se aqui citar alguns títulos: *Man in Black: His Own Story in His Own Words* (1975), por Johnny Cash; *The Man Comes Around: The Spiritual Journey of Johnny Cash* (2003), de Dave Urbanski; *Cash: The Autobiography* (2003), por Johnny Cash e Patrick Carr; *Johnny Cash: The Life of an American Idol* (2003), de Stephen Miller; *Johnny Cash at Folsom Prison: The Making of a Masterpiece* (2004), de Michael Streissguth; *The Man Called Cash: The Life, Love and Faith of an American Legend* (2005), de Steven Turner; *I Still Miss Someone: Friend and Family Remember Johnny Cash* (2005), de Rev. Billy Graham e outros; *All I Did Was Ask: Conversation with Writers, Actors, Musicians and Artists* (2006), de Terry Gross; *I Was There When It Happened: My Life with Johnny Cash* (2006), de Marshall Grant e Chris Zar; *Johnny Cash: The Biography* (2007), de Michael Streissguth; *I Walked the Line: Life with Johnny cash* (2008), de Vivian Cash e Ann Sharpsteen; *Johnny Cash and the Great American Contradiction: Christianity and the Battle for the Soul of a Nation* (2008), de Rodney Clapp; *Johnny Cash: I See a Darkness* (2009), de Rheinhard Kleist; *A Heartbeat and a Guitar: Johnny Cash and the Making of Bitter Tears* (2009), de Antonino D'Ambrosio; *Johnny Cash and Philosophy: The Burning Ring of Truth* (2011), de John Huss e David Werther; *The Resurrection of Johnny Cash: Hurt, Redemption, and American Recordings* (2011), de Graeme Thomson; *Johnny Cash is a Friend of Mine* (2013), de Henry Vaccaro e outros; *Johnny Cash: The Life* (2014), de Robert Hilburn; *Hello, I'm Johnny Cash* (2014), de G. Neri e A. G. Ford; *House of Cash: The Legacies of My Father, Johnny Cash* (2015), de John Carter Cash;

Country Music Icons: The Lives and Careers of Gene Autry, Roy Roggers, Hank Williams, Johnny Cash, and Dolly Parton (2016), de Charles Rivers; *The Man Who Carried Cash: Saul Holiff, Johnny Cash, and the Making of an American Idol* (2017), de Julie Chadwick; *Johnny Cash: The Life and Legacy of the Man in Black* (2018), de Alan Light; *Trains, Jesus, and Murder: The Gospel according to Johnny Cash* (2019), de Richard Beck; *Johnny Cash: The Redemption of an American Idol* (2019), de Greg Laurie e Marshall Terrill; *Johnny Cash International: How and Why Fans Love the Man in Black* (2020), de Michael Hinds e Jonathan Silverman; e *Johnny Cash: Walking on Fire* (2020), de Helen Akitt e Paul Noyer – dentre tantos outros livros e coletâneas.

3   A sua apresentação na Penitenciária Estadual de San Quentin foi gravada – e assim se tornou o 31º disco de Johnny Cash, recebendo o disco triplo de platina. Antes disso, em 1968, Cash já havia se apresentado na penitenciária de Folsom (e o show, também gravado, tornou-se o disco *At Folsom Prison*); ainda depois disso, Cash gravou dois outros discos que tiveram como motivo as suas apresentações em estabelecimentos penais: *På Österåker* (1973) e *A Concert Behind Prison Walls* (1976).

4   Em 1969, a interpretação de Cash para a música permaneceu por 3 semanas no ranking das 100 melhores da Billboard, atrás apenas de "Honky Tonk Women" dos Rolling Stones.

5   Sheldon Allan Silverstein, ou simplesmente Shel Silverstein (25/09/1932 – 10/05/1999), além de músico e compositor, escreveu diversos livros com poemas, ilustrações e estórias infantis: *Lafcadio, the Lion Who Shot Back* (1963); *Don't Bump the Glump! And Other Fantasies* (1963); *The Giving Tree* (1964); *A Giraffe and a Half* (1964); *Uncle Shelby's Zoo Don't Bump the Glump! and Other Fantasies* (1964); *Where the Sidewalk Ends* (1974); *The Missing Piece* (1976); *A Light in the Attic* (1981; primeiro livro infantil a aparecer no *New York Times Bestseller List*, na qual permaneceu por 182 semanas!); *The Missing Piece Meets the Big O* (1981); e *Falling Up* (1996), além de edições póstumas – como *Runny Babbit* (2005); *Every Thing On It* (2011); e *Where the Sidewalk Ends: Poems and Drawings* (2014). Recebeu em vida o Globo de Ouro, dois Grammy e uma indicação para o Oscar.

6   Shel Silverstein teria tido a ideia para a música após uma conversa com o seu amigo Jean Sheperd, o qual lhe teria relatado os sofrimentos de sua infância e a ridicularização a que foi exposto pelas demais crianças, que acreditavam ter ele um "nome de menina". Embora não se saiba ao certo o que levou Silverstein a escolher o nome "Sue" para a sua canção, supõe-se que o mesmo tenha se inspirado no famoso advogado Sue K. Hicks – assim batizado pela sua mãe, que faleceu poucos dias após o parto. Hicks tornou-se conhecido pela sua atuação como assistente de acusação no caso "Scopes Trial" de 1925 (um processo virtualmente simulado que, a pretexto de discutir a proibição do ensino do evolucionismo

em escolas públicas, teria sido um palco para dar projeção aos advogados envolvidos na causa, razão pela qual o julgamento é também conhecido como "Scopes Monkey Trial"). Silverstein participou de uma conferência em Gatlinburg (cidade também mencionada na canção), na qual Hicks foi um dos conferencistas, e teria sido aí que Silverstein teve a ideia para a sua canção, pois "Sue" lhe pareceu nome estranhamente feminino. Embora Johnny Cash tenha afirmado não saber se Shel Silverstein teria mesmo se referido a alguma pessoa em específico ao escrever a canção, ele enviou para Hicks fotos autografadas e dois álbuns seus com a inscrição "Para Sue, como vai? ("To Sue, how do you do?"). Disponível em: <https://www.historybyday.com/pop-culture/the-complete-story-behind-johnny-cashs--a-boy-named-sue/2.html?br_t=ch>. Acesso em: 26 jul. 2021.

7   A letra de "A Boy Named Sue" e a sua tradução são as seguintes:

Well, my daddy left home when I was three. And he didn't leave much to Ma and me. Just this old guitar and an empty bottle of booze.	Então, meu pai saiu de casa quando eu tinha três anos. E não deixou muito pra minha mãe e pra mim. Só este velho violão e uma garrafa vazia de bebida.
Now I don't blame him 'cause he run and hid. But the meanest thing that he ever did was before he left, he went and named me Sue.	Eu nem o culpo por ter fugido e se escondido. Mas a coisa mais maldosa que ele fez, antes de partir, foi me dar o nome de Sue.
Well, he must have thought that it was quite a joke. And it got a lot of laughs from lots a folks. Seems I had to fight my whole life through.	Pois é, ele deve ter achado isso uma piada e tanto. E muita gente deu muita risada. Mas eu sinto que tive que lutar a vida toda.
Some gal would giggle and I'd get red. And some guy'd laugh and I'd bust his head. I'll tell ya, life ain't easy for a boy named Sue.	Uma garota dava uma risadinha e eu ficava vermelho. Um sujeito ria de mim e eu quebrava a cara dele. Vou te dizer: a vida não é fácil pra um menino chamado Sue.
Well I grew up quick and I grew up mean. My fist got hard and my wits got keen. I roamed from town to town to hide my shame.	Aí eu cresci rápido e fiquei malvado. Meu punho endureceu, minha inteligência ficou aguçada. Vaguei de cidade em cidade para esconder a minha vergonha.
But I made me a vow to the moon and stars I'd search the honky-	Mas fiz uma promessa pra Lua e pras estrelas que eu iria vasculhar

tonks and bars and kill that man that gave me that awful name.

Well, it was Gatlinburg in mid-July. And I'd just hit town and my throat was dry. I thought I'd stop and have myself a brew.

At and old saloon on a street of mud, there at a table dealing stud, sat the dirty, mangy dog that named me Sue.

Well I knew that snake was my own sweet dad, from a worn-out picture that my mother had. And I knew that scar on his cheek and his evil eye.

He was big and bent and gray and old, and I looked at him and my blood ran cold, and I said: "My name is Sue! How do you do! Now you gonna die!"

Yeah, that's what I told him!

Well, I hit him hard right between the eyes

And he went down, but to my surprise come up with a knife a cut off a piece o' my ear.

Then I busted a chair right across his teeth. And we crashed through the wall and into the street. Kicking and a gouging in the mud and the blood and the beer.

I tell ya I've fought tougher men, but I really can't remember when. He kicked like a mule and bit like a crocodile.

espeluncas de música country e bares pra matar o homem que me deu aquele nome infame.

Então, foi em Gatlinburg, no meio de julho. Eu tinha acabado de chegar à cidade e minha garganta estava seca. Pensei, eu vou parar e tomar um trago.

Em um velho saloon numa rua de terra, lá em uma das mesas, dando as cartas de pôquer, estava sentado o cão sujo e sarnento que me deu o nome de Sue.

É, eu sabia que aquela cobra era o meu doce pai, por uma foto velha que a minha mãe tinha. E eu conhecia aquela cicatriz na bochecha e seu olhar de mal.

Ele era grande e arcado, cinza e velho; olhei para ele e meu sangue gelou, e eu disse: "Meu nome é Sue! Como vai você? Agora você vai morrer."

É, foi o que eu disse pra ele!

Eu o acertei forte bem no meio dos olhos

e ele foi para o chão, mas para minha surpresa puxou uma faca e cortou um pedaço da minha orelha.

Aí eu quebrei uma cadeira em seus dentes. E nós atravessamos a parede, para a rua. Chutando e socando na lama, cerveja e sangue.

Eu lhes digo que já lutei com homens mais fortes, mas não consigo lembrar quando. Ele chutava como uma mula e mordia como um crocodilo.

I heard him laugh and then I heard him cuss. He went for his gun but I pulled mine first. He stood there lookin' at me and I saw him smile.	Eu o escutei rir e então o escutei xingar. Ele foi sacar a sua arma, mas puxei a minha primeiro. Ele ficou ali parado olhando para mim e eu o vi sorrir.
And he said: "Son, this world is rough and if a man's gonna make it he's gotta be tough and I know I wouldn't be there to help you along.	E ele disse: "Filho... este mundo é cruel e, se um homem for vencer, ele tem que ser forte, e eu sabia que eu não estaria sempre lá para te ajudar.
So I give that name and I said goodbye. I knew you'd have to get tough or die. And it's that name that helped to make you strong.	Então te dei esse nome e disse adeus. Eu sabia que você teria que endurecer ou iria morrer. E foi esse nome que te ajudou a ser forte.
Now you just fought one hell of a fight. And I know you hate me and you got the right to kill me now, and I wouldn't blame you if you do.	E você acabou de lutar uma grande luta. Eu sei que você me odeia, e tem direito de me matar agora, e eu não te culparia por isso.
But you ought thank me before I die for the gravel in your gut and the spit in your eye. 'Cause I'm the son of a bitch that named you Sue!"	Mas você tem que me agradecer, antes de eu morrer, pela força nas suas entranhas e pelo fogo nos seus olhos. Porque eu sou o filho da ** que te deu o nome de Sue."
Well, what could I do, what could I do? Well I got all choked up and threw down my gun. Called him a Pa and he called me a son. And I come away with a different point of view.	E agora, o que eu poderia fazer, o que eu poderia fazer? Fiquei com um nó na garganta e abaixei a minha arma. Chamei-o de pai e ele me chamou de filho. E meu ponto de vista mudou.
And I think about him now and then every time I try and every time I win. And if I ever have a son I think I'm gonna name him...	Eu penso nele de vez em quando toda vez que eu tento e toda a vez que eu venço. E se algum dia eu tiver um filho, eu acho que vou chamar de...
Bill or George! Anything but Sue!	Bill ou George! Qualquer coisa menos Sue!
I still hate that name!	Ainda odeio esse nome!

8   Dentre os crimes contra a assistência familiar, o Código Penal brasileiro prevê o *abandono material* (CP, art. 244), o *abandono intelectual* (CP, art. 246) e o *abandono moral* (CP, art. 247). Todos estes são crimes dolosos, em que se exige a prova da vontade livre e consciente do agente em obter o resultado (CP, art. 19, I); não se prevê a figura culposa.

9   Na esfera cível, o *abandono material* do genitor que, tendo condições, deixa de prestar assistência e prover condições dignas de sobrevivência ao filho, causando danos à integridade física, moral, intelectual e psicológica, é considerado ato ilícito (*cf*.: STJ, REsp 1.087.561-RS, 4ª Turma, Rel. Min. Raul Araújo , v.u., j. 13.06.2017, DJe 18.08.2017, RJTJRS 309/201); já o *abandono moral*, em si mesmo, não gera dever de reparar dano moral (*cf*.: STJ, REsp 757.411-MG, 4ª Turma, Rel. Min. Fernando Gonçalves, m.v., j. 29.11.2005, DJ 27.03.2006, RT 849/228; e STJ, REsp 1.579.021-RS, 4ª Turma, Rel. Min. Maria Isabel Galotti, v.u., j. 19.10.2017, DJe 29.11.2017).

10 O parricídio (*paris excidium*; literalmente, "matar o par") significava nas antigas *leges regias* a morte dolosa de um homem livre; com o tempo, passou a designar o ato de matar um parente, e não apenas o pai, como o cognato sugere. Enquanto em algumas legislações o parricídio é tipificado autonomamente (*cf*.: CP Chile, art. 390; CP Peru, art. 107; CP Bolívia, art. 253; e CP Bélgica, art. 395) e, em outras, é previsto como uma especial modalidade de homicídio (*cf*.: CP França, art. 221-4, CP Itália, art. 577, CP Portugal, art. 132, CP Argentina, art. 132, CP Uruguai, art. 311, CP Paraguai, art. 105, CP Colômbia, art. 104, e CP Venezuela, art. 408), em nossa legislação outro é o tratamento: o Código Penal brasileiro não contempla o parricídio como figura autônoma nem trata dele como modalidade de homicídio; prevê apenas uma agravante genérica se o crime for cometido "contra ascendente, descendente, irmão ou cônjuge" (art. 61, II, *e*), o que, porém, se aplica a qualquer crime, e não apenas ao homicídio. Credita-se essa orientação legislativa ao fato de o Código Penal dar relevância ao *motivo* do crime, e não aos vínculos parentais em si – até porque há situações, embora menos frequentes, em que "por mais nefando que seja *in abstracto* o parricídio, podem apresentar-se in *concreto* motivos tais que, excepcionalmente, apaguem o seu cunho de repulsividade" (Nelson Hungria, *Comentários ao Código Penal*, SP: José Bushatski, 1979, p. 34), como no caso do filho que, ao presenciar à mãe sendo agredida pelo pai, acaba por matá-lo. Para além disso, porém, as relações de parentesco são consideradas no crime de lesão corporal de violência doméstica (CP, art. 129, § 9º), no crime de abandono de incapaz (CP, art. 133, § 3º, II), nos crimes contra o patrimônio (CP, art. 181, I e II), nos crimes contra os costumes (CP, art. 226, II), no lenocínio, no favorecimento à prostituição e no rufianismo (CP, arts. 227, § 1º, 228, § 1º, e 230, § 1º), no favoreci-

mento pessoal (CP, art. 348, § 2°) e, é claro, nos crimes contra a assistência familiar (CP, arts. 244 a 247).

11 De acordo com o nosso Código Penal, "o agente que, voluntariamente, desiste de prosseguir na execução ou impede que o resultado se produza, só responde pelos atos já praticados" (art. 15). A diferença entre a *desistência voluntária* e o *arrependimento eficaz* está em que, no primeiro, o agente interrompe o processo de execução que iniciara (cessa a execução porque assim o quis, e não porque tenha sido impedido por fato alheio à sua vontade) e, no segundo, embora já houvesse realizado todos os atos de execução, o agente impede, à vista do seu arrependimento, que o resultado ocorra.

12 Basta lembrar de casos ainda recentes em nossa sociedade envolvendo Gil Rugai e Suzane von Richthofen. Na história, cite-se Rômulo e Remo; na literatura, Édipo Rei, Hamlet e Irmãos Karamazov.

13 "CC" ou Código Civil (Lei n° 10.406/2002). A obra clássica sobre o tema em nosso direito é a de Rubens Limongi França (*Do nome civil das pessoas naturais*, SP: RT, 1958). Uma análise mais recente e enxuta do tema é apresentada por Clito Fornaciari Jr. (*Da alteração do nome*, RAASP 145/62-67).

14 Sob a ótica do *direito privado*, é um direito das pessoas (*Namensrecht*) enquanto sujeitos de direitos, mas, como bem destacam Nelson Nery Jr. e Rosa Maria de Andrade Nery, "do ponto de vista da *ordem pública*, "esses sujeitos de direito, titulares do nome, têm obrigação de ter um nome (*Namenspflicht*), a fim de que possam ser identificados perante a sociedade e o poder público" (*Código Civil comentado*, 4ª ed. SP: RT, 2006, nota 16-4, p. 185).

15 "LRP" ou "Lei de Registros Públicos (Lei n° 6.015/1973).

16 Prenomes *ab initio* perfeitamente usuais e corriqueiros podem se tornar fonte de aborrecimento por conta de eventos posteriores. Que o digam as Genis e os Bráulios em nosso país. Em outras situações, porém, o problema não reside propriamente nos elementos individuais do nome, mas justamente na sua conjugação, a criar um cacófato – situação essa ilustrada por Walter Ceneviva por meio da invocação do caso real de uma pessoa que se chamava Kumio e pleiteou a alteração do seu prenome para Jorge. No caso, o Tribunal de Justiça do Estado de São Paulo, com sensibilidade, reconheceu o problema e reformou a sentença de primeira instância, que havia negado a pretensão do autor: "Realmente, com a mera mudança ou alterações de pronúncia, o nome do ora apelante, que é Kumio Tanaka, pode ser transformado, através da mudança do ditongo 'io' em hiato ou vogais autônomas, no nome pouco recomendável de 'Kumi o Tanaka', ou seja, em gíria brasileira, 'Comi o Tanaka', que é expressão ofensiva e obscura"; diante dessa situação, reconheceu a Corte ser "incontestável a possibilidade de ser o apelante exposto aos vexames do ridículo e, outrossim, não é possível vá alguém aguardar primeiramente ser vítima de zombaria, escárnio ou

mofa, para, depois, trocar nome. Não há dúvida, pois, sobre a permanente situação incômoda do apelante, com o seu nome Kumio Tanaka, diante da potencialidade do ridículo com a mudança na sua pronúncia" (*Lei de Registros Públicos comentada*, 20ª ed. SP: Saraiva, 2010, nº 143, p. 337).

17 "A consagração desse princípio, como regra de lei, remonta à *Ordonnance d'Amboise*, de 26 de março de 1555" (R. Limongi França, *Do nome civil das pessoas naturais*, cit., p. 251). A fixidez do nome não é, porém, absoluta.

18 *Cf.*: STJ, REsp 220.059-SP, 2ª Seção, Rel. Min. Ruy Rosado de Aguiar, m.v., j. 22.11.2000, DJ 12.02.2001, JSTJ 141/145, RSTJ 145/255 e JBCC 188/211; STJ, REsp 345.456-MG, 4ª Turma, Rel. Min. Aldir Passarinho Jr., v.u., j. 27.11.2001, DJ 22.04.2002, RSTJ 160/360; STJ, REsp 538.187-RJ, 3ª Turma, Rel. Min. Nancy Andrighi, v.u., j. 02.12.2004, DJ 21.02.2005, RSTJ 193/363 e RT 836/147; e STJ, REsp 777.088-RJ, 3ª Turma, Rel. Min. Sidnei Beneti, v.u., j. 21.02.2008, DJ 10.03.2008, RSTJ 212/389 – dentre tantos outros. Sobre a possibilidade de a mudança ser pleiteada antes de atingida a maioridade, tinha razão Rubens Limongi França ao afirmar que "seria esdrúxulo admitir a mudança do prenome ridículo ou imoral somente após o interessado haver atingido a maioridade, altura em que o mesmo já teria sofrido boa parte dos prejuízos morais e materiais que tal situação lhe poderia acarretar" (*Do nome civil das pessoas naturais*, cit., p. 258).

19 Nelson Nery Jr. e Rosa Maria de Andrade Nery, *Código Civil comentado*, cit., nota 16-10, p. 185.

20 Por exemplo: (*i*) de "Gerhard" para "Geraldo" (RT 153/649); (*ii*) "Enestor" para "Ernesto" (RT 185/117); (*iii*) "Hoeletin" para "Wellington" (RT 187/270); ou (*iv*) "Nunsio" para "Lucio" (RT 188/296). Algo mais discutível é a hipótese de alteração do prenome diante da mudança de regras ortográficas – no passado já admitida. Em nossa sociedade, porém, tem sido comum a tradução fonética de nomes estrangeiros, de gosto altamente duvidoso ("Uóxinton", em vez de "Washington"; "Máicon", em vez de "Michael"; "Wolfgangue", em vez de "Wolfgang" etc.) para não mencionar aqui os estrangeirismos acompanhados de muitos "hh" e "ll", "y", "k" e assim por diante. "Ahren Januzs", "Lady Daiana", "Suéllynson", "Kayo", "Kellen" etc. Tendo um irmão médico, com amplo acesso às fichas de atendimento de pacientes da ala de pediatria, haveria aqui um rol imenso a apresentar. Mas gosto não se discute; lamenta-se.

21 Tenha ou não um fundo de verdade, conta-se a seguinte anedota: – Bom dia, qual o seu nome? – A-A-A-Amilton. – Puxa, que coisa. O senhor é gago? – Não. Gago era o meu pai. O escrivão era sádico.

22 O Supremo Tribunal Federal, não faz muito, fixou a seguinte tese, em sede repercussão geral (tema 761): "O transgênero tem direito fundamental subjetivo à alteração do seu prenome e de sua classificação de gênero no registro civil, não se exigindo, para tanto, nada além da manifestação de

vontade do indivíduo, o qual poderá exercer tal faculdade tanto pela via judicial como diretamente pela via administrativa" (STF, RE 670.422-RS, Pleno, Rel. Min. Dias Toffoli, m.v., j. 15.08.2018, DJe 10.03.2020).

23 *Cf.*: TJBA, Ap. 0504092-15.2014.8.05.0080, 5ª CC., Rel. Des. José Edivaldo Rocha Rotondano, v.u., j. 14.03.2017.

24 *Cf.*: TJSP, Ap. 1012112-80.2018.8.26.0348, 2ª Câm. Dir. Priv., Rel. Des. José Carlos Ferreira Alves, v.u., j. 19.06.2019.

25 *Cf.*: TJSE, AC 21928029, 2ª CC., Rel. Juíza convocada. Maria Angélica França e Souza, v.u., j. 08.10.2019.

26 *Cf.*: TJPR. Ap. 0000636-97.2017.8.16.0179, 12ª CC., Rel. Des. Roberto Massaro, v.u., j. 27.03.2019.

27 *Cf.*: TJSP Ap. 0000792-84.2011.8.26.0125, 1ª Câm. Dir. Priv., v.u., j. 05.08.2014.

28 Disponível em: <http://g1.globo.com/ap/amapa/noticia/2014/02/no-ap-oceano-atlantico-e-falonha-tem-orgulho-de-nomes-incomuns.html>.

29 Disponível em: <https://recordtv.r7.com/camera-record/videos/conheca-o-homem-com-o-nome-mais-longo-do-brasil-14092018>.

30 Disponível em:<https://www.semprefamilia.com.br/curiosidades/a-familia-cujo-pai-chama-se-xerox-o-filho-carimbo-e-o-nome-das-irmas-segue-a-mesma-linha/>.

31 O que não significa que o rol de nomes inusitados seja curto: Abc Lopes; Abrilina Décima Nona Caçapavana Piratininga de Almeida; Açafrão Fagundes; Adalgamir Marge; Adegesto Pataca; Adoração Arabites; Aeronauta Barata; Agrícola Beterraba Areia; Agrícola da Terra Fonseca; Alce Barbuda; Aldegunda Carames More; Alfredo Prazeirozo Texugueiro; Amável Pinto; Amazonas Rio do Brasil Pimpão; América do Sul Brasil de Santana; Amin Amou Amado; Antônio Americano do Brasil Mineiro; Antonio Manso Pacífico de Oliveira Sossegado; Antônio Morrendo das Dores; Antonio Noites e Dias; Antonio Pechincha; Antônio Querido Fracasso; Antonio Treze de Junho de Mil Novecentos e Dezessete; Antônio Veado Prematuro; Apurinã da Floresta Brasileira; Araci do Precioso Sangue; Argentino Argenta; Ariciléia Café Chá; Arquiteclínio Petrocoquínio de Andrade; Asfilófio de Oliveira Filho; Asteróide Silverio; Ava Gina; Bananéia Oliveira de Deus; Bandeirante do Brasil Paulistano; Barrigudinha Seleida; Bemvindo o Dia do meu Nascimento Cardoso; Bende Sande Branquinho Maracajá; Benedito Camurça Aveludado; Benedito Frôscolo Jovino de Almeida Aimbaré Militão de Souza; Baruel de Itaparica Boré Fomi de Tucunduvá; Belderagas Piruégas de Alfim Cerqueira Borges Cabral; Benigna Jarra; Bestilde Mota Medeiros; Bizarro Assada; Boaventura Torrada; Bom Filho Persegonha; Brandamente Brasil; Brilhantina Muratori; Cafiaspirina Cruz; Capote Valente e Marimbondo da Trindade; Caius Marcius Africanus; Carabino Tiro Certo; Cantinho da Vila Alencar da Corte Real Sampaio; Caso Raro

Yamada; Céu Azul do Sol Poente; Chananeco Vargas da Silva; Chevrolet da Silva Ford; Cincero do Nascimento; Cinconegue Washington Matos; Clarisbadeu Braz da Silva; Colapso Cardíaco da Silva; Comigo é Nove na Garrucha Trouxada; Confessoura Dornelles; Crisoprasso Compasso; Defuntina; Deus É Infinitamente Misericordioso; Deusarina Venus de Milo; Dezêncio Feverêncio de Oitenta e Cinco; Dignatario da Ordem Imperial do Cruzeiro; Dilke de La Roque Pinho; Disney Chaplin Milhomem de Souza; Dolores Fuertes de Barriga; Domingão Sabatino Gomes; Dosolina Piroca Tazinasso; Drágica Broko; Durango Kid Paiva; Ernesto Segundo da Família Lima; Errata de Campos; Esdras Esdron Eustaquio Obirapitanga; Esparadrapo Clemente de Sá; Espere em Deus Mateus; Estácio Ponta Fina Amolador; Éter Sulfúrico Amazonino Rios; Evangivaldo Figueiredo; Excelsa Teresinha do Menino Jesus da Costa e Silva; Faraó do Egito Sousa; Fedir Lenho; Felicidade do Lar Brasileiro; Finólila Piaubilina; Fologênio Lopes Utiguaçú; Francisco Notório Milhão; Francisco Zebedeu Sanguessuga; Francisoreia Doroteia Dorida; Fridundino Eulâmpio; Garoto Levado Cruz; Gigle Catabriga; Graciosa Rodela D'alho; Grande Felicidade Virgínia dos Reis; Heliogábalo Pinto Coelho; Hidráulico Oliveira; Himalaia Virgulino Janeiro Fevereiro de Março Abril; Himineu Casamenticio das Dores Conjugais; Hipotenusa; Holofontina Fufucas; Horinando Pedroso Ramos; Hugo Madeira de Lei Aroeiro; Hypotenusa Pereira; Ilegível Inilegível; Inocêncio Coitadinho; Janeiro Fevereiro de Março Abril; Japodeis da Pátria Torres; João Cara de José; João Cólica; João da Mesma Data; João de Deus Fundador do Colto; João Sem Sobrenome; José Amâncio e Seus Trinta e Nove; José Casou de Calças Curtas; José Catarrinho; José Maria Guardanapo; José Teodoro Pinto Tapado; José Xixi; Jovelina Ó Rosa Cheirosa; Jotacá Dois Mil e Um Juana Mula; Júlio Santos Pé-Curto; Justiça Maria de Jesus; Lança Perfume Rodometálico de Andrade; Leão Rolando Pedreira; Leda Prazeres Amante; Letsgo Daqui; Liberdade Igualdade Fraternidade Nova York Rocha; Libertino Africano Nobre; Lindulfo Celidonio Calafange de Tefé; Lynildes Carapunfada Dores Fígado; Magnésia Bisurada do Patrocínio; Manganês Manganésfero Nacional; Manoel de Hora Pontual; Manoel Sovaco de Gambar; Manuel Sola de Sá Pato; Manuelina Terebentina Capitulina de Jesus Amor Divino; Marciano Verdinho das Antenas Longas; Marcos dá Ré; Maria Constança Dores Pança; Magro Maria da Cruz Rachadinho; Maria da Segunda Distração; Maria de Seu Pereira; Maria Eugênia Longo Cabelo Campos; Maria Máquina; Maria Panela; Maria Passa Cantando; Maria Privada de Jesus; Maria-você-me-mata; Mário de Seu Pereira; Meirelaz Assunção; Mereveu Dois de Agosto de Oliveira; Mijardina Pinto; Mimaré Índio Brasileiro de Campos; Ministério Salgado; Naida Navinda Navolta Pereira; Napoleão Estado do Pernambuco; Napoleão Sem Medo e Sem Mácula; Nascente Nascido

Puro; Natal Carnaval; Natanael Gosmoguete de Souza; Necrotério Pereira da Silva; Novelo Fedelo; Nunes Restos Mortais de Catarina; Ocidentina de Fontoura; Olinda Barba de Jesus; Orlando Modesto Pinto; Orquerio Cassapietra; Otávio Bundasseca; Pacífico Armando Guerra; Padre Filho do Espírito Santo Amém; Pália Pélia Pólia Púlia dos Guimarães Peixoto; Paranahyba Pirapitinga Santana; Penha Pedrinha Bonitinha da Silva; Percilina Pretextata; Peta Perpétua de Ceceta; Placenta Maricórnia da Letra Pi; Plácido e Seus Companheiros; Pombinha Guerreira Martins; Primeira Delícia Figueiredo Azevedo; Primavera Verão Outono Inverno; Produto do Amor Conjugal de Marichá e Maribel; Protestado Felix Correa; Radigunda Cerconá Vicensi; Remédio Amargo; Ressurgente Monte Santos; Restos Mortais de Catarina; Rita Marciana Arrotéia; Rocambole Simionato; Rolando Caio da Rocha; Rolando Escadabaixo; Rômulo Reme Remido Rodó; Safira Azul Esverdeada; Sansão Vagina; Segundo Avelino Peito; Sete Chagas de Jesus e Salve Pátria; Simplício Simplório da Simplicidade Simples; Soraiadite das Duas a Primeira; Telesforo Veras; Tropicão de Almeida; Última Delícia do Casal Carvalho; Último Vaqueiro; Um Dois Três de Oliveira Quatro; Um Mesmo de Almeida; Universo Cândido; Valdir Tirado Grosso; Veneza Americana do Recife; Vicente Mais ou Menos de Souza; Vitória Carne e Osso; Vitimado José de Araújo; Vitor Hugo Tocagaita; Vivelinda Cabrita; Voltaire Rebelado de França; Wanslívia Heitor de Paula; e Zélia Tocafundo Pinto (fontes: https://imirante.com/namira/sao-luis/noticias/2015/05/21/nomes-mais-estranhos-registrados-nos-cartorios-do-brasil.shtml; http://www.fiocruz.br/biosseguranca/Bis/infantil/nomes-exdruxulos.htm; e http://serjus.com.br/noticias_antigas/on-line/nomes_esquisitos_14_11_2006.htm). Imagine se os descontentes fossem resolver os seus problemas nos moldes de Sue... Seria uma carnificina!

32 Disponível em: <https://www.prensalibre.com/internacional/padres-nombre-agente-secreto-britanico-0-835716652/>. Acesso em: 26 jul. 2021.

33 Por exemplo, no *The UK's Daily Mail*. Disponível em: <https://www.dailymail.co.uk/news/article-250249>/Batman-bin-Suparman-thief-jailed-stealing-bank-card-brother.html>; e no *Chicago Tribune* <https://www.chicagotribune.com/redeye/ct-redeye-xpm-2013-11-12-43991740-story.html>. Acesso em: 26 jul. 2021.

34 Disponível em: <https://g1.globo.com/mundo/noticia/2020/04/29/covid-corona-e-lockdown-viram-nomes-de-recem-nascidos-na-asia.ghtml>. Acesso em: 26 jul. 2021.

35 Para a preparação deste escrito, contei com o valioso e entusiasmado auxílio de pesquisa do meu assistente – e *rockeiro* da interiorana Limeira – Dr. Alcides Afonso Tonholo Borges, que se embrenhou pelas páginas recônditas da internet em busca de excentricidades.

Anotações à Epopeia de Zumbi, de Nei Lopes

Marco Aurélio Bezerra de Melo[1]

E de repente, era um, eram dez, eram milhares
Sob as asas azuis da liberdade, nascia o estado de Palmares
Mas não tardou, e a opressão tentou calar não conseguiu
O brado da vida contra a morte, no primeiro estado livre do Brasil
Forjando ferro de Ogum, plantando cana e amendoim
Dançando seus batucajés, pilando milho e aipim
Fazendo lindos samburás, amando e vivendo enfim
Durante cem anos ou mais, Palmares viveu assim
E a luta prosseguia, contra a ignorância e ambição
Até que surgiu Zumbi, nosso Deus, nosso herói, nosso irmão
Ciente de que nenhum negro ia ser rei, enquanto houvesse uma senzala
Ao invés de receber a liberdade, Zumbi preferiu conquistá-la
E depois de mais três anos de guerra, o punhal da traição varou Zumbi
Foi a 20 de novembro, data pra lembrar e refletir
E quase 300 anos depois, um brado forte varonil
Ainda vem de Pernambuco e Alagoas, e se espalha pelo céu desse Brasil
Folga negro de Angola que ele não vem cá
Se ele vier Quilombola, pau há de levar

A canção "A Epopeia de Zumbi" foi composta pelo advogado, sociólogo, cantor, compositor, instrumentista, dicionarista, palestrante e escritor Nei Lopes no ano de 1983 e lançada em um álbum fantástico denominado *Negro Mesmo*, no qual ele divide canções comprometidas com a cultura afro-brasileira com os parceiros Wilson Moreira e Cláudio Jorge, como o jongo ("Jongo do Irmão Café"), o lundu ("Lundu Chorado"), uma quadrilha de matriz africana ("Tia Eulalia na Xiba"), dentre outras composições belíssimas.

Segundo lições colhidas a partir do verbete *samba-enredo* no *Dicionário Aurélio da Língua Portuguesa*, a música que é o objeto desse texto pode ser identificada como um samba-enredo, pois a despeito de não ter sido enredo de escola de samba, enaltece uma personalidade importante na história brasileira, uma das características marcantes dessa espécie do gênero musical identificado como samba.

Parece confirmar essa ideia o fato de que, cinco anos depois, a Escola de Samba Unidos de Vila Isabel conquistou o seu primeiro título com o samba-enredo "Kizomba, Festa da Raça", imortalizado na voz de um de seus compositores, o saudoso Luiz Carlos da Vila, no qual narrava igualmente os feitos heroicos de Zumbi dos Palmares.

Sobre o álbum, melhor consultar quem entende do riscado, figura icônica da cultura brasileira, e que nos deixou vitimado pela covid-19 recentemente. Refiro-me a Aldir Blanc que, assinando a contracapa do álbum, concluiu que se tratava de "um disco negro de respostas claríssimas para a opacidade perplexa dos umbigos coloridos. Respostas que comovem e encantam porque podem auxiliar a compreensão do que estamos vivendo (e ouvindo), e porque, de certa forma, sempre estiveram na obra dos bambas. No primeiro sentido, Nei é moderno. No segundo, um clássico. Falou, Nei. Mesmo. E que todos nós, seus irmãos, possamos aprender um pouquinho com você da maravilhosa arte de ser do contra".

E ser *do contra* é exatamente a história do quilombola em geral e na canção identificado por Zumbi dos Palmares, que a um só tempo se insurgiu contra os grilhões da escravidão e o odioso cerco da terra.

Enquanto escrevo, penso quanto o racismo estrutural é nocivo. Óbvio que principalmente para as vítimas desse câncer social que são os negros, mas também para todo o povo brasileiro, mestiço por excelência, que acaba privado de tanta beleza, de se alegrar com o belo da cultura afro-brasileira.

No pequeno trato, bem particular desse disco, apenas fui descobrir essa pérola musical na fase adulta, com 30 e poucos anos, pelas mãos de um amigo músico que com o seu talento animava as rodas de samba na Lapa, em um movimento muito salutar no Rio de Janeiro de redescoberta dos sambas clássicos pelos jovens. Fato é que aos 14 anos, quando o disco foi lançado, nenhuma de suas músicas tocava em rádios, televisão, nenhum clip fora lançado, e a falta de acesso não me permitiu conhecer esse trabalho tão importante.

Enquanto adolescente, a saída era balançar o esqueleto ao som de boas bandas como The Police, Barão Vermelho, Titãs, Plebe Rude, Paralamas do Sucesso, Legião Urbana, dentre outras. Nada contra por óbvio, mas seria de bom-tom que o importante espaço cultural da música fosse mais aberto, plural, como, a propósito, se orienta a nossa Constituição Federal.

A situação era (ou é) tão dramática que Tom Zé, na canção "Chamegá", musicou parte de uma carta de David Byrne, do Talking Heads, endereçada ao artista brasileiro, na qual o próprio músico inglês confessa: "aí chegou o gringo com o sequencer para prender o músico brasileiro na camisa de força do metronímico 4x4 rock-pop-box". Daí, o baiano concorda e brada os seguintes verbos: "Xanduzinha, que vergonha/Espezinharam-na-fulô/E chegou um chamego chamado pop/.../Bate funk, bate folk/.../Bate estaca, bate rock/.../Gonzaga filho adotado/Yê Olodum/Renasceu mais avexado/Yê Olodum".

A exclusão por preconceito, "complexo de vira-lata", sabe-se lá o motivo, dificulta a que os jovens tenham maior pertencimento acerca de sua história e cultura e, com isso, orgulho de suas raízes musicais, que não encontram páreo na diversidade e na beleza imanentes.

A canção, aqui tratada, vibra uma energia de poesia épica envolvendo o personagem Zumbi, que chefiou o Quilombo dos Palmares. Vê-se, nessa epopeia, que o personagem histórico, real e mítico ao mesmo tempo, é tornado glorioso pelos seus feitos heroicos, e cuja memória restou preservada na oralidade e na escrita desde o século XVII (aproximadamente em 1630), período em que se formou esse "aldeamento de escravos fugidos" para ficarmos na definição dada pelo próprio autor da música em seu festejado Dicionário Banto.

Não há exagero na música quando no primeiro verso faz-se alusão a milhares de quilombolas que para lá seguiram "sob as asas azuis da liberdade", pois o quilombo dos palmares era formado por uma rede de 12 outros quilombos, chegando a contar com mais de 20 mil pessoas.

O quilombo dos palmares, tido na música como o "primeiro estado livre do Brasil", posto que a independência, como cediço, somente viria em 1822, atraiu uma forte resistência da coroa portuguesa e dos proprietários de terras e escravos da localidade. "A opressão tentou calar, não conseguiu", posto que durante quase cem anos ficou de pé, "forjando ferro de ogum, plantando cana e amendoim/ dançando seus batucajés, pilando milho e aipim/ fazendo lindos samburás, amando e vivendo enfim".

O ato de rebeldia e coragem da formação desse quilombo mostrou-se como um momento de instabilidade do modelo econômico escravagista. A complexa organização política e econômica do quilombo permitiu a sua subsistência. Formou-se, de fato, um Estado independente com poder político de comando, defesa militar e autossuficiência e na produção de gêneros alimentícios como milho, mandioca, feijão, batata-doce, cana-de-açúcar e banana, água farta, além de animais de caça, que se faziam abundantes na região.

A resistência era enorme. Com o acatamento da Igreja, várias tentativas da metrópole e do próprio local patrocinadas pelos senhores de engenho, por meio de bandeirantes, mercenários, polícias e milícias no sentido de debelar o movimento insurrecional, fracassaram. "A luta prosseguia, contra a ignorância e ambição/ até que surgiu Zumbi, nosso Deus, nosso herói, nosso irmão".

Zumbi era sobrinho do Rei palmarino Ganga Zumba (Grande Senhor) que, diante da pressão e das guerras, pretendeu fazer um acordo com a coroa no qual os escravos nascidos no quilombo seriam livres e os fugitivos entregues novamente ao trabalho escravo. Ao contrário de seu tio, Zumbi liderou a resistência do quilombo, abrindo séria contenda, pois, ao contrário do tio, estava "ciente de que nenhum negro ia ser livre; enquanto houvesse uma senzala/ao invés de receber a liberdade, Zumbi preferiu conquistá-la".

"E depois de mais três anos de guerra, o punhal da traição varou Zumbi". Após o insucesso do acordo, foi contratado o bandeirante Jorge Domingos Velho, de triste memória, que chega ao local em 1694 com cerca de nove mil homens armados e derruba a capital do quilombo, conhecida por Macaco, no que ficou conhecido como "Massacre da Serra da Barriga", em razão do local em que se deu o morticínio dos que lá se encontravam, atingindo, além dos soldados quilombolas, crianças, mulheres e idosos. Era preciso dar o exemplo.

Após a traição do quilombola Antonio Soares, Zumbi foi encontrado posteriormente e, depois de ser apunhalado e baleado no dia 20 de novembro de 1695, data em que hoje se comemora o Dia da Consciência Negra, teve sua cabeça cortada, salgada e levada para Recife (Porto Calvo), onde foi exposta em praça pública com os seguintes dizeres: "Para satisfazer os ofendidos e justamente queixosos e para atemorizar os negros que achavam que ele era imortal".

Em memória e homenagem a essa epopeia, conta-se que ainda hoje, como consta poeticamente na parte final da música anotada, é possível ouvir na Serra da Barriga, em Alagoas, o cântico do "Auto dos Quilombos", que diz: "Folga Negro/ Branco não vem cá/ Se vier/ Pau há de levar/ Folga Negro/ Branco não vem cá/ Se vier/ O diabo há de levar!"

A escravidão negra no Brasil ainda perduraria formalmente até 13 de novembro de 1888, tendo durado cerca de 350 anos, e a formação de quilombos nunca deixou de existir. A tirania do regime econômico escravocrata foi acompanhada pelo anseio natural de liberdade inerente a todo ser humano.

Dados históricos apontam que 15 milhões de africanos foram arrancados de suas terras para a América, sendo que 40% foram utilizados no trabalho servil no Brasil, no que se chama de diáspora africana. Apenas para que se tenha uma noção de grandeza, no primeiro censo realizado em 1872, chegou-se a um número de 9.930.478 habitantes no Brasil.

Seguindo a orientação de convenções internacionais, o poder constituinte de 1987 reconheceu a importância de se conferir maior visibilidade e proteção aos cidadãos quilombolas e à preservação, a bem da Cultura, de tais territórios. Procurou-se atribuir maior dignidade à etnia africana, que contribuiu para a formação do processo civilizatório nacional, tutelando constitucionalmente os modos de criar, fazer e viver nos quilombos na atualidade.

Nessa linha, o artigo 68 do Ato das Disposições Constitucionais Transitórias da Constituição Federal de 1988 estabeleceu com linguagem direta que aos remanescentes das comunidades dos quilombos que estejam ocupando suas terras é reconhecida a propriedade definitiva, devendo o Estado emitir-lhes os títulos respectivos.

O governo brasileiro já reconheceu, por meio de laudos antropológicos e históricos, que há mais de três mil quilombos remanescentes no Brasil e pouco mais de cem tiveram o reconhecimento da propriedade, gerando insegurança, violência no campo e dificuldade de emancipação social e econômica de tais comunidades. O fato é que temos, nesse caso, uma efetividade constitucional muito baixa, que conta com pouco mais de três por cento em 32 anos de vigência da Constituição.

A abolição inconclusa da escravidão conta com a terapêutica das ações afirmativas e, também, a de reconhecimento do domínio formal dos territórios quilombolas, avançando para a emancipação dos mesmos com a instalação de equipamentos urbanos e comunitários como postos de saúde, escolas, frentes de trabalho, facilidades para o escoamento da produção agrícola etc.

As medidas apontadas configuram práticas sociais aptas a proporcionar uma vida digna aos atuais remanescentes dos quilombos que se formaram no Brasil em afronta ao cerco da terra e do cativeiro pessoal, e hoje tais comunidades, mesmo dispondo da proteção constitucional para o fim da preservação da cultura brasileira, conforme determinam os artigos 215 e 216, encontram-se, em grande maioria, em calamitoso estado de miserabilidade econômica e social, notadamente diante da pandemia. Por ora, enquanto essa realidade proprietária não se efetiva, que, ao menos, haja o reconhecimento da intangibilidade desses territórios por meio de firme proteção possessória, que deve ser compreendida como direito fundamental previsto na nossa Lei Maior, a fim de que novos Domingos Jorge Velho não cometam atos de barbárie.

Oxalá que a luz de Nei Lopes nos ilumine para que possamos, com a sua arte e seus sonhos, preparar uma bonita Kizomba no dia em que este país se transformar em uma grande nação, verdadeiramente democrática, a que estamos predestinados, mas hoje vale a advertência que consta em trecho de outro samba-enredo composto por ele e Wilson Moreira em 1980, chamado "Noventa Anos de Abolição": "Nossa festa hoje é homenagem/ à luta contra as injustiças raciais/ que vem de séculos passados/ e chega até os dias atuais."

NOTAS

1 Desembargador do TJRJ, doutor e mestre em Direito pela UNESA, professor permanente do PPGD da UNESA, professor titular de Direito Civil do IBMEC/RJ e emérito da EMERJ.

A lei na visão de Raul Seixas

Marcos Abraham[1]

> *Todo homem tem direito de pensar o que quiser.*
> *Todo homem tem direito de amar a quem quiser.*
> *Todo homem tem direito de viver como quiser. […]*
> *Direito de viver, viajar sem passaporte.*
> *Direito de pensar, de dizer e de escrever. […]*
> *Todo homem tem o direito de viver a não ser pela sua própria lei.*
> *Da maneira que ele quer viver. […]*
> *Há de ser tudo da lei.*
> *E o homem tem direito de matar todos aqueles que contrariarem a esses direitos. […]*
> *Viva a sociedade alternativa! Viva, viva!*
> (excertos da música "A Lei", de Raul Seixas)

Introdução

Raul Seixas (1945-1989) cruzou os céus do rock nacional como uma estrela cintilante, daquelas que deixam em sua passagem um rutilante rastro, ainda que fugaz. Seu desaparecimento prematuro, aos 44 anos de idade, contudo, não embaçou a marca que imprimiu nas artes nacionais, por meio de letras e canções inovadoras que impactaram toda uma geração, contando até hoje com uma legião de fãs e admiradores.

No presente texto, que se propõe a ser uma interface entre o mundo da música e o direito, trataremos de uma emblemática canção desse ícone da música pop brasileira: "A Lei", de 1988, presente em seu penúltimo álbum, *A Pedra do Gênesis*.

O objetivo será investigar a visão da lei e dos direitos humanos em Raul Seixas, tal como proposta na música, perquirindo sobre a viabilidade de sua aplicação. Esses e outros questionamentos, que estão no coração mesmo da teoria geral do Direito e do Estado, serão objeto de nossas reflexões, sobretudo dentro dos ideais do Estado de Direito em que vivemos hoje, moldado pela Constituição de 1988, tendo a canção por guia de interlocução.

Breve pano de fundo de "A Lei"

O título da canção — "A Lei" — tem muito a nos comunicar sobre a visão de mundo do artista. Por isso, descortinaremos o pano de fundo desse cenário, para que possamos entender melhor qual era a cosmovisão de Raul Seixas.

Raul Seixas era agnóstico, mas ao mesmo tempo grande interessado não apenas em filosofia, como também em ocultismo, esoterismo e religiões comparadas (assim como seu parceiro em várias composições, Paulo Coelho), tendo devotado parte de sua vida a tais estudos.

Nessa busca, "Raulzito", como era chamado pelos mais próximos, sofreu forte influência do esoterismo de Alesteir Crowley (1875-1947), ocultista britânico considerado um dos pais do esoterismo e magia tal como hoje praticados no mundo ocidental. Crowley foi o fundador da doutrina "Thelema" e líder da *Ordo Templi Orientis* ("Ordem do Templo do Oriente" ou O.T.O.), fraternidade secreta ocultista e esotérica em cuja doutrina Paulo Coelho introduziria Raul Seixas.[2]

Na verdade, a admiração pela figura de Crowley não se restringia a um *gosto exótico* de Raul Seixas, mas fazia parte de um prestígio mais amplo do ocultista bretão junto a roqueiros internacionais. Ozzy Osbourne (Black Sabbath) compôs uma música em homenagem a Crowley intitulada "Mr. Crowley"; Jimmy Page (Led Zeppelin) adquiriu um imóvel que pertencera a Crowley, na Escócia, e diversos de seus itens pessoais; e uma foto de Crowley aparece inclusive na capa do icônico álbum *Sgt. Pepper's Lonely Hearts Club Band* dos Beatles.[3] Portanto, tratava-se de um homem que gozava de razoável fama nos meios do gênero musical do rock.

A palavra *thelema*, usada por Crowley para denominar sua doutrina, significa em grego "vontade" ou "desejo". Seus ensinamentos foram codificados em uma obra chamada *O Livro da Lei* (*Liber AL vel Legis* — 1904), sendo a lei máxima desta filosofia a seguinte: "faz o que tu queres, há de ser tudo da Lei" ("*Do what thou wilt shall be the whole of the Law*").[4]

Posteriormente, tais ensinamentos foram condensados por Crowley de forma extremamente sucinta no manifesto de uma única página chamado *Liber LXXVII vel OZ* (doravante, *Liber OZ*), veiculando uma lista de direitos do ser humano, na interpretação *thelemita*, que é praticamente transcrita por Raul Seixas na canção "A Lei".

Na verdade, se quisermos fazer uma crítica inicial da letra da canção, esta residiria justamente nisso: ser uma adaptação bastante próxima e literal do texto, traduzido ao português, do *Liber OZ* de Crowley, com mínimas modificações.[5] Não foi propriamente Raul quem a compôs. Ele apenas tratou de musicar as palavras de Crowley.

"Faz o que tu queres, há de ser tudo da Lei", grande lema thelemita, é exatamente uma das frases reproduzidas na canção, a qual, em seu próprio título, já faz uma referência à "Lei" de thelema (também presente na ainda mais famosa canção de Raul Seixas "Sociedade Alternativa", de 1974).[6] A ideia por trás dessa lei era a de que o ser humano deveria conectar-se com sua real vontade, propósito e impulso vital, libertando-se dos medos e tabus incutidos pela sociedade e pelas religiões organizadas.

Este também era o programa do movimento que passou à posteridade como *contracultura*, entendido como movimentos sociais de rebelião juvenil de oposição à cultura imposta pela sociedade oficial, que floresceu sobretudo nas décadas de 1960 e 1970, tendo como alguns de seus expoentes o movimento hippie e o rock.[7] Nas palavras de Luiz Boscato,[8] a sociedade tal qual se apresentou aos jovens – com uma racionalidade autoritária imposta por uma Ciência fria, a serviço, muitas vezes, do poder estabelecido; com religiões caducas em suas velhas opiniões formadas sobre tudo; e com o tempero amargo do planejamento tecnocrático burguês, que apaga a originalidade da vida individual para moldar a personalidade segundo padrões empresariais que não foram criados por eles – simplesmente eliminou a possibilidade da diferença, da poesia e do desenvolvimento de subjetividades livres.

Esperava-se então o advento de uma *Nova Era* de expansão de consciência e liberdade humanas, naquilo que Crowley — que via a si mesmo como o arauto dessa nova fase — alcunhou de "Novo Aeon"[9] (em grego, se pronuncia "eon", significando "era"), uma nova época em que os padrões sociais tradicionais dariam espaço a uma nova expansão da consciência e liberdade humanas.[10] Esta seria a nova "Sociedade Alternativa", título de canção de Seixas de 1974 e que aqui é novamente evocada, quando o refrão "Viva, viva, viva a Sociedade Alternativa!" é repetido à exaustão ao fundo de "A Lei", enquanto Seixas declama trechos do *Liber OZ*.

Num dos versos, Raul diz: "A lei do forte, essa é a nossa lei e a alegria do mundo." E, mais adiante: "Os escravos servirão." Esta passagem da obra de Crowley é perturbadora em sua versão integral, omitida por Raul Seixas: "Nós nada temos com o pária e o desajustado: que eles morram em sua miséria. Pois eles não sentem. Compaixão é o vício dos reis: pisai o miserável e o fraco: esta é a lei do forte: esta é nossa lei e a alegria do mundo".[11]

Tal visão, associada com a lei de *thelema*, demonstra uma nítida influência do filósofo germânico Friedrich Nietzsche.[12] Ele afirma que os valores legados ao Ocidente pelos judeus, depois assumidos pelos cristãos, compõem uma moral de escravos e miseráveis, glorificadora da figura dos vulneráveis.[13] Esta moral deveria ser superada pela *vontade de poder* (*Wille zur Macht*) dos fortes, por uma dinâmica criadora, sem limites e impetuosa que esmaga as fraquezas culturais e religiosas decadentes e faz emergir uma nova humanidade, o *übermensch* (super-homem), submetendo outras vontades neste processo e libertando-se dos grilhões das tradições culturais e religiosas, num nível de independência e autonomia sem precedentes, como leciona Ferrater Mora[14] ao comentar o pensamento nietzscheano:

> Nietzsche sustenta que tais ideais são apenas formas de uma moral que deve ser superada por um ponto de vista que está além do bem e do mal, manifestações de uma vitalidade descendente, de um ascetismo ao qual ele opõe como valor supremo a vitalidade ascendente, a vontade de viver e, em última instância, a vontade de poder. A luta contra os valores em vigor até o presente certamente implica a demonstração de sua chaga secreta, a evidência tanto da falsidade radical do suposto objetivismo do homem da ciência quanto do espírito decadente do cristão, no qual Nietzsche vê uma manifestação do ressentimento moral. Frente a estes valores, Nietzsche acentua o que chama, com um termo nem sempre unívoco, de vida. Esta é a norma e o valor supremos, ao qual os demais devem se submeter, pois a vontade de viver é a maior negação possível da objetividade, do igualitarismo, da piedade e da compaixão cristãs. Mas a vontade de viver, que é a vontade de poder e dominação, exige, juntamente com a crítica a esses falsos valores, a ereção de um novo ideal do Super-Homem, que é "o sentido da Terra", pois "o homem é algo a ser superado". O Super-Homem é aquele em quem a vontade de domínio se revela em toda sua força; ele é aquele que está verdadeiramente além da moral, que tem a coragem de afirmar diante da moral a *virtù* no sentido da Renascença italiana. O Super-Homem é aquele que vive em constante perigo, aquele que, por ter se desprendido dos produtos de uma cultura decadente, faz de sua vida um esforço e uma luta. Se o Super-Homem tem alguma moral, é a moral do senhor, oposta à moral do escravo e do rebanho e, portanto, oposta à moral da compaixão, da piedade, da doçura feminina e cristã. A ideia do Super-Homem, com sua moral do dominador e do forte, já é a primeira inversão dos valores, pois estes adquirem uma hierarquia oposta quando são contemplados a partir de seu ponto de vista. Objetividade, bondade, humildade, satisfação, piedade e amor ao próximo são

valores inferiores; estão em uma escala diferente do que supõe o escravo, pois a vida e sua afirmação, o poder e sua afirmação são infinitamente superiores a eles e exigem a criação de uma nova pauta de avaliação, a pauta onde a objetividade é substituída pela personalidade criadora, a bondade pela *virtù*, a humildade pelo orgulho, a satisfação pelo risco, a piedade pela crueldade e o amor ao próximo pelo amor ao distante. [tradução livre]

Em outra parte, Raul reproduz a máxima de Crowley "não existe Deus senão o homem", que vai ao encontro do agnosticismo pessoal de Seixas, o qual repetiu este bordão diversas vezes ao longo de sua carreira.[15] Esta posição, conjugada com os rituais de magia de Crowley e da própria autoidentificação deste como a "Besta 666",[16] foi constantemente confundida com o satanismo,[17] quando, na verdade, constituía uma *glorificação do ser humano* como critério máximo de medida de todas as coisas, em contraste com a posição religiosa de Deus como ser supremo.

Todas essas considerações prévias servem para indicar a inserção de Raul Seixas no movimento internacional mais amplo da "contracultura", de contestação dos valores ocidentais tradicionais, que marcou fortemente o cenário internacional, sobretudo na década de 1960, com destaque para a mobilização de maio de 1968 na França e seu slogan "É proibido proibir". O movimento da "Sociedade Alternativa", regida pela Lei de Thelema, era justamente uma tentativa de traduzir para terras nacionais as inquietudes da juventude transgressora internacional.[18]

Traçado esse panorama, podemos agora, na próxima seção, refletir teoricamente sobre a fundamentação da moral nas relações intersubjetivas, como base para posterior crítica sobre a Lei de thelema e aquilo que dela foi aproveitado na canção "A Lei", de Raul Seixas.

A lei moral em perspectiva kantiana

Sendo Raul Seixas agnóstico, uma breve exposição da teoria moral em Kant — a qual tem o mérito de não invocar um princípio divino como esteio para a moral — pode funcionar como ponte de diálogo. Afinal, mesmo as posições filosóficas que negam a existência (ateísmo) ou promovem a dúvida acerca da existência (agnosticismo) de qualquer divindade não conseguem fugir da necessidade de estabelecer balizas éticas para a convivência entre os seres humanos. A pergunta sobre o agir eticamente adequado não é privativa de religiosos, e a indagação sobre a fonte da moralidade sem que se faça referência necessária à existência de um princípio divino tomou contornos ainda mais fortes na Modernidade.

Em sua Terceira Crítica (*Crítica da Faculdade do Juízo*, de 1790), Kant coloca a lei moral, enquanto condição formal racional do uso de nossa liberdade, como obrigando por si mesma. Assim, a validade da lei moral não estaria na dependência da crença na existência de Deus, e aqueles que nela não acreditam não podem se reputar livres da obrigação da lei moral. Todo ente racional teria de se reconhecer como limitado pelos preceitos da moralidade, pois as leis morais seriam formais e ordenariam incondicionalmente sem levar em consideração finalidades outras que não o próprio cumprimento do dever moral.[19]

Para Kant, no ser humano, ainda que a razão seja capaz de apreender uma lei moral objetiva daquilo que deveria ser feito (o chamado *imperativo*),[20] a vontade humana pode, sim, escolher se afastar dessa percepção, deixando de fazer ou fazendo outra coisa distinta daquilo que a razão indica como o que é objetivamente devido. Portanto, as ações que são, de forma objetiva, necessárias (isto é, aquelas que deveriam ser realizadas, por serem necessárias) nem sempre são efetivamente executadas, pois a vontade humana, sujeita a uma série de condições subjetivas, nem sempre obedecerá aos princípios objetivos subministrados pela razão. Para exemplificar, a razão indica que roubar é objetivamente imoral; porém, por uma apreciação subjetiva, tal como a de apropriar-se dos bens de outrem para deleite próprio, a vontade pode realizar este ato imoral que não está em conformidade com os princípios da razão.

Os imperativos kantianos, por sua vez, dividem-se em hipotéticos e categóricos. Os imperativos hipotéticos seriam aqueles que funcionam como meios para atingir determinados fins particulares e não necessários ("os hipotéticos representam a necessidade prática de uma ação possível como meio de alcançar qualquer outra coisa que se quer"),[21] por exemplo, a conduta de se obter dinheiro trabalhando para posteriormente adquirir um automóvel. Mas a obtenção desse fim particular não é necessária, pois nem todos os seres humanos desejam adquirir um automóvel.

O imperativo categórico "seria aquele que nos representasse uma ação como objetivamente necessária por si mesma, sem relação com qualquer outra finalidade".[22] O próprio Kant formula como exemplo de imperativo categórico a máxima "Não deves fazer promessas enganadoras", em que a ação é considerada má por si mesma e em que a proibição de atuar deste modo é categórica, não sendo esta abstenção de mentir somente um conselho para evitar qualquer outro mal ("como se disséssemos: 'Não deves fazer promessas mentirosas para não perderes o crédito quando se descobrir o teu procedimento'"). Abstraindo-se de qualquer consequência, Kant frisa que a ação de ocultar a verdade é em si mesma moralmente má.

A partir daí, o filósofo cunha a famosa fórmula de definição de um *imperativo categórico*: "Age apenas segundo uma máxima tal que possas ao mesmo tempo querer que ela se torne lei universal".[23] Aplicando-se esse conceito ao exemplo anteriormente descrito acerca da mentira, percebe-se que seria impossível tomar como lei universal que as pessoas mentissem sempre umas para as outras, pois isso minaria as próprias bases mais essenciais da convivência social e do princípio de confiança.

A essa formulação segue-se que "aquilo que serve à vontade de princípio objetivo da sua autodeterminação é o *fim*, e este, se é dado pela só razão, tem de ser válido igualmente para todos os seres racionais". Já aquilo que "contém apenas o princípio da possibilidade da ação, cujo efeito é um fim, chama-se *meio*". Ou seja, a vontade atua, em todos os seres humanos, para além dos desejos subjetivos de cada um, sempre na busca da forma de um fim ou finalidade, que se distingue do mero meio para obtenção de outros fins subjetivos e relativos (*e.g.*, a aquisição de um automóvel antes citada).

O filósofo de Königsberg afirma que é possível cogitar haver algo cuja existência em si mesma esteja dotada de um valor absoluto e que, como fim em si mesmo, possa ser a base de leis determinadas. Esse algo é o *ser humano*, existente como "fim em si mesmo e não só como meio para o uso arbitrário desta ou daquela vontade".[24] Em todos os seus atos, tanto em relação a si como na relação com os outros homens, ele deve ser sempre considerado como fim, e nunca como um meio. Os objetos, sim, que podem ser por nós adquiridos mediante nossas ações, apresentam um valor relativo ou condicional (não absoluto). Daí também serem chamados de coisas, enquanto os seres racionais são chamados pessoas, "porque a sua natureza os distingue já como fins em si mesmos, quer dizer, como algo que não pode ser empregado como simples meio e que, por conseguinte, limita nessa medida todo o arbítrio (e é um objeto do respeito)".[25] Tudo aquilo que é um fim em si mesmo tem uma dignidade, não permitindo sua substituição por um equivalente. Já as coisas estão dotadas de preço, pois pode-se pôr em seu lugar uma equivalente.[26] Essas são as bases para a ideia de dignidade humana no pensamento kantiano.

Ademais, esta estrutura é completada com a noção de autonomia da vontade como princípio supremo da moralidade. Funda-se no fato de que o ser racional tem uma preeminência sobre as coisas em razão de legislar para si mesmo – dotado de uma autonomia legislativa – e "não obedece outra lei senão àquela que ele mesmo simultaneamente dá",[27] sendo a vontade para si mesma sua própria lei. Assim, a "vontade é concebida como a faculdade de se determinar a si mesmo a agir em conformidade com a representação de certas leis",[28] faculdade esta exclusiva de seres racionais, pois somente eles podem determinar-se a si mesmos e dar leis a si próprios (as coisas e animais são integralmente regidos por leis naturais externas a eles). Ou, como preferiu formular Kant: "O princípio da autonomia é portanto: não escolher senão de modo a que as máximas da escolha estejam incluídas simultaneamente, no querer mesmo, como lei universal."[29]

É a partir dessa visão, bem como dos postulados dos Estados Democráticos de Direito contemporâneos, que faremos a crítica da Lei de Thelema e seus reflexos na canção "A Lei", ou ao menos a algumas de suas possibilidades interpretativas.

Os valores e a crítica à Lei de Thelema

O princípio máximo de thelema, "faz o que tu queres, há de ser tudo da Lei", imortalizado no Brasil por Seixas, pode se prestar a uma interpretação problemática e incômoda: a de que a satisfação do próprio "eu" tem sempre preeminência, ainda que "pisando nos miseráveis e fracos" (como expressamente previsto no texto de Crowley anteriormente citado, cantado, porém, sem sua parte mais chocante por Raul Seixas).[30]

Ainda que Kant erija a autonomia da vontade como princípio supremo da moralidade (no que se poderia ver um ponto de contato com a Lei de Thelema), fundado na racionalidade humana que permite ao ser humano legislar para si mesmo, estando dotado de autonomia legislativa ("não obedece outra lei senão àquela que ele mesmo simultaneamente dá"), ele expressamente prevê um fator limitador. Este se encontra no fato de que todos os seres humanos, sem exceção, por sua condição racional, têm valor absoluto de *fins em si mesmos*.

Assim, o imperativo categórico kantiano não permitiria que fosse reputado moral um ato que, erigido a uma lei universal, causasse dano a um ser racional tão digno quanto o agente. A igualdade na condição humana impede que alguém dê para si mesmo uma lei redutora do outro ser humano a mero *meio* (que o faça *na prática* não afasta seu caráter imoral).

Portanto, a lógica de *thelema* e nietzscheana, interpretada literalmente, de um mundo de "senhores" e "escravos", não encontraria eco na fundamentação da moral kantiana. Tal interpretação afetaria gravemente a dignidade humana dos demais participantes da vida em sociedade, que não serão considerados fins em si mesmos, mas objetos ou instrumentos para que o "eu" do homem superior (Super-homem) se realize.

Independentemente de sua fundamentação em preceitos religiosos ou não,[31] fato é que valores como "justiça", "bondade", "compaixão", "piedade", "socorro aos menos afortunados" sempre permearam a experiência humana como parte dos vínculos comunitários e de solidariedade entre os homens.

A "superação" de tais valores, como propõe Nietzsche (e Crowley, nele baseado), na verdade, geraria uma expansão ilimitada das liberdades de alguns *mais potentes* que ocasionaria o *bellum omnium contra omnes*[32] (conflito de todos contra todos) tão abominado pela descrição do estado de natureza hobbesiano. Toda a Idade Moderna, na Teoria Política e do Estado, empreendeu um esforço hercúleo, nas suas diversas vertentes, para fundamentar a vida em sociedade, afastando o risco da destruição das comunidades humanas e do menosprezo a uma esfera de liberdade e autonomia de seus membros.

Não é à toa que tais princípios foram recolhidos e reconhecidos pelos ordenamentos jurídicos modernos, com nomenclaturas as mais diversas, nos próprios textos constitucionais (como, por exemplo, a Constituição brasileira de 1988, que consagra a dignidade da pessoa humana, bem como os objetivos fundamentais de construção de uma sociedade livre, justa e solidária, de erradicação da pobreza e da marginalização, de diminuição de desigualdades e promoção do bem de todos). Ainda que pareçam meramente "desejos bondosos", expressam na verdade condições basilares de possibilidade da convivência em sociedade (e não apenas da sociedade brasileira).

Se não houver um mínimo substrato ético e moral de quais são os valores que uma determinada comunidade preza, as normas jurídicas simplesmente não serão cumpridas, pois necessitam de uma atitude minimamente moral dos seus destinatários de desejarem acatá-las, por entenderem que elas contribuem para a convivência social. Como recorda o professor de Harvard Michael Sandel:[33]

> Se uma sociedade justa requer um forte sentimento de comunidade, ela precisa encontrar uma forma de incutir nos cidadãos uma preocupação com o todo, uma dedicação ao bem comum. Ela não pode ser indiferente às atitudes e disposições, aos "hábitos do coração" que os cidadãos levam para a vida pública, mas precisa encontrar meios de se afastar das noções da boa vida puramente egoístas e cultivar a virtude cívica.

O ordenamento jurídico não é uma entidade que se sustente por si mesma; antes, depende de concepções morais mínimas que lhe deem base.[34] De nada adianta, por exemplo, copiar um moderno e bem elaborado sistema de normas de cumprimento de contratos se as pessoas responsáveis por entabular as relações negociais, em seu dia a dia, não se dispuserem moralmente a cumprir o preceito básico de ordem jurídico-moral de que a palavra empenhada deve ser cumprida (em termos latinos, *pacta sunt servanda*).

Por isso, Claus-Wilhelm Canaris pôde nos recordar que "a unidade interna de sentido do Direito, que opera para o erguer em sistema, não corresponde a uma derivação da ideia de justiça de tipo lógico, mas antes de tipo valorativo ou axiológico".[35] Assim, embora os raciocínios de tipo lógico formal não possam ser desprezados, não são eles que possuem a primazia no fenômeno jurídico. São os *valores*, expressos sob as formas concretizadoras de princípios jurídicos, que detêm essa preeminência em qualquer sistema jurídico (moderno ou pré-moderno).

Também o movimento pós-positivista no direito (*e.g.*, John Rawls;[36] Ronald Dworkin;[37] Robert Alexy)[38] tem justamente buscado, nos últimos anos, resgatar o papel dos valores na interpretação jurídica e na aplicação do direito, em que os preceitos éticos e morais passam a ter preponderância, em especial com o debate dos direitos humanos fundamentais.

Pensamos, contudo, que é possível realizar uma interpretação benévola da canção, mais consentânea com o desenvolvimento das democracias ocidentais contemporâneas. A Lei de Thelema poderia ser aproveitada caso entendida em estritos termos do princípio da autonomia da pessoa em suas escolhas privadas que não causem danos a terceiros, aquilo que a tradição liberal costuma denominar de *moral privada* ou, na formulação de John Stuart Mill, o *harm principle* (*princípio do dano*) de que "o único fim em função do qual o poder pode ser corretamente exercido sobre qualquer membro de uma comunidade civilizada, contra a sua vontade, é o de prevenir dano a outros".[39]

Parece ser isso, na verdade, aquilo que advoga Raul Seixas numa interpretação benigna da canção. Na letra, existe uma lista de direitos humanos que coincidem com aqueles consagrados nas Declarações Universais de Direitos e nas diversas constituições ocidentais contemporâneas. Fala-se em direito do homem a: 1. pensar o que quiser (*liberdade de pensamento*); 2. escrever, desenhar, pintar, cantar, compor o que quiser (*liberdade de expressão, de imprensa, artística e literária*); 3. amar a quem quiser, como e com quem quiser (*liberdade afetiva e sexual*); 4. viver onde quiser (*liberdade de locomoção*); 5. trabalhar como quiser e quando quiser, bem como descansar como quiser (*direito ao trabalho e de optar por trabalhar ou não*); e 6. vestir-se e viver como quiser (*autonomia na determinação do projeto de vida*).

Todos esses exemplos dizem respeito ao que, hoje, chamaríamos de decisões individuais inseridas no âmbito de liberdade e autonomia do indivíduo, nas quais nem o Estado nem os outros particulares devem se imiscuir, ao menos não na concepção democrática liberal atual.

A razão de ser de sua enunciação liga-se ao fato de que, na história da humanidade, foram muito mais comuns e duradouros os períodos em que autoridades públicas (civis e religiosas) intervinham, com uso da força e do aparato estatal, em questões hoje reputadas privadas no mundo ocidental, como código de vestimenta, corte de cabelo ou uso de barba, proibições de certas relações afetivas e de casamento entre pessoas de *status* social ou religioso diferente, crença religiosa determinada pelo grupo social de pertença etc. De fato, o Ocidente desenvolveu-se de forma a garantir a seus cidadãos uma ampla liberdade na expressão de sua individualidade e identidade em tudo aquilo que não causar danos a outros membros da sociedade.

Todavia, alguns direitos apresentados por Crowley no *Liber OZ* e reproduzidos por Raul Seixas se situam numa zona cinzenta entre moral pública e privada, suscitando ainda relevantes tensões.

Referimo-nos em primeiro lugar ao direito de "morrer quando quiser", que invoca toda a discussão acerca da eutanásia, admitida legalmente em poucos países, mas que movimenta fortemente o debate jurídico e filosófico contemporâneos.[40]

Outro direito controvertido enunciado é aquele de "viajar sem passaporte" (ou de "mover-se pela face do planeta livremente sem passaportes"), numa visão um tanto ou quanto romântica de um mundo sem fronteiras,[41] em que os limites de circulação entre os Estados nacionais seriam abolidos. Embora isto já seja realidade em relação aos membros de alguns blocos supranacionais, tais como a União Europeia, a maior parte dos países, por razões de interesse e soberania nacionais, ainda fazem um rigoroso controle migratório.

Por último, está previsto que "o homem tem direito de matar todos aqueles que contrariarem a esses direitos". Obviamente, tal "direito" não pode ser tomado literalmente, pois seria a integral antítese das próprias bases da vida em comunidade: o fato de meus direitos não serem respeitados não me permite resolver os conflitos *matando* a quem se opõe à fruição dos mesmos. A interpretação aqui deve ser simbólica: por *matar*, entenda-se a ideia de fazer pouco caso ou não dar ouvidos a quem tenta impor suas cosmovisões aos demais em assuntos privados ligados à autonomia de cada ser humano para definir seus rumos de vida.[42]

Cremos que é precisamente neste sentido de uma interpretação mais benigna da letra da canção que é possível ainda falar em um impacto relevante de seu potencial questionador de certas práticas sociais.

Conclusões

Ao longo do texto, ficou evidente que o objetivo da canção "A Lei" foi questionar e romper com paradigmas e expectativas acerca de códigos de comportamento dos agentes sociais, dentro da perspectiva do movimento contracultural, em que está historicamente situada.

Para tanto, valeu-se de simbologias e evocações que se contrapunham à moral judaico-cristã que marca a cultura e história ocidentais, numa proposta que encontra raízes mais remotas em Nietzsche e mais imediatas (no caso de Raul Seixas) no ocultista britânico Aleister Crowley e sua Lei de Thelema ("faz o que quiseres, há de ser tudo da Lei").

Expusemos também uma das mais relevantes tentativas da Modernidade de fundar um projeto ético sem referência necessária a um ente divino ou superior, a ética kantiana, que salvaguarda a dignidade da pessoa humana no reconhecimento dos seres humanos como fins em si mesmos e não meros instrumentos ou objetos.

Contudo, observamos que é perfeitamente possível dar uma interpretação atentatória à dignidade da pessoa humana à doutrina filosófica de fundo que informa a letra da música, a Lei de Thelema do *Livro da Lei* do ocultista Crowley. Em seu favor, diga-se que qualquer texto de matriz religiosa ou filosófica pode ser interpretado de forma mais ou menos benigna, de acordo com o intérprete e a polissemia das palavras, sobretudo quando são usadas de forma espiritual, simbólica ou mesmo esotérica.

Vimos que uma interpretação benévola possível do princípio de *thelema* se coaduna com os fundamentos do pensamento liberal e individualista que marcou as concepções políticas das democracias ocidentais contemporâneas, girando em torno do princípio da autonomia da pessoa em suas escolhas privadas que não causam danos a terceiros, aquilo que a tradição liberal costuma denominar de *moral privada*.

É justamente encarada nessa chave interpretativa que a música "A Lei" parece nos convidar ainda hoje a uma reflexão: o questionamento e a discussão dos limites da liberdade individual e da determinação autônoma do "projeto" de vida de cada cidadão. Seja como for, é inegável que, por sua obra, Raulzito logrou inscrever seu nome no panteão do rock nacional.

Letra completa da música "A Lei"

Todo homem tem direito
de pensar o que quiser
Todo homem tem direito
de amar a quem quiser
Todo homem tem direito
de viver como quiser
Todo homem tem direito
de morrer quando quiser
Direito de viver
viajar sem passaporte
Direito de pensar
de dizer e de escrever
Direito de viver pela sua própria lei
Direito de pensar, de dizer e de escrever
Direito de amar,
Como e com quem ele quiser
A lei do forte
Essa é a nossa lei e a alegria do mundo
Faz o que tu queres, há de ser tudo da lei
Faze isso e nenhum outro dirá não
Pois não existe Deus senão o homem
Todo homem tem o direito de viver a não ser pela sua própria lei
Da maneira que ele quer viver
De trabalhar como quiser e quando quiser
De brincar como quiser
Todo homem tem direito de descansar como quiser
De morrer como quiser
O homem tem direito de amar como ele quiser

De beber o que ele quiser
De viver aonde quiser
De mover-se pela face do planeta livremente sem passaportes
Porque o planeta é dele, o planeta é nosso
O homem tem direito de pensar o que ele quiser, de escrever o que ele quiser
De desenhar, de pintar, de cantar, de compor o que ele quiser
Todo homem tem o direito de vestir-se da maneira que ele quiser
O homem tem o direito de amar como ele quiser: tomai vossa sede de amor, como quiseres e com quem quiseres
Há de ser tudo da lei
E o homem tem direito de matar todos aqueles que contrariarem a esses direitos
O amor é a lei, mas amor sob vontade
Os escravos servirão
Viva a sociedade alternativa
Viva, Viva
Direito de viver, viajar sem passaporte
Direito de pensar, de dizer e de escrever
Direito de viver pela sua própria lei
Direito de pensar, de dizer e de escrever
Direito de amar, como e com quem ele quiser
Todo homem tem direito
de pensar o que quiser
Todo homem tem direito
de amar a quem quiser
Todo homem tem direito
de viver como quiser
Todo homem tem direito
de morrer quando quiser

Referências bibliográficas

ABRAHAM, Marcus. *Raízes judaicas do direito*: princípios jurídicos da lei mosaica. Rio de Janeiro: Forense, 2020.

ALEXY, Robert. *Teoría de los Derechos Fundamentales*. Madri: Centro de Estudios Políticos y Constitucionales, 2001.

BERMAN, Harold J. *Direito e revolução*: a formação da tradição jurídica ocidental. Trad. Eduardo Takemi Kataoka. São Leopoldo: Unisinos, 2006.

BÍBLIA. *Bíblia de Jerusalém*. São Paulo: Paulus, 2002.

BOSCATO, Luiz Alberto de Lima. *Vivendo a sociedade alternativa*: Raul Seixas no Panorama da Contracultura Jovem. 2006. 260 f. Tese (doutorado em História Social) – Faculdade de Filosofia, Letras e Ciências Humanas, Universidade de São Paulo, São Paulo, 2006.

CANARIS, Claus-Wilhelm. *Pensamento sistemático e conceito de sistema na ciência do Direito*. 3. ed. Lisboa: Calouste Gulbenkian, 2002.

CROWLEY, Alesteir. *O Livro da Lei* (Liber AL vel Legis). [S.l.]: Ordo Templi Orientis, 2018. Disponível em: <https://www.quetzalcoatl-oto.org/wp-content/uploads/2018/08/Liber-AL-vel-Legis-O-Livro-da-Lei-Portugu%C3%AAs.pdf>. Acesso em: 9 jul. 2020.

_____. *Magick without tears*. Las Vegas: Falcon Press, 1989.

_____. *The Confessions of Aleister Crowley*: an autohagiography. Londres: Arkana, 1989.

DUQUETTE, Lon Milo. *The Magick of Aleister Crowley*: a Handbook of the Rituals of Thelema. Boston: Weiser Books, 2003.

DWORKIN, Ronald. *Domínio da Vida*: aborto, eutanásia e liberdades individuais. Trad. Jefferson Luiz Camargo. São Paulo: Martins Fontes, 2003.

_____. *Taking Rights Seriously*. Cambridge, Massachusetts: Harvard University Press, 1978.

HOBBES, Thomas. *Elementa Philosophica De Cive*. Praefatio ad lectores. Amsterodami: Ludovicum Elzevirium, 1647.

KANT, Immanuel. *Critique of the power of judgment*. Trans. Paul Guyer; Eric Matthews. Cambridge: Cambridge University Press, 2000.

_____. *Religion within the boundaries of mere reason and other writings*. Trans. Allen Wood, George Di Giovanni. Cambridge: Cambridge University Press, 1998.

_____. *Fundamentação da metafísica dos costumes*. Trad. Paulo Quintela. Lisboa: Edições 70, 1995.

LACHMAN, Gary. *Aleister Crowley*: magick, rock and roll, and the wickedest man in the world. Nova York: Penguin, 2014.

MILL, John Stuart. *Sobre a liberdade*. Trad. Pedro Madeira. Rio de Janeiro: Nova Fronteira, 2011.

MORA, José Ferrater. Vocábulo NIETZSCHE (FRIEDRICH). In: *Diccionario de filosofía*. 5. ed. Buenos Aires: Sudamericana, 1965.

NIETZSCHE, Friedrich. *Genealogia da moral*: uma polêmica. Trad. Paulo César de Souza. 10. reimp. São Paulo: Companhia das Letras, 1998.

OLIVEIRA, Amanda Muniz. *"Faça o que tu queres, pois é tudo da lei"*: representações do direito no rock de Raul Seixas. 2016. 252 f. Dissertação (Mestrado em Direito) – Centro de Ciências Jurídicas, Universidade Federal de Santa Catarina, Florianópolis, 2016.

RADA NETO, José. *As aventuras de Raul Seixas no campo musical*: trajetória artística e relações com a indústria fonográfica (1967-1974). 2012. 347 f. Dissertação (mestrado em Sociologia Política) – Centro de Filosofia e Ciências Humanas, Universidade Federal de Santa Catarina, Florianópolis, 2012.

RAWLS, John. *Uma Teoria da Justiça*. Trad. Lenita M. R. Esteves. São Paulo: Martins Fontes, 1997.

SANDEL, Michael J. *Justiça*: o que é fazer a coisa certa. Rio de Janeiro: Civilização Brasileira, 2012.

Notas

1 Professor titular de Direito Financeiro e tributário da Universidade do Estado do Rio de Janeiro (UERJ); pós-doutorado na Universidade Federal do Rio de Janeiro – FND/UFRJ; pós-doutorado na Universidade de Lisboa; doutor em Direito Público (UERJ); desembargador federal do Tribunal Regional Federal da 2ª Região.

2 "Se por um lado Raul ensinou a Paulo como transmitir suas mensagens de maneira fácil e acessível ao grande público, Paulo apresentou a Raul algo que, junto de suas leituras filosóficas e políticas, será um elemento presente em toda a sua obra. Trata-se do ocultismo, principalmente no que se refere à Thelema, filosofia esotérica criada por Aleister Crowley, famoso mago inglês. Segundo Luiz Lima (2007, p. 32), se por um lado o cantor 'afirmava ser anarquista e [gostar] de Proudhon, [...] ao mesmo tempo adorava Aleister Crowley'. Por meio de Paulo, Raul entrou em contato com Marcelo Motta, principal divulgador das ideias de Crowley no país, chegando a fazer parte da *Astrum Argentum* (*Estrela de Prata* em latim, mais conhecida como A.·.A), sociedade criada por Crowley, e da *Ordo Templi Orientis* (Ordem do Templo do Oriente, em latim, mais conhecida como O.T.O.), sociedade reformulada pelo mesmo mago, também com base nos princípios thelêmicos." OLIVEIRA, Amanda Muniz. *"Faça o que tu queres, pois é tudo da lei"*: representações do direito no rock de Raul Seixas. 2016.

252 f. Dissertação (mestrado em Direito) – Centro de Ciências Jurídicas, Universidade Federal de Santa Catarina, Florianópolis, 2016. p. 120.

3   Todos esses dados, bem como informações acerca da influência de Crowley sobre roqueiros como David Bowie e Rolling Stones, podem ser encontrados no capítulo 11 da obra de LACHMAN, Gary. *Aleister Crowley*: magick, rock and roll, and the wickedest man in the world. Nova York: Penguin, 2014.

4   CROWLEY, Alesteir. *O Livro da Lei* (Liber AL vel Legis). Introdução, III (A Lei de Thelema). [S.l.]: Ordo Templi Orientis, 2018. Disponível em: <https://www.quetzalcoatl-oto.org/wp-content/uploads/2018/08/Liber-AL-vel-Legis-O-Livro-da-Lei-Portugu%C3%AAs.pdf>. Acesso em: 9 jul. 2020.

5   Íntegra do *Liber OZ* (os trechos entre aspas simples são citações do próprio Crowley ao Livro da Lei): "'A lei do forte: esta é a nossa lei e a alegria do mundo.' 'Fazer o que tu queres deverá ser o todo da Lei.' 'Tu não tens direito a não ser fazer a tua vontade. Faze isso, e nenhum outro te dirá não.' 'Todo homem e toda mulher é uma estrela.' *Não existe nenhum deus senão o homem.* 1. O homem tem o direito de viver por sua própria lei – de viver do modo que ele desejar: de trabalhar como ele desejar: de brincar como ele desejar: de descansar como ele desejar: de morrer quando e como ele desejar. 2. O homem tem o direito de comer o que ele desejar: de beber o que ele desejar: de morar onde ele desejar: de se mover como desejar pela face da terra. 3. O homem tem o direito de pensar o que ele desejar: de falar o que ele desejar; de escrever o que ele desejar; de desenhar, pintar, esculpir, estampar, moldar, construir como ele desejar; de vestir-se como desejar. 4. O homem tem o direito de amar como ele desejar: – 'tomai vossa fartura e vontade de amor como quiserdes, quando, onde e com quem quiserdes!' O homem tem o direito de matar todos os que contrariarem estes direitos. 'Os escravos servirão.' 'Amor é a lei, amor sob vontade.'" Disponível em: <https://www.thelema.com.br/espaco-novo-aeon/livros/liber-lxxvii-vel-oz/>. Acesso em: 20 jul. 2020.

6   Em "Sociedade Alternativa", mais para o final da música, inclusive ouve-se a voz do cantor afirmando: "A Lei de Thelema", demonstrando a inequívoca ligação entre os princípios de Crowley e Raul Seixas.

7   Cf. BOSCATO, Luiz Alberto de Lima. *Vivendo a sociedade alternativa*: Raul Seixas no Panorama da Contracultura Jovem. 2006. 260 f. Tese (doutorado em História Social) – Faculdade de Filosofia, Letras e Ciências Humanas, Universidade de São Paulo, São Paulo, 2006. p. 5.

8   Ibidem, p. 11.

9   "Existe uma música – além de todo um LP de Raul Seixas, lançado em 1975, que recebeu esse título – "Novo Aeon" –, o nome que ele dava para a Era de Aquário, tão exaltada pela contracultura. Para o jovem ou o adolescente atual, essa expressão evoca todo um conjunto de ideias e de

comportamentos transgressivos que se desencadearam nos anos 1960. [...] O Novo Aeon é a interpretação astrológica de um fenômeno astronômico conhecido pelo nome de Precessão dos Equinócios. [...] O Novo Aeon de Aquário-Leão foi celebrado pela juventude rebelde como a possibilidade de uma renovação não somente política no sentido convencional do termo, mas sobretudo existencial. A releitura da espiritualidade ocidental sob novas interpretações deve ser observada como a atitude de uma juventude que buscava novos caminhos para a organização social, pois o pensamento mítico e as práticas sociais são elementos que sempre caminharam juntos, um construindo e justificando o outro, dentro de uma dialética do imaginário. O Novo Aeon seria então [...] uma nova maneira de sentir, de pensar e de viver, totalmente diferenciada em relação ao Aeon anterior, já em decadência, embora ainda predominante sob muitas de suas instituições." (Ibidem, p. 61-63).

10 CROWLEY, Alesteir, op. cit. Introdução, IV (O Novo Aeon).
11 CROWLEY, Alesteir, op. cit. Capítulo II, n. 21.
12 O indisfarçável impacto do pensamento de Nietzsche sobre Crowley é expresso por este último em algumas de suas obras: "The Book announces a new dichotomy in human society; there is the master and there is the slave; the noble and the serf; the 'lone wolf' and the herd. (*Nietzsche may be regarded as one of our prophets*; (...) This is the code of the 'Slave-Gods', very thoroughly analysed, pulverized, and de-loused by *Nietzsche in Antichrist*. It consists of all the meanest vices, especially envy, cowardice, cruelty and greed: all based on over-mastering Fear." (CROWLEY, Alesteir. *Magick without tears*. Las Vegas: Falcon Press, 1989, p. 303 e 419); "I entirely agree with Nietzsche that Christianity is the formula of the servile state" (CROWLEY, Alesteir. *The Confessions of Aleister Crowley*: an autohagiography. London: Arkana, 1989, p. 539); "*Nietzsche was to me almost an avatar of Thoth, the god of wisdom*" (Ibidem, p. 746); "I will only say that my main idea had been to found a community on the principles of *The Book of the Law*, to form an archetype of a new society. The main ethical principle is that each human being has his own definite object in life. He has every right to fulfil this purpose, and none to do anything else. It is the business of the community to help each of its members to achieve this aim; in consequence all rules should be made, and all questions of policy decided, by the application of this principle to the circumstances. We have thus made a clean sweep of all the rough and ready codes of convention which have characterized past civilizations. Such codes, besides doing injustice to the individual, fail by being based on arbitrary assumptions which are not only false, but insult and damage the moral sense. Their authority rested on definitions of right and wrong which were untenable. *As soon as Nietzsche* and others demonstrated that fact, they lost their validity. The result has been that the new generation,

demanding a reason for acting with ordinary decency, and refusing to be put off with fables and sophistries has drifted into anarchy. Nothing can save the world but the universal acceptance of the Law of Thelema as the sole and sufficient basis of conduct" (Ibidem, p. 848-849).

13 "Foram os judeus que, com apavorante coerência, ousaram inverter a equação de valores aristocrática (bom = nobre = poderoso = belo = feliz = caro aos deuses), e com unhas e dentes (os dentes do ódio mais fundo, o ódio impotente) se apegaram a esta inversão, a saber, 'os miseráveis somente são os bons, apenas os pobres, impotentes, baixos são bons, os sofredores, necessitados, feios, doentes são os únicos beatos, os únicos abençoados, unicamente para eles há bem-aventurança – mas vocês, nobres e poderosos, vocês serão por toda a eternidade os maus, os cruéis, os lascivos, os insaciáveis, os ímpios, serão também eternamente os desventurados, malditos e danados! [...]'. Sabe-se quem colheu a herança dessa tresvaloração judaica [...] A propósito da tremenda, desmesuradamente fatídica iniciativa que ofereceram os judeus, com essa mais radical das declarações de guerra, recordo a conclusão a que cheguei num outro momento (*Além do bem e do mal*, § 195) – de que com os judeus principia a revolta dos escravos na moral: aquela rebelião que tem atrás de si dois mil anos de história, e que hoje perdemos de vista, porque foi vitoriosa (...)". NIETZSCHE, Friedrich. *Genealogia da Moral*: uma polêmica. Trad. Paulo César de Souza. 10. reimp. São Paulo: Companhia das Letras, 1998, p. 26.

14 MORA, José Ferrater. Vocábulo NIETZSCHE (FRIEDRICH). In: *Diccionario de filosofía*. 5. ed. Buenos Aires: Sudamericana, 1965.

15 "Não foi por acaso que repetidas vezes, inspirado nos escritos do mago Aleister Crowley, Raul Seixas bradou que '*não existe Deus senão o homem*' durante os seus *Manifestos da Sociedade Alternativa*, como o que foi recitado em show realizado em 1975, no Rio de Janeiro, durante o Festival Hollywood Rock, enfrentando a ditadura militar. Ele recitaria este *Manifesto* em muitos dos seus shows até o final de sua vida. Uma das respostas da Contracultura a esta conversa com Deus é a de que não adianta colocar sobre os ombros de um ser superior a responsabilidade pelas ações humanas, pois é a partir das mesmas que podem se formar os rumos de uma nova Espiritualidade." (BOSCATO, Luiz Alberto de Lima, op. cit. p. 20).

16 O número 666 está presente em uma imagem no *Liber OZ* de Crowley, relacionado ao livro de Apocalipse das Sagradas Escrituras cristãs, capítulo 13 (BÍBLIA. *Bíblia de Jerusalém*. São Paulo: Paulus, 2002), fazendo referência ao que seria a "marca" ou "número" da Besta do Apocalipse, representando, na simbologia cristã, o demônio ou o Anticristo, aquele que batalharia contra Jesus Cristo no final dos tempos, no vale israelense da *colina de Megido* (em hebraico, *har megido*, donde provém a palavra *Armagedom*). Crowley chamava a si mesmo de "A Besta 666" ou de "A

Grande Besta" (em grego, *To Mega Therion*), conforme extraído de trecho de seu depoimento em um tribunal em 1934, relatado em DUQUETTE, Lon Milo. *The Magick of Aleister Crowley*: a Handbook of the Rituals of Thelema. Boston: Weiser Books, 2003, p. 5:
"*Did you take to yourself the designation of 'The Beast 666'?*"
"*Yes.*"
"*Do you call yourself the 'Master Therion'?*"
"*Yes.*"
"*What does 'Therion' mean?*"
"*Great wild beast.*"

17 O satanismo propriamente dito consistiria no culto de adoração a uma entidade oposta a Deus, chamada *Satã* (do hebraico *shatan*, "adversário"), identificada na cultura judaica e cristã como o demônio.

18 "Mas 'Sociedade Alternativa' foi importante também em outro aspecto: ela forneceu um caráter de 'movimento' para o trabalho que Paulo e Raul vinham desenvolvendo. Além de se associar a outros movimentos internacionais embasados por práticas contraculturais, a ideia de que havia um movimento com propostas críticas que recusava a adesão à sociedade estabelecida e seus valores comportamentais foi capaz de agregar um grande número de 'adeptos' ou de 'interessados' em suas propostas." (RADA NETO, José. *As aventuras de Raul Seixas no campo musical*: trajetória artística e relações com a indústria fonográfica (1967-1974). 2012. 347 f. Dissertação (Mestrado em Sociologia Política) – Centro de Filosofia e Ciências Humanas, Universidade Federal de Santa Catarina, Florianópolis, 2012. p. 255-256).

19 KANT, Immanuel. *Critique of the power of judgment.* § 87. Of the moral proof of the Being of God. Trans. Paul Guyer; Eric Matthews. Cambridge: Cambridge University Press, 2000. p. 315-317 (5:450-5:452). Veja-se o seguinte trecho da p. 317, em que Kant atribui a pecha de "sem valor" ou "indigno" àquele que desejasse se escusar do cumprimento do dever moral por não crer em Deus: "Suppose, then, that a person were to convince himself, partly because of the weakness of all the speculative arguments that have been praised so highly, and partly by the weight of the many irregularities that he has encountered in nature and in the world of mores, of the proposition that there is no God; *he would still be worthless in his own eyes if on that account he were to hold the laws of duty to be merely imaginary, invalid, and nonobligatory, and were to decide to transgress them without fear.* Such a person, even if he could subsequently convince himself of that which he had initially doubted, would still always remain worthless with such a way of thinking, even though he fulfilled his duties as punctiliously as might be demanded of him because of fear or the aim of reward, but without the disposition of reverence for duty." (grifo nosso). No mesmo

sentido, em texto posterior, de 1793, sobre o tema da religião: "So far as morality is based on the conception of the human being as one who is free but who also, just because of that, binds himself through his reason to unconditional laws, it is in need neither of the idea of another being above him in order that he recognize his duty, nor, that he observe it, of an incentive other than the law itself. At least it is the human being's own fault if such a need is found in him; but in this case too the need could not be relieved through anything else: for whatever does not originate from himself and his own freedom provides no remedy for a lack in his morality. - Hence on its own behalf morality in no way needs religion (whether objectively, as regards willing, or subjectively, as regards capability) but is rather self-sufficient by virtue of pure practical reason. - For, since its laws bind through the mere form of universal lawfulness of the maxims to be adopted in accordance with this lawfulness as the highest condition (itself unconditional) of all ends, morality needs absolutely no material determining ground of the free power of choice, that is no end, either in order to recognize what duty is or to impel its performance; on the contrary, when duty is the issue, morality can perfectly well abstract from ends altogether, and ought so to do." (KANT, Immanuel. *Religion within the boundaries of mere reason and other writings*. Trans. Allen Wood, George Di Giovanni. Cambridge: Cambridge University Press, 1998, p. 33).

20 Assim define Kant o *imperativo*: "A representação de um princípio objectivo, enquanto obrigante para uma vontade, chama-se um mandamento (da razão), e a fórmula do mandamento chama-se *imperativo*. Todos os imperativos se exprimem pelo verbo *dever (sollen)* e mostram assim a relação de uma lei objectiva da razão para uma vontade que segundo a sua constituição subjectiva não é por ela necessariamente determinada (uma obrigação). Eles dizem que seria bom praticar ou deixar de praticar qualquer coisa, mas dizem-no a uma vontade que nem sempre faz qualquer coisa só porque lhe é representado que seria bom fazê-la. Praticamente *bom é porém aquilo que determina a vontade por meio de representações da razão, por conseguinte não por causas subjectivas, mas objectivamente, quer dizer por princípios que são válidos para todo o ser racional como tal. Distingue-se do agradável*, pois que este só influi na vontade por meio da sensação em virtude de causas puramente subjectivas que valem apenas para a sensibilidade deste ou daquele, e não como princípio da razão que é válido pata todos." (KANT, Immanuel. *Fundamentação da metafísica dos costumes*. Trad. Paulo Quintela. Lisboa: Edições 70, 1995, p. 48-49)

21 Ibidem, p. 50.
22 Loc. cit.
23 Ibidem, p. 59.
24 Ibidem, p. 68.

25 Loc. cit.
26 Ibidem, p. 77.
27 Loc. cit.
28 Ibidem, p. 67.
29 Ibidem, p. 85.
30 Veja-se que o próprio Paulo Coelho, parceiro de Seixas em diversas composições, outrora adepto desta doutrina, muitos anos depois, em entrevista para o documentário *O início, o fim e o meio*, reflete sobre alguns aspectos que reputa "pouco éticos" de sua prática, ainda que sem entrar em detalhes, deixando claro que não é fantasiosa a possibilidade de uma interpretação obscura da filosofia thelemita: "Claro que eu participei de tudo isso, desse período negro na minha vida, onde Crowley era o... enfim. Eu sempre fui um cara de extremos, continuo sendo, não tão visível, mas continuo sendo. Então não bastava a magia convencional, tinha que ser a magia radical, a magia de extrema... enfim. Fora de qualquer ética. E, enfim. Terminei pagando um preço. Todos terminaram pagando um preço. Todos que estavam envolvidos nessa história... e eu disse 'chega'. Parei." (OLIVEIRA, Amanda Muniz. op. cit., p. 120-121).
31 Com o surgimento do homem na terra, direito e religião se desenvolvem como uma necessidade básica do ser humano em sua vida em sociedade. O direito como instrumento de solução de conflitos, ordenação e pacificação social, e a religião como dimensão transcendente da existência humana ou da relação buscada pelo ser humano com uma divindade. Ocorre que, tradicionalmente, ambos – direito e religião – se conectam, uma vez que os valores morais inerentes aos ordenamentos jurídicos modernos decorrem não só, mas também de valores que foram igualmente enunciados nas primeiras religiões que começaram a se desenvolver há mais de 5 mil anos. O tema é tratado com mais detalhes e profundidade em nossa tese pós--doutoral apresentada perante a Faculdade Nacional de Direito (UFRJ), publicada como ABRAHAM, Marcus. *Raízes judaicas do direito*: princípios jurídicos da lei mosaica. Rio de Janeiro: Forense, 2020.
32 HOBBES, Thomas. *Elementa Philosophica De Cive*. Praefatio ad lectores. Amsterodami: Ludovicum Elzevirium, 1647.
33 SANDEL, Michael J. *Justiça*: o que é fazer a coisa certa. Rio de Janeiro: Civilização Brasileira, 2012, p. 325.
34 "Para falar da Tradição Jurídica Ocidental, é necessário postular um conceito de Direito que seja diferente de um conjunto de regras, que o veja como um processo, como um empreendimento no qual as regras só têm valor no contexto de instituições e procedimentos, valores e modos de pensar." (BERMAN, Harold J. BERMAN, Harold J. *Direito e revolução*: a formação da tradição jurídica ocidental. Trad. Eduardo Takemi Kataoka. São Leopoldo: Unisinos, 2006, p. 22.)

35 CANARIS, Claus-Wilhelm. *Pensamento sistemático e conceito de sistema na ciência do Direito*. 3. ed. Lisboa: Calouste Gulbenkian, 2002, p. 30.
36 RAWLS, John. *Uma Teoria da Justiça*. Trad. Lenita M. R. Esteves. São Paulo: Martins Fontes, 1997.
37 DWORKIN, Ronald. *Taking Rights Seriously.* Cambridge, Massachusetts: Harvard University Press, 1978.
38 ALEXY, Robert. *Teoría de los Derechos Fundamentales*. Madri: Centro de Estudios Políticos y Constitucionales, 2001.
39 "É o princípio de que o único fim em função do qual o poder pode ser corretamente exercido sobre qualquer membro de uma comunidade civilizada, contra a sua vontade, é o de prevenir dano a outros. O seu próprio bem, quer físico, quer moral, não é justificação suficiente. Uma pessoa não pode corretamente ser forçada a fazer ou a deixar de fazer algo porque será melhor para ela que o faça, porque a fará feliz, ou porque, na opinião de outros, fazê-lo seria sensato, ou até correto. Estas são boas razões para a criticar, para debater com ela, para a persuadir, ou para a exortar, mas não para a forçar, ou para lhe causar algum mal caso ela aja de outro modo. Para justificar tal coisa, é necessário que se preveja que a conduta de que se deseja demovê-la cause um mal a outra pessoa. A única parte da conduta de qualquer pessoa pela qual ela responde perante a sociedade é a que diz respeito aos outros. Na parte da sua conduta que apenas diz respeito a si, a sua independência é, por direito, absoluta. Sobre si, sobre o seu próprio corpo e a sua própria mente, o indivíduo é soberano." (MILL, John Stuart. *Sobre a liberdade*. Trad. Pedro Madeira. Rio de Janeiro: Nova Fronteira, 2011, p. 35.)
40 Veja-se, por todos, DWORKIN, Ronald. *Domínio da Vida:* – aborto, eutanásia e liberdades individuais. Trad. Jefferson Luiz Camargo. São Paulo: Martins Fontes, 2003.
41 Esta visão idealista de abolição das soberanias nacionais é compartilhada por John Lennon em sua afamada canção "Imagine": "*Imagine there's no countries, it isn't hard to do*". A coincidência pode se dever ao fato de que Lennon era, dentre os Beatles, aquele que mais admirava Aleister Crowley, tendo inclusive dito em entrevista que "*The whole Beatle idea was to do what you want... do what thou whilst, as long as it doesn't hurt somebody*" (LACHMAN, Gary, op. cit.), ou seja, de que a ideia mestra seria justamente a Lei de Thelema, inclusive enunciando-a no mesmo inglês arcaico que Crowley: "*do what thou whilst*".
42 No sentido, por exemplo, de outra canção de Raul Seixas, "Metamorfose ambulante" (1973), em que critica as pessoas que têm "aquela velha opinião formada sobre tudo".

Homenagem ao malandro

Marcos Alcino de Azevedo Torres
Vitor Gabriel de Moura Gonçalves

Introdução

O homem expressa, quando possível, suas emoções, paixões, protestos de diversas maneiras, sendo uma das principais formas de manifestação a poesia e a música, incluindo nesta última cânticos religiosos (de cultos) populares que retratam alegria (cânticos festivos) ou tristeza, canções de homenagem, de lamento, bem como de rejeição e protesto a determinada situação social. Através desses instrumentos o homem consegue externar o que pensa, quando tal liberdade lhe é assegurada.

A música "Para não dizer que não falei das flores", de 1979, de Geraldo Vandré, foi considerada um hino de protesto contra a ditadura. Através da música "Meu caro amigo", em 1976, Chico Buarque mandava notícias do Brasil para seu amigo Augusto Boal, exilado em Portugal. Em 1971, Roberto Carlos, por meio da música "Debaixo dos caracóis dos seus cabelos", saudava Caetano Veloso, exilado em Londres.

Mas não é só no século passado que encontramos essa forma de manifestação-comunicação. Por exemplo, no tempo do império, duas figuras ficaram ricas por corrupção no exercício da função pública, José Azevedo e Bento Maria Targini, e os dois ainda foram prestigiados por D. João VI com títulos honoríficos, tendo os cariocas satirizado o episódio com versos:

> Quem furta pouco é ladrão/ Quem furta muito é barão/ Quem mais furta e esconde/ Passa de barão a visconde.[1]

Na ladainha cantada nas rodas de capoeira angola, para evidenciar que, a despeito da abolição da escravatura, os negros continuaram sofrendo discriminação e preconceito:

> A história nos engana/ diz tudo pelo contrário/ até diz que a abolição/ aconteceu no mês de maio/ a prova dessa mentira/ é que da miséria eu não saio/ viva 20 de novembro/ momento para se lembrar/ não vejo em 13 de maio/ nada para comemorar/ muitos tempos se passaram/ e o negro sempre a lutar/ Zumbi é nosso herói/ Zumbi é nosso herói colega véi/ de Palmares foi senhor/ pela causa do homem negro/ foi ele quem mais lutou/ apesar de toda luta, colega véi/ negro não se libertou camará.[2]

Conta-se que, em 1914, Nair de Tefé, pintora, cantora, atriz e caricaturista, segunda esposa do presidente Marechal Hermes da Fonseca, abrira os salões do Palácio Presidencial no Catete para a classe artística, tendo organizado um recital para lançamento do "Corta-Jaca", um maxixe composto por Chiquinha Gonzaga, a despeito do preconceito da classe dominante com a música popular da época, gerando críticas ao governo pelos "escândalos no palácio" com a promoção de "danças lascivas e vulgares", segundo os valores da época.[3]

Tais acontecimentos levaram Rui Barbosa a pronunciar um discurso no Senado Federal, em 7 de novembro de 1914, que espelha bem uma das visões que se tinha da figura do malandro:

> Uma das folhas de ontem estampou em fac-símile o programa de recepção presidencial em que, diante do corpo diplomático, da mais fina sociedade do Rio de Janeiro, aqueles que deviam dar ao país o exemplo das maneiras mais distintas e dos

costumes mais reservados elevaram o "Corta-jaca" à altura de uma instituição social. Mas o "Corta-jaca" de que eu ouvira falar há muito tempo, o que vem a ser ele, Sr. Presidente? A mais baixa, a mais chula, a mais grosseira de todas as danças selvagens, a irmã gêmea do batuque, do cateretê e do samba. Mas nas recepções presidenciais o "Corta-jaca" é executado com todas as honras da música de Wagner, e não se quer que a consciência deste país se revolte, que as nossas faces se enrubesçam e que a mocidade se ria![4]

No início do século XX em nosso país, o ócio dos ricos e detentores do poder era legitimado como lazer, um tipo de ócio lícito, enquanto aquele que não tivesse recursos suficientes para subsistência sem trabalhar ou não estivesse em trabalho pesado era considerado vadio ou malandro.[5]

A figura do malandro tem significado variado. No geral malandro seria aquele sujeito que não se entrega a qualquer atividade laborativa; na linguagem vulgar, não quer nada com o trabalho. Mas também significa aquele sujeito esperto, ardiloso, hábil nas suas negociações e que vive levando vantagem sobre os outros, fruto exatamente de sua malandragem.

O termo já serviu, e no tempo do lançamento da música estava presente na sociedade, para designar aquele com quem as pessoas "de bem" tinham receio de se relacionar, por ser habituado à vida de rua; imiscuído em relações com pessoas de todas as matizes; habilitado a enfrentar os riscos da vida em determinados ambientes hostis, trazendo sempre uma navalha para sua defesa e ataque aos desafetos; boêmio, sem compromissos sociais relevantes, varando a madrugada nas ruas, bares, botecos; afeito a brigas e confusões. Malandro seria também o típico sambista carioca da Lapa, morador da favela e sem qualquer título de nobreza, mas capaz de se relacionar com todas as pessoa, de qualquer classe social.

Armelle Enders assinala que no Estado Novo a exaltação da figura do trabalhador dá um gol fatal em um personagem típico dos morros do Rio de Janeiro, intimamente ligado à história do samba: o malandro, pois quem vive na malandragem "acha inútil dobrar-se à disciplina do trabalho em troca de um salário que mal permite sobreviver". O malandro prefere os expedientes, pequenos trambiques, ou "mesmo o proxenetismo", reivindicando em suas canções o direito à preguiça. Enders salienta ainda que são os sambas escritos pelos malandros que melhor expressam a filosofia da malandragem:[6]

> Se eu precisar algum dia/ De ir pro batente/ Não sei o que será/ Pois vivo na malandragem/ E vida melhor não há ("O que será de mim?", de Francisco Alves, Ismael Silva e Nilton Bastos, 1931).

> Meu chapéu do lado/ Tamanco arrastando/ Lenço no pescoço/ Navalha no bolso/ Eu passo gingando/ Provo e desafio/ Eu tenho orgulho/ Em ser tão vadio (...)/ Eu vejo quem trabalha/ Andar no miserê/ Eu sou vadio/ Porque tive inclinação ("Lenço no Pescoço", de Wilson Batista e Ataulfo Alves, 1940).[7]

A demonstrar a influência que a música e a poesia podem gerar na população, após a música acima referida, conta-se que a censura do Estado Novo, que se esforçava para substituir a figura do malandro pelo operário laborioso e provedor de sua família, fez um discreto convite a Wilson Batista. O convite era para que ele alterasse a letra de uma de suas canções que ridicularizavam o trabalhador e homenageasse com a mesma melodia a labuta cotidiana, renegando a vida de boêmio. Ele ainda escreve o *Bonde São Januário*,[8] em 1940:

> Quem trabalha é que tem razão/ Eu digo e não tenho medo de errar/ O bonde São Januário leva mais um operário/ Sou eu que vou trabalhar/ Antigamente eu não tinha juízo/ Mas resolvi garantir meu futuro/ Vejam vocês: sou feliz, vivo muito bem/ A boemia não dá camisa a ninguém.[9]

A despeito da pressão dos órgãos de censura, não se pode deixar de reconhecer a genialidade do autor em retratar aquele momento histórico que se vivia.

A genialidade de Chico Buarque, retratada em diversas de suas músicas, vem também evidenciada na crítica que fez ao malandro de seu tempo, em comparação com o malandro do tempo histórico antes referido.

A música "Homenagem ao malandro"

> Eu fui fazer um samba em homenagem/ À nata da malandragem/ Que conheço de outros carnavais/ Eu fui à Lapa e perdi a viagem/ Que aquela tal malandragem/ Não existe mais/ Agora já não é normal/ O que dá de malandro regular, profissional/ Malandro com aparato de malandro oficial/ Malandro candidato a malandro federal/ Malandro com retrato na coluna social/ Malandro com contrato, com gravata e capital/ Que nunca se dá mal...

A música "Homenagem ao malandro" compunha o álbum de 1978 de Chico Buarque, assim como integrava a trilha sonora da peça "Ópera do Malandro" escrita pelo mesmo compositor. A figura do malandro é repetida por Chico Buarque em outras duas músicas: "A volta do malandro" e "O malandro n.º 2".

Em entrevista à *IstoÉ* e à *Manchete*, Chico comentou sobre sua inspiração para a música:

> Nós pegamos a Lapa, os bordéis, os agiotas, os contrabandistas, os policiais corruptos, os empresários inescrupulosos. (...) Tomamos como ponto de partida o que o italiano chama de *Malacittá*, o *bas fond*. Esta Lapa (que) começava a morrer era o prenúncio de uma série de outras mortes: da malandragem, de Madame Satã, de Geraldo Pereira, de Wilson Batista. Foi o fim da era de ouro do sambista urbano carioca.[10]

A canção "Homenagem ao malandro" indica uma crítica às mudanças vivenciadas na época do Estado Novo, especialmente em razão do maior desenvolvimento da indústria no país e do aprofundamento das relações trabalhistas até então existentes. O Brasil experimentava uma forte influência cultural e econômica do americanismo, ao mesmo tempo que o valor do trabalho era exaltado no âmbito constitucional e legal.

Antes mesmo da vigência da Consolidação das Leis do Trabalho em 1943, a Constituição de 1937 estabelecia, em seu art. 136, que o trabalho honesto seria um dever social e garantia de subsistência dos indivíduos. Além disso, a Lei de Contravenções Penais previu a contravenção de vadiagem com prisão simples de 15 dias a três meses, tendo sua pena extinta pela aquisição superveniente de renda e tipificada da seguinte forma:

> Entregar-se alguém habitualmente à ociosidade, sendo válido para o trabalho, sem ter renda que lhe assegure meios bastantes de subsistência, ou prover à própria subsistência mediante ocupação ilícita.

Tamanha era a preocupação com o ócio à época que a redação original dos arts. 313 e 323 do Código de Processo Penal (datado de 1941) permitia a decretação de prisão preventiva, vedada a concessão de fiança, para aquelas pessoas que se entregavam ao ócio. Apesar de essa regulamentação processual não mais persistir contra o vadio, a contravenção de vadiagem permanece vigente até os dias atuais, e sua aplicação só não se mostrou efetiva quando os juristas perceberam estar o Brasil em outro momento econômico e cultural e que não fazia sentido prender alguém que não tivesse carteira de trabalho assinada ou comprovasse o desenvolvimento de alguma atividade.

O malandro descrito por Chico Buarque em muito se aproxima da figura do homem vadio, sem trabalho, tido como honesto pelo constituinte de 1937. Malandro seria o típico sambista carioca da Lapa, morador da favela e sem qualquer título de nobreza, mas capaz de se relacionar com todo e qualquer sujeito ao permear as hierarquias e classes sociais postas. Ele estava à margem da lei e a ela tinha aversão, conseguindo driblar regulamentos para fazer prevalecer suas vontades, ou simplesmente o direito ao ócio.

A malandragem se contrapunha ao movimento industrial do Estado Novo, colocando a ociosidade e o desinteresse pela ordem do Estado de Direito em conflito direto com a elevação do trabalho enquanto direito (e dever) social e própria à imperatividade das leis.

Essa figura em muito se assemelha ao homem cordial de Sérgio Buarque de Holanda, o qual tem aversão à legalidade e busca constantemente trazer o informalismo e o caráter íntimo ou familiar para todas as relações sociais. Com isso, cria-se grande barreira na distinção entre público e privado e na própria identificação de interesse público, pois as relações seriam sempre uma extensão da vida íntima e periférica do sujeito, compreendendo suas relações familiares (inclusas as amizades).

> *No "homem cordial", a vida em sociedade é, de certo modo, uma verdadeira libertação do pavor que ele sente em viver consigo mesmo, em apoiar-se sobre si próprio em todas as circunstâncias da existência.* Sua maneira de expansão para com os outros reduz o indivíduo, cada vez mais, à parcela social, periférica, que no brasileiro — como bom americano — tende a ser a que mais importa. Ela é antes um viver nos outros.
>
> Já se disse, numa expressão feliz, que a contribuição brasileira para a civilização será de cordialidade — daremos ao mundo o "homem cordial". *A lhaneza no trato, a hospitalidade, a generosidade, virtudes tão gabadas por estrangeiros que nos visitam, representam, com efeito, um traço definido do caráter brasileiro*, na medida, ao menos, em que permanece ativa e fecunda a influência ancestral dos padrões de convívio humano, informados no meio rural e patriarcal. Seria engano supor que essas virtudes possam significar "boas maneiras", civilidade. São antes de tudo expressões legítimas de um fundo emotivo extremamente rico e transbordante. Na civilidade há qualquer coisa de coercitivo — ela pode exprimir-se em mandamentos e em sentenças.
>
> *No Brasil é precisamente o rigorismo do rito que se afrouxa e se humaniza. (...) A vida íntima do brasileiro nem é bastante coesa, nem bastante disciplinada, para envolver e dominar toda a sua personalidade, integrando-a, como peça consciente, no conjunto social* (grifos nossos).[11]

Sérgio Buarque observa que essas características do homem cordial também estariam presentes no cotidiano dos povos indígenas, a partir da intemperança e da imprevidência, valorizando a ociosidade e a aversão ao esforço disciplinado na vida em comunidade. Por outro lado, aponta que esses mesmos atributos seriam observáveis nos tradicionais padrões de vida das classes nobres; como se a malandragem fosse benquista e malquista a depender de sua roupagem ou inserção social, mas sempre presente no desenvolver da história.

> É curioso notar como algumas características ordinariamente atribuídas aos nossos indígenas e que os fazem menos compatíveis com a condição servil — sua "ociosidade", sua aversão a todo esforço disciplinado, sua "imprevidência", sua "intemperança", seu gosto acentuado por atividades antes predatórias do que produtivas — ajustam-se de forma bem precisa aos tradicionais padrões de vida das classes nobres.[12]

Na canção, Chico Buarque declara a mudança do malandro, ora se rendendo ao trabalho, ora se transformando em "malandro profissional". Contudo, a profissionalidade do malandro em nada se aproxima à noção de vadiagem do sambista clássico, muito pelo contrário. O dito malandro federal, que sempre "se daria bem", mencionado na música, pode ser interpretado como uma referência aos agentes públicos corruptos, os quais integram cargos de alto escalão e, como consequência, integram as classes sociais e hierarquias superiores na sociedade, bem como há uma imagem do servidor público daquele tempo (1978) que deixava o paletó no encosto da cadeira existente em sua mesa de trabalho mas nunca estava lá para atender a quem o procurasse. Era, sem dúvida, um malandro, num dos sentidos da expressão, daquele que não quer nada com a vida e que, mesmo sem cumprir com suas obrigações profissionais, ao final do mês busca receber o salário respectivo.

Ora, se assim o é, o malandro profissional não tem nada de malandro. Não precisa driblar a lei e o regulamento, pois ele próprio é a lei e parte integrante do sistema. Não precisa se imiscuir entre as classes sociais, pois ele já integra o suprassumo da hierarquia social. Muito menos haveria paixão pelo ócio e lazer do samba, pois agora seus interesses são outros. O que persistiria, ao final, seria apenas o caráter do homem cordial de tornar indiferente a vida pública da privada, tomando o interesse público como privado.

Disso se depreende que o malandro de fato não mais pode ser encontrado, tomando como estopim a drástica transformação social com a valorização e dignificação do trabalho enquanto direito social e humano. O malandro precisou acordar e fugir das amarras de suas características animalescas de rendição ao ócio, como se a vida se resumisse apenas ao lazer e nada mais; precisou valorizar propriamente suas relações familiares e sociais para compreender a importância do trabalho e da formalidade.

Contudo, isso não significa dizer que o malandro teria simplesmente desaparecido, muito pelo contrário. Suas ambições permeiam constantemente a realidade social, estando presentes em todos os indivíduos, inclusive no dito malandro profissional. A rendição ao trabalho e à ordem apenas mitigou a sanha exagerada do malandro, a qual continua presente em maior ou menor escala na sociedade, haja vista a constante referência ao dito jeitinho brasileiro.

Notas

1 GOMES, Laurentino. *1808*. São Paulo: Planeta, 2.ª ed., 8.ª reimpressão, 2011, p. 174.
2 SANTOS, Ynaê Lopes dos. *História da África e do Brasil Afrodescendente*. Faperj, Rio de Janeiro, 1.ª ed., 1.ª reimpressão, 2018, p. 252.
3 Cf. João Batista Damasceno na apresentação do livro de Arcírio Gouvêa Neto sobre Noel Rosa, 2021, no prelo, cedido gentilmente pelo autor.
4 BRASIL (1914). Anais do Senado Federa, vol. VII, p. 51. Disponível em: https://www.senado.leg.br/publicacoes/anais/pdf/Anais_Republica/1914/1914%20Livro%207.pdf
5 Cf. João Batista Damasceno na apresentação do livro de Arcírio Gouvêa Neto sobre Noel Rosa, 2021, no prelo.
6 ENDERS, Armele. *A história do Rio de Janeiro*. Trad. de Joana Angelica D'Ávila Melo. Rio de Janeiro: Gryphus, 2.ª ed., 2008, p. 248.
7 Idem, idem.
8 Idem, p. 249.
9 Idem, idem.
10 MELLO, Zuza Homem de; SEVERIANO, Jairo. *A canção no tempo: 85 anos de músicas*, v. 2. São Paulo: Editora 34, 1997.
11 HOLANDA, Sérgio Buarque de. *Raízes do Brasil*. 26.ª ed. São Paulo: Companhia das Letras, 1995, pp. 146-149.
12 Op. Cit. p. 56.

Pai, afasta de mim esse cale-se:
censura e liberdade de expressão na história constitucional brasileira em dois atos

Marcus Vinicius Furtado Coêlho[1]

1.º ATO

A DITADURA DESAFINADA: A censura na música brasileira durante o regime militar

O ano é 1973. Emílio Garrastazu Médici ocupa a cadeira da Presidência da República, que vive um dos momentos mais severos da ditadura cívico-militar na qual mergulhou o país ao longo de 21 anos. O temido Ato Institucional n.º 5, em vigor desde 13 de dezembro de 1968, entre outras graves violações, respaldava o regime para obrigar os veículos de comunicação a submeterem suas pautas previamente, sob o risco de inspeção e prisão. A Divisão de Censura de Diversões Públicas (DCDP), subordinada ao Departamento Federal de Segurança Pública (DFSP), era o órgão responsável pela censura de diversões no país.

Em letras batidas em preto na máquina de datilografar lia-se:

> PAI, AFASTA DE MIM ESSE CÁLICE
> PAI, AFASTA DE MIM ESSE CÁLICE

PAI, AFASTA DE MIM ESSE CÁLICE DE VINHO TINTO DE SANGUE

Os famosos versos de Gilberto Gil e Chico Buarque ecoaram fundo nos ouvidos dos censores, que logo identificaram: querem mandar calar a ditadura! O carimbo em letras negras e garrafais não deixava dúvidas quanto ao veredicto sumário proferido àquela e a tantas outras canções: VETADO.

Utilizando-se de metáforas para retratar o cenário político e social do país à época, a composição faz alusão à fala e ao calvário de Cristo no refrão. "O duplo sentido e a ambiguidade marcam a palavra 'cálice' com o imperativo 'cale-se', e foi utilizado como tentativa de, em um elaborado jogo de palavras, criticar e ao mesmo tempo driblar a censura".[2]

Assim como "Cálice", centenas de outras músicas foram objeto da censura ao longo do regime militar. Há relatos curiosos como o disco da banda Blitz, famosa pelo sucesso *Você não soube me amar*, que teve duas músicas censuradas por conter palavrões. Porém, já haviam sido prensadas mais de 30 mil cópias e os discos tiveram as duas últimas faixas riscadas manualmente. Outro caso foi o do consagrado disco de Milton Nascimento *Milagre dos Peixes*, lançado em 1973, que teve oito das 11 faixas censuradas. Inconformado com a censura, o cantor não se rendeu e lançou o disco cantando apenas a melodia, sem as letras originais.

A lista de cantores e compositores que tiveram suas obras artísticas censuradas nesse período é imensa e inclui nomes consagrados como Caetano Veloso, Gonzaguinha, Adoniran Barbosa, Geraldo Vandré, Dorival Caymmi, Paulinho da Viola, entre tantos outros. A censura, tanto à liberdade de expressão artística como à imprensa livre, taxava como subversivas e perigosas para a unidade nacional quaisquer manifestações que envolvessem algum tipo de crítica ao regime vigente, ao cotidiano nacional ou às tradições e aos bons costumes, guardando estreita relação com a doutrina de segurança nacional.

A cientista política e pesquisadora do Arquivo Nacional Viviane Gouvêa[3] destaca que o período da ditadura militar (1964-1985), no que tange à censura, apresentava duas facetas distintas, embora interligadas: uma "moralizante", que recaía especialmente sobre os setores de produção cultural e entretenimento, e a "antissubversiva", que recaía sobre qualquer veículo de difusão de informação ou produção cultural.

A censura musical inserida no âmbito da moral e dos bons costumes não foi criada pelo regime militar. Desde o Estado Novo "a censura prévia vigiava de perto a música popular, canções de teor político só eram divulgadas pelo rádio quando elogiosas ao Estado".[4] A Constituição de 1934 já havia introduzido no sistema jurídico a censura prévia aos espetáculos de diversões públicas.

As Cartas Constitucionais que se seguiram mostram que a censura prévia era tida como uma atividade legal do Estado. A Constituição de 1937 ampliou a área de atuação da censura, incluindo a radiodifusão, o que foi ratificado pela Carta de 1946. "A partir de 1965, uma nova legislação censória foi sendo construída pelo regime militar, aproveitando muitos artigos já existentes e criando novos mecanismos que melhor atendessem às suas necessidades coercitivas. A ação censória, institucionalizada em códigos e leis, foi orientada no sentido de preservar a moral vigente e o poder constituído."[5]

No período ditatorial, a censura foi regulamentada por meio de lei federal e decretos que buscaram centralizar a atividade e implantar uma atuação mais coerente e uniforme por parte dos órgãos censórios. Um exemplo é o Decreto n.º 56.510, de junho de 1965, que em seu artigo 176 versou sobre a unificação dos critérios para a liberação das letras musicais. "Ficou decretado que as letras de músicas seriam censuradas exclusivamente em Brasília, o requerente de censura seria o autor ou seu outorgante, devendo anexar original e duas cópias carbônicas sem borrão ou rasura. O prazo para o exame da letra era de 30 dias".[6]

A liberdade de expressão e de criação artística foi sacrificada em nome da unidade nacional e dos valores da "revolução". Tempos duros para a democracia, a música, a arte. Mas também símbolo de uma profícua efervescência cultural e criativa, quando a produção musical brasileira cresceu exponencialmente. A música, mesmo em meio à severa censura da época, serviu como ferramenta de resistência ao regime autoritário, ecoando o sentimento dos brasileiros por liberdade e democracia. E como prenunciou em seus versos Chico Buarque: "apesar de você, amanhã há de ser outro dia."

2.º ATO

CENSURA NUNCA MAIS: O STF ASSEGURA A LIBERDADE DE
EXPRESSÃO NO CASO DAS BIOGRAFIAS NÃO AUTORIZADAS

O ano é 2015. Em vigor a Constituição Federal promulgada em 1988, a mais ampla da história do país na tutela de direitos e garantias fundamentais, conhecida como "Constituição Cidadã". Sob a presidência do ministro Ricardo Lewandowski, o Plenário do Supremo Tribunal Federal se reúne em sessão ordinária, como de costume às 14 horas do horário de Brasília, para julgar a Ação Direta de Inconstitucionalidade 4.815.

A Associação Nacional dos Editores de Livros (ANEL), autora da ação, argumentava que, por força da interpretação que vinha sendo dada a dispositivos do Código Civil[7] pelo Poder Judiciário, a publicação e a veiculação de obras biográficas, literárias ou audiovisuais estavam sendo proibidas em razão da ausência de prévia autorização dos biografados ou de pessoas retratadas como coadjuvantes ou de seus familiares, em caso de pessoas falecidas.

A ADI sustentava que os referidos dispositivos legais conteriam regras incompatíveis com a liberdade de expressão e de informação consagradas pela Constituição Federal. Segundo a Associação, exigir a prévia autorização do biografado importaria consagrar uma verdadeira censura privada à liberdade de expressão dos autores, historiadores e artistas em geral, e ao direito à informação de todos os cidadãos.

Diversos segmentos da sociedade civil habilitaram-se no processo como amici curiae (amigos da corte), a exemplo da Ordem dos Advogados do Brasil, do Instituto Histórico e Geográfico Brasileiro (IHGB) e da Academia Brasileira de Letras, a fim de fornecer informações relevantes e contribuir com o Tribunal na construção da melhor decisão para o caso.

Felizmente, o pano de fundo não era mais um embate entre a liberdade democrática e a censura promovida pelos órgãos repressores da ditadura. O caso, aqui, desafiava a Suprema Corte a encontrar a adequada ponderação entre relevantes direitos fundamentais, igualmente valorados e assegurados pela ordem constitucional: de um lado, a liberdade de expressão, de criação artística e de informação; e, de outro, a inviolabilidade da intimidade, da privacidade, da honra e da imagem da pessoa biografada.

Porém a persistência da censura, não apenas ao longo da ditadura militar, mas em diversos períodos autoritários da história brasileira, é um sinal de alerta que aponta para a preponderância e o valor não apenas finalístico, mas também instrumental da liberdade de expressão para a fruição de outros direitos fundamentais e para a prevalência do regime democrático.

Em julgamento histórico, a Corte deu provimento à ação para assegurar os direitos fundamentais à liberdade de pensamento e de sua expressão, de criação artística, produção científica e declarou inexigível a autorização de pessoa biografada relativamente a obras biográficas literárias ou audiovisuais.

Relatora do caso, a ministra Cármen Lúcia firmou em seu voto, que foi acompanhado à unanimidade pelos demais colegas, que a Constituição proíbe "toda e qualquer censura de natureza política, ideológica e artística". Assim, uma regra infraconstitucional — o Código Civil — não pode abolir o direito de expressão e criação de obras literárias. "Não é proibindo, recolhendo obras ou impedindo sua circulação, calando-se a palavra e amordaçando a história que se consegue cumprir a Constituição."

O ministro Barroso lembrou em seu voto justamente da censura à música nos anos de chumbo: "O artista, para divulgar uma música, tinha que se submeter ao Departamento de Censura, que aprovava e às vezes até dava palpites em coautoria, mudava as letras. Havia artistas malditos que não podiam ter músicas aprovadas e que, em razão disso, submetiam suas composições com pseudônimos. Era uma época em que o país vivia nas entrelinhas, nas sutilezas." E acrescentou: "Portanto, a história da liberdade de expressão no Brasil é uma história acidentada. Para citar uma passagem de um outro autor megacensurado, que era o Taiguara: 'Só quem não soube a sombra é que não reconhece a luz.' A luz, no caso, é viver num regime de liberdade de expressão."

Nesse importante julgado, a Corte reconheceu que a liberdade de expressão é não apenas um pressuposto democrático, mas um pressuposto para o exercício de outros direitos fundamentais, como os direitos políticos, o direito de participação política, a liberdade de associação, de reunião, o próprio desenvolvimento da personalidade. Para a fruição desses direitos é indispensável que haja liberdade de expressão, livre circulação de ideias e opiniões e a possibilidade de que cada pessoa possa participar esclarecidamente do debate público. Ninguém deve ter o direito de selecionar o conteúdo e as informações acessíveis à sociedade e, em última instância, decidir o que as pessoas podem ou não pensar.

Em seu voto, o ministro Toffoli pontuou que o pleno desenvolvimento da democracia pressupõe a liberdade de manifestação de pensamento e de expressão da atividade intelectual, artística, científica e de comunicação como forma de viabilizar a manutenção de uma sociedade plural, na qual diferentes ideais e opiniões, muitas delas absolutamente antagônicas, possam tomar parte no debate público, atuando na formação de dissensos, os quais são da essência do regime democrático.

No julgamento, concluiu a Corte que "a autorização prévia para biografia constitui censura prévia particular. O recolhimento de obras é censura judicial, a substituir a administrativa. O risco é próprio do viver. Erros corrigem-se segundo o direito, não se coartando liberdades conquistadas. A reparação de danos e o direito de resposta devem ser exercidos nos termos da lei".

Herdeira de um passado no qual a censura produziu muitas cicatrizes no tecido social, a Constituição Cidadã consagrou a liberdade de expressão em diversos dispositivos. O art. 5.º, inciso IV, afirma ser livre a manifestação de pensamento. O inciso IX, por seu turno, dispõe ser livre a expressão da atividade intelectual, artística, científica e de comunicação, independentemente de censura ou licença. O inciso XIV assegura a todos o acesso à informação, resguardando o sigilo da fonte quando necessário ao exercício profissional.

Não é coincidência que ao longo da história regimes autoritários tenham se investido contra as artes e as mais variadas formas de liberdade de expressão. A arte é humanizadora, é criativa, é, acima de tudo e por natureza, livre. É a liberdade inerente à arte e àquele que cria que tanto incomoda e ameaça quem governa calcado na ignorância e com armas nas mãos.

A censura à música, à literatura e às expressões artísticas em geral representa não apenas uma violação à própria liberdade de expressão, mas também uma tentativa de suprimir o dissenso e o pluralismo, valores fundantes de toda e qualquer sociedade democrática. Que os carimbos dos censores jamais nos roubem outra vez as melodias, as paixões e, mais que tudo, a liberdade.

NOTAS

1 Advogado. Doutor em Direito pela Universidade de Salamanca. Presidente Nacional da OAB de 2013 a 2016. Presidente da Comissão Constitucional da OAB Nacional de 2016 a 2019. Membro da Academia Brasiliense de Letras. Membro da Comissão do Senado Federal que elaborou o Código de Processo Civil.
2 PAIVA, Vitor. "De Chico Buarque a Gonzaguinha, 10 músicas proibidas pela ditadura militar". Disponível em: <https://www.hypeness.com.br/2017/09/em-momento-de-debate-sobre-censura-relembre-10-musicas-proibidas-pela-ditadura-militar/>. Acesso em: 31 ago. 2020.
3 GOUVÊA, Viviane. "Censura no Brasil". Disponível em: <http://querepublicaeessa.an.gov.br/temas/136-censura-no-brasil.html>. Acesso em: 31 ago. 2020.
4 MOBY, Alberto. *Sinal fechado: a música popular brasileira sob censura*. Rio de Janeiro: Obra Aberta, 1994. p. 105.
5 CAROCHA, Maika Lois. A censura musical durante o regime militar (1964-1985). Disponível em: <https://revistas.ufpr.br/historia/article/download/7940/5584>. Acesso em: 01 set. 2020.
6 CENSURA FEDERAL (conjunto de leis). Brasília: Editor Carlos Rodrigues, 1971, p. 159.
7 Art. 20. Salvo se autorizadas, ou se necessárias à administração da justiça ou à manutenção da ordem pública, a divulgação de escritos, a transmissão da palavra, ou a publicação, a exposição ou a utilização da imagem de uma pessoa poderão ser proibidas, a seu requerimento e sem prejuízo da indenização que couber, se lhe atingirem a honra, a boa fama ou a respeitabilidade, ou se se destinarem a fins comerciais.
Parágrafo único. Em se tratando de morto ou de ausente, são partes legítimas para requerer essa proteção o cônjuge, os ascendentes ou os descendentes.
Art. 21. A vida privada da pessoa natural é inviolável, e o juiz, a requerimento do interessado, adotará as providências necessárias para impedir ou fazer cessar ato contrário a esta norma.

SOCIEDADE ALTERNATIVA OU O PLURALISMO NO SOPÉ DA CONSTRUÇÃO SOCIAL

Mauricio Almeida Prado[1]
Deise da Silva Oliveira[2]

O ser humano habita em seu imaginário. A música, como outras formas de arte, nos permite conectar e compartilhar a experiência deste universo subjetivo. Poeticamente, narra nossas tristezas e alegrias, dores de amor e amores novos. Mas também critica e confronta a realidade, enaltece e fomenta revoluções. Raul cantou o mundo onírico e o político. Fez tudo isso com muita ironia, inteligência e coragem... muito álcool e drogas, também.

Durante o funesto período ditatorial brasileiro no século XX, a música foi um importante meio de resistência às imposições autoritárias do Estado. Raul foi um arauto da liberdade, do pensamento alternativo. É espantoso que nos tempos atuais líderes populistas busquem reviver esse passado opressivo e obscuro. As músicas de Raul renovam-se no presente, clamando a resistência frente aos abusos cometidos por aqueles que ocupam o poder político.

Sociedade alternativa foi escrita no ano de 1974, integrando o álbum *Gita*, lançado em julho do mesmo ano. Era o início do governo Geisel, em um país traumatizado pelos efeitos do AI-5 e da derrocada econômica resultante do esgotamento do "milagre econômico".

Essa linda música, sob as lentes de uma interpretação livre, enaltece a relevância do pluralismo na base da construção social.

> *Se eu quero e você quer tomar banho de chapéu*
> *ou esperar Papai Noel*

A liberdade como afirmação da autenticidade de cada cidadão.

> *ou discutir Carlos Gardel*

A possibilidade de cada um afirmar sua unicidade para ser feliz.

> *Todo homem, toda mulher é uma estrela!*

O papel fundamental do Direito para assegurar ao cidadão a possibilidade de afirmar sua individualidade na vida social.

> *Então vá! Faça o que tu queres, pois é tudo da lei, da lei*

Esse pluralismo está registrado e é protegido em todas as constituições dos estados democráticos. No caso brasileiro, especialmente no artigo 5.º da Constituição. Trazemos, aqui, alguns belos exemplos que ilustram esse compromisso coletivo para com a liberdade individual:

> Art. 5.º — Todos são iguais perante a lei, sem distinção de qualquer natureza, garantindo-se aos brasileiros e aos estrangeiros residentes no País a inviolabilidade do direito à vida, à liberdade, à igualdade, à segurança e à propriedade, nos termos seguintes:
> I — homens e mulheres são iguais em direitos e obrigações, nos termos desta Constituição;
> II — ninguém será obrigado a fazer ou deixar de fazer alguma coisa senão em virtude de lei;
> III — ninguém será submetido a tortura nem a tratamento desumano ou degradante;

IV — é livre a manifestação do pensamento, sendo vedado o anonimato;
[...]
VIII — ninguém será privado de direitos por motivo de crença religiosa ou de convicção filosófica ou política, salvo se as invocar para eximir-se de obrigação legal a todos imposta e recusar-se a cumprir prestação alternativa, fixada em lei;
[...]
IX — é livre a expressão da atividade intelectual, artística, científica e de comunicação, independentemente de censura ou licença;
X — são invioláveis a intimidade, a vida privada, a honra e a imagem das pessoas, assegurado o direito a indenização pelo dano material ou moral decorrente de sua violação.

A proteção dessas liberdades e garantias individuais se inscreve na promessa da sociedade brasileira de buscar a convivência pacífica, com liberdade e justiça social.

A efetividade desses direitos não cumpre apenas ao Estado, mas, também, a cada cidadão. Neste momento sociopolítico, é importante sublinharmos esse aspecto da responsabilidade de cada cidadão brasileiro.

A Constituição, para além do que é usualmente colocado, um compromisso da coletividade para com o indivíduo, também é um pacto do indivíduo para com a coletividade.

A atuação dos órgãos de Estado é, e sempre será, imperfeita. Não há como o Estado estar presente em todas as dimensões em que essas liberdades são colocadas em risco na complexidade de uma imensa e desigual sociedade, que é a brasileira.

E ainda pode ocorrer, como observamos, que grupos totalitaristas ocupem, de tempos em tempos, instâncias sociais de poder. Tendo sido eleitos democraticamente, usam do poder político para destruir as instituições e instalar o estado de exceção.

Em um estado de direito, o exercício de um poder instituído pela Constituição Federal deveria se dar dentro de seus limites. Logo, ninguém deveria poder exercê-lo para atacar as liberdades fundamentais.

Mas a vida real apresenta esses desafios às democracias, mesmo as mais antigas (veja-se o caso de Donald Trump). Esses grupos buscam ocupar as instituições, utilizá-las para implantar o totalitarismo ou destruí-las. Não só não respeitam as liberdades individuais, mas as afrontam, consciente e cotidianamente, como estratégia de *marketing político* a fim de criar um caos social e promover-se como única solução para manter a paz e ordem social.

Quais mecanismos confrontam e bloqueiam essas investidas bárbaras? Sem dúvida, a resistência interna dentro das instituições, que não se deixam conduzir por uma liderança não republicana. O fato de existirem milhares de instâncias de poder em um Estado também dificulta o controle do mesmo por esses grupos totalitários.

A pedra fundamental da defesa da democracia e do estado de direito nos parece ser a consciência, de cada cidadão, de seu papel na tutela das liberdades individuais e dos ditames republicanos. A ação afirmativa dos indivíduos, em suas esferas de vida privada e social para assegurar o exercício das liberdades individuais, consolida a base social, fortalece as instituições e cria uma imensa e efetiva barreira para limitar a ação dos grupos totalitários.

Talvez, possa-se fazer a seguinte síntese:

1) nossas liberdades individuais apenas existem na medida em que agimos para assegurá-las a outras pessoas, tanto em nossa vida privada como em nossa vida pública;

2) é sob o prisma do pluralismo no sopé da construção social que celebramos a Sociedade Alternativa de Raul Seixas;

3) ao proclamar a relação do Direito e das liberdades individuais, Raul agiu afirmativamente na sua esfera de influência.

Raul fez Política, com P maiúsculo!

Em seu tempo, ganhou todos os rádios dos brasileiros, das capitais aos confins deste país, um feito imenso, considerando o sistema repressor que então ocupava o centro do poder. Os efeitos concretos dessa canção na resistência democrática da época são difíceis de se verificar. A música, entre as artes, tem uma característica peculiar, pois o ouvinte, quando canta, sente que canta junto com o músico, imerge no mundo imaginário, absorve sua proposta e a expressa com galhardia. Considerando o imenso carisma e influência de Raul, podemos imaginar os efeitos nas mentes de multidões que ouviram e cantaram *Sociedade alternativa*.

A música continuou a ser muito tocada, cantada e dançada durante a redemocratização do país. E gerações continuam a cantá-la como se fosse um hino, ou como preferiria Raul, como um grito de guerra e de liberdade.

Cada vez que a ouvimos, relembra, em nós, a importância do Direito para assegurar o pluralismo e a democracia em nossa sociedade. Também nos revitaliza internamente para atuarmos na construção de uma nação plural, que permita a cada cidadão viver com dignidade e liberdade:

Faz o que tu queres, há de ser tudo da Lei!

Viva, viva a Sociedade Alternativa!

Viva Raul!

Vamos à luta!

Notas

1 Doutor pela Universidade de Paris X, Mestre pela Universidade de São Paulo.

2 Pós-graduada em Direito Processual Civil pela PUC-SP, pós--graduanda em Direito dos Contratos pelo Insper.

Sturm und Drang

Miguel Reale Júnior

Nervos de aço – Lupicínio Rodrigues

Você sabe o que é ter um amor, meu senhor
Ter loucura por uma mulher
E depois encontrar esse amor, meu senhor
Nos braços de um tipo qualquer
Você sabe o que é ter um amor, meu senhor
E por ele quase morrer
E depois encontrá-lo em um braço
Que nem um pedaço do meu pode ser
Há pessoas de nervos de aço
Sem sangue nas veias e sem coração
Mas não sei se passando o que eu passo
Talvez não lhe venha qualquer reação
Eu não sei se o que trago no peito
É ciúme, despeito, amizade ou horror
Eu só sei que quando a vejo
Me dá um desejo de morte ou de dor

Lupicínio Rodrigues, o Lupi, em duas entrevistas, ao ser indagado sobre a razão pela qual suas músicas sempre cantam o amor fracassado, a traição, a dor e o sofrimento de uma desdita sentimental, respondeu: "Eu era garoto, meu primeiro noivado, e encontrei a noiva de braço com outro. Sofri muito, custei para me recuperar e fiquei recalcado."[1]

Lupi é universal, traz à tona com imensa singeleza e grande sinceridade todos os sentimentos que se misturam na vivência de um fracasso amoroso e nascem da paixão não correspondida.

Em *Sofrimentos do Jovem Werther*desespera se samente nossa vida, diz RABINOWICZ, e nesta o de sua morte, ou tentativa de compreensesmo. neste oso, que nasce de", Goethe faz jorrar com franqueza, até o momento não tão explicitada na literatura, suas confissões sentimentais em epístolasdesespera se samente nossa vida, diz RABINOWICZ, e nesta o de sua morte, ou tentativa de compreensesmo. neste oso, que nasce de ao amigo Wilhelm, em estilo intimista, que permite a expansão das verdades mais profundas, sem pudor.

A raiz do drama está na *loucura por uma mulher*, e *por ela quase morrer*, versos com os quais Lupi inicia o samba-canção, loucura retratada também em outro samba denominado exatamente *Loucura*.[2] Werther relata esse estado de exclusivo e alucinado sentimento: "Uma paixão violenta o agarra, destruindo todos os seus poderes de reflexão calma, e arruinando-o completamente", "um amor ilimitado", não compreendendo como poderia ousar amar outro, "quando não amo nada neste mundo tão completamente, tão devotamente, como a amo."[3]

Nesse estado obsessivo, tempestade e impetuosidade, aflora o sentimento de posse: para Werther, uma donzela que ama "nunca deveria dançar a valsa com ninguém a não ser comigo, indo à perdição por ela",[4] "nem que tenha de morrer"[5] para impedir tal acinte. Para Lupi, a dor surge "ao encontrar esse amor, meu senhor, nos braços de um tipo qualquer".

A paixão é uma força terrível e, mesmo quando nos faz desgraçados, enche maravilhosamente nossa vida, vindo a ser no domínio da sensibilidade o que é a ideia fixa no plano da inteligência.[6] Nessa plena obsessão, o apaixonado desespera-se ao ver a pessoa amada de braço com outro. Então, em *Nervos de Aço*, o apaixonado se pergunta: *Eu não sei se o que trago no peito é ciúme, despeito, amizade ou horror.*

Lupi traça um elenco de hipóteses veiculadas por psicólogos e criminólogos no estudo do fenômeno do ciúme. Rabinowicz diz ser o ciúme sempre sensual, havendo causas para esse primado da sensualidade,[7] pois se é ciumento de quem se possui e cuja perda faz "sofrer profundamente em todas as emoções, no seu amor próprio, na sua confiança, no espírito de dominação".

O ciúme abala o apaixonado desprezado ao ser trocado por outro, invadido por frustração, humilhação e desconfiança de si.

Vive, então, grande contradição: um desejo de destruição do ser amado, a mostrar que não se ama o outro tanto como a si mesmo. Nesse desvario, raiva e exasperada devoção misturam-se. Se não é possível a felicidade, que venha a desgraça, nesta dicotomia: amor e morte.

Assoma, também, um sentimento de injustiça, não sendo compreensível que a mulher amada venha a amar outro quando se a ama tão devotadamente.

Opera-se um curto-circuito: é ciúme, despeito, amizade ou horror. Como diz Rabinowicz, podem surgir o desprezo pela pessoa amada, o despeito ou o desejo horroroso de sua morte combinado com vergonha social e até, por vezes, busca de compreensão.

A questão desafiadora reside em se ter ou não capacidade de racionalmente aceitar a presença de outro no seu posto, e com nervos de aço "não ter qualquer reação", "sem sangue nas veias ou sem coração".

Onde está a maior coragem e grande força? Em deixar a ira brotar e se perder ao descambar na ação violenta ou em saber enfrentar a frustração, o sofrimento, resistindo aos instintos de agressão a quem o despreza, para com nervos de aço não ter qualquer reação?

Werther com nervos de aço proclama: "A questão, portanto, não é se um homem é forte ou fraco, mas se ele é capaz de suportar a medida de seus sofrimentos."[8]

Quem agride sob o impacto da descoberta de uma traição tem *braços de aço*, enquanto aquele que suporta os sofrimentos do amor-próprio ferido, da perda do domínio do ser obsessivamente amado, e reage sem violência mostra ter *nervos de aço* ao controlar seu ímpeto destruidor. Em lugar da força biológica do egoísmo, irracional, faz aflorar a tolerância, que não é inação, inércia, passividade, mas outra força, a do autocontrole, a da capacidade de fazer valer, em instante de dor justa, a razão consciente viabilizadora da não violência.

Em suma, a paixão, apesar de atuar veementemente sobre a vontade, não elimina a possibilidade de se tomar decisão como fruto da liberdade de agir, mesmo que situada.

Dominar a emoção e ter capacidade de frear os impulsos, diz Salemi, consiste em autonomia, pois a vontade adquire *"un significato sostanziale solo se la si considera come libertà nel suo perene processo di attuazione"*.[9] Liberdade em face dos impulsos naturais que brotam de imediato: liberdade para escolher o controle da paixão com a consciência de evitar a prática do mal, do qual renuncia.

Como já ponderei anteriormente,[10] o homem, que decide por uma ação e se decide como projeto, está, ao agir em determinado contexto, tendo sua liberdade sempre uma liberdade circundada, sujeita a diversos vetores.

Essa situação é composta não só pela atmosfera cultural circundante, mas também por circunstâncias mais palpáveis. Deve-se atentar, portanto, para o momento efetivo da resolução pela ação, compreendida, destarte, no conjunto situacional em que se realiza.

Com relação à atmosfera cultural, cabe lembrar que, do Código Penal francês de 1810[11] a esta parte, a mudança de mentalidade foi extraordinária ao se afastar da predominância da visão "machista", que via no homem o senhor possuidor de uma submissa mulher. Hoje a luta pela independência da mulher e sua ascensão à igualdade com os homens têm obtido vitórias contínuas, mas no cotidiano[12] ainda se vê a presença de discriminação, com tratamento inferiorizado das mulheres, malgrado muitas sejam grandes dirigentes de importantes países.

Até recentemente, a força social da vergonha de ser "corno", devendo o homem lavar a honra manchada com sangue, levou ao reconhecimento pelo júri da legítima defesa da honra: "honra do marido ultrajado pela traição da esposa adúltera".

No primeiro júri pelo homicídio de Angela Diniz, o seu assassino teve em seu favor o acolhimento da legítima defesa da honra. Entre o primeiro e o segundo júri, pois o tribunal entendeu que a decisão contrariava a prova dos autos, houve mobilização social, com a Rede Globo tomando partido em favor da vítima. Mudou-se a decisão, e de meados dos anos

1980 aos dias de hoje não só se deixou, em grande parte das comarcas, de reconhecer a legítima defesa da honra, como se editou a Lei Maria da Penha[13] e criou-se, em 2015, a qualificadora do feminicídio, no art. 121, VI, assim redigido: "VI — contra a mulher por razões da condição de sexo feminino".[14]

Ocorreu, então, significativa mudança de compreensão da relação entre marido e mulher (companheiro e companheira), para se adequar a justiça aos valores já prevalecentes no meio social, no sentido de não se admitir como válido um amor que leva à destruição do ser amado, sob a escusa de defender o homem traído a sua honorabilidade, a dignidade de sua casa,[15] a sua figura social, objeto de chacota.

O samba-canção, samba em andamento lento, como ensina meu colega de Academia Paulista de Letras, Zuza Homem de Mello, na maioria das vezes canta o amor fracassado. *Nervos de Aço* nasce, como conta Lupi, ao encontrar a primeira noiva no braço de outro, tendo sofrido muito e ficado "recalcado".

O recalque é o sentimento prevalecente, pois a causa do sofrimento não é o bem-querer, mas sim o amor-próprio ferido, a vergonha por se sentir inferior e por isso inveja dos outros.

Deve-se lembrar que esse fato deve ter acontecido no início dos anos 1940, tendo Lupicínio seus vinte e tantos anos, época em que vigorava o mais extremado "machismo" em nossa sociedade, mormente na comunidade portoalegrense.

Mas o recalcado, dolorido e humilhado reconhece que, para não ter qualquer reação, mais do que não possuir nenhum sangue na veia ou coração, é preciso ter nervos de aço para controlar os impulsos naturais diante da cena da amada nos braços de um tipo qualquer, ficando-se apenas no desejo de morte ou de dor, sem o transformar em ato.

Ao desvendar a alma humana, Lupi instalou, como diz Adriana Calcanhotto, uma bomba na música brasileira, no samba-canção: *Sturm und Drang*.[16]

Notas

1 Disponível em: <https://www.youtube.com/watch?v=72bW3ZAv0AE> e <https://www.youtube.com/watch?v=RZEfhQL9t9E>. Acesso em: 22 jul. 2021.
2 "E aí. Eu comecei a cometer a loucura. Era um verdadeiro inferno, desespera se samente nossa vida, diz RABINOWICZ, e nesta o de sua morte, ou tentativa de compreensesmo. neste oso, que nasce de uma tortura o que eu sofria por aquele amor. Milhões de diabinhos martelando o meu pobre coração, que agonizando já não podia mais de tanta dor. E aí eu comecei a cantar um verso triste. O mesmo verso que até hoje existe na boca triste de algum sofredor (...)". "É um covarde, um fraco, um sonhador (...)".
3 GOETHE. Johann Wolfgand. *Os sofrimentos do jovem Werther*. Trad. Sheila B. Koerich. Edição e-book, 2020, p. 37 e seguintes e 77.
4 GOETHE, Johann Wolfgand. *Os sofrimentos do jovem Werther*, op. cit., p. 18.
5 RABINOWICZ, Léon. *Crime passional*. Trad. Fernando de Miranda. 3ª ed. Coimbra: Sucessor, p. 66.
6 RABINOWICZ, Léon. *Crime passional*. Trad. Fernando de Miranda. 3ª ed. Coimbra: Sucessor, p. 96; COUTO e SILVA, Waldemar do. *As emoções e as paixões no novo código penal*. Porto Alegre: Globo, 1942, p. 192.
7 RABINOWICZ, Léon. *Crime passional*. Trad. Fernando de Miranda. 3ª ed. Coimbra: Sucessor, p. 79 e seguintes.
8 GOETHE, Johann Wolfgang. *Os sofrimentos do jovem Werther*, op. cit., p. 37.
9 SALEMI, Arialdo. Que cos'è la "non violenza". In: *Saggi di pedagogia, psicologia e diritto*. Bolonha: Leone editore, 1963, p. 268.
10 REALE JÚNIOR, Miguel. *Penas e medidas de segurança no novo código*. Rio de Janeiro: Forense, 1985, p. 162. No mesmo sentido, MARCHIORI, Hilda. *Psicologia de la conducta delitiva*. Buenos Aires: Pannedile, 1973, p. 16, segundo quem a conduta delitiva tem um sentido quando a relacionamos com a vida do sujeito nas situações concretas em que tal conduta se manifesta.
11 No Código Penal francês de 1810, estabelecia o art. 324, alínea 2: "no caso de adultério, previsto no art. 336, o assassinato cometido pelo marido na pessoa da mulher assim como na do cúmplice, no momento em que os surpreende em flagrante delito, no domicílio conjugal, é justificável".
12 ADICHIE, Chimamanda Ngozi. *Sejamos todos feministas*. Trad. Christina Baum. São Paulo: Companhia das Letras, 2019, p. 23, por exemplo, lembra que, se vai acompanhada a um restaurante, o garçom cumprimenta o homem e a ignora, havendo um abismo entre entender uma coisa racionalmente e a entender emocionalmente. Esse desconhecimento da

mulher, que passa invisível, reflete a mentalidade que considera a mulher inferior.
13 Trata-se da Lei n.º 11.340/2004, que instaura medidas preventivas, repressivas e de assistência à mulher vítima de agressão física ou moral.
14 Cria-se um conflito entre a aplicação da qualificadora do feminicídio e a causa de diminuição de pena, consistente em praticar o fato sob domínio de violenta emoção no parágrafo 1.º do art. 121, § 1.º: Se o agente comete o crime impelido por motivo de relevante valor social ou moral, ou sob o domínio de violenta emoção, logo em seguida à injusta provocação da vítima, o juiz pode reduzir a pena de um sexto a um terço.

O feminicídio não constitui uma circunstância objetiva, por ser a vítima mulher, mas sim consiste na indicação da razão do homicídio, ou seja, uma circunstância de cunho subjetivo, matar por ser mulher. Assim, a qualificadora, a meu ver, dá-se quando se mata uma mulher em vista da sua condição de sexo feminino, motivado pelo menosprezo ou discriminação à situação de ser mulher, não sendo, portanto, compatível a qualificadora, de caráter subjetivo, com a causa de diminuição, consistente em realizar o ato em estado de violenta emoção, logo após injusta provocação, motivo este do agir delituoso.
15 RABINOWICZ, Léon. *Crime passional*, op. cit., p. 132, com ênfase, diz: "O marido enganado que mata é um personagem particularmente odioso, porque não mata impelido pelo seu grande amor, mas por muitas razões que nada têm em comum com esse sentimento, e em primeiro lugar por medo do ridículo."
16 "Tempestade e ímpeto", movimento literário romântico na Alemanha de 1760, do qual Goethe foi o grande representante.

Aos nossos filhos, de Ivan Lins e Vitor Martins

Mônica Goes

Inicialmente, não posso deixar de, mais uma vez, agradecer e parabenizar o nosso querido José Roberto por sua inteligência inquieta que nos torna também inquietos a nos arrebatar com suas ideias maravilhosas.

Depois dos grandes julgamentos, livros e filmes, naturalmente, na sequência, viriam as canções que acompanharam a importância da arte e cultura de uma nação e, também, o contexto social, geopolítico e econômico da época em que foram compostas.

Foi difícil escolher apenas uma obra. Sendo sobrinha-neta do cronista e compositor Antônio Maria (1921-1964) e ao ler o excepcional artigo do professor Humberto Theodoro Junior, confesso, me senti tentada a escrever sobre a música de "dor de cotovelo" do Maria, me debruçando sobre suas canções românticas como *Ninguém me ama*, *Se eu morresse amanhã* e a eterna *Manhã de Carnaval*, e suas peculiaridades como pessoa maravilhosa que era. No entanto, mantive minha escolha: a canção *Aos nossos filhos*.

Exatamente no ano e mês em que nasci, aconteceu o golpe militar e, poucos anos depois, o AI-5. Fui criada dentro de uma "bolha", uma redoma, como se não morasse no Brasil: tocava piano, flauta doce, tinha aulas de balé clássico, num lar em que novelas da TV eram proibidas, consideradas subcultura. Meu pai era procurador do estado, quando o Rio de Janeiro era a capital do Brasil, e extremamente conservador. Eis o porquê (Freud explicaria) de ter largado o piano, esquecido a flauta doce e pendurado as sapatilhas. Ingressei no Direito porque queria libertar pessoas, matriculada na minha querida Uerj.

Meu pai não me levou a sério quando lhe disse que ia trabalhar no Direito Penal e tentou repetidamente me dissuadir, ilustrando, entre outras pressões, que no batizado dos meus filhos eu não poderia convidar um só cliente! Ele era pernambucano e muito amigo da família Lins e Silva. Eu insistia para que ele me apresentasse ao ministro Evandro e ao Técio, mas ele desconversava, me enrolava. Certo dia, consegui um estágio em uma delegacia em Jacarepaguá e, por obra do acaso, me vi numa entrevista com o advogado Técio Lins e Silva e com o ministro Evandro.

É impossível falar de música sem falar das pessoas que passaram por nossas vidas, nos moldando; personagens que instigaram nosso olhar e, mesmo sem que soubessem, ajudaram a esculpir nossa imagem no mundo.

A canção que escolhi foi escrita em 1978, melodia do Ivan Lins (1974) e letra do Vitor Martins (1975). A obra foi inicialmente interpretada pelo próprio Ivan, com arranjo e regência do maestro Gilson Peranzzetta, que por anos acompanhou Ivan tocando o segundo piano, elétrico. A canção encerrava um LP de sucesso intitulado *Nos dias de hoje* e foi considerado o maior trabalho em parceria dos dois compositores.

Sobre essa canção, Ivan Lins, numa entrevista, contou que fazia uma apresentação em 1979 no teatro Casa Grande e que, naquela época, ao contrário de hoje em dia, havia muito improviso durante um show, e ele anunciou que cantaria a inédita *Aos nossos filhos* por último, encerrando o show, porque seria uma novidade. E era assim, segundo ele disse, que as pessoas gostavam — vinham aos shows sedentas por coisas novas e boas, que emocionassem as suas almas já tão anestesiadas. Ele então avistou; na quarta fila estava Elis Regina. Ao terminar de cantar a música, viu que ela estava aos prantos e ali, naquele momento, Ivan Lins percebeu que aquela canção não seria interpretada apenas por ele.

Elis se apresentou num programa de televisão, em que o cenário remetia a um circo ou uma enorme tenda árabe, próxima à plateia e sentada em uma grande almofada, com foco de luz singular, intimista. Já no início da canção, paralisou o público de maneira avassaladora. Havia uma dor, um silêncio, um desabafo, quase um choro trágico, um hiato beirando a derrota. Essa sensação tocou a todos porque a repercussão da letra para um público, já ávido por liberdade e cansado de opressão, com dor no corpo e na alma, foi um alívio e um sucesso retumbante. A artista se entregava a uma confissão e um clamor que inspirava a todos que gostariam de pedir perdão aos seus filhos pelos anos que viviam e pela impotência, por não poderem fazer algo para impedir "a falta de ar".

E o que essas músicas têm a ver com nós advogados e, em especial, com esses que citei? Tudo! Entrei com 18 anos na universidade e no escritório e entendia pouco o significado de um centro cultural de estudantes. Celebrávamos a recuperação da linha telefônica do centro cultural e nosso advogado era o professor Ricardo Lyra. Ganhamos a linha telefônica, e eu não entendia claramente o porquê de tamanha alegria, por algo para mim banal. Estávamos em 1982, e os dias de chumbo mais duros já haviam passado, mas os gritos pela liberdade política, pelo voto, pelas *Diretas Já* ainda estavam a caminho, porém distantes. Havia um sentimento latente pela total liberdade e um enorme desejo reprimido de tomar as rédeas da nação, com uma nova Constituição e a eleição de um presidente pelo voto popular. Isso me foi revelado nos autos dos antigos processos da Justiça Militar aos quais tive acesso no escritório Lins e Silva e ouvindo as histórias que todos eles me relatavam e outros testemunhos. Não posso deixar de mencionar aqui os advogados Ilidio Moura, Nélio Machado e a juíza, à época, Maria Lucia Karam, com quem realmente aprendi; conheci pessoas que me fizeram concluir o que é não se viver em um estado democrático de direito, onde o acusador é um, o julgador é o mesmo, a defesa não é ouvida, e o carrasco é um psicopata perverso. Isso me fez optar, em minha vida, pelo que considero justiça.

Reparo e me espanto ao ver que os tempos atuais parecem igualmente estranhos no mundo inteiro — partidos nazistas se inscrevendo e ganhando força na Europa, presidentes de extrema direita eleitos e aplaudidos, pena de morte pleiteada por várias pessoas esclarecidas da nossa sociedade, e até mesmo alguns que ainda ousam pedir a volta dos militares! Pouca tolerância, falta de compaixão e empatia... tudo me faz relembrar os processos que li e vi, que relatavam sobre pessoas que foram enterradas vivas, algumas que conseguiram sobreviver, e ainda outras que, com suas canções, conseguiram transmitir a força e a esperança de que, apesar de tudo, haveria um amanhã diferente. E pediam perdão aos filhos:

> *Perdoem a cara amarrada,*
> *Perdoem a falta de abraço*
> *Perdoem a falta de espaço*
> *Os dias eram assim*
> *Perdoem por tantos perigos*
> *Perdoem a falta de abrigo*
> *Perdoem a falta de amigos*
> *Os dias eram assim*
> *Perdoem a falta de folhas*
> *Perdoem a falta de ar*
> *Perdoem a falta de escolhas*
> *Os dias eram assim*

Uma canção triste, de pais para filhos. Um canto, de certo modo, conformado com a impotência em que se encontravam, longe de seus amigos exilados, outros mortos, outros desaparecidos, outros enlouquecidos — conformados e impotentes; "os dias eram assim", ou seja, nada podiam fazer — o canto da impotência, o grito do... até onde vamos aguentar?

A segunda parte da canção traz uma esperança para a nova geração, não necessariamente para os pais, que, quase num desejo derradeiro, pedem:

> *E quando passarem a limpo*
> *E quando cortarem os laços*
> *E quando soltarem os cintos*
> *Façam a festa por mim.*
> *E quando lavarem a mágoa*
> *E quando lavarem a alma*
> *E quando lavarem a água*
> *Lavem os olhos por mim*

> *E quando brotarem as flores*
> *E quando crescerem os matos*
> *E quando crescerem os frutos*
> *Digam o gosto pra mim*

A Rede Globo lançou, há três anos, uma minissérie espetacular com esse título: *E os dias eram assim*.

Um princípio deveria anteceder todas as ideologias: viva a democracia por pior que ela seja e com todos os seus defeitos. Um estado não democrático não pode ser sequer considerado.

Dizem que na vida devemos seguir em frente, não olhando nem para trás nem para os lados. Mas acredito que haveremos sempre de falar sobre o passado dolorido, sombrio e imperdoável de alguns períodos do mundo, e "escovar a história a contrapelo" como disse Walter Benjamin, concebendo-a do ponto de vista dos vencidos, com a meta de não repetirmos os erros. Tudo que nos estarrece pode nos fazer pensar em como é preciso evitar preconceitos, desenvolvendo um diálogo de abertura e respeito.

Naqueles anos do Brasil, baniram do Supremo Tribunal Federal figuras como os ministros Evandro Lins e Silva, José Paulo Sepulveda Pertence e Victor Nunes Leal. E quantos mais fugiram e, na fuga, morreram. E outro número pereceu nas delegacias do Dops ou foram dados como desaparecidos, outros lançados de um avião, além daqueles que passaram por torturas... Isso não é ficção. Trata-se de uma verdade histórica; de que o homem se mostrou deveras sádico e mau, a ponto de, numa canção, um pai pedir perdão aos filhos como uma lúdica despedida, pelo sofrimento imposto, já insuportável.

Entretanto, como a própria música profetiza, os frutos dessa sombria fase se tornaram o avanço para os almejados Constituição e voto popular. E, nessa jornada, nos foram deixadas pérolas musicais. Nunca o Brasil teve compositores tão engenhosos e inspirados para driblarem a censura, e mandarem recados para o povo ter fé e se sentir livre, se mantendo forte, em resistência, até que dias melhores viessem. Canções censuradas pela ditadura — e são muitas —, as de Chico Buarque e Milton Nascimento, por exemplo, com o seu inesquecível *Cálice* ou *Apesar de você*, essa que inicialmente foi liberada, mas causou tamanho alvoroço ao usarem seus versos nas passeatas que terminou por ser censurada. O fato é que o sofrimento gerou uma seleção de canções únicas, temas incríveis, que este livro mostrará.

Há também uma obra literária: *Coragem — a advocacia criminal nos anos de chumbo*. Trata-se de um verdadeiro resgate de criminalistas que enfrentaram perseguições, sofreram abusos e prisões na defesa do estado de direito, se tornando exemplos, paradigmas de um verdadeiro advogado e herói. Apenas para ilustrar os que pude conhecer pessoalmente e outros em memórias afetivas: Sobral Pinto, Raul Lins e Silva, Evaristo de Moraes, René Dotti, Heleno Fragoso, Antonio Carlos Barandier, Nilo Batista, Sigmaringa Seixas.

Não fui participante, propriamente, dessa época da repressão, mas me sinto como tal, tamanho são o meu respeito e admiração por todos os que lutaram por seus ideais, por suas ideias, por todos os que se arriscaram para proteger aqueles que eram "contra o sistema". Esses artistas deixaram uma história frutífera no mundo e um legado musical que até hoje não vimos ser superado.

Por fim, nos cabe também, como pais de uma nova geração, fazer o que muitos dos nossos não fizeram e pedir perdão *"pela cara amarrada"* que às vezes portamos sem perceber; pela falta de um abraço ou espaço para que eles se tornem quem realmente são e possam passar a limpo, sem laços impostos, soltando os cintos que estrangulam, para que, com calma, lavem a alma e os olhos...

Por nós.

Rio de Janeiro, 26 de maio de 2020

Vide verso meu endereço, de Adoniran Barbosa

Patricia Serra[1]

"Seu Gervásio,
Se o dr. José aparecer por aqui
Cê dá esse bilhete a ele, viu
Pode lê, num tem segredo nenhum
Pode lê, seu Gervásio"
Venho por meio destas mal traçadas linhas
Comunicar-lhe que fiz um samba pra você
No qual quero expressar toda a minha gratidão
E agradecer de coração
Tudo que você me fez
Com o dinheiro que um dia você me deu
Comprei uma cadeira lá na Praça da Bandeira
Ali vou me defendendo
Pegando firme dá pra tirar mais mil por mês
Casei, comprei uma casinha lá no Ermelino
Tenho três filhos lindos
Dois são meus, um de criação
Eu tinha mais coisas pra lhe contar

> *Mas vou deixar pra uma outra ocasião*
> *Não repare a letra*
> *A letra é de minha mulher*
> *Vide verso meu endereço*
> *Apareça quando quiser*

O Adoniran

Adoniran, que não nasceu com esse nome, era um sambista de terno e gravata, com sotaque italiano.

Filho de imigrantes italianos, nasceu em 1910, em Valinhos, distrito de Campinas naquele tempo. Seu nome era João Rubinato, mas criou um pseudônimo artístico, pode-se presumir, como homenagem ao seu melhor amigo (este, sim, Adoniran) e ao cantor Luís Barbosa, ídolo em quem se inspirou.

Para ajudar sua família, começou a vida como vendedor de tecidos, mas era multitalento (sambista, ator cômico, discotecário e locutor). Por mais de três décadas, trabalhou na Rádio Record. A esse propósito:

> Adoniran Barbosa é um letrista e músico tipicamente paulistano, foi um cronista da cidade de São Paulo e sobretudo das pessoas simples e dos acontecimentos que as cercam. Nasceu em Valinhos — SP, mas passou sua vida na capital paulista, foi um artista autêntico, iniciou em rádio como comediante e paralelamente era intérprete e compositor de marchas carnavalescas. Suas letras são as que mais identificam a sua cidade e sua época e por esse fato *Trem das Onze* ganhou o prêmio no aniversário de quatrocentos e cinquenta anos de São Paulo (*Revista de Psicologia*, 2010, p. 14).

As letras musicais que escreveu e compôs falam do dia a dia, da pobreza, das cidades, dos conflitos urbanos, da justiça. Falam, em especial, das relações humanas, ora aflitivas, ora afetuosas. E até mesmo, da independência e autonomia da mulher (ou não, à época). Teve como marca não só sambas premiados e de muito sucesso, mas o fato de ser um sambista com imperdível sotaque italiano. Isso porque o compositor falava, sobre seu processo de criação, o seguinte:

> Meus sambas não nascem com horas marcadas, não são consequência de inspirações. Eles nascem por si, por mim, pelas coisas. Contam de uma São Paulo Grande, falam de gente simples, humanas, das malocas, dos malandros, de gente boa (...) Eles não falam de grandes paixões, mas mostram problemas e o cotidiano das pessoas da cidade grande, das muitas lutas e poucas vitórias. Sei que sou uma pessoa diferente, até o título das minhas músicas são diferentes, e sei que também ninguém me conhece. É que não tive nenhuma instrução. O que sei hoje aprendi na vida. Meu jardim da infância foi a rua. (Idem)

Adoniran compunha e cantava a ética e a solidariedade, com o emprego de um vocabulário simples e coloquial, explorava os modos de falar e de escrever do povo paulistano, pobre e pouco escolarizado. Cantava sempre com muito humor as cenas nem sempre agradáveis e (in)justas do cotidiano.

Ele dava mesmo voz aos menos favorecidos, como os despejados, os solitários e as mulheres submissas. Aproveitou-se, de forma singular, da linguagem paulistana popular, daquelas pessoas simples, com todos os erros de português, tendo construído o que veio a ser um retrato fiel dessa parcela significativa da nossa sociedade.

Inusitado, porquanto pouco tradicional, a despeito da temática central dos seus sambas, é o fato de o considerado pai do samba paulista fugir ao estereótipo esperado de um sambista. Adoniran destacava-se dentre os grandes nomes do samba, quase todos eles de origem carioca, e, aonde quer que fosse, não abandonava o seu terno e gravata, traje esse reputado à grande influência de sua família italiana.

A música (ou melhor, a letra)

Por toda essa singularidade, a escolha de Adoniran se deu, em especial, pela sua canção *Vide verso meu endereço*. Toda vez que a escuto, ela me remete a valores (também jurídicos) e sentimentos bem dignificantes, tais como a eticidade, a gratidão, a empatia, a solidariedade, a compaixão e a valorização da pessoa humana. Tudo isso em uma só letra.

Ela fala de um engraxate que recebe ajuda financeira de um homem de posses, o senhor José. Tal auxílio permite que ele compre ferramentas de trabalho, se estabeleça na vida, adquira uma casa, se case e crie três filhos, sendo um deles, de sua mulher, por ele "adotado". Um anúncio da tão hoje proclamada paternidade socioafetiva.

O processo de comunicação precisa do auxílio de outros sujeitos: para a escrita do bilhete, o sujeito lírico conta com o apoio da companheira; para a sua entrega, conta com o apoio de um conhecido. O pedido de entrega do bilhete para o benfeitor funciona como uma introdução ao próprio conteúdo do bilhete e ponto de partida enunciativo de todo o texto.

O (ESTADO DEMOCRÁTICO DE) DIREITO

A música foi gravada no segundo LP de Adoniran, de 1975. Fora o lirismo intrínseco à poesia, a história é a de um sujeito que esteve sempre à margem da sociedade. E isso se revela em algumas passagens: em seu analfabetismo (para escrever, por exemplo, a carta de agradecimento, recorre à mulher, cuja má letra é também resultado da falta de acesso à educação) e em seu agradecimento, por ter conseguido comprar uma casa. Fica evidente aqui que o direito à moradia, assegurado por lei, é algo que foge à realidade da grande maioria da sociedade. Sendo ainda assim até hoje.

Nesse samba de *mal traçadas linhas* há vertentes notabilizadas, quais sejam, a dos princípios da dignidade da pessoa humana, da solidariedade social e o instituto da paternidade socioafetiva.

O estado democrático de direito deve se pautar, por certo, na dignidade da pessoa humana, informadora de um princípio revelador de um meta-atributo afeito a toda e qualquer pessoa (natural). É um valor jurídico de excelência manifesta, porque impulsiona a releitura e/ou revisitação de institutos em diversas áreas do Direito e/ou na diversidade das relações sociojurídicas estabelecidas pelas *gentes*.[2]

Nesse sentido, o fundamento da República Federativa do Brasil, e, consequentemente, do estado democrático de direito, se conforma com a dignidade da pessoa humana (artigo 1.º, inciso III, da CRFB). A sistemática vinculativa constitucional resulta inegavelmente também da afirmação dos direitos fundamentais.

É inegável que a ordem constitucional tem uma base solidarista, com vistas às necessidades dos cidadãos, sobretudo os hipossuficientes e socialmente vulneráveis, na contenção ou redução das desigualdades materiais e regionais (artigo 3.º, incisos I e III, da CRFB).

Evidente, portanto, que as noções de dignidade humana e solidariedade estão interligadas. Em que pese o princípio da dignidade da pessoa humana destacar a essência do indivíduo, o princípio da solidariedade social reflete a dinâmica da coletividade, no trato e reconhecimento do outro.[3]

Na acolhida e no reconhecimento do outro, a paternidade socioafetiva é um vínculo de envergadura, porque se estabelece pelo reconhecimento social e afetivo de uma relação parental com uma criança. Nessa relação, não há vínculo biológico ou por adoção, mas tão somente afetivo. Por óbvio, essa relação já existia antes mesmo do Código Civil de 2002. E o senhor Gervásio bem soube revelá-la, entregando o bilhetinho ao senhor José.

Logo, por meio da relação de afeto, surge um novo paradigma no Direito de Família, intimamente ligado à base daquele núcleo. Há aqui uma desbiologização da paternidade, indo além de um código genético. A paternidade não é somente um fato natural, é também cultural (PEREIRA, 2016, p. 90).

A paternidade socioafetiva, então, pode ser definida como o vínculo de parentesco civil entre pessoas que não possuem um vínculo biológico mas que vivem como parentes, em decorrência do forte e estreito elo afetivo estabelecido entre elas.

Não há diferenciação entre os filhos, biológicos, adotivos, socioafetivos ou decorrentes de reprodução assistida. Assim, a consagração da afetividade como direito fundamental subtrai a resistência em admitir-se a igualdade entre a filiação biológica e a socioafetiva.

Adoniran Barbosa também sabia que não se devem distinguir os filhos biológicos dos ditos *de criação*; e que, no seu tempo, a relação de paternidade por afeto se fazia bem presente, sendo certo que, como o dito popular, *pai é aquele que cria*.

Atualmente, a doutrina e a jurisprudência vêm se dedicando ao aperfeiçoamento dessa modalidade de filiação, garantindo àqueles que efetivamente preenchem os requisitos da condição de posse de estado de filho direitos e garantias plenos e igualitários. E, vejam que interessante, *Vide verso meu endereço*, composta na década de 1970, só reforça o marco teórico da socioafetividade no nosso país, tal como se pontua:

> A socioafetividade, como categoria jurídica, é de origem recente no direito brasileiro. Em grande medida, resultou das investigações das transformações ocorridas no âmbito das relações de família, máxime das relações parentais, desde os anos 1970. (...) A parentalidade socioafetiva consolidou-se na legislação, na doutrina e na jurisprudência brasileiras orientada pelos seguintes eixos: 1. Reconhecimento jurídico da filiação de origem não biológica (socioafetiva); 2. Igualdade de direitos dos filhos biológicos e socioafetivos; 3. Não prevalência *a priori* ou abstrata de uma filiação sobre a outra, dependendo da situação concreta; 4. Impossibilidade de impugnação da parentalidade socioafetiva em razão de posterior conhecimento de vínculo biológico; 5. O conhecimento da origem biológica é direito da personalidade sem efeitos necessários de parentesco (LOBO, 2018, p. 593-94).

Portanto, a composição por mim escolhida se mostra também reveladora de uma visão eudemonista de uma sociedade plural, na qual todas as relações e todos os valores sociojurídicos, assim como o Direito, têm uma única razão de ser: favorecer o desenvolvimento e/ou aperfeiçoamento da pessoa humana, na sua aspiração de vida, qual seja, a felicidade.

O FINAL

O que se canta e como se canta contamina o nosso pensamento e impulsiona variadas reflexões sobre a realidade que nos cerca. Assim,

Adoniran anuncia novos tempos e valores que se fazem refletir no patrimônio e nas famílias, pela afeição, pelo companheirismo e pela cooperação. Na disputa entre o *ter* e o *ser*, passaram a ser notabilizadas a dignidade e a liberdade pessoais. E também a necessária igualdade, se mostrando o afeto como elemento prevalente e mutável no tempo.

Então, *Vide verso meu endereço. Apareça quando quiser.*

Referências

LOBO, Paulo. "Parentalidade socioafetiva e multiparentalidade. Questões atuais". In: SALOMÃO, Paulo e TARTUCE, Flávio (coord.). *Direito Civil*. Diálogos entre a doutrina e a jurisprudência. São Paulo: GEN/Atlas, 2018.

MARTINS-COSTA, Judith (org.). *A reconstrução do Direito Privado*. Reflexos dos princípios, diretrizes e direitos fundamentais constitucionais no direito privado. São Paulo: Revista dos Tribunais, 2002.

MORAES, Maria Celina Bodin de. *Danos à pessoa humana*. Uma Leitura Civil-Constitucional dos Danos Morais. Rio de Janeiro: Renovar, 2002.

PEREIRA, Rodrigo da Cunha. "Famílias ensambladas e parentalidade socioafetiva — a propósito da sentença do Tribunal Constitucional, de 30.11.2007". *Revista Magister de Direito das Famílias e Sucessões*, Porto Alegre, v. 7, dez/jan 2016, p. 88-94.

Revista de Psicologia, v. 13, n. 18, 2010, p. 9-27.

Notas

1 Professora titular da Universidade Federal do Estado do Rio de Janeiro (Unirio), é mestre em Direito Constitucional e Teoria do Estado pela Pontifícia Universidade Católica do Rio de Janeiro e doutora em Direito Civil pela Universidade do Estado do Rio de Janeiro (Uerj). É ainda desembargadora do Tribunal de Justiça do Estado do Rio de Janeiro (TJ/RJ) e membro-fundadora da Academia Brasileira de Direito Civil (ABDC) e honorária do Instituto dos Advogados do Brasil (IAB). A pesquisa contou com os auxílios especiais de Manuella Valente, aluna do 9.º período do curso de Direito da UNIRIO, em 2020.1, e monitora da disciplina Direito Civil, e de Maria Eduarda Serra Vieira, que, por conta de seu encantamento pela escrita, se dispôs a traçar a biografia resumida do Adoniran.

2 Judith Martins-Costa sinaliza que os princípios jurídicos são valores, e que "das relações jurídicas privadas recortamos alguns espaços problemáticos nos quais se projeta o princípio da dignidade da pessoa humana, objeto precípuo do direito civil, e tentamos traçar um perfil — provisório, incompleto e certamente falho — da cultura do direito privado, centrada que está nos valores existenciais, nos valores sociais e na tutela patrimonial, interligados, todos estes três eixos, com o princípio fundamental da dignidade da pessoa humana, entre nós afirmado no inciso III do artigo 1.º da Constituição Federal e refletido no catálogo dos direitos fundamentais (CF, arts. 5.º a 11), nos valores que informam a ordem econômica (art. 170) e a ordem social (arts. 193, 194, 196, 203, 205, 215, 220, 225, 226, 227, 231)" (2002, p. 17).

3 Maria Celina Bodin de Moraes releva o conceito filosófico da dignidade. Este expressa e ganha concretude jurídica, "como um valor intrínseco à pessoa humana, valor cujo significado deve ser examinado primordialmente através de um prisma filosófico. Na atualidade, contudo, este valor foi incorporado ao direito positivo de uma parcela considerável dos ordenamentos da família romano-germânica por intermédio das longas Constituições que o erigiram ao posto de princípio fundamental. Sua expressão jurídica imediata pode ser encontrada em aspectos determinados da personalidade, como a igualdade, a liberdade, a integridade psicofísica e a solidariedade social" (2003, p. 15).

Chico Mineiro, a música

Paulo Fernando Campos Salles de Toledo

1. Para começar

É muito comum, ou pelo menos era, que em festas ou reuniões, em certo momento, alguém começasse a tocar um violão ou um piano, ou um teclado, e uns tantos cantassem, enquanto outros ouviam. Sempre havia algum com uma bela voz, ou então mais desinibido, muitas vezes munido de um caderno de letras, e que introduzia as músicas a serem cantadas. Algumas músicas, por serem mais conhecidas, eram compartilhadas, e muitos as cantavam, sabendo ou não ao certo a letra e a melodia. Nessas ocasiões, alguém sempre se lembrava de pedir para cantar o *Chico Mineiro*. E esta todos conheciam, pelo menos em parte. Vale a pena conhecer um pouco mais de perto essa canção.

2. Um pouco de história

Que ninguém se preocupe. Não vou dar nenhum tom erudito ou acadêmico a uma canção popular e, mais ainda, sertaneja, como essa. O que pretendo é prosear com vocês. E aqui tem um bom assunto.

A música, vocês sabem, fala de Ouro Fino. Há uma cidade no sul de Minas Gerais com esse nome. Não é dela, no entanto, que falaremos. A Ouro Fino da canção é, na verdade, um arraial, e dele só existem hoje meras ruínas. Foi fundada no século XVIII, em 1727, por um bandeirante paulista, Bartolomeu Bueno da Silva Filho. Estávamos então em pleno Ciclo do Ouro, e o que hoje corresponde ao estado de Goiás estava sendo desbravado. O nome do arraial deve-se à qualidade do ouro que se podia extrair do rio que banhava a localidade.

O Arraial de Ouro Fino teve sua fase economicamente ativa, por ser um ponto de parada dos que se destinavam à cidade de Goiás, hoje conhecida como Goiás Velho, que se tornou a antiga capital do estado. Ouro Fino, embora pequena, tinha uma vida ativa, com um seminário episcopal, uma igreja matriz, casario, arruamentos. E assim se manteve mesmo depois de passado o Ciclo do Ouro, até porque, por sua localização, veio a integrar a rota de tropas de gado.

Esses bons momentos do arraial, no entanto, perduraram somente até os anos iniciais do século XX. A decadência começou com a queda da ponte sobre o rio Uru, o que motivou a construção de uma nova estrada para a cidade de Goiás, e culminou na década de trinta do século passado com a fundação de Goiânia, nova capital do estado.

3. Chico Mineiro existiu?

Todos os que já ouviram a música podem ficar com a ideia de que Chico Mineiro é um personagem de ficção. E, com efeito, a história narrada parece um daqueles "causos" bem contados numa rodinha de conversa em cidade do interior. Mas será mesmo apenas isso?

O certo é que os antigos moradores dos arredores do Arraial de Ouro Fino dizem que Chico Mineiro ali esteve e ali morreu. É quase uma lenda. Mas há alguns fatos que fazem pensar.

Segundo consta dessas mesmas fontes, Chico Mineiro, nas décadas iniciais do século XX, passava pelo arraial tocando boiada. E, mais ainda, seu túmulo, ou o que dele ainda existe, pode ser visto no cemitério local, anexo às ruínas da igreja matriz.

Há, portanto, ao menos um fundo de verdade no que diz a música.

4. A música, sua autoria

Essa música é mesmo um "puxa-prosa". Sim, porque também se pode falar sobre sua autoria. De um modo geral, costuma-se dizer que essa canção é de Tonico e Tinoco. Não é bem assim, no entanto. Vamos aos fatos.

Tonico e Tinoco Perez eram irmãos; nasceram, foram criados e trabalharam (puxaram enxada) em fazendas no interior do estado de São Paulo. Gostavam de cantar modas de viola, e esse talento mútuo os trouxe à capital de São Paulo, onde, depois de muito tentar, foram contratados pela então Rádio Tupi. Isso ainda na década de 1930. Mais adiante, já fazendo sucesso, passaram a fazer parte do elenco da Rádio Nacional do Rio de Janeiro, a emissora de rádio de maior audiência no Brasil.

Certo dia, Tonico, ao sair da emissora, foi abordado pelo porteiro, Francisco Ribeiro, que lhe contou a história de Chico Mineiro e lhe deu a ideia de compor uma música com esse tema. Tonico surpreendeu-se, pois era a mesma história que lhe era contada por seu pai. Isso o motivou a compor a música, e ele, em reconhecimento à contribuição de Francisco Ribeiro, deu-lhe a coautoria. São esses dois, portanto, os autores da música.

5. A letra da música

Indicado o contexto em que se insere a música, creio ser o caso de apresentar sua letra, a fim de que possamos compará-la com o que foi dito. É formada em duas partes, recitada a primeira e cantada a segunda.

Parte recitada
Cada vez que me alembro
Do amigo Chico Mineiro
Das viagem que nóis fazia
Era ele meu companheiro
Sinto uma tristeza
Uma vontade de chorar

Alembrando daqueles tempos
Que não mais há de voltar
Apesar de eu ser patrão
Eu tinha no coração
O amigo Chico Mineiro
Caboclo bom decidido
Na viola era dolorido e era o peão dos boiadeiro
Hoje porém com tristeza
Recordando das proeza
Da nossa viagem motin
Viajemo mais de dez anos
Vendendo boiada e comprando
Por esse rincão sem fim
Caboclo de nada temia
Mas porém chegou o dia
Que Chico apartou de mim

<u>Parte cantada</u>
Fizemo a úrtima viagem
Foi lá pro sertão de Goiás
Fui eu e o Chico Mineiro
Também foi o capataz
Viajemo muitos dias
Pra chegar em Ouro Fino
Aonde nóis passemo a noite
Numa festa do Divino
A festa tava tão boa
Mas antes não tivesse ido
O Chico foi baleado
Por um homem desconhecido
Larguei de comprar boiada
Mataram meu cumpanheiro
Acabou-se o som da viola
Acabou-se o Chico Mineiro

Despois daquela tragédia
Fiquei mais aborrecido
Não sabia da nossa amizade
Porque nóis dois era unido
Quando vi seu documento
Me cortou meu coração
Vim saber que o Chico Mineiro
Era meu legítimo irmão

6. Algumas observações

Neste ponto, cabem duas observações, ambas óbvias. A primeira é a de que é fácil constatar como o que foi dito nos tópicos iniciais tem tudo a ver com a letra da música. O Arraial de Ouro Fino existiu. Por lá passavam boiadas, e lá certa vez, numa Festa do Divino que provavelmente se repetia todos os anos (como ocorria nas cidadezinhas do interior), um tropeiro, conhecido como Chico Mineiro, foi morto e lá está sepultado.

A segunda observação é também evidente: o que tem tudo isso a ver com o Direito? Ora, se pensarmos um pouco, tem tudo a ver, uma vez que o Direito regula as relações sociais. Assim, havia entre os dois personagens o relacionamento entre patrão e empregado, de um modo certamente informal, visto que a CLT só foi promulgada na década de 1940. Por outro lado, aquele que conta a história exercia atividade empresarial, pois comprava e vendia gado. Na festa, Chico Mineiro, que nada temia, desentendeu-se com um dos circunstantes, que não habitava o arraial ou suas proximidades, eis que era desconhecido. O desentendimento chegou às vias de fato, e o Chico foi baleado e morreu. Mais adiante, o contador-cantador da história veio a saber que ele e o Chico eram irmãos, e ele não tinha a menor ideia desse parentesco. Além do mais, esse desconhecimento deve ter sido ocasionado por não serem filhos do mesmo pai, ou por não terem crescido, por qualquer motivo, no mesmo lar. Há questões, portanto, de Direito de Família, que poderiam ser examinadas. E finalmente, com o impacto da verdade, deixou ele a atividade econômica que antes exercia.

Anoto, para finalizar, que o talento não se expressa necessariamente em peças literárias ou musicais elaboradas por quem tenha tido formação cultural de alto nível. Creio que a moda de viola de que falamos bem o demonstra.

Billy X Bully

Paulo Vieira

Não fala com pobre/ não dá mão a preto/ Não carrega embrulho/ Pra que tanta pose, doutor?/ Pra que esse orgulho?// A bruxa que é cega esbarra na gente/ E a vida estanca/ O enfarte lhe pega, doutor/ E acaba essa banca// A vaidade é assim, põe o bobo no alto/ E retira a escada/ Mas fica por perto esperando sentada/ Mais cedo ou mais tarde ele acaba no chão/ Mais alto o coqueiro, maior é o tombo do coco afinal/ Todo mundo é igual quando a vida termina/ Com terra em cima e na horizontal
(Billy Blanco, *Banca do Distinto*)

William Blanco Abrunhosa Trindade, o Billy Blanco, nasceu em 8 de maio de 1924 em Belém do Pará.

Morreu com 87 anos, em 2011, no Rio de Janeiro, onde viveu grande parte da sua vida.

Sempre achei a *Banca do Distinto* uma canção genial. E, infelizmente, ainda atual e necessária.

Encontrei muitos "distintos", tanto na vida pessoal como na profissional. Vi muitos caírem do coqueiro. Mas nem todos. Seja porque a bruxa é cega, seja porque o tombo veio tarde demais e misturou-se com o ocaso da vida.

Banca do Distinto foi composta em 1954, num Brasil muito diferente em diversos aspectos, mas muito parecido em outros.

Eu vivi grande parte da minha vida no Rio de Janeiro. Nasci nos anos 1960 e cresci nos anos 1970 e 1980 no bairro do Leblon.

Cresci num tempo em que tínhamos pouquíssimos incentivos para sermos politicamente corretos. E quase nenhum freio para não o ser.

A falta de educação, o politicamente incorreto, a truculência e o preconceito se misturavam e faziam parte de um "molho madeira" no qual distintos e doutores faziam o que queriam e a lei protegia o mais forte. Tudo fruto da quase inexistência de uma agenda progressista e de um tempo em que os direitos individuais levaram um caldo.

Até os anos 1970, o Leblon era um bairro pouco populoso e tranquilo. Bucólico, em alguns pontos. Para alguns: "familiar". Hoje, gostam de chamá-lo de "exclusivo". Ou seja, o topo do coqueiro e também o maior presente para a vaidade de alguns. Uma excelente arma no arsenal dos distintos.

Estranhamente, nos últimos tempos, senti-me catapultado para o passado. O vírus da maldade é mutante. Ele evolui e arranja sempre um jeito de se adaptar às mudanças da sociedade. A sociedade evolui, e os preconceitos e as truculências se amoldam aos novos tempos, cismando em não ir embora.

Assim como o exclusivo Leblon, outras armas de distanciamento são criadas para embasar o comportamento preconceituoso. De "familiar" para "exclusivo", as artimanhas só ficaram mais óbvias e, portanto, mais vulgares. Mas o objetivo foi sempre o mesmo: manda quem pode, obedece quem tem juízo.

Ao aceitar o gentil convite do José Roberto, uma história que estaria por trás da composição da *Banca do Distinto* me veio à cabeça.

Numa entrevista, Billy Blanco relata a Tárik de Souza a história por trás da música.

Dolores Duran, então namorada de Billy Blanco, cantava em um bar chamado Little Club, em Copacabana. E tinha um cidadão que ia todas as noites ouvi-la cantar em vários idiomas.

A entrevista é deliciosa. E, numa parte, Billy discorre sobre o caso que deu origem à letra: "Ela cantava bem. Ele era poliglota e racista, filha da mãe. E ficava lá, sentado duas mesas adiante do microfone, praticamente de costas pra ela. Ele só queria escutar, não falava com ela, não dava a mão pra ela, nem dava boa-noite. Quatro horas da manhã vinha embrulho pra mesa dele com sanduíche de filé pra viagem, ele devia ser um solteirão ou similar. E, além disso, de vez em quando ele chamava o maître, que era o Alberico Campana, e dizia: —, Manda a negrinha cantar *Nunca*, o Alberico chegava lá e dizia: —, Dolores, você tem que cantar *Nunca* pro cara porque ele tá tomando uísque escocês (risos), — e a Dolores cantava, ele nem agradecia nem nada. Em vez de pegar o embrulho de filé e ir pro carro, ele deixava o embrulho em cima da mesa, pagava a conta, e o garçom ia atrás levando o embrulho. A Dolores me contou."

Num pingue-pongue de coreano, Tárik devolve: "A música já tava pronta, né?"

E estava mesmo.

No Brasil, principalmente no Rio dos anos 1940, seria raro um cafajeste levar um esfrega público por condutas preconceituosas e antissociais. Ser acusado de crime, então, nem pensar.

Na verdade, a maioria das condutas dos bilontras passava *in albis*. Fazer pouco de pretos, mulheres e gays, se não era norma, era conduta não reprovável.

E, assim, o *bully* de época fazia o que queria e repetia suas babaquices até chamar atenção ou ter certeza de que transformava a vida dos outros em verdadeiro inferno. Com o exercício diário e recorrente da sua forma torpe e inconveniente de ser, ele parecia deixar claro que quem mandava no pedaço era ele: homem, branco, heterossexual. Se fosse rico, então, era *strike*.

E algo muito importante: a repetição *ad nauseam* da conduta. Como no caso do distinto, que todas as noites açoitava Dolores com sua vulgaridade e sua língua bifurcada, o *bully* tem que ser *bully* o tempo todo com todo mundo que julga ser um bom alvo da sua perversidade. Como diz um querido amigo: "A vida do babaca é atribulada." Ele é sistematicamente desagradável, impõe sua presença onde não é chamado, briga com estranhos, maltrata quem nem mesmo conhece e comete um dos pecados capitais da vida em sociedade: rouba o silêncio sem fazer companhia.

Assim, a família dos cafajestes, biltres, bilontras, velhacos, bandalhos evoluiu e ganhou mais um tipo contemporâneo: o *bully*!

Mas como ficavam as Dolores que não tinham Billys para compor algo tão incrível para vingá-las?

Tinham mesmo que rezar para a bruxa aparecer ou esperar a vaidade tirar a escada e deixar o distinto ir ao chão.

Para essas e outras mazelas tivemos boas e grandes evoluções sociais, como a criminalização do preconceito na sua forma mais ampla. O babaca precisava entender que, ao cruzar algumas linhas, estaria cometendo um crime.

Assim, a decisão histórica do STF que criminalizou a prática da homofobia ou transfobia alargou o espectro de atos atentatórios a direitos fundamentais.

Mas, parece que nos últimos tempos houve um contra-ataque feroz dos cafajestes, agora respondendo pelo nome de *bullies*, ao bradar que comportamentos antissociais são liberdade de expressão e reclamações seriam "coitadismos", "mimimis".

É hora de atacar os *bullies* com mais Billys: além da agenda progressista que move o mundo para adiante e para longe do abismo e da lei, que criminaliza a conduta preconceituosa, precisamos também da autorregulação: a sociedade tem que banir a conduta *bully*. Ele normaliza a conduta agressiva e discriminatória e deve ser objeto de veemente e inequívoca reprovação social.

Sejamos todos Billys e vamos tratar de tirar a escada desses "distintos" e fazê-los lembrar que todo mundo é igual. "Quando o tombo termina, sem volta por cima e na horizontal."

Rio de Janeiro, 06 de julho de 2020.

A Legião Urbana no Direito: Andrea Doria

Pedro Marcos Nunes Barbosa[1]
31.08.2020[2]

1. Introdução

Urbana legio omnia vincit. Essa mensagem constava no encarte de boa parte dos discos da maior banda de rock nacional da década de 1980. Com um contexto bem distinto da ótica do direito romano, não se sabe exatamente sobre qual das *legiões* Renato Manfredini Júnior ("Russo", comunicólogo e professor da língua inglesa), Renato da Silva Rocha ("Billy", 2.º grau incompleto), Marcelo Augusto Bonfá (2.º grau completo) e Eduardo Dutra Villa-Lobos ("Dado", sociólogo) estavam a se referir. Seria uma mensagem pessimista acerca da opressão dos fortes aos fracos que, previsivelmente, em um país marcado pelas enormes desigualdades econômicas,[3] políticas e sociais, daria "vitória" à diminuta (quantitativamente) legião dos *fatores reais de poder*?[4] Ou seria uma interlocução otimista em que a justiça distributiva teria sua vez, e a legião dos excluídos seria tratada equitativamente com inclusão, oportunidade e respeito?

Há mais de uma resposta possível a tal mistério, a depender das fases em que o grupo musical vivia, e como tal influenciava o seu processo criativo. Por exemplo, no mesmo disco (*Dois*[5]) de *Andrea Doria*, a canção

Fábrica parecia um hino contemporâneo ao período das intensas transformações sociais proporcionadas pela Constituição Republicana de 1891,[6] para com a Constituição de 1934.[7]

Não à toa a bela canção narrava um contexto laboral-industrial em que a classe operária lutava por um tratamento digno a um ser humano, tal como auspiciava a Consolidação da Legislação do Trabalho (Decreto-Lei n.º 5.452/43), já em um contexto da regulação da Ordem Econômica havida pela Constituição de 1934. Deixando em aberto se o final da *história* seria a proteção contra uma assimetria de poder que aleijaria e fulminaria o trabalhador,[8] a impressão deste escriba é de que a revolta dos autores da canção era modulada com certa esperança e brio. Ou seja, após muita luta, a *urbana legio* que prevaleceria seria a da equidade, a da justiça e a da isonomia material.

De outro lado, há canções de outros álbuns (como em *Que País é Este*,[9] na obra que deu nome à universalidade de fato — o disco) em que a *urbana legio* que parecia destinada a prevalecer seria aquela que trataria a Constituição da República como uma mera *carta de intenções*.[10] Ou seja, o paradoxo discursivo entre a esperança utópica e a realidade transgressiva à legalidade constitucional daria força, ao final e ao cabo, àqueles que melhor manipulassem as classes populares, bem como àqueles que dispusessem daquilo que é inalienável a qualquer cidadão: sua história, patrimônio e cultura.[11]

De outro lado, o quarteto que gravitacionava ao redor do espírito político de Brasília dedicava boa parte dos excertos literomusicais compostos a temas pertinentes ao mundo do Direito e da justiça, em que pese tal não fosse a formação educacional-formal de qualquer um de seus integrantes. Contudo, as carências ínsitas à regulação da conduta humana pelos poderes constituídos, uma visão promocional do Direito, algum senso de justiça e o discernimento sobre desigualdades são habilidades com potencial de transmissão comunicacional-eficiente pelos artistas e artífices, sem o juridiquês e os malabarismos retóricos dos juristas. Em outras palavras, é mais fácil sensibilizar a *legião* de ouvintes (leigos) sobre as vicissitudes necessárias no mundo do Direito sem a intermediação dos discursos corporativistas dos profissionais da seara jurídica.

2. "Andrea Doria"

Os estudiosos da semiótica e da semiologia costumam reverberar que um mesmo significante pode ter diversos significados, como: 1) nome próprio, o almirante peninsular "Andrea Doria" teve uma relevante carreira política — de velocíssima ascensão social —, servindo aos regentes e príncipes, respectivamente, da República de Gênova e em França durante os séculos XV e XVI. Por sua vez, 2) no tocante a uma análise etimológica, "André" ou "Andrea" significa virilidade, pujança e força, enquanto o sobrenome "Doria" é pertinente a uma região helênica. Em um período de maior proximidade histórica, 3) o transatlântico "Andrea Dória" fez história por um incidente infeliz que resultou em um naufrágio após colidir com outra embarcação no ano de 1956. Cerca de meia centena de vítimas fatais de tal tragédia marcaram esse nome composto como sinônimo de desastre, *mutatis mutandi*, e em escala menor, tal como ocorrera com o *Titanic* em 1912. Entretanto, 4) a canção homônima da Legião Urbana não é diretamente relacionada a qualquer um dos outros três significados mencionados ao mesmo significante.

2.1 A boa-fé e a luta pelo Direito

> *Às vezes parecia que de tanto acreditar*
> *Em tudo que achávamos tão certo*
> *Teríamos o mundo inteiro e até um pouco mais*
> *Faríamos floresta do deserto*

No início da canção munida de uma triste e intensa melodia, uma lente jurídica poderia dialogar com tal texto de modo a sublinhar algumas características peculiares à relação de um advogado com seu cliente, além de seu próprio senso de justiça. Não é nada incomum que (i) as partes sintam estarem cem por cento certas; (ii) o *ex adverso seja* uma versão encarnada do *anjo caído*; e (iii) sua reação extrajudicial ao ato inquinado de injusto tenha sido fincada em *sentimentos legítimos*. Do ambiente endógeno cerebrino do cliente até o contorno do substrato dos fatos jurídicos, em geral, para o Direito Civil — afora alguma questão correlacionada à teoria da posse — a boa-fé *subjetiva* (moral, sentimental ou interna) é pouco relevante. Pela dificuldade de se controlarem os sentidos, mas pela objetividade de dar contorno às condutas, o *credo* de estar certo ou errado é pouco pertinente para as soluções jurídicas que precisam se fiar na boa-fé objetiva (ética, praticada e externa).

Em um célere exercício de empatia, ou ao menos perpassando a microscópica leitura da *situação jurídica* de uma das partes para enxergar, ainda, a *situação jurídica* do outro polo, é possível que o causídico *ex adverso* também esteja convicto de que seu cliente é mais bem amparado pelo Direito, e que o lado contrário advoga causas daninhas à justiça comutativa ou distributiva.[12] Assim, possivelmente: a) aquilo que é possível de ser provado não chega a demonstrar a integral razão a qualquer um dos polos; b) a realidade ocorrida é insuscetível de prova, e a situação jurídica subjetiva passiva do ônus resta insatisfeita; e/ou c) ambos os clientes mentiram aos seus causídicos que, de boa-fé objetiva, narraram uma versão *parcial*, incompleta e enganosa. Por tais circunstâncias, que são mais comuns do que a maioria dos juristas gostaria de admitir, é fundamental que o juízo seja um órgão genuinamente imparcial, desconfiado das alegações, e que não se sinta tentado a adjudicar os pedidos em favor daquele que seja mais habilidoso na narrativa, mas que não corrobore tal estética textual com elementos fidedignos de prova. Afinal, um bom texto pode ser pura ficção, e as *verdades* (se é que elas existem) podem ser objeto discursivo de um interlocutor inábil e pouco convincente.

O provável, contudo, é que ao menos uma das partes — quando não ambas — e seu causídico restaram insatisfeitos com a decisão tomada, compreendendo que a luta pelo bom Direito foi derrotada; mesmo quando tal não for verdade.

2.2 As ambições e a álea processual

> *Até chegar o dia em que tentamos ter demais*
> *Vendendo fácil o que não tinha preço*

A racionalidade limitada não é uma característica pertinente apenas aos sujeitos de direito que ingressam em uma relação jurídica negocial amistosa. Com alguns anos de prática jurídica entre o estágio (público ou em ambiente privado) e a advocacia, o profissional do Direito perceberá que muitos litígios permanecem vivos com um dispêndio desproporcional de dinheiro destinado aos mandatários, em vez de uma solução transacional[13] que comporia as partes de maneira célere e módica. A catarse é feita em ambientes sociais diversos do divã, mas o uso da arquitetura pública, da pretensão, das exceções, dos direitos potestativos e subjetivos pode ser profundamente ineficiente para trazer segurança jurídica a curto prazo.

Não é estranha à história do Direito a sensação de que um determinado litígio serve de maquilagem para atos pouco evoluídos e legítimos como a simulação, ou como a vendeta. Afinal de contas, a visita de oficiais de justiça munidos com mandados de citação e intimação, as incertezas pela sucessão de atos processuais, a audiência com a oitiva (e quiçá acareação) das testemunhas e das partes podem ser um trunfo nas mãos de quem quer fazer o outro "sofrer" judicialmente aquilo que o perpetrador sofreu fora do juízo.

Outros tantos amam as solenidades e o trâmite do litígio, assim como o apostador tem sua palpitação coronária acelerada pela aposta realizada na casa lotérica. Seja pelo conto do rábula, seja pela fantasia de ficar milionário em uma simples lide no Juizado Especial, há sujeitos de direito que fogem de acordos razoáveis e abdicam de viver tranquilos com essa etapa atribulada superada em suas vidas. Fato é que o Direito pode e deve ser exercido de maneira mais colaborativa[14] do que aquilo que no quotidiano se vê contemporaneamente.

2.3 Um profissional de fidúcia

Quero ter alguém com quem conversar
Alguém que depois não use o que eu disse
Contra mim

Se o ser humano tivesse que ser sempre diligente, estar constantemente na defensiva e dormir com "um olho aberto" durante sua vida inteira, provavelmente a experiência terrestre seria intensa e pouco extensa. A sociedade do risco é cansativa, exaure os ânimos e constantemente entabula metas irrealizáveis de um todo que é cada vez mais necessário porém, simultaneamente, cada vez menos suficiente.

Por tais razões, assim como na relação existencial-religiosa com o vigário, o rabino, o pastor ou o pároco; como no liame existencial-sentimental com o psicanalista; como no vínculo existencial-sanitário com o médico, é fundamental que o cliente tenha na relação jurídica existencial-patrimonial com o causídico um ambiente de plena e irrestrita confiança. Para tanto, a Lei de Regência outorga um dever de sigilo[15] que ultrapassa qualquer mandato vigente, sancionando àquele que se rende à fofoca, à narrativa de segredos de clientes em troca de seus 15 minutos no programa televisivo de chacinas reputacionais, ou mesmo queira "vender" seu know-how personalíssimo para terceiros, fulminando os interesses do mandante.

Seja através da proteção à privacidade do cliente, seja mesmo pela proibição à tergiversação (que é um tipo de traição tão ou mais grave do que a devassa ao dado informacional obtido mediante patrocínio), o Direito precata o profissional de vilipendiar a confiança nele depositada pelo representado. Isso também serve para evitar que o causídico se sinta na posição de *julgar* o cliente, sua índole, suas práticas ou seus desejos. Não é preciso endossar o pecado para bem defender — pelas vias legítimas e legais — o pecador.

Por fim, a intensa tutela aos segredos revelados faz com que a clientela se sinta confortável em retornar à procura dos profissionais do Direito em necessidades vindouras.

2.4 Uma vida incômoda

> *Nada mais vai me ferir*
> *É que eu já me acostumei*
> *Com a estrada errada que eu segui*
> *E com a minha própria lei*

A paixão pela batalha em prol dos direitos alheios é um elemento fundamental à advocacia, já que seria impossível cogitar a profissão dos causídicos sem a projeção da alteridade. Tal representação passional,[16] entretanto, precisa estar sob o controle para evitar os excessos[17] e danos injustos à integridade da jurisdição e à esfera jurídica da parte contrária. A vida do advogado é costumeiramente incômoda, tal como a do plantonista médico, que perpassa madrugadas no cuidado alheio com pessoas com as quais pode não se ter qualquer intimidade ou apreço específico.

Nesse caminho da honrosa luta empregando os melhores esforços mas sem qualquer garantia de vitória, o profissional do Direito deve observar o estado democrático do direito, evitando querelas duvidosas e compreendendo que vencer a qualquer custo é uma grande perda para os ideais da própria justiça.[18]

O advogado deve evitar atalhos, se conscientizar de suas limitações como uma forma de impulsioná-lo ao aprimoramento no estudo e na pesquisa, bem como vivenciar a lição de Hesse no sentido de que o Direito deve ser cumprido mesmo quando lhe for profundamente inconveniente ou incômodo.[19] Isso, no entanto, não significa que o *adimplemento* por uma conduta compatível com uma fonte normativa claramente inconstitucional[20] deva ser exercido sem os questionamentos aos órgãos competentes.

O advogado jamais deverá se portar de modo arrogante[21] a ponto de crer que deva seguir "a sua própria lei".

3. Conclusão

> *Tenho o que ficou*
> *E tenho sorte até demais*
> *Como sei que tens também*

O intérprete costuma enxergar vícios e virtudes jamais idealizados ou expressados pelo autor em sua obra. É peculiar às criações intelectuais que a titularidade do artista nada lhe garanta sobre o *controle* interpretativo de seu iter. Por isso, é possível asseverar que nenhum dos devaneios ora descritos tenha ocupado a mente do quarteto de Brasília quando da criação da marcante canção. Minhas premissas implícitas e precompreensões geraram a *especificação* de sentidos neste ensaio, criando um diálogo fictício entre música e Direito.

No entanto, há muito aprendizado em potencial para que os ensinamentos melódicos de "Andrea Doria" façam o advogado evitar naufrágios éticos, ser corresponsável por batalhas campais e irracionais de mandantes belicosos, ou mesmo divulgar dados que devem restar contidos nos meandros cerebrinos seus e do emissor. O Direito jamais poderá ser comparado a uma magnífica obra de arte se todos os seus atores quiserem ser protagonistas em um monólogo egoísta.

Notas

1 Sócio do Club de Regatas Vasco da Gama, admirador da Legião Urbana e violonista amador; sócio de Denis Borges Barbosa Advogados (pedromarcos@dbba.com.br); Professor do Departamento de Direito da PUC-Rio; Doutor com Estágio Pós-Doutoral (USP), Mestre (Uerj) e especialista (PUC-Rio) em Direito Comercial, Civil e Propriedade Intelectual.
2 Agradeço aos comentários críticos formulados pelo jurista e professor doutor Gabriel Schulman.
3 "Os políticos têm de ouvir as vozes dos eleitores. Mas parece que, cada vez mais, e, sobretudo nos Estados Unidos, o sistema político é mais adepto do 'um dólar, um voto' do que do 'uma pessoa, um voto'. Em vez de corrigir as falhas do mercado, o sistema político reforçava-as." STIGLITZ, Joseph Eugene. *O preço da desigualdade*. 2.ª ed. Lisboa: Bertrand, 2016, p. 44.
4 "A legislação abrange, sempre, em maior ou menor grau, Direito e Antidireito: isto é, Direito propriamente dito, reto e correto, e negação do Direito, entortado pelos interesses classísticos e caprichos continuístas do poder estabelecido." LYRA FILHO, Roberto. *O que é o Direito*. São Paulo: Brasiliense, 1999, p. 8.
5 Legião Urbana. *Dois*. EMI. Produzido por Mayrton Bahia. Julho de 1986.
6 Firmada pelo presidente do Senado Prudente José de Moraes Barros, que veio a perder as eleições presidenciais para Manuel Deodoro da Fonseca.
7 Por sua vez firmada pelo presidente da Assembleia Constituinte Antonio Carlos Ribeiro de Andrada, mas fortificada por Getúlio Dornelles Vargas.
8 Letra de *Fábrica*: Nosso dia vai chegar/ Teremos nossa vez/ Não é pedir demais/ Quero justiça/ Quero trabalhar em paz/ Não é muito o que lhe peço/ Eu quero o trabalho honesto/ Em vez de escravidão (...).
9 Cuida-se do terceiro álbum do conjunto musical, gravado e lançado em 1987, produzido por Mayrton Bahia, EMI.

10 Letra de *Que País é Este*: "Ninguém respeita a Constituição/ Mas todos acreditam no futuro da nação".
11 Letra de *Que País é Este*: "Mas o Brasil vai ficar rico/ Vamos faturar um milhão/ Quando vendermos todas as almas/ Dos nossos índios num leilão".
12 "Contrapõem-se fome e fartura, poder e impotência. A miséria não exige qualquer medida de autoafirmação. Ela existe. Sua imediatez e obviedade correspondem à evidência material da riqueza e do poder. As certezas das sociedades de classe são, nesse sentido, as certezas da cultura da visibilidade: a fome esquelética contrasta com a robusta sociedade, os palácios, com as choças, o fausto, com as migalhas." BECK, Ulrich. *Sociedade de risco: rumo a uma outra modernidade*. Traduzido por Sebastião Nascimento. São Paulo: Editora 34, 2010, p. 54.
13 "Elementos constitutivos de transação. Além dos requisitos inerentes ao negócio jurídico em geral, a transação exige especialmente os seguintes: a) um litígio surgido ou por surgir; b) a intenção de pôr-lhe fim; c) a existência de concessões recíprocas." SERPA LOPES, Miguel Maria de. *Curso de Direito Civil*, v. 2, 3.ª ed. Rio de Janeiro: Freitas Bastos, 1961, p. 333.
14 "Cada argumentador, ao produzir um argumento, apresenta as suas razões em defesa da sua conclusão. Isso não quer dizer que a argumentação jurídica seja sempre competitiva ou conflituosa. No ambiente acadêmico, por exemplo, há muito espaço para a colaboração intelectual. Para que servem congressos, simpósios e conferências senão para que os juristas possam se reunir, dialogar e aprender uns com os outros? Seja como for, a colaboração não é o principal motor do direito. Pelo menos não é isso que parece inspirar advogados, defensores e promotores quando se enfrentam nos tribunais." SHECAIRA, Fábio & STRUCHINER, Noel. *Teoria da argumentação jurídica*. Rio de Janeiro: PUC Rio/Contraponto, 2016, p. 12.
15 Lei n.º 8.906/94: "Art. 7.º: São direitos do advogado: XIX — recusar-se a depor como testemunha em processo no qual funcionou ou deva funcionar, ou sobre fato relacionado com pessoa de quem seja ou foi advogado, mesmo quando autorizado ou solicitado pelo constituinte, bem como sobre fato que constitua sigilo profissional"; e "Art. 34. Constitui infração disciplinar: VII — violar, sem justa causa, sigilo profissional."
16 "Men in a passion do not wait for law." NEILSON, George. *Trial by Combat*. New Jersey: The Lawbook Exchange, 2009, p. 293.
17 "O direito de excluir os outros da terra pode permitir ao proprietário construir uma cerca, mas não instalar minas à volta do perímetro." VANDEVELDE, Kenneth J. *Pensando como um advogado*. 2.ª ed. São Paulo: Martins Fontes, 2004, p. 43.
18 "E, nessa zona nebulosa em que o leigo se sente desconfortavelmente alojado, sua tendência será a de, simplificando (perigosa, mas compreensivelmente) as coisas, julgar o advogado pelo resultado obtido: quando ganha

a demanda, bom ele tende a ser considerado; quando a perde, ao revés, será condenado às trevas da mediocridade (...) Muita vez, no entanto, as pessoas se esquecem de que a qualidade do profissional do Direito não pode ser julgada em função do resultado de um processo. Se assim fosse, com efeito, jamais um bom advogado seria constituído para defender a tese de um cliente que não conta com o apoio da jurisprudência dominante." LUCCA, Newton de. *Da ética geral à ética empresarial*. São Paulo: Quartier Latin, 2009, p. 274.

19 HESSE, Konrad. *A força normativa da Constituição*. Porto Alegre: Sergio Antonio Fabris, 1991, p. 21.

20 "As normas em si podem ser tão horríveis quanto se queira." POSNER, Richard Allen. *A problemática da teoria moral e jurídica*. São Paulo: Martins Fontes, 2012, p. 59.

21 "Se as coisas não funcionam, precisamos deixar o orgulho e a vaidade de lado e aceitar que falhamos. Todo cientista sabe muito bem que a maioria das suas ideias não vai funcionar. Resolutos, vamos em frente, estando abertos a críticas e, mais importante ainda, sabendo respeitar evidências contra o que estamos propondo. (Ou celebrar aquelas a favor.) Aprendemos porque sabemos aceitar nossa ignorância." GLEISER, Marcelo. *O Caldeirão Azul: o universo, o homem e seu espírito*. 6.ª ed., Rio de Janeiro: Record, 2020, p. 44.

Sabiá, de Chico Buarque e Tom Jobim

Pedro Paulo Salles Cristofaro

Era noite no dia 29 de setembro de 1968. Duas baianinhas bem penteadas, vestidos combinando, cantavam para um Maracanãzinho lotado, enquanto ao lado um rapaz bonito e de smoking as acompanhava com um sorriso de quem não sabia onde enfiar a cara. O único som que se ouvia era uma vaia. Uma vaia monumental, enlouquecida, agressiva, apoteótica. O público, inconformado, não admitia que a parte nacional do Festival Internacional da Canção daquele ano terminasse com a vitória de uma música lírica e renegasse ao segundo lugar um hino de protesto e resistência que chamava todos a fazer a hora, a não esperar acontecer, a seguir a canção, caminhando e cantando e enfrentando soldados armados, amados ou não.

O cantor e compositor da música derrotada viveu, nas palavras de Nelson Rodrigues, um momento shakespeariano, convencido que estava de que sua vitória era certa. Mas foi aplaudido, festejado, idolatrado e fez um longo discurso dizendo que a vida não se resume a festivais e pedindo respeito a seus vitoriosos adversários.

Enquanto isso, o compositor vitorioso, que estivera no palco ao lado das irmãs Cynara e Cybele, deixou o estádio pela porta dos fundos, pegou o seu fusca, chorou um pouco e foi para casa. Depois mandou um telegrama para seu parceiro na canção que despertara tamanha ira: "VENHA URGENTE PRESENÇA IMPRESCINDÍVEL TEMOS QUE ESTAR JUNTOS PRECISO DE VOCÊ." Assinado, Tom Jobim.

Ao receber o telegrama em Veneza, Chico Buarque ligou para seu empresário no Brasil. O telegrama do Tom parecia alguma espécie de brincadeira, e naqueles tempos ligações internacionais eram uma complicação. Após uma certa espera, acabou sabendo que o empresário tinha uma notícia boa e uma notícia ruim. Como na piada de salão. A boa é que *Sabiá*, a canção inscrita no festival, tinha sido a vitoriosa da fase nacional e representaria o Brasil na grande final internacional. A ruim é que tinha recebido a maior vaia de todos os tempos.

Chico voltou ao Brasil e pôde acompanhar Tom, Cynara e Cybele na final internacional, em que *Sabiá* foi mais uma vez vitoriosa, dessa vez dividindo o público entre vaias e aplausos.

Mais de cinquenta anos passados, quem ouvir *Sabiá*, com sua beleza, sua sofisticação, sua harmonia que corta o peito, sua letra que fere a alma, talvez não entenda o que aconteceu. Mas é bom não julgarmos o passado com olhos do presente. Naquele momento, a ditadura militar se tornava cada vez mais inclemente, o país se afastava cada vez mais do estado de direito e caminhava, sem poder cantar, para o abismo que se consumou poucos meses depois, em dezembro de 1968, com a edição do AI-5.

A canção que conquistara o segundo lugar no festival, *Para dão dizer que não falei de flores*, ou *Caminhando*, de Geraldo Vandré, era direta, dois acordes, sol maior e lá menor, empolgante, um hino com uma certeza revolucionária (embora o escritor Fernando Sabino, com sua ironia peculiar, tenha dito que, "em matéria de hino cívico, prefiro mesmo a Marselhesa"). O jornalista Luiz Carlos Maciel escreveu que *Caminhando* permitiu a extravasão de um sentimento reprimido, propiciando uma espécie de "catarse purificadora". E a maior evidência de que a música atingiu seu objetivo é que foi censurada pouco tempo depois, a pedido do então secretário de segurança da Guanabara, para o qual a canção tinha "letra subversiva e a sua cadência é do tipo de Mao Tsé-Tung".

Já *Sabiá* foi introduzida pelos apresentadores do festival com o seguinte resumo: "No canto em que deixou sua amada, o sabiá parece chamá-lo para o amor que ainda existe." Não poderia dar certo.

Mas o que cantava *Sabiá*? Com referência à *Canção do Exílio* de Gonçalves Dias, a voz que canta espera voltar para sua terra, mas sabe que o lugar de onde partiu não é mais o mesmo. Ela sonha em sentar-se à sombra de uma palmeira que já não há, em colher a flor que já não dá. Ela quer ouvir de novo o canto da sabiá e, quem sabe, algo novo, algum amor talvez, possa espantar as noites que não queria, e anunciar o dia. Não, não é uma mera esperança. É uma certeza — tem que ser uma certeza, repete a voz que canta para si mesma — de quem partiu e fez de tudo, mas nada a fez esquecer a sua terra. "*Sei que vou voltar.*" "*Vou voltar.*"

Não eram poucos os que partiam do Brasil naqueles tempos e não sabiam se e quando voltariam. Alguns já tinham deixado o Brasil quando se ouviu a *Sabiá*, outros viriam a ser convidados a se retirar ou simplesmente se sentiriam mais seguros partindo. Na primeira leva, partiram políticos, professores, estudantes. A eles se somaram artistas, intelectuais. Nem sempre houve um processo formal de expulsão. Os exemplos são tantos que não é necessário recorrer ao Google para enfileirar nomes como João Goulart, Leonel Brizola, Fernando Henrique Cardoso, José Serra, Cesar Maia, Betinho, Gabeira, Caetano Veloso, Gilberto Gil, o Vandré de *Caminhando* e tantos outros, conhecidos ou anônimos, que seguiram para o Uruguai, Chile, Paris, Londres e qualquer lugar que os aceitasse, e lá fora estudaram, casaram, tiveram filhos, ou simplesmente contaram o tempo para voltar. Alguns, antes de partir, conseguiram mandar aos que ficavam aquele abraço. Outros caminhavam em Londres à procura de discos voadores no céu, enquanto seus amigos cantavam daqui que um dia seus pés tocariam nossa areia branca e os caracóis de seus cabelos se molhariam na água azul do mar.

Veio a época em que se exigia a escolha, "Brasil, Ame-o ou Deixe-o", e muitos tiveram que deixar o país, amando-o ou não, enquanto à pátria mãe gentil restava sonhar com a volta de tanta gente que partia num rabo de foguete. Até que, passados alguns anos, em um disco ao vivo, a cantora Simone cantou uma sequência de músicas que resumia a história daquela gente que esperava voltar para a sombra da palmeira. Ela enfileirou *Pra não dizer que não falei de flores*, *Estão voltando as flores*, *Desesperar jamais*, *Aquarela do Brasil* e, finalmente, o pessoal pôde armar o coreto e preparar aquele feijão preto, pondo na vitrola aquele som: "Tô Voltando."

E, enfim, a canção lírica de 1968, a canção alienada, a canção vaiada encontrou, ela própria, o seu lugar, deixando o exílio ao qual tinha sido condenada, retratando a dor e a esperança dos que agora voltavam a ouvir a sabiá.

O caro leitor deve se perguntar, a esta altura, o que essa história faz neste livro. Afinal, tratamos aqui de música e Direito e até agora ouvimos muita música neste artigo, mas nada de Direito. Este autor poderia, talvez, parar por aqui e dizer que na realidade *Sabiá*, ao retratar os sentimentos dos que partem e não sabem se poderão voltar, mostra a dor causada pela ausência do Direito. Seria meio chato e frustrante. Forçado. Não farei isso.

E não farei porque *Sabiá* conta uma história universal que traz um dos maiores desafios para o Direito nos nossos e talvez em todos os tempos. A história dos que partem de seus países, por motivos políticos, ou fugindo de guerras, ou fugindo da fome, ou levados à força, e não sabem se e quando poderão voltar.

Nos anos sessenta e setenta do século passado, por motivos políticos, brasileiros deixaram o Brasil; no final do século XIX e início do século XX, italianos, espanhóis, irlandeses, libaneses, japoneses encontraram esperança nas partidas, e alguns chegaram até mesmo à terra onde canta a sabiá. Antes ainda, por séculos homens, mulheres e crianças foram tirados de suas casas, e o Direito (se é que assim se pode chamar) os tratava como mercadorias. Hoje, sim, hoje, nada menos que 79,5 milhões de pessoas se viram obrigadas a deixar para trás a sombra de suas palmeiras. Desse tanto, segundo a Agência da ONU para Refugiados (ACNUR, ou UNHCR), 26 milhões são reconhecidos como refugiados, escapando de fomes, de guerras, de perseguição política, especialmente da Síria; 3,6 milhões são venezuelanos que escaparam da crise política e econômica, 4,2 milhões estão à espera de asilo político.

E o Direito?

Por algo que parece um paradoxo, os países latino-americanos, tantas vezes assombrados por surtos populistas e autoritários, têm uma tradição de conceder asilo a perseguidos políticos de outros países.

No Brasil, em novembro de 1957, foi promulgada a Convenção Sobre Asilo Diplomático, assinada em Caracas, em 28 de março de 1954. De acordo com essa convenção, os Estados contratantes se obrigaram a respeitar o asilo conferido pelos demais Estados em suas instalações diplomáticas e consulares, em seus navios e aeronaves. Ou seja, o perseguido político pode encontrar segurança na embaixada de outro país signatário da mesma convenção. Posteriormente, em abril de 1965, em plena ditadura, foi promulgada a Convenção de Caracas de 1954 na parte que se refere ao asilo territorial, segundo a qual todo Estado tem direito, no exercício de sua soberania, de admitir dentro de seu território as pessoas que julgar convenientes, sem que, pelo exercício desse direito, nenhum outro Estado possa fazer qualquer reclamação.

Essas convenções serviram de garantia àqueles que deixaram o Brasil nos anos 1960 e 1970 no caminho do Uruguai ou do Chile. E hoje, restabelecida a democracia, o art. 4.º da Constituição Brasileira inclui a concessão de asilo político entre os princípios que regem as relações internacionais do país.

Além disso, há outros países, como a França, que conferem ao direito de asilo uma relevância constitucional. Segundo o preâmbulo da Constituição Francesa de 1946, "todo homem perseguido em razão de seus atos em favor da liberdade tem direito de asilo nos territórios da República". E assim brasileiros para lá foram. Mas não só brasileiros. Conto uma história curta (curta, pois quem me contou gastou cinco minutos de seu tempo em que resumiu sua vida).

Certo dia peguei um táxi com minha família em Paris. O trajeto, como disse, era curto, não duraria mais de cinco minutos. O motorista, simpático, nos ouviu falando português e perguntou se éramos da América Latina. Resposta afirmativa, ele engatou: "Eu também. Sou de lá. Da maior e mais linda ilha. Vim de Cuba há trinta anos. Eu era um garoto, tinha vinte anos e trabalhava no aeroporto. Cuidava das bagagens em Havana. Um dia, soube que meu colega, que trabalhava na pista de pouso, não poderia trabalhar no dia seguinte. Em casa, meu pai falou, por que você não tenta ir para outro lugar, quem sabe outra vida? Não dormi à noite. Se eu fosse embora, seria para nunca mais voltar. Dia seguinte, na pista, vi um avião e entrei no compartimento de bagagem. Eu não sabia para onde ia, se pro Canadá ou pra França. Passei horas, senti frio e, quando vi o compartimento ser aberto, fui cercado, eu com minha roupa de militar, por militares armados. Estava na França. Fui preso e solto. Virei asilado. Moro aqui há trinta anos. Tenho uma mulher linda. Três filhos. Felizmente, agora as coisas estão mais fáceis e meus filhos puderam ir a Cuba. Conheceram minha mãe e meus irmãos. Agora tenho sobrinhos que não conheço. Meu pai morreu já faz tempo, mas eu lembro da imagem dele dizendo: vai meu filho, tenta outro lugar, quem sabe outra vida. Eu tenho esperança de voltar lá, mas sou desertor, se for lá, posso ser preso. E agora minha mãe morreu. Mas ela conheceu meus filhos e sentiu orgulho de mim. Hoje sou francês. Minha mulher é francesa. Meus filhos são franceses. Hoje sou francês. Mas sempre serei cubano."

Migrantes, exilados, asilados, refugiados. O Direito dos diversos países por vezes faz distinções entre as diferentes qualificações das pessoas que deixam suas terras. Os migrantes são simplesmente aqueles que buscam viver em outro país. Pouco importa a razão subjacente a essa decisão (busca de oportunidades, crises pessoais ou sociais, desemprego ou oportunidade de emprego). O regime legal a que estarão submetidos depende das leis de imigração de cada país que os recebe. O exílio é a expatriação daquele que, por vontade própria ou coação, deixa seu país. Ainda que a causa seja eventualmente política, do ponto de vista jurídico o exilado poderá ser acolhido no país de destino como um mero imigrante, temporário ou permanente. Ou poderá requerer a proteção especial do asilo, que lhe confere um status jurídico específico. Finalmente, o refugiado é aquele que foge, que precisa sair de seu país e encontrar abrigo em outro. Sendo a razão da fuga política, os conceitos de refúgio e asilo muitas vezes se confundem, ainda que seja mais comum a referência a refugiados como um conjunto de pessoas que buscam o abrigo. Mas o conceito de refúgio vai além das questões políticas, abrangendo também conflitos étnicos, religiosos e qualquer outro tipo de perseguição.

No âmbito da ONU, em 1950 foi criado o Alto Comissariado das Nações Unidas para os Refugiados, cujo estatuto jurídico foi objeto de convenção em 1951. Desde então, diversos programas, acordos e convenções se juntam às legislações nacionais para tratar do tema. Um desses programas merece um destaque especial: a Cátedra Sergio Vieira de Mello, que, em cooperação com centros universitários, promove educação, pesquisa e extensão acadêmica para refugiados no Brasil. O nome desse programa é uma homenagem ao grande diplomata brasileiro que atuou como

Alto Comissário das Nações Unidas para os Direitos Humanos e foi vítima de um atentado contra a sede da ONU em Bagdá.

E então voltamos ao canto da sabiá. O Direito, as leis, as convenções internacionais são incapazes de impedir o sofrimento e a saudade dos que partem. O Direito, as leis, as convenções internacionais são insuficientes para tratar da partida forçada de tantos. Mas, para não dizer que não falei de flores, sem o Direito, sem as leis, sem as convenções internacionais, não há nenhuma esperança, seja de voltar a colher a flor em seu país de origem, seja de plantar novas flores em sua terra de destino.

E é assim que o canto da sabiá acompanha a todos os que partem, de qualquer lugar, em qualquer momento, esperando voltar.

Referências

Noites de Festival, Episódio 5 — Documentário. Roteiro e Direção: Renato Terra e Ricardo Calil. Globoplay.

Sabiá no III Festival Internacional da Canção: vaia e ocaso da estética bossa-novista de Tom Jobim, localizado em <www.dialnet.unirioja.es>. — Fabio Guilherme Poletto.

A Canção no Tempo — Jairo Severiano e Zuza Homem de Mello.

Chico Buarque: Para Seguir Minha Jornada — Regina Zappa.

O Som Nosso de Cada Dia — Tárik de Souza.

ACNUR — Agência da ONU para Refugiados: <www.acnur.org>.

Who am I?

Regis Fichtner

O compositor Alain Boublil assistia ao musical *Oliver* em Londres, baseado na obra *Oliver Twist*, de Charles Dickens, quando subitamente teve a ideia de criar um musical baseado na prodigiosa obra literária *Les Misérables*, do grande escritor francês Victor Hugo. Boublil apresentou a ideia a Claude-Michel Schönberg e ambos passaram a trabalhar na concepção do musical, aquele na criação do libreto, este das músicas. Herbert Kretzmer foi o autor das letras.

Dois anos depois, em setembro de 1980, o musical foi encenado pela primeira vez em Paris, no Palais des Sports. Foi um sucesso estrondoso, com cem apresentações feitas para um público de cerca de 500 mil pessoas.

O produtor Cameron Mackintosh teve acesso ao disco conceitual do espetáculo e contratou uma equipe técnica britânica para produzir uma versão para a língua inglesa. Em outubro de 1985 o espetáculo em inglês estreou em Londres no Queen Theatre. Em 2010 foi comemorada a apresentação de número 10 mil. Foi o segundo musical de maior longevidade do West End londrino.

Em 12 de março de 1987 o musical estreou na Broadway, em Nova York, e perdurou ininterruptamente até 18 de maio de 2003, com 6.680

performances. Foi o quinto espetáculo de maior longevidade em Nova York, vencedor de oito prêmios Tony, entre eles o de melhor musical e melhor trilha sonora original.

Em dezembro de 2012 estreou nas telas a versão cinematográfica do musical, que teve como diretor Tom Hooper e como estrelas Gene Hackman, Russel Crowe e Anne Hathaway. O filme recebeu três prêmios Oscar, de melhor atriz coadjuvante (Anne Hathaway), melhor mixagem de som e melhor maquiagem.

A obra de Victor Hugo tem como personagem principal Jean Valjean. Ele é condenado a cinco anos de prisão e trabalhos forçados por roubar pães para dar de comer aos seus sobrinhos. Acaba cumprindo 19 anos, em razão de algumas tentativas de fuga. Na prisão ele é perseguido pelo diretor do presídio, Javert. Em 1815 é concedida a Valjean a liberdade condicional. A lei determinava, no entanto, que os presos em liberdade condicional portassem um cartão amarelo de identificação, o que tornava quase impossíveis a sua reinserção na sociedade e a obtenção de um emprego.

Certo dia, Valjean consegue abrigo e comida gratuitos do bispo de Digne. Ele acaba furtando objetos de prata da Igreja; é preso e levado diante do bispo para que esse confirme o crime. O bispo, no entanto, para surpresa de Valjean, afirma aos policiais que o tinha presenteado com esses objetos e ainda lhe dá mais dois castiçais de prata, aconselhando-o a iniciar uma vida nova. Valjean percebe que não teria como recomeçar mantendo a pecha de preso em liberdade condicional e decide fugir, assumindo uma nova identidade.

Valjean muda seu nome para Monsieur Madeleine e consegue prosperar. Torna-se dono de uma fábrica e prefeito da cidade de Montreuil--sur-Mer. Uma de suas funcionárias, Fantine, acaba sendo injustamente demitida e passa a se prostituir para poder pagar os custos da manutenção da sua filha, Cosette, junto a uma família que a explora. Valjean acaba encontrando Fantine em precária situação de saúde e promete a ela cuidar de sua filha. Fantine vem a falecer. Valjean então compra a liberdade de Cosette e passa a criá-la como se fosse sua filha.

Valjean vem a encontrar o agora inspetor Javert, que ainda tinha, mesmo após muitos anos, obsessão por voltar a prendê-lo. Javert suspeita que Monsieur Madeleine seja na verdade Valjean, mas acaba informando a ele que tal suspeita tinha sido dissipada em razão de terem encontrado Valjean e o terem prendido.

Nesse momento é que entra em cena a música *Who am I?* (Quem sou eu?), objeto deste trabalho. O verdadeiro Valjean, agora conhecido como Monsieur Madeleine, não suporta o peso na consciência de um inocente ser preso em seu lugar. Comparece ao tribunal, confessa ser Valjean e mostra a tatuagem no peito com o seu número na prisão.

A narrativa ainda se prolonga com vários incidentes, e no final o inspetor Javert, pleno de remorso pela obsessão de tantos anos por prender Valjean, que demonstrou ser uma pessoa de bem, acaba se suicidando. Valjean falece de morte natural, deixando para Cosette, que tinha encontrado o amor da sua vida, todo o seu patrimônio.

A história retratada na narrativa de Victor Hugo, brilhantemente musicada por Claude-Michel Schönberg, Alain Boublil e Herbert Kretzmer, serve de reflexão para muitas questões debatidas durante o desenvolvimento do Direito e que até hoje permanecem em discussão.

Em primeiro lugar, o fato de se levar para a prisão com trabalhos forçados, por cinco anos, uma pessoa que cometeu o crime de furtar pães para alimentar a sua família. A ciência jurídica moderna já desenvolveu a chamada teoria da insignificância, a fim de se evitar o encarceramento de pessoas que tenham cometido crimes de pequena importância. Não somente porque a pena é desproporcional em relação à falta cometida, mas também, se analisada a questão por um viés utilitarista, porque encarcerar uma pessoa que pratica pequenos delitos com presos perigosos, componentes de facções criminosas, equivale a se matricular uma pessoa em uma escola do crime.

A questão é que, mesmo sendo hoje majoritariamente aceita, a teoria da insignificância ainda é ignorada por muitos juízes e tribunais no nosso país. Recentemente a imprensa divulgou a queixa de ministros de Tribunais Superiores por terem que julgar repetitivamente recursos de decisões em que juízes e desembargadores insistem em determinar a prisão preventiva e aplicar pesadas penas por tráfico de drogas, ainda com o qualificativo de crime hediondo, a pessoas portadoras de pequenas quantidades de drogas leves.

Na história do Direito Penal, a prisão inicialmente servia apenas para se resguardar o suposto criminoso para o momento da aplicação da verdadeira pena, que consistia na perda de alguma parte do seu corpo ou na sua execução. Não se concebia nesse tempo que a prisão em si fosse uma pena suficiente para se coibir a prática de crimes.

Posteriormente, a prisão passou a ser admitida como pena, mas não se concebia que simplesmente encarcerar uma pessoa fosse suficiente; era preciso obrigá-la a prestar serviços pesados, sem o recebimento de qualquer remuneração, como ocorreu no caso de Jean Valjean.

Hoje em dia a concepção majoritária é de que a punição merecida para alguém condenado pela prática de um crime seja a prisão, tendo a Constituição brasileira proibido a pena de trabalhos forçados. Há quem sustente, no entanto, que a prisão atualmente não cumpre os objetivos de ressocializar o autor da infração e prevenir novos crimes. Isso porque, na grande maioria dos casos, a pessoa segregada juntamente com criminosos perigosos acaba assumindo compromissos com membros de facções criminosas e saindo da prisão pior do que entrou.

É bastante provável que no futuro os nossos descendentes vejam com a mesma ojeriza que hoje temos pelas execuções sumárias ou trabalhos forçados do passado o fato de pessoas que tenham praticado crimes não violentos sejam encarceradas, sobretudo em razão de serem mantidas juntamente com criminosos violentos.

Outro aspecto que chama a atenção na história musicada de Victor Hugo é o fato de o inspetor Javert, mesmo depois de muitos anos, continuar obcecado pela prisão de Valjean, em razão da violação das regras da sua liberdade condicional.

Para evitar esse tipo de situação, o Direito moderno concebeu duas regras importantes: a da necessária impessoalidade e imparcialidade do investigador, do acusador e do julgador, e a da prescrição.

No que se refere à impessoalidade e imparcialidade do acusador e do julgador, estamos vivendo hoje no nosso país uma certa relativização dessa regra. A criação e a perpetuação das chamadas "força-tarefa" e a sua exposição midiática vêm provocando em regra no espírito dos seus membros uma sensação de que têm uma missão quase divina de extinguir a corrupção, o que gera certa extrapolação dos limites legais para a sua atuação.

No afã de condenar cada vez mais pessoas a penas cada vez maiores, e assim obterem mais prestígio perante parte da sociedade, acabam, em geral, os procuradores integrantes desses grupos por desprezar ou menosprezar evidências de que as suas linhas investigativas não são corretas. Não há como nesse ambiente não haver uma preocupante perda de imparcialidade da sua parte, com o comprometimento da liberdade e da imagem de muitas pessoas inocentes.

O Direito moderno também instituiu regras sobre a perda do poder punitivo pelo decurso do tempo. A aplicação da justiça requer celeridade. A falta de certa contemporaneidade entre a prática do eventual delito e a abertura do processo para a punição, e entre a sua abertura e a condenação definitiva, gera a perda da razão de ser da punição. Mas infelizmente temos assistido nos últimos anos no Brasil a um processo de demonização do instituto da prescrição, seja no campo legislativo, seja no da aplicação da lei, através de artifícios cada vez mais criativos para contornar os inexoráveis efeitos do tempo sobre a aplicação da pena.

Justiça somente é justiça de verdade se aplicada em um tempo razoável. Após o decurso de um prazo longo desaparece a razão de ser da punição. Não se pode admitir que depois de muitos anos do cometimento de um crime, quando a pessoa já está em outra fase da sua vida, o Estado ainda tenha o direito de puni-la. A submissão de uma pessoa indefinidamente à punição pela prática de um ato infracional viola o senso de justiça. A prescrição serve até para incentivar o Estado a agir celeremente na apuração de infrações. O ato ilícito imprescritível mais se assemelha à vingança que à prática da justiça.

Digna de nota também na obra de Victor Hugo é a crítica à estigmatização da pessoa que tenha sido presa e já tenha cumprido a sua pena. Jean Valjean tinha que portar um sinal amarelo a denunciar a sua condição de ex-presidiário.

Essa crítica permanece atual, com ainda maior razão. Hoje em dia, antes mesmo de qualquer condenação, ainda na fase inicial do processo penal, ou até mesmo quando do indiciamento policial, a mídia e as redes sociais tratam o suspeito de um crime como se condenado fosse. A sua honra e reputação são feridas de morte antes mesmo da produção de qualquer prova, quanto mais de um julgamento, isso com um alcance, através da imprensa e das mídias sociais, milhares de vezes maior do que no início do século XIX, quando se passa a história de Jean Valjean.

E esse é o cerne da questão embutida na canção *Who am I?*. Jean Valjean tinha cometido um crime pequeno e cumprido uma pena rigorosa. Para fugir dos efeitos na sociedade do fato de ter sido preso, o que em verdade constitui uma extensão da pena que lhe foi imposta, deixa de cumprir os requisitos da liberdade condicional e assume outra identidade.

Ao tempo em que uma pessoa parecida com Jean Valjean é presa, este já tinha refeito a sua vida, se tornado um homem próspero, que gerava riqueza e empregos e tinha uma família e uma posição de destaque na comunidade em que vivia.

Ele de início vê na prisão do outro em seu lugar uma chance: "*He thinks that man is me, he knew him at a glance! That stranger he has found, this man could be my chance!*"[1] E argumenta para si mesmo: "*Why should I save his hide? Why should I right this wrong? When I have come so far and struggled for so long?*"[2] Mas logo surge a questão moral que é o cerne da música: "*If I speak, I am condemned, if I stay silent, I am damned!*"[3]

Valjean traz então em sua reflexão novos argumentos para se omitir: "*I am the master of hundreds of workers. They all look to me. How can I abandon them? How would they live, if I am not free?*"[4] E prossegue, mudando sutilmente o refrão, salientando os efeitos sociais e econômicos da perseguição que sofre: "*If I speak, they are condemned, if I stay silent, I am damned!*"[5]

Mas surge o remorso pela injustiça de ver um homem pagar uma pena em seu lugar: "*Who am I? Can I condemn this man to slavery? Pretend I do not feel his agony? This innocent who bears my face, who goes to judgement in my place.*"[6] Aqui Valjean está se perguntando que tipo de homem ele é.

E prossegue ele em seu questionamento moral, e no que significa para ele renegar quem sempre foi e tudo o que fez até aquele momento: "*Who am I? Can I conceal myself forever more? Pretend I'm not the man I was before? And must my name until I die be no more than an alibi?*"[7]

As reflexões prosseguem, agora sob o viés do futuro e do peso que a decisão de ficar inerte gerará em sua consciência: "*Must I lie? How can I ever face my fellow men? How can I ever face myself again?*"[8]

E Valjean procura na fé religiosa uma solução para o seu dilema: "*My soul belongs to God, I know. I made that bargain long ago. He gave me hope when hope was gone, He gave me strength to journey on.*"[9]

E a invocação da fé e da moral religiosa parece resolver a questão: *"Who am I? Who am I? I am Jean Valjean!"*[10] Ele então se dirige ao tribunal e a Javert para contar a verdade: *"And so Javert, you see it's true, that man bears no more guilt than you! Who am I? 24601!"*[11]

Quando Jean Valjean se pergunta "Quem sou eu?", ele está na verdade tentando resolver um dilema pessoal.

Ele podia ser aquela pessoa que foi presa injustamente por tentar dar de comer aos seus sobrinhos e acabou se revoltando contra o sistema, em razão das agruras por que passou na prisão, executando trabalhos forçados. Essa pessoa, depois de finalmente ser solta, em regime de liberdade condicional, voltou a delinquir, pela absoluta falta de acolhimento por parte da sociedade e pela recusa em se dar a ela uma segunda chance.

Ele podia, no entanto, ser aquela pessoa a quem um religioso deu uma segunda chance, ao reconhecer que ele tinha furtado por absoluta necessidade e ao aconselhá-lo a mudar de vida. Esse outro Jean Valjean trabalhou arduamente e se tornou um empresário de sucesso e um líder político em sua comunidade.

Entre a pessoa que guarda o rancor de quem foi maltratado pela sociedade e a pessoa de boa-fé, que foi destinatária de um ato de bondade, caridade e acolhimento, Jean Valjean escolheu ser essa segunda pessoa.

Who am I? é, portanto, uma exortação para que o Estado aplique a justiça levando em consideração a pessoa humana. A lição que se tira da história nela retratada é a de que a justiça dura e implacável não atinge o objetivo de prevenir novos crimes, muito menos o de ressocializar aquele que pratica um ato infracional.

Notas

1. Ele acha que o homem sou eu. Ele o reconheceu num só olhar. O estranho que ele encontrou, este homem poderia ser minha chance.
2. Por que eu deveria salvar a sua pele? Por que eu deveria consertar esse erro? Quando eu cheguei tão longe e lutei por tanto tempo.
3. Se eu falar, estou condenado, se me calar, estou amaldiçoado!
4. Eu sou o patrão de centenas de trabalhadores. Todos se espelham em mim. Como posso abandoná-los? Como eles podem viver, se eu não sou livre?

5 Se eu falar, eles estão condenados, se me calar, eu estou amaldiçoado!
6 Quem sou eu? Posso condenar esse homem à escravidão, fingir que não sinto sua agonia, esse inocente que carrega minha face, que vai ao julgamento no meu lugar.
7 Quem sou eu? Posso esconder quem sou para sempre? Fingir que não sou o homem que eu era? E deve meu nome, até morrer, não ser mais que um álibi?
8 Devo mentir? Como poderei olhar para meus amigos? Como poderei me olhar?
9 Minha alma pertence a Deus, eu sei, eu fiz essa troca há muito tempo. Ele me deu esperança quando esta não existia, Ele me deu força para continuar a jornada.
10 Quem sou eu? Quem eu sou? Sou Jean Valjean.
11 E então, Javert, você vê que é verdade, aquele homem não é mais culpado que você! Quem sou eu? 24601!

Faroeste Caboclo, de Legião Urbana

Renato Sertã

Lembro-me bem quando pela primeira vez ouvi "Faroeste Caboclo", no rádio do meu carro, ainda na década de 1980.

Não sei dizer se a canção entrou na minha vida ou fui eu quem mergulhou no seu universo, mesmo sem nunca ter vivenciado nenhuma das situações presentes na obra.

Épico da expressão musical brasileira de então, com sua melodia cadenciada — simples a ponto de às vezes ser mais falada do que cantada — e letra quilométrica, a canção marcou época e talvez tenha representado o apogeu da popularidade do Legião Urbana, conjunto de rock brasileiro amado por toda a minha geração, e liderado pelo gênio musical do meu xará Renato Russo.

Seu lançamento em 1987 veio na sequência de outro sucesso estrondoso do grupo, de letra sensível e inteligente (longa, mas não tanto): a inesquecível canção "Eduardo e Mônica" (de 1986), que embalou o romantismo temperado de engajamento social e político de quem tinha entre vinte e trinta anos naquela década tão marcante.

Só mais tarde eu vim a saber que na verdade Renato Russo compôs *Faroeste Caboclo* por volta de 1979, muito anteriormente à própria formação da famosa banda.

A canção só foi lançada anos depois, por motivos mercadológicos, até porque chegou a ser vaiada pelo público em um dos primeiros shows em que foi exibida.[1]

É provável que a demora na divulgação da música tenha se dado também por motivos jurídicos. Afinal, a narrativa lá descrita tinha conteúdo político por demais ousado aos olhos do regime militar. Como sabemos, os órgãos de censura permaneceram ativos mesmo após a edição da Lei n.º 6.683/79, a chamada Lei da Anistia. O arrefecimento da atividade censória foi bastante gradual ao longo dos anos seguintes, e somente haveria de se encerrar em outubro de 1988, com a edição da tão aguardada Constituição cidadã.

No início daquele ano, a canção estava em todas as paradas de sucesso nas rádios e me pegou de jeito. Decorei sua letra com toda a naturalidade e até hoje posso cantá-la de cor. Evidentemente só o fiz poucas vezes perante terceiros, pois meus ouvintes necessitariam de dupla dose de paciência para enfrentar minhas limitações vocais e também o tempo de execução da canção, que chega a quase dez minutos! De modo que raras foram as ocasiões em que ousei submeter meus amigos a tamanha tortura...

De toda maneira, a saga do protagonista João de Santo Cristo me encantou desde sempre. Pelo aspecto social, a narrativa é impactante; pelo lado romântico, a história é tão triste quanto inesquecível.

Para quem não conhece bem a letra da canção, recomendo que a ouça o quanto antes no *streaming*, consultando, se preferir, o seu texto integral disponível na internet.

Em forma de trova, a narrativa de "Faroeste Caboclo" chama a atenção de todos os que a ouvem. Talvez isso se deva ao fato de a letra encerrar aspectos que tocam a essência de todos nós, sejamos ricos, pobres ou remediados; partidários da esquerda, da direita ou do centro. Em suma, a história trata da trajetória de um homem que busca, de forma tortuosa e muitas vezes trágica, resgatar uma dignidade que lhe foi negada desde a infância.

Interessante notar que Renato Russo valeu-se de experiência própria para descrever o submundo da periferia brasiliense, provavelmente da época em que foi radialista profissional, trabalhando para o Ministério da Agricultura.

Narra sua irmã, Carmen Manfredini, que Renato percorria o entorno de Brasília em suas reportagens, visitando diversas vezes as cidades de Taguatinga e Ceilândia, cenários de boa parte dos fatos narrados na letra da canção.[2]

A saga ficcional inicia-se em ambiente rural, supostamente no sertão nordestino, onde nasce e cresce João — de alcunha Santo Cristo —, menino mestiço e de origem pobre. Dotado de energia e têmpera raras, desde cedo reconhece o seu próprio desajuste em relação ao ambiente que o cerca. Responde com garra, determinação e rebeldia às imposições desse mundo cruel e violento.

Não à toa, "quando criança só pensava em ser bandido, ainda mais quando com um tiro de soldado o pai morreu".

Sua indisciplina rendeu-lhe uma internação forçada em um reformatório, "onde aumentou seu ódio diante de tanto terror".

Interessante relembrar que, à época da composição da obra, vigorava entre nós a "doutrina da situação irregular", que tratava as crianças e os adolescentes que tivessem comportamento dito desviante como "menores infratores".

Eram considerados objetos de direito, destinatários dos corretivos previstos na lei. Essa concepção somente veio a ser superada com o advento da nova Carta Política de 1988 e a edição do Estatuto da Criança e do Adolescente em 1990, diplomas que reconhecem nos menores de idade sua condição de sujeitos de direito, independentemente da prática de atos antissociais.[3]

É certo, contudo, que na prática muitíssimo ainda resta a ser implementado no aparato estatal de nosso país para que se alcance concretude às concepções jurídicas pós-modernas sobre o tema.

Pois bem. Desde cedo, João sentia na carne as incoerências que o mundo lhe apresentava. Em verdade, como diz um dos versos da canção, ele "não entendia como a vida funcionava, essa discriminação por causa de sua classe e sua cor". Acabou impelido pelas circunstâncias a deixar o lugarejo. De fato, sentindo-se tão "diferente", estava convicto de que o "marasmo da fazenda" não poderia mesmo ser "o seu lugar".

Com efeito. Quais perspectivas restariam a um jovem rapaz órfão, quase um menino, no interior do Brasil, a quem desde cedo nenhuma oportunidade foi oferecida? Que caminhos haveria para o resgate e a preservação de sua dignidade?

A dignidade humana, na sempre oportuna lição de Maria Celina Bodin de Moraes, citando Savatier, corresponde em última análise ao "universal direito da pessoa humana a ter direitos".[4] Tal prerrogativa, todavia, parecia ter sido inexoravelmente interditada a João de Santo Cristo.

Ao reverso do que possa supor o leitor desavisado ao observar tantas desditas vividas pelo personagem em solo brasileiro, nosso ordenamento jurídico prestigia — e muito — a dignidade humana, posta como pilar da República, e prevista logo ao início do texto da Carta Constitucional de 1988.[5]

Discorrendo sobre os conteúdos mínimos da dignidade humana no mundo jurídico, o festejado mestre Luís Roberto Barroso assinala que a existência de um ambiente democrático constitui condição básica para o seu florescimento. Para que se alcance esse objetivo, assevera o ilustre jurista que

> será necessário algum grau de ambição civilizatória para reformar práticas e costumes de violência, opressão sexual e tirania. Conquistas a serem feitas, naturalmente, no plano das ideias e do espírito, com paciência e perseverança. Sem o envio de tropas.[6]

Ao escutarmos a canção, percebemos que a universalidade da criação artística — e talvez a causa do seu sucesso imediato quando foi lançada — vincula-se ao fato de que os ideais perseguidos por João de Santo Cristo em sua trajetória são em verdade os "valores desejados por toda a família humana".[7]

Nessa esteira, conforme prosseguem as lições de Barroso, hão de compor o "valor intrínseco" da pessoa humana os chamados direitos fundamentais, previstos na Constituição da República de 1988, entre eles o próprio direito à vida, à igualdade, à integridade física e à integridade moral.[8]

Prosseguindo no enredo da saga musical, temos que, embora de forma um tanto intuitiva, João abandona seu lugar de origem, em busca de melhores oportunidades, e, em movimento típico de êxodo rural, sonha em ganhar dinheiro e sobretudo fazer suas escolhas; enfim, conquistar sua liberdade.

Nesse contexto, uma vez que ele "queria sair para ver o mar", não hesitou em rumar "direto a Salvador". Mas eis que um capricho do destino, na forma de uma passagem de ônibus caída do céu, o faz se dirigir novamente ao interior, dessa vez para Brasília, a capital do país, que lhe acena com tantas promessas e tantas esperanças.

Era época natalina. Desenha-se aí com mais nitidez um certo paralelo, imaginado pelo compositor, entre a trajetória de seu personagem e a do próprio Jesus Cristo.

> *Ele ficou bestificado com a cidade*
> *Saindo na Rodoviária viu as luzes de Natal*
> *"Meu Deus, mas que cidade linda!*
> *No Ano-Novo eu começo a trabalhar..."*

Não por outro motivo, o anti-herói caboclo arranja um emprego muito familiar ao do Nazareno: aprendiz de carpinteiro.

A essa altura, cabe refletir que a constante comparação entre os rumos do Filho de Deus na fé cristã e os do protagonista dessa saga firma-se no contraste entre as semelhanças biográficas de ambos e também na oposição diametral que se constata nas opções de cada um deles diante dos problemas da vida. Enquanto o primeiro sublima as dificuldades, e transforma as agressões em provas de amor e sabedoria, o segundo torna-se prisioneiro de sua própria revolta, em uma escalada crescente de ódio dentro de si. Drama essencialmente humano, e por isso tão familiar a cada um de nós.

Voltando à linha de acontecimentos narrados na canção, João esperava, como qualquer pessoa em um país dito civilizado, usufruir de um mínimo de cidadania. É certo que a canção foi composta alguns anos antes da redemocratização efetiva em nosso país, que se consolidou com a edição da Constituição Federal de 1988, a chamada Carta Cidadã. Entretanto, mesmo os regimes constitucionais anteriores já previam uma série de direitos mínimos aos quais todo e qualquer habitante em solo nacional poderia almejar.

Já vai distante o tempo em que o povo — aquela fração da população sem acesso ao poder político — não detinha direitos significativos frente ao Estado. A partir da formação do Estado Moderno, tais direitos começaram a se generalizar a ponto de conferir prerrogativas a toda a população, indistintamente.

A esse respeito nos ensina Dalmo de Abreu Dallari que

> com a ascensão política da burguesia, através das revoluções do século XVIII, apareceria, inclusive nos textos constitucionais, a ideia de povo, livre de qualquer noção de classe, pretendendo-se mesmo impedir qualquer discriminação entre os componentes do Estado, como bem se percebe pela consagração do princípio do sufrágio universal.[9]

Nesse cenário, é natural que o nosso anti-herói tivesse expectativas em relação a Brasília, a tão famosa capital, um ambiente razoavelmente propício a lhe proporcionar emprego e moradia minimante decentes.

Ledo engano.

João desdobrava-se no trabalho para obter seu sustento, mas mesmo sendo solteiro, sem família para sustentar, "o dinheiro não dava pra ele se alimentar".

E o contraste entre as belas luzes de Natal do Plano Piloto brasiliense, com seus imponentes edifícios e monumentos, e a periferia paupérrima das cidades satélites, saltava cada vez mais aos olhos do jovem trabalhador.

Suas esperanças voltaram-se para o amparo estatal, até porque, todas as noites, o noticiário do rádio, às sete horas da noite, "sempre dizia o 'Seu' ministro ia ajudar".

A propaganda oficial da "Voz do Brasil", todavia, logo desiludiu o nosso protagonista. A tal ajuda do "ministro" jamais chegava, confirmando-lhe a impressão pretérita, quando ainda adolescente percebeu as gritantes diferenças entre os que tinham oportunidades na vida e aqueles para quem elas eram sistematicamente negadas.

Em sua mente arguta e ingênua ao mesmo tempo, João não podia conceber, e muito menos aceitar, aquele contraste absurdo.

Com efeito, a realidade observada em nada condiz com a concepção teórica do Estado, respaldada pelo ordenamento jurídico. Relembrando as lições de Dallari, este descreve o arcabouço do Estado Moderno, na dogmática alemã desenvolvida por Jellinek, asseverando que "cada indivíduo integrante do povo participa também da natureza de sujeito". E acrescenta que, em uma das vertentes daí derivadas, "como membros do Estado, os indivíduos se acham, quanto a ele e aos demais indivíduos, numa relação de coordenação, sendo, nesse caso, sujeitos de direitos".[10]

Parecia, porém, que João e os demais pobres, de baixa instrução e capacitação profissional, não podiam sequer aspirar a ter uma vida digna.

Não foi à toa, portanto, que sua decepção transformou-se em revolta. Como diz a canção, "ele não queria mais conversa" e decidiu partir para negócios paralelos, à margem da lei.

Àquela altura, prossegue o trovador Renato Russo, nosso personagem já travara contatos com todo tipo de gente, na periferia de Brasília. De prostitutas a frequentadores da noite, conheceu consumidores e traficantes de drogas, bem como os comerciantes do submundo, inclusive um contrabandista de nome Pablo, de quem se descobriu parente distante, "um peruano que vivia na Bolívia e muitas coisas trazia de lá".

Ao ingressar nos negócios ilícitos, o esperto João dribla a concorrência, pois, em vez de comercializar a maconha contrabandeada, decide plantá-la ali mesmo na região. O novo negócio é tão lucrativo a ponto de enriquecê-lo rapidamente: "E João de Santo Cristo ficou rico e acabou com todos os traficantes dali."

Começa a ascensão social — mesmo periférica — do protagonista, que abandona a busca por ajuda na seara do Direito Administrativo e se aproxima perigosamente do Direito Penal.

Afinal, uma ilegalidade atrai outra, e ao dinheiro fácil da venda da sua preciosa *cannabis* poderiam se acrescer outros ganhos, também aparentemente fáceis.

Porém, na esteira do velho ditado segundo o qual "quem não tem competência não se estabelece", a nova empreitada criminal fracassa e acaba apresentando João à dura realidade do sistema repressivo estatal:

> *Mas de repente sob uma má influência*
> *Dos boyzinhos da cidade começou a roubar*
> *Já no primeiro roubo ele dançou*
> *E pro inferno ele foi pela primeira vez*

> *Violência e estupro do seu corpo,*
> *"Vocês vão ver, eu vou pegar vocês!"*

Como se vê, a truculência do aparelho repressivo estatal, sobretudo com a classe pobre, aparece de forma contundente na saga de João de Santo Cristo.

Nenhum dos pressupostos da ressocialização — preconizados pelo Direito Penal através da pena privativa de liberdade — é praticado com eficácia no Brasil. Essa triste realidade não escapou à crítica da doutrina, conforme observações, entre outros, de Claudio do Prado Amaral, para quem, desde os anos sessenta do século passado se evidenciou o fracasso estatal no tratamento penitenciário orientado à ressocialização. Para o autor,

> desde meados dos anos de 1960, originaram-se diversas constatações de que era quase inteiramente nula a eficácia dos esforços terapêuticos empreendidos sobre o indivíduo preso. Esse contexto apontou para o principal fracasso da finalidade da prevenção especial, qual fosse, a de evitar a reincidência. São muitos os que voltam a delinquir após ter cumprido uma pena privativa de liberdade, demonstrando-se, assim, tanto o fracasso do tratamento penitenciário orientado à ressocialização, quanto a falácia de se tentar ensinar alguém a viver em liberdade privando-lhe desta ao mesmo tempo.[11]

Pois bem. Ao cabo de algum tempo, Santo Cristo consegue reconquistar a liberdade, mas a essa altura já está alijado da chamada ordem social. Afinal era essa mesma sociedade quem não o queria, ao menos da forma como ele era, rebelde e desafiador. Restou ao anti-herói radicalizar ainda mais sua trajetória marginal.

> *Agora o Santo Cristo era bandido,*
> *destemido e temido no Distrito Federal.*
> *Não tinha nenhum medo de polícia,*
> *capitão ou traficante, playboy ou general*

Passou a comandar um mundo próprio, paralelo à sociedade convencional. A ordem jurídica oficial não podia atingi-lo, ao menos naquele momento.

Contudo, permanece em João — como de resto em todos de nós — seu ideal de pertencimento, de ser espontaneamente acolhido e respeitado. Mais do que tudo, o desejo de ser amado ressurge quando conhece Maria Lúcia, aquela *"menina linda"*, que o faz se arrepender de seus pecados anteriores.

Jovem, bonita, pura, Maria Lúcia era em tudo diferente de João. Ali estaria a âncora que poderia vinculá-lo a algo mais perene, fora daquele mar de perigos e incertezas. Sossegar, formar família. Destaca-se a carga romântica desse trecho da canção:

> *Maria Lúcia era uma menina linda*
> *E o coração dele pra ela o Santo Cristo prometeu*
> *Ele dizia que queria se casar*
> *E carpinteiro ele voltou a ser*
> *"Maria Lúcia, eu pra sempre vou te amar*
> *E um filho com você eu quero ter"*

Como sabem os que conhecem a história desse anti-herói, a trégua durou pouco. A nova oportunidade de corrupção não tarda a chegar, com a súbita visita de um "senhor de alta classe com dinheiro na mão". De nada adiantou o anti-herói ter repelido a *"proposta indecorosa"* com veemência.

Esse é o momento, no longo poema, de enfrentamento direto com a estrutura política da época em que a canção foi composta. Lembro-me aliás que, àquela altura, algumas estações de rádio reproduziam a canção com a letra desse trecho ligeiramente modificada. Suprimiam-se os palavrões, que eram substituídos por expressões mais neutras, embora mantendo a métrica e a rima. Somente algum tempo mais tarde (possivelmente após a edição da Constituição de 1988) é que a canção passou a ser executada com sua letra original, sem cortes nem modificações.

A tal "proposta indecorosa" referida na letra consistia em alusão direta às explosões ocorridas à época, em colégios e bancas de jornal. Quanto a estas últimas, houve cerca de trinta atentados do tipo, entre 1979 e 1980. Os locais mais atingidos eram aqueles que vendiam publicações da esquerda, ditas subversivas. Havia rumores de que tais explosões haviam sido ordenadas por elementos do próprio governo militar para responsabilizar a esquerda "terrorista" e justificar os mecanismos da repressão.[12]

Como se sabe, tais atentados ainda haveriam de se suceder por mais algum tempo, culminando com as bombas colocadas também em outros locais, como escolas, centros culturais e a própria Ordem dos Advogados do Brasil, para cuja sede foi remetida uma carta-bomba que acabou vitimando a sra. Lyda Monteiro da Silva, secretária do então presidente da instituição, o combativo e saudoso advogado Eduardo Seabra Fagundes.[13]

Eram os meios então disponíveis para atingir a democracia. Hoje, como sabemos, eles se fazem de outras maneiras mais sutis, conforme permite, e em larga escala, a atual tecnologia internáutica. No fundo, entretanto, constatamos que a falta de escrúpulos dos inimigos do estado democrático permanece inalterada.

Retornando ao nosso enredo musical, de nada valeu a João de Santo Cristo usar de arrogância ameaçadora contra o proponente ("nunca brinque com um Peixes de ascendente Escorpião!"). Seu destino estava selado, pois a estrutura apodrecida da elite brasileira não admitiria ser confrontada, mormente por um bandido de tão baixa extração.

Em nosso país, inúmeras são as ocasiões em que o criminoso eventual é cooptado pelo crime organizado tão logo se livra da prisão, sendo forçado a permanecer na prática criminosa, sob o risco de sofrer severas retaliações contra si e sua família.

A reincidência criminal, que já atingia percentuais expressivos na década de 1980, segue crescendo, conforme denunciam os dados disponibilizados pela mídia. Pesquisa recente realizada por encomenda do Conselho Nacional de Justiça revela que pelo menos um em cada quatro condenados a penas restritivas de liberdade reincide na prática de crimes.[14]

O rumo da saga de "Faroeste Caboclo" não é diferente. O vaticínio do corruptor de alta classe, vingando-se da inusitada recusa de Santo Cristo, não tardou a se cumprir.

João perdeu seu emprego e voltou-se novamente à atividade criminosa, dessa vez no ramo do contrabando, em associação com seu parente distante, o Pablo da região andina, que inclusive de lá lhe trouxe uma eficiente arma de fogo, a emblemática Winchester 22.

Surge em cena Jeremias, "traficante de renome", que pretende liquidar com a concorrência.

Aqui se instala a rivalidade entre duas faces distintas da marginalidade. Ambas atuantes na prática delituosa, uma segue o que se poderia chamar de "carreira solo", na qual cada um cuida de si. Já a outra corresponde a uma verdadeira organização criminosa. Em Faroeste Caboclo, a bandidagem, sob o comando de Jeremias, submete à moda miliciana a população pobre e ordeira. Organiza-se a "rockonha", e todos serão obrigados a "dançar". Em vários sentidos. Vai surgindo uma sociedade paralela, que preenche o vazio deixado pela inoperância do Estado oficial. Aliás, essa ausência estatal vem a ser gênese de todo tipo de transtorno no tecido social.

Nesse contexto, boa parte da periferia de Brasília é submetida a Jeremias, que "desvirginava meninas inocentes" e, entre outras façanhas, acabou por seduzir Maria Lúcia, aproveitando-se das ausências de Santo Cristo, constantemente ocupado em suas atividades de contrabando.

O sonho que João acalentava de sossegar e constituir família é definitivamente liquidado com sua segunda prisão, sem dúvida consequência de alguma delação do seu rival. Mas a pior das tragédias ainda está por vir: "Com Maria Lúcia, Jeremias se casou, e um filho nela ele fez."

"Santo Cristo era só ódio por dentro", e na sequência, tem lugar o clássico desafio para um duelo, típico dos filmes *western*. A história difere, porém, da desgastada fórmula do bem contra o mal, do mocinho contra o bandido. Não há mocinhos nesse enredo. Os dois oponentes integram a escória da sociedade. A profunda humanidade de um deles, entretanto, nos atrai como um ímã e, sem percebermos, com ele nos identificamos em numerosos pontos.

Mais uma vez, na hora do combate, a ética do bandido solitário revela-se bem menos eficaz do que aquela do criminoso profissional. O "homem que atirava pelas costas, acertou o Santo Cristo, e... começou a sorrir".

O arrependimento de Maria Lúcia chega tarde demais para salvar a vida de João, mas é decisivo para o desfecho da história. A velha Winchester 22 que a moça entrega ao moribundo finalmente diz ao que veio, e com ela nosso herói liquida, com cinco tiros, o "bandido traidor". O gesto extremo de Santo Cristo não tem, porém, o condão de salvar sua vida, tampouco a de Maria Lúcia, que acaba morrendo "junto com João, seu protetor".

Interessante notar que, enquanto sangrava como um porco, e observava sua *via crucis* exposta à curiosidade pública, à semelhança de um circo, João põe sua vida em retrospectiva, e procura (em vão?) encontrar um sentido para o que buscava.

Se a resposta não é encontrada, nenhuma dúvida restou, porém, sobre a coragem de João de Santo Cristo. Sua trajetória simboliza a de tantos outros brasileiros como ele que, tendo ou não enveredado por uma vida criminosa, resolveram viver a sua verdade, mesmo que para isso fossem compelidos a abandonar o marasmo de suas vidas e vir "para Brasília com o Diabo ter".

Por paradoxal que possa parecer, "o povo declarava que João de Santo Cristo era santo porque sabia morrer".

A cena choca e escandaliza a todos os que a assistem. Soa ainda mais impactante, contudo, para as classes abastadas, compostas por aqueles que na maior parte do tempo se mantêm alheios à dura realidade. Não é de se estranhar, portanto, que "a alta burguesia da cidade não acreditou na história que eles viram na TV".

Mais um espetáculo de violência, que infelizmente só fez crescer e se multiplicar desde a composição da canção até os dias de hoje. Um soco no estômago, que nos atinge para — quem sabe — jamais deixar que nos acomodemos, por piores que sejam as perspectivas.

Reflexões finais

Queridos leitores, estas são, a meu ver, as razões do encantamento dessa singular obra musical.

Entre os que vivenciaram a fértil criatividade musical da década de 1980 no Brasil, é difícil encontrar quem não partilhe da admiração que tenho por essa canção tão singular.

Com efeito, para o apreciador da boa música e da boa poesia, impossível não se mobilizar com a densa biografia fictícia de João de Santo Cristo, que vem acompanhada por cadenciado ritmo e singela linha melódica. Além disso, a intensidade crescente do arranjo musical (sobretudo na parte final da canção) que acrescenta ao rock elementos do "pop" e da "*country music*", soberbamente executado pela Legião Urbana, envolve o ouvinte durante quase dez minutos até o seu apoteótico desfecho.

Paralelamente, o ouvinte há de acompanhar e aderir à revolta de João com o injusto mundo que o cerca; seu desajuste desde o início com as regras que lhe impõem sem a contrapartida do amparo estatal; seu comovente romance com uma idealizada Maria Lúcia; o impactante desfecho desse improvável casal; o descompasso da ética do bandido ingênuo ainda que violento, em confronto com a crueza da bandidagem profissional.

Last but not least, o ouvinte certamente haverá de refletir sobre a total falta de escrúpulos de tantos membros da elite e dirigentes governamentais do nosso país, a quem, ao longo da nossa história, sempre interessou muito mais a manutenção do *status quo* do que "ajudar toda essa gente que só faz sofrer".

Notas

1. Entrevista Dado Villa-Lobos, *Folha de S. Paulo*, 2013. Disponível em: <https://m.folha.uol.com.br/ilustrada/2013/05/1285643-faroeste-caboclo-foi-vaiada-na-epoca-do-lancamento-lembra-dado-villa-lobos.shtml>. Acesso em: 22 jul. 2021.
2. Entrevista concedida por Carmen Teresa Manfredini. Disponível em: <https://www.youtube.com/watch?v=-e_2vJmD0Ew>. Acesso em: 22 jul. 2021.
3. Segundo ensina Andréa Rodrigues Amin, citando Maria Dinair Acosta Gonçalves, "superou-se o direito tradicional que não percebia a criança como indivíduo e o direito moderno do menor incapaz objeto de manipulação dos adultos. Na era pós-moderna a criança, o adolescente e o jovem são tratados como sujeitos de direitos em sua integralidade" ("Doutrina da proteção integral". In: Curso de Direito da Criança e do Adolescente — aspectos teóricos e práticos, Coord. Katia Regina Ferreira Lobo Andrade Maciel. Rio de Janeiro: SaraivaJur, 12.ª ed., pp. 60-61.)
4. MORAES, Maria Celina Bodin de. *Danos à pessoa humana — uma leitura civil-constitucional dos danos morais*. Rio de Janeiro: Processo, 2017, 2.ª ed. revista, p. 82.
5. Constituição Federal de 1988: "Art. 1.º: A República Federativa do Brasil, formada pela união indissolúvel dos Estados e Municípios e do Distrito Federal, constitui-se em Estado Democrático de Direito e tem como fundamentos: (...) III — a dignidade da pessoa humana."

6 BARROSO, Luís Roberto. *O novo Direito Constitucional brasileiro*. Belo Horizonte: Forum, 2013, 2.ª reimpressão, p. 305.
7 BARROSO, Luís Roberto, op. cit., p. 304.
8 Ensina o autor que: "Todas as pessoas têm o mesmo valor intrínseco e, portanto, merecem igual respeito e consideração, independentemente de raça, cor, sexo, religião, origem nacional ou social ou qualquer outra condição. Aqui se inclui o tratamento não discriminatório na lei e perante a lei (igualdade formal), bem como o respeito à diversidade e à identidade de grupos sociais minoritários, como condição para a dignidade individual (igualdade como reconhecimento)." (BARROSO, Luís Roberto, op. cit., p. 308).
9 DALLARI, Dalmo de Abreu. *Elementos de Teoria Geral do Estado*. São Paulo: Saraiva, 2012, 31.ª edição, pp. 102-103.
10 DALLARI, Dalmo de Abreu, op. cit., p. 103.
11 AMARAL, Claudio do Prado. "Função da pena e invisibilidade". In: FIDALGO, Fernando, FIDALGO, Nara (org.). *Sistema Prisional — teoria e pesquisa*. UFMG, 2017. Disponível em: *<mprj.mp.br/documents/20184/1330165/Sistema Prisional — Teoria e Pesquisa.pdf>*. Acesso em: 22 jul. 2021.
12 Disponível em: *<https://www.cartacapital.com.br/sociedade/apos-ameacar--jornalistas-ditadura-usou-bombas-para-intimidar-jornaleiros-9699/>*. Acesso em: 22 jul. 2021.
13 Disponível em: *<http://memorialdademocracia.com.br/card/direita-explosiva-faz-ataques-em-serie>*. Acesso em: 22 jul. 2021.
14 Disponível em: *<https://piaui.folha.uol.com.br/lupa/2016/07/12/lupaaqui-a-reincidencia-atinge-mais-de-70-dos-presos-no-brasil/>*. Acesso em: 22 jul. 2021.

Every breath you take, do Sting

Ricardo Aprigliano[1]

Introdução

Como advogado e professor, sempre me fascinam as iniciativas e propostas de apresentar o fenômeno jurídico de uma forma mais amena, mais lúdica, aproximando-o da experiência das pessoas, para permitir sua melhor compreensão e o despertar de interesse sobre temas que muitos consideram técnicos demais, herméticos e chatos.

Tudo é uma questão da forma como são apresentados. A propósito, devemos reconhecer que os operadores do Direito não raro se perdem na sua linguagem, nos seus maneirismos e cacoetes, e discutem os temas jurídicos de um jeito que torna impossível às demais pessoas participar ou se interessar.

José Roberto Castro Neves é desses juristas que fazem diferente e nos estimulam a repetir suas façanhas. Escritor de temas gerais, examinados sob a perspectiva jurídica, já nos brindou com muitas obras, interessantíssimas e fundamentais. E tem capitaneado um grupo de pessoas em iniciativas dessa natureza, ora para apresentar ao público os grandes julgamentos da história, ora para oferecer um olhar sobre temas jurídicos nos filmes, nos livros e, agora, na música.

Direito e música se aproximam em muitos aspectos. Ambos são formas de narrativas, um tipo de comunicação que permite ao público ser apresentado aos fenômenos da vida, das relações humanas e até dos sentimentos. Todas as manifestações da natureza humana têm repercussão no mundo do Direito. Como forma de regulação da vida social, o Direito se faz presente em todas as manifestações humanas e, por meio dele, elas são reguladas. A música é também um objeto do Direito; a proteção das criações intelectuais, os elementos tangíveis e intangíveis da criação e da produção musical são todos regulados pelo Direito, de uma forma ou outra.

Mas não é esse o enfoque que darei neste meu pequeno ensaio. Como muitos colegas, valho-me da mensagem de uma música específica para propor um olhar jurídico sobre um tema. No caso da música "Every breath you take", do The Police, o tema é o das relações violentas e abusivas, principalmente da violência contra a mulher.

Durante o período de tempo de leitura dessa crônica, cerca de doze mulheres terão sido fisicamente agredidas no Brasil.[2] Nesse mesmo intervalo, três mulheres terão sido estupradas.[3] Tais dados nos permitem antever a gravidade do problema que se abate sobre nós, que faz das mulheres — apenas por serem mulheres — vítimas de uma sociedade machista, violenta e que pouco faz para enfrentar essa ordem de coisas.

A realidade é ainda mais assustadora ao reconhecer que, no Brasil, existe um quadro grave de subnotificações de violência contra as mulheres, o que se deve a sentimentos de medo e culpa das vítimas e desestímulo pelas autoridades.[4] Em 2019, mais da metade das vítimas não notificou as agressões.[5]

Diante da gravidade do tema, pretendo discutir alguns de seus aspectos a partir da música "Every breath you take", um grande hit lançado pelo The Police em 1983.

A música e seu contexto

A música "Every breath you take" faz parte do álbum *Synchronicity*, lançado em maio de 1983. Ela foi composta em 1982 por Sting, então integrante da banda The Police, no período em que ele vivia um momento pessoal difícil, por causa da separação da então esposa, a atriz irlandesa Frances Tomelty. A melodia da música, apesar de razoavelmente simples, com poucas notas e variações, ou talvez justamente por isso, é dessas que agradam de forma imediata. Mas essa característica da música acabou disfarçando o lado obscuro e pesado da letra.

Essa circunstância foi admitida pelo próprio Sting em mais de uma oportunidade. A narrativa proposta pela letra se dá a partir do ponto de vista de um abusador, de um *voyeur*, ou, para usar uma expressão mais atual, de um *stalker*.

Neste texto, a percepção desse lado pesado da letra será facilitada, porque, ao se examinar a letra, destacada da melodia, eliminamos os fatores que aliviam a dura mensagem proposta por Sting. Na canção, uma pessoa diz para outra: *a cada vez que você respire, a cada movimento que você faça, a cada vínculo que você desfizer, a cada passo que der, eu estarei te observando.*

Esse começo, que já é bastante assustador, prossegue com falas não menos aterrorizantes. *A cada dia, a cada palavra que você disser, em cada jogo que jogar, a cada noite que você ficar, eu estarei te observando.* E depois de todas essas ameaças veladas o narrador arremata, para não deixar qualquer dúvida: *você não compreende* (ou vê) *que me pertence?*

Penso que o sucesso da letra e a sua associação a uma história de amor, a ponto de ser eleita como música de muitos casais e muitos casamentos, se expliquem em parte pelo trecho da letra em que o narrador lamenta a ausência da pessoa amada. *Desde que você se foi, estou perdido, sem alguma pista; eu sonho à noite e vejo seu rosto, eu olho ao redor e não consigo substituir você, eu sinto tanto frio e desejo seu abraço.*[6]

Sim, é um lamento, as falas de alguém que sente a falta da pessoa amada. E isso foi visto e lido como algo "romântico". Mas há formas e formas de expressar o amor e, em muitos relacionamentos reais, isso pode revelar algo diverso, algo que na verdade toma contornos de abuso e de opressão. O opressor talvez diga que "ame demais", e aí está o seu problema. Mas não se deve pensar que, por serem uma alegada "expressão de amor", essas condutas possam ser minimizadas ou perdoadas. Amor ou sentimento e afeto não podem ser transformados em nem significam permissão para desrespeito aos direitos da pessoa amada. Para a pessoa oprimida, além desse dito "amor" que pode se tornar doentio, há o medo, a perseguição e a perda da liberdade.

    Sting sempre se disse surpreso em relação a como esse aspecto da música chamou pouco a atenção das pessoas. Mas seu próprio criador a define como uma música sobre inveja, vigilância e sentimento de posse.[7] Curioso que uma música que retrata uma situação de abuso seja encarada como um hino romântico. Aqui penso ser necessário fazer um comentário de ordem pessoal. Assim como milhões de pessoas, eu, que nem sempre reparo na letra das músicas ou reflito sobre elas, nunca atinei para esse aspecto da música, nunca a associei a uma situação de abuso.

    A ideia de escrever sobre "Every breath you take" surgiu como resultado de dois fatores. Em primeiro lugar, por perceber a dura realidade pela qual passam muitas mulheres e do papel que eu, como homem, desempenho nesse processo. Todos somos machistas, querendo ou não o ser. Consciente ou inconscientemente, relevamos fatos e comentários machistas, quando não somos aqueles que os fazem. Somos integrantes de um passado e de um presente muito tristes de uma cultura patriarcal e machista. Eu não sou diferente e sei que tenho muito a fazer a esse respeito.

    Esse processo tem me levado a enfrentar o tema do predomínio masculino imposto de diferentes formas. Uma delas, tentando me tornar sempre mais consciente de quão arraigado é o machismo entre nós, e como ele se manifesta das mais variadas maneiras, inclusive disfarçado de músicas românticas. Assim, quando recebi o convite para participar desta obra, escolhi o tema, antes de escolher a música. Penso ser importante que homens falem de machismo, que exerçam autocrítica, que reconheçam sua posição privilegiada e injusta, e que combatam essa ordem de coisas.

    No universo musical, há muitas outras canções que poderia ter escolhido, cujo pano de fundo é o machismo, a colocação do homem em posição superior e da mulher em inferioridade.[8] A escolha da música do The Police surgiu de uma conversa com a minha filha, Isadora, agora com 19 anos e que, como muitas garotas da sua geração, é muito mais atenta aos temas da igualdade de gênero. Dessas conversas, com as quais sempre aprendo muito, escolhi essa música.

    Não quero colocar os gentis leitores e leitoras contra a música, ou criticá-la como expressão artística. Não acho que a música, em si, faça apologia do comportamento abusivo. Ela constata e realça o tema da opressão. Talvez até possa ser dito que, em alguma medida, contribui para tornar esses comportamentos aceitáveis. Mas acho que há uma diferença entre retratar uma situação e fazer apologia dessa mesma situação, o que muitas outras músicas infelizmente fazem, especialmente os horrorosos funks que estão na moda hoje em dia.[9]

O próprio Sting, aliás, muitas vezes afirmou esse caráter "mau" da composição e confessou sua surpresa com a má compreensão da música pelo público.[10] Chegou inclusive a escrever uma "música antídoto", "If You Love Somebody Set Them Free", lançada em 1985.[11] Não quero com isso absolver Sting, assim como não pretendo condená-lo. Meu ponto é outro. A música é um excelente pretexto para chamar a atenção do tema retratado por ela, que integra nosso cotidiano.

Mas alguém poderá dizer que estou exagerando, que a música nem mesmo tem como vítima uma mulher. Ela é cantada por um homem, mas sua linguagem é, por assim dizer, neutra. O mesmo se pode dizer de outra música muito famosa, "Suspicious Mind", de Elvis Presley. Músicas que podem tanto ser dirigidas de uma mulher para um homem como de um homem para uma mulher, ou entre pessoas do mesmo sexo. Sim, é verdade. Mas aqui reside outro ponto que vale chamar a atenção. Há certos temas que têm sujeitos passivos "preferenciais", porque, na maior parte das vezes, é em relação a essas pessoas ou grupos que se manifestam. Posso falar de racismo contra todas as raças, mas é evidente que a população negra o sofre de modo muito mais intenso. Posso falar de preconceito em relação às religiões, mas é evidente que muçulmanos são as maiores vítimas hoje em dia, posição tragicamente ocupada pelos judeus por muitos séculos, a ponto de gerar o holocausto, uma das maiores vergonhas da humanidade.

Posso falar de relações abusivas de diferentes espectros, mas é evidente que as mulheres são vítimas de abusos com frequência infinitamente superior. Eu não cometerei o erro de generalizar um problema e, com isso, minimizá-lo. O meu tema é do abuso contra as mulheres, e esse abuso pode ser psicológico, como em "Every breath you take", mas também pode ser físico, como nos casos de violência, assédio ou abuso sexual, estupro ou feminicídio.

Falemos desse tema, grave, chocante, aterrorizante e inadiável.

Até este momento, meus caros leitores e leitoras, enquanto vocês me acompanham nesta crônica sobre Sting, The Police e sua polêmica criação, sete mulheres foram agredidas fisicamente no Brasil.[12] Já ocorreu um estupro e uma segunda vítima está em vias de ser violentada.[13] É disso que precisamos tratar, urgentemente.

Violência contra as mulheres no Brasil

O Brasil é um país com muitos problemas. Nem sempre temos dados completos, que nos permitem fazer diagnósticos adequados dos nossos problemas e, com isso, poder estabelecer as medidas apropriadas para combatê-los. Vivenciamos essa realidade com os dados sobre a Covid-19. A quantidade de pessoas contaminadas é maior do que as estatísticas mostram, os mortos são também em número superior aos já estarrecedores números oficiais (que não são oficiais, porque o Governo Federal, em certo momento, parou de informá-los, sendo substituído por um "consórcio de veículos de imprensa").

Os dados sobre a violência contra as mulheres são também subnotificados, como já afirmado. Ainda assim, a partir dos dados oficiais, é possível ter uma noção da tragédia brasileira, no que diz respeito aos básicos direitos das mulheres.

Para as informações a seguir, valho-me de três pesquisas diferentes. O Anuário Brasileiro de Segurança Pública, com informações do primeiro semestre de 2020, elaborado pelo Fórum Brasileiro de Segurança Pública; o Mapa da Violência contra a Mulher, de 2018, realizado pela Comissão de Defesa dos Direitos da Mulher da Câmara dos Deputados; e, por fim, a pesquisa de 2019 sobre a vitimização das mulheres no Brasil realizada pelo Instituto DataFolha, a pedido do Fórum Brasileiro de Segurança Pública.[14] Diferentes iniciativas, com diferentes critérios estatísticos e de amostragem, mas que revelam uma mesma situação, muito grave e preocupante.[15]

Valendo-me de uma das pesquisas selecionadas, destaco que no ano de 2018, 27,4% das mulheres brasileiras foram vítimas de algum tipo de violência,[16] o que inclui desde ofensa verbal, como insulto, humilhação ou xingamento, ameaças, perseguição e agressões físicas.[17]

Como infelizmente esses indicadores nunca regridem, é de se projetar que em 2019 e 2022, especialmente em virtude da pandemia do novo coronavírus e do isolamento social, tais números terão sido ainda maiores.[18]

Pensando no universo indiretamente proposto pela música, de assédio psicológico e perseguição, os números são eloquentes. Das entrevistas, sobressai a informação de que 60% das pessoas reportaram ter visto situações de violência e assédio contra mulheres.[19] Os dados indicaram, ainda, que milhões de mulheres foram vítimas de comentários desrespeitosos quando andavam na rua, no ambiente de trabalho, em transporte público ou em baladas.[20]

Ser mulher no Brasil significa conviver com a insegurança e medo permanente. Isso ocorre não diretamente porque sejamos um país violento, mas porque somos um país machista. São os homens próximos, os maridos, companheiros, os familiares ou até os vizinhos, que representam o maior contingente de abusadores.[21] Nós, homens, impomos esse sistema de terror às nossas próprias famílias, e praticamos os atos de violência, em sua maioria, nas nossas próprias casas.[22]

Em 2018, a mídia brasileira veiculou 32.916 casos de estupro no país entre os meses de janeiro e novembro de 2018.[23] Já a pesquisa organizada pela Câmara dos Deputados indica 14.796 casos de violência doméstica noticiados pela imprensa.

Em relação ao feminicídio, o Anuário Brasileiro da Segurança Pública aponta que ocorreram 1.326 ocorrências em 2019.[24] A definição de feminicídio compreende algumas variações, mas de uma forma simplificada ele corresponde ao crime de homicídio de mulheres, por esta pura e simples condição: mulheres assassinadas porque eram mulheres.[25] Porque homens, em geral com quem mantinham relações afetivas, viam essa relação com tamanha deturpação a ponto de acharem que detinham em relação a essas mulheres o poder de vida ou morte, ou, para ser um pouco condescendente sem tentar justificar, homens cujo machismo é tão intenso que em seu delírio furioso atacaram mulheres até a morte.

Essa triste constatação comporta ainda uma outra. As vítimas de feminicídio em geral foram, anteriormente, vítimas de outras formas de abuso. Os agressores, muitas vezes, iniciam sua escalada de violência com agressões verbais, tortura psicológica, dominação excessiva, opressão. Escalam esse comportamento para violência física e/ou sexual, até atingir o triste ápice do homicídio.

As estatísticas brasileiras revelam um cenário muito triste, preocupante e desafiador. A despeito de um adequado arcabouço legal, com princípios gerais[26] de proteção das mulheres e diversas leis que procuram concretizar esses princípios e conferir um status jurídico de proteção às mulheres,[27] os desafios práticos são enormes. E, nesse aspecto, sobressai a confirmação de uma máxima comum e verdadeira, a de que leis não são suficientes para modificar a cultura de um povo.

Nossa realidade contempla inúmeros comportamentos tolerados, pouca censura social ao machismo. Estamos habituados a "coisificar" a mulher, incorporamos posturas que a rebaixam, a ponto de aceitarmos as diferenças de tratamento, tanto no plano da realidade como no plano jurídico. Dificuldades na vida profissional, na vida acadêmica, salários menores para funções equivalentes, jornadas duplas ou triplas. E, coroando essa realidade, a percepção de que muitas tarefas são exclusivas das mulheres, seja no que diz respeito às rotinas domésticas, seja em relação aos filhos. Pais que "ajudam", que trocam uma ou outra fralda ou assumem os cuidados em uma parte do final de semana, são vistos como excelentes pais. A efetiva divisão de tarefas nos cuidados da casa comum e dos filhos comuns é uma utopia, e no universo machista predominante os poucos que assim se comportam são vítimas de preconceito, de *bullying*.

Todo esse cenário se agravou na pandemia. O isolamento social impôs um convívio familiar maior, qualitativa e quantitativamente. Os comportamentos patológicos se amplificaram, motivados pelo desgaste decorrente do maior convívio e das tensões inerentes à incerteza do atual momento da humanidade. Como resultado, mais episódios de violência psicológica, física e sexual contra as mulheres. Presas em casas, com seus algozes, muitas mulheres sofreram atos de violência.[28]

Os dados levantados pelo Fórum Brasileiro de Segurança Pública apontam que houve um aumento de 22% nos registros de casos de feminicídio no Brasil durante a pandemia do novo coronavírus.[29] Não estamos sozinhos nesse descalabro, porém. A situação da violência contra as mulheres, que foi qualificada pelo Secretário Geral da ONU, Jose Gutierrez, como uma pandemia mundial,[30] motivou o diretor-geral da OMS, Tedros

Adhanom Ghebreyesus, a pedir que todos os países "considerem os serviços de combate à violência doméstica como um serviço essencial, que deve continuar funcionando durante a resposta à Covid-19".[31]

As estatísticas, sempre muito importantes, podem nos distanciar um pouco dos problemas, minimizar nossa percepção sobre a sua gravidade. Por isso, peço licença a quem lê para ilustrar um pouco das situações que procuro aqui denunciar, mediante o relato de casos reais, tristemente atuais.

Em 24 de dezembro de 2020, a juíza Viviane Vieira do Amaral, do Rio de Janeiro, foi assassinada a facadas pelo ex-marido, na frente das filhas. Esse crime bárbaro não foi isolado. Ao menos outras cinco mulheres foram também assassinadas no Natal por seus atuais ou ex-maridos ou companheiros.[32]

Meses antes, por volta de agosto de 2020, a imprensa amplamente noticiou o drama de uma garota de dez anos, que havia sido sucessivamente estuprada por seu tio, e que estava grávida. Não obstante a autorização legal para abortos nessas situações,[33] o hospital para onde a garota foi inicialmente levada se recusou a realizar o procedimento. Foi necessário obter autorização judicial para realizar o aborto, que acabou ocorrendo em Recife. Mesmo assim, houve grande resistência da população em geral, de grupos religiosos, reunidos na porta do hospital. Uma "ativista conservadora", ou melhor, uma terrorista, chegou a divulgar o nome da garota em redes sociais, em atitude ilegal e imoral, para constranger a menina e sua família. Mais um episódio em que a vítima foi recriminada e pouco ou nada se falou do agressor, o covarde familiar que estuprou e engravidou a garota.[34, 35]

Os casos, infelizmente, podem ser contados aos milhares. Em comum, comportamentos abusivos socialmente tolerados, impunidade, um substrato cultural em que homens se consideram superiores às mulheres, sentem-se seus donos e agem de acordo. Abusam, ofendem, agridem, aterrorizam essas mulheres que, sem uma proteção social, podem facilmente "virar estatística".

Nosso desafio

Para um advogado que atua em resolução de disputas de natureza empresarial, é difícil propor qualquer tipo de solução a um problema tão grave. Nos limites desta crônica, nem tenho objetivos tão ambiciosos. O tema é complexo, muito grave, e questões complexas não comportam soluções simples. Tenho certeza de que há muito a ser feito, seja no âmbito do nosso país, seja no cenário mundial.

A equidade de gênero é um desejo, uma situação ideal, que deve ser permanentemente perseguida. Todos os dias podemos ter pequenas vitórias, avançar um pouco. Pessoalmente, cada um de nós pode ampliar seu grau de consciência em relação a esse problema, compreender a realidade à sua volta, lutar para melhorá-la. Em primeiríssimo lugar, cessar qualquer comportamento de negação desse problema. Não é exagero, não é mimimi, não é coisa de feministas, ou pior, feminazis. Esposas, filhas, sócias, árbitras, juízas, advogadas e professoras, todas elas precisam de mais apoio, de melhores oportunidades, do reconhecimento de seus direitos, tanto para que sejam tratadas igualmente nas situações de igualdade quanto para que sejam tratadas desigualmente, quando as situações exigirem.

Caminhando para uma sociedade mais igualitária, essas estatísticas podem diminuir. Mas é preciso ir além, e ir mais rápido. Precisamos compreender essa questão como central, de Estado, e intensificar a proteção social, econômica, jurídica e de todas as ordens, para reduzir o vergonhoso quadro em que ainda nos encontramos.

Notas

1. Bacharel, mestre e doutor pela Faculdade de Direito da Universidade de São Paulo. Integrante da Comissão Nacional do Projeto Mulheres no Processo, do Instituto Brasileiro de Direito Processual. Vice-Presidente do Centro de Arbitragem e Mediação da Câmara de Comércio Brasil-Canadá (CAM-CCBC).
2. Segundo dados do Anuário Brasileiro de Segurança Pública de 2020, ocorre uma agressão física (lesão corporal dolosa) a cada dois minutos.
3. No Brasil, ocorre um estupro a cada oito minutos, também segundo dados do Anuário Brasileiro de Segurança Pública de 2020.
4. SOBRAL, Isabela; BUENO, Samira. "Um estupro a cada 8 minutos". *Anuário Brasileiro de Segurança Pública de 2020*, pp.132-138.
5. ZAREMBA, Júlia. "Maioria das mulheres não denuncia agressor à polícia ou à família, indica pesquisa". São Paulo: *Folha de S.Paulo*, 2019. Disponível em: <https://www1.folha.uol.com.br/cotidiano/2019/02/maioria-

das-mulheres-nao-denuncia-agressor-a-policia-ou-a-familia-indica-pesquisa.shtml>. Acesso em: 22 jul. 2021.

6   Em 1993, em entrevista para o jornal *The Independent*, Sting explicou: "I woke up in the middle of the night with that line in my head, sat down at the piano and had written it in half an hour. The tune itself is generic, an aggregate of hundreds of others, but the words are interesting. It sounds like a comforting love song. I didn't realize at the time how sinister it is. I think I was thinking of Big Brother, surveillance and control." Disponível em: <https://www.independent.co.uk/life-style/interview-sting-how-we-mock-our-most-serious-star-our-national-friend-earth-shouldn-t-he-be-protected-species-or-least-respected-one-2320343.html>. Acesso em: 22 jul. 2021.

7   Em 1983, durante uma entrevista para o *New Musical Express*, Sting explicou: "I think it's a nasty little song, really rather evil. It's about jealousy and surveillance and ownership." Sobre a interpretação equivocada que muitos fazem da letra, ele acrescentou: "I think the ambiguity is intrinsic in the song however you treat it because the words are so sadistic. On one level, it's a nice long song with the classic relative minor chords, and underneath there's this distasteful character talking about watching every move. I enjoy that ambiguity. I watched Andy Gibb singing it with some girl on TV a couple of weeks ago, very loving, and totally misinterpreting it. (Risadas) I could still hear the words, which aren't about love at all. I pissed myself laughing." Disponível em: <https://www.songfacts.com/facts/the-police/every-breath-you-take>.

8   Apenas alguns exemplos: The Beatles, "Run for Your Life"; Guns N' Roses, "Used to Love Her". No cenário nacional, Francisco Alves canta, em "Amor de malandro": "O amor é do malandro/ oh, meu bem, melhor do que ele ninguém/ se ele te bate/ é porque gosta de ti". Noel Rosa cantou que "Mulher indigesta" merece "um tijolo na testa" e "entrar no açoite". Do rock nacional da década de 1980, temos a música "Camila", do grupo Nenhum de Nós, em que Camila "tem medo até do seu olhar, mas o ódio cega e você não percebe", ou "da vergonha do espelho naquelas marcas", que "havia algo de insano naqueles olhos, que passavam o dia a me vigiar".

9   Disponível em: <https://www.uol.com.br/universa/noticias/redacao/2018/04/12/mulheres-criam-site-para-denunciar-musica-machista-e-listam-as-10-.htm>.

10 Em entrevista para a BBC Radio 2: "I think the song is very, very sinister and ugly and people have actually misinterpreted it as being a gentle little love song, when it's quite the opposite."

11 Em suas próprias palavras em seu livro *Lyrics*: "The song has the standard structure of a pop ballad, but there is no harmonic development after the middle eight, no release of emotions or change in the point of view of the

protagonist. He is trapped in his circular obsessions. Of course, I wasn›t aware of any of this. I thought I was just writing a hit song, and indeed it became one of the songs that defined the ‹80s, and by accident the perfect sound track for Reagan›s Star Wars fantasy of control and seduction. When I finally became aware of this symmetry, I was forced to write an antidote: ‹If You Love Somebody Set Them Free›."

12   Segundo dados do Fórum Brasileiro de Segurança Pública em 2020, a cada 2,37 minutos uma mulher sofre uma agressão dolosa.

13   Segundo dados do Fórum Brasileiro de Segurança Pública em 2020, a cada 10,3 minutos uma mulher é estuprada.

14   A amostragem se deu a partir de 2.084 entrevistas, sendo que, destas, 1.092 entrevistas foram realizadas com mulheres. A pesquisa abrangeu a população adulta brasileira de todas as classes sociais com 16 anos ou mais, com entrevistas em 130 municípios de pequeno, médio e grande porte, de todas as regiões do país. Os resultados completos da pesquisa podem ser vistos no link indicado no rodapé. Disponível em: <https://forumseguranca.org.br/wp-content/uploads/2019/02/relatorio-pesquisa-2019-v6.pdf>. Acesso em: set. 2021.

15   O Anuário Brasileiro de Segurança Pública se vale de estatísticas das Secretarias Estaduais de Segurança Pública. O Mapa da Violência contra a Mulher, elaborado pela Câmara dos Deputados, compilou dados a partir de 140 mil notícias veiculadas pela imprensa brasileira. Por fim, o relatório "Visível e Invisível: a vitimização de mulheres no Brasil", 2.ª edição, se baseou em 2.084 entrevistas com a população adulta, acima de 16 anos, em todas as regiões do Brasil (desse total, 1.092 eram mulheres).

16   Relatório "Visível e Invisível: a vitimização de mulheres no Brasil", 2.ª edição, p. 13. Disponível em: <http://www.forumseguranca.org.br/wp-content/uploads/2019/02/relatorio-pesquisa-2019-v6.pdf>.

17   O relatório "Visível e Invisível: a vitimização de mulheres no Brasil, 2.ª edição" afirma que, desse total, 4.600.000 (quatro milhões e seiscentas mil mulheres) foram tocadas ou agredidas fisicamente por motivos sexuais, o que representa nove mulheres por minuto.

18   Ainda que as estatísticas possam revelar um aparente decréscimo, isso ocorre porque, "como a maior parte dos crimes cometidos contra as mulheres no âmbito doméstico exigem a presença da vítima para a instauração de um inquérito, as denúncias começaram a cair na quarentena em função das medidas que exigem o distanciamento social e a maior permanência em casa. Além disso, a presença mais intensa do agressor nos lares constrange a mulher a realizar uma ligação telefônica ou mesmo de dirigir-se às autoridades competentes para comunicar o ocorrido". Esse mesmo Anuário da Violência no Brasil indica alguns outros números, relativos ao primeiro semestre de 2020, como 110.791 casos de lesão

19 Relatório "Visível e Invisível: a vitimização de mulheres no Brasil", 2.ª edição, p. 10.
20 Segundo o Mapa da Violência, 19 milhões de mulheres ouviram comentários desrespeitosos quando estavam andando na rua; seis milhões de mulheres receberam cantadas ou comentários desrespeitosos no ambiente de trabalho; 3.900.000 de mulheres foram assediadas fisicamente em transporte público como ônibus e metrô; três milhões de mulheres foram abordadas de maneira agressiva durante a balada, isto é, alguém tocou seu corpo. Disponível em: <https://dossies.agenciapatriciagalvao.org.br/dados-e-fontes/pesquisa/visivel-e-invisivel-a-vitimizacao-de-mulheres-no-brasil-2-a-edicao-datafolha-fbsp-2019/>.
21 Dados do relatório "Visível e Invisível" em relação ao perfil do agressor: 76,4% das mulheres que sofreram violência afirmam que o agressor era alguém conhecido; 23,8% cônjuge/companheiro/namorado; 21,1% vizinho; 15,2% ex-cônjuge/ex-companheiro/ex-namorado. Disponível em: <https://dossies.agenciapatriciagalvao.org.br/dados-e-fontes/pesquisa/visivel-e-invisivel-a-vitimizacao-de-mulheres-no-brasil-2-a-edicao-datafolha-fbsp-2019/>.
22 Segundo o Mapa da Violência contra a mulher, em 2018 "a cada 17 minutos uma mulher é agredida fisicamente no Brasil. De meia em meia hora alguém sofre violência psicológica ou moral. A cada 3 horas, alguém relata um caso de cárcere privado. No mesmo dia, oito casos de violência sexual são descobertos no país, e toda semana 33 mulheres são assassinadas por parceiros antigos ou atuais. O ataque é semanal para 75% das vítimas, situação que se repete por até cinco anos. Essa violência também atinge a parte mais vulnerável da família, pois a maioria dessas mulheres é mãe e os filhos acabam presenciando ou sofrendo as agressões". Disponível em: <https://www2.camara.leg.br/atividade-legislativa/comissoes/comissoes-permanentes/comissao-de-defesa-dos-direitos-da-mulher-cmulher/arquivos-de-audio-e-video/MapadaViolenciaatualizado200219.pdf>, fls. 6 do relatório.
23 Segundo o Mapa da Violência contra a mulher (p. 9). Desses quase 33 mil estupros, "29.430 foram do chamado 'tipo comum' que é aquele cometido por um único homem presencialmente contra uma ou mais vítimas. Já sobre o estupro coletivo, cometido por dois ou mais indivíduos contra uma ou mais vítimas, foram 3.349 casos noticiados. Do estupro virtual, quando a mulher sofre ameaças de ter seu corpo exposto na internet, foram 137 casos".
24 Em 2018, 1.229 mulheres foram vítimas de feminicídio; já no primeiro semestre de 2020, ocorreram outras 949 mortes. Por sua vez, o Mapa da Violência, elaborado pela Câmara dos Deputados, afirma que "dados do

presente levantamento apontam que 15.925 mulheres foram assassinadas em situação de violência doméstica desde a sanção da lei", que se deu em 2015. São números expressivamente maiores. No confronto entre tais pesquisas, parece que o Mapa da Violência considerou todos os homicídios que tiveram mulheres como vítimas, o que inclui os casos de feminicídio.

25 Do relatório elaborado pelo Congresso Nacional, extrai-se que "o feminicídio é homicídio de mulheres, mas importa a causa da matança para uma morte violenta ser assim classificada: a mulher precisa ter sido morta por violência doméstica ou familiar, ou por discriminação pela condição de mulher". Essa definição tão completa foi dada pela antropóloga, pesquisadora e professora da Universidade de Brasília Débora Diniz.

26 Arts. 5.º, I: I — homens e mulheres são iguais em direitos e obrigações, nos termos desta Constituição; e 7.º, XX — proteção do mercado de trabalho da mulher, mediante incentivos específicos, nos termos da lei da Constituição da República Federativa do Brasil de 1988.

27 Os dois marcos legais mais importantes no enfrentamento à violência contra as mulheres no Brasil são a Lei Maria da Penha, n.º 11.340 de 2006, que tipifica e define a violência contra a mulher, e a Lei 13.104 de 2015, que alterou o Código Penal brasileiro para incluir o feminicídio como qualificadora do homicídio no direito brasileiro, qualificando-o como crime hediondo.

28 FERNANDES, Nayara. "Sem lugar seguro: quarentena expõe crise de violência doméstica no país". R7, 2020. Disponível em: <https://noticias.r7.com/saude/coronavirus/sem-lugar-seguro-quarentena-expoe-crise-de-violencia-domestica-no-pais-01042020>. BASSAM, Pedro.
"Casos de violência doméstica no RJ crescem 50% durante confinamento". G1, 23 mar. 2020. Disponível em: <https://g1.globo.com/rj/rio-de-janeiro/noticia/2020/03/23/casos-de-violencia-domestica-no-rj-crescem-50percent-durante-confinamento.ghtml>.

29 Segundo o jornal *El País*, a violência contra a mulher no país em um ano no qual os feminicídios cresceram quase 2% no primeiro semestre de 2020, totalizando 648 casos segundo dados do Anuário Brasileiro de Segurança Pública. Nos meses mais críticos da pandemia, entre março e abril, a alta foi ainda maior: em São Paulo o número de mulheres assassinadas por companheiros ou ex-companheiros subiu 41,4% no período. três milhões https://brasil.elpais.com/brasil/2020-12-29/mulheres-enfrentam-alta-de-feminicidios-no-brasil-da-pandemia-e-o-machismo-estrutural-das-instituicoes.html>.

30 ONU News, 2018. Disponível em: <https://news.un.org/pt/story/2018/11/1648231>.

31 Modelli, Laís. "Violência física e sexual contra mulheres aumenta durante isolamento social provocado pelo coronavírus". *G1*, 2020. Disponível

em: <https://g1.globo.com/bemestar/coronavirus/noticia/2020/04/19/violencia-fisica-e-sexual-contra-mulheres-aumenta-durante-isolamento-social-provocado-pelo-coronavirus.ghtml>.

32 ALESSI, Gil. "Mulheres enfrentam alta de feminicídios no Brasil da pandemia e o machismo estrutural das instituições". *El País*, 2020. As vítimas são "Thalia Ferraz, de 23 anos, morta a tiros pelo ex-companheiro diante dos parentes, em Jaraguá do Sul, Santa Catarina; Evelaine Aparecida Ricardo, de 29 anos, baleada pelo namorado durante a ceia, em Campo Largo, Paraná; Loni Priebe de Almeida, de 74 anos, morta com um tiro na cabeça pelo ex-companheiro, que cometeu suicídio logo em seguida, em Ibarama, Rio Grande do Sul; Anna Paula Porfírio dos Santos, de 45 anos, morta a tiros pelo marido, dentro de casa onde também estava a filha de 12, em Recife, Pernambuco; e Aline Arns, de 38 anos, baleada pelo ex-companheiro também no interior da residência, em Forquilhinha, Santa Catarina". Disponível em: <https://brasil.elpais.com/brasil/2020-12-29/mulheres-enfrentam-alta-de-feminicidios-no-brasil-da-pandemia-e-o-machismo-estrutural-das-instituicoes.html>;<https://www12.senado.leg.br/noticias/materias/2020/12/28/senadores-condenam-casos-de-feminicidio-ocorridos-no-natal>

33 Código Penal, art. 128, II.

34 Da reportagem, extrai-se: "A menina de 10 anos que mora no Espírito Santo foi levada ao Hospital Roberto Silvares, em São Mateus, a 218 quilômetros de Vitória, com mal-estar. Os médicos constaram que a menina estava com barriga. Após a realização de exames, constaram gravidez de 22 semanas, quase seis meses. O hospital no Espírito Santo se recusou a fazer o procedimento, afirmando que não há protocolo para interrupção da gravidez com a idade gestacional avançada. A menina, então, foi levada pela avó ao Recife onde o procedimento foi realizado após autorização do juiz Antonio Moreira Fernandes, da Vara de Infância e da Juventude de São Mateus". Disponível em: <https://veja.abril.com.br/brasil/quem-sao-os-grupos-que-tentaram-impedir-o-aborto-de-menina-de-10-anos/>.

35 Mais recentemente, outra criança engravidou de gêmeos, após ser estuprada pelo padrasto. Os abusos contra a garota ocorriam desde os seus seis anos de idade.

Cambalache

Ricardo Villas Bôas Cueva

El mundo fue y será una porquería, ya lo sé
En el quinientos seis y en el dos mil también
Que siempre ha habido chorros
Maquiávelos y estafáos'
Contentos y amargaos, valores y dublé
Pero que el siglo veinte es un despliegue
De maldá' insolente ya no hay quien lo niegue
Vivimos revolcaos en un merengue
Y en el mismo lodo todos manoseaos

Hoy resulta que es lo mismo ser derecho que traidor
Ignorante, sabio, chorro, generoso, estafador
Todo es igual, nada es mejor
Lo mismo un burro que un gran profesor!
No hay aplazaos ni escalafón
Los inmorales nos han igualá'o
Si uno vive en la impostura
Y otro roba en su ambición

> *Da lo mismo que sea cura*
> *Colchonero, rey de bastos*
> *Caradura o polizón*
>
> *¡Qué falta de respeto, qué atropello a la razón!*
> *¡Cualquiera es un señor, cualquiera es un ladrón!*
> *Mezclao' con Stavisky van Don Bosco y La Mignon*
> *Don Chicho y Napoleón, Carnera y San Martín*
> *Igual que en la vidriera irrespetuosa*
> *De los cambalaches se ha mezclao' la vida*
> *Y herida por un sable sin remache*
> *Ve llorar la Biblia contra un bandoneón*
>
> *Siglo veinte, cambalache, problemático y febril*
> *El que no llora no mama y el que no afana es un gil*
> *Dale nomás, dale que va*
> *Que allá en el horno nos vamo' a encontrar*
> *No pienses más, sentate a un lao'*
> *Que a nadie importa si naciste honrao'*
> *Es lo mismo el que labura*
> *Noche y día como un buey*
> *Que el que vive de los otros*
> *Que el que mata o el que cura*
> *O está fuera de la ley*
>
> Enrique Santos Discépolo

Cambalache é um dos mais célebres tangos argentinos, sempre regravado e reatualizado com a adição de nomes ou circunstâncias reconhecíveis pela nova geração a que se dirige. Embora sua letra não faça menção à Argentina ou a Buenos Aires, diferentemente da maioria dos tangos, é amplamente reconhecido como um retrato contemporâneo, mas também presciente, daquele país e do mundo. Composto em 1934 por Enrique Santos Discépolo, antes, portanto, da Segunda Guerra Mundial e de outros acontecimentos marcantes do século XX, é visto frequentemente como prognóstico do que se pode chamar, sem hipérbole, de mal-estar da civilização, em decorrência da avassaladora sucessão de guerras, genocídios e a permanente ameaça de hecatombe nuclear.

A palavra "cambalache", na Argentina e no Uruguai, designa loja de bens usados, expostos sem ordem ou hierarquia. A tradução mais adequada para o português talvez seja brechó ou bricabraque, embora a associação óbvia para nós brasileiros seja com "cambalacho", sinônimo, no Houaiss, de tramoia, ardil ou de negócio em que há fraude ou trapaça. É, contudo, do sentido original platino do vocábulo, ou seja, compra e venda ou conjunto de objetos disparatados, que a canção extrai sua força e sua adaptabilidade ao longo de quase nove décadas de ressignificações. É por meio da justaposição de objetos, personagens e conceitos que a letra de Discépolo atinge sua máxima tensão. Como na vitrine desrespeitosa de um brechó, a vida se mescla: a bíblia, perfurada por um gancho, chora ao lado de um bandoneón (há versões mais profanas), personalidades antípodas se ombreiam, virtude e vício convivem sem critério. Nada disso é novidade. Já se sabe, desde o início da canção, que "o mundo foi e será uma porcaria, em 506 e em 2000 também". Mas o século XX, mal decorrida sua primeira terça parte, já se revelava "um exagero de maldade insolente". Havia uma indiferença generalizada quanto aos méritos de cada um. Tudo era igual, sem distinção de valor: traidores ou heróis, ignorantes e sábios, ladrões ou generosos, não havia como avaliar o melhor ou preferível. Personagens históricos emblemáticos por seus vícios ou virtudes eram também emparelhados sem maiores cuidados. Tudo a demonstrar falta de respeito e atropelo da razão.

Percebe-se, desde logo, uma forte crítica moral à anomia dos novos tempos. O mal sempre existiu, mas, antes do século XX, teria sido possível distingui-lo do bem. O novo século, marcado por um exagero de maldade, já não permitiria fazê-lo. A indiferença quanto a valores, enquanto disfuncionalidade da razão, teria consequências presentes e futuras. Esse é o quadro sombrio que se vislumbra, e é por isso que *Cambalache* é associado a uma certa "estética do desencanto" comum na Argentina dos anos 1930, lá conhecida como a "década perdida" ou "década infame", em razão da crise econômica, do alto nível de desemprego e do retorno ao poder de grupos oligárquicos. O desencanto não se confunde com cinismo, antes aponta para uma sensação de entropia, de que tudo tenderia no futuro a piorar, de que os grandes desígnios do país não se realizariam.

Desencanto e desilusão talvez sejam processos contínuos de erosão de ideias, aspirações, projeções de desejos não realizados. Na música popular, esses sentimentos são habitualmente ligados a desencontros amorosos ou perdas pessoais. Aqui não. A validade dos juízos de valor, essencial para a orientação da existência, é posta em xeque, mas não de perspectiva niilista. Ao contrário, critica-se a inversão e a relativização de valores. Isso ajuda a explicar o papel de destacado clássico que *Cambalache* nunca perdeu na música popular argentina, pois é tango sempre atual e aberto a novas leituras.

Não parece haver dúvida de que versos como os que abrem a última estrofe (*Siglo veinte, cambalache, problemático y febril/El que no llora no mama y el que no afana es un gil*) podem também ser entendidos no contexto de uma crítica social conservadora, que verbera a decadência dos costumes e criminaliza a atividade política, mas não é esse o sentido da recepção consagradora de *Cambalache* na Argentina ou no Brasil, onde foi gravado por Caetano Veloso, Gilberto Gil e Raul Seixas. Caetano gravou o tango, em espanhol, no final da década de 1960, durante o regime autoritário, talvez porque sua letra se encaixe na estética tropicalista, com seus paradoxos e justaposições, e de algum modo ecoe a "geleia geral brasileira" referida na canção de Gil e Torquato Neto. A versão de Raul Seixas, traduzida para o português e adaptada à nova audiência, com o acréscimo, por exemplo, de personagens como John Lennon e Ringo Starr, tem sonoridade assemelhada à do rock e lembra uma canção de protesto irônica e bem-humorada.

Seja como for, o tango de Discépolo, sempre renovado, parece desafiar o tempo e encantar públicos de várias origens, condições e idades, pois quem o ouve identifica de imediato o retrato preciso do memento que vive.

Ficha Limpa

Roberto Rosas

A música exprime conteúdo social e político, nas mais diversas ocasiões, como vemos no cancioneiro brasileiro, assim — "Apesar de você" (Chico Buarque), um protesto aos militares; "Para não dizer que não falei das flores" (Geraldo Vandré), "O bêbado e o equilibrista" (Aldir Blanc), a crítica urbana, então, falta d'água no Rio de Janeiro (de dia falta água, de noite falta luz), lata d'água na cabeça, crítica social.

Certamente essa exteriorização veio ao mundo do direito e, por certo, a polícia está envolvida.

O primeiro samba, assim reconhecido pela crítica musical, foi "Pelo Telefone" (1916), certo deboche a atuação policial contra o jogo no Rio de Janeiro. Em 1913, a polícia fazia intensa campanha contra a jogatina. Um jornal (*A Noite*) instalou em frente a sua sede (Largo do Carioca) uma roleta. O chefe da Polícia mandou destruir essa roleta. Mais tarde, outro chefe (Aureliano Leal) foi mais duro, comunicou, por telefone, a todos os delegados a proibição da jogatina, então surgiu em 1916 o samba — "Pelo Telefone" — *O Chefe da Polícia pelo telefone mandou-me avisar que na Carioca tem uma roleta para se jogar.* (NETO, Lira. "Almirante — No Tempo de Noel Rosa", *Uma história do samba: As origens*. São Paulo: Companhia das Letras, 2017, p. 43). Hoje esse samba tem adaptação com letra e interpretação de Gilberto Gil. Pela internet, que termina: *Que o chefe da polícia carioca avisa pelo celular. Que lá na Praça Onze tem um videopoquer para se jogar.*

O máximo dessa exposição do quotidiano ocorreu com Noel Rosa (1910-1937), com seus 26 anos de vida, compôs 250 músicas, com a inauguração do samba urbano, reflexo de condutas, visões sociais, comportamentos da sociedade.

Noel Rosa preparou-se para a medicina e cursava dois anos na Faculdade de Medicina do Rio de Janeiro, quando logo foi atraído pela boemia e pela música, a boa malandragem do velho Rio de Janeiro — samba, cerveja e mulher. Noel afastou-se dos pacientes e proclamou — "Como médico, eu jamais serei um Miguel Couto. Mas quem sabe, poderei ser o Miguel Couto do samba?" Assim ocorreu, inaugurou a música popular brasileira em alto estilo, até hoje com o clássico *Feitiço da Vila* (1934) - *"Quem acha vive se perdendo ..."* (MOTTA, Nelson Motta. *101 Canções que tocaram o Brasil*. Rio de Janeiro: Estação Brasil, 2016, p. 17); "Palpite Infeliz" *(Quem é você que não sabe o que diz...)*; "Com que roupa" *(Com que roupa eu vou...)* esta, hoje cantada por Gilberto Gil; "Conversa de botequim" (1935) *(Seu garçom, faça um favor)*, analisada pelo antropólogo Roberto da Matta — a falsa cortesia brasileira, é a mais tocada no Spotify e YouTube; "O orvalho vem caindo" (reflete a boemia).

E por paixão, amor — "Último desejo" *("Nosso amor que eu não esqueço ...",* hoje na voz de Maria Bethânia). Em "Fita Amarela" *("Quando eu morrer, não quero choro nem vela ...")*. Tudo isso voltou nas vozes de Beth Carvalho, Ivan Lins e Martinho da Vila.

De sobra, Noel Rosa aparece como exaltação de Chico Buarque em "Rita" (Rita levou um bom disco de Noel) ou "Paratodos" ("Tome Noel"). (MÁXIMO, João Máximo; DIDIER, Carlos. *Noel Rosa: Uma biografia*. Brasília: Editora UnB, 1990).

Quando aluno do Colégio Pedro II, na Avenida Marechal Floriano, meu professor de canto era Homero Dornelas. Certo dia, alguém lembrou que Dornelas tinha o nome musical de Candoca da Anunciação e era autor do famoso samba – "Na Pavuna". Tomei coragem, porque Dornelas era muito simpático e gentil com os alunos, e perguntei se confirmava o pseudônimo e a autoria. Ele resvalou e levou a conversa para Noel Rosa, em outras palavras, ele era insignificante, importante era Noel, e esse assunto rendeu o ano letivo todo, daí a paixão deste subscritor pela obra de Noel Rosa.

No meio dessa vasta obra musical, destacado em 1933 — "Onde está a honestidade?". Era uma crítica, aqueles (aquelas) deslumbrantes na riqueza, especialmente os que enriqueciam com dinheiro público, os políticos, tudo subliminar. Mais tarde, Beth Carvalho foi a restauradora de "Onde está a honestidade?" e Paula Toller, em 2019, apenas substituiu automóvel por Mercedes e Ferrari. Em 2011, a prova do Enem trouxe o tema, após 78 anos da sua aparição, e dizia essa prova — texto atualizável, na medida em que, utilizando-se de ironia, refere-se ao enriquecimento de origem duvidosa de algumas pessoas.

Com isso, qual a mensagem jurídica dessa música (87 anos depois — 2020)? Vamos a Lei Complementar nº 135/2010, chamada Lei da Ficha Limpa, no afastamento dos corruptos, nos crimes contra o patrimônio privado, o sistema financeiro, lavagem ou ocultação de bens, e abuso do poder econômico.

Enfim, olhem as entrelinhas, o subliminar, e vejam os presentes personagens (carne e osso):

Você tem palacete reluzente
Tem joias e criados à vontade
Sem ter nenhuma herança nem parente
Só anda de automóvel na cidade
E o povo já pergunta com maldade
Onde está a honestidade?
Onde está a honestidade?
O seu dinheiro nasce de repente
E embora não se sabe se é verdade
Você acha nas ruas diariamente
Anéis, dinheiro e até a felicidade
Onde está a honestidade?
Procura-se por ela, até hoje.

O DIA EM QUE A TERRA PAROU[1]

Rodrigo Garcia da Fonseca[2]

1. Sou de uma geração marcada pelos anos 1980. Vivi a minha adolescência e o início da vida adulta nessa época. No Brasil, era o tempo da hiperinflação, da estagnação e da moratória, a chamada década perdida, segundo os economistas. Para Raul Seixas, uma "charrete que perdeu o condutor", tempos de "melancolia e promessas de amor".[3] Mas também era um momento muito rico.

2. Foram anos de transição do Regime Militar para a Democracia. Tempos do assassinato de John Lennon, do atentado do Riocentro, da Guerra das Malvinas, de Ronald Reagan, das "Diretas Já", do Cometa Halley, do Colégio Eleitoral, do Plano Cruzado, de pedir a libertação de Nelson Mandela e escutar "We are the World". Tempos de torcer para Nelson Piquet e Ayrton Senna pela TV no domingo de manhã, lendo o *Jornal do Brasil*, e de depois ir à tarde para as arquibancadas do Maracanã e ver um Flamengo espetacular, escutando os comentários de João Saldanha. E na segunda-feira ler sobre o domingo nas páginas cor-de-rosa do *Jornal dos Sports*.

3. Os anos 1980 eram época de ir ao Circo Voador e ao Rock in Rio,[4] de ver o nascimento do rock brasileiro de Blitz, Paralamas do Sucesso, Barão Vermelho, Legião Urbana, Ultraje a Rigor e tantos outros.[5] Mas

aquelas bandas não surgiram do nada. Antes havia outros: a Jovem Guarda e a Tropicália, Mutantes e Rita Lee. E havia Raul Seixas.[6]

4. Desde pequeno, ainda nos anos 1970, eu era fascinado por aquela figura. Tinha vários discos dele (aliás, ainda tenho, nunca joguei fora os meus velhos LPs). Um baiano barbudo, roqueiro com cara de profeta, engraçado, capaz de misturar Elvis Presley com Luiz Gonzaga, rock and roll e baião.[7] O homem que nasceu há dez mil atrás,[8] a mosca na sopa,[9] a luz das estrelas,[10] o maluco beleza,[11] a metamorfose ambulante,[12] o carimbador maluco,[13] o cowboy fora de lei.[14] Alguém que cantava que a solução para a crise econômica era alugar o Brasil para os gringos.[15] Alguém capaz de misturar e dar conselhos a Al Capone, Jesus Cristo e Júlio César numa só canção.[16] Tantas e tantas músicas que eu gostava, divertidas, quase sempre um pouco megalômanas,[17] e bem mais profundas do que podiam parecer à primeira vista.

5. Ao mesmo tempo, ele era um símbolo de transgressão. Um verdadeiro "subversivo", em tempos de ditadura, na forma como se vestia, no cabelo e na barba, no que falava e fazia. Em pleno 1974, cantou a sociedade alternativa: "Faça o que tu queres pois é tudo da lei".[18] É incrível que a censura tenha permitido isso naquela época. Talvez não levassem um sujeito daqueles a sério.

6. Raul Seixas morreu em 1989, com apenas 44 anos, infelizmente com a saúde há muito debilitada pelo alcoolismo e o abuso de outras drogas. Um marco no fim dos anos 1980.[19] Mas o seu trabalho ficou, ganhou até maior envergadura com a passagem do tempo. Quantas vezes não ouvimos hoje em dia o grito "Toca Raul"? Quem diria que Raul Seixas viraria até tema de bloco de carnaval? Deixou de ser alguém exótico e passou hoje ao *mainstream* da MPB.

7. Pois bem, "O dia em que a Terra parou", a canção gravada na voz de Raul Seixas, em 1977, no LP do mesmo nome, inspirado no famoso filme de ficção de científica dos anos 50, "contava uma história que era mais ou menos assim"[20]:

> *Essa noite eu tive um sonho de sonhador*
> *Maluco que sou, eu sonhei*
> *Com o dia em que a Terra parou*

Com o dia em que a Terra parou
Foi assim
No dia em que todas as pessoas
Do planeta inteiro
Resolveram que ninguém ia sair de casa
Como que se fosse combinado em todo o planeta
Naquele dia, ninguém saiu de casa, ninguém
O empregado não saiu pro seu trabalho
Pois sabia que o patrão também não 'tava lá
Dona de casa não saiu pra comprar pão
Pois sabia que o padeiro também não 'tava lá
E o guarda não saiu para prender
Pois sabia que o ladrão, também não 'tava lá
E o ladrão não saiu para roubar
Pois sabia que não ia ter onde gastar
No dia em que a Terra parou, eh eh
No dia em que a Terra parou, oh oh oh
No dia em que a Terra parou, oh oh
No dia em que a Terra parou
E nas Igrejas nem um sino a badalar
Pois sabiam que os fiéis também não 'tavam lá
E os fiéis não saíram pra rezar
Pois sabiam que o padre também não 'tava lá
E o aluno não saiu para estudar
Pois sabia o professor também não 'tava lá
E o professor não saiu pra lecionar
Pois sabia que não tinha mais nada pra ensinar
No dia em que a Terra parou, oh oh oh oh
No dia em que a Terra parou, oh oh oh
No dia em que a Terra parou
No dia em que a Terra parou
O comandante não saiu para o quartel
Pois sabia que o soldado também não 'tava lá
E o soldado não saiu pra ir pra guerra
Pois sabia que o inimigo também não 'tava lá

> *E o paciente não saiu pra se tratar*
> *Pois sabia que o doutor também não 'tava lá*
> *E o doutor não saiu pra medicar*
> *Pois sabia que não tinha mais doença pra curar*
> *No dia em que a Terra parou oh yeah*
> *No dia em que a Terra parou, foi tudo*
> *No dia em que a Terra parou, oh oh oh*
> *No dia em que a Terra parou*
> *Essa noite eu tive um sonho de sonhador*
> *Maluco que sou, acordei*
> *No dia em que a Terra parou, oh yeah*
> *No dia em que a Terra parou, ohh*
> *No dia em que a Terra parou, eu acordei*
> *No dia em que a Terra parou, acordei*
> *No dia em que a Terra parou, justamente*
> *No dia em que a Terra parou (eu não sonhei acordado)*
> *No dia em que a Terra parou*
> *No dia em que a Terra parou*
> *No dia em que a Terra parou, oh yeah*
> *No dia em que a terra parou*

8. Impossível ouvir essa música ou ler essa letra hoje em dia, em julho de 2020, e não pensar na quarentena decorrente da pandemia da Covid-19.

9. O tom da canção é otimista, utópico, e muito diferente da realidade terrível vivida pelo mundo nos últimos meses. Na visão de Raul Seixas, os médicos ficariam em casa pois não haveria mais doenças a curar. Nas últimas semanas, o Brasil vem enterrando mais de mil mortos por dia. Mas é impossível escutar a música e não pensar nas cenas impactantes das cidades sem pessoas nas calçadas, dos comércios fechados e das ruas vazias. Ou não lembrar do papa Francisco rezando uma missa na Praça de São Pedro absolutamente deserta, enquanto a Itália enfrentava o auge da crise sanitária no início do ano. A Terra parou em 2020.

10. A canção nos faz refletir sobre os efeitos econômicos gravíssimos decorrentes da pandemia e da quarentena. Como disse Adam Smith, não é da benevolência do açougueiro, do cervejeiro e do padeiro que esperamos

o nosso jantar, mas da consideração que eles têm pelos próprios interesses.[21] Todo o comerciante quer vender os seus produtos e dessas vendas tirar o próprio sustento. Mas para isso ele precisa do cliente.

11. A dona de casa não sai para comprar pão se o padeiro não está lá. E o padeiro não vende pão, se o cliente não vai à padaria. Se a empresa fecha as portas, e nem o empregado e nem o patrão vão trabalhar, o resultado é uma enorme quantidade de negócios sendo inviabilizados ou quebrando, e um crescimento assustador do desemprego. A fortíssima recessão e uma crise social alarmante são as realidades de quando a Terra realmente para.

12. Por outro lado, o fechamento das fronteiras revelou a imensa interdependência dos países numa economia globalizada. A fábrica na Europa depende de peças produzidas na China que deixaram de ser importadas de uma hora para outra. Mesmo os países mais ricos descobriram que não fabricavam máscaras, respiradores e equipamentos de proteção nas quantidades necessárias, tudo colocando em xeque as cadeias de produção internacionalizadas e interligadas que eram o exemplo da modernidade econômica.

13. A crise sanitária generalizada, e as crises econômica e social decorrentes, porém, não são só desalento. A economia se readapta e se reinventa com muita velocidade. Desde Platão, a necessidade é a mãe da invenção.[22] Nem tudo é notícia ruim em 2020.

14. Em pouquíssimo tempo, o home office se estabeleceu como algo normal, as reuniões virtuais viraram a regra e os serviços de vídeo conferências, ensino a distância, delivery e streaming prosperaram. Em muitos negócios, o patrão e o empregado não saíram para trabalhar, mas continuaram trabalhando remotamente. A dona de casa não foi ao mercado, mas fez as compras pela internet e recebeu a entrega em casa. O momento é de mudança de paradigmas, da destruição criadora referida por Schumpeter,[23] quando velhas formas de funcionar desaparecem e as inovações transformam a face da economia.

15. Por outro lado, a pandemia proporcionou um surto de solidariedade na sociedade brasileira como nunca se tinha visto antes, tomando a forma de doações em montantes expressivos por parte de empresas, de associações e de indivíduos, ou de mutirões e trabalhos comunitários. Infelizmente não temos uma cultura arraigada de assistência aos mais

necessitados por parte das empresas privadas e das pessoas mais ricas. Mas a reação da sociedade civil à crise da Covid-19 dá razões para que se tenha esperança de que haja uma mudança no padrão de comportamento das pessoas em face da gritante desigualdade social crônica do Brasil. Mesmo diante da inação do Estado em face da falta de recursos mínimos e das necessidades prementes de grandes parcelas da população, haverá sempre algo que cada um poderá fazer para ajudar o próximo. E se cada um fizer um pouco, o nosso país poderá ser muito melhor.

16. Passo da economia para o direito. As quarentenas, do *lockdown* ou confinamento estrito às políticas mais gerais de isolamento social, incluindo as restrições de abertura de comércios e a obrigatoriedade do uso de máscaras, por exemplo, colocam várias questões sérias e complexas na área do Direito Constitucional e das liberdades e garantias individuais.

17. O Brasil do início do século XX viveu a Revolta da Vacina, com graves distúrbios sociais em razão da obrigatoriedade de vacinação contra a varíola, que à época foi encarada por muitos como uma violação do Estado à integridade física das pessoas.[24] O que fez com que, em 2020, a grande maioria da população aceitasse a legalidade das medidas tomadas contra a Covid-19, apesar da forte resistência de alguns, e da expressa contrariedade da cúpula do Governo Federal?

18. Não estariam sendo violados os direitos de ir e vir com as restrições à circulação das pessoas? Ou a liberdade de reunião? Não estaria sendo violada a livre iniciativa, com a obrigatoriedade do fechamento dos comércios em geral?[25]

19. Na realidade, o que houve foi a prevalência da proteção do direito à vida e à saúde,[26] que diante da ciência conhecida, só podem ser preservadas com eficácia, na coletividade, mediante o distanciamento social. O caso é típico de ponderação de princípios. Os princípios econômicos e de algumas liberdades e garantias fundamentais devem ceder diante da premência do princípio da preservação da saúde e da vida humana.[27]

20. Por outro lado, a ponderação somente se legitimará diante da razoabilidade e da proporcionalidade das medidas adotadas. A situação é aquela que a doutrina e a jurisprudência tratam como a colisão de direitos fundamentais. São situações nas quais dois ou mais direitos constitucionais fundamentais entram em conflito, devendo o julgador se esforçar para

solucionar adequadamente o confronto, considerando a importância dos preceitos e valores envolvidos, ponderando-os em cada situação dada.[28] A lógica do razoável, mediante a ponderação de princípios e valores, é padrão para a aferição da constitucionalidade das leis e da atividade administrativa em geral.

21. Nesse sentido, por exemplo, é que o Supremo Tribunal Federal vem afirmando ser essencial que a autoridade pública guie a sua atuação pela ciência.[29] A restrição às liberdades públicas pode se dar quando houver evidência científica do efeito benéfico de tal restrição para a preservação das vidas e para impedir a implementação do caos no sistema de saúde. E sempre que a medida adotada seja razoável e proporcional, não impondo sacrifícios desnecessários ou exagerados diante de realidade das circunstâncias. A situação gravíssima da pandemia não elimina as garantias individuais,[30] apenas obriga à sua compatibilização com as necessidades de preservação da vida.

22. Em tempos de negacionismos obtusos e voluntarismos populistas que vivem num universo paralelo e descolado dos fatos concretos, é bom saber que as instituições ainda guardam racionalidade. Em meio à crise sanitária da Covid-19 e à falta de rumo de muitas autoridades públicas, o Supremo Tribunal Federal não hesitou em exercer o seu papel de *"primus inter pares"*, de guardião da Constituição, para manter o império do direito.[31] Ainda há juízes em Brasília.

23. Lá naqueles anos 1980, que mencionei no início, muitos diziam que o país estava fadado ao fracasso. A Emenda das Diretas foi derrotada, Tancredo Neves morreu sem tomar posse, a corrupção era generalizada, a economia não avançava. Mas nem tudo era ruim. Como fiz referência, havia também uma ebulição cultural, e ainda que em meio a dificuldades, a Ditadura acabou. Em 1988 foi promulgada a nova Constituição Federal, e de lá para cá, tivemos avanços inegáveis

24. Muitos problemas graves persistem, o sistema partidário-eleitoral é disfuncional, o meio ambiente e os direitos de minorias estão ameaçados e sob ataque, a economia parece novamente sem rumo. Mas, ao mesmo tempo, vemos reações, e de lá para cá tivemos vitórias fundamentais e inegáveis. O Brasil derrotou a hiperinflação, vem combatendo a pobreza

extrema com eficácia e fez progressos enormes contra a corrupção, por exemplo.[32] Apesar de tudo, o Brasil de hoje é sem dúvida melhor do que o de quarenta anos atrás.

25. Num mundo ameaçado por retrocessos, disseminação de *fake news*, nacionalismos e obscurantismos, podemos ter esperanças de um mundo mais solidário e fraterno, se tomarmos as decisões corretas.[33] Não é hora sentar no trono de um apartamento, com a boca escancarada, cheia de dentes, esperando a morte chegar.[34] É hora de agir, acreditando na ciência e na defesa da Constituição e do Direito.

26. Não será sem muito esforço de cada um que seja bem intencionado, mas o pós-pandemia pode nos proporcionar um mundo melhor. O Direito pode e deve ter um papel importante no nosso progresso em direção a uma sociedade mais humana.[35]

27. Quem sabe essa distopia vivida em 2020, o ano em que a Terra parou, não pode ser "o início, o fim e o meio"[36] de um novo tempo? Maluco que sou, tenho esse sonho de sonhador.

Notas

1. A respeito da composição de Raul Seixas e Cláudio Roberto, de 1977.
2. Advogado. Sócio de Fonseca e Salles Lima Advogados Associados. Vice-Presidente da Comissão de Arbitragem da OAB-RJ. Vice-Presidente do Centro de Arbitragem e Mediação da Câmara de Comércio Brasil-Canadá – CAM-CCBC. rodrigo@fsla.com.br
3. Da letra da canção "Anos 80", composição de Raul Seixas e Jorge Sampaio, de 1980.
4. O Rock in Rio, em janeiro de 1985, começou no dia seguinte à última prova que prestei no vestibular. Fui aos 10 dias de shows: Queen, James Taylor e tantos outros, com sol, chuva e lama. Até então, nunca se tinha visto nada parecido com aquele evento no Brasil.
5. Até eu tive a minha própria banda de garagem em meados dos anos 1980. Era vocalista do Furor Uterino, grupo formado com amigos dos colégios São Vicente de Paulo e CEAT, nos quais estudei. Tocamos em saraus e fizemos alguns shows no Rio de Janeiro, e provavelmente o nosso maior sucesso foi sermos lembrados numa lista juntamente com dezenas de outras bandas que "faziam a figuração da cena roqueira brasileira dos anos 80" (DAPIEVE,

Arthur. *Brock: O rock brasileiro nos anos 80*. Rio de Janeiro: Ed. 34, 2015, pp. 179-180).

6   Em 1983, estive num show apoteótico de Raul Seixas no Circo Voador. Uma hora e meia de sucessos, com uma energia e uma vibração impressionantes. Como curiosidade, o show foi aberto por uma banda desconhecida, Absyntho, que estava lançando a música "Ursinho Blau-Blau", que logo em seguida estourou nas rádios. Fui a vários outros shows de Raul Seixas depois desse, mas nenhum chegou nem perto em termos de qualidade. Infelizmente, muitas vezes ele estava nitidamente bêbado, errando os acordes da guitarra e as letras das músicas.

7   Basta ouvir "Let me sing, let me sing", de Raul Seixas e Edith O'Donoghue, de 1983.

8   "Eu nasci há dez mil anos atrás", Raul Seixas e Paulo Coelho, 1976.

9   "A mosca na sopa", Raul Seixas, 1973.

10 "Gita", Raul Seixas e Paulo Coelho, 1974.

11 "Maluco beleza", Raul Seixas e Cláudio Roberto, 1977.

12 "Metamorfose ambulante", Raul Seixas, 1973.

13 "O carimbador maluco (Plunct, plact, zum)", Raul Seixas, 1983.

14 "Cowboy fora da lei", Raul Seixas e Cláudio Roberto, 1987.

15 "Aluga-se", Raul Seixas e Cláudio Roberto, 1980.

16 "Al Capone", Raul Seixas e Paulo Coelho, 1973.

17 Especialmente nas parcerias com Paulo Coelho.

18 Em turnê pelo Brasil em 2013, Bruce Springsteen abriu os seus shows cantando "Sociedade Alternativa", composição de Raul Seixas e Paulo Coelho, de 1974. Quem viu, viu! Quem não viu, procure no YouTube, vale a pena.

19 1989 foi um ano absolutamente marcante para o mundo e para mim, em particular. As eleições diretas no Brasil e a queda do muro de Berlim, por exemplo, são dois eventos históricos extraordinários. Raul Seixas morreu. Zico jogou a sua última temporada no Flamengo, decretando o fim de uma era de ouro para o meu time. Colei grau em Direito na PUC/RJ e comecei a namorar Mônica, com quem me casei alguns anos depois e com quem tive dois filhos.

20 Trecho de "Eu nasci há dez mil anos atrás".

21 A citação de Adam Smith vem da famosa obra *A riqueza das nações*, de 1776, ou no original "*An Inquiry into the Nature and Causes of the Wealth of Nations*", no capítulo 2, do livro 1, sobre os princípios que proporcionam a divisão do trabalho. Disponível em: <http://geolib.com/smith.adam/won1-02.html> Acesso em: 22 jul. 2021.

22 O ditado surge a partir da obra *República*, de Platão, de aproximadamente 380 a.C.

23 A ideia da destruição criadora do capitalismo foi exposta por Joseph Schumpeter em sua obra de 1942, *Capitalismo, Socialismo e Democracia*,

vide versão na íntegra em português, trad. de Ruy Jungmann, Rio de Janeiro, Editora Fundo de Cultura, 1961 (cf. capítulo 7, "O processo da destruição criadora"). Disponível em <https://www.institutomillenium.org.br/wp-content/uploads/2013/01/Capitalismo-socialismo-e-democracia-Joseph-A.-Schumpeter.pdf>. Acesso em: 22 jul. 2021

24 O episódio, ocorrido em 1904, levou à decretação do Estado de Sítio em razão dos conflitos no Rio de Janeiro, então capital da República. Os protestos ocorreram em função da obrigatoriedade da vacinação contra a varíola, e apesar da forte repressão contra os manifestantes, o Governo recuou e desistiu de impor a vacina como obrigatória.

25 Segundo o art. 5º, da Constituição Federal, "é livre a locomoção no território nacional em tempos de paz" (inc. XV), "todos podem reunir-se pacificamente" (inc. XVI), e "é livre o exercício de qualquer trabalho, ofício ou profissão" (inc. XIII). A livre iniciativa é fundamento da República (art. 1º, IV) e da ordem econômica (art. 170).

26 O inc. III do art. 1º da Constituição consagra a dignidade da pessoa humana como fundamento da república, sendo que o *caput* do art. 5º afirma a inviolabilidade do direito à vida como garantia fundamental.

27 Segundo a definição de Dworkin, um princípio é um padrão (*standard*) que deve ser observado por ser uma exigência de justiça, equidade (*fairness*) ou outra dimensão da moralidade, independentemente das consequências práticas que acarrete (Ronald Dworkin, *Taking Rights Seriously*, 2 ª ed., Harvard University Press, Cambridge, 1978, pág. 22). Princípios coexistem, e eventualmente se chocam, devendo o aplicador do direito sopesá-los no caso concreto para encontrar a solução mais adequada, valorando cada princípio de acordo com as peculiaridades e circunstâncias específicas de cada hipótese concreta. Regras, ao contrário, não admitem antinomias, e quando entram em choque, uma será aplicável e outra não, uma será válida para aquela situação e a outra não será. Princípios se amoldam uns aos outros, adaptando-se a cada caso, ora prevalecendo um, ora prevalecendo outro. Regras funcionam na base do tudo ou nada, não admitindo ponderação, mas apenas aplicação ou não aplicação, validade ou invalidade. (Ronald Dworkin, *op. cit.*, págs. 27-28). A doutrina constitucional brasileira contemporânea acolhe a distinção entre princípios e regras, em noção bastante similar à defendida por Dworkin (vide, exemplificativamente, Carlos Ayres Britto, *Teoria da Constituição*, Ed. Forense, Rio de Janeiro, 2003, pp. 166-170, tratando da "dualidade princípios/regras como base da nova hermenêutica da Constituição").

28 Robert Alexy, *Teoria dos Direitos Fundamentais*, São Paulo, Malheiros Ed., 2008, trad. Virgílio Afonso da Silva, pp. 93-94 fala na técnica do sopesamento de interesses, empregada pelo Tribunal Constitucional Alemão. Na colisão de princípios relativos a direitos fundamentais, um princípio tem

precedência sobre outro em determinadas condições fáticas. Em outras situações concretas, os pesos de cada princípio podem ser diferentes. Os princípios com maior peso devem ter precedência sobre os outros em cada situação dada. Na mesma linha, defendendo a ponderação de interesses com base na proporcionalidade em casos de colisão de direitos fundamentais, e citando a jurisprudência do Supremo Tribunal Federal, ver: Gilmar Ferreira Mendes; Inocêncio Mártires Coelho; Paulo Gustavo Gonet Branco, *Curso de Direito Constitucional*, São Paulo, Ed. Saraiva, 2007, pp. 331-345.

29 Nesse sentido, por exemplo, a liminar na ADPF nº 669-DF, deferida pelo rel. Min. Luís Roberto Barroso, barrando campanha publicitária do Governo Federal contrária à quarentena, assinalando que "as orientações da Organização Mundial de Saúde, do Ministério da Saúde, do Conselho Federal de Medicina, da Sociedade Brasileira de Infectologia, entre outros, assim como a experiência dos demais países que estão enfrentando o vírus, apontam a imprescindibilidade de medidas de distanciamento social voltadas a reduzir a velocidade do contágio e a permitir que o sistema de saúde seja capaz de progressivamente absorver o quantitativo de pessoas infectadas" (DJ 03.04.2020). Na mesma linha, na apreciação da constitucionalidade da Medida Provisória nº 966, tratando da responsabilidade dos agentes públicos, o STF confirmou no Plenário a liminar antes deferida também pelo rel. Min. Luís Roberto Barroso, no sentido de que "configura erro grosseiro o ato administrativo que ensejar violação ao direito à vida, à saúde, ao meio ambiente equilibrado ou impactos adversos à economia, por inobservância: (i) de normas e critérios científicos e técnicos; ou (ii) dos princípios constitucionais da precaução e da prevenção. A autoridade a quem compete decidir deve exigir que as opiniões técnicas em que baseará sua decisão tratem expressamente: (i) das normas e critérios científicos e técnicos aplicáveis à matéria, tal como estabelecidos por organizações e entidades internacional e nacionalmente reconhecidas; e (ii) da observância dos princípios constitucionais da precaução e da prevenção, sob pena de se tornarem corresponsáveis por eventuais violações a direitos." (ADIn nº 6.421-DF, julg. do Plenário, de 21.05.2020). Ainda na mesma direção, por exemplo, houve a decisão decisão do Min. Presidente, Dias Toffoli, na STP nº 487-SP, ao suspender os efeitos de tutela provisória que fora concedida pelo TJSP para a abertura de supermercados no Município de São José do Rio Preto durante os finais de semana, o que havia sido vedado por Decreto do Prefeito. A decisão do STF salientou a gravidade da pandemia no município em questão, com "vertiginosa disseminação do coronavírus", e afirmou: "Assim, parece de todo adequada a decisão tomada pelo Chefe do Poder Executivo municipal, ao editar referido decreto, o que fez dentro da competência que para

tanto lhe é atribuída pela Constituição Federal e sem que esse seu agir possa ser interpretado como em desconformidade com as regras federais pertinentes, na medida em que não impediu o desenvolvimento de atividades ditas essenciais, mas apenas restringiu-lhes parcialmente o exercício. Não se ignora que a inédita gravidade dessa situação impôs drásticas alterações na rotina de todos, atingindo a normalidade do funcionamento de muitas empresas e do próprio Estado, em suas diversas áreas de atuação. Mas, exatamente em função da gravidade da situação, exige-se a tomada de medidas coordenadas e voltadas ao bem comum, ainda que se mostrem contrárias a determinados interesses econômicos, pois esse é o papel do próprio Estado, neste momento de pandemia, a quem incumbe, precipuamente, combater as nefastas consequências dessa decorrentes." (DJ 27.07.2020). Todas as decisões mencionadas estão disponíveis na íntegra em www.stf.jus.br.

30 No STF, a rel. Min. Rosa Weber deferiu a liminar na ADIn nº 6.389-DF, depois confirmada pelo Plenário, suspendendo dispositivos da MP nº 954/2020, impedindo o compartilhamento dos dados pessoais de clientes das empresas de telefonia com o IBGE, por falta de demonstração dos critérios de necessidade, adequação e proporcionalidade da medida. Na ausência da demonstração de tais requisitos, prevalece o direito à privacidade e à intimidade (DJ 07.05.2020). Decisão disponível em www.stf.ujs.br. A questão é relevantíssima, e vem suscitando muitas discussões também no exterior, em especial a partir de tecnologias que vem sendo utilizadas em alguns países para o rastreamento de infectados através do monitoramento da localização a partir dos telefones celulares. A possibilidade de o Estado saber onde está cada pessoa, a cada momento, é assustadora, e evoca o "*Big Brother*" de *1984*, de George Orwell.

31 Em palestra recente, o Min. Luiz Fux, que será o próximo Presidente do STF, ressaltou que o momento é de exceção, e não se pode aceitar nenhum desvio ou negligência em relação à pessoa humana e ao direito fundamental à saúde, e os juízes tem que saber e sopesar as consequências que suas decisões vão gerar. Tábata Viapiana, "Tribunais devem adotar interpretação consequencialista na epidemia, diz Fux", 27.07.2020, Consultor Jurídico, disponível em <www.conjur.com.br>. Em outra palestra, o Min. Alexandre de Moraes também observou as várias maneiras em que a atuação do STF foi rápida e segura, evitando conflitos federativos ou entre os Poderes, e compreendendo a gravidade do momento e a primazia da necessidade de efetivação concreta da proteção à saúde pública. "Bom uso das funções do STF viabilizou medidas emergenciais, diz Alexandre", 29.07.2020, Consultor Jurídico, disponível em <www.conjur.com.br>. Acesso em: 22 jul. 2021.

32 O min. Luís Roberto Barroso vem lembrando esses avanços do Brasil em várias conferências e palestras. Nas suas palavras, "A estabilidade monetária

nos possibilitou o senso de responsabilidade fiscal, uma questão aritmética, que nenhuma ideologia pode contestar. Além disso, conseguimos retirar da linha de pobreza cerca de 30 milhões de habitantes. Em uma geração, ainda derrotamos a ditadura e a hiperinflação. (...) Quando na faculdade, em 1976, eu tinha três grandes preocupações: como acabar com a tortura, a censura e criar instituições democráticas. Hoje, discutimos como combater a corrupção no processo legal, melhorar o sistema de justiça e elevar a ética para continuarmos avançando." "Para Barroso, Brasil vive um momento no qual há a oportunidade de refundação.", Consultor Jurídico, 14.08.2018, disponível em: www.conjur.com.br.

33 Citando texto de Yuval Harai, Ana Frazão constata que "nesse momento de crise, a humanidade enfrenta duas importantes escolhas: a primeira é entre a vigilância totalitária e o empoderamento dos cidadãos e a segunda é entre o isolamento nacionalista e a solidariedade global" (Ana Frazão, "Impactos da Covid-19 sobre a proteção de dados pessoais", *Advocacia HJ*, Brasília, n. 04, jul. 2020, p. 19.

34 "Ouro de Tolo", Raul Seixas, 1973.

35 Faço minhas as palavras do prof. José Roberto de Castro Neves: "Hoje, assistimos a um mundo que optou, diante do desafio da Covid-19, por amparar valores fundamentais: a vida, a solidariedade, o cuidado com o próximo. São conceitos fortíssimos, cuja intensidade certamente contaminará – aqui o bom contágio – o Direito. Essa sensibilidade, espera-se, deve transbordar para a realidade das relações jurídicas. Se o Direito já se dirigia a uma aplicação com viés humanista, a pandemia e seus severos efeitos imprimirão maior velocidade ao fenômeno. Juízes, advogados e todos os que se valem de ferramentas legais passarão, de alguma forma, por um abrupto processo de reeducação. (...) Na crise, o Direito assumirá seu papel de apaziguador social. Porém, muito além disso, impregnado pelo desejo de justiça, numa comunidade imbuída de fraternidade, pode ser também uma ferramenta ainda mais transformadora e potente. Caberá a todos nós escolher o nosso tamanho." José Roberto de Castro Neves, "Pós-Pandemia: A oportunidade de uma nova ordem", *in O mundo pós-pandemia: Reflexões sobre uma nova vida*, José Roberto de Castro Neves (org.), Rio de Janeiro, Ed. Nova Fronteira, 2020, pp. 401 e 403.

36 Trecho de "Gita". *Raul: O início, o fim e o meio* é o nome de um excelente documentário sobre a vida e a obra de Raul Seixas, de 2011, dirigido por Walter Carvalho.

Domingo no parque: Gilberto Gil

Sebastião Reis Júnior

Não sou musical. Tenho uma enorme dificuldade de guardar letras de música. Passo horas trabalhando e ouvindo música e se me perguntarem o que ouvi, não sei dizer. Cantar então... nem se fala. Acho que a única música inteira que conheço é "Parabéns para você". Ahh... e tem também "Trem das Onze" (não me perguntem o porquê, mas sei a letra inteira... risos). Nem o hino do Atlético Mineiro eu sei inteiro (não espalhem, senão eu perco o meu Galo de Prata).

Não é que eu não goste de música. Não. Eu simplesmente tenho profunda dificuldade de guardar letras e melodias.

E, em razão dessa dificuldade, acabo tendo, posso dizer, um relacionamento mais íntimo com aquelas que me acompanham há muito tempo. Sou pouco dado às músicas de hoje. Me relaciono bem com as antigas e, em especial, com as antigas brasileiras. Nos damos bem apesar da minha dificuldade em lembrar seus nomes (e suas letras). Até hoje, pelo que eu sei, nenhuma delas se magoou comigo por esta "falha de caráter".

Quando convidado pelo Zé Roberto para escrever sobre uma música e sua relação com o Direito, sabia que a música teria que ser brasileira e das antigas. E não tive nenhuma dificuldade de escolher "Domingo no Parque", do monumental Gilberto Gil.

Adoro essa música. O seu ritmo contagiante e a história por ela contada sempre me seduziram.

O casamento da música com a letra é perfeito. Fechando os olhos é possível ver a história contada. Mais se parece com um filme do que com uma canção.

Começa em um crescendo, uma música gostosa, leve, simples, apresentando os personagens principais: José e João. Um, José, trabalhava em feira, dado a brincadeiras; e o outro, João, capoeirista, trabalhador braçal que gostava de uma briga, de uma confusão.

Chega um final de semana e José, como sempre, vai ao parque, e João, quebrando a sua rotina, resolve abandonar sua capoeira e ir ao parque também.

Quando José chega ao parque, a música nos apresenta uma terceira personagem: Juliana. Nada diz sobre quem ela é. Apenas nos dá a entender que é uma paixão de José. Platônica ou real, não sabemos. Só Gil pode nos responder.

Aqui a música começa a acelerar e a letra mostra todo o desconforto que toma conta de José. A música se torna mais intensa, mais forte, mais marcante, mais acelerada. Os pensamentos de José voam, descontrolam-se.

Gil insiste no temperamento brincalhão de José, mas, ao mesmo tempo, já anuncia o trágico desfecho ao falar do vermelho do sorvete (de morango) e da rosa que Juliana tinha em mãos.

O espinho da rosa, na verdade, a cena vista por José, machuca-o e o sorvete gela o seu coração.

José não é mais aquele brincalhão do início da música (ou da história). Ele mudou. O ciúme tomou conta de nosso protagonista.

A música e a letra crescem em intensidade. As cenas se misturam. Uma faca e corpos no chão. Se estivéssemos em um filme, certamente estaríamos diante de uma mistura de *takes* confundindo o telespectador — a agressão, a faca, os corpos, o sangue no chão. A câmera mudando velozmente de José, com foco ora em sua mão segurando a faca, ora em seu rosto transfigurado pelo ciúme e pela raiva; ora para os rostos de Juliana e João repletos de surpresa e dor; e depois, finalmente, para seus corpos, com a rosa e o sorvete jogados ao lado e o sangue escorrendo pelo chão. A cena teria que ser em preto e branco (a música, vale lembrar, foi lançada em 1967, por ocasião do Festival da Canção, tendo sido tocada pela primeira vez por Gil com os Mutantes[1]), mas a rosa, o sorvete e o sangue em um vermelho forte.

Depois do clímax, a música se retrai, quase some. E a lentidão da letra (que passa a ser quase falada) mostra o torpor que tomou conta de José, como se não acreditasse no que via, no que fizera. O mundo quase para, e ele percebe ali que tudo acabou.

Em seguida, a música volta a ser forte, intensa e alegre, como se Gil dissesse... e a vida segue.

Infelizmente, não estamos diante de uma ficção que é tão distante da realidade.

Histórias como essa acontecem todos os dias e em todos os lugares do Brasil, independentemente de classe social e instrução.

E a música chama a atenção por nos mostrar dois aspectos tristes e sombrios de nossa realidade.

Primeiro, pessoas como José, boas no seu dia a dia, afáveis e brincalhonas, perdem-se e transformam-se por ciúmes ou por discussões bobas em mesas de bar ou por acidentes de trânsito ou mesmo em festas familiares. Tragédias acontecem simplesmente porque o envolvido tem acesso fácil a uma arma. O que poderia ser um bate-boca, uma troca de socos e pontapés, torna-se uma tragédia.

Sem uma faca, provavelmente José trocaria socos e pontapés com João e nada mais grave aconteceria. Uma tragédia que poderia ter sido evitada.

Se a música nos apresenta uma história em que a arma utilizada foi uma simples faca, a realidade hoje nos mostra um crescimento no número de armas de fogo "registradas" em circulação (em 2016 eram 83.822; em 2017 eram 107.826; em 2018 eram 138.106; em 2019, 191.536; e, em 2020, até o dia 30/6, são 139.334).

E se considerarmos que os crimes com arma de fogo não são cometidos sempre com armas registradas e que devemos ter pelo Brasil afora um número elevado também de armas não registradas, não é difícil imaginar a cena da música se tornando, infelizmente, uma realidade cada vez mais próxima de nós. Quanto mais se facilitar o acesso do cidadão a uma arma de fogo, é evidente que acidentes e tragédias como a musicada por Gilberto Gil passarão a acontecer com mais frequência.

Destaco que notícia divulgada pela *Folha de São Paulo*, em 8/2/2019, logo após a publicação de decreto que autorizava a posse de armas de fogo em casa, já indicava que, em média, a cada três dias, uma criança entrava em um hospital em decorrência de um acidente doméstico com arma de fogo.[2] Acidentes acontecem sim e certamente a facilidade de acesso a armas de fogo implicará o aumento dos números de fevereiro de 2019.

E segundo, é que o feminicídio — é considerado como feminicídio, homicídio qualificado e hediondo,

> a conduta de matar mulher, valendo-se da sua condição de sexo feminino[3], *em que o homem* mata ou lesiona a mulher (...) porque acha que ele a traiu; mata porque quer se livrar do relacionamento; mata porque é extremamente ciumento; mata até porque foi injustamente provocado[4],

em que pese até a penalização mais rigorosa (art. 121, § 2º, VI, do CP), — tem também crescido nos últimos tempos.

Em oposição à redução do número de homicídios (segundo o Monitor da Violência, o número total de homicídios tem reduzido de 2017 para 2019 — 55.742 para 39.377, apesar do acréscimo ocorrido nos dois primeiros meses de 2020 em comparação a 2019 — 7.195 para 7.743, em um acréscimo de 8%[5]) é interessante notar que o número de feminicídios tem crescido — de 2018 para 2019 houve um aumento de 7,3%.[6]

Infelizmente, esses números indicam que não é difícil perceber que ainda perdura no Brasil a mentalidade antiga e retrógrada, na qual o homem se acha no direito de "mandar" na mulher; na qual ainda são aceitas frases como: "nem todas as mulheres gostam de apanhar, só as normais" ou "quando o marido chega em casa, deve sempre bater na mulher". "Mesmo que ele não saiba o motivo pelo qual está batendo, ela, certamente, saberá o motivo pelo qual está apanhando" ou ainda "se sai (na rua ou na balada) é porque quer". "Mulher que se respeita não é estuprada"; em que é necessário se implementar campanhas como **Não é Não** (campanha lançada por ocasião do carnaval de 2020 com o objetivo de alertar e evitar casos de assédio durante o carnaval) e **Sinal Vermelho** (campanha lançada pela AMB e pelo CNJ, também agora em 2020, contra a violência doméstica).

A agressão à mulher se tornou uma rotina, se tornou o nosso "normal". Essa é a nossa dura realidade.

A música retrata uma tragédia comum em nosso dia a dia, na qual um homem de bem, tomado por um ciúme, mesmo de forma inconsciente, simplesmente não admite que o objeto de sua paixão, de seu desejo, seja feliz com outro homem.

Aqui não foi a vida que imitou a arte, mas a arte que cantou a vida.

Se há um basta a ser dito, ele deve ser **gritado** contra qualquer tipo de violência: a violência banal com causa em motivos fúteis e insignificantes; a violência contra a mulher e as crianças; a violência policial; a violência racial.

Que a história de "Domingo no Parque" se torne não a realidade musicada, mas, sim, uma ficção ou um alerta para um passado que não pode voltar mais.

Notas

1. Disponível em:<https://www.youtube.com/watch?list=RDZbv3M-AdxC0&v=Zbv3M-AdxC0&feature=emb_rel_end>. Acesso em: 22 jul. 2021
2. Disponível em:<https://www1.folha.uol.com.br/cotidiano/2019/02/a-cada-3-dias-uma-crianca-e-internada-apos-acidente-domestico-com-arma.shtml?origin=folha>. Acesso em: 22 jul. 2021
3. NUCCI, Código Penal Comentado, fl. 758, Forense, 19ª Edição
4. NUCCI, ob. Cit. Fl. 762
5. Disponível em:<http://especiais.g1.globo.com/monitor-da-violencia/2018/mortes-violentas-no-brasil/?_ga=2.132947598.1232805861.1595512015-3438f5a7-f4f9-1856-649c-8da870fe10d1#/dados-anuais?ano=2017&estado=Brasil&crime=Homic%C3%ADdio%20doloso>. Acesso em: 22 jul. 2021
6. Disponível em:<https://g1.globo.com/monitor-da-violencia/noticia/2020/03/05/mesmo-com-queda-recorde-de-mortes-de-mulheres-brasil-tem-alta-no-numero-de-feminicidios-em-2019.ghtml>. Acesso em: 22 jul. 2021

Metamorfose ambulante, a singularidade humana

Selma Ferreira Lemes[1]

Em 1973, Raul Seixas compôs a letra e música "Metamorfose Ambulante", sua música mais conhecida. A melodia é envolvente, bonita, inteligente e, de imediato, sem rodeios, nos impõe uma reflexão contundente: o que as primeiras frases da letra significam? Qual é a ótica de Raul Seixas? O que quer dizer "prefiro ser essa metamorfose ambulante do que ter aquela velha opinião formada sobre tudo"?

Na procura de uma explicação mais profunda e racional para decifrar a metáfora do título da música em seu contexto, nossos pensamentos parecem entrar num labirinto de hipóteses até que com o fio de Ariadne[2**] encontramos a saída. Ela envolve pensamento sociológico e antropológico sobre a natureza humana. A capacidade do homem mudar, de reinventar-se, de alternar seus sentimentos e produzir em si uma *metamorfose*, bem como de não se conformar com a mesmice.

A música inteira é impactante! Raul Seixas pôde em pequenas estrofes externar pensamentos e sentimentos profundos do ser humano. Um gênio da precisão e perspicácia.

"Metamorfose Ambulante" é poesia pura, cantada, que nos propõe uma viagem em pensar o que é ser um ser humano e o que a *metamorfose* para ele representa.

É interessante perceber que através da letra de uma música (suas palavras) se pode expor sentimentos e realidades que nos tocam de forma especial, pois operam em nós verdadeiras *metamorfoses* de sensações e sentimentos e com ela aprendemos e evoluímos.

A cada novo momento que a ouvimos e atentamos às suas palavras, que se encadeiam em frases musicadas, as interpretamos de forma diferente. Acrescentamos algo ao entendimento anterior. Refletimos e percebemos um sentido diferente e pessoal, pois toda essa abstração dependerá de nosso estado de espírito e de atenção naquele exato instante. Trava-se uma simbiose fascinante entre a música e o ouvinte, que se renova a cada momento que ouve a melodia. É como uma flor que, dependendo de nossa acuidade, notamos o sutil perfume que dela exala e, em momentos anteriores, esse perfume passa despercebido.

A música nos transporta também a recordações de situações anteriores em que a ouvimos. Ela faz parte de nossa memória.

O eixo da "Metamorfose Ambulante" está na palavra *metamorfose* e nas diversas formas que se opera no pensar e sentir do ser humano.

> *Prefiro ser*
> *Essa metamorfose ambulante*
> *Eu prefiro ser*
> *Essa metamorfose ambulante*
>
> *Do que ter aquela velha opinião*
> *Formada sobre tudo*
> *Do que ter aquela velha opinião*
> *Formada sobre tudo*
>
> *Eu vou desdizer*
> *Aquilo tudo que eu lhe disse antes*
> *Eu prefiro ser*
> *Essa metamorfose ambulante*

Do que ter aquela velha opinião
Formada sobre tudo

Do que ter aquela velha opinião
Formada sobre tudo
Do que ter aquela velha opinião
Formada sobre tudo

O atributo da inteligência permite ao homem evoluir no pensar, mudar de opinião, estar aberto para aprender o que é novo, se informar, desenvolver o hábito da leitura, saber avaliar as circunstâncias por si próprio, ouvir o outro e aceitar que tenha opinião diferente da sua, praticar a tolerância. Todas estas atividades devem ser cultivadas e perseguidas, especialmente em tempos atuais em que informações inverídicas ("*fake news*") transbordam nas comunicações e redes sociais. Formar opinião própria e mudá-la quando entender apropriado, constitui uma das espécies de *metamorfose* afeita ao ser humano. A *metamorfose* oportuniza prosperidade intelectual.

Essa prosperidade intelectual decorrente da *metamorfose* que se opera em nosso subconsciente foi magistralmente descrita por Rui Barbosa, na sua obra-prima *Oração aos moços*, discurso que efetuou como paraninfo da turma de 1920 da Faculdade de Direito do Largo de São Francisco, quando disse: "Os que madrugam no ler, convém madrugar também no pensar. Vulgar é o ler, raro o refletir. O saber não está na ciência alheia, que se absorve, mas, principalmente, nas ideias próprias, que se geram dos conhecimentos absorvidos, mediante a transmutação por que passam, no espírito que os assimila. Um sabedor não é um armário de sabedoria armazenada, mas transformador reflexivo de aquisições digeridas."

Essa "transmutação por que passam, no espírito que os assimila" e "transformador reflexivo das aquisições digeridas" são a essência da *metamorfose* intelectual.

Da "Metamorfose Ambulante" se abstrai a desconfiança ao único, ao idêntico, a intolerância à mesmice.

Segue o resto da letra da música:

Sobre o que é o amor

Sobre o que eu nem sei quem sou

Se hoje eu sou estrela
Amanhã já se apagou
Se hoje eu te odeio
Amanhã lhe tenho amor

Lhe tenho amor
Lhe tenho horror
Lhe faço amor
Eu sou um ator

A *metamorfose* se opera também por meio da dúvida e da insatisfação. Ortega y Gasset, filosofo espanhol disse: "sempre que ensinas, ensine a duvidar do que ensinas", no sentido de que adquirir conhecimentos é importante, mas também temos que saber ser críticos com o que nos foi ensinado, se queremos evoluir, desenvolver e crescer. Também advertiu Gasset: "o que mais vale no homem é sua capacidade de insatisfação", no sentido de que não fiquemos estancados e não nos conformemos com o estabelecido. É a insatisfação que nos permite desenvolver e crescer.

A *metamorfose* é que mantém acesa a polêmica da vida e coloca o homem num estado de constante criatividade. A *metamorfose* é vista como uma forma de ressurreição da própria vida. Começar cada manhã num novo dia e reconhecer em si próprio a multiplicidade que o constitui.

Na última frase acima reproduzida — "eu sou um ator" —, se pode notar que por meio das expressões da arte, entre elas o teatro, também se opera a denominada *metamorfose* no ser humano. Ele pode ter muitas vidas. As vidas de seus personagens.

Esta abstração nos leva aos interessantes ensaios, apontamentos e palestras produzidos por Elias Canetti, escritor búlgaro, Nobel de Literatura de 1981, com destaque para *Auto da fé* e *Massa e Poder*. Canetti é considerado um dos escritores mais influentes do século XX. O autor expressou com lucidez o que significa a *metamorfose* para o ser humano, bem como sua excepcional amplitude. Suas reflexões a respeito não estão concentradas em uma obra específica, mas em ensaios e apontamentos esparsos, amplamente comentados pelos estudiosos de sua complexa obra até o momento conhecida. Ao falecer, em 1994, dispôs em testamento que seu imenso legado literário somente poderia ser totalmente conhecido em 2024.

Canetti, por meio de estudos antropológicos, ressaltou que o dom maior da humanidade é dom da *metamorfose,* sua capacidade de mudar, de transformar-se. Salientou que o que permitiu ao homem evoluir, crescer intelectualmente, era sua capacidade de se transladar, de imitar os outros animais para caçá-los, de metamorfosear-se a si mesmo. Em seus estudos sobre antropologia, salientou que podemos verificar a *metamorfose* se operar por meio da mitologia arcaica, em que os deuses se transformavam constantemente. Também o hábito do uso de máscaras em culturas antigas e sua expressão no teatro grego transmitem a ideia multifacetada do ser humano. Aduz Canetti que o homem está destinado a viver várias vidas (não nos referimos à transmutação espiritual), de mudar muitas vezes não de personalidade, mas de dimensão da própria vida.

Canetti, em uma palestra que proferiu em 1974, denominada "a profissão de escritor" disse que o escritor era o "custódio das *metamorfoses*", pois por meio da palavra, da "consciência das palavras", de sua imaginação, de seus personagens é capaz de viver muitas vidas em suas inúmeras variações. Essa custódia se impõe ao escritor como uma exigência ética, pois graças a ela é possível manter aberto o canal de comunicação entre os homens.

Por meio do conceito de *metamorfose,* Canetti trata da utopia educativa. Salienta que do ponto de vista educacional, em princípio, nada impediria que uma pessoa tivesse várias atividades, possuindo múltiplos dotes e que nossa educação deveria estar desenhada de tal modo que uma pessoa pudesse desempenhar várias atividades, em vez de se especializar em apenas uma. Nada impediria que uma pessoa exercesse várias profissões e, em todas elas, pudesse ter desempenho adequado.

A *metamorfose* como essência do próprio homem se projeta na ciência do direito, que na vertente dos Direitos Humanos experimentou alterações profundas, a partir do século XVIII. Verdadeiras *metamorfoses* produzidas na estrutura dos Estados e nas liberdades públicas e políticas dos homens, erigidos a cidadãos. Referimo-nos aos direitos e garantias individuais.

Se hoje podemos contar com estipulações legais que outorgam a igualdade de todos perante a lei sem distinção de raça e de etnia; ao direito de defesa e de um julgamento justo e imparcial; a que a pena não pode passar da pessoa do acusado; a liberdade de culto; o banimento da tortura, a tratamento desumano e degradante etc. e que, no caso brasileiro estão dispostas na Constituição Federal de 1988, tudo isso foi possível em decorrência de verdadeiras *metamorfoses* na forma de conceber o Estado e nele inserido os cidadãos e as novas concepções referentes aos direitos dos homens, direitos fundamentais do ser humano e da dignidade da pessoa humana.

O primeiro reconhecimento destes direitos resultou da Declaração de Independência dos Estados Unidos, em 1776 (influenciada pelas ideias de Locke e de J. J. Rousseau). Por meio da Declaração de Direitos (*"Bill of Rights"*), incluída na Constituição do Estado da Virgínia, foram definidas as liberdades políticas e públicas: liberdade individual, liberdade de imprensa, liberdade de consciência, direito à vida, à propriedade etc. Na constituição estadunidense, foram incluídas as dez primeiras emendas, o *"Bill of Rights"* (do Estado da Virgínia) e o direito do devido processo legal (*"due process"*), o julgamento por júri etc. Após a guerra de Secessão, foram incluídas emendas relativas à igualdade de todos os cidadãos, independente da raça e da cor (15° Emenda).

Na França, a Declaração dos Direitos do Homem e do Cidadão foi elaborada no início da Revolução Francesa de 1789. Se abolia o regime feudal e todos os privilégios. A Declaração Francesa foi influenciada pela Constituição do Estado da Virgínia e fundada nos escritos de J. J. Rousseau. A Declaração Francesa e a Constituição do Estado da Virgínia passaram a ser replicadas na maioria das constituições redigidas no Século XIX.

O texto da Declaração de 1789 afirma inicialmente que "todos os homens nascem e permanecem livres em igualdade de direitos" (fórmula copiada da declaração de independência dos Estados Unidos). O seu art. 4° esclarece que: "a liberdade consiste em fazer tudo aquilo que não prejudique a outrem"; o art. 6° define a lei como "a expressão da vontade geral". Em matéria penal, só a lei pode erigir um fato na categoria de punível (*"nullum crimen sine lege"*) etc.

Em tempos mais recentes, depois da catástrofe e horrores decorrentes da Segunda Guerra Mundial, foi instituída a Organização das Nações

Unidas — ONU em 1948 e com ela a Declaração Universal dos Direitos do Homem, adotada pela Assembleia Geral da ONU em 10 de dezembro de 1948. Nas palavras de Vicente Ráo, ela é "o ato de caráter internacional que constitui, ao mesmo tempo, o mais importante documento contemporâneo do sentido social e político e a súmula mais perfeita dos direitos e deveres fundamentais do homem, sob os aspectos individual, social e universal". A Declaração possui 30 artigos que aprimoram e complementam os dois instrumentos acima citados do século XVIII e inicia desta forma: "Considerando que o reconhecimento da dignidade inerente a todos os membros da família humana e de seus direitos iguais e inalienáveis constitui o fundamento da liberdade, da justiça e da paz do mundo." O art. 1º prescreve que "todos os seres humanos nascem livres e iguais em dignidade e em direitos. São dotados de razão e de consciência e devem agir, uns perante os outros com espírito de fraternidade".

A evolução dos direitos fundamentais do homem e a *metamorfose* que operou nas sociedades civilizadas podem ser descritas em quatro gerações. A primeira refere-se às liberdades públicas e políticas, ou seja, direitos civis e políticos que traduzem o valor de liberdade. A segunda trata dos direitos sociais, como saúde, educação, emprego, entre outros. A terceira geração são os direitos relacionados à sociedade atual, envolvendo direito ambiental, direito dos consumidores, os denominados direitos difusos. Os da quarta geração referem-se aos direitos de engenharia genética, apregoados por Norberto Bobbio.

As mudanças e os avanços no campo do direito, as suas *metamorfoses*, também podem ser verificadas na mudança da interpretação da lei, ou seja, ela passa a ser aplicada de outra maneira, apesar de seu texto ser o mesmo. Esta *metamorfose* produzida pela hermenêutica foi assim definida por Carlos Maximiliano: "Toda ciência legal é, consciente ou inconscientemente, criadora; em outras palavras, propende para o progresso da regra formulada, até muito além do que a mesma em rigor estatui (...) Não pode um povo imobilizar-se dentro de uma forma hierática por ele próprio promulgada; ela indicará de modo geral o caminho, a senda, a diretriz; valerá como um guia, jamais como um laço que prenda, um grilhão que encandeie."

Assim é que o Direito, no contexto das ciências humanas e sociais, também pratica a *metamorfose* evolutiva e transformadora da lei e de sua interpretação.

Finalizamos esta viagem proporcionada pelo imaginário de Raul Seixas, sua "Metamorfose Ambulante".

Por meio dela, podemos concluir ser o dom da *metamorfose* que permite ao ser humano mudar a dimensão da sua própria vida.

A *metamorfose* constitui a singularidade humana.

Bibliografia

>BARBOSA, Rui. *Oração aos moços*. Bauru: EDIPRO, 2009, p.46.
>
>CAMPILLO, Antonio. "El enemigo de la muerte: poder y responsabilidade en Elias Canetti". *Daimon Revista Internacional de Filosofia*, n.38, 2006, pp. 71-101. Disponível em: https://revistas.um.es/daimon/article/view/14891. Acesso em: 22 jul. 2021.
>
>ECHEVARRÍA, Ignacio. "Elias Canetti, la profesión del escritor". Madri. Fundación Juan March. Disponível em: https://www.march.es/actos/102962/. Acesso em: 22 jul. 2021.
>
>FARIA, Márcio de Almeida. *Direitos humanos: conceito, caracterização, evolução histórica e eficácia vertical e horizontal*. Disponível em: https://jus.com.br/artigos/37044/direitos-humanos-conceito-caracterizacao-evolucao-historica-e-eficacia-vertical-e-horizontal. Acesso em: 22 jul. 2021.
>
>GILISSEN, John. *Introdução Histórica ao Direito*. Lisboa: Fundação Calouste Gulbenkian. 4°ed., 2003, pp. 423-448.
>
>ISHAGHPOUR, Youssef. "Metamorfosis e identidad en Elias Canetti". *Revista de Filosofia*. n.38, pp. 33/48, 2006. Disponível em: https://revistas.um.es/daimon/article/view/14961/14431Δαι΄μων. Acesso em: 22 jul. 2021.
>
>MAXIMILIANO, Carlos. *Hermenêutica e aplicação do direito*, Belo Horizonte: Forense, 9º ed., 1979, pp. 59-60.
>
>MORENO, Carlos M. "Elías Canetti o el escritor de sí mismo". *Ars. Brevis*. N.6, p 211:32. 2000. Disponível em: https://www.raco.cat/index.php/ArsBrevis/article/view/92697/142293. Acesso em: 22 jul. 2021.

ONU. *Declaração Universal dos Direitos Humanos.* Disponível em: https://www.oas.org/dil/port/1948%20Declara%C3%A7%C3%A3o%20Universal%20dos%20Direitos%20Humanos.pdf.

RÁO, Vicente. *O Direito e a Vida dos Direitos.* São Paulo: Revista dos Tribunais. v. 1, 3º ed. 1991, pp. 27/43.

Notas

1. Selma Ferreira Lemes, Advogada e professora de arbitragem. Mestre e Doutora pela Universidade de São Paulo. Disponível em: <www.selmalemes.com.br>. Acesso em: 22 jul. 2021.
2. O fio de Ariadne é uma alusão a lenda grega do Minotauro. Ariadne era a filha do rei de Creta, Minos. Ele desafia Teseu a matar o Minotauro, que vivia no labirinto de Creta, do qual ninguém conseguia sair. Para auxiliá-lo a sair do labirinto, Ariadne entrega-lhe um novelo de lã, para que o desenrolasse à medida que entrasse no labirinto.

Criação intelectual e direito de autor: um passeio pela música popular[1]

Silmara Chinellato[2]

Minha ligação com a música vem desde a infância e foi crescendo cada vez mais. Em Limeira, Campinas, São Carlos, cidades do interior, e depois em São Paulo, pude ter contato muito grande com a música, que sempre ocupou parte importante de minha vida.[3] A descrição dos então estudantes que amavam — e ainda amam — a música foi captada com muita sensibilidade por Fernando Brant em "Nos bailes da vida":

> *Cantar era buscar o caminho que vai dar no sol*
> *Tenho comigo as lembranças do que eu era*
> *Para cantar nada era longe, tudo tão bom*
> *Até a estrada de terra na boleia de caminhão, era assim.* [4]

As universidades foram núcleos importantes de prestígio à música popular brasileira e em algumas surgiram grandes talentos, entre os quais Chico Buarque, aluno da Faculdade de Arquitetura e Urbanismo da USP.[5] Eram tempos áureos de *O fino da bossa*, com a liderança de Elis, para sempre Regina.

Confesso que quis estudar e, há certo tempo, dedicar-me também ao direito de autor provocada pela paixão pela música, além de ser admiradora das outras artes.

Aplaudo muito a iniciativa de José Roberto de Castro Neves que escreve e coordena obras tão relevantes dedicadas a construir uma ponte entre direito e arte.

Escolhi tratar da criação, como descrita nas canções com o talento de seus autores, e como ela é vista e regulada pelo direito de autor. Trata-se de um passeio pela música popular brasileira e estrangeira, pois são muitas as contribuições do gênio criativo dos autores de cá e de lá.

As diversas fontes de inspiração

Em meu agradável e, por vezes, saudosista passeio pela música popular, algumas fontes me falaram e falam mais alto.

Pode parecer que a letra seria mais importante para análise do tema, mas a música traz a emoção completa produzida pela canção.

Nem sempre se identifica quem compôs a letra e quem criou a música. Às vezes, a autoria é explicitamente cindível e identificada quanto à letra e à música. Em outras, confessadamente por outros meios de informação, um autor elaborou a letra e outro a música — como ocorre com a parceria entre Chico Buarque e Edu Lobo[6] —, ou se colocou música em poesia já divulgada como "Morte e vida severina", de João Cabral de Mello Neto, como o fez Chico Buarque.[7]

Considero, ainda, que em certos casos o autor da música também possa ter participado do resultado final. Mesmo que não o tenha feito, quem musicou será considerado na informação sobre a autoria. A música precisa se casar com a palavra e a palavra precisa se casar com o acorde. Música perfeita é a que nos emociona e por isso muito contribui a simbiose entre música e letra, letra e música.

Primeiro, começo com "Choro Bandido", uma das canções mais bonitas nascidas da parceria Chico Buarque e Edu Lobo — que considero a excelência da excelência. O compositor se utiliza de muitas referências à mitologia grega e não só quando alude ao "deus sonso e ladrão" que criou a lira, todos os sons e depois as palavras.

> *Mesmo que os cantores sejam falsos como eu,*
> *Serão bonitas, não importa*
> *São bonitas as canções.*
> *Mesmo miseráveis os poetas, os seus versos serão bons.*

Explica o compositor a origem das notas e das palavras:

> *Mesmo porque as notas eram surdas quando um deus sonso e ladrão*
> *Fez das tripas a primeira lira que animou todos os sons.*
> *E daí nasceram as baladas e os arroubos de bandidos como eu*
> *Cantando assim: você nasceu para mim, você nasceu para mim.*[8]

O deus é Hermes, considerado um dos mais irreverentes, deus do comércio, da riqueza, das estradas, dos ladrões, mas não só. O compositor muito bem invocou sua ligação com a música.[9]

Amor e desamor são a maior fonte a inspirar os compositores com imenso e inesgotável elenco nacional e estrangeiro.

Ruy Castro, como sempre o faz, com escrita agradabilíssima, analisou a história do samba-canção, propício ao tema, em profunda pesquisa, dividindo-a em três períodos: de 1928 a 1945, de 1946 a 1965 e desta data em diante. A pesquisa mostra sua grande relevância e, ao contrário de se pensar que o samba-canção tivesse sido esmagado pela bossa nova, elucida: "não só não morreu, como foi praticado pelos grandes compositores contemporâneos e sobreviveu à própria bossa nova".[10]

Zuza Homem de Mello, a quem muito se deve a história da música popular brasileira, exímio conhecedor de música em geral, também se dedicou a uma obra de grande riqueza e abrangência ao samba-canção, enfatizando a sua importância.[11]

Ao prestigiar compositores nacionais — e sem me ater ao gênero musical —, me lembro desde A deusa da minha rua",[12] de Newton Teixeira e Jorge Faraj, com grande elegância de linguagem, e duas de Chico Buarque: o amor tão profundo, sofrido e dilacerante de "Atrás da porta", em coautoria com Francis Hime[13] e com interpretação inigualável de Elis, e o amor incondicional de "Com açúcar, com afeto", letra e música de Chico.[14]

Antonio Maria com muito talento mergulhou profundamente nas dores do amor em tantas canções de imensa sensibilidade como "Ninguém me ama"[15] e "Canção da Volta".[16]

Lupicínio Rodrigues cantou lindamente o amor em todas as faces e fases, do amor-vingança ("Vingança" e "Nunca") ao amor-perdão ("Cadeira vazia", parceria com Alcides Gonçalves).

"Universo no teu corpo", de Taiguara, é a apaixonada descrição do amor físico e espiritual[17], "Eu te amo", de Chico Buarque, traz palavras-imagens em forte descrição. Roberto Carlos e Erasmo Carlos são autores de "Os seus botões" que considero ao mesmo tempo delicada e intensa.

Merece ser citado "Pequeno concerto que virou canção", de Geraldo Vandré, lembrado também por outras canções.

João Donato e Abel Silva criaram "Simples carinho", com bela interpretação — de Angela Ro Ro e a dupla Ivan Lins Victor Martins compôs "Bilhete", com interpretação magistral de Fafá de Belém.

Dominguinhos, em simbiose perfeita, com os coautores, criou: "De volta pro meu aconchego" e "Dedicado a você" (Nando Cordel), "Eu só quero um xodó" e "Contrato de separação", parcerias com Anastácia.[18]

Rita Lee e Roberto de Carvalho compuseram letras irreverentes, em estilo próprio — que saúdo: "Mania de você", "Lança perfume", "Caso sério". Ainda musicaram, em "união estável" perfeita, com a devida autorização expressa do autor, uma das melhores crônicas de Arnaldo Jabor "Amor e sexo": *... amor é bossa nova, sexo é Carnaval.*[19]

Vinícius de Moraes, com vários privilegiados parceiros, marca-nos com tantas canções de amor como "Eu sei que vou de amar" e "Se todos fossem iguais a você"; "Eu não existo sem você", "Soneto da separação", parceiras com Tom Jobim; "Primavera", com Carlos Lyra; "Canção do amanhecer" e "Canto triste", com Edu Lobo; "Bom dia, tristeza", com Adoniran Barbosa; "Apelo e Consolação", com Baden Powel. Bastou-se como compositor de música e letra em "Saudades do Brasil em Portugal".

Nelson Motta anota:

"Em quarenta anos, Vinícius se casou nove vezes, mas poucos cantaram os êxtases e as agonias do amor com sua poesia musical, com versões modernas de trovadores que criavam as canções que se tornariam a trilha sonora da nossa história amorosa". [20]

Minha geração conviveu com Vinícius e continuou com Chico Buarque.[21]

Menção especial às mulheres compositoras brasileiras, ainda poucas, mas da melhor qualidade. Relembro algumas canções observando que todas são intérpretes precisas e preciosas. De Dolores Duran, "A noite do meu bem" e "Fim de caso"; de Maysa, "Ouça" e *"Meu mundo caiu*; de Suely Costa, "Coração ateu" e *"Jura secreta".* Joyce e Ana Terra compuseram a emblemática "Essa mulher".

Em todos os países, o amor e o desamor se encontram como tema principal das canções. Aplaudo e mergulho em exemplos muito expressivos: "Ne me quitte pas", de Jacques Brel; "Io che amo solo te", de Sergio Endrigo; "Ciao amore ciao", de Luigi Tenco; "Love is a Losing Game", de Amy Winehouse, cantadas pelos próprios compositores; "Body and Soul",[22] interpretação de Winehouse em dueto magistral com Tony Bennett; "My Funny Valentine"[23] cantada por muitos, de Anita O'Day a Chet Baker.[24] Muitas canções de George e Ira Gershwin como "The man I love", "Love is here to stay", "Someone to watch over me", "Embraceable you". E de Cole Porter como "Night and day", "What is this thing called love", "I've got you under my skin", "You do something to me".

"Paroles, paroles" é um delicioso diálogo de sedução com muito charme entre Dalida e Alain Delon.[25]

Os boleros de Armando Manzanero, compositor e cantor, representam muito bem o amor e o desamor. Por todos, cito "Contigo aprendi".

Fado e tango são gêneros que implicitamente cantam paixão, amor e desamor.

Entre os fados, lembro dois compostos e cantados por Amália Rodrigues: "Lágrima" e "Estranha forma de vida"[26], e de "Gaivota", composta por Alain Oulman e Alexandre O'Neil.

"Nostalgias" e "Uno" representam a densidade de letra e música do tango.[27]

Países e cidades também são grande fonte de inspiração. "Douce France"[28], "Paris sera toujours Paris"[29], "Sous le ciel de Paris"[30], "I love Paris"[31] e "April in Paris"[32] são bastante conhecidas. Franceses continuaram a declarar amor a sua cidade — com muita razão — como em "J'aime Paris au mois de mai"[33] e "J'aime Paris au moi d'oût".[34]

Lisboa é uma das cidades que mais inspiram os compositores, com declarações de lisboetas natos e não natos, como em "Fado Lisboa" ou "Sete Colinas"[35], "Lisboa antiga"[36] e "Lisboa menina e moça", charmosa declaração de amor que nos leva a passear por vários bairros[37].

"Lisboa não sejas francesa", de J. Galhardo (letra) e música de R. Ferrão, é provocação bem humorada ao "afrancesamento" da cidade que mereceu, ainda, homenagem do brasileiro Juca Novaes no fado "Samba das Índias", de inesperado título, digno de ser cantado por fadista português.

Minha querida Itália, com "Io sono italiano"[38], "Bella ciao", canção tradicional[39], "Arriverdeci Roma"[40], e "Torna a Surriento"[41].

O encanto de Veneza foi cantado magistralmente por Charles Aznavour em "Que c'est triste Venise", da qual também é compositor[42].

Nova York com a muito conhecida "New York, New York", de F. Ebb e J. Kunder, e outras que a citam como "How about you?", de Burton Lane, cantada com muito charme por Jeff Bridges em *The Fisher King*, ou *O pescador de ilusões*, deitado na grama do Central Park, a contemplar o céu estrelado.[43]

Nosso país inspirou a canção mundialmente conhecida "Aquarela do Brasil", de Ary Barroso. E muitas canções sobre o futebol, desde data aproximada de 1912, conforme interessante pesquisa do jornalista e estudioso da cultura popular Assis Ângelo[44]. Noel Rosa, Lamartine Babo, Lupicínio Rodrigues. Chico Buarque, Sérgio Ricardo, Paulinho Nogueira, Gilberto Gil e tantos outros compositores se inspiraram no futebol. Como representante do tema cito Fernando Brant e Milton Nascimento em "Aqui é o país do futebol".

Escolas de samba que muito bem representam o país também motivaram belas composições como "Exaltação à Mangueira"[45], "Piano na Mangueira"[46]; e "Foi um rio que passou em minha vida"[47].

A Bahia é sempre presente nas músicas de Caymmi, como em "São Salvador", "Você já foi à Bahía?" e em muitas outras, como "Bahia com H", de Denis Brean.

Recife tem bela descrição em "No cordão da saideira", de Edu Lobo — uma das raras para a qual fez a letra[48] e nos frevos de Antonio Maria[49].

As belezas naturais do Rio de Janeiro foram inspiração para inúmeras canções de compositores diversos como Antonio Maria, Tom Jobim, o maestro soberano, Gilberto Gil entre outros[50]. E a vida carioca do passado, ganhou letra de Vinícius e música de Toquinho em "Carta ao Tom"[51]. A canção "Rio", de Roberto Menescal e Ronaldo Bôscoli bem retrata a "Cidade Maravilhosa", enquanto "Copacabana" (a princesinha do mar), de Alberto Ribeiro e João de Barro (Braguinha) é uma das mais icônicas representantes dos bairros cariocas, bem como "Feitiço da Vila", de Noel Rosa e Vadico, para Vila Isabel.

"O barquinho" de Menescal e Bôscoli, que comemorou sessenta anos em 2020, homenagem implícita ao Rio de Janeiro, representa as inúmeras canções que se inspiram na beleza do mar.

São Paulo é cidade para qual foram dedicadas muitas canções. Começo com a já antológica "Lampião de gás", de Zica Bergami, popularizada por Inezita Barroso; e modernamente por Tom Zé, com "São São Paulo"; Caetano Veloso em "Sampa"; "São Paulo, São Paulo (Orgulho de ser paulistano)" do Premê[52]. A Avenida Paulista ganha referência na delicada e sensível canção "Paulista", de Eduardo Gudin com letra de J.C. Costa Neto.

Os bairros paulistanos foram imortalizados nas músicas de Adoniran Barbosa, um dos que melhor retratou as peculiaridades de São Paulo, sua gente, seus bairros, sua vida[53].

Agradeço ao paraense Billy Blanco por ter composto uma das mais belas homenagens a minha cidade e aos paulistas: "Sinfonia paulistana"[54]. Uma das músicas que a compõem é tão expressiva que se tornou jingle de tradicional jornal radiofônico que nos acompanha nas manhãs[55].

A criação vista pelos autores das canções: Licença poética

Com a roupa encharcada e a alma repleta de chão
Todo artista tem de ir onde o povo está.[56]

Compositores também se preocuparam em poeticamente filosofar sobre a origem da inspiração, da canção e da voz dos intérpretes.

Em "Sous le ciel de Paris", menciona-se a inspiração que vem *"d'un coeur d'un garçon"*.⁵⁷

Barry Manilow em "I Write the Songs" também descreve a criação:

"I've been alive forever and I wrote the very first song
I put the words and the melodies together
I am music and I write the songs. I write the songs".

Em "Your Song", de Elton John e Berni Taupin, o artífice da canção oferece o que tem de melhor, à pessoa amada:

"My gift is my song and this is for you.
...I hope you don't mind that I put down in the words
How wonderful life is while you're in the world".

Como relata Astor Piazzolla, às vezes a inspiração vem muito rápida, como ocorreu com "Adiós, nonino", que considero sua obra prima. Depois de tentar por vinte vezes, sem êxito, em meia hora ele a compôs ao piano, sob forte impacto, de uma só vez, em New York.⁵⁸

O tema da inspiração também mereceu o talento de compositores brasileiros. Destaco Lenine, Paulo Cesar Pinheiro em parceria com João Nogueira, Fernando Brant coautor de Milton Nascimento e Paulinho da Viola.

Em "De onde vem a canção", Lenine divaga poeticamente:

De onde? De onde vem? De onde vem a canção
Quando do céu despenca, quando já nasce pronta
Quando o vento é que inventa...

Paulo Cesar Pinheiro e João Nogueira foram pródigos em descrever a inspiração em "Poder da criação":

Não, ela é uma luz que chega de repente
Com a rapidez de uma estrela cadente que acende a mente e
o coração.

Sobre a força maior que guia o poeta e o músico:

Chega a nos angustiar e o poeta se deixa levar por essa magia
E o verso vem vindo e vem vindo uma melodia e o povo começa a cantar.

Como bem diz Zé Ketti: "*...e se houver motivo, é mais um samba que eu faço*".[59]

Fernando Brant, um dos melhores letristas brasileiros, combativo defensor do direito de autores, artistas, intérpretes e executantes, sempre preocupado com a profissão, como desde logo descreveu em "Nos bailes da vida", compôs com Milton Nascimento "Canções e momentos" na qual invoca o poder da voz:

Há canções e há momentos que eu não sei explicar
Em que a voz é um instrumento que eu não posso controlar
Ela vai ao infinito, ela amarra todos nós
E é um só sentimento na plateia e na voz.

Continua o poeta a falar da voz que vem da raiz:

eu só sei que há momentos que se casa com canção
De fazer tal casamento vive a minha profissão.

Menciono, ainda, a voz dos intérpretes, instrumento da canção. Segundo alguns pretendem, em assombroso desprestígio aos intérpretes, a nos causar perplexidade, ela deveria ser menos "monetizada", por vir naturalmente do corpo e de Deus.

Poetas já se referiram a essa origem, com muita sensibilidade, no campo das artes, em evidente licença poética.

Assim, em "Gracias a la vida", Violeta Parra, compositora chilena realçada na voz de Mercedes Sosa, agradece à vida por lhe ter dado o canto.[60]

Alberto Janes, compositor de "Foi Deus", cantado lindamente por Amália Rodrigues, termina a canção com o verso:

Foi Deus que me pôs no peito um rosário de penas
que vou desfiando e choro a cantar
Fez poeta o rouxinol, pôs no campo o alecrim,
deu flores à primavera
e deu-me essa voz a mim.

A inspiração vem do viver, de estar no mundo, a voz vem de Deus, ou do acaso da natureza, ou dos genes, mas essa visão teria importância para o Direito de autor a ponto de desprestigiar a autoria das canções ou a performance, a atuação de artistas e intérpretes?

O poeta Paulinho da Viola, com grande sabedoria, em "Coisas do mundo, minha nega", diz, eu agradeço e aplaudo:

As coisas estão no mundo. Só que eu preciso aprender.

Essa é a diferença entre "estar no mundo", aprender e apreender com o talento do autor-criador.

A CRIAÇÃO VISTA PELO DIREITO DE AUTOR

A criação é considerada pelo direito de autor como a pedra fundamental da proteção por lei específica em vários países. No Brasil, a principal é a n. 9.610, de 19 de fevereiro de 1998 que rege o direito de autor e os direitos conexos (artistas, intérpretes e executantes).

Segundo elementos comuns do conceito de direito de autor, é ele o ramo do direito que tutela as criações intelectuais compreendidas na literatura, nas artes e nas ciências, de certa originalidade e individualidade, exteriorizadas em suporte tangível ou intangível (internet, voz). Abrange direito morais (direitos da personalidade) ligados à pessoa do autor e patrimoniais, que se referem aos negócios jurídicos para exploração econômica da obra.

As composições musicais constam expressamente no inciso V do artigo 7º da Lei 9.610 de 1998 (LDA), com ou sem letra, embora o elenco das obras protegidas seja apenas exemplificativo, pois a lei não poderia pretender visão definitiva da criatividade que sempre proporcionará novas formas de arte. Grafites são relativamente recentes, bem como obras feitas com auxílio de computador que é bem-vindo, como instrumento, sem jamais desprestigiar a criação humana, mesmo em tempos de inteligência artificial.[61]

Os direitos morais de autor estão descritos na lei 9.610, de 19.02.1998, em rol aberto, mas podem-se apontar alguns deles que se referem à própria pessoa do autor: paternidade (ser reconhecido como o autor), integridade da obra, imodificabilidade dela por terceiros, arrependimento, com retirada de circulação, acesso a exemplar único ou raro. Não podem ser negociados, nem cedidos ou licenciados, bem como renunciados.

Não é reconhecida a denominada "venda" de canção, como amargamente retratada em "14 anos", de Elton Medeiros e Paulinho da Viola,[62] pois direitos morais não comportam venda, perduram para sempre, mesmo depois da morte do autor. Também não são transmissíveis e não podem ser penhorados.[63]

O caso João Gilberto contra EMI Music Ltda. julgado pelo Superior Tribunal de Justiça bem demonstra a relevância do direito à imodificabilidade da obra. A perícia feita por Paulo Jobim fundamentou a decisão judicial que acolheu o pedido do cantor ao reconhecer que a gravação original fora modificada no CD remasterizado, sem autorização, cujo arranjo teria prejudicado a interpretação.[64]

Os direitos patrimoniais, ao contrário dos morais, podem ser negociados, não permanecem para sempre, podem ser penhorados, transmitem-se aos herdeiros e podem ser objeto de renúncia.[65]

Anote-se, ainda, que apenas os direitos patrimoniais do autor caem no domínio público, o que significa dizer que poderão, nesse caso, ser explorados por qualquer pessoa sem pagamento aos licenciados ou sucessores. Segundo o artigo 41 da LDA, o atual prazo aplicável à obra musical é de setenta anos contados a partir de 1.º de janeiro ao ano subsequente ao do falecimento e serão reconhecidos aos sucessores definidos pelo Código Civil.

Os direitos morais de autor, entre os quais há paternidade, jamais caem no domínio público. Assim, Chiquinha Gonzaga será sempre autora de "Ó abre alas", que não poderá ser modificada. O mesmo se diga quanto a obras de tantos compositores em relação aos quais o tempo de proteção aos direitos patrimoniais já se esgotou.

É importante enfatizar que os contratos são interpretados restritivamente em favor do autor (art. 4º da LDA) e a autorização prévia e expressa dele deve ser para cada modalidade de utilização (art. 29 da LDA), na qual se incluem o arranjo e quaisquer outras transformações, bem como a tradução (versão da letra da canção) e o ato de musicar obra literária — poesia ou prosa.

A LDA reconhece expressamente a vulnerabilidade do autor na relação jurídica, assim como outras leis reconhecem essa característica da parte mais fraca como o consumidor e o trabalhador.

O direito autoral é uma conquista lenta e gradual, de séculos, com pouco desenvolvimento no direito romano, onde existia o mecenato, muito longe da realidade atual. Relevante marco em favor dos criadores, e não dos editores ou exploradores econômicos, são o Estatuto da Rainha Ana da Inglaterra, de 1710, e a Declaração dos direitos do homem e do cidadão, da Revolução Francesa de 1789.

Importante registrar a Convenção de Berna, de 1886, revista por último em 1971, e a primeira lei brasileira que tratou de direito de autor em 1898. Anote-se, ainda, a Convenção de Roma, de 1961 que cuida especialmente da proteção aos artistas, intérpretes e executantes, aos produtores de fonogramas e aos organismos de radiodifusão.

A legislação gradualmente desenvolvida pelos vários países teve como finalidade proteger o autor, o criador, que com seu talento, grande esforço e empenho transforma em arte "aquilo que está no mundo", como bem apontou Paulinho da Viola. Considero o autor como trabalhador-autor.[66] Conquista secular não pode ser afastada em nome de alegado "interesse público".

Concordo inteiramente com Arpad Bogsch, ex- Diretor da Organização Mundial da Propriedade Intelectual (OMPI), o qual no prefácio do Guia da Convenção de Berna enfatiza que um país não se desenvolve nem enseja consideração maior pelas restrições que impõe aos autores — entre as quais as limitações e as licenças compulsórias — mas pelos meios que propicia aos autores para melhor expandirem seus múltiplos talentos.[67]

No meu modo de ver, o país se notabiliza e merece o respeito dos demais pelo modo como trata a cultura e a educação. E isto passa necessariamente pela valorização de seus autores, por meio de legislação e políticas adequadas. No caso da música, invocando novamente Fernando Brant e Milton

Nascimento, respeito à profissão "de tocar um instrumento e de cantar", de fazer o casamento entre momentos inspiradores, a voz e a canção.

O processo criativo é longo, não se podendo presumir que não haja trabalho na transformação da inspiração que é externa, da vida, dos sentimentos, da natureza, ou de Deus, conforme registrou Alberto Janes.

Oportuno o depoimento de Edu Lobo, quando explica: quem tem talento — e ele não basta — deve desenvolvê-lo e se dedicar muito ao aperfeiçoamento da inspiração.[68] O compositor não acredita em "talento musical" pronto e acabado, mas, sim, no aprimoramento dele.[69]

É óbvio que o empenho e dedicação transformam a pedra bruta em lapidada. Ao menos para as obras de certa qualidade, no caso, música e letra. A parceria Edu Lobo-Chico Buarque bem demonstra essa simbiose entre talento e empenho/dedicação. Tanto Edu[70] como Chico[71] falam com muita sinceridade como se dá o caminho inspiração-empenho-resultado.

Na obra anônima — que não se confunde com a pseudônima — não se conhece a autoria, mas desde que ela seja revelada por qualquer meio de prova, os direitos de autor são reconhecidos a partir de então.

A lei protege igualmente a obra póstuma (art. 41, parágrafo único da LDA). Na música, há vários exemplos de obras postumamente comunicadas ao público, de autores consagrados como John Lennon[72] e Noel Rosa, falecido precocemente, em 1937, com 26 anos, e de quem não conheceríamos aproximadamente vinte e sete canções.[73] Interessante e recente parceria *post mortem* é a de Vinícius de Moraes e Edu Lobo que musicou a letra de "Silêncio".[74]

A titularidade originária do direito de autor — tanto para direitos morais como para os patrimoniais — é fundada na criação da obra ou da performance de artistas, intérpretes ou executantes.

Vale lembrar que não há usucapião[75] para direito de autor. Não há aquisição da titularidade originária, o reconhecimento como autor, pelo simples *status* ou apresentação como tal. Comprovada a autoria por outrem, por qualquer meio de prova, o Direito de autor não considera autoria a quem se apresentou como autor, não o sendo. É irrelevante eventual alegação de que há muito tempo foi conhecido como tal.

E nem se alegue que o registro foi feito em nome do pseudo autor, pois ele não é obrigatório, tem natureza meramente declaratória e por isso não constitui autoria.[76]

A ideia não é protegida, conforme artigo 8º, I da Lei 9.610/98.

Mário Quintana, no pensamento-poesia sobre a ideia afirmou em "XLVIII. *Das idéias*":

> *Qualquer ideia que te agrade, por isso mesmo... é tua.*
> *O autor nada mais fez que vestir a verdade*
> *Que dentro em ti se achava inteiramente nua...*[77]

A ideia pertence ao acervo cultural da Humanidade, é de todos e de cada um que a externar, mas o Direito de autor só protegerá a forma como ela se "veste", como se apresenta, com a criatividade singular de cada pessoa.

No exemplo do poeta, a ideia nua não é protegida, mas "vestida", sim. Essa diretriz da LDA tem sido reconhecida por acórdãos de Tribunais estaduais e superiores.

Voltemos a Chico Buarque para lembrar a canção "Nego Maluco" — inspirada em "Nega maluca", de Fernando Lobo e Ewaldo Rui — parceria com Edu Lobo, na qual repudia, com a genialidade de sempre, a autoria de um samba, tal qual ocorre na ação negatória de paternidade de suposto filho:

> *sou da banda do jazz, samba jamais me apeteceu*
> *Não conheço o rapaz, tenho família e este samba não é meu!...*

A reclamação quanto ao reconhecimento da autoria e o repúdio ou negativa da paternidade falsamente imputada a alguém podem ser objeto de ação judicial. No mais das vezes, as ações objetivam a firmar a autoria seja pela usurpação dela, seja pela apropriação de grande parte de obra alheia a constituir plágio — se a apropriação for da essência da obra ou "*substantial identity*"[78] — ou violação de direito autoral. [79]

"*As coisas estão no mundo. Só que eu preciso aprender.*"

Aprender e apreender. Apreensão com o talento do criador que transforma a inspiração em arte a qual recebe a tutela do Direito autoral, conquista após luta secular, em favor do trabalhador-autor.
Inspiração é do mundo. Talento e trabalho são do autor.

Notas

1. Dedico esse artigo aos músicos Decio Milnitski, Gustavo Guilherme Kuhlmann, Luiz Antonio da Gama e Silva Filho, Maurice Katz, Paulo D'Elia, Júlio dos Santos Oliveira Jr, Euclides Gabriel Correa, Francisco Stella Chiavini, Mário Negrão Borgonovi, Geraldo e Maria Lucia Suzigan, com quem partilhei inesquecíveis jornadas musicais.
2. Professora Titular da Faculdade de Direito da Universidade de São Paulo na qual leciona Direito Civil e Direito de Autor. Doutora, Livre-docente e Titular pela Faculdade de Direito da Universidade de São Paulo. Presidente da Comissão de Propriedade Intelectual do Instituto dos Advogados de São Paulo (IASP). Membro da Comissão Especial de Direito Autoral da Ordem dos Advogados do Brasil. Conselheira da ABDA — Associação Brasileira de Direito Autoral, membro da APDI — Associação Portuguesa de Direito Intelectual e do IIDA — Instituto Interamericano de Derecho de Autor.
3. Essa ligação descrevo em parte, na crônica "A Escola de Engenharia de São Carlos e a música popular brasileira" sobre as experiências muito relevantes para mim, na cidade de São Carlos, junto aos shows de MPB promovidos pelo Centro Acadêmico da Escola de Engenharia da USP. Então estudante do nível secundário, acompanhei com total interesse o "tempo dos festivais", do prestígio à música popular brasileira, da bossa nova, com apoio dos estudantes universitários. http://www.brasilengenharia.com/portal/palavra-do-leitor/115-a-escola-de-engenharia-de-sao-carlos-e-a-musica-popular-brasileira
4. Parceria com Milton Nascimento.
5. Nos arredores da Faculdade de Filosofia, Ciências e Letras da famosa rua Maria Antonia, em São Paulo, havia inúmeros bares onde estudantes se reuniam para cantar o melhor da MPB, reproduzindo os vários programas da televisão. Entre eles o "Bar sem nome", antiga quitanda, conhecido pelos alunos e frequentadores das faculdades da região no fim dos anos sessenta. Merecem ser lembrados ainda, o Movimento Artístico Universitário, ou MAU, dos quais participaram Ivan Lins, Aldir Blanc, Gonzaguinha, e dos inúmeros shows promovidos pelos Centros Acadêmicos das Faculdades. Muitos compositores foram neles revelados. Destaco Taiguara, compositor de música e letra, músico e cantor que partiu cedo e felizmente

nos deixou expressivo legado da melhor qualidade como: "Universo no teu corpo", "Hoje", "Seu sonho não acabou" e "Que as crianças cantem livres".

6 Em entrevista a Chico Pinheiro, Edu Lobo, em 2004, informa que geralmente Chico coloca a letra depois de receber a música que Edu criou, acerto que, como se vê, deu muito certo. Disponível em: <https ://www.youtube.com/watch?v=BOBAaN4opGw>. Acesso em: 22 jul. 2021.

7 Essa parceria é descrita em: BUARQUE, Chico. *Letra e música*. São Paulo: Companhia das Letras, 2004, p.61-64. A poesia musicada transformou-se em obra teatral premiada no IV Festival de Teatro Universitário, realizado em Nancy, em 1965.

8 "Choro bandido" compõe o CD *O Grande circo místico*, lançado em 1983, considerado o melhor da década de 1980. Orquestração e regência do maestro Chiquinho de Moraes.

9 Consulte-se o rico ensaio de André A. Almeida, mestre em linguística pela Unicamp, sobre as referências à mitologia grega em "A mitologia greco-latina na canção 'Choro bandido'". Disponível em: http://www.criticaecompanhia.com.br/andre.htm. Acesso em: 22 jul. 2021. A lira, feita com o casco da tartaruga, é ligada ao canto e à poesia. Conforme anota o autor, "sonso e ladrão" são adjetivos facilmente explicáveis às qualidades de Hermes. O discurso sedutor do poeta é comparado ao "canto das sereias" mencionado na *Odisseia*, de Homero, no episódio que envolve Ulisses, amarrado a um mastro. Conforme aponta Almeida, essa inspiração fica nítida nos versos de Chico Buarque, que reputo primorosos: *Mesmo que você feche os ouvidos e as janelas do vestido, minha musa vai cair em tentação.*

10 *A noite do meu bem: A história e as histórias do samba-canção*. São Paulo: Companhia das Letras, 2015, p. 433 e ss.

11 *Copacabana. A trajetória do samba-canção (1929-1958)*. São Paulo: Edições SESC, Editora 34, 2017.

12 *A deusa da minha rua tem os olhos onde a lua costuma se embriagar....*

13 "*Quando olhaste bem nos olhos meus e teu olhar era de adeus, juro que não acreditei. Eu te estranhei, me debrucei sobre o teu corpo e duvidei. E me arrastei e te arranhei, e me agarrei nos teus cabelos, nos teus pelos, teu pijama, nos teus pés, ao pé da cama.*" Na gravação original de Elis Regina consta "*me agarrei no teu peito*", o que foi imposto pela censura. Essa informação é registrada em *Chico Buarque. Letra e música cit*, p. 99.

14 *Com açúcar, com afeto, fiz seu doce predileto pra você parar em casa. A volta tão tarde de quem saiu para as ruas, para as praias, "olhando as saias coloridas pelo sol", é recebida com o amor de sempre: logo vou esquentar seu prato, dou um beijo em seu retrato e abro meus braços pra você.*

15 Parceria com Fernando Lobo.

16 Em parceria com Ismael Neto. *Nunca mais vou fazer o que meu coração pedir; nunca mais vou ouvir o que meu coração mandar.*

17 ... *Vem comigo, meu pedaço de universo é no teu corpo. Eu te abraço, corpo imerso no teu corpo, e em teus braços se unem versos à canção.*
18 Muito respeitado pelos músicos, foi homenageado pela Orquestra Jazz Sinfônica, mais de uma vez. Tive o privilégio de assistir uma de suas últimas apresentações, em 26 de março de 2011, com regência do maestro Maurício Galindo, que muito o elogiou, com arranjos de Amilson Godoy. Emocionante show, com profissionalismo absoluto do artista, performance perfeita do cantor e acordeonista, com lágrimas de muitos, entre os quais me incluo. Uma parte da apresentação está disponível no YouTube. Disponível em: <https://youtu.be/nbEb1KESizU>; <https://youtu.be/2kLytB2g2u8. Acesso em: 22 jul. 2021.
19 É bastante agradável a leitura da autobiografia de Rita Lee, com muita informação sobre as canções que criou e as várias parcerias: *Rita Lee – uma autobiografia*. São Paulo: Globo Livros, 2016.
20 "Vinicius de Moraes". In: NEVES, José Roberto de Castro (org.). *Os brasileiros*. Rio de Janeiro: Nova Fronteira, 2020, p. 296-305. A citação encontra-se na p. 301. Nelson Motta, compositor musical de grande talento, é coautor da canção que muito me encanta "De onde vens?", parceria com Dori Caymmi.
21 A delicadeza e beleza das letras de Chico ressaltam a qualidade da música, como em "Valsa brasileira" — parceria com Edu Lobo — e "Todo o sentimento", em coautoria com Cristóvão Bastos.
22 De E. Heyman, R. Sur, F. Eyton e J. Green.
23 De L. Hart e R. Rodgers.
24 Interpretações por mim escolhidas ao considerar o alto nível de técnica e densidade da interpretação.
25 Autores: L Chiosso, G. Ferrio, G. Del Re.
26 "Lágrima" tem coautoria de Carlos Gonçalves e que é coautor de "Estranha forma de vida" Alfredo Marceneiro. Amália recebeu tributo maior dos portugueses: repousa no Panteão, em Lisboa.
27 "Nostalgias" foi composta por Enrique Cadícamo e Juan Carlos Cobian. "Uno" tem como coautores E. Santos Discépolo e Mariano Mores.
28 De Charles Trenet e François Salabert.
29 De A. L. Willemitz e C. G. Overfield.
30 De H. Giraud e J. Dréjac.
31 de Cole Porter.
32 de Vernon Duke.
33 Charles Aznavour e Pierre Roche.
34 Charles Aznavour e Georges Garvarentz. Outras canções descrevem bairros, em especial, como "Champs Elysées", de P. Delanoe, M. Deighan e M. Wilsh. Montmartre é retratado em "La bohème" por C. Aznavour e J. Plante.

35 *Lisboa tão linda és que tens de rasto aos pés, a majestade do Tejo. Sete colinas tem teu colo de cetim onde as casas são boninas espalhadas em jardim*, dos autores A. Leal e R. Ferrão.
36 De A. do Vale, J. Galhardo e R. Portela.
37 *Lisboa menina e moça amada, cidade mulher da minha vida*. Autores: F. Tordo, J. Pessoa, José Carlos, A. dos Santos, P. de Carvalho. Sobre bairros de Lisboa: "Ai, Mouraria", de A. do Valle, "Fado da Madragoa", de F. Vale Rio; "Madrugada de Alfama", de D. M. Ferreira e Alain Oulman.
38 De Totó Cotugno e C. Minellono.
39 "Bella ciao" é uma música tradicional italiana, composta provavelmente no século XIX, como protesto às más condições de trabalho nos arrozais. Depois a melodia foi base para canção de protesto contra a primeira guerra mundial. Em seguida, a melodia foi usada para canção símbolo da Resistência italiana contra o fascismo, durante a segunda guerra mundial (versão *partigiana*). Foi adotada por outros países. Disponível em: pt.m.wikipedia.org., verbete "Bella ciao". Acesso em: https://youtu.be/nbEb1KESizU'.
40 de P. Garinei, S. Giovannini e Rascel.
41 De A. Mazzucchi, E. de Curtis e G.B. de Curtis.
42 Homenageio a cidade, origem de minha família, e na qual fui registrada como cidadã. O autor descreve vários locais da cidade: "*les barcarolles, les gondoles, les musées, les églises, la lagune, les pigeons, le Pont des soupirs*".
43 "*I love New York in june. How about you? I love Gershwin tunes. How about you?*" Diretor: Terry Gilliam. Filme de 1991, indicado para Oscar de melhor trilha sonora em 1992.
44 *A presença do futebol na música popular brasileira*. São Paulo: IBRASA, 2010. Assis listou 76 composições.
45 De Aloísio A. Cesar, e Eneas B. Silva,
46 De Tom Jobim e Chico Buarque
47 Homenagem de Paulinho da Viola à Portela
48 O autor descreve as delícias e maravilhas da cidade como agulha frita, mungunzá, pitomba, caramboleira, o bumba-meu-boi e o frevo, é óbvio.
49 *Frevo número 1 do Recife*, coautoria com Madeiro do Rosarinho e Capiba. *Frevo número 2 do Recife*.
50 Antonio Maria - "Valsa de uma cidade"; Tom Jobim - "Samba do avião"; Gilberto Gil - "Aquele abraço".
51 "*Rua Nascimento e Silva, 107, você ensinando pra Elizeth as canções de Canção do amor demais.*" A letra faz várias referências ao Rio de outrora, vivenciado pelo poeta e por Tom Jobim.
52 A canção foi composta por Biafra, Claus, Marcelo, Wandi, Oswaldo que integram o grupo Premeditando o Breque. É uma declaração de amor com espirituosa e bem humorada crítica, que passeia por muitos bairros.

53 Entre as composições, me lembro de "Saudosa Maloca", "Trem das Onze", "Vila Esperança", "No morro da Casa verde", "Praça da Sé", "Samba italiano".
54 *São Paulo todo frio quando amanhece, correndo no seu tanto o que fazer, na reza do paulista trabalho é o padre-nosso de quem luta e quer vencer.*
55 *Vam'bora, vam'bora, olha hora, Vam'bora, vam'bora, Vam'bora, vam'bora olha hora...*
56 "Nos bailes da vida". De Fernando Brant e Milton Nascimento.
57 *"Sous le ciel de Paris s'envole une chanson. Elle est née d'aujourd'hui dans le cœur d'un garçon..."*
58 Veja-se o documentário *Los años del tubarón*. Diretor: Daniel Rosenfeld. Argentinacine, 2018. Disponível no canal HBO. Consulta em: janeiro de 2021. Lembro que Piazzolla tinha sólida formação musical. Meia hora de inspiração, mas lastreada em ampla técnica e muito estudo musical.
59 *Diz que fui por aí.*
60 *"Gracias a la vida que me ha dado la risa y me há dado el llanto. Com ellos distingo dicha de quebranto, los dos materiales que foram mi canto, y el canto de ustedes que es mi próprio canto."*
61 A inteligência artificial é uma realidade, mas não se pode pretender tenha autonomia nem que atue como protagonista. No campo musical, deve ser anotado o intenso trabalho do francês François Pachet, músico e engenheiro de computação. Minha visão se centra no autor — pessoa e assim também parecem caminhar as diretrizes da União Europeia. Felizmente.
62 *...vejo um samba ser vendido e o sambista esquecido, o seu verdadeiro autor.*
63 Em linguagem jurídica, os direitos morais são inalienáveis, incessíveis, imprescritíveis impenhoráveis, conforme artigo 27 da LDA e artigo 11 do Código Civil. Os sucessores têm o ônus de defender tais direitos, sendo essa a interpretação do artigo 24, § 1º, da LDA.
64 Recurso Especial n. 1.098.626 - Rio de Janeiro, Relator Ministro Sidnei Benneti, julgado em 13.12.2011, m.v. Caetano Veloso atuou como Assistente Técnico de João Gilberto.
65 Em linguagem jurídica, em síntese, podem ser alienados, são prescritíveis e transmissíveis em vida e *post mortem*.
66 CHINELLATO, Silmara Juny de Abreu. "O trabalhador-autor". *Migalhas*, 12/06/2020. . Disponível em: <http://migalhas.uol.com.br/depeso/328786/o-trabalhador-autor>. Acesso em: 22 jul. 2021.
67 OMPI. *Guia da Convenção de Berna relativa à protecção das obras literárias e artísticas (Acta de Paris, 1971)*. Prefácio. OMPI – Organização Mundial da Propriedade Intelectual. Genebra, 1980
68 Edu Lobo. "Entrevista para Chico Pinheiro". YouTube, 2004. Publicado em 28.01.2013. Acesso em 22 jul. 2021.
69 Entrevista a Roberto D'Avila para Globonews em 02.8.2014. A entrevista começa com a pergunta *"Como é que nasce uma melodia?"* O empenho do autor

para aprender mais sobre música e orquestração é descrito por Eric Nepomuceno em *Edu Lobo. São bonitas as canções. Uma biografia musical*. Rio de Janeiro: Edições de Janeiro, 2014. Consulte-se, por exemplo a parte 8, "Canção de longe. Em Los Angeles, o jazz e o aprendizado musical", pp. 103-126.

70 Em *Edu Lobo fala sobre CD e DVD comemorativo de seus 70 anos de vida*, publicado em 21 de outubro de 2014, Saraiva conteúdo, no YouTube. O músico novamente esclarece que primeiro faz a música e depois Chico coloca a letra, caminhos que ambos preferem. Viva esse entendimento que produz obras de altíssimo nível! Simbiose perfeita. Basta ouvir, por exemplo, "Beatriz", "Valsa brasileira", além da já citada "Choro Bandido". Consulta em dezembro de 2020.

71 Veja-se o documentário *Bastidores*, de 2005, dirigido por Roberto de Oliveira, com produção artística de Vinícius França, disponível em Amazon Prime. Consulta em dezembro de 2020.

72 Após a morte de John Lennon, seus parceiros do conjunto The Beatles, Paul McCartney, George Harrison e Ringo Starr, finalizaram, produziram e lançaram duas obras inacabadas: "Free as bird" e "Real love".

73 *Noel pela primeira vez - 229 gravações de Noel Rosa em suas versões originais*. Compilado por Omar Jubran, Universal Music, Gravadora Velas, 2000. Jairo Severiano aponta número menor de canções póstumas, mas não pretendeu apresentar lista completa. *Uma história da música popular brasileira. Das origens à modernidade*. São Paulo. Editora 34, 2008. pp. 135-145.

74 Letra descoberta por Luciana, filha de Vinícius, musicada por Edu Lobo, a pedido dela. Compõe o álbum *Quase Memória*, de 2019.

75 Aquisição da propriedade pela posse. Para a coisa móvel, o Código Civil prevê posse por três anos com justo título e boa-fé (art. 1260) e, por cinco anos, sem tais requisitos (art. 1.261).

76 Artigo 17 §§ 1.º e 2.º da Lei 5.988/73, expressamente considerados pela Lei 9.610/98. A lei foi revogada exceto quanto a esses artigos.

77 *Espelho mágico*. Globo, 2005. A obra se compõe de cento e onze quadras escritas em 1945.

78 As leis não definem plágio, o que não impede sua existência e sanção. Nem a brasileira nem as estrangeiras trazem a definição, aspecto irrelevante, pois, o conceito é dado pela Doutrina, também fonte do Direito. Os Tribunais brasileiros e estrangeiros reconhecem o plágio, acatando o conceito doutrinário de apropriação da essência ou identidade da obra alheia, o que necessita do exame do caso concreto com análise da obra originária e da obra imputada como plagiadora.

79 Os artigos 102 e seguintes tratam da violação de direito autoral em elenco aberto. Sobre plágio escrevi "Violações de direito autoral: plágio, autoplágio e contrafação". In *Direito autoral atual*. J. C. Costa Netto, A. Mattes, L. M. Pontes, M. L. Freitas Valle Egea, L. A. Carasso, coord. ABDA. São Paulo: Campus Jurídico, 2015. pp. 200-219.

O BÊBADO E A EQUILIBRISTA, O SHOW TEM QUE CONTINUAR

Silvia Rodrigues Pachikoski[1]

Caía a tarde feito um viaduto
E um bêbado trajando luto
Me lembrou Carlitos
A lua tal qual a dona do bordel
Pedia a cada estrela fria
Um brilho de aluguel
E nuvens lá no mata-borrão do céu
Chupavam manchas torturadas
Que sufoco
Louco
O bêbado com chapéu-coco
Fazia irreverências mil
Pra noite do Brasil
Meu Brasil
Que sonha com a volta do irmão do Henfil
Com tanta gente que partiu
Num rabo de foguete
Chora
A nossa Pátria mãe gentil

Choram Marias e Clarices
No solo do Brasil
Mas sei que uma dor assim pungente
Não há de ser inutilmente
A esperança
Dança na corda bamba de sombrinha
E em cada passo dessa linha
Pode se machucar
Azar
A esperança equilibrista
Sabe que o show de todo artista
Tem que continuar

O jargão popular de que o mundo dá voltas parece encontrar identidade na história da belíssima canção composta por João Bosco e Aldir Blanc. Aliás, é da própria história a repetição dos fatos e dos momentos inglórios.

Marx, em *O 18 Brumário de Luís Bonaparte*, escreveu:

Hegel observa em uma de suas obras que todos os fatos e personagens de grande importância na história do mundo ocorrem, por assim dizer, duas vezes. E esqueceu-se de acrescentar: a primeira vez como tragédia, a segunda como farsa.

Parte-se, então, do enredo do primeiro acontecimento histórico, golpe de 1964, sucedido pela ditadura militar, que chega no final dos anos 1970 no início de seu declínio. Os excessos dos porões da ditadura já não conseguem ficar mais escondidos.

É final de 1977 e João Bosco, entre as festas de final de ano, decide homenagear Charles Chaplin, vítima de um derrame, no dia de Natal daquele ano, e inicia a bela canção fazendo referência exatamente ao personagem Carlitos, de Charles Chaplin.[2]

João Bosco quis aproveitar aquele momento de final de ano, em que o Brasil se preparava para o carnaval, e dar relevo a temas eminentemente humanos, tão bem retratados por Chaplin no cinema, para homenagear aquele que olhou pelos miseráveis e vagabundos, com algo que honrasse o grande ator, comediante, diretor, compositor, músico, cineasta, roteirista e editor britânico.[3]

A música "O bêbado e a equilibrista" celebrou o casamento musical perfeito da dupla João e Aldir, dupla essa que trouxe para o repositório brasileiro poesias e melodias que fazem parte de cada um de nós,[4] eternizada por aquela que levantou a bandeira da resistência, que queria ocupar o espaço e as brechas que estavam sendo deixadas pelo poderio militar, a magnífica Elis Regina.

A canção foi o maior sucesso do seu disco *Elis, essa mulher*, de 1979, música eleita hino informal da anistia e do declínio da ditadura militar no Brasil, tendo sido chamada de "Hino da Anistia", apesar de a sua composição ter ocorrido antes da aprovação da própria lei, em 28 de agosto de 1979.[5]

A letra tem mais símbolos que um sonho jungiano, e faz referência a eventos e personalidades da época, servindo praticamente de relato histórico.

A referência a Carlitos, personagem de Chaplin, na tarde que caía como um viaduto, traz à baila a queda do Viaduto Paulo de Frontin, no Rio de Janeiro, que desabou em 1971, causando a morte de 29 pessoas.

Chaplin sempre aparecia como protetor dos hipossuficientes, mas nunca abandonava a esperança e a alegria. A falta de esperança, a morte dos perseguidos pela ditadura, transforma quem tem consciência política em alguém marginalizado, como um bêbado. Parece que tudo vai desabar, como um viaduto que despenca.

Políticos que apoiavam a ditadura ("a lua") e os militares ("estrelas frias") visavam a satisfação de interesses particulares ("brilho de aluguel"). A ideologia e a superestrutura cultural da ditadura escondiam os erros e a violência ("mata-borrão").

A esperança, contudo, subsiste.

É aqui que, diante da violência e da ideologia, quem tem consciência política ("a equilibrista") projeta-se para um futuro melhor, onde haja liberdade.

A história, entretanto, repete-se. Hegel apontou para este fenômeno na obra *Filosofia da História*, quando comentava a figura de Júlio César.

O momento político, grande alvo da composição, é também lembrado pelo choro de "Marias e Clarices", fazendo alusão às viúvas e órfãos dos presos políticos, especificamente Maria, filha de Manuel Fiel Filho, e Clarice, viúva de Vladimir Herzog, ambos mortos nos porões do Departamento de Operações e Informações e Centro de Operações de Defesa Interna, o temido DOI-CODI, e que serviram como estopim para o início da queda do regime militar.

A partir da morte de Herzog e, depois, quando as notícias da morte de Fiel Filho vieram a público, o presidente Ernesto Geisel, que já havia se pronunciado que não admitiria mais a violência extrema, exonerou o general Ednardo D'Ávila Melo, comandante do 2º Exército.

Mais do que um assunto de caserna, o episódio marcava o início da reviravolta na política brasileira, e a partir deste fato, o DOI-CODI muda a forma de tratamento dos presos políticos, reduzindo as práticas de tortura e repressão para tentar garantir a sobrevida do regime.

Outro fato que a letra revela é a intensa amizade entre João Bosco, Aldir Blanc, Elis e Henfil. E a amizade dos quatro com o nosso Brasil.

Aldir Blanc em entrevistas revelou que, naquele fim de 1977, havia encontrado com Henfil e Chico Mário e os dois só falavam do irmão exilado — o sociólogo Herbert de Souza, o Betinho. Desta conversa nasceu o personagem chapliniano que, no fundo, sofria com a condição dos exilados. A cantada volta do irmão do Henfil ao Brasil aconteceu em setembro de 1979, após oito anos de exílio.

O ativista deixou o país em 1971 e permaneceu dois anos no Chile, onde atuou como assessor do então presidente Salvador Allende. Com o golpe militar que levou o general Augusto Pinochet ao poder, Betinho procurou asilo no Panamá e, posteriormente, no Canadá e no México. No seu retorno, havia ainda dúvidas se ele seria preso ou não quando chegasse, mas conta-se que foi recebido ao som de "O bêbado e a equilibrista", emocionando a todos, até mesmo os policiais presentes. Já no Brasil, onde Betinho viveu até 1997, imortalizou-se pela Ação da Cidadania contra a Fome, a Miséria e pela Vida, movimento em favor dos pobres e excluídos.

Mas o mundo dá voltas, confirmando os filósofos alemães. Quando se imaginava que a canção da esperança do final dos anos 1970 seria apenas uma memória de tempos sombrios, em que se buscava iniciar um novo caminho, a possibilidade de um mundo novo, sem choros e sofrimentos, "O bêbado e a equilibrista" ressurge à tona em 2020, com a pandemia decorrente da Covid-19.

Na memória, não vieram apenas situações nefastas vividas quando da gripe espanhola[6]. Trouxe, também, discussões políticas sobre vacina, isolamento social, em meio a milhares de mortes, questionamentos sobre os direitos individuais e até mesmo sobre democracia, e, ainda, o triste falecimento de Aldir Blanc - vítima do próprio vírus Covid-19.

O que parecia ter ficado para trás, após a mencionada Lei da Anistia e a campanha "Diretas já", volta à baila, como um pesadelo e não como história, com um discurso irracional e insensível daqueles que parecem ter esquecido ou até mesmo não se importarem com os choros das Marias e das Clarices.

Há, na infraestrutura da arquitetura social, a base econômica do capitalismo, que, por sua vez, sustenta a estratificação das classes sociais. Esta situação, por si mesma, tende a se perpetuar, exatamente tendo em vista os interesses da classe dominante. Num primeiro momento, pela violência. Eis aí a tragédia. Em um segundo momento, pela atuação da ideologia e superestrutura cultural. Eis aí a farsa.

Os que não percebem a ação da ideologia, passam a apoiar os dominantes, mesmo que sejam dominados. Uma vez alienados, passam a fazer parte dos que sofrem a servidão voluntária.

A repetição na história, pois, tem como fundamento o capital e a dominação dos poderosos. E tanto os dominantes como os dominados (estes porque alienados), tendem a desenvolver internamente uma espécie de compulsão de repetição.[7]

O quadro da ditadura repete-se, nos moldes do capitalismo selvagem contemporâneo. A pandemia é usada, maquiavelicamente, para a continuação da repetição.

Como a dança na corda bamba tem causado muita dor, sofrimento e morte, lembra-se aqui, a tese nº 11, da obra de Marx:[8] "os filósofos não fizeram mais do que interpretar o mundo de diferentes maneiras; a questão, porém, é transformá-lo".

Quase 40 anos se passaram e o Brasil, constitucionalmente Estado Democrático de Direito, conquistou o voto direto e a liberdade de expressão; assegurou em sua Constituição princípios fundamentais, como o direito à privacidade, à liberdade de imprensa, à convivência pacífica, ao próprio direito de defesa e à proteção efetiva contra a força abusiva do Estado.

A sociedade brasileira não pode permitir o retrocesso. A democracia exprime a vontade de seu povo e como tal deve ser respeitada.

Desde o Contrato Social adotado entre Estado e seus cidadãos, o poder estatal toma para si a tutela de solução de conflitos e não há espaço para que qualquer do povo, até mesmo o mais rico ou o mais poderoso, possa se achar no direito de fazer justiça com as próprias mãos, possa desrespeitar os direitos constitucionalmente garantidos.

A evolução da sociedade não se coaduna com o Código de Hamurabi. Deixar de lado as ofensas, mesmo as mais graves, pressupõe o desenvolvimento máximo da tolerância necessária para o enriquecimento das sociedades democráticas e as conquistas brasileiras não podem ser menosprezadas ou pisoteadas.

Em homenagem à canção de Aldir Blanc e João Bosco, eternizada por Elis Regina, devemos honrar o passado que tivemos. A tolerância precisa assumir seu papel libertário. Todas as opressões e perspectivas anticonstitucionais não podem ser toleradas.

Marias e Clarices não devem voltar a chorar. A nossa Pátria mãe gentil deve sorrir de orgulho, a dor pungente não há de ter sido inútil.

A esperança equilibrista brasileira sabe que o show tem que continuar!

Notas

1. Advogada formada pela Universidade de São Paulo, com quase 30 anos de experiência, sócia de L.O. Baptista Advogados, vice-presidente do CAM-CCBC, coordenadora da Comissão de Assuntos Legislativos do CBAR, membro da Comissão de Juristas para Reforma da Lei de Arbitragem, conselheira eleita e diretora da AASP – Associação dos Advogados de São Paulo.
2. *Caía a tarde feito um viaduto... E um bêbado trajando luto me lembrou Carlitos...*
3. Weissman, Stephen (21 de dezembro de 2008): Chaplin lifted weary world's spirits. The Washignton Times (tradução livre). Resenha de Martin Sieff: "*Chaplin não foi apenas 'grande', ele foi gigantesco. Em 1915, ele estourou um mundo dilacerado pela guerra trazendo o dom da comédia, risos e alívio enquanto ele próprio estava se dividindo ao meio pela Primeira Guerra Mundial. Durante os próximos 55 anos, através da Grande Depressão e da ascensão de Hitler, ele permaneceu no emprego. Ele foi maior do que qualquer um. É duvidoso que algum outro indivíduo tenha dado mais entretenimento, prazer e alívio para tantos seres humanos quando eles mais precisavam*"
4. "Agnus Sei", "Bala com Bala", "O Mestre-Sala dos Mares", "Dois pra Lá, Dois pra Cá", "De frente pro crime", "Kid Cavaquinho", "O Caçador de Esmeralda", "Cabaré", "Caça à Raposa", dentre outras.
5. Lei nº 6.683, de 28 de agosto de 1979.
6. Gripe de 1918, que durou de janeiro de 1918 até dezembro de 1920 infectando cerca de um quarto da população mundial na época, com estimativa de 50 a 100 milhões de mortos.
7. *Wiederholungszwang.*
8. *Teses sobre Feuerbach.*

Haiti, de Caetano Veloso e Gilberto Gil

Simone Schreiber

Antes de ler esse texto, ouça a canção. Ouça a esplêndida versão interpretada por Caetano Veloso no álbum *Fina Estampa (Ao vivo)*, gravado no Rio de Janeiro, na casa de shows Metropolitan, em 1995. A capa do álbum é linda. Detalhe do mural "Pan American Unity", pintado por Diego Rivera em São Francisco, entre 1939 e 1940.

Ouça uma, duas, três vezes, volume bem alto, de olhos fechados. Não dá para ficar indiferente. A melodia não é óbvia, pode até causar certo desconforto; aliás, parece ser essa mesma a ideia. A música foi composta em 1993. A letra é quase toda falada, culminando com frases cantadas, lindas na voz de Caetano. A letra é de Caetano. A melodia é dele e de Gil.

A música faz referência à vinda do cantor norte americano Paul Simon em 1990 ao Brasil, para gravar uma faixa do álbum *The Rhythm of the Saints*, acompanhado pelo Grupo Olodum, no Pelourinho. O evento deu grande visibilidade ao Olodum e à Bahia. Mas isso realmente importa? Não importa nada, diz Caetano, já que, no final das contas, ninguém é cidadão.

Ao mesmo tempo em que somos envolvidos pelo magnífico som do Olodum, é narrada a violência disseminada e naturalizada a que estão sujeitos os pretos, quase pretos e quase brancos, tratados como pretos de tão pobres.

A festa é no Pelourinho, local em que os escravos eram castigados. O principal tema de "Haiti" é o não acerto de contas do Brasil com seus 350, pelo menos anos de escravidão, e a constante violação dos direitos civis de brasileiros cujos antepassados foram escravizados.

A música também denuncia a hipocrisia daqueles que abominam o aborto, mas louvam a pena de morte. E culmina com o registro do "silêncio sorridente de São Paulo" diante do Massacre do Carandiru, em que foram assassinados cento e onze presos indefesos que, não por acaso, eram pretos, pobres e tratados como podres.

O Haiti é aqui? É, e também não é?

A referência ao Haiti para explicar as contradições da sociedade brasileira pode ser lida de muitas formas. "O Haiti é aqui? É, e também não é?" [1]

A importância histórica da Revolução do Haiti é inegável. Como destaca Marco Morel, trata-se do primeiro Estado nacional que nasce de uma insurreição de escravizados no mundo, primeiro país a abolir a escravatura e a segunda proclamação da república nas Américas. O movimento revolucionário teve início na então colônia francesa de São Domingos em 1791 e, paradoxalmente, foi influenciado e impulsionado pelos ideais da célebre revolução iluminista ocorrida no país colonizador apenas dois anos antes.

> Gerou-se então o Haiti, nação resultante de um processo insurrecional que se transformou em revolucionário, prolongando-se em longa guerra civil e externa ao mesmo tempo, realizada por cativos, libertos e homens livres (negros, mulatos e raros brancos) que, por esta via, chegaram ao poder, fato único na história. E, aparentemente, o avesso da história do Brasil.[2]

De fato, são experiências históricas bem distintas. Haiti e Brasil são, respectivamente, o primeiro e o último país a abolir a escravidão no continente americano. A abolição oficial só ocorreria no Brasil em 1888. Por outro lado, a chaga da desigualdade social e o déficit democrático que essa desigualdade acarreta estão presentes aqui e lá.[3]

O Haiti é hoje o país mais pobre das Américas, marcado por forte instabilidade política e por tragédias naturais cujos efeitos são agravados pela extrema pobreza e falta de estrutura, como o terremoto de 2010, que matou 200 mil pessoas, e a devastadora passagem do furacão Matthew, em 2016.

E o Brasil? Como estamos nós desde que Haiti foi composta em 1993?

Nos anos 90 como hoje. É tudo tão atual que dói.

Quando os primeiros casos de infecção pela Covid-19 surgiram no Brasil, nos deparamos com uma situação totalmente nova. Muitos afirmavam que sairíamos da crise melhores, no sentido de resgatarmos alguns valores esquecidos, como a solidariedade, a empatia, a preocupação com o outro. Em um país tão desigual, já estava claro que a crise sanitária e econômica não atingiria todos da mesma forma, mas prevaleceria a consciência de que a solução tinha que ser coletiva e que todos estaríamos irmanados no esforço comum para alcançá-la.

Contudo, já em abril de 2020, Camilo Vannuchi questionava: será isso mesmo? Sairemos melhores da pandemia de coronavirus?[4] Essa utopia não combina com a forma como se estrutura a sociedade brasileira, com nossa história e nossas práticas. Em meio ao total descaso, tanto do governo federal, quanto de boa parcela da população, especialmente daqueles que não se sujeitam às regras de isolamento simplesmente porque não se importam com elas, nos encontramos nesse momento em meio ao colapso do sistema de saúde, atraso na implementação da vacina, filas para ocupar leitos de UTI, desabastecimento de cilindros de oxigênio em hospitais e curva ascendente de mortes. O Brasil hoje é apontado como um dos países que pior gerenciou a crise e que põe em risco os demais, em vista da não contenção da pandemia e por ser responsável pelo potencial surgimento de novas cepas do vírus.

Nesse ambiente, podemos nos perguntar: o que mudou desde que Caetano e Gil compuseram "Haiti"? Superamos o racismo estrutural?[5]

Superamos a violência policial sistêmica contra a população periférica? Avançamos na pauta de descriminalização do aborto? Enfrentamos o descalabro do sistema prisional brasileiro?

O CASO DO MENINO ASSASSINADO DENTRO DE CASA PELA POLÍCIA

João Pedro Mattos Pinho é o nome dele. Tinha 14 anos de idade. Foi morto em sua casa, em São Gonçalo, em 18 de maio de 2020, numa operação conjunta da Polícia Federal e da Polícia Civil do Rio de Janeiro. A casa foi invadida por policiais atirando, procurando criminosos que não foram, contudo, encontrados. Foram deflagrados 70 tiros! João Pedro foi alvejado e colocado ferido dentro de um helicóptero pela polícia. Não permitiram que a família acompanhasse o menino ferido. Os pais ficaram 17 horas sem saber o que tinha acontecido até chegar a notícia de sua morte. A morte precoce de João Pedro foi o saldo da operação.

Outras onze crianças morreram em comunidades do Rio de Janeiro em 2020, vítimas de armas de fogo. Na maior parte dos casos, as circunstâncias de suas mortes não foram esclarecidas, as responsabilidades não foram apuradas. Todas elas eram negras, corpos matáveis, nas palavras de Janaina Matida.[6]

A polícia brasileira é uma das que mais mata no mundo. Há décadas, entidades de defesa de direitos humanos denunciam o alto índice de letalidade das operações policiais nas favelas do Rio.[7] Aparentemente governos que se sucedem não conseguem pensar em políticas alternativas de segurança pública, embora esse modelo já tenha se revelado ineficiente, pois não reduziu a violência urbana, não aumentou a sensação de segurança da população e também não logrou êxito no desmantelamento de facções criminosas.

Mais recentemente, governantes passaram a legitimar de forma explícita tais ações violentas. Como prometeu o ex-governador Wilson Witzel, ao divulgar a política de segurança pública de seu governo: "A polícia vai mirar na cabecinha... e fogo!" Adota-se a "ideia da morte como política de contenção da criminalidade"[8] ou o abate de pessoas como política de Estado. O discurso legitimador não só instiga a ação violenta da polícia, mas também fragiliza o trabalho dos policiais que agem dentro da legalidade.[9]

Foi ajuizada uma ação no Supremo Tribunal Federal requerendo o estabelecimento de protocolos para incursões policiais em favelas, de modo a preservar direitos fundamentais de seus moradores. Alguns dias após a morte de João Pedro, o ministro Edson Fachin, sensibilizado com o episódio e reconhecendo a gravidade e urgência da situação, deferiu liminar vedando as operações policias em favelas durante a pandemia.[10] Uma das questões tratadas na decisão diz respeito à vedação do uso de helicópteros como plataforma de tiros e das escolas da comunidade como base de operações pela polícia, o que dá a exata dimensão do terror em que vivem os moradores dessas localidades. Alguém consegue conceber o uso de helicópteros para abate de criminosos em áreas urbanas densamente povoadas? A ocupação de escolas pelas forças policiais para trocar tiros com traficantes?

Apesar da decisão do Supremo Tribunal Federal, contudo, ditas operações policiais continuam ocorrendo.[11] Como dizia Verinha Malaguti a propósito das Unidades de Polícia Pacificadora instaladas no Morro do Alemão pelo governo Cabral, "o Alemão é muito mais complexo". Algumas decisões judiciais têm importância simbólica, mas não têm força suficiente para mudarem a realidade. Mesmo que sejam decisões do Supremo Tribunal Federal. Nas favelas cariocas, a vida segue como antes, e a morte também...

O CASO DA MENINA DE DEZ ANOS GRÁVIDA E SUA ODISSEIA PARA INTERROMPER A GESTAÇÃO

> Uma menina de 10 anos, estuprada pelo tio desde os 6, grávida, que teve que sair da sua casa, no Espírito Santo, para ir até Pernambuco, em sua primeira viagem de avião, e então entrar em um hospital no porta-malas de um carro para garantir seu direito de interromper a gestação, que apresentava riscos à sua saúde. Enquanto isso, um grupo de extremistas religiosos, que ilegalmente divulgou suas informações pessoais, a chamava de assassina do lado de fora.[12]

O direito à interrupção da gravidez deve ser reconhecido a todas as mulheres, diz respeito exclusivamente às suas vidas, seus corpos, suas escolhas. Nada justifica que o Estado interfira nesse assunto, que imponha às mulheres que levem a termo gestações não desejadas. A criminalização do aborto viola a dignidade das mulheres e o exercício pleno de seus direitos sexuais e reprodutivos.[13]

Quem defende a criminalização do aborto afirma que a lei brasileira protege direitos do nascituro, do feto concebido antes de seu nascimento.[14] Contudo, a sobrevivência do feto e sua transformação em pessoa depende de que seja gestado pela mulher até seu nascimento com vida. Exigir que a mulher mantenha a gestação contra seu desejo é instrumentalizar seu corpo, o que viola sua dignidade. Como defendeu o ministro Roberto Barroso em julgamento relevantíssimo sobre o tema, a mulher "não é um útero a serviço da sociedade", e sim "uma pessoa autônoma, no gozo de plena capacidade de ser, pensar e viver a própria vida".[15]

O Código Penal brasileiro criminaliza tanto a gestante que aborta quanto os médicos que realizam a intervenção abortiva. Mas o próprio Código prevê duas exceções: permitindo o aborto quando há risco para a vida da gestante e quando a gravidez decorre de estupro. O Supremo Tribunal Federal também excluiu a criminalização do aborto de feto anencefálico, por entender que viola a dignidade da mulher obrigá-la a levar a termo a gestação de um feto que não sobreviverá fora do útero materno.

É importante ressaltar dois pontos. A criminalização do aborto atinge muito mais gravemente mulheres pobres. As mulheres de classes sociais privilegiadas abortam rotineiramente e com toda a segurança. As mulheres pobres realizam intervenções abortivas em clínicas clandestinas ou se submetem a técnicas de autoaborto, e estão sujeitas a lesões corporais irreversíveis ou à morte. A criminalização do aborto não impede mulheres de abortar, apenas as priva de abortar com segurança, acompanhamento médico e psicológico adequado. A criminalização do aborto não reduz o número de abortos, mas aumenta a taxa de mortalidade das mulheres que abortam.

Outro ponto. Em um país com forte cultura de estupro e de violência contra mulheres, não há políticas públicas de informação e viabilização de realização de abortos legais. O aborto é um direito das mulheres estupradas, mas elas simplesmente não sabem que possuem tal direito e, ainda que o saibam, não conseguem exercê-lo.

Apenas 11 dias após a realização do aborto da menina de dez anos acima referido, foi editada pelo Ministério da Saúde a Portaria 2282/20, que impôs novos óbices burocráticos para o exercício do direito ao aborto decorrente de estupro. A resposta do Governo Federal ao estarrecedor caso da criança que, enquanto se submetia a um aborto legal, era chamada de assassina por uma turba do lado de fora da clínica, foi editar uma Portaria dificultando ainda mais o exercício de tal direito. A Portaria passou a impor aos médicos notificação compulsória do caso à polícia, o que viola o direito de sigilo médico, constrange o médico e desestimula a busca do aborto legal pelas vítimas. Dentre outras medidas, a Portaria chegava ao cúmulo de impor aos médicos ofertar a visualização da ultrassonografia dos fetos às mulheres vítimas de estupro, como uma forma de dissuadi-las a realizar a interrupção da gravidez. Diante da forte reação dos movimentos feministas, a obrigatoriedade de exibição da imagem do feto à mãe estuprada foi suprimida.

Em resumo: é urgente a total descriminalização do aborto, ao menos em gestações de até 12 semanas, medida que já vem sendo adotada em países vizinhos da América Latina, como a Argentina e o Uruguai. E para os casos em que o aborto já é autorizado, é obrigação do Estado a implementação de políticas públicas de acolhimento das mulheres e de viabilização do exercício de tal direito.

Enfim, só nos resta protestar, como fez Caetano em "Haiti". Pelo direito das mulheres aos seus corpos! Que o grito das mulheres argentinas ecoe por aqui: "*Educación sexual para decidir, anticonceptivos para no abortar, aborto legal y gratuito para no morir. Ni una menos!*"

Carandiru é aqui e agora

A ação policial comandada pelo Coronel Ubiratan Guimarães para conter uma rebelião de presos no Carandiru em 09 de outubro de 1992 foi um massacre. Ou, como diz Caetano, uma chacina. Cento e onze presos desarmados, encurralados em suas celas, foram assassinados. Não houve nenhuma morte entre os policiais. Os presos foram simplesmente e indistintamente metralhados em suas celas. Terminada a ação, os corpos mortos foram empilhados por detentos sobreviventes, sob a mira dos policiais. Concluído o serviço, alguns desses presos também foram mortos a sangue frio. Os que não morreram foram levados nus para um pátio e enfileirados, com a cabeça baixa entre as pernas. Essa imagem correu o mundo, assim como a que mostra um rio de sangue em um dos corredores do Pavilhão 09.[16]

A Casa de Detenção do Carandiru foi desativada, o prédio onde ocorreu o massacre foi implodido. Mas de lá pra cá, nada mudou no sistema carcerário brasileiro. Em 2017, uma rebelião no Complexo Penitenciário Anísio Jobim, em Manaus, foi contida com a morte de 56 presos. Houve morte por tiros, asfixia e esquartejamento.[17] Fato semelhante ocorreu em 2019 no Presídio de Altamira do Pará. Numa disputa de facções, 62 presos foram mortos, por asfixia e decapitação. No Brasil, a tortura é praticada diuturnamente dentro de estabelecimentos prisionais. Nesse exato momento, há pessoas privadas de liberdade sendo torturadas nos cárceres brasileiros.

O Supremo Tribunal Federal afirmou em 2015, no julgamento da Ação de Descumprimento de Preceito Fundamental 347, o "estado de coisas inconstitucional" de nosso sistema prisional, reconhecendo um cenário de gravíssimas violações de direitos fundamentais da população encarcerada. O relator, Ministro Marco Aurélio, afirmou que nossos presídios são "masmorras medievais" e que os presos são desprezados por cidadãos livres que acreditam, recusando a dimensão ontológica da dignidade humana, que o criminoso perde o direito à vida digna ou mesmo à condição humana. A opinião pública dissemina a ideia de que 'as condições desumanas das prisões consubstanciam retribuição aos crimes praticados pelos detentos.[18] O julgamento unânime foi simbólico e trouxe esperança no sentido de que medidas seriam tomadas para alterar tal estado de coisas. Contudo, após cinco anos, nada mudou no sistema.

Os juízes criminais brasileiros possuem uma fé inabalável na prisão, embora o incremento dos índices de encarceramento nas últimas décadas não tenha funcionado para reduzir a prática de crimes ou aumentar a sensação de segurança da população. Hoje temos déficit de 231.768 vagas, segundo o DEPEN. A população carcerária é de 759.518 presos, sendo 30% (228.976) de presos provisórios (ainda não condenados).[19] O fato é que o descalabro do sistema carcerário brasileiro retroalimenta a violência.

Como diz Oscar Vilhena Vieira, o Estado atua como sócio do crime organizado, quando recruta jovens de baixa periculosidade e os entrega às facções dentro dos presídios. "É a mais perversa 'parceria público-privada' de que se tem notícia. Não poderia haver um investimento público mais contraproducente."[20]

A maioria da população carcerária brasileira é jovem e negra.[21] *Todo camburão tem um pouco de navio negreiro*, alerta O Rappa. Ou, lembrando a lindíssima "Ismália", de Emicida:

80 tiros te lembram que existe a pele alva e a pele alvo.[22]

Arte é resistência

> *Me pediram pra deixar de lado toda a tristeza, pra só trazer alegrias e não falar de pobreza. E mais, prometeram que se eu cantasse feliz, agradava com certeza. Eu que não posso enganar, misturo tudo o que vi. Canto sem competidor, partindo da natureza do lugar onde nasci. Faço versos com clareza, à rima, belo e tristeza. Não separo dor de amor. Deixo claro que a firmeza do meu canto vem da certeza que tenho, de que o poder que cresce sobre a pobreza e faz dos fracos riqueza, foi que me fez cantador.*
> Geraldo Vandré, em "Terra Plana"
> (álbum: *Canto Geral*)

Caetano diz que todas as suas letras são autobiográficas. "Até as que não são, são". Sobre "Haiti", afirma que a letra traz "uma visão da sociedade brasileira como mera degradação humana". São "cenas de pesadelo" que surgem para ele "num contexto de permanente preocupação com a ideia de Brasil". Procura se desculpar pela letra pessimista, desejando já no início dos anos 90 que os artistas brasileiros "precisassem cada vez menos tomar o Brasil como tema principal".²³

Tal como Caetano, peço desculpas ao leitor por não ser lúdica nesse texto.

Arte também é resistência. Recentemente vi um cartum de Rafael Corrêa. O rapaz perguntava para a moça: "E agora, o que fazemos?" E ela respondia: "Poesia, esses canalhas não suportam poesia." E isso é Caetano em Haiti: a poesia indignada que denuncia, incomoda e tem o potencial de transformar o mundo.

Notas

1 SILVA, Márcio José Andrade da. "O Haiti é aqui — e, também não é". Disponível em: <https://www.academia.edu/33785133/Haiti_%­C3%A9_tamb%C3%A9m_aqui_e_tamb%C3%A9m_n%C3%A3o_%­C3%A9>. Acesso em: 26 jul. 2021.

2 MOREL, Marco. A Revolução do Haiti e o Brasil Escravista. O que não deve ser dito. São Paulo: Paco Editorial. edição digital. 2017. Posição 186. Também Silvio Almeida destaca a não universalidade dos ideais iluministas da Revolução Francesa: "Com a Revolução Haitiana, tornou-se evidente que o projeto liberal-iluminista não tornava todos os homens iguais e sequer faria com que todos os indivíduos fossem reconhecidos como seres humanos. Isso explicaria por que a *civilização* não pode ser por todos partilhada. Os mesmos que aplaudem a Revolução Francesa viram a Revolução Haitiana com desconfiança e medo, e impuseram toda a sorte de obstáculos à ilha caribenha, que até os dias de hoje paga o preço pela liberdade que ousou reivindicar". ALMEIDA, Silvio. Racismo Estrutural. Coleção Feminismos Plurais, coord. Djamila Ribeiro. São Paulo: Polén, 2019.

3 "O Haiti é aqui, quando comparamos a situação do povo negro, a miserabilidade em que se encontram, provocada pelos povos europeus, e sua política colonialista de exploração. O Haiti não é aqui, quando percebemos que a liberdade e autonomia alcançada pelo povo negro naquele país não teve repercussão em outras paragens em que houvesse negros escravos, o sistema de ensino não permitiu e não permite, e isso repercute até hoje". SILVA, Mário José de Andrade. "O Haiti é aqui — e, também não é". Disponível em: <https://www.academia.edu/33785133/Haiti_%C3%A9_tamb%C3%A9m_aqui_e_tamb%C3%A9m_n%C3%A3o_%C3%A9>. Acesso em: 26 jul. 2021.

4 VANNUCHI, Camilo. "Sairemos melhores da pandemia de coronavírus?" *UOL*, 23.4.20. Disponível em: https://noticias.uol.com.br/colunas/

camilo-vannuchi/2020/04/23/sairemos-melhores-da-pandemia.htm Acesso em: 26 jul. 2021.

5   Como defende Silvio Almeida, no Brasil o racismo é um fenômeno estrutural. Não se revela apenas de forma esporádica em práticas individuais ou mesmo de alguns grupos, não é um comportamento identificado em maior ou menor proporção na sociedade. É "um fenômeno intergeracional, em que o percurso de vida de todos os membros de um grupo social — o que inclui as chances de ascensão social, de reconhecimento e de sustento material – é afetado". Em outro trecho da obra, o autor sustenta: "O racismo é uma decorrência da própria estrutura social, ou seja, do modo 'normal' com que se constituem as relações políticas, econômicas, jurídicas e até familiares, não sendo uma patologia social e nem um desarranjo institucional. O racismo é estrutural". ALMEIDA, Silvio. *Racismo Estrutural*. Coleção Feminismos Plurais. Coord. Djamila Ribeiro. São Paulo: Polén, 2019. Consultado em formato digital.

6   "No dia 04 de dezembro, Emily e Rebecca, de 4 e 7 anos respectivamente, foram mortas por balas de fuzil na frente das suas casas. Também durante este ano [2020], tivemos a morte de Kauã Vitor da Silva, 11 anos; Leônidas Augusto, 12 anos; Luiz Antônio de Souza, 14 anos; Maria Alice de Neves, 4 anos; Rayane Lopes, 10 anos; João Vitor Moreira, 14 anos; Ana Carolina de Souza Neves, 8 anos; Douglas Enzo, 4 anos; Italo Augusto, 7 anos e João Pedro, 14 anos. Nós estamos falando de crianças negras que foram mortas perto das suas casas, voltando do colégio, porque elas estavam no meio do caminho de uma bala perdida. Essas balas perdidas sempre encontraram esses corpos. Corpos que não deveriam, mas são matáveis no nosso Estado, matáveis nesse Estado aqui, no Brasil". Palestra proferida no 20º Congresso Jurídico CERS, em 07.12.20, disponível em https://www.instagram.com/tv/CIhGqxhDRiD/?hl=pt-br. Segundo a Folha de São Paulo, levantamento do Fórum Brasileiro de Segurança Pública apurou que 2215 crianças e adolescentes foram vítimas de homicídios praticados por policiais no Brasil entre 2017 e 2019. Disponível em: <https://www1.folha.uol.com.br/cotidiano/2020/12/em-tres-anos-policiais-mataram-ao-menos-2215-criancas--e-adolescentes-no-pais.shtml>. Acesso em: 15 mar. 21.

7   O excepcional documentário *Auto de Resistência*, de Natasha Neri e Lula Carvalho, lançado em 2018, narra diversos casos de homicídios cometidos pela Polícia Militar do Rio de Janeiro e como tais casos foram enfrentados por nosso sistema de justiça, dando voz e visibilidade aos movimentos de mães e familiares das vítimas. Disponível no Canal Curta! em: <canalcurta.tv.br>. Acesso em: 26 jul. 2021.

8   SEMER, Marcelo. "Os juízes que fazem arminhas". Disponível em: <http://www.justificando.com/2019/05/02/os-juizes-que-fazem-arminha/

?fbclid=IwAR3hiw9Fr5ckLOkOLBQosufcpmR0FVpO451PBC9j-ejYm-zTxU4Rdf_dkRso> Acesso em: 26 jul. 2021.

9 LEÃO, Ingrid. "Execuções policiais são estimuladas nos 100 primeiros dias dos novos governos". Disponível em: <http://www.justificando.com/2019/04/12/execucoes-policiais-sao-estimuladas-nos-100-primeiros--dias-dos-novos-governos/>. Acesso em: 26 jul. 2021.

10 Ação de Descumprimento de Preceito Fundamental 635, ajuizada em 19 de novembro de 2019.

11 CORSINI, IURI. "Mesmo após proibição do STF, operações policiais continuam em favelas do Rio". CNN Brasil, reportagem de 21ago. 2021. Disponível em: <https://www.cnnbrasil.com.br/nacional/2020/08/21/mesmo-apos-proibicao-do-stf-operacoes-policiais-continuam-em-favelas--do-rio>. Acesso em: 26 jul. 2021.

12 "'Um redemoinho de ódio se move na sociedade brasileira', diz uma das principais pesquisadoras do aborto". Entrevista de Leda Antunes com a antropóloga Débora Diniz, publicada no site globo.com, Editoria Celina, em 04 set.2020. Disponível em https://oglobo.globo.com/sociedade/celina/um-redemoinho-de-odio-se-move-na-sociedade-brasileira-diz-uma--das-principais-pesquisadoras-do-aborto-24621877.

13 Sobre o tema, recomendo enfaticamente o Webinar 'Criminologia e Gênero. Discussões imbrincadas. Módulo I: Política Pública de Saúde e Descriminalização do Aborto', promovido em 15 out. 2020 pelo Fórum Permanente de Política e Justiça Criminal da EMERJ, com a participação da Ministra de Mulheres, Gênero e Diversidade da Argentina Elizabeth Gómez Alcorta, da Juíza Simone Nacif e da Diretora Geral do Hospital da Mulher Heloneida Studart, a médica Ana Teresa Derraik Barbosa. A gravação está disponível no canal da EMERJ no youtube. Disponível em: <https://www.youtube.com/watch?v=dmUR93LoBEY&t=105s>. Acesso em: 26 jul. 2021.

14 Esse é o argumento jurídico geralmente invocado contra o aborto. Andréa Pachá, em artigo publicado no jornal O Globo, acertadamente ressalta que os movimentos antiaborto em verdade são alimentados pelo fundamentalismo religioso e a misoginia. "Livrai-nos do mal". Disponível em: <https://oglobo.globo.com/opiniao/livrai-nos-do-mal-24599948>. Acesso em: 26 jul. 2021. Publicado em 22 out. 2020.

15 Voto do ministro Barroso no Habeas Corpus 124306, disponível no site do STF. A questão da descriminalização do aborto será examinada pelo Plenário do Supremo Tribunal Federal na ADPF 442. Caso o Supremo decida pela inconstitucionalidade da lei que criminaliza o aborto, tal decisão terá efeito vinculante para todo o Judiciário e Administração Pública. A relatora é a Ministra Rosa Weber.

16 O massacre é narrado por Dráuzio Varella em *Estação Carandiru*. (São Paulo: Companhia das Letras, 2005.) Muito impactante também é o relato da advogada Deise Benedito, que à época integrava a Subcomissão de Política Criminal e Penitenciária da OAB/SP e vivenciou o massacre. "28 Anos. O Carandiru nosso de cada dia!" Disponível no site do Iser: <https://www.covidnasprisoes.com/>. Acesso em: 26 jul. 2021.

17 Polícia diz que agentes facilitaram massacre de presos em Manaus e indicia 210 detentos. BBC – Brasil, reportagem de 01 set. 2017. Disponível em: <https://www.bbc.com/portuguese/brasil-41118908>. Acesso em: 26 jul. 2021.

18 Confira-se o seguinte trecho do voto: "No Relatório final da Comissão Parlamentar de Inquérito da Câmara dos Deputados, formalizado em 2009, concluiu-se que 'a superlotação é talvez a mãe de todos os demais problemas do sistema carcerário. Celas superlotadas ocasionam insalubridade, doenças, motins, rebeliões, mortes, degradação da pessoa humana. A CPI encontrou homens amontoados como lixo humano em celas cheias, se revezando para dormir, ou dormindo em cima do vaso sanitário'. (...) Segundo relatórios do CNJ, os presídios não possuem instalações adequadas à existência humana. Estruturas hidráulicas, sanitárias e elétricas precárias e celas imundas, sem iluminação e ventilação representam perigo constante e risco à saúde, ante à exposição a agentes causadores de infecções diversas. As áreas de banho de sol dividem o espaço com esgotos abertos, nos quais escorrem urina e fezes. Os presos não têm acesso a água, para banho ou hidratação, ou a alimentação de mínima qualidade, que, muitas vezes, chega a eles azeda ou estragada. Em alguns casos comem com as mãos ou em sacos plásticos. Também não recebem material de higiene básica, como papel higiênico, escova de dentes ou, para as mulheres absorventes íntimos".

19 Todos os dados estatísticos do sistema carcerário brasileiro estão disponíveis no site do DEPEN, órgão do Ministério da Justiça. Disponível em: <https://www.gov.br/depen/pt-br/sisdepen/sisdepen>. Acesso em: 26 jul. 2021.

20 VIEIRA, Oscar. Sistema Prisional entrega Jovens de baixa periculosidade às facções. Disponível em: <http://www1.folha.uol.com.br/colunas/oscarvilhenavieira/2018/01/1948456-sistema-prisional-entrega-jovens-de-baixa-periculosidade-as-faccoes.shtml>. Acesso em 20 mar. 2021.

21 <https://g1.globo.com/sp/sao-paulo/noticia/2020/10/19/em-15-anos--proporcao-de-negros-nas-prisoes-aumenta-14percent-ja-a-de-brancos-diminui-19percent-mostra-anuario-de-seguranca-publica.ghtml>.

22 Ouça e veja a canção "Ismália" interpretada por Emicida e Larissa Luz, com participação especial de Fernanda Montenegro, no álbum e no documentário *Emicida: AmarElo — É Tudo Pra Ontem*, disponível na Netflix.

23 VELOSO, Caetano. *Sobre as Letras*. Organização Eucanaã Ferraz. São Paulo: Companhia das Letras, 2003.

Direito, música e não música

Tercio Sampaio Ferraz

Primeiro movimento: *"Allegro ma non troppo, un poco maestoso"*

Expressividade musical

Seria possível fazer alguma relação entre música e direito? Claro, tudo depende de como se encare *música* e *direito*. São conhecidas, por exemplo, as analogias entre interpretação jurídica e musical. Como são também perceptíveis as presenças de temas jurídicos em composições musicais destinadas ao canto, sobretudo nas óperas, onde é comum a presença de julgamentos. Mais desafiador, porém, é indagar sobre uma possível relação entre ambos enquanto formas de comunicação. A comunicação humana admite várias linguagens (falada, por gestos, pictórica, musical etc.). Música e direito, ambos transcendem o plano da linguagem articulada. Ambos exprimem algo. Mas enquanto a linguagem jurídica tem um campo semântico ostensivo (a lei, a sentença do juiz, *diz o que* se deve ou não se deve fazer), na música, apesar de gerar sonoramente diferentes emoções e reações nos ouvintes, a dimensão de sua linguagem não parece descrever objetos.

Em 1989, ao ser executado o quarto movimento da "Nona Sinfonia" de Ludwig van Beethoven em comemoração da queda do muro de Berlim, substituiu-se, no poema de Friedrich Schiller ("Ode à Alegria"), a palavra *"Freude"* (alegria) por *"Freiheit"* (liberdade). Sabemos que Beethoven, com a Nona Sinfonia, transformou a sinfonia como *expressão* extraordinária da mente e de sentimentos. Particularmente dessa obra dizem possuir muitas vezes um *caráter heroico*; nela melodias, com registro de graves (violas, violoncelos e baixos), assumem vozes *dialogando* com as demais cordas. Em linguagem descritiva: pesado, heroico, escuro. No entanto, resta sempre a pergunta: o que *expressa* Beethoven? Alguém que não fale alemão teria percebido alguma diferença quando, em vez de *"Freude"*, cantaram *"Freiheit"*? E mesmo quem compreendesse o alemão, que diferença teria notado?

Platão considerava os cantos, que ele recomendava a todos os cidadãos, como encantamentos a fim de obter a harmonia de suas almas (Leis, II, 639 e). "Não conheço todas as harmonias", diz Sócrates em *A República (Livro III)*,

> mas deixa-nos ver aquela que imita os sons e as entonações de um valente empenhado em batalha ou em qualquer outra ação violenta, quando, por infortúnio, corre ao encontro dos ferimentos, da morte ou é atingido por outra infelicidade, e, em todas essas circunstâncias, firme no seu posto e resoluto, repele os ataques do destino.

Mas há também outra harmonia, voluntária, "para imitar o homem empenhado numa ação pacífica, não violenta, que procura persuadir, para obter o que pede". Além das harmonias, há os ritmos, variados, formando cadências de toda a espécie, como os que "exprimem uma vida regulada e corajosa".

Sócrates, via Platão, fala de *ritmos*. Ritmo, em sede linguística (uma poesia, por exemplo), não se resume apenas a padrões muito rígidos de repetição de acentos ou durações, mas abrange a *maneira* como as manifestações discursivas dos seres humanos são organizadas no tempo ao serem pronunciadas. Abrange a noção de expectativa de uma eventual repetição de algum parâmetro de tempo. Daí a possibilidade, em questão do ritmo, de se pensar na relação entre música e palavra. Na linguagem oral

— a fala —, não se cria uma relação de dependência entre os enunciados e os ritmos, mas esses somam-se àqueles. Na comunicação oral o que se faz é acrescentar, às estruturas sintáticas e semânticas, os ritmos. Interessante observar, nesse sentido, a diferença entre a fala e a escrita. Num texto escrito, a redundância, por exemplo, é tida como algo que lhe retira a qualidade, beirando a verborragia. Numa situação comunicativa oral pode ser algo necessário para a compreensão.

Nisso, música e poesia são semelhantes: ambas são apresentadas à audição, possuindo o seu desenvolvimento no tempo. É verdade que, numa relação entre música e poesia, o compositor dispõe de uma variedade de sons maior que o poeta, além de muito mais liberdade na sua forma de arranjá-los e combiná-los. Porém, há de se reconhecer que, como regra, o seu som não transmite algo que vá além do mundo audível. O poeta, ao contrário, lida com sons que transmitem algo além de si mesmos e esse fato se limita consideravelmente suas realizações no domínio do som puro, revela outras possibilidades que são fechadas ao compositor.

Como comportamento humano, *falar* é uma ação *para* outrem. Ato de falar é apenas aquele que pode ser entendido, isto é, enunciado e repetido. Enquanto meio de comunicação, exige que os sujeitos que se comunicam dominem a língua: duas pessoas, falando idiomas diferentes, propriamente não *falam*; por isso precisam de tradução. Já a música, ao contrário da fala, não exige esse domínio. Não é necessário para o ouvinte da música estar em situação comunicativa na qual ele seja capaz de *enunciar* e *repetir*. "Entendo" uma sinfonia, ainda que não saiba distinguir uma única nota musical.

Isso levanta questões a propósito de textos musicados. Na música, há casos em que ela é escrita para um texto verbal pré-existente, caso da composição de Beethoven para o poema de Schiller. Como o verso *"alle Menschen werden Brüder"* (todos os homens tornam-se irmãos) inspira fraternidade e valores de solidariedade, a sinfonia foi adotada como hino pela União Europeia. Mas, em contrapartida, também foi usada na Alemanha Nazista. Stanley Kubrick, em *Laranja Mecânica*, usa-a para servir de *peça preferida* de Alex DeLarge, um personagem sádico, violento e inescrupuloso. Na verdade, questões interpretativas aparecem também nos cenários em que as palavras e as músicas são concebidas ao mesmo tempo como parte do mesmo ato criativo (como em obras de Wagner e algumas obras de Schoenberg e Stravinsky), ou em que as palavras e a música são originadas da colaboração entre o compositor e o poeta (Tom Jobim e Vinícius de Moraes).

Segundo movimento: "Scherzo - Molto vivace - Presto"

Música e linguagem significativa

Isso nos leva a refletir, primeiro no caso das línguas, sobre a conexão semântica dos fonemas, o que faz dos signos linguísticos *signos designativos*. Eles *significam*. *Significar é apontar para algo* ou *estar em lugar de algo*. Signo é, pois, um ente que se caracteriza por sua *mediatidade*, aponta para algo distinto de si mesmo. Os signos linguísticos têm por base sons ou fonemas. O fonema é um som que, em determinado contexto, se distingue: por exemplo CA-SA. Mas, embora seja necessário sempre que haja uma base material, o signo não se confunde com a base fonética. Percebemos isso quando observamos, por exemplo, a base fonética MAN-GA, que serve tanto para o signo-fruta, quanto para o signo-parte do vestuário. E dois signos, abstração feita de sua base fonética, podem ter a mesma ou semelhante *significação*. Por exemplo: MO-RA-DI-A, CA-SA. Os signos linguísticos, com base fonética, são *símbolos*.

A linguagem jurídica é significativamente simbólica. As notas musicais constituem *símbolos*? Que quer dizer *função significativa*?

A função significativa não é um privilégio da língua e da fala fonética. Pode ser exercida por emblemas, distintivos, roupas etc. Juízes pronunciam sentenças, mas também usam togas. Haveria alguma dimensão semântica da música? Não é difícil reconhecer que a natureza produz ruídos, não sons musicais, razão pela qual a música é monopólio da cultura criadora dos instrumentos e do canto. A música, assim, domestica o tempo e os sons, implica síntese e ordem. Um bando de pássaros piando forte produz todas as notas isoladas de uma sinfonia, mas elas não constituem uma sinfonia. O piar de um cuco e a flauta na "Sinfonia Pastoral" de Beethoven remetem, em síntese, ao "mesmo" som; mas pode-se dizer que na sinfonia a flauta *descreve* o piar do cuco?

Há de se reconhecer, de todo modo, que o *ouvir* uma música transcende a audição no sentido fisiológico (surdos não ouvem em algum grau). Como tal, do ponto de vista semiótico, costuma-se dizer que a música não tem dimensão semântica (apontar para um objeto), apenas dimensão sintática (combinatória de tons): a notação musical só faria referências a sons e a combinação dessas notações evocaria que elas podem estar contextualizadas em uma linguagem sonora. Daí porque falam que música é matemática. Mas é impossível ignorar a dimensão pragmática: despertar a sensibilidade das pessoas. Como entender isso?

Sabemos que Beethoven não pôde ouvir uma nota sequer de sua "Nona Sinfonia", preso em seu silêncio criativo. Limitado por sua surdez, a deficiência auditiva de Beethoven não chegou, porém, a ser um problema para sua criatividade musical. *Ouvia* sem ouvir.

Por essa linha, a "combinatória" — sintaxe — de sons e seu "efeito" — pragmática — sempre despertaram curiosidade. Na música, como no direito. A promulgação de uma lei reduz-se a uma notícia no Diário Oficial? Música reduz-se a uma partitura? A questão reporta-se à percepção dos sons e às impressões que eles provocam.

Um enunciado legal pode ser *sentido* como uma prática virtuosa que serve ao bom julgamento, mas também *usado* como instrumento para propósitos ocultos ou inconfessáveis. Compreender o direito não é um empreendimento que se reduz facilmente a conceituações lógicas e racionalmente sistematizadas. Suas raízes estão enterradas nessa força oculta que nos move a sentir remorso quando agimos indignamente e que se apodera de nós quando vemos alguém sofrer uma injustiça.

Certamente é possível, por sua vez, traçar um paralelo entre a capacidade orgânica do ouvido (altura do som, intensidade, velocidade etc.) e uma sequência musical, mas não seria isso que explicaria os efeitos na sensibilidade humana.

Atualmente, a conexão entre música, tempo e corpo leva em consideração uma categoria fundamental para a leitura da música ocidental tonal: o "andamento". É por meio de conhecidas indicações na partitura tais como "*allegro*", "*andante*", "*lento*" etc. que o intérprete se orienta sobre a *velocidade* e *intenção* com que tocará determinada composição. E percebemos, também, quando ele toca, como todo o corpo se movimenta.

Terceiro movimento: "Adagio molto e cantabile - Andante Moderato"

Ouvir e julgar

A música, como o direito, é um mistério, o mistério do princípio e do fim da sociabilidade humana.

Platão, nessa linha, considerava a audição como um *dom divino*, a exercer sobre o corpo e a alma uma influência até mais importante que a visão. Não obstante, a música, cujos elementos são sons, não teria nenhuma função mimética. Apenas, uma expressão figurada de estados da alma. Por isso, a música era dominada pelo *amor* (*Banquete*, 180, d). De onde há a possibilidade de se falar num "*ethos* das harmonias" consoante a um "*ethos* musical" (*ethos*, *ética*).

Para Platão, às almas belas convinham os ritmos ordenados; os ritmos desordenados, às almas vulgares (*República*, 400, d-e). Esse *ethos* teve influência no Ocidente até o Renascimento. A educação tinha por base o ensino metódico de movimentos regulares, visando ao estabelecimento do equilíbrio da alma e do corpo. Por exemplo, uma canção de ninar acompanharia os movimentos dos braços, pois os sons exercem uma influência benfazeja à alma por intermédio do corpo.

Platão entendia que tudo dependia da semelhança ou da compatibilidade entre a concordância dos sons e os movimentos em nós (*Timeu*, 80, a-b). Daí, o sentido da *harmonia* como uma *consonância* e a *consonância* como um *acordo* (de *cor/cordis*, *coração*). De uma maneira bastante característica, Platão considerava as *porções* da alma como ligações que preenchiam *intervalos*, recorrendo a noções harmônicas emprestadas da música a ele contemporânea. A ordem que a música imprimia ao movimento se chamava *ritmo*. Do ritmo, da uniformidade dos movimentos, dependeria a harmonia. Com isso, a harmonia constituía a substância própria da alma e, assim, da própria realidade, fornecendo não apenas as vibrações dos tons, mas também de todo o movimento cósmico.

Em termos modernos, sabemos hoje que, no ritmo, o silêncio, na forma de pausas, está inserido na estrutura de base da música, assim como qualquer som. Ambos são articuladores gerais que organizam o trabalho composicional da obra. Mas a pausa, o silêncio, ressalta também as notas musicais como individualização do som. Por isso é que o silêncio pode ultrapassar, então, o nível sintático da música e chegar ao nível pragmático de expressividade, integrando-se na movimentação sonora como um todo.

Por essa via algumas curiosas aproximações entre música e direito merecem atenção. De que maneira o silêncio pode ser compreendido como um campo de possibilidades musicais ou uma pura manifestação comunicativa?

Som e silêncio são elementos complexos da música e do direito. "Quem cala, consente?" Eis uma indagação tipicamente jurídica. As pausas, as ausências, os vazios são prenhes de relevância. Num interrogatório, alguém pode recorrer ao *direito de ficar em silêncio*. E na música? Antes da música e para que haja música, deve haver silêncio. Nessa esteira, haveria na música, como no direito, gêneros e classes de silêncio. Prudentes, maliciosos, complacentes, inesperados, planejados, denunciantes, românticos, de desprezo, de admiração, de ódio, de amor?

É importante assinalar que, se o silêncio agrega em si as várias possibilidades do mundo sonoro concreto e, portanto, uma enorme gama de materiais sonoros capazes de se reunir em uma obra musical, à diferença dos parâmetros musicais, o silêncio puro, na intenção musical, expressa mais. De um lado, estão os parâmetros musicais, sons e pausas, como o aspecto positivo da música, em que o compositor aparece *ativo* diante de sua obra, ou seja, escolhendo intencionalmente os materiais e seus processos composicionais. Por outro lado, à semelhança do interrogado que se arroga do direito de permanecer calado, o silêncio pode aparecer como uma *passividade ativa*, um *não musicar* intencional.

As duas possibilidades podem marcar a relação entre a música e o direito.

De parte do direito vale assinalar que as leis, para um jurista, dão um sentido à ação. Quando determinam um comportamento, supõe-se que isso seja inteligível a qualquer um. O sentido das normas viria, assim, desde o seu aparecimento, "domesticado". Disso, aliás, se encarrega o intérprete profissional. Mesmo quando, no caso de lacunas, de *vazios* normativos, preenche o ordenamento, mediante analogia, princípios gerais, o jurista dá a impressão de que, ao perceber uma falha, está guiando-se pelas exigências do próprio ordenamento, fazendo-o em nome da supremacia da lei e da constituição. Isto é, do legislador como um ente racional, simultaneamente, funcional e técnico, seguro e elástico, justo e compassivo, economicamente eficiente, mas digno e solene. Desse modo, possibilita uma espécie de neutralização dos conflitos sociais, ao projetá-los numa dimensão harmoniosa — o mundo do legislador racional — no qual todos os conflitos se tornam decidíveis.

Mas, na verdade, não se eliminam as contradições, as falhas, as múltiplas e incoerentes direções. Apenas se as torna suportáveis. Portanto, propriamente, a lei sequer as oculta, apenas as disfarça, trazendo-as para o plano de intensas e demoradas discussões. Por isso mesmo, o direito também conhece os embates nos tribunais, os conflitos processuais, em que a decisão não é, propriamente, o estabelecimento de uma solução de fato equitativa, mas o resultado de um procedimento complexo, caracterizado pela disputa e pela insegurança das expectativas finais, em que a decisão somente põe fim aos conflitos, não no sentido de que os elimina, mas de que impede sua continuação.

Isso pode significar, na relação do direito com a música, diferentes possibilidades de enfoque. Uma delas é a relação entre a interpretação musical e a jurídica. Mas, para a música, a disputa jurídica, os dilemas gerados pelas incertezas do que possa acontecer, o impacto das sentenças, por sua dramaticidade, merece uma preferência. Pelo menos no mundo da ópera. É há razão para isso. Se é certo que, no direito, a solução final dos conflitos possa parecer uma redenção (a proclamação solene de um acórdão por um tribunal), ela não deixa de ser também provisória, problemática, limitada, na medida em que desperta, no público espectador, uma espécie de entrega a si próprios: não nasce, entre eles, uma comunidade, embora nasça um conteúdo comum, muito semelhante, como se observa em uma encenação operística, ao olhar e às vozes que irrompem, depois de um instante sem fôlego, nos aplausos.

Para explorar essas possibilidades recorro, pois, à ópera. Trata-se de um gênero complexo, não só música e fala, mas muitas vezes dança, sobretudo coreografia cênica que faz do palco um espetáculo pictórico. Apesar dessa complexidade ou até em atenção a ela, para o objetivo de uma relação entre música e direito, nos termos propostos, o recurso parece bastante apropriado.

Quarto movimento: Recitativo: "Presto – Allegro ma non troppo – Vivace – Adagio cantabile – Andante maestoso"

Duas óperas
"Andrea Chénier"

Começo com uma obra que revela a relação entre as escolhas das figuras poéticas e das dimensões harmônicas em toda a sua dramaticidade: "Andrea Chénier", uma ópera em quatro atos do compositor Umberto Giordano, com um *"libretto"* italiano de Luigi Illica. A ópera é baseada na vida do poeta francês André Chénier (1762 - 1794), que foi executado durante a Revolução Francesa.

A ação se inicia num ambiente frívolo, no Castelo di Coigny. A Revolução Francesa está acontecendo, mas ali um baile para uma nobreza inconsciente é preparado pelos serviçais, dentre eles Gérard e seu pai, um homem idoso que sofre com os anos de trabalho. Quando os convidados chegam, entre eles está o poeta Andrea Chénier. Maddalena, filha da condessa que os recebe, pede-lhe que declame um poema de amor. Ele o faz, mas rapidamente declama/canta sobre a miséria e o sofrimento dos pobres. Os nobres se chocam, Gérard se sente tocado e se inflama.

O tempo passa, a Revolução chega, os papeis políticos se invertem. São tempos do Terror, comandados por Robespierre. Gérard é agora um líder revolucionário e Chénier, a princípio um entusiasta da Revolução, tornara-se um homem procurado. A Chénier é oferecido um passaporte falso para fugir. Chénier se recusa: seu destino é o amor. Ele e Gérard amam Maddalena, que havia abandonado sua família, assassinada pelos revolucionários. Num encontro casual, duelam com espadas e Gérard sai ferido. Chénier acaba denunciado por atrever-se a criticar a crueldade de Robespierre e é submetido ao tribunal revolucionário.

É no terceiro ato que o cenário mostra a sede improvisada de um tribunal popular, com um grande andar baixo e outro, mais acima, reservado ao povo. Na mesa da presidência está colocada uma urna de madeira para coleta de oferendas para a revolução. Atrás da mesa, uma grande cortina tricolor, estendida entre duas espadas, com um cartaz: "CIDADÃOS! A PÁTRIA ESTÁ EM PERIGO!" É aí que se encena um julgamento.

Gérard, que tenta convencer a multidão a fazer uma doação para a causa da igualdade na qual ele acredita firmemente, vê chegar uma velha cega, Madelon, que oferece seu neto de 15 anos para servir à pátria. O apelo retórico é fortemente emocional. *O último filho, a última gota do meu velho sangue*, canta ela, depois de dizer que o filho, pai da criança, havia tombado na tomada da Bastilha. A audiência enfurecida grita: Viva a Liberdade! Viva o som do Canhão! Não é, certamente, um tribunal de prudência e sopesamento. A justiça beira à vingança. Nele a paixão é um elemento chave. E sendo a música tão carregada de emoções, há que ter cuidado para não se perder, não cair na tentação de se deixar arrebatar. Para isso e por isso exige grandes vozes, que se sobreponham à orquestra, cujo protagonismo, no entanto, é elemento fundamental, com um impacto enorme sobre o público.

Mas há também momentos de recolhimento e reflexão. É o que se vê quando Gérard, num canto, é persuadido a acusar Chénier, que havia sido preso. Gérard, tendo a oportunidade para vingar-se de seu rival, vacila por um momento, lembrando que fora Chénier quem despertara seu ímpeto revolucionário. Gérard sabe que a peça denunciadora é caluniosa. Mas triunfa o desejo manifesto em sua paixão recusada e, apesar de inseguro, por sua paixão por Maddalena, acaba se convencendo a denunciar seu rival. Esse momento de dúvida e incerteza mostra a dramaticidade de um ato acusatório. Luta entre a honra e o desejo se expressa maravilhosamente com a música. São sonoridades graves, cuja intensidade permeia um drama de consciência. E quando ele lê e assina a acusação, o faz em um clima de cinismo: "*Nemico della patria?!*" ("Inimigo da pátria?!"), se interroga um tanto afirmativamente...

Na verdade, graças à exaltação e elevação dramática da composição, sua fina percepção do trabalho de uma orquestra, sublinha-se o carácter ao mesmo tempo subjetivamente introspectivo, de um tema judicial, e objetivamente majestoso, de um direito revolucionário. Rufam tambores quando o presidente da sessão abre os trabalhos num tom solene. A música faz vibrar a plateia, ao mesmo tempo que a subjuga.

Mas quando, durante o julgamento, Chénier se defende de todas as acusações e vai além, ao proclamar as incoerências de um espírito revolucionário ébrio de vingança, sua voz se sobrepõe à orquestra. Comovente na palavra e na melodia arrebatadora, ele canta:

Sim, fui soldado e glorioso enfrentei a morte que, oh gente vil, aqui é dada a mim. Fui educado nas letras, fiz da minha pena uma arma feroz contra os hipócritas! Com minha voz eu cantei a pátria! Passa minha vida como uma vela branca: aquece as antenas ao sol que as douram e afundam a espumante proa no azul da onda... Minha nave é levada pelo destino para o penhasco branco da morte? E estou junto? Seja! Mas na popa eu me levanto e uma bandeira triunfante derrete aos ventos, e nela está escrito: Pátria! A ela não atinge a tua lama! Não sou um traidor. Mate? Mas deixa-me a honra![1]

Gérard, por sua vez, arrependido de dizer o falso com o propósito de se livrar de seu rival, termina por retratar-se. Aproxima-se da corte e confessa a falsidade de sua acusação. Mas Fouquier-Tinville, que o havia persuadido, assume ele próprio os encargos judiciais. Gérard desafia o Tribunal: "a justiça tornou-se tirania", e "nós assassinamos nossos poetas."

No entanto, isso não é suficiente para exonerá-lo e Chénier é condenado à morte. Chénier, então, abraça Gérard, que aponta Maddalena na multidão. Chénier é levado com os outros prisioneiros. Maddalena, confusa no meio da turba raivosa, chora desesperadamente. Diante do veredito *Morte!* a orquestra toma conta e arrebata a cena.

Chénier condenado, Maddalena ainda tentara salvar-lhe a vida. Ao final, no entanto, Chénier é confinado na prisão de San Lazzaro. Quando espera sua execução, Maddalena entra na prisão. Gérard, arrependido, a levara para ver Chénier.

No centro da trama está o amor de Andrea e Maddalena, tão forte que a leva a trocar de identidade com outra mulher na prisão, para estar com o seu amado e morrer com ele. Maddalena é, nesse momento, algo maior que a paixão! O que os une é esse amor sublime, emocionado com a ideia de morrer juntos. Nem pensam em fugir, para eles o destino uniu-os, e morrer juntos é o que querem.

Maddalena, tendo pedido para tomar o lugar da mulher condenada, morre, junto com seu amor. "*Viva la morte insieme*", cantam eles, diante da carroça que os leva à guilhotina.

A força desse amor tem expressão máxima no dueto final, ponto culminante desta obra prima de Giordano, com momentos simplesmente arrebatadores, em que, por vezes, somos dominados pela intensidade orquestral, outras vezes, embalados pela melodia romântica, nos sentimos seduzidos pelo amor apaixonado. E ambos os elementos estão muito presentes no dueto final, cuja música nos tira o fôlego: as vozes dos cantores sobem, cada vez mais alto, até ao *"viva la morte insieme"*, quando avançam para morrer juntos.

Para sublinhar a relação entre música e direito, o interessante nesta ópera é o papel da melodia na captura e no encaminhamento temático. Nela é a melodia que move o drama. Embora se diga que a música do compositor seja de uma força mais genérica, menos dos sentimentos personalizados, voltada que é para efeitos de grande intensidade, não deixa de ser um bom exemplo de tratamento musical de um momento jurídico: um julgamento, uma condenação e uma execução. A narrativa melódica romântica serve não apenas para objetivos dramáticos, mas tem o poder de construir uma espécie de contraditório entre acusações, defesas, repercussões na turba inflamada, para concluir, no dueto final, numa espécie de peroração orquestrada.

A música, assim, ousa e conquista o caos, esse excesso de ocultação, de inundação, do indomável da própria vida. É o mundo da transfiguração (tradução literal de *apoteose*), que ela é capaz de abrir e decifrar, no qual o importante e característico é a irrupção do transe dionisíaco, a possibilidade de a sonoridade possessa e extática romper o perímetro regular do "*ágon*", o *caráter agonístico* que guarda um processo penal em todas as sociedades e em todas as épocas.

"Moses und Aron"

Radicalmente diferente é o que sucede em uma obra que revela a relação entre o direito e as escolhas das indicações métricas e as dimensões harmônicas secundárias, mediante o *silêncio musical*. Trata-se de uma obra de Arnold Schoenberg, a ópera Moisés e Arão, no original, "*Moses und Aron*".

Schoenberg é o autor do libreto e da música.

Há, nessa ópera, uma particularidade que merece atenção e que acaba também por servir aos propósitos de uma reflexão sobre música e direito.

O enredo da ópera refere-se a um episódio bíblico do Antigo Testamento, num momento expressivamente decisivo: Moisés recebe de Deus as tábuas da lei e, após longo retiro, dirige-se ao povo de Israel, para dar-lhe conhecimento dos mandamentos divinos.

Sucede, porém, que, segundo o relato bíblico, Moisés tinha problemas com sua fala (há insinuações de que gaguejava) ou, pelo menos, tinha, mais genericamente, dificuldades de comunicação. Daí o expediente de valer-se de Arão, seu irmão, que, ao contrário, comunicava-se com facilidade e se fazia entender pelo povo.

Conforme o libreto, que, inicialmente deveria servir a um oratório e depois se transformou em texto para uma ópera, Arão e o povo (o coro) usam da linguagem musicada. O texto destinado a Moisés, porém, não é musicalizado: Moisés apenas fala. Aqui Schoenberg usa uma técnica sua, comum em outras obras — "Pierrot Lunaire", por exemplo — que ele chama de "*Sprechgesang*" (canto-falado). O intérprete *fala* o texto com indicações de inflexão e intensidade indicadas na partitura.

Schoenberg escolhe o momento da comunicação (*promulgação/publicação*) das *Leis do Senhor* para construir, com grande dramaticidade, a tragédia que culmina com a adoração do bezerro de ouro. As Leis do Senhor, ditadas por Javé a Moisés, são apresentadas por Moisés a Arão. O povo entende Arão, porém, o que ele canta parece não ser aquilo que Moisés relata.

As cenas impressionam. Moisés pergunta se Arão compreende o poder do pensamento (a *Lei*) sobre as palavras (cantadas) e sobre as imagens. Ao que Arão responde cantando: "Eu compreendo deste modo: esse povo deve ser preservado; mas um povo só consegue sentir! Eu amo esse povo, eu vivo para ele e quero preservá-lo!".

"Pelo pensamento! Eu amo minha ideia e vivo para ela!", diz Moisés.

E canta Arão: "Tu o amarias, esse povo, se tiveste visto como ele vive, quando ele pode sentir e esperar: um povo não crê senão no que sente!"

Fala Moisés: "Tu não me impressionas. O povo deve compreender a ideia; ele vive só para isto!"

"Mas nenhum povo compreende senão um fragmento da ideia, da imagem que exprime a parte concebível do pensamento", canta Arão. E Moisés: "Devo falsificar a ideia?"

Numa linguagem contemporânea, talvez se pudesse dizer que Arão é um grande *comunicador*. Mas, para tornar inteligíveis os mandamentos, produz alguma forma de distorção: mais perceptíveis, porém, não propriamente fiéis.

Daí o desespero de Moisés, quando escuta o que *diz* (na verdade, o que *canta*) Arão, motivo pelo qual o recrimina, chamando-lhe a atenção.

Essa possível incongruência comunicativa revela-se como um embate entre a razão (divina) e a emoção (humana), entre a *linguagem* da Razão e a *linguagem* da Emoção. Mesmo sendo apto a compreender os enunciados da Razão, o homem *canta* emocionalmente a *fala* racional.

E Schoenberg capta esse dilema maravilhosamente, mediante um recurso de grande expressividade. Em sua ópera, a música domina, todos os personagens *cantam*, isto é, se expressam musicalmente. Salvo Moisés, que *fala* o seu texto, apenas com acompanhamento orquestral.

Daí o dilema.

O contraste entre o divino (a lei) e o humano (a emoção) aparece na distinção entre o racional (que tem a ver com o *espírito puro*, cuja expressão é, na ópera, o discurso recitado) e o sensível (em que o texto é musicalizado: música como *pura sensibilidade*).

Que os homens são sensíveis, sua entrega à adoração do bezerro de ouro o demonstra. Mas o demonstra mais ainda a dança, a verdadeira bacanal que, na ópera, ocorre ao ensejo de uma melodia inebriante.

Arão, que se esforça por comunicar ao povo a lei divina (expressão da razão), o faz mediante música. Isto é, sabe que a *lei* (abstração, norma, enunciado *válido*, *dever-ser* impositivo de uma obrigação), por si só, não atinge a dimensão sensível do ser humano. Daí o sentido do seu esforço: tornar sensível o que pertence ao mundo do inteligível, ou melhor, do insensível.

Moisés diz a lei, o inteligível. Sua fala não é musicalizada, não há sensibilidade expressa mediante melodias. Mas Moisés sabe também que é preciso valer-se do sensível para comunicar o inteligível: é necessário o corporal para manifestar o espiritual. Seu desespero está em que, mesmo sabendo-o, sabe mais, pois foi escolhido por Deus para receber *diretamente* (imediatidade da comunicação racional) a *lei*. A *lei* é razão, é intelecto, é *falada* para ser compreendida e obedecida.

No drama musical, que Schoenberg, ele próprio, chegou a chamar de "ópera filosófica", o povo ora pende para Moisés, ora para Arão. Há momentos em que o coro (o povo) também fala, não canta. Até que, ao final, obriga Arão, agora transformado num artista, a criar o bezerro de ouro. Com isso desvenda-se o conteúdo da ópera: diante do decreto divino — *tu não farás para ti nenhuma imagem* — Moisés confere à lei uma dicção rigorosa. Para ele, Deus, puro pensamento, é uma forma absoluta que escapa a qualquer representação sensível. No entanto, no canto melodiado de Arão, aparece a necessidade de dar à ideia absoluta alguma representação sensível.

Mas a ópera de Schoenberg é um trabalho inacabado. Musicados foram o primeiro e o segundo ato. O terceiro nunca o foi. Schoenberg relutou por muito tempo em dar-lhe o acabamento. Uma dúvida talvez o assaltasse: o terceiro ato, constituído de uma só cena, deveria ser apenas falado ou deveria ser musicalizado? Triunfo da razão ou da sensibilidade?

Cerca de dois anos antes de morrer (faleceu em 1949), Schoenberg, já doente, chega a dizer que até tinha em mente ideias sobre a música do terceiro ato, mas que lhe faltavam tempo e ânimo para compor, concordando, por fim, que o ato fosse apenas falado. Assim, a completude do libreto e a incompletude da música acabaram por produzir um resultado surpreendente.

A ópera só pode ser representada na forma incompleta. Isto é, cessa num clima trágico: a lei divina não é entendida pelo povo. A incomunicabilidade entre razão e sensibilidade (fala e música) triunfa. Não há conciliação.

No libreto, Schoenberg, no entanto, efetivamente escreveu mais um ato (não musicado por causa de sua morte prematura), em que parece esboçar-se uma conciliação.

Moisés é destituído do direito de penetrar a terra escolhida e o povo é obrigado a peregrinar por mais quarenta anos. Mas, no libreto, ocorre uma curiosa alteração do relato bíblico. Neste, Arão se retira e não é punido. Na ópera, Schoenberg faz Arão ser trazido perante Moisés, aprisionado em correntes. Moisés, porém, o liberta. Contudo, Arão, libertado, tomba sobre o solo, como uma árvore quando abatida. O que nos faz pensar que o princípio dualista — corpo e alma —, ele próprio de origem racionalista, não seria compatível com a totalidade mítica do tema. Afinal, a própria música composta por Schoenberg não deixava de ser manifestação sensível. Diante desse paradoxo — quando Arão, no momento em que é libertado, morre —, Schoenberg acaba por assumi-lo: a imagem que ele se faz da interdição de fazer imagens (negação do sensível) tomba, por sua vez, diante da própria interdição divina. De um lado, o triunfo divino. De outro, o paradoxo da vida humana.

Qual o significado de tudo isso? Ou melhor, haveria algum sentido jurídico a perpassar o drama musical?

Do ponto de vista da arte (emoção), não é possível saber se, ao final, Moisés também cantaria: nada foi composto por Schoenberg, do qual temos apenas as *falas* do personagem.

Assim, como o libreto do último ato é mudo (musicalmente), resta inevitável a grande interrogação: como é possível, para o ser humano, ser racional e sensível ao mesmo tempo? Falar e cantar? Compreender leis com a razão e obedecer a elas com a emoção?

Na ópera de Schoenberg, por tudo isso, tem-se a impressão de que Moisés e Arão são, no fundo, a mesma pessoa. Essa é a tragédia do sensível humano em face do direito: exige acuidade, inteligência, mas também encantamento, espontaneidade. *Sentença* vem de *sentire*. Mas o juiz é obrigado a *motivar* sua sentença. O juiz *pensa* quando motiva e *sente* quando decide? É, simultaneamente, Moisés e Arão?

Enquanto prática existencial, sensibilidade musicada, *direito e música*; enquanto lei, texto recitado e declamado, *direito e não música*.

Finale: "*Allegro molto*"

Breve percurso bibliográfico

Este trabalho resulta de várias leituras, algumas antigas, outras mais recentes, amadurecidas no correr dos anos. Começo com Max Weber (*Soziologie und Sozialpolitik*, Tübingen, 1924 — *Sociologia e Política Social*), quando, num seminário de sociologia em Berlim, em 1912, ao responder a Oppenheimer com respeito às impropriedades de uma teoria racista da história, fazia observar que um sistema harmônico de sons só surge na Europa com a era moderna, sistema, aliás, segundo ele, mais próximo, em seus princípios, da música chinesa que da antiguidade helenística. Nessa ordem menciono Theodor Adorno, cujo livro *Einleitung in die Musiksoziologie* (Frankfurt,1962 — *Introdução à sociologia da música*) muito me impressionou. Além de filósofo, Adorno era pianista de formação clássica, mas com simpatias com a técnica de doze tons de Arnold Schoenberg. Em termos de uma estética filosófica, valeu-me a obra *Ästhetik* (Berlin, 1953 – Estética) do filósofo alemão Nicolai Hartmann. Com capítulos especificamente dedicados à música, Hartmann sublinha que a música, a rigor, é, em si, apenas uma construção arquitetônica, capaz, não obstante de despertar na alma todo um mundo. E essa força é, propriamente, uma verdadeira metafísica. Quanto a Platão, além dos textos já mencionados (*Leis, O Banquete, A República, Timeu*), lembro o trabalho interessante e abrangente de Evanghélos Moutsopoulos — *La musique dans l'oeuvre de Platon* (Paris, 1959 — *A música na obra de Platão*) -, com passagens elucidativas sobre as relações entre música e filosofia na antiguidade helenística. De trabalhos rastreados na internet menciono *O silêncio em Webern*, de Isis Biazioli e Paulo de Tarso Salles, bem como *Música para matar o tempo: intervalo, suspensão e imersão* de Rose Satiko Gitirana Hikiji. Não posso deixar de mencionar o artigo de meu amigo Eros Grau, publicado em *O Globo* ("Opinião", em 13 de maio de 2014), com percucientes aproximações entre a interpretação musical e a jurídica ("a música é arte; o direito, uma prudência", diz ele). Por fim, o texto inspirador de meu confrade na Academia Paulista de Direito, *o maestro Julio Medaglia (a quem agradeço os comentários feitos a meu texto)*, com o título "**A música e os mistérios da alma (ou vice-versa)**", *publicado na Revista Concerto (julho/2020), com incursões instigantes sobre* esse componente sensível da música de "objeto estético", "objeto" ou "poder" que ele prefere chamar simplesmente de "feitiço" e que, segundo ele, "permanece indecifrável ainda hoje". Afinal, conclui, "nem mesmo Freud, que iniciou as mais profundas e historicamente importantes investigações da alma humana, codificando muitas de suas ações e reações para fins terapêuticos, conseguiu entendê-lo".

Notas

1 Si, fui soldato e glorioso affrontato ho la morte che, vile, qui mi vien data. Fui letterato, ho fatto di mia penna arma feroce contro gli ipocriti! Con la mia voce ho cantato la patria! Passa la vita mia come una bianca vela: essa inciela le antenne al sole che le indora e affonda la spumante prora ne l'azzurro dell'onda ... Va la mia nave spinta dalla sorte a la scogliera bianca della morte? Son giunto? Sia! Ma a poppa io salgo e una bandiera trionfale sciolgo ai venti, e su vi è scritto: Patria! A lei non sale il tuo fango! Non sono un traditore. Uccidi? Ma lasciami l'onor!

Fio Maravilha, de Jorge Ben Jor

Theophilo Antonio Miguel Filho[1]

Introdução

Futebol e música são duas paixões nacionais. Em 1972, o renomado compositor Jorge Ben Jor conseguiu reuni-las magistralmente na canção "Fio Maravilha", vencedora do Festival Internacional da Canção, que narra um lindo gol marcado pelo ex-jogador do Clube de Regatas do Flamengo, João Batista de Sales, conhecido como "Fio Maravilha", na partida disputada e vencida por 1 x 0 contra a equipe do Benfica, de Portugal, pelo Torneio de Verão, realizada no Estádio Mário Filho (Maracanã), em 15 de janeiro de 1972.

Fio Maravilha — o jogador

"Fio Maravilha" é o apelido pelo qual ficou conhecido o então futebolista João Batista de Sales. Nascido em Conselheiro Pena, Minas Gerais, em 1945, o ex-jogador passou por times como Avaí, São Cristóvão, Paysandu, CEUB e Desportiva Ferroviária. Entretanto, o time que lhe rendeu reconhecimento foi o Flamengo, pelo qual disputou 167 partidas e fez 44 gols.

Fio Maravilha não era conhecido por ser um jogador de talento refinado, mas, na verdade, por apresentar um futebol desengonçado; por driblar zagueiros e, por vezes, perder gols reputados como "feitos", tamanha a facilidade em marcá-los. Era também identificado pelo sorriso de ortodontia desnivelada, que se projetava exacerbadamente para frente.

Na década de 1980, migrou para os Estados Unidos da América, com a esperança de uma carreira promissora com a crescente influência do esporte no país. Representou o New York Eagles, por aproximadamente quatro meses. Em seguida, foi convidado pelo Monte Belo Panthers de Los Angeles, a nível semiprofissional do desporto, e, por fim, mudou-se para São Francisco, onde, apesar da curta carreira no San Francisco Mercury, estabeleceu-se definitivamente e passou a ganhar a vida como entregador de pizza.

A CANÇÃO

Jorge Ben Jor encontrava-se presente no Estádio Maracanã, no dia 15 de janeiro de 1972, e assim compôs:

> *Foi um gol de anjo, um verdadeiro gol de placa*
> *E a magnética agradecida assim cantava*
>
> *Foi um gol de anjo, um verdadeiro gol de placa*
> *E a magnética agradecida assim cantava*
>
> *Fio maravilha, nós gostamos de você*
> *Fio maravilha, faz mais um pra gente vê*
>
> *Fio maravilha, nós gostamos de você*
> *Fio maravilha, faz mais um pra gente vê*
>
> *E novamente ele chegou com inspiração*
> *Com muito amor, com emoção, com explosão e gol*

Sacudindo a torcida aos 33 minutos do segundo tempo
Depois de fazer uma jogada celestial em gol

Tabelou, driblou dois zagueiros
Deu um toque driblou o goleiro
Só não entrou com bola e tudo
Porque teve humildade em gol

Foi um gol de classe
Onde ele mostrou sua malícia e sua raça

Foi um gol de anjo, um verdadeiro gol de placa
E a magnética agradecida assim cantava

Foi um gol de anjo, um verdadeiro gol de placa
E a magnética agradecida assim cantava

Fio maravilha, nós gostamos de você
Fio maravilha, faz mais um pra gente vê

Fio maravilha, nós gostamos de você
Fio maravilha, faz mais um pra gente vê

Fio Maravilha!

A CONTROVÉRSIA

Inconformado, por intermédio do seu advogado, João Batista de Sales procurou infrutiferamente o compositor para indagar acerca da existência de eventuais valores a serem percebidos em razão da utilização não autorizada de seu nome na canção.

Consequentemente, apesar de sagrar-se vencedor em uma disputa judicial, a fim de evitar dissabores, Jorge Ben Jor alterou o título e a letra da canção e passou a cantar "Filho Maravilha", em vez de "Fio Maravilha".

Direito da personalidade e tutela das produções artísticas e das publicações

No tocante aos direitos da personalidade, o *caput* do artigo 20 do Código Civil Brasileiro preconiza que, "salvo se autorizadas, ou se necessárias à administração da justiça ou à manutenção da ordem pública, a divulgação de escritos, a transmissão da palavra, ou a publicação, a exposição ou a utilização da imagem de uma pessoa poderão ser proibidas, a seu requerimento e sem prejuízo da indenização que couber, se lhe atingirem a honra, a boa fama ou a respeitabilidade, ou se se destinarem a fins comerciais". Acrescenta o artigo subsequente que "a vida privada da pessoa natural é inviolável, e o juiz, a requerimento do interessado, adotará as providências necessárias para impedir ou fazer cessar ato contrário a esta norma".

Por sua vez, o inciso X do artigo 5º da Constituição da República garante a inviolabilidade da intimidade, da vida privada, da honra e da imagem das pessoas, assegurado o direito à indenização pelo dano material ou moral decorrente de sua violação.

Constata-se a incorporação ao ordenamento pátrio de uma "cláusula geral de personalidade"[2], de modo a preservar e proteger o indivíduo enquanto ser, na totalidade de seus atributos físicos, psíquicos, formais e materiais.

A referida cláusula geral de personalidade também estabelece a constitucionalização do direito civil no âmbito da personalidade, que passou a ser concebida enquanto normatização dos preceitos constitucionais — dignidade, integridade da pessoa humana e igualdade entre indivíduos.

O Código Civil de 2002 trata das "pessoas" logo em seu primeiro livro. A topografia do tema denota evidente importância dos direitos subjetivos nas relações civis. Já os direitos da personalidade, evidentemente afetos às pessoas, encontram-se nos artigos 12 a 21, localizados no capítulo II, do Título I, de artigos 11 a 21 e são desmembrados basicamente em: direito à integridade física e psíquica, direito ao nome, direito à privacidade, direito à imagem e à honra.

O Código ainda caracteriza os direitos da personalidade como intransmissíveis, irrenunciáveis e indisponíveis (artigo 11), sendo ademais perenes. Dessa forma, a pessoa que sofre lesão ou ameaça de lesão em seu direito de personalidade tem a possibilidade de provocar o Judiciário a fim de cessar a lesão ou ameaça e, ainda, reclamar perdas e danos contra aquele que praticou a violação de seu direito subjetivo (artigo 12).

O direito ao nome se estende sobre todas as partes dele componentes, como, por exemplo, o prenome e o sobrenome, mas também a outras denominações que estejam associadas à mesma pessoa e que dele façam as vezes, como é o caso do pseudônimo.

Assim, no caso do ex-futebolista, o ordenamento civil e constitucional garante tanto a inviolabilidade das associações ao nome "João Batista de Sales", como ao pseudônimo "Fio Maravilha", eis que, evidentemente, foi a denominação sob a qual ficou o então jogador conhecido nacionalmente.

A respeito da proteção do nome e do pseudônimo, os artigos 16 a 19 do Código Civil de 2002 vedam o emprego do nome ou do pseudônimo, por outrem, "em publicações ou representações que a exponham ao desprezo público, ainda quando não haja intenção difamatória ou em propaganda comercial".

Ocorre que a Constituição da República assegura também a liberdade de expressão e a manifestação do pensamento, sendo vedado o anonimato e a censura, ao mesmo tempo em que enfatiza serem invioláveis a intimidade, a vida privada, a honra e a imagem das pessoas (artigo 5º, incisos VIII e IX), em alinhamento ao disposto na legislação civil. Dessa forma, assim como no caso da canção de Jorge Ben Jor, pode acontecer a "colisão" entre normas que visam à proteção de direitos fundamentais, como o são os direitos de personalidade e o direito de liberdade de expressão. Nessas ocasiões, cabe ao Judiciário ponderar entre os princípios a serem aplicados e escolher qual preponderará no caso concreto.

Em 10 de junho de 2015, o Plenário do Supremo Tribunal Federal apreciou o tema na Ação Direta de Inconstitucionalidade número 4.815 e concluiu, por unanimidade, ser desnecessário o consentimento de pessoa biografada relativamente a obras biográficas literárias ou audiovisuais, sendo por igual desnecessária a autorização de pessoas retratadas como coadjuvantes (ou de seus familiares, em caso de pessoas falecidas).

A relatora, a ministra Cármen Lúcia, destacou que a Constituição prevê, nos casos de violação da privacidade, da intimidade, da honra e da imagem, a reparação indenizatória, e proíbe "toda e qualquer censura de natureza política, ideológica e artística". Assim, uma regra infraconstitucional (o Código Civil) não pode abolir o direito de expressão e criação de obras literárias. "Não é proibindo, recolhendo obras ou impedindo sua circulação, calando-se a palavra e amordaçando a história que se consegue cumprir a Constituição", afirmou. "A norma infraconstitucional não pode amesquinhar preceitos constitucionais, impondo restrições ao exercício de liberdades."

O ministro Luís Roberto Barroso destacou que o caso envolve uma tensão entre a liberdade de expressão e o direito à informação, de um lado, e os direitos da personalidade (privacidade, imagem e honra), do outro — e, no caso, o Código Civil ponderou essa tensão em desfavor da liberdade de expressão, que tem posição preferencial dentro do sistema constitucional. Essa posição decorre tanto do texto constitucional como pelo histórico brasileiro de censura a jornais, revistas e obras artísticas, que perdurou até o fim da última ditadura. Acrescentou que os direitos do biografado não ficarão desprotegidos: qualquer sanção pelo uso abusivo da liberdade de expressão deverá dar preferência aos mecanismos de reparação *a posteriori*, como a retificação, o direito de resposta, a indenização e até mesmo, em último caso, a responsabilização penal.

Para a ministra Rosa Weber, controlar as biografias implica tentar controlar ou apagar a história, e a autorização prévia constitui uma forma de censura, incompatível com o estado democrático de direito. "A biografia é sempre uma versão, e sobre uma vida pode haver várias versões", afirmou, citando depoimento da audiência pública sobre o tema.

O ministro Luiz Fux ressaltou que a notoriedade do biografado é adquirida pela comunhão de sentimentos públicos de admiração e enaltecimento do trabalho, constituindo um fato histórico que revela a importância de informar e ser informado. Em seu entendimento, são poucas as pessoas biografadas e, na medida em que cresce a notoriedade, reduz-se a esfera da privacidade da pessoa. No caso das biografias, é necessária uma proteção intensa à liberdade de informação, como direito fundamental.

Para o ministro Dias Toffoli, obrigar uma pessoa a obter previamente autorização para lançar uma obra pode levar à obstrução de estudo e análise de História. "A Corte está afastando a ideia de censura, que, no Estado Democrático de Direito, é inaceitável", afirmou. O ministro ponderou, no entanto, que a decisão tomada no julgamento não autoriza o pleno uso da imagem das pessoas de maneira absoluta por quem quer que seja. "Há a possibilidade, sim, de intervenção judicial no que diz respeito aos abusos, às inverdades manifestas, aos prejuízos que ocorram a uma dada pessoa", assinalou.

Segundo o ministro Gilmar Mendes, fazer com que a publicação de biografia dependa de prévia autorização traz sério dano para a liberdade de comunicação. Ele destacou também a necessidade de se assentar, caso o biografado entenda que seus direitos foram violados em publicação de obra não autorizada, a reparação poderá ser efetivada de outras formas além da indenização, tais como a publicação de ressalva ou nova edição com correção.

O ministro Marco Aurélio destacou que há, nas gerações atuais, interesse na preservação da memória do país. "E biografia, em última análise, quer dizer memória", assinalou. "Biografia, independentemente de autorização, é memória do país. É algo que direciona a busca de dias melhores nessa sofrida República", afirmou. Por fim, o ministro salientou que, havendo conflito entre o interesse individual e o coletivo, deve-se dar primazia ao segundo.

O ministro Celso de Mello afirmou que a garantia fundamental da liberdade de expressão é um direito contramajoritário, ou seja, o fato de uma ideia ser considerada errada por particulares ou pelas autoridades públicas não é argumento bastante para que sua veiculação seja condicionada à prévia autorização. O ministro assinalou que a Constituição da República veda qualquer censura de natureza política, ideológica ou artística, mas ressaltou que a incitação ao ódio público contra qualquer pessoa, grupo social ou confessional não está protegida pela cláusula constitucional que assegura a liberdade de expressão. "Não devemos retroceder nesse processo de conquista das liberdades democráticas. O peso da censura, ninguém o suporta", afirmou o ministro.

O ministro Ricardo Lewandowski reafirmou a tese de que não é possível que haja censura ou se exija autorização prévia para a produção e publicação de biografias. O ministro observou que a regra estabelecida com o julgamento é de que a censura prévia está afastada, com plena liberdade de expressão artística, científica, histórica e literária, desde que não se ofendam os direitos constitucionais dos biografados.[3]

Com base nesse precedente, prevaleceu a liberdade de pensamento e de sua expressão. Portanto, se eventualmente o futebol e a música soarem destoantes, o direito entra em campo para afiná-los novamente.

REFERÊNCIAS

Todos os acessos aos sítios eletrônicos foram realizados em 8 de junho de 2020.

DONEDA, Danilo. "Os direitos da personalidade no Código Civil". *Revista da Faculdade de Direito de Campos*, Ano VI, N° 6, Junho de 2005. Disponível em: <http://www.fdc.br/Arquivos/Mestrado/Revistas/Revista06/Docente/03.pdf>.

POSSÍDIO, Michel de Melo; SAMPAIO, Maurício Souza; PARAENSE, Leonardo L. P; FERNANDES, Belmiro Vivaldo S. "Direito à identidade. A tutela jurídica do nome e do pseudônimo". *Revista de Estudos Jurídicos*, Universo, Ano VIII, N° 1, 2015. Disponível em: <http://www.revista.universo.edu.br/index.php?journal=4pesquisa3&page=article&op=view&path%5B%5D=2458&path%5B%5D=1596>.

SIQUEIRA, Dirceu Pereira; ROSOLEN, André Vinícius. "Cláusula geral de proteção sob a perspectiva civil-constitucional: a normatividade da dignidade da pessoa humana e sua relação com os direitos fundamentais e os direitos de personalidade". Revista Brasileira de Direito Civil em Perspectiva, 2015. Disponível em: <https://www.indexlaw.org/index.php/direitocivil/article/view/759/755>.

TEPEDINO, Gustavo. *A tutela da personalidade no ordenamento civil-constitucional brasileiro*. Temas de Direito Civil. Rio de Janeiro: Renovar, 2004.

https://direitoglobal.com.br/13/fio-maravilha/irineu-tamanini/

https://pt.wikipedia.org/wiki/Fio_Maravilha

https://tvefamosos.uol.com.br/blog/mauriciostycer/2013/10/17/fio-maravilha-antecipou-debate-sobre-pagamento-de-direitos-a-biografados/

https://www.migalhas.com.br/depeso/4883/direito-a-imagem#:~:text=Qualquer%20representa%C3%A7%C3%A3o%20de%20um%20indiv%C3%ADduo,em%20vigor%2C%20no%20cap%C3%ADtulo%20que

https://periodicos.unicesumar.edu.br/index.php/revjuridica/article/view/313

http://intertemas.toledoprudente.edu.br/index.php/ETIC/article/viewFile/2028/2123

https://piaui.folha.uol.com.br/sobre-jorge-ben-e-o-futebol/
https://www.letras.mus.br/jorge-ben-jor/709276/
https://terceirotempo.uol.com.br/que-fim-levou/fio-maravilha-437
http://www.stf.jus.br/portal/cms/verNoticiaDetalhe.asp?idConteudo=293336

Notas

1. Mestre, Doutor e Professor da PUC-Rio, Desembargador Federal do TRF2.
2. TEPEDINO, Gustavo. *A tutela da personalidade no ordenamento civil-constitucional brasileiro*. Temas de Direito Civil. Rio de Janeiro: Renovar, 2004, p. 50.
3. Disponível em: <http://www.stf.jus.br/portal/cms/verNoticiaDetalhe.asp?idConteudo=293336>. Acesso em: 8 jun. 2020.

A POSSÍVEL APROXIMAÇÃO ENTRE A INTERPRETAÇÃO MUSICAL E A JURÍDICA

Vera Maria Jacob de Fradera[1]

INTRODUÇÃO

Em primeiro lugar, agradeço o convite para integrar a seleção de autores de um volume, cujo tema é a música e o direito, organizado pelo "maestro" José Roberto de Castro Neves. Tendo sido oportunizado aos convidados a livre escolha do tema, optei por abordar a questão da interpretação em relação ao direito e à música, por tratar-se de um assunto pelo qual há muito me interesso, ambos constituem parte de minha vida. E, confesso, não poucas vezes meditei sobre essa questão da interpretação, tanto a jurídica, como a musical. Isto teve início há muitos anos, em razão das discussões em torno das interpretações de determinadas obras musicais, levadas a efeito por diferentes maestros, por exemplo, a "Sinfonia nº 9" de Ludwig van Beethoven[2], regida por Herbert von Karajan, Leonard Bernstein[3] e, mais recentemente, por Zuhbin Mehta, maestro indiano, com formação na Alemanha e de renome internacional, à testa de algumas das mais prestigiadas orquestras sinfônicas da atualidade.

Com relação à interpretação jurídica, na condição de advogada, obviamente o assunto sempre me preocupou, pois o resultado favorável ao caso levado ao juiz ou à Corte depende da interpretação dada à lei e às circunstâncias do caso pelo julgador.

Por certo, todos estarão de acordo em ser objeto de interpretação, no caso, duas distintas formas de linguagem, traduzidas, no âmbito musical, mediante sons, expressos em notas, e, no plano do direito, pela palavra.

Diante dessa constatação, a muitos pode causar estranheza comparar direito e música, aparentemente sem nenhum ponto de contato, salvo constituírem ambas formas de linguagem, de expressão de sentimentos, de um lado, os do belo, do harmonioso e, de outro, o do justo.

Ao escolher este tema, de imediato veio-me à mente o pensamento de que a criatividade e a sensibilidade, intrínsecos à interpretação musical, poderiam inspirar no jurista, no advogado ou no magistrado uma distinta forma de, frente ao caso concreto, lograr melhor pleitear e/ou distribuir justiça.[4]

O legislador, por sua vez, atua de maneira semelhante a um compositor, conferindo a tarefa da interpretação da lei por ele emanada aos juízes e tribunais, pois assim como a música só passa a existir quando executada, a lei adquire vida quando aplicada, de acordo com a interpretação dada pelo magistrado. Ela é posta à observância da comunidade com o sentido dado pelos tribunais, sendo os juízes os executores da "música legal".[5]

Eros Grau, jurista conhecido de todos nós, compartilha desse pensamento, tendo registrado a viabilidade dessa analogia ao sustentar não ser o direito uma ciência, na qual o intérprete é capaz de apresentar "uma resposta certa". Afirma categoricamente que "na interpretação de textos normativos dá-se algo análogo ao que se passa na interpretação musical".[6]

Em idêntico sentido, trago a manifestação do saudoso ministro Teori Zavaski, nos seguintes termos: "Tod[o] [texto normativo] supõe uma interpretação, assim como uma partitura musical. A música não é a partitura musical. A música é aquilo que o intérprete retira da partitura musical. Ele pode retirar uma boa norma, uma boa música, e ele pode não ser muito fiel à partitura. De um certo modo, a função do juiz é semelhante. Quem retira [do texto], dessa partitura criada pelo legislador, a norma, essa música, é o intérprete. A função de interpretar e, portanto, de retirar a norma dos textos normativos, essa é a função do juiz".[7]

Com certeza, tinha razão o professor Batiffol, ao referir-se à interpretação, como "a busca de sentido, para o intérprete, [que] passa tanto pela busca do pensamento de seu autor como pela descoberta da direção a seguir em caso de incerteza". [8]

Dando sequência a este artigo, cabe mencionar que, da mesma maneira como a música fez e faz parte da vida humana desde os seus primórdios, o mesmo aconteceu com o direito, presente desde sempre, embora sob forma primitiva, nas mais antigas sociedades. Desta sorte, ambos, direito e música, constituem parte da vida social, desde o início de uma determinada civilização.

Como produto cultural, o direito foi relacionado a vários ramos do saber, como a física, a matemática, a literatura, a pintura...[9]

A título de exemplo, trago aqui algumas dessas aproximações, como a descoberta de mútuas influências entre matemática e direito, por certo, das mais insólitas que se possa imaginar.

O primeiro jurista brasileiro dedicado com profundidade à matemática foi Pontes de Miranda. Seus profundos conhecimentos no campo das matemáticas o levaram a elaborar uma Teoria das Ações, utilizando critérios dessa ciência[10]. Outro texto relacionando direito e matemática no Brasil, foi escrito por Carlos David S. Aarão Reis, intitulado "A matematização do direito e as origens da parte geral do Direito Civil"[11]. Michael Bernhard escreveu sobre a *Zahlenverhælnisse, Proportionem, Tonabstænde: Musik und Mathematik*[12], ou seja, relações numéricas, proporções, tonalidade: música e matemática.

Já o direito foi estudado e praticado por artistas cultores de variadas formas de arte, até mesmo por pintores e, da mesma maneira, a música pôde interessar a um jurista e filósofo como Hegel e a outros mais.[13]

Tanto isso é verdadeiro, que, em 1999, a Cardozo Law Review publicou os trabalhos apresentados no simpósio onde se discutiu a relação entre música e direito, intitulado *Modes of Law: Music and Legal Theory — An Interdisciplinary Workshop Introduction*.[14]

Por fim, para não me alongar demasiado, cito o original artigo de Daniel J. Kornstein, "The Double Life of Wallace Stevens: Is Law Ever the Necessary Angel of Creative Art?",[15] no qual o autor reflete sobre o fato de o direito estar presente de uma ou outra forma em quase todas as manifestações artísticas.

Retomando o tema deste artigo, a primeira pergunta a ser feita: em matéria de interpretação musical, por exemplo, a regência de certas obras musicais por determinado maestro difere da realizada por outros destacados regentes? Em certa época, foi reconhecido um direito intelectual sobre a maneira de reger (leia-se interpretar) as obras em questão, passando-se a proteger a compreensão de cada regente acerca dessas obras.

Mas não vou tratar desse assunto, pois foge ao meu propósito de demonstrar a existência de proximidade entre os dois tipos de interpretação, a da lei e a da partitura musical, tanto em relação ao intérprete como ao regente, circunscrevendo-se aqui a comparação entre direito e música especificamente em relação à musica denominada clássica, por razões pertinentes à extensão deste texto, pois a referência ao jazz ou ao gênero dito popular, por exemplo, mereceria um artigo exclusivo a cada um desses gêneros.

De qualquer modo, tanto a música clássica como a popular ou o jazz constituem formas de arte, ninguém ousaria discordar. Mas quanto à interpretação do direito poderia ela ser considerada também uma arte? Não são poucos os que pensam desta sorte, e isso há muito tempo...[16] Acredito estarmos todos de acordo com o fato de a interpretação da lei não poder ser feita mecanicamente, à maneira de um silogismo, ao contrário, o resultado da interpretação, feita pelo magistrado, não significa aplicar o exato teor do texto legal, mas sim o que foi entendido pelo intérprete. Da mesma forma, o intérprete da partitura musical deve cantar, tocar ou reger as notas nela dispostas, mas jamais de forma mecânica, desprovida de sentimento.

Todas essas são ponderações são suscitadas por quem se debruça sobre o assunto, buscando respostas, primeiramente no passado, depois, na contemporaneidade

Com referência ao passado, o primeiro traço de união entre Música e Direito está na sua aparição contemporânea na vida social, como comprovam testemunhos de arqueólogos, por manuscritos muito antigos, passagens mitológicas de várias civilizações e descobertas em sítios arqueológicos. O mesmo se pode afirmar em relação ao direito, presente, comprovadamente, em todas as primitivas sociedades, regendo-as mediante regras de conduta.

Já no caso da música, é um vocábulo normalmente associado à arte (*"techné"*), provém do grego e significa "arte das Musas". De acordo com a Mitologia, as musas eram em número de nove, sendo sua missão inspirar e proteger as "Artes" em geral, nelas incluídas as ciências e a literatura. Euterpe era a musa responsável pela música.[17]

Fora do mundo das musas, importante referir o fato de os gregos conhecerem música em profundidade, fabricarem artesanalmente instrumentos musicais bastante desenvolvidos e, em todas as circunstâncias, a música estava presente, fosse em eventos oficiais, militares ou relacionados a cerimônias como bodas, funerais etc.[18]

Não obstante, afirmar a existência de uma influência e de uma utilidade do direito em relação à música, e vice versa, pode parecer pouco viável, porque o direito, diversamente da arte, é visto como um mundo formal, fechado, e insuscetível de despertar emoções. Contudo, há vários compositores,[19] de valor reconhecido mundialmente, titulares de uma formação em direito e que, de uma maneira ou outra, utilizaram seus conhecimentos dessa ciência na sua atividade e criação musical. Ademais, abundam estudos e obras, tanto antigas como mais recentes, no sentido de demonstrar uma relevante conexão entre esses dois campos de conhecimento e do sentimento.

Como bem pontuado por Erika Arban[20], para além de sua alegada rigidez e natureza técnica, o direito é um campo muito resiliente de conhecimento, cuja estrutura intelectual pode influenciar e informar outros processos criativos, como a composição musical.

Vou dividir este estudo em duas partes: primeiramente, tratarei da semelhança entre música e direito no tocante à interpretação; na segunda parte, trarei dois exemplos de decisões judiciais fundadas na sensibilidade, qualidade requerida tanto no intérprete musical, ao interpretar a música, quanto no julgador ao realizar a justiça no caso concreto.

Primeira parte: Aspectos a aproximar as interpretações musical e jurídica

A- *A mútua influência entre música e direito no referente à interpretação*

Como anteriormente mencionado, direito e música não se opõem, ao contrário, têm muitos pontos de contato, sobretudo em se tratando de interpretação.

Dentre exemplos de excepcionais cultores da música, dotados de excelente formação jurídica, tendo-a utilizado em sua atuação como intérpretes musicais, escolho Heinrich Schenker (1868-1935), reconhecido como o mais importante teórico da música do século XX, comparável apenas a Gioseffo Zarlino (1517-1590), do período renascentista e a Jean Philippe Rameau (1683-1764), da era barroca.

Schenker foi competente e influente, chegando a ser considerado, no plano da música, tão revolucionário quanto Freud para a psicanálise ou Einstein para a física.

Chama a atenção o fato de Schenker ser reconhecido como notável músico, embora jamais tenha obtido um diploma em música, sendo também advogado.[21] De acordo com o reportado por Wayne Alpern, Schenker concebeu suas originais ideias acerca da música em termos legais, inspirado na Escola Histórica do Direito, tendo a Savigny e a Ihering como seus modelos no campo do direito.

Com efeito, durante dois semestres na Faculdade de Direito da Universidade de Viena, foi um aplicado discípulo de G. Jellinek[22], o qual lhe apresentou a filosofia do direito, e, a partir daí, seus biógrafos concluem ter isso provocado um impacto em seu desenvolvimento no campo da música.

Segundo referido por Alpern, os partidários da Escola Histórica do direito acreditavam nas leis da sociedade, assim, da mesma forma, para Schenker "as leis da música evoluem lenta e naturalmente a partir de preceitos fundamentais, profundamente enraizados no seu passado e inerentes à própria estrutura da música".[23]

Schenker concebia a música como um complexo corpo de legislação, repleto de leis, regulamentos e ordenanças, governando diferentes níveis hierárquicos de jurisdição. Assim, para ele, a arte da música tem a peculiaridade de produzir efeito em várias leis, simultaneamente, e, embora uma lei possa ser mais forte do que outras e impor–se mais vigorosamente em nossa consciência, essa lei não deve silenciar outras, reguladoras das menores e mais restritas unidades de tons.[24]

A importante obra musical de Schenker foi marcada amplamente por sua formação jurídica, imprimindo-lhe uma precisão raramente encontrada em outros cultores da música.

No seu caso, como demonstrado, a influência do direito sobre a sua produção musical foi decisiva.

Passo, a seguir, a outro tópico, o da importância da sensibilidade na execução e na regência de uma obra musical.

B - *Sensibilidade e técnica na interpretação da obra musical*

Como já abordado anteriormente, na execução de uma partitura musical a técnica e a sensibilidade devem estar presentes. Dependendo a qual intérprete estamos nos referindo, a técnica pode sobrepujar a sensibilidade ou, em sendo profunda a identificação do executante com o autor da música, aquele logra traduzir o sentimento do compositor e, em consequência, o resultado da execução será bem diferente, em razão do predomínio da sensibilidade.

Como exemplos concretos desta afirmação, trago à baila os nomes de dois notáveis maestros, ambos já falecidos, cujas regências vêm sendo comparadas ao longo do tempo, por serem ambas excepcionais, uma, em razão da técnica incomparável, e a outra, pela excepcional sensibilidade na captação do sentir do compositor, relativamente a determinadas obras. No referente ao domínio de uma técnica realmente excepcional, o nome a ser citado é o de Herbert von Karajan[25], maestro austríaco, notabilizado por sua perfeição técnica e total domínio das obras sob sua regência.

Outro maestro a ser comparado com von Karajan é Leonard Bernstein, já mencionado na introdução deste texto.[26]

Dentre as obras regidas por ambos, em locais e épocas diversas, vou citar duas, por serem talvez, as que vêm dividindo a opinião de melômanos de todo o mundo: a Sinfonia n° 9 de Beethoven e a Sinfonia n° 5 de Gustav Mahler, sobretudo o seu 4° movimento, o *"Adaggieto"*, conhecido de um grande público por ter sido escolhido como fundo musical por Lucchino Visconti em seu filme *Morte em Veneza*.

Esta Sinfonia e, sobretudo, o seu *"Adaggieto"*, são o que há de mais triste e pungente se possa imaginar. A obra foi composta entre 1901 e 1902, quando Mahler estava muito doente, devido a uma infecção, pressentindo a proximidade de sua morte, e perdidamente apaixonado por Alma Schindler, a mais bela jovem de Viena na época, com que se casaria, em 1902. Após concluir o *"Adaggieto"*, Mahler enviou a peça à sua amada, ela a recebeu, sentou-se ao piano e a executou (era exímia pianista) com muito cuidado. Ao termina-la, redigiu uma nota ao músico e enviou-a pelo mesmo portador, dizendo: "Agora você pode pedir-me em casamento!" Lamentavelmente, não foi um casamento feliz, pois Mahler, embora fosse um gênio, tinha temperamento difícil, era muito ciumento e queria dominar a sua jovem mulher (ela era 20 anos mais jovem do que ele), a qual aspirava a uma carreira artística, pois detinha as condições para tal.[27] Mas o que está sendo discutido aqui, neste momento, é a diferença entre duas formas de interpretação musical, uma mais técnica e outra mais sensível, transmitindo ao público o sentimento inspirador do autor da Sinfonia, por isso não posso me alongar nos detalhes das razões inspiradoras de Mahler.[28]

É neste aspecto que von Karajan e Bernstein se distinguem: a regência do primeiro é unanimemente reconhecida como tecnicamente perfeita, impecável, sem qualquer reparo.

Já a do segundo, tem uma característica única, pois o regente participa intensamente, vivamente, daquilo que o músico transmite em suas notas musicais. Bernstein regia tomado de corpo e alma pela partitura, saboreava cada nota do compositor de sua preferência, captando as emoções do autor de modo a situar-se em harmonia com ele.

O papel da sensibilidade na interpretação musical é fundamental, permite a permanência da obra através do tempo, tornando-a contemporânea independentemente de qual teria sido a forma como o seu autor a teria interpretado, se fora ainda vivo. Lembro aqui a referência supra à Sinfonia nº 9 de Beethoven, executada com a denominação de "Liberdade", ao invés de "Alegria", e interpretada voltada para dar ideia desse sentido pelo maestro Bernstein.

No referente à interpretação jurídica, podemos perquirir se a sensibilidade do julgador desempenha papel semelhante ao do Maestro, ou do executante, frente à aplicação do texto legal ao jurisdicionado.

Este será o tema do próximo segmento.

Segunda parte: A interpretação do direito fundada na sensibilidade do julgador: uma forma mais justa de fazer justiça no caso concreto

A partir de dois exemplos jurisprudenciais, procurarei demonstrar a semelhança existente entre direito e música, no referente à interpretação, focando na diferença entre a aplicação da lei levando em consideração as peculiaridades do caso, não previstas pelo legislador, as quais provocaram a sua sensibilidade, redundando em uma solução, conforme à lei, porém mais justa.

A - *Gravidez ocorrida após ligadura de trompas: fundamento da decisão em ação de responsabilidade civil contra o cirurgião*

O caso aconteceu na França, onde um médico realizou ligadura de trompas em uma mulher jovem, com 28 anos de idade, com cinco filhos, portadora de uma grave intolerância a todo e qualquer contraceptivo. Transcorrido um mês após a cirurgia, foi constatada nova gravidez. A jovem ingressou em juízo contra o médico, tendo este sido condenado ao pagamento de perdas e danos, por violação ao dever de informar sobre riscos, embora, no caso, sobre um risco cuja probabilidade de ocorrência seria mínima, e cuja superveniência ocorreria, independentemente da técnica usada pelo médico, porquanto nenhuma falha havia sido constatada.

O aspecto insólito neste caso, demonstrando a sensibilidade dos julgadores, diz com o fundamento da condenação do médico a indenizar a sua cliente. Com efeito, a Corte não considerou o nascimento do sexto filho do casal como sendo um "prejuízo" (um dos fundamentos de uma ação em responsabilidade civil), sim porque a nova gravidez ocasionou dificuldades materiais e para a saúde da mãe, bem como alterações no seu plano psicológico e no relacionamento familiar.[29]

Outro julgado onde a grande sensibilidade do julgador foi decisiva para ser feita justiça, ocorreu no Brasil, no estado de São Paulo.

B - *O descumprimento de avença contratual fundado em motivo de doença e morte de filho menor dos devedores, levou o magistrado a interpretar a lei a favor do casal devedor*

Um casal, pais de um menino adolescente, adquiriu, mediante financiamento do Sistema Financeiro da Habitação (SFH), um apartamento, para sua moradia. O filho do casal foi, aos 13 anos de idade, acometido de grave doença e, apesar de todos os esforços dos pais e dos médicos, veio a falecer. A luta para tentar curar o filho levou o casal a uma situação desesperadora, passando a dedicar-se, ambos, exclusivamente a esse objetivo. Lamentavelmente, todo o esforço e dispêndio de valores, superiores à sua condição, não lograram salvar a vida do filho, então já adulto, com 23 anos. Muito compreensivelmente, enquanto durou o seu calvário, os pais deixaram de lado todas as outras preocupações e encargos, inclusive os pagamentos das parcelas relativas às prestações do preço do apartamento, acabando por incidir em mora.

Desta sorte, o Banco credor ajuizou ação para recuperar o imóvel, garantido por hipoteca, demandando pelas obrigações em atraso, mais juros de mora e multa contratual, entre outros encargos.

O processo chegou ao tribunal de justiça de São Paulo, tendo o então desembargador Moura Ribeiro, hoje ministro do Superior Tribunal de Justiça (STJ), como relator, cuja decisão fundou-se na sua sensibilidade diante do caso concreto. Seu voto afastou a letra fria e dura da lei, segundo a qual, como todos sabemos, se o contratante não paga, deve devolver o imóvel e pagar as prestações em atraso, acrescidas de multas e outros acréscimos.

O casal de devedores descurara do pagamento de sua dívida por estar total e exclusivamente voltado para conseguir a cura do filho, utilizando todos os recursos à sua mão. Segundo o desembargador relator, Moura Ribeiro, não caberia a cobrança de juros relativos à mora e da multa contratual, durante o período em que durou a doença do filho do casal, entendendo ter havido uma situação de caso fortuito. Diante disto, seu voto foi no sentido do não pagamento das multas, desde que o casal retomasse o pagamento do financiamento, de sorte a evitar a perda do imóvel financiado. De outro lado, importante referir o fato de o banco credor não ter interposto recurso desta decisão, tendo recalculado o período de duração da moléstia do filho do casal, possibilitando ao casal devedor retomar os pagamentos relativos ao financiamento do apartamento.[30]

Como se sabe, a mera ausência de culpa[31] no descumprimento do contrato não afastaria o pagamento da multa e da aplicação das demais consequências, decorrentes do inadimplemento da obrigação.

Uma vez mais, a sensibilidade do julgador evitou uma situação que, decidida sob outra perspectiva, simplesmente capitalista, acarretaria expressivo prejuízo ao sofrido casal, já duramente atingido pela perda do filho.

Conclusão

Ao finalizar estas reflexões despretensiosas acerca de um tema instigante, dado ser deveras insólito e controvertido, resta-me confessar que, após a breve pesquisa empreendida, não me restam dúvidas de que, desde sempre, e em todas as expressões da cultura, a presença da sensibilidade, da empatia, da solidariedade, da gratidão, contribui para forjar relações sociais mais humanas e próximas de uma almejada perfeição.

Referências Bibliográficas

ALPERN, W. Music Theory as a mode of Law: the case of Heinrich Schenken, esq. 20, Cardozo Law Review, p. 1459, 1998-1999.

ARBAN, Erika. Seeing law in terms of Music: a short essay on Affinities between Music and Law. *Les Cahiers de droit*, 2017, 58(1-2), 67-82.

BATTIFOL, Henri. Questions d`Interprétation juridique, *Archives de philosophie du droit*, n° 17. Paris: Sirey, 1972.

BEEVER, Allan. Formalism in Music and Law (2011), 61, U. Toronto L. J.

BERNHARD, Michael. Zahlenverhælnisse, Proportionem, Tonabstænde: Musik und Mathematik. AKADEMIE AKTUELL, 2007.

COMMELIN, P. Mitologia greco-romana. Tradução de Oliveira Rodrigues. Salvador: Livraria Progresso Editora, 1957.

ENCYCLOPAEDIA BRITANNICA INC. Great Books of the Western World, vol.7, Chicago, London, Toronto.

FRADERA, Véra M. J. de. A responsabilidade civil dos médicos. Revista da AJURIS, Porto Alegre, vol.55, julho de 1992.

FRANFURTER, Felix. Some Reflections on the Reading of Statutes, 47, *Columbia Law Review*, 527, 530 (1947).

KORNSTEIN, Daniel J. The double life of Wallace Stevens: Is Law ever the necessary Angel of Creative Art? 41 N. Y. L. Sch. L. Rev. 1187 (1996-1997).

KWON, Jeong-Im. Eine Untersuchung zu Hegel's Auffassung der modernen Musik, Journal of Faculty of Letters, University of Tokio, JTLA Aesthetics, vol. 37, 2012.

MAHLER-WERFEL, Alma. La Mia Vita. Traduzido do original alemão (*Mein Leben*, 1960) por Francesco Salieri, ed. Elliot, Roma, 2014.

MANDERSON, Desmond; CAUDILL, David S. Modes of Law: Music and Legal Theory - An Interdisciplinary Workshop Introduction (2 ago. 1999). 20 Cardozo L. Rev. (1999) 1331-34. Disponível em SSRN: <https://ssrn.com/abstract=2122870>.

OLIVEIRA, João Carlos Cochlar. Clareza e legitimidade: como elementos da Teoria Musical podem iluminar a interpretação jurídica. Trabalho de Conclusão de Curso, Rio de Janeiro: Fundação Getúlio Vargas, 2020.

PENNEAU, Jean (commentaire). 1ère. Chambre Civ. da Com. de Cassation, 09.5.1983, D. 1984, Jurisprudence.

SENADO FEDERAL, Coordenação de Edições Técnicas do. Revista de Informação Legislativa, Brasília, nº 133, jan/mar, 1997.

Notas

1. Professora de Direito Internacional Privado na Pontifícia Universidade Católica do Rio de Janeiro (PUC-Rio); Doutora em Direito Internacional pela Universidade de São Paulo (USP); Mestre em Direito Comparado pela George Washington University (GWU); Advogada.

2. Esta sinfonia foi escrita em 1823 para celebrar a Alegria (em alemão, "*Freude*") inspirada das palavras de um poema de Friedrich Schiller, escrito em 1785, intitulado "An die Freude" ("Sobre a Alegria").

3. Estadunidense de origem judaica, foi regente e festejado compositor, autor do musical *West Side Story*, grande sucesso do cinema. Ele regeu a "Sinfonia nº 9" no Berlin Celebration Concert, em 1989, seis semanas após a queda do muro. Durante o concerto, no movimento final da sinfonia, ele alterou a denominação original — "*An die Freude*" — para "*An die Freiheit*" (Liberdade), em alusão à unificação da capital da Alemanha, antes dividida em duas. Todos os comentários sobre este concerto relatam o quão extraordinária foi a sua regência, apaixonado, tomado e consumido pela música. Lamentavelmente, poucos meses depois viria a falecer, aos 72 anos de idade. Em 25 de agosto de 2018, festejou-se o centenário de seu nasci-

mento, com muitos concertos das mais importantes orquestras sinfônicas do mundo.
4 Sobre esse assunto, consultar: BEEVER, Allan. Formalism in Music and Law (2011), 61, U. Toronto L. J., 213.
5 V. ARBAN, Erika. "Seeing law in terms of Music: a short essay on Affinities between Music and Law". *Les Cahiers de droit*, 2017, 58(1-2), 67-82, p. 78.
6 OLIVEIRA, João Carlos Cochlar. *Clareza e legitimidade: como elementos da Teoria Musical podem iluminar a interpretação jurídica*. Trabalho de Conclusão de Curso, Rio de Janeiro: Fundação Getúlio Vargas, 2020, p. 13, citando GRAU, Eros Roberto. Ensaio/discurso sobre interpretação/aplicação do direito. São Paulo: Ed. Malheiros, 2002, p. 30.
7 V. OLIVEIRA, cit. nota 6, p. 11.
8 BATTIFOL, Henri. "Questions d'Interprétation juridique", *Archives de philosophie du droit*, n° 17. Paris: Sirey, 1972, p. 09 ss.
9 Há uma grande quantidade de obras, escritas em várias épocas, a respeito da relação entre música e outros ramos do saber, algumas bem antigas, outras recentíssimas. Trago apenas alguns exemplos mais insólitos, como a relação entre matemática e direito. O primeiro jurista matemático cuja citação é obrigatória, é Pontes de Miranda, desde muito cedo dedicado ao estudo da matemática e da física, merecendo destaque seu estudo sobre Escala dos Valores da Estabilidade, tendo descoberto a causa epistemológica do número irracional. Sua afinidade com a matemática era tão intensa, que Goedel, considerado por Einstein o maior matemático do mundo, depois de Leibniz, teria dito, ao encontrar Pontes em um Congresso: "Why are you loosing your time with Law?" Já direito e literatura é um movimento originado nos Estados Unidos e algo já mais conhecido entre nós. Interessante a leitura do artigo intitulado "Law, Literature, and the Legacy of Virginia Woolf: Stories and Lessons in Feminist Legal Theory", 21 *Tex. J. Women & L.* 1 (2011), da autora Susan L. BRODY, da John Marshall Law School. Na França, houve por muito tempo uma resistência a esse movimento, contudo, recentemente, em 2017, foi criada por Nicolas Dissaux a *Revue Droit et Littérature*, RDL, publicada uma vez ao ano, pela editora LGDJ.
10 V. a respeito, a biografia de Pontes escrita por Vilson Rodrigues ALVES, publicada na obra *Grandes Juristas Brasileiros*, organizada por Almir Gasquez Rufino e Jaques de Camargo Penteado. São Paulo, Editora Martins Fontes, 2003, p. 257, sobretudo pp. 259-260.
11 SENADO FEDERAL, Coordenação de Edições Técnicas do. *Revista de Informação Legislativa*, Brasília, n° 133, jan/mar, 1997, p.121-128.
12 Akademie Aktuell, 2007, pp. 48-50.

13 V. KWON, Jeong-Im. "Eine Untersuchung zu Hegel's Auffassung der modernen Musik", *Journal of Faculty of Letters*, University of Tokyo, JTLA Aesthetics, vol. 37, 2012, pp. 7-25.
14 MANDERSON, Desmond; CAUDILL, David S. *Modes of Law: Music and Legal Theory — An Interdisciplinary Workshop Introduction* (2 ago.1999). 20 Cardozo L. Rev. (1999) 1331-34, Disponível em SSRN: <https://ssrn.com/abstract=2122870>.
15 Em vernáculo: "A dupla vida de Wallace Stevens: o Direito é sempre o necessário Anjo da Arte Criativa ? " In 41, *N.Y.L.* Rev., p.1187, 1997.
16 V. FRANFURTER, Felix. Some Reflections on the Reading of Statutes , 47, *Columbia Law Review*, 527, 530 (1947), cit. por Jerome Frank, *Words and Music: some remarks on Statutory interpretation*, no mesmo periódico, p. 1259.
17 COMMELIN, P. *Mitologia greco-romana*. Tradução de Oliveira Rodrigues. Salvador: Livraria Progresso Editora, 1957, p. 78 e segs.; v. também, *Dictionnaire de la Civilisation grècque*. Paris: Librairie Larousse, 1988. V. longa e interessante descrição da relação dos gregos com a música e o grau de desenvolvimento por eles atingido no campo desta arte, p. 175-178.
18 No Livro II de seus *Diálogos,* Platão dialoga com um ateniense desconhecido, com Cleinias, um cretense, e Megilus, um lacedemônio, sobre como devem ser elaboradas as leis, discutindo sobre aquelas voltadas para educação dos jovens, incluindo a prática da ginástica e da música, como forma de bem educar os futuros cidadãos. Reputa a prática do canto como um *encantamento,* dado o fato de, por meio dele, ser alcançada a harmonia das almas dos homens. (Leis, II, 652 a 674). V. ENCYCLOPAEDIA BRITANNICA INC. *Great Books of the Western World,* vol. 7, Chicago, London, Toronto, p. 653-663.
19 Apenas para referir alguns exemplos: Haendel, Schumann, Tchaikovsky, Stravinsky, Bartok, Sibelius... Para uma relação mais extensa de renomados músicos com formação jurídica, consultar ALPERN, W. "Music Theory as a Mode of Law: the Case of Heinrich Schenken", esq. 20, *Cardozo Law Review*, p. 1459, 1998-1999, esp. nota 04, p. 1461.
20 ARBAN, *op. cit.*, p. 68.
21 Diferentemente de outros músicos igualmente diplomados em direito, Schenken interessou-se de forma entusiástica por essa ciência e a aplicou em seus estudos sobre música. Estudante da Faculdade de Direito de Viena, teve a G. Jellinek como um de seus professores mais admirados. Cf. ALPERN, *op. cit.*, p. 1459.
22 G. Jellinek era admirador da Escola Histórica do Direito, fundada por Savigny e desenvolvida por Ihering. As lições de Jellinek provocaram conotações na teoria da música de Schenker, pois professou, em relação à

música, o mesmo historicismo e a crença nas forças estruturais ocultas, marcas dessa escola.

23 "[...] *the proponents of historical jurisprudence believed of the laws of society, the laws of music for Schenker likewise evolved slowly and naturally from fundamental precepts rooted deep in its past and inherent in the structure of music itself.*" Cf. ALPERN, op.cit., p. 1481.

24 No original: "*It is a peculiarity of the musical art, that it gives effect to several laws simultaneously and that, while one law may be stronger than the others and impose itself more powerfully on our consciousness, such a law does not silence the other laws, which govern the smaller and more restricted units of tones.*" Idem, p. 1463.

25 Nascido em Salzburg, em 1908 e falecido em local próximo a essa cidade, em 1989. Sua atuação como regente desenvolveu-se sobretudo entre Berlim, Viena e Salzburg. Em 1955, foi nomeado maestro vitalício da Filarmônica de Berlim. Regeu grandes orquestras em todo o mundo. Um fato impressiona em sua biografia: realizou mais de 690 gravações como regente para a Deutsche Grammophon, a EMI e a Decca, sendo considerado o maestro que mais gravou no século XX. Sua vida foi muito interessante e movimentada, e, ademais da música, tinha outras grandes paixões, tais como os veleiros (era de ascendência grega...), tendo participado de inúmeras regatas com seus barcos, transportando-se em seus aviões, e carros potentes, costumando pilotar o seu Cessna e dirigir um potente Porsche. Pierre-Jean RÉMY escreveu uma biografia do regente, intitulada *Karajan, sa biographie*, éditions Odile Jacob, Paris, 2008.

26 V. supra nota 03.

27 Alma Mahler foi uma mulher fascinante, despertando paixões por onde aparecesse. Frequentando o efervescente ambiente intelectual de sua época, ela era filha de um pintor paisagista muito renomado, vivenciou intensamente os círculos intelectuais da sociedade vienense da época. Dentre seus admiradores contava com Thomas Mann, Arthur Schnitzler e outros. Os artistas com quem ligou-se mais proximamente, com três deles inclusive pelo casamento, foram Gustav Mahler, compositor e maestro; Oskar Kokoschka, pintor; Walter Gropius, arquiteto alemão, criador da Bauhaus; e Franz Werfel, escritor; os quatro, segundo Françoise Giroud, uma de suas biógrafas, formaram "*un formidable carré d'as*" (um quadrado de ases). Ela permanece um enigma, pois sua personalidade jamais deixou alguém indiferente, despertando reações quase radicais, nem todas de admiração. Faleceu em Nova Iorque, em 1964, onde vivia desde o seu casamento com Gropius, aos 85 anos. Para melhor conhecer esta personagem, cons. Françoise GIROUD, *Alma Mahler ou l'art d'être aimée*, Pocket, Paris, 2005. A reflexão central da obra, feita por Giroud, é uma pergunta: o que acontece com uma mulher quando o marido lhe corta as asas? Segundo a biógrafa,

após o casamento, Mahler teria dito a sua esposa: *Tu n'as désormais qu'une profession, me rendre heureux!* A leitura de seu diário também é muito interessante, sobretudo aos aficionados da música: *La Mia Vita,* Alma Mahler-Werfel, ed. Elliot, Roma, 2014. Traduzido do original alemão, *Mein Leben,* 1960, por Francesco Salieri. Na versão em italiano, v. sobretudo p. 33 a 52.

28 Mahler inicia a Sinfonia afetado brutalmente pela infecção que o acometera, revelando nos primeiros movimentos sua tristeza diante do que, imaginava, seria sua morte eminente. Ao ter início sua recuperação, sente que a vida pode ainda sorrir-lhe, sobretudo ao lado de Alma. O *"Adaggieto"* expressa esse retorno à vida, de uma forma extremamente bela, chegando a provocar lágrimas em muitos de seus ouvintes. Ao enviar o manuscrito do *"Adaggieto"* à noiva, ele o faz como se fosse uma carta de amor. Conta a lenda que, no verão seguido às suas bodas, Mahler teria dito à Alma: *"Liebe mich immer, Dich lieb 'ich immerdar"* (Ama-me sempre, eu te amarei para sempre).

29 V. PENNEAU, Jean (commentaire). "1ère. Chambre Civ. da Com. de Cassation, 09.5.1983", D. 1984, *Jurisprudence,* p. 121. Sobre este julgado, v., de minha autoria, "A responsabilidade civil dos médicos", *Revista da AJURIS,* Porto Alegre, vol.55, julho de 1992, p.116 e segs.; nota 18.

30 V. TJSP, 11ª. C. De Direito Privado; Apelação com revisão 99106.0460-3 Rel. Des. Moura Ribeiro.
EMENTA: Embargos à execução hipotecária rejeitados liminarmente (art. 739, II, do CPC). Inconformismo dos embargantes firme nas teses de que (1) suportaram cerceamento de defesa e (2) os gastos com o tratamento médico de seu filho que faleceu em virtude de leucemia, ainda na juventude, foi a causa do inadimplemento — Acolhimento — Descaracterização da mora diante de fato que não pode ser imputado aos embargantes. Aplicação do art. 963, do CC/16 - Exclusão da cobrança de juros moratórios e multa contratual no período de junho/02 a outubro/04 - Sucumbência a cargo do embargado — Matéria preliminar rejeitada -Recurso parcialmente provido, com observação. A grave doença de um filho acometido por leucemia e que em virtude dela faleceu é fato que desconcerta a vida financeira de qualquer família e serve para caracterizar o caso fortuito, permitindo o afastamento da mora dos devedores no período da moléstia (grifos nossos).

31 Os artigos 394, 395, 396 397, 398, 400 e 401 do CC, não aludem à culpa. Este vocábulo aparece apenas no art. 399, tratando da impossibilidade, por parte do devedor, já em mora. O critério da culpa é então sopesado, pois se refere à falta de culpa na causa da excludente, representada pelo caso fortuito e a força maior.
Sobre este tema, consultar GAZZALE, Gustavo Kratz, *O conceito de mora no Código Civil de 2002.* Porto Alegre: Sérgio Fabris Editor, 2008, pp.34.

Direção editorial
Daniele Cajueiro

Editora responsável
Hugo Langone

Produção editorial
Adriana Torres
Laiane Flores
Daniel Dargains

Revisão
Anna Seilhe
Carolina Leocadio
Clarice Goulart
Claudia Moreira
Luciana Ache
Renata Cristine
Rodrigo Cardoso
Thais Entriel

Diagramação
Douglas Kenji Watanabe

Este livro foi impresso em 2023, pela Vozes, para a Nova Fronteira.